중국 소재 고구려 유적과 유물 III

압록강 중상류 3 통화 – 백산 · 임강 – 장백

표지 사진 | 장백 금화고분군　　ⓒ 여호규

중국 소재 고구려 유적과 유물 III

압록강 중상류 3   통화-백산·임강-장백

THE KINGDOM OF KOGURYO RUINS AND ARTIFACTS IN CHINA

| 동북아역사재단 편 |

• 이 책은 2018년 동북아역사재단 연구용역 수행 결과물임.

책머리에

압록강 중상류를 비롯해 중국 동북지역에는 고구려 유적과 유물이 무수히 산재해 있다. 이러한 유적과 유물은 고구려사를 연구하고 한국사를 체계화하는 데 매우 중요한 자료일 뿐 아니라, 모든 인류가 공유해야 할 소중한 문화유산이기도 하다. 그런데 아쉽게도 이와 관련된 각종 보고서나 연구논저가 여러 학술지에 산재해 있거나 절판된 경우가 적지 않아 관련 연구자나 역사에 관심 있는 일반인들이 이용하는 데 많은 어려움을 겪고 있다. 이에 동북아역사재단에서는 2007년부터 중국 소재 고구려 유적·유물을 집대성하여 DB를 구축하는 사업을 추진하였다.

본 연구팀도 이 사업에 참여하여 DB 구축에 필요한 기초자료를 정리하는 과제를 수행하였다. 2007~2008년에는 고구려 발흥지인 압록강 중상류, 2009~2011년에는 두 번째 도성이었던 통구분지(집안분지), 2012~2014년에는 요동반도와 요하·송화강·두만강 유역 등에 분포한 유적과 유물을 정리하였다. 이어 2015~2016년에는 2007년 이후 새롭게 조사된 유적에 대한 정리 작업을 진행하였다. 이를 통해 고분군 246곳, 개별 고분 269기, 성곽 301곳, 성곽의 개별 유구 31기, 기타 유적 40곳, 개별 유물 84개 등 총 971건의 유적과 유물을 정리하였다.

그런데 이렇게 정리한 기초자료를 토대로 DB를 구축한 결과, 각 지역별 '개관'이나 각 유적의 '역사적 성격' 등 종합적인 서술 부분을 모두 DB로 전환하는 데는 상당한 애로가 따르는 것으로 확인되었다. 또한 연구자나 일반인들이 각 유적의 전체 현황을 일목요연하게 파악하는 데도 많이 불편하다는 문제점이 제기되었다. 이에 2018~2019년에 기존의 DB 구축용 기초자료를 재정리하여 책자 형태로 출간하는 사업을 진행하였다.

본 연구팀은 연구과제를 체계적으로 수행하기 위해 각 유적·유물을 고분, 성곽, 기타 유적, 개별 유물 등으로 분류한 다음, 관련 전공자로 연구팀을 구성하였다. 연구 책임자인 여호규는 과제를 총괄하면서 성곽을 담당하였고, 강현숙은 고분, 백종오는 유물 등을 담당하면서 각 권의 개관과 유적의 역사적 성격을 집필하였다. 김종은(고분), 이경미(성곽), 정동민(고분과 성곽), 한준영(유물)은 각종 보고서와 연구논저의 서술 내용을 1차 정리하는 작업을 담당하였다. 나유정과 노운성은 출간 사업에 참여하여 원고 교정과 지도 제작 등을 담당하였다.

이 작업에서 본 연구팀은 중국 소재 고구려 유적과 유물을 체계적으로 정리하여 집대성하는 데 가장 주안점을 두었다. 이를 위해 먼저 각종 보고서와 연구논저, 지도와 지지(地誌), 보도자료, 답사자료 등을 광범위하게 수집하였다. 그런 다음 각 유적별로 조사 현황, 위치와 자연환경, 유적의 전체 현황, 유구별 현황(또는 성벽과 성곽시설, 성내시설과 유적), 출토유물, 역사적 성격, 참고문헌 등의 항목을 설정해 각 유적의 조사 현황과 연구성과를 체계적이고 통일성 있게 정리하고자 노력하였다.

이러한 작업을 통해 본 연구팀은 A4 약 1만 매에 이르는 DB 구축용 기초자료를 확보하였다. 이를 바탕으로 책자 형태의 출간 사업을 진행하여 압록강 중상류 3권(I-III), 통구분지 3권(IV-VI), 요동반도-요하-송화강-두만강 유역 4권(VII-X) 등 총 10권으로 구성하였다. 각 권의 서두에는 개관을 설정하여 각 지역별 전체 현황을 서술하는 한편, 시·현 행정구역이나 유적군을 단위로 각 권의 부(部)를 설정해 유적의 현황을 정리하고 역사적 성격을 서술하였다.

이상의 과정을 거쳐 출간하게 된 본 시리즈는 중국 동북지역에 산재한 고구려 유적과 유물을 체계적으로 집대성한 최초의 성과라 할 수 있다. 이러한 점에서 본서의 발간은 고구려 유적·유물에 관한 방대한 정보를 체계적으로 제공하여 고구려사 연구기반을 확충하는 한편, 이를 활용한 다양한 역사콘텐츠 개발 및 일반 국민의 역사인식 제고에도 크게 기여할 것으로 기대된다.

본서는 지난 15년간 동고동락했던 연구팀원들의 헌신적인 노력과 함께 동북아역사재단의 지속적인 지원 덕분에 발간될 수 있었다. 김현숙 연구위원께서는 본 과제를 처음 기획하여 중장기 사업으로 추진할 수 있는 토대를 놓았고, 이성제 연구위원께서는 2011년부터 본 과제를 담당하여 각종 실무적인 뒷받침을 해주었는데, 이에 깊이 감사드린다. 그리고 2007년 이래 본 과제를 물심양면으로 성원해주신 김용덕, 정재정, 김학준, 김호섭, 김도형 역대 이사장님들과 이영호 이사장님께도 깊이 감사드린다. 아울러 난삽한 원고와 각종 도면을 깔끔하게 정리하여 산뜻한 책으로 꾸며주신 출판 관계자 여러분들께도 깊이 감사드린다.

2022년 11월 30일
연구팀을 대표하여 여호규

일러두기

1. 중국의 간체자는 모두 우리식 한자로 수정하고, 음도 우리식 한자음으로 표기했다.

2. 한자 용어는 가능한 한글 표현으로 풀어쓰고자 했으나, 의미 전달을 고려하여 그대로 노출하여 사용하거나 한글과 병기하기도 하였다.

3. 기원전은 연도에 각각 표기했고, 기원후 혹은 서기는 생략했다.
   〈예〉 기원전 45 – 기원전 12년 / 기원전 2 – 2세기 / 3 – 4세기

4. 참고문헌은 오래된 연도부터 배열했고, 같은 연도에서는 가나다 순으로 배열했다.

5. 유적 명칭은 공식 보고서나 『중국문물지도집』을 기준으로 '시·현+유적명'으로 표기하고, 이칭이 있는 경우 병기하였다. 다만 '등탑 백암성'처럼 국내에 널리 통용되는 명칭이 있는 경우 이를 따랐다. 같은 시·현에 명칭이 같거나 유사한 유적이 있는 경우, 향·진이나 촌을 표기하여 구분하였다. 지명 이외의 유적명은 한 단어로 보아 붙였다.
   〈예〉 수암 조양향 고려성산산성 / 수암 합달비진 고려성산산성 / 관전 대고령지후강연고분군 / 수암 마권산성내고분군

6. 유적 위치도는 각종 보고서의 도면을 집성하여 제시하였고, 정확한 위치를 파악한 경우에는 '만주국 10만분의 1 지형도'에 표기하였다. 아울러 『중국문물지도집』 길림분책(1993)과 요령분책(2009)에 실린 유적 위치를 구글 지형도(2020년 1월 기준)를 활용하여 제시하였다.

7. 지도의 기호는 다음과 같이 사용했다. 단, 자체 범례를 가진 지도는 이에 해당하지 않는다.

산 : △	산성 : ▲	평지성 : ■	관애 : ━
장성 : ᠊ᠾᠾ᠊	고분 : ▲	기타 유적 : ●	
시·현 : ⦿	향·진 : ◎	촌 이하(촌·둔·동) : ○	

차례

책머리에 5
일러두기 7

제5부 통화시·현(通化市·縣) 지역의 유적과 유물

1. 고분군과 고분

01 통화 서강고분군 通化 西江古墳群	13
02 통화 서산남파고분군 通化 西山南坡古墳群	18
03 통화 승리고분군 通化 勝利古墳群	20
04 통화 주도목고분 通化 丟倒木古墳	22
05 통화 공가가고분군 通化 孔家街古墳群	24
06 통화 서산고분군 通化 西山古墳群	26
07 통화 강구고분군 通化 江口古墳群	27
08 통화 번영고분군 通化 繁榮古墳群	30
09 통화 신개고분군 通化 新開古墳群	32
10 통화 하룡두고분군 通化 下龍頭古墳群	34
11 통화 녹장고분군 通化 鹿場古墳群	38
12 통화 강연고분군 通化 江沿古墳群	40
13 통화 고석만고분 通化 孤石灣古墳	42
14 통화 금주고분군 通化 金珠古墳群	44
15 통화 태평고분 通化 太平古墳	46
16 통화 석호고분군 通化 石湖古墳群	47
17 통화 민화고분군 通化 民和古墳群	48
18 통화 동강고분군 通化 東江古墳群	49
19 통화 번영일대고분군 通化 繁榮一隊古墳群	52
20 통화 만만천고분 通化 灣灣川古墳	53
21 통화 우가구고분군 通化 于家溝古墳群	54
22 통화 이가점고분군 通化 李家店古墳群	55
23 통화 광화고분군 通化 光華古墳群	56
24 통화 용강후고분군 通化 龍崗後古墳群	57
25 통화 남두둔고분군 通化 南頭屯古墳群	58
26 통화 강연촌고분군 通化 江沿村古墳群	63
27 통화 향양촌고분군 通化 向陽村古墳群	65
28 통화 만발발자고분군 通化 萬發拔子古墳群	68

2. 성곽

01 통화 자안산성 通化 自安山城	75
02 통화 건설산성 通化 建設山城	132
03 통화 영과포산성 通化 英戈布山城	136
04 통화 태평구문고성 通化 太平溝門古城	139
05 통화 남태고성 通化 南台古城	142
06 통화 의목수고성 通化 依木樹古城	145
07 통화 적백송고성 通化 赤柏松古城	148
08 통화 이도구문관애 通化 二道溝門關隘	173
09 통화 석호관애 通化 石湖關隘	176
10 통화 평강산고성 通化 平崗山古城	180

3. 기타 유적

01 통화 만발발자유적 通化 萬發拔子遺址	183
02 통화 동대자유적 通化 東臺子遺址	196
03 통화 향양촌유적 通化 向陽村遺址	199
04 통화 압원수동산정유적 通化 鴨園隧洞山頂遺址	201
05 통화 하룡두용강유적 通化 下龍頭龍崗遺址	204
06 통화 용천촌용강유적 通化 龍泉村龍崗遺址	207
07 통화 어영장강유적 通化 漁營長崗遺址	210
08 통화 토주자제사유적 通化 土珠子祭祀遺址	213

4. 유물

01 거푸집 范	217
02 거푸집 范	218
03 거푸집 范	219
04 거푸집 范	220
05 거푸집 范	221
06 거푸집 范	222
07 거푸집 范	223
08 거푸집 范	224
09 철제화살촉 鐵鏃	225
10 철제화살촉 鐵鏃	226
11 철제화살촉 鐵鏃	227

제6부 백산시(白山市)·임강시(臨江市) 지역의 유적과 유물

1. 고분군과 고분

01 백산 적대고분군 白山 滴臺古墳群 231
02 백산 이도구고분군 白山 二道溝古墳群 233
03 백산 선인동고분군 白山 仙人洞古墳群 235
04 백산 대장천고분군 白山 大長川古墳群 237
05 임강 호로투고분군 臨江 葫蘆套古墳群 239
06 임강 이도하자고분군 臨江 二道河子古墳群 241
07 임강 대율자고분군 臨江 大栗子古墳群 244
08 임강 장천고분군 臨江 長川古墳群 245
09 임강 파구고분군 臨江 坡口古墳群 248
10 임강 고가영고분군 臨江 賈家營古墳群 250
11 임강 입대고분군 臨江 砬臺古墳群 252
12 임강 동전자고분군 臨江 東甸子古墳群 255
13 임강 서마록포자고분군 臨江 西馬鹿泡子古墳群 262
14 임강 용강고분군 臨江 龍崗古墳群 265
15 임강 칠도구고분군 臨江 七道溝古墳群 267

2. 성곽

01 임강 임성고성 臨江 臨城古城 271
02 임강 화피전자고성 臨江 樺皮甸子古城 275
03 임강 협피구고성 臨江 夾皮溝古城 284
04 임강 동마록포자고성 臨江 東馬鹿泡子古城 290

3. 기타 유적

01 백산 선인동유적 白山 仙人洞遺蹟 297
02 임강 파구유적 臨江 坡口遺蹟 298
03 임강 동전자유적 臨江 東甸子遺址 301
04 임강 칠도구유적 臨江 七道溝遺址 306
05 임강 왕팔발자요지 臨江 王八脖子窯址 310
06 임강 육도구동광유적 臨江 六道溝銅礦址 313
07 임강 하남둔유적 臨江 河南屯遺址 317

4. 유물

01 동제도끼 鉞形銅斧 323

제7부 장백현(長白縣) 지역의 유적과 유물

1. 고분군과 고분

01 장백 합마천고분군 長白 蛤蟆川古墳群 327
02 장백 간구자고분군 長白 干溝子古墳群 329
03 장백 십사도구전참고분군 長白 十四道溝電站古墳群 371
04 장백 동강고분군 長白 東江古墳群 374
05 장백 십이도구고분군 長白 十二道溝古墳群 376
06 장백 호로투고분군 長白 葫蘆套古墳群 379
07 장백 안락고분군 長白 安樂古墳群 380
08 장백 양종장고분군 長白 良種場古墳群 382
09 장백 금화고분군 長白 金華古墳群 385

2. 성곽

01 장백 팔도구진산성 長白 八道溝鎭山城 389
02 장백 십이도만관애 長白 十二道灣關隘 392
03 장백 십사도구고성과 관애 長白 十四道溝古城·關隘 396
04 장백 장백고성 長白 長白古城 401
05 장백 마록구고전호 長白 馬鹿溝古戰壕 406

3. 기타 유적

01 장백 하외자유적 長白 下崴子遺址 409
02 장백 도권리유적 長白 桃圈里遺址 414
03 장백 대지유적 長白 大地遺址 417

제5부

통화시·현(通化市·縣) 지역의 유적과 유물

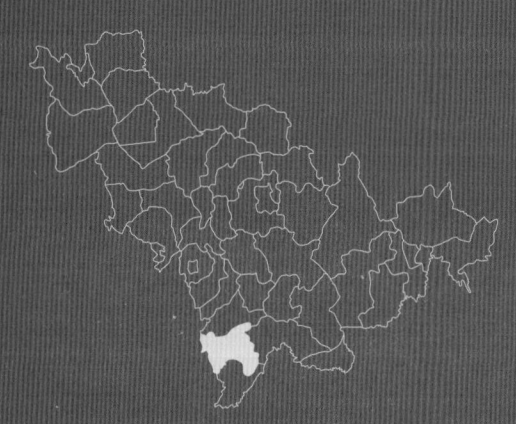

1
고분군과 고분

01 통화 서강고분군
通化 西江古墳群

1. 조사현황

1) 1981년 8월 발견
현지인이 흙을 채취하던 중 황토색 진흙 구덩이에서 인골과 석제칼(石刀), 석제도끼(石斧), 토기(陶罐) 등을 수습하였는데 東平小學校 교사가 이를 수집해 상급 유관기관에 정황을 보고함.

2) 1982년 10월 조사
- 조사기관 : 吉林省·通化縣文物工作隊.
- 조사내용 : 고분 조사.

2. 위치와 자연환경(그림 1)

1) 고분군 위치
- 通化縣 江甸子鄕 西江村 東平小學校 서쪽 10m 거리의 산비탈 위에 위치.
- 동·북·서 3면이 용두산에 의해 에워싸여 있으며, 용두산은 높이가 약 200m임.
- 동북 300m의 용두산 남쪽 언덕에는 원시사회 유적지인 서강유적지가 있음.

2) 고분군 주변환경
- 남쪽은 약 2.5km 너비의 충적평원이며, 평원 가장 자리로 혼강이 흐르고 있음.

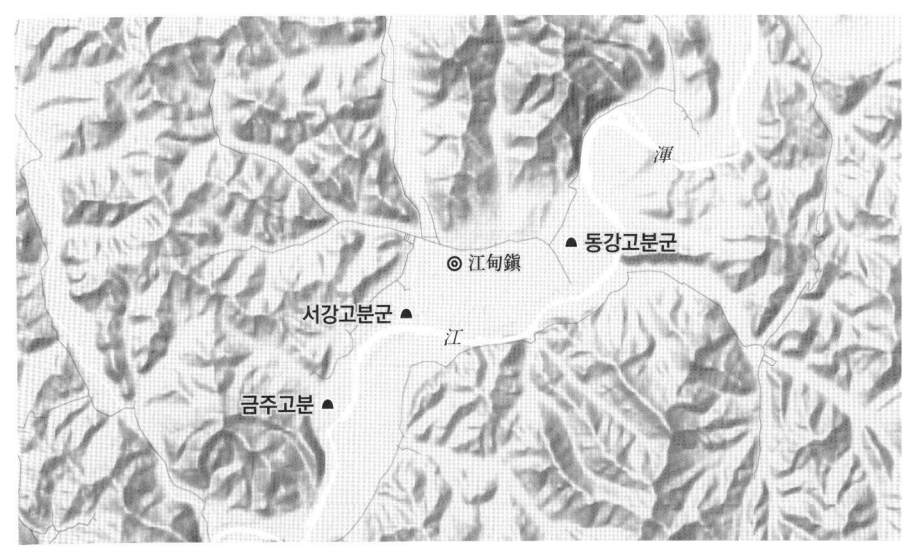

그림 1
서강고분군 위치도

그림 2 서강고분군의 세부 위치도(『通化縣文物志』)

○ 고분군 서쪽 10m 되는 지점에 漁龍溝가 있는데 1930년대에 금을 채취했다고 전함.

3. 고분군의 현황

○ 고분군 면적은 약 1,000m²임[1]
○ 고분 대부분은 보존 및 발굴 가치가 있는데 모두 土坑竪穴墓로서, 비교적 밀집해 분포하고 있음.
○ 1982년 발견 당시 녹송석 구슬장식(綠松石珠飾),

---

[1] 『通化縣文物志』 참조. 해당 문물지의 고분군일람표 142쪽에는 250m², 『中國文物地圖集』 吉林分冊에는 800m²로 기록되어 있음.

토제어망추(陶網墜), 잔(陶杯), 가는 모래 홍갈색 토기(細砂紅褐陶罐), 석제도끼(石斧), 석제화살촉(石鏃), 석제칼(石刀) 등이 출토됨.

4. 출토유물

1) 석제도끼(石斧)

○ 출토지 : 서강고분군.
○ 크기
- 흑회색(그림 3-10) : 너비 3.5cm, 날 폭 8cm, 두께 1.9cm, 길이 16cm.
- 황백색(그림 3-9) : 너비 6.5cm, 날 잔존 폭 6.4cm, 두께 1.9cm, 길이 11.5cm.
○ 형태 : 板狀型으로 2점이 출토되었는데 1점은 회흑색이고 1점은 황백색임. 생김새는 모두 사다리꼴이고 날은 비스듬한 날임. 전자는 세심하게 갈아서 만들었으며 후자는 질이 연하고 표면에는 沙石이 떨어져나간 흔적이 있음.

2) 석제도끼(石斧)

○ 출토지 : 서강고분군.
○ 크기
- 平刃(그림 3-14) : 꼭대기 부분의 직경 6.1cm, 날의 폭 7.4cm, 두께 2.5cm, 전체 길이 13.8cm.
- 斜刃(그림 4-1) : 꼭대기 부분의 직경 4cm, 날의 폭 6cm, 두께 2.5cm, 전체 길이 14.7cm.
○ 형태 : 총 2점으로 棒狀의 사다리형(梯形)임. 날이 평평한 것(平刃)과 날이 비스듬한 것(斜刃)으로 나뉨. 전면을 쪼아서 만들었고, 날 부분은 갈아서 광택이 돌게 함. 꼭대기 부분이 둥글고, 날 부분은 사용한 흔적이 있음.

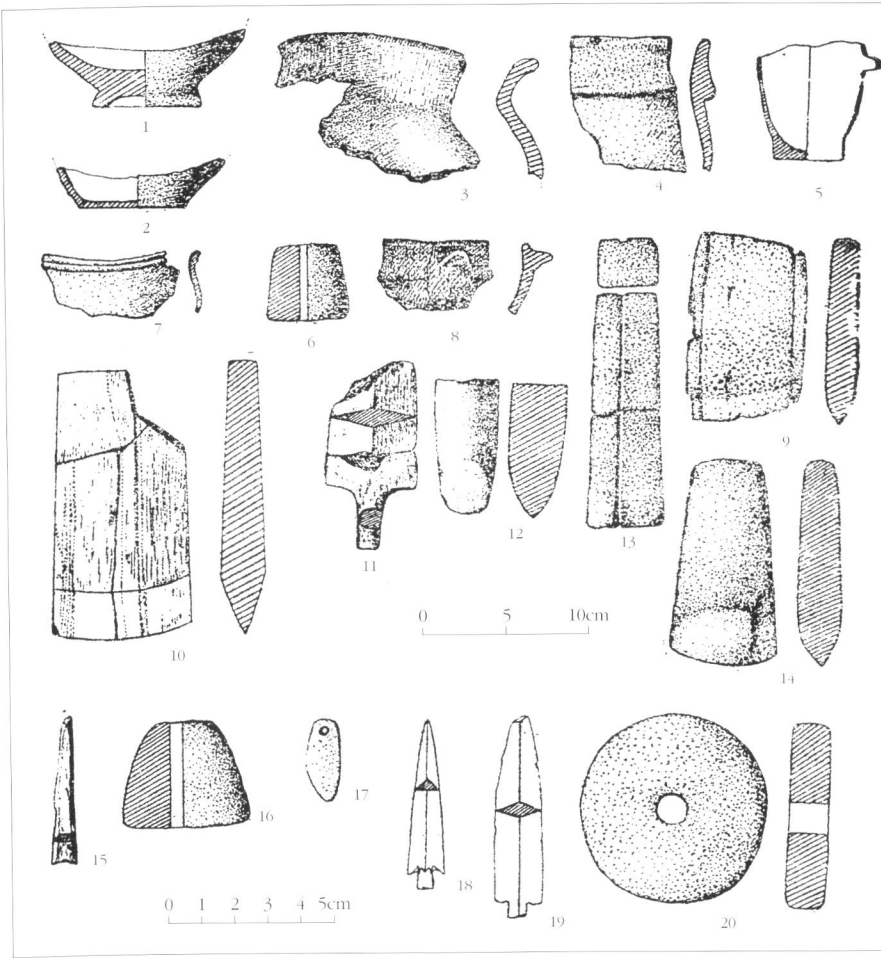

그림 3
서강고분군 채집유물 1
(『通化縣文物志』)
1·2. 토기 기저부
3·4·7·8. 토기 구연부
5. 발형토기
6·16·20. 토제가락바퀴
9·10·14. 석제도끼
11. 석검잔편
12. 석제끌
13. 석제품
15·18·19. 석제화살촉
17. 석제장식

3) 석제화살촉(石鏃, 그림 3-15, 그림 3-18, 그림 3-19)

○ 출토지 : 서강고분군.

○ 크기

- 갈색 : 전체 길이 4.4~5.8cm(1985년 묘지 서쪽 산자락에서 수습).
- 청회색 : 전체 길이 5.1cm, 날개 너비(翼寬) 1.1cm.
- 회색 : 전체 길이 4.4cm, 날개 너비(翼寬) 0.7cm.

○ 형태 : 3점으로 磨製이며, 표면은 갈색, 청회색, 회색 등으로 나뉨. 청회색은 단면이 삼각형이며, 회색은 燕尾形의 미완성품으로 한 면만 磨製이고 나머지 삼면은 가공되지 않음.

4) 석제끌(石鑿, 그림 3-12)

○ 출토지 : 서강고분군.

○ 크기 : 꼭대기 부분 직경 3.9cm, 날 잔존 너비 2.6cm, 전체 길이 8.2cm.

○ 형태 : 청회색이고 몸체는 원주형이며, 몸 전체는 쪼아서 만들었고, 날은 갈아서 광택이 남.

5) 석제창(石矛)

○ 출토지 : 서강고분군.

○ 크기 : 잔존길이 11.3cm.

○ 형태 : 파손품으로 磨製이며, 표면은 녹색이고 둥근 형태임.

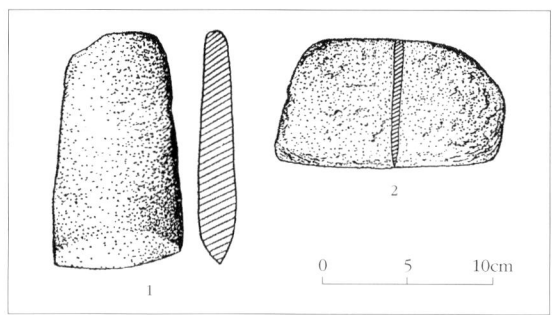

그림 4 서강고분군 채집유물 2(『通化縣文物志』)
1. 석제도끼 2. 석제칼

6) 발형토기(陶杯, 그림 3-5)
○ 출토지 : 서강고분군.
○ 크기 : 바닥 직경 4.5cm, 구연 직경 7.9cm, 전체 높이 6.8cm.
○ 태토 및 색깔 : 굵은 모래 혼입의 흑도.
○ 형태 : 手製. 바닥은 평평하고, 구연은 벌어지고, 입술은 뾰족함. 구연 부근에는 돌기상의 손잡이가 있음.

7) 석제장식(綠松石串珠, 그림 3-17)
○ 출토지 : 서강고분군.
○ 크기 : 구멍 직경 0.2cm, 전체 길이 2.5cm.
○ 형태 : 磨製. 녹색으로 물고기 모양과 비슷한 형태이며, 한 면은 평면이고 다른 한 면은 물고기 배 모양이며, 동그란 구멍이 뚫려 있음.

8) 석제가락바퀴(陶紡輪, 그림 3-16)
○ 출토지 : 서강고분군.
○ 크기
- 황백색 : 구멍 직경 0.7cm, 전체 높이 3.8cm, 바닥 직경 4.5cm, 꼭대기 부분 직경 3.9cm.
- 홍갈색 : 구멍 직경 0.9cm, 전체 높이 3.2cm, 바닥 직경 4.1cm, 꼭대기 부분 직경 약 2.4cm.
○ 형태 : 2점으로 기둥 모양(柱狀)인데 외관은 사다리형(梯形)이며, 가운데 동그란 구멍이 있음. 황백색과 홍갈색 각 1점이 있음.

9) 석제가락바퀴(陶紡輪, 그림 3-20)
○ 출토지 : 서강고분군.
○ 크기
- 홍갈색 : 직경 5.6cm, 구멍 직경 0.7cm, 두께 1.1cm.
- 황백색 : 직경 5.6cm, 두께 1.4cm, 구멍 직경 0.8cm.
- 기타 : 직경 5.7cm, 구멍 직경 0.9cm, 두께 1.2~1.0cm.
○ 형태 : 3점으로 둥근 접시모양(圓盤狀)임. 1점은 홍갈색으로 소성도가 높은 편이고 질이 단단하며, 1점은 황백색임.

10) 토기편(그림 3-1 ~ 그림 3-5, 그림 3-7, 그림 3-8)
○ 출토지 : 서강고분군.
○ 태토 및 색깔
- 검은색, 갈색, 황갈색, 홍갈색, 회색, 청회색 등이 있음. 어떤 것은 밝은 검은색이고 안은 갈색이며, 어떤 것은 바닥은 검은색이고 상부는 갈색으로 색이 균일하지 않음.
- 모래 섞인 거친 토기(夾砂粗陶)에 속하며 활석가루가 섞여 있음.
○ 형태
- 총 12점으로 手製이며 무늬가 없음.
- 구연은 입술이 뾰족한 것(尖脣), 입술이 둥근 것(圓脣), 입술이 네모진 것(方脣) 등 세 형태가 있음. 손잡이는 橋狀竪耳, 瘤狀乳丁耳, 板耳 등 세 가지가 있음. 바닥은 들린 굽(圈足), 들린 굽과 유사한 형태(假圈足), 평평한 것(平底) 등 세 종류가 확인됨.
- 잔편의 형태를 보면 입술이 뾰족하고 목이 높고 배

가 볼록하고 바닥이 평평하고 복부에 橋狀竪耳가 달린 발형토기는 형태가 비교적 크고, 소성도가 높고 홍갈색이며 질이 단단함. 어떤 발형토기는 구연부에 선문(弦紋)이 시문되었는데 입술이 뾰족하고 구연이 벌어지고 복부가 볼록하고 들린 굽(圈足)이 있으며, 형태가 비교적 작고 일반적으로 회색 또는 청회색으로 질이 비교적 무르며, 선문(弦紋) 위에 瘤狀乳丁耳 또는 板耳 등이 있음. 특징은 器壁이 얇고 바닥이 두껍고 형체가 큰 편임.

11) 석제칼(石刀, 그림 4-2)
○ 출토지: 서강고분군.
○ 크기: 圓頂 직경 7.8cm, 날(刃) 너비 12.4cm, 높이 6.7cm, 두께 0.3cm.
○ 형태: 磨製로 흑회색이며, 평면형태는 사다리형(梯形)이고 날은 평평함.

12) 석제품(磨石條, 그림 3-13)
○ 출토지: 서강고분군.
○ 크기: 길이 14cm, 너비 3.4~4.5cm, 두께 3cm. 홈(溝槽)은 너비 0.5cm, 깊이 0.1cm.
○ 형태: 표면은 매끄럽고 연한 갈색을 띠고 거친 사석암 재질임. 정면 중간에 홈이 파여 있음.

5. 역사적 성격

채집된 출토품이 서강고분군 인근의 西江 유적지와 小龍頭 유적지의 연대와 같으므로 청동기시대 고분군으로 추정됨. 서강고분군은 혼강 유역에서 발견된 최대의 원시사회 고분군임.

참고문헌
· 吉林省文物志編纂委員會, 1986, 『通化縣文物志』.
· 國家文物局 主編, 1993, 『中國文物地圖集』 吉林分冊.

02 통화 서산남파고분군
通化 西山南坡古墳群

1. 조사현황

1) 1978년 가을 유물 발견
통화시 식품 공장의 퇴직 노동자가 집을 짓기 위해 택지를 고르다가 토기, 석기 등의 유물을 발견했으며, 당시 이 유물들은 市文化館保管에 맡겨짐.

2) 1979년 1월 조사
○ 조사기관 : 吉林省文物工作隊.
○ 조사내용 : 1978년 발견된 유물 13점을 회수하고, 현재 길림성문물고고연구소가 소장함.

3) 1985년 5월 조사
○ 조사기관 : 通化市文物普査隊.
○ 조사내용 : 1978년 유물이 발견된 지점을 조사했으나 현장은 이미 건축물이 들어서 파괴된 상태임.

2. 위치와 자연환경(그림 1)

○ 通化市區 光明街 啓明委 渾江 北岸의 市區 西山南坡에 위치.
○ 통화시 西山은 비교적 평탄하고 넓으며, 북쪽으로는 해발 631m의 大頂山이 있고 그 산 아래 남쪽 500km 지점은 혼강이 흐름.

그림 1
서산남파고분군 위치도

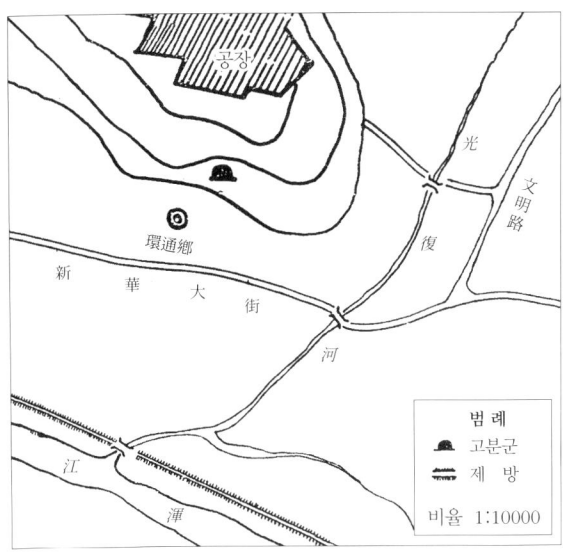

그림 2 서산남파고분군의 세부 위치도(『通化市文物志』)

3. 고분의 현황

○ 고분군과 고분 현황에 대한 소개는 없으나 유물 상황을 보면, 원시사회 墓地로 보여짐.
○ 유물 발견 상황 : 약 1m 깊이의 土層에서 유골 3구를 발견했는데, 유골은 서로 약 2m 떨어져 있음. 유골의 부근에서 석제도끼(石斧) 2점, 석제자귀(石錛)·석제창(石矛)·석제낫(石鎌) 각 1점, 석제칼(石刀) 5점, 토기(陶罐) 2점, 토제가락바퀴(陶紡輪) 1점 등을 출토함.

4. 역사적 성격

서산남파고분군의 유물이 만발발자유적지의 출토유물과 유사하므로, 만발발자유적과 동시기인 청동기시대의 고분으로 추정됨.

○ 大頂山 아래의 光復河(小北溝河)는 서산 동쪽 끝 산허리 아래를 지나 혼강으로 유입하며, 서산 끝자락에는 대정산으로 통하는 골짜기(半截溝)가 있는데 董窯溝라고 부름.
○ 혼강을 사이에 두고 약 2km 거리에 萬發拔子(일명, 王八脖子) 유적지가 있음.
○ 고분 서남쪽으로 環通鄕政府가 자리하고 있음.

참고문헌
- 吉林省文物志編纂委會, 1986, 『通化市文物志』.
- 國家文物局 主編, 1993, 『中國文物地圖集』吉林分冊.

03 통화 승리고분군
通化 勝利古墳群

1. 조사현황 : 1985년 발견

○ 조사기관 : 通化縣 文物普査隊.
○ 조사내용 : 4기의 고분 확인.

2. 위치와 자연환경(그림 1)

○ 通化縣 大川鄉 勝利村 勝利小學校 동남 200m 거리의 산비탈에 위치하는데 산비탈은 동서로 이어지며, 높이는 약 50m임.

○ 산 아래 개울이 흐르는데 산골짜기를 따라 남쪽으로 흐르다가 頭道河로 유입되며 맞은편에는 높은 산이 자리하고 있음.

3. 고분의 현황

○ 원래 고분이 비교적 많았으나 봉토묘 4기만 잔존하며, 파괴가 심해 빈 묘실만이 지상에 남아 있음. 고분 형식은 봉토동실묘로 한 변 길이 약 4m이며, 모두 동서향임.

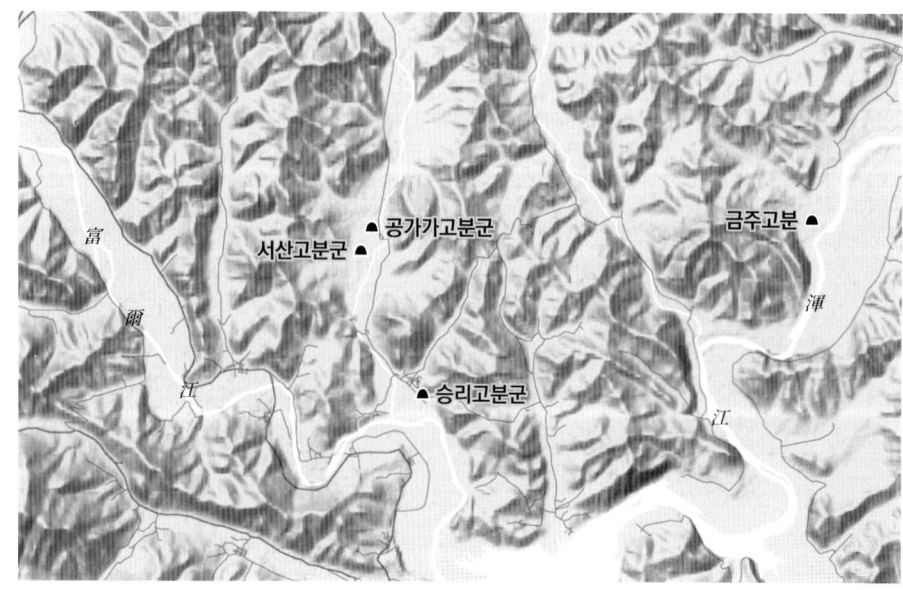

그림 1
승리고분군 위치도

○ 고분별 규모
- M1 : 높이 1.5m, 동서 길이 7m, 남북 너비 6m.
- M4 : 높이 1.8m, 동서 및 남북 길이 모두 8m.
- M3 : M4와 형식과 크기가 대체로 동일하고, M2보다 큰 편임.

○ 구조 : M3의 묘실은 약간 가공한 장대석(石條)으로 축조되었는데 묘실 평면은 장방형으로 깊이 0.7m, 너비는 서단 1.6m, 동단 1.7m, 길이 2.3m임. 묘실 바닥에는 판석을 깔았고 현재 네 모서리에는 黑灰土를 쌓아 놓음.

○ 기타 : 고분의 葬式 및 부장품은 확인이 안됨.

4. 역사적 성격

봉토석실묘라는 고분 형식을 볼 때, 승리고분군은 고구려 고분일 가능성이 큼.

참고문헌
- 吉林省文物志編纂委會, 1986, 『通化縣文物志』.
- 國家文物局 主編, 1993, 『中國文物地圖集』 吉林分冊.

04 통화 주도목고분
通化 丟倒木古墳

1. 조사현황 : 1985년 발견

○ 조사기관 : 通化縣文物普查隊.
○ 조사내용 : 1기 고분 확인.

2. 위치와 자연환경(그림 1)

○ 通化縣 大川鄕 榮勝村1隊 丟倒木溝門의 북쪽 산기슭에 위치.
○ 산은 비교적 우뚝 솟아 있는데 높이 약 40m이고, 고분 앞 2m 거리에 시내가 흐르고 있음.
○ 고분 남쪽으로 榮勝村1隊, 즉 丟倒木 자연촌이 50m 떨어져 위치.
○ 快大(茂鎭) – 勝利 간의 도로가 주도목촌을 관통함.

3. 고분의 현황

○ 방단적석묘 1기가 남아 있으나 심하게 파괴된 상태임. 고분 상면은 돌들이 무질서하고 3매의 거대한 판석으로 덮여 있음.

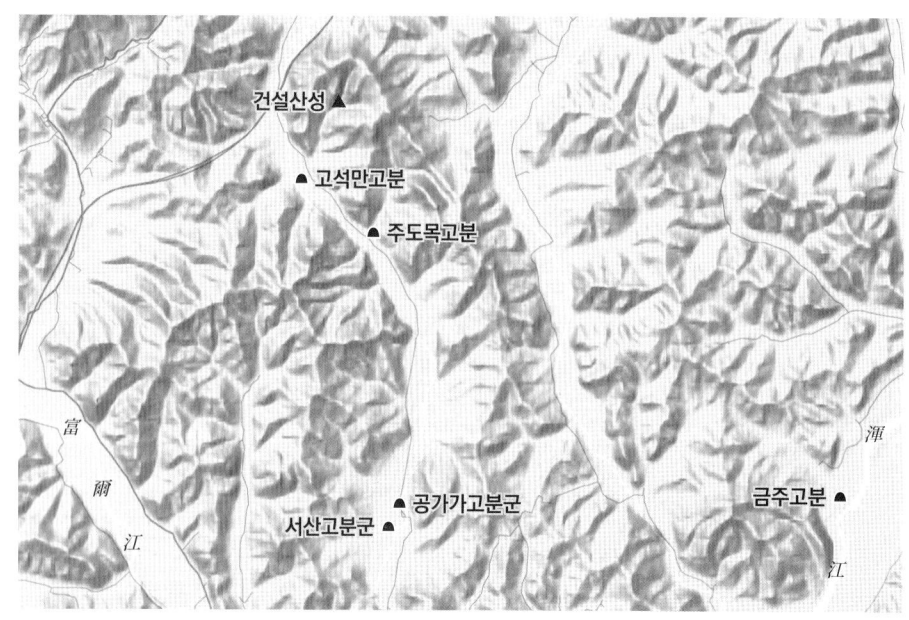

그림 1
주도목고분 위치도

○ 네모난 돌로 방형 묘실을 조성했는데 규모는 길이 2.7m, 너비 2.8m, 높이 약 0.5m임. 耳室이 있음.
○ 고분 주위의 지표에는 유물 흔적이 없음.

4. 역사적 성격

고분 형식상 고구려시기 고분으로 추정됨.

참고문헌

- 吉林省文物志編纂委會, 1986, 『通化縣文物志』.
- 國家文物局 主編, 1993, 『中國文物地圖集』 吉林分冊.

05 통화 공가가고분군
通化 孔家街古墳群

1. 조사현황 : 1985년 발견

○ 조사기관 : 通化縣文物普查隊.
○ 조사내용 : 심하게 파괴된 4기 고분을 확인함.

2. 위치와 자연환경(그림 1)

○ 通化縣 大川鄕 孔家街村 북쪽 800m 거리의 비탈지에 위치.
○ 고분군 자리는 현재 경작지로 바뀌었고, 서쪽에는 산이 연이어 있고, 동쪽에는 頭道溝와 약 300m 떨어져 있으며, 북쪽으로는 城墻村과 0.5km 가량 떨어져 있음.
○ 고분군 동서 양쪽으로 좁고 긴 하곡 평원이 자리하고 있음.

3. 고분의 현황

○ 10여 기 고분이 있었으나 경작지에 의해 파괴되고 4기의 봉토동실묘만 남아 있는 상태임.[1]

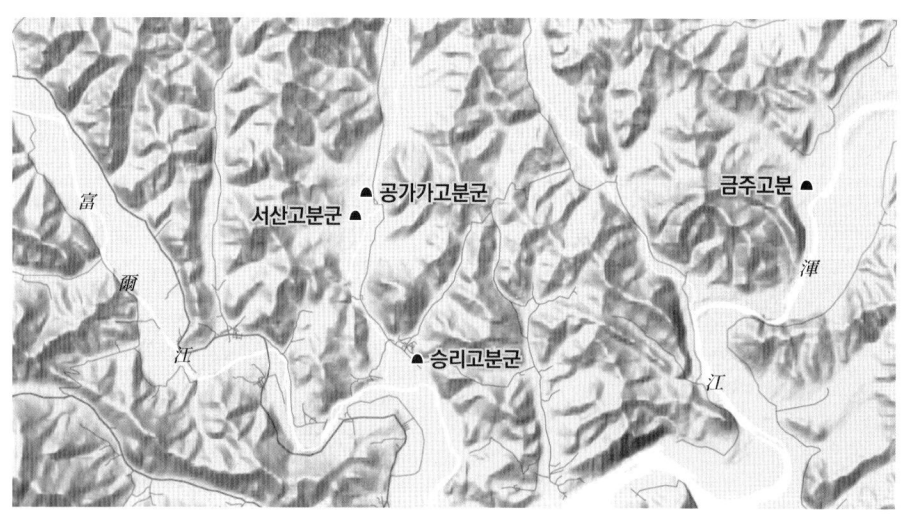

그림 1
공가가고분군 위치도

---

[1] 『中國文物地圖集』 吉林分冊과 『通化縣文物志』 고분군일람표 참조. 『通化縣文物志』 본문에서는 2기만 잔존하는 것으로 소개.

○ 현재 2기 고분이 보존상태가 양호한데 모두 표면에 돌무지가 흩어져 있고 거대한 판석이 노출되었으며, 두 고분은 30cm 간격을 두고 동서로 배열되어 있음.
○ 고분 규모
- 고분 1 : 둘레 길이 약 20m, 높이 약 1m.
- 고분 2 : 둘레 길이 32m, 높이 약 1.2m.
○ 내부구조는 알 수 없으며, 주위 지표에서는 어떤 유물도 수집되지 않음.

4. 역사적 성격

고분 형식상 고구려시기 고분으로 추정됨.

참고문헌
- 吉林省文物志編纂委會, 1986, 『通化縣文物志』.
- 國家文物局 主編, 1993, 『中國文物地圖集』 吉林分冊.

06 통화 서산고분군
通化 西山古墳群

1. 조사현황 : 1985년 발견

○ 조사기관 : 通化縣 文物普査隊.
○ 조사내용 : 4기 고분 확인.

2. 위치와 자연환경(그림 1)

○ 通化縣 大川鄕 孔家街村 西山 산비탈지에 위치.
○ 산비탈은 높이 약 20m이고, 舌頭狀으로 동쪽으로 돌출됨.
○ 고분군 동쪽으로 1km 거리에 頭道河 · 大川이 있고, 공가가촌과 약 500m 떨어져 있음.

3. 고분의 현황

○ 봉토동실묘 4기가 있으며, 현존 높이 약 1m임.
○ 2기 고분은 이미 심하게 파괴된 상태이고, 다른 2기는 비교적 보존상태가 양호한 적석묘임.[1]

4. 역사적 성격

고분 형태상 고구려시기 고분으로 추정됨.

참고문헌
· 吉林省文物志編纂委會, 1986, 『通化縣文物志』.
· 國家文物局 主編, 1993, 『中國文物地圖集』 吉林分冊.

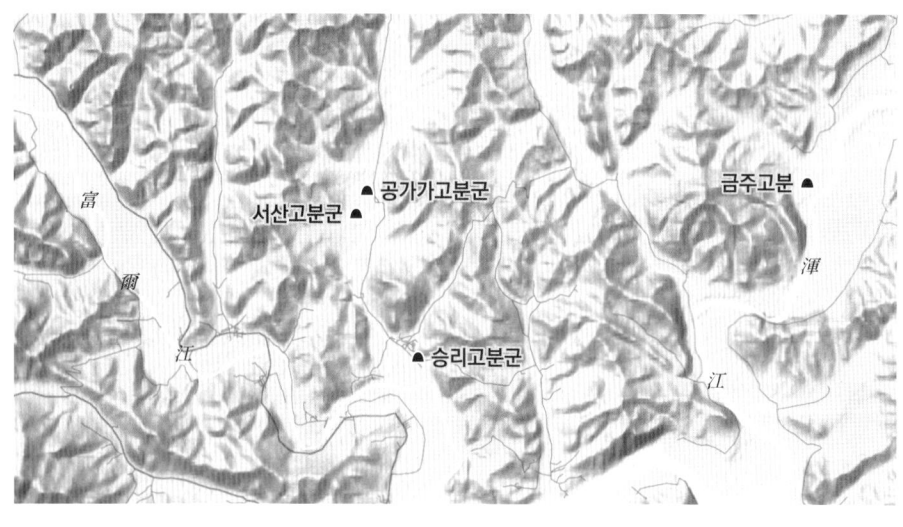

그림 1
서산고분군 위치도

---
[1] 『通化縣文物志』, 78쪽.

07 통화 강구고분군
通化 江口古墳群

1. 조사현황

1) 1956년 조사
○ 조사기관 : 吉林省文化局.
○ 조사내용 : 혼강 중류 유역의 혼강시에서 부이강구에 이르는 지역을 조사.

2) 1959년 10월 13일~11월 1일 조사
○ 조사기관 : 吉林省文物工作隊.
○ 조사참여자 : 徐漢瑞, 徐國文, 鄭國, 嚴長隸, 劉法祥, 李尙信.
○ 조사내용 : 강구촌과 동강촌 고구려 고분을 조사하여 고분 9기를 발굴함. 강구촌 고분군에서 24기의 고분을 확인하고 3기 고분을 발굴함.[1]

3) 1985년 조사
○ 조사기관 : 通化縣文物普査隊.
○ 조사내용 : 약 16기의 고분을 확인했는데 대다수 봉토묘임.[2] 대석판의 천장식이 노출되었고 평면은 대다수가 방형임. 무덤 둘레 길이 16~20m, 높이 약 0.5m이고 동서 방향을 띰.

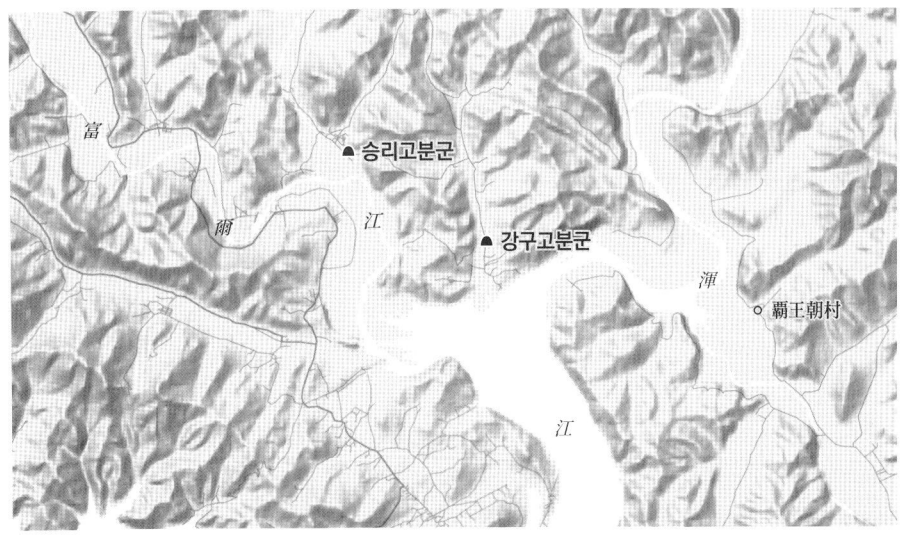

그림 1
강구고분군 위치도

---
1 『通化縣文物志』 참조. 『中國文物地圖集』 吉林分冊에는 30여 기로 기록.

2 『通化縣文物志』 참조. 『中國文物地圖集』 吉林分冊에는 모두 봉토동실묘로 소개.

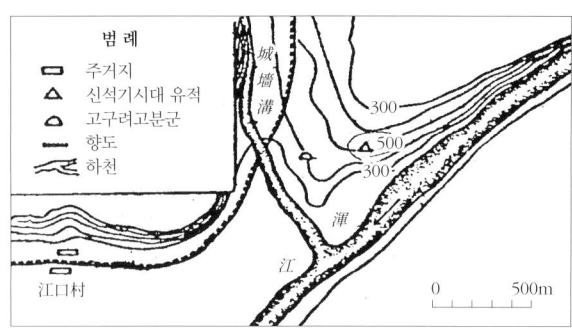

그림 2 강구촌 고구려 고분군 세부 위치도(『考古』1960-7)

2. 위치와 자연환경(그림 1~그림 2)

○ 通化縣 大泉源鄕 江口村 동북 300m 작은 산비탈의 서남 비탈 위에 위치.
○ 현지인들은 이 산을 小東山이라 하며, 소동산은 남북향으로 높이 약 10m임.
○ 소동산 남쪽은 勝利 漁場水域이고 혼강 너머는 집안현임. 서쪽에는 螢場河가 있고 이 螢場河는 환인댐으로 유입.

3. 고분군의 현황

1) 고분군의 분포양상
○ 16기가 잔존하는 고분군은 鄕道에 의해 상하로 양분되는데 상부는 8기이고, 하부는 8기임. 하부 8기 고분은 현대 민묘와 혼재되어 있음.
○ 고분은 대다수 봉토묘인데 봉토분구는 이미 훼손되어 정상부 천장석이 노출되었음. 봉토묘는 둘레가 모두 16~20m 정도이고 높이가 약 0.5m이며, 동서 방향이며, 미가공 석재로 조성했음.

2) 1959년 조사에 의한 분류

(1) 단실묘(강구14호묘)
○ 당시 조사 때 고분이 비교적 큰 편으로 묘실 네 벽은 미가공 석재로 조성했는데 묘실 벽은 위로 올라가면서 점차 안으로 들여쌓아 묘실 상부(墓口)[3] 는 좁고 바닥은 넓어 횡단면은 사다리형(梯形)임. 묘실 바닥에는 자갈(卵石)이나 판석을 깔음. 고분은 서남향임.
○ 서남단에 있는 墓道는 돌(石塊)로 층층이 조성했는데 묘도 벽 하나는 서남단 묘실 벽 사이에 만들고, 다른 하나는 서남단벽의 측면에 묘실 벽을 연장하여 만듦.
○ 묘실 상부는 길이 1.51~2.35m, 너비 0.9~1.4m, 높이 0.6~0.9m임.
○ 墓道 역시 입구는 좁고 바닥은 넓은데 입구는 길이 1.3~2.3m, 너비 0.5~0.9m임.

(2) 쌍실묘(강구 8호묘·16호묘, 그림 3)
○ 고분 축조방식은 단실묘와 같으며, 단실묘 사이에 벽을 만들어 묘실을 두 개로 만듦.
○ 8호묘의 2실은 각각의 묘도가 있으며, 16호묘는 우실만 묘도가 있고 좌실은 묘도가 없음.
- 묘실 : 길이 1.7~1.8m, 너비 0.9~1.3m, 높이 0.68~0.94m.
- 묘도 : 길이 1.5~1.64m, 너비 0.42~0.56m, 깊이 0.65~0.75m.
○ 8호묘는 다른 고분과 다르게 바닥을 깔음.
- 좌실에는 모두 얇은 판석을 평평하게 깔고, 상면에는 2개의 두개골이 나란히 놓여 있음.

---

[3] 墓口는 묘실 입구라는 의미로 무덤길(연도) 어구로 볼 수 있지만 보고자는 덮개돌을 제거한 다음 드러나는 곽실의 테두리를 묘구라고 표현(정찬영, 1967, 「고구려초기 묘제의 유래」, 『고고민속』 1967-4, 15쪽).

그림 3 강구8호묘 평면도(『考古』 1960-7)

- 우실[4] 역시 판석을 깔았으며, 중간에는 긴 홈(凹槽)을 만들었는데 너비 30cm, 높이 10cm으로 그 안에 頭骨片과 肢骨이 있음.
- 두 묘실의 판석을 들어내면 바닥에는 한 겹의 자갈(卵石)이 깔려 있음.
- 묘도 바닥도 돌(石塊)을 깔았는데 묘실 바닥보다 17cm 높음.

4. 역사적 성격

1) 고분 축조방식
○ 미가공 석재로 조성하였는데 묘실 내벽은 위로 갈수록 점차 안으로 들여쌓아 위는 좁고 바닥쪽은 넓음. 묘실 바닥에는 자갈과 판석을 깔았음.
○ 묘도는 모두 서남단에 있고 묘도 내부는 모두 돌과 자갈로 막았음.
○ 묘실 방향 역시 모두 서남-동북향임. 묘실 서남면은 비교적 높고 안으로 경사져 있음.

2) 부장품과 장속
고분 안에는 부장품이 없고 유골 또한 매우 적어 5기 고분에서 소량의 유골이 출토되며, 합장도 확인됨.

3) 고분연대
강구고분군의 단실묘, 쌍실묘는 구조로 보아 고구려시대로 추정되나, 정확한 시기는 알 수 없음.

참고문헌
- 吉林省文物管理委員會, 1960, 「吉林通化市江口村和東江村考古發掘簡報」, 『考古』 1960-7.
- 吉林省文物志編纂委員會, 1986, 『通化縣文物志』.
- 國家文物局 主編, 1993, 『中國文物地圖集』 吉林分冊.

4　『考古』 1960-7 및 『通化縣文物志』에는 左側室로 표현되었으나 내용상 우측실의 오기로, 수정하여 정리함.

08 통화 번영고분군
通化 繁榮古墳群

1. 조사현황

1) 1960년[1] 조사
- 조사기관 : 通化縣文物普査隊.
- 조사내용 : 고분 14기 확인.

2) 1985년 조사
- 조사기관 : 通化縣文物普査隊.
- 조사내용 : 고분 7기[2] 확인.

2. 위치와 자연환경(그림 1~그림 3)

- 通化縣 大都嶺鄕 繁榮村 동쪽 2km 지점[3] 의 도로 양쪽에 위치.
- 고분군 북쪽은 群山에 기대어 좁은 계곡의 평탄 대지를 마주함.
- 고분군 남쪽 300m 지점에서 高麗墓子河가 서에서 동으로 흘러 江沿村 방향으로 나아감.

그림 1
번영고분군 위치도 1

---

[1] 『通化縣文物志』 참조. 『中國文物地圖集』 吉林分冊에는 1959년 조사로 기록. 조사내용 역시 『通化縣文物志』 본문에는 14기의 고분을 확인하였다고 하지만, 『通化縣文物志』 고분군일람표와 『中國文物地圖集』 吉林分冊에는 원래 20여 기가 있었다고 기록.

[2] 『通化縣文物志』 참조. 『通化縣文物志』 고분군일람표와 『中國文物地圖集』 吉林分冊에는 8기로 기록.

[3] 『通化縣文物志』 참조. 『通化縣文物志』 고분군일람표와 『中國文物地圖集』 吉林分冊에는 '남쪽 1.5km'로 기재.

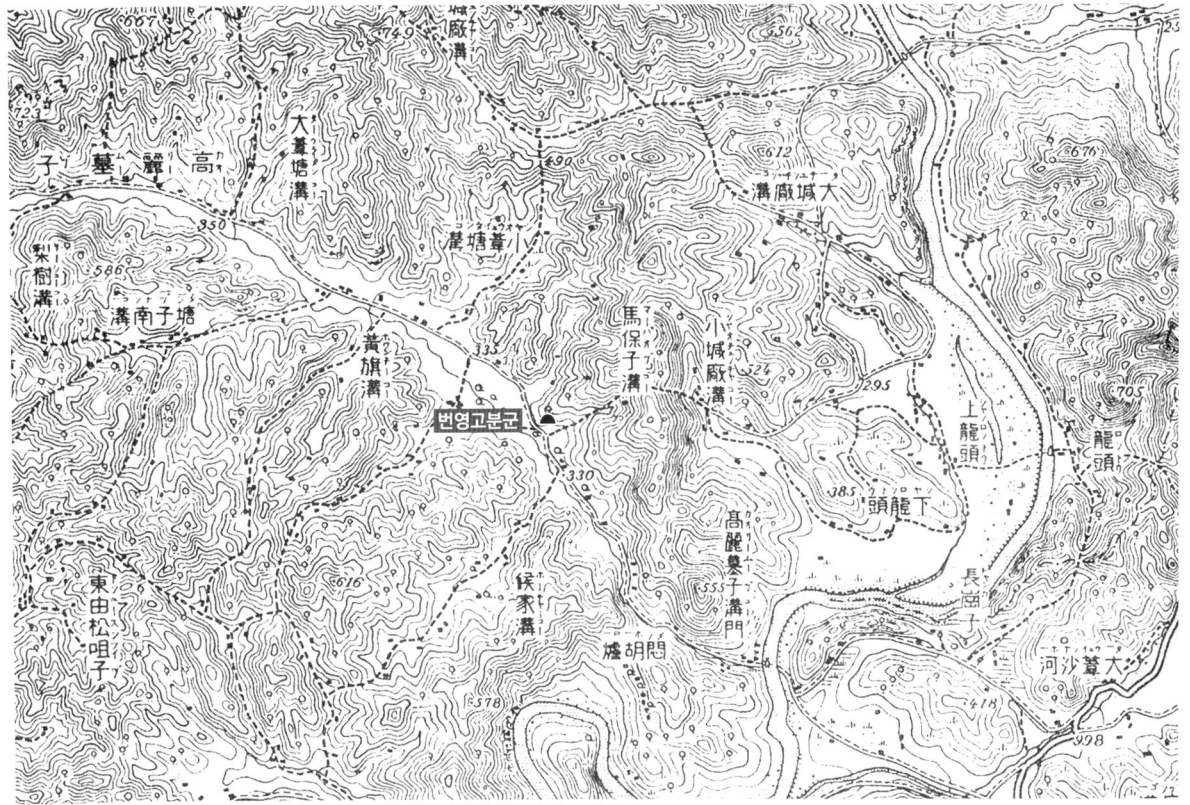

그림 2 번영고분군 주변 지형도(滿洲國 10만분의 1 지형도)

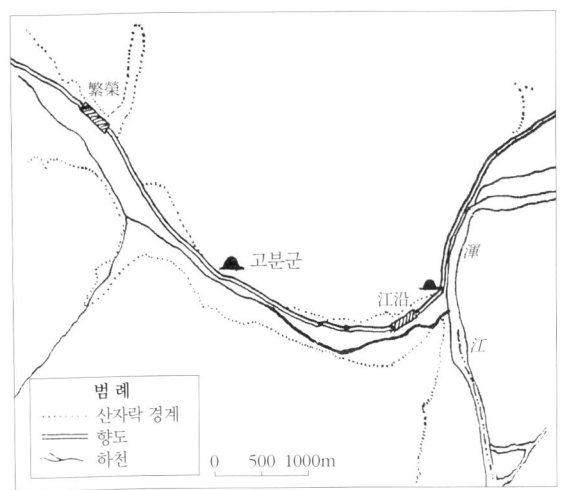

그림 3 번영고분군 위치도 2(『通化縣文物志』)

3. 고분군의 현황

○ 20여 기 고분이 분포하였으나 7기만 확인됨.
○ 고분군은 도로에 의해 양분되는데 도로 북쪽에 3기가 경사지 위에 분포하고, 도로 남쪽에 4기가 논 가장자리에 분포함.

○ 고분 규모는 대체로 4~6m이고, 고분 형식은 방단적석묘와 봉토동실묘임.[4]
○ 3기 고분은 비교적 양호한 상태로 모두 봉토석실묘이고, 천장의 봉토는 이미 무너져 거대한 판석이 지표에 노출됨.

4. 역사적 성격

번영고분군은 고구려시대 고분으로 보지만 시기를 판단할 확실한 근거는 확보되지 않았음.

참고문헌

- 吉林省文物志編纂委會, 1986, 『通化縣文物志』.
- 國家文物局 主編, 1993, 『中國文物地圖集』 吉林分冊.

---

4   『中國文物地圖集』 吉林分冊 참조.

09 통화 신개고분군
通化 新開古墳群

1. 조사현황 : 1985년 4월 조사

○ 조사기관 : 通化縣文物普查隊.
○ 조사내용 : 7기의 고분 확인.

2. 위치와 자연환경(그림 1)

○ 通化縣 大都嶺鄕 新開 – 繁榮 간의 도로 북쪽 산기슭에 위치.
○ 新開河村 동쪽 150m에 위치.
○ 고분군은 '老蘇小溝' 溝門 지점에 위치.

○ 고분군 서쪽에는 약 1,500m 거리에 신개촌이, 고분 남쪽 약 4m에는 도로가 있음.
○ 高麗墓子河가 고분군 남쪽 200m 되는 곳에서 서에서 동으로 흐르는데, 이곳 골짜기 너비는 약 300m임.

3. 고분군의 현황

○ 고분은 산기슭을 따라 약 90m 범위에 분포해 있음.
○ 원래 20여 기가 있었으나 현재는 7기만 남아 있으며, 고분 대다수는 殘墓임.
○ 고분 형식은 모두 봉토동실묘임.[1]

그림 1
신개고분군 위치도

---

[1] 『中國文物地圖集』 吉林分冊 참조.

4. 고분별 현황

1) 신개1호묘
○ 유형 : 봉토석실묘.
○ 방향 : 남편서 40°.
○ 구조 : 석실 천장석은 한쪽으로 옮겨져 현재 북쪽 절반만이 남아 있음.

2) 신개5호묘
○ 유형 : 봉토석실묘.
○ 방향 : 南偏西 30°.
○ 구조 : 보존상태는 양호한 편으로 묘도에는 진흙이 채워져 있음. 석실 위 천장석은 비교적 크고 훼손 흔적은 보이 않으며, 드러난 높이는 약 0.5m이며, 나머지는 지하에 있는 반지하식 구조임.

3) 기타
○ 신개2호묘 : 봉토는 낮으나 외관은 양호함.
○ 신개3호묘 : 천장석만 남음.
○ 신개4호묘 : 묘실의 기초(殘基)가 일부 남음.
○ 몇 기(6호묘·7호묘) : 심하게 파괴됨.

5. 역사적 성격

고분군의 형식과 구조상 고구려시대 고분으로 추정되나 시기 판단의 명확한 근거는 확보되지 않았음.

참고문헌
- 吉林省文物志編纂委會, 1986, 『通化縣文物志』.
- 國家文物局 主編, 1993, 『中國文物地圖集』 吉林分冊.

10 통화 하룡두고분군
通化 下龍頭古墳群

1. 조사현황

1) 1960년[1] 조사
○ 조사기관 : 通化縣文物普查隊.
○ 조사내용 : 70여 기 고분 확인.

2) 1985년 조사
중소형 규모의 고분 44기[2] 확인.

3) 2005년 11월 조사
○ 조사기관 : 通化縣文管會辦公室.
○ 조사 참여자 : 王貴玉, 王志敏, 王珺 등 5인.
○ 조사내용 : 혼강의 통화시 동남구역을 중점으로 삼아 20여 일 고고조사를 실시함. 下龍頭 土珠子 제사유적을 중심으로 방사상으로 혼강 양안에 분포하는 유적지 및 고분의 밀집 구역을 발견하고 조사함. 동일 시기 거주지 5곳(下龍頭 龍崗, 漁營 長崗, 龍泉村 龍崗, 長崗村 龍崗, 頭道鎭 東村), 고분군 2곳(南頭屯, 下龍頭), 제사지 1곳(土珠子) 등 삼위일체의 대형 유적군을 이룸.

그림 1
하룡두고분군 위치도 1

---

1 『通化縣文物志』 참조. 『中國文物地圖集』 吉林分冊에는 1959년 조사로 기록.

2 『通化縣文物志』 참조. 『通化縣文物志』 고분군일람표와 『中國文物地圖集』 吉林分冊에는 41기로 소개.

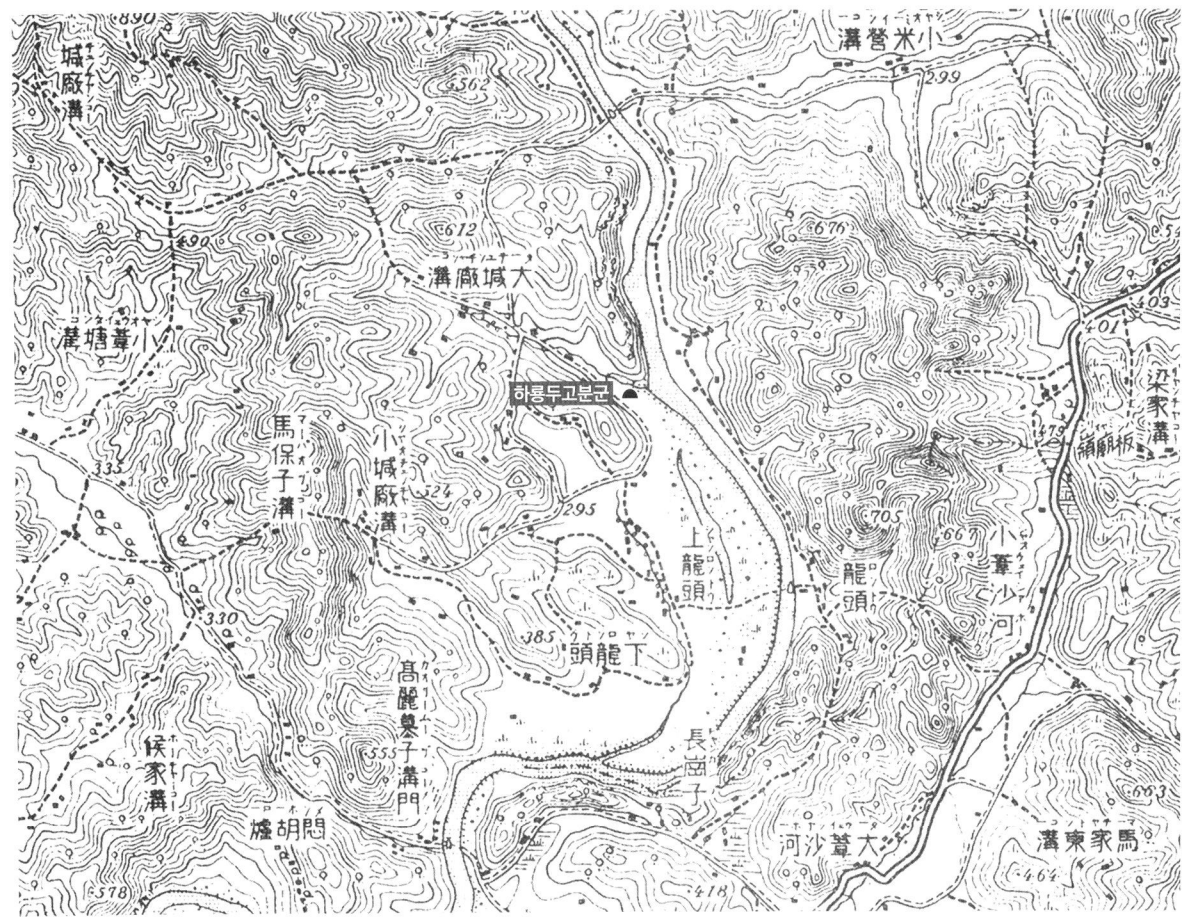

그림 2 하룡두고분군 주변 지형도(滿洲國 10만분의 1 지형도)

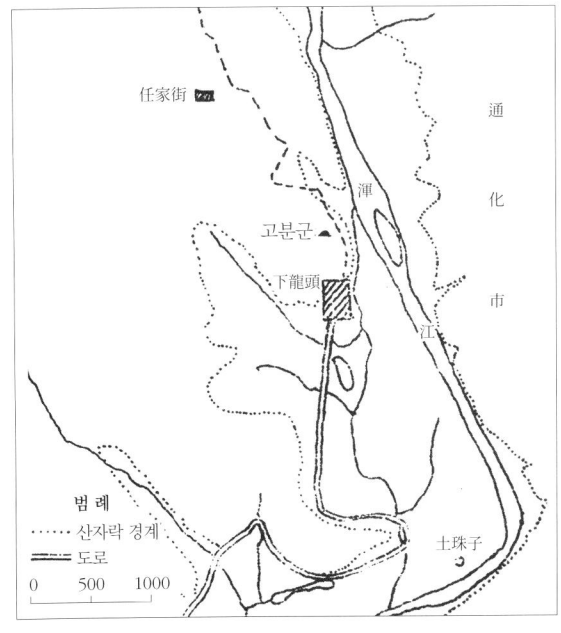

그림 3 하룡두고분군 위치도 2(『通化縣文物志』)

2. 위치와 자연환경(그림 1~그림 3)

1) 고분군 위치
○ 通化縣 大都嶺鄉 下龍頭村 북쪽 300m[3]의 평지 위에 위치.
○ 혼강 우안 평활하고 경사가 비교적 완만한 西高東低 대지에 위치.

---

3 『東北史地』 2006-6 참조. 『通化縣文物志』에는 150m, 『通化縣文物志』 고분군일람표와 『中國文物地圖集』 吉林分冊에는 500m로 소개.

2) 고분군 주변환경

○ 고분에서 동쪽 200m 거리에 혼강이 흐르는데 혼강은 북에서 남쪽으로 흘러 하룡두촌을 지나감. 강폭은 넓고, 마을은 西岸보다 10m가 낮음.
○ 혼강을 사이에 두고 통화시 江沿 5隊와 6隊가 있고 강연 6대의 남두둔고분군과 마주해 있음.
○ 고분군 북쪽으로 구릉 2개가 마주하고 있는데 날아오르는 용과 닮았다고 하여 龍崗이라 부름.

3. 고분군의 현황

1) 1985년 현황

○ 고분군 동쪽의 任家街 방향과 통하는 鄕路 주위에 고분이 분포하는데 대다수 고분은 鄕路 서쪽에 밀집해 있고, 동쪽의 고분 몇 기는 심하게 파괴됨. 고분군 북단의 고분은 몇 기의 현대 분묘와 혼재함.
○ 현재 44기 고분이 남아 있는데 17기가 비교적 상태가 양호한데 방단적석묘, 소형봉토석실묘와 봉토석실묘 등으로 구성됨. 9호묘는 봉토가 유실되어 천장석이 노출되었는데 천장석은 두께 0.30m, 너비·길이 각 8.7m, 무게 수 톤에 이름. 분구 규모는 작은 것은 직경 4m, 큰 것은 9m 정도임.
○ 통화현에서 최대 규모의 고분군임.

2) 2005년 현황

○ 고분군은 남북 너비 약 400m, 동서 너비 약 30m 범위에 분포함.
○ 고분 46기가 남아 있으며, 크기와 형식이 다름.
○ 형식은 방단계제석실묘, 방단계제광실묘, 적석연접묘 등이 확인됨.
○ 고분의 한 변 길이는 대형 7~8m, 소형 2m를 넘지 않음.
○ 적석연접묘는 3기의 소형고분이 서로 연접하는데 3기가 동서 방향의 적석으로 서로 연결되어 있음.
○ 남북 방향으로 포장된 도로가 고분군의 중앙을 관통하고 고분군 남측에서 도로가 갈라지면서 고분군은 세 부분으로 분할되어 도로 서쪽에 34기, 도로 동쪽에 10기, 갈림길 사이에 2기 등이 분포해 있음.

4. 고분별 현황(2005년도 조사)

1) 하룡두1호묘(M1)

○ 유형 : 방단계제석실적석묘.
○ 규모 : 남북 길이 7.5m, 동서 길이 5.2m, 서측 잔존높이 1.26m, 동측 잔존높이 1.60m.
○ 구조 : 3단 계단이 잔존하며, 석실은 분구 상부에 위치하는데 판석으로 조성됨. 보존상태는 양호함.

2) 하룡두2호묘(M2)

○ 유형 : 방단계제석실적석묘.
○ 규모 : 각 한 변 길이 7.3m, 동측 잔존높이 1.5m, 서측 잔존높이 1m.
○ 구조 : 계단은 남측 1단 계단은 이미 파괴되고 2단 계단은 비교적 명확히 보이며, 남측 2단 계단에서 북측 기단까지 6.5m임. 석실은 분구 상부에 위치하는데 대형석재로 조성함.

3) 기타 고분

○ 북측에는 길이 2.4m의 판석이 지하에 반쯤 묻혀 있으며, 북벽으로 보임. 동·남·서벽은 이미 파괴된 상태임.
○ 잔존 상태로 보아 원래 석붕형 묘실로 추정됨.

5. 역사적 성격

1) 조성연대
발굴되지 않아 시기를 비정할 부장품은 출토되지 않았으나 고분의 형식과 구조를 보면 고구려 초기 고분으로 추정됨.

2) 주변 유적과의 관계
고분군이 위치한 江沿지역은 혼강 유역 고구려 문화유적의 대표지역으로 동일 시기의 고분군, 거주지, 제사지 등이 군집을 이루고 있음. 따라서 상대적으로 독립되고 완전한 통일 사회체계 및 고대국가의 초기 형태를 보여주는 대형 유적군임.

3) 통화 강연유적군의 졸본천설
보고자는 지리적 위치와 주위 환경 및 풍부한 문화내용에 근거해 졸본부여의 초기 거주지인 卒本川으로 추정함. 고분군 내 다른 고분 형식은 고구려 족원 연구에 참고할만한 실물자료를 제공한다고 파악함. 그러나 통화 강연 일대를 졸본 부여의 근거지로 비정할 만한 객관적인 근거는 확보되지 않았으며, 잔존하는 고분 구조만으로는 이른 시기의 고분군이라고 보기 어려움.

참고문헌

- 吉林省文物志編纂委會, 1986, 『通化縣文物志』.
- 國家文物局 主編, 1993, 『中國文物地圖集』吉林分冊.
- 通化市文管會辦公室(王志敏), 2006, 「通化江沿遺迹群調査」, 『東北史地』 2006-6.

11 통화 녹장고분군
通化 鹿場古墳群

1. 조사현황 : 1985년 4월 조사

○ 조사기관 : 通化縣文物普査隊.
○ 조사내용 : 6기 봉토석실묘 확인.

2. 위치와 자연환경(그림 1~그림 2)

○ 通化縣 大都嶺鄕 繁榮村 1隊의 서쪽 300m 산기슭 아래 위치.
○ 고분 동쪽 약 300m 거리에 통화현 번영촌 녹장이 있고, 고분 남쪽 약 120m 거리에는 도로가 있고, 고분 북쪽 70여 m에는 연이어 산이 펼쳐져 있음.
○ 高麗墓子河는 고분 남쪽 300m 지점에서 서쪽에서 동쪽으로 흘러 혼강으로 유입함.

3. 고분군의 현황

○ 녹장고분군 주위는 현지인들에 의해 '高麗墓子'로 불림.
○ 고분군 범위는 동서 길이 약 60m, 남북 너비 10m임.[1]
○ 고분은 원래 20여 기에 이르렀으나[2] 6기만 확인되

그림 1
녹장고분군 위치도

---

[1] 『中國文物地圖集』吉林分冊 참조.

[2] 『中國文物地圖集』吉林分冊 참조.

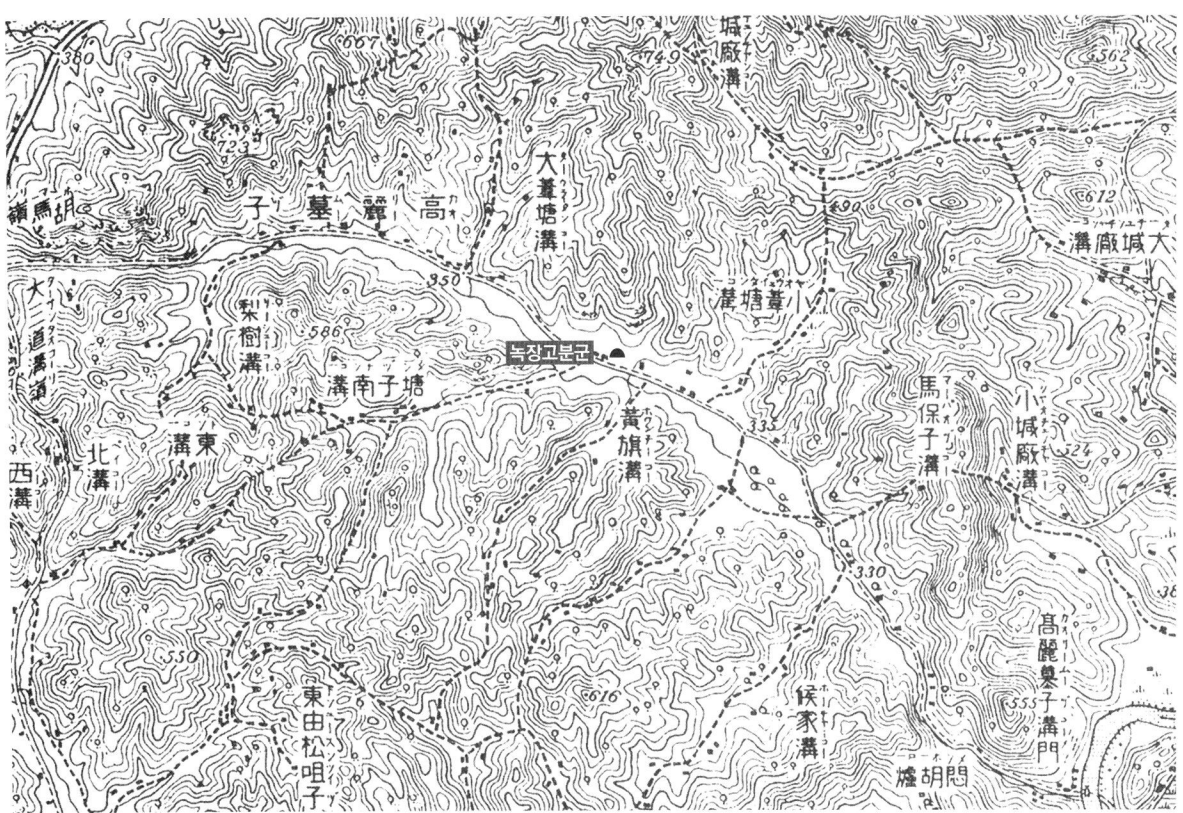

그림 2 녹장고분군 주변 지형도(滿洲國 10만분의 1 지형도)

는데 동서 방향으로 각기 3기의 고분이 2줄로 배열해 있음. 고분은 모두 소형 봉토석실묘[3]이고, 그 중 3기가 비교적 보존상태가 양호함.

○ 녹장3호묘 현황 : 고분중 상태가 가장 양호한데 방향은 편동 40°이고 둘레 길이는 약 26m임. 주위에는 무덤돌이 일찍이 불규칙하게 있었고, 무덤 위에는 판석이 덮여 있었음.

4. 역사적 성격

고분 형식상 고구려시기 고분으로 추정되나 고고학적 근거는 확보되지 못함.

참고문헌

- 吉林省文物志編纂委會, 1986, 『通化縣文物志』.
- 國家文物局 主編, 1993, 『中國文物地圖集』 吉林分冊.

---

3 『通化縣文物志』 참조. 『通化縣文物志』 고분군일람표에는 '봉토동석묘', 『中國文物地圖集』 吉林分冊에는 '봉토동실묘'로 기록.

12 통화 강연고분군
通化 江沿古墳群

1. 조사현황

1) 1959년 조사
30여 기 고분이 확인되는데 조사 당시 이미 크게 파괴된 상태였음.

2) 1985년 4월 조사
○ 조사기관 : 通化縣文物普查隊.
○ 조사내용 : 11기 고분[1] 을 확인하고, 재차 파괴된 흔적을 확인.

2. 위치와 자연환경(그림 1)

○ 通化縣 大都嶺鄕 江沿村 북쪽 100m의 산기슭 아래에 위치.[2]
○ 大都嶺鄕에서 高麗墓子河를 따라 약 15km를 내려가면 강연촌에 도달함. 강연촌은 고려묘자하가 혼강으로 들어가는 하구이고, 고려묘자 하곡은 동남에서 서북을 향한 산간협곡으로 혼강 가에 가까워지면서 좁아짐.
○ 혼강을 사이에 두고 集安縣 長崗村과 마주하고 있음.

그림 1
강연고분군 위치도

---

1 『通化縣文物志』 고분군일람표와 『中國文物地圖集』 吉林分冊 참조. 특히 『通化縣文物志』 고분군일람표에서는 고분 형식도 11기 모두 봉토동석묘로 소개.

2 『通化縣文物志』 고분군일람표 참조.

3. 고분군의 현황

1) 분포 현황
○ 고분군은 500m에 걸쳐 이어져 있음.
○ 高麗墓子溝門 좌측 산기슭 아래 1기가 잔존함.
○ 마을 남쪽 前崗, 당시의 벽돌공장 부근에 소형 봉토 석실묘 3기가 잔존하는데 2기는 천장돌이 옮겨지고, 석실은 파괴되면서 원형이 훼손됨. 주민들에 의하면 원래 10여 기 고분이 분포했다고 하나, 현재는 남아 있지 않음.

2) 미상 고분
○ 위치 : 高麗墓子溝門의 좌측 산기슭 아래, 지금 강연촌 민가의 남쪽 경사지 위에 위치.
○ 유형 : 방단적석묘.
○ 방향 : 南偏西 20°.
○ 구조 : 서변에 1줄의 계단석만 남아 있고 모두 훼손된 상태로 계단석은 한 변 길이 6m, 높이 0.6m임. 사용된 석재의 가공 상태는 비교적 정교하고 고른 편으로 크기는 약 0.5m임. 원래 고분 규모는 비교적 큰 중형 고분에 속했을 것으로 추정됨.

4. 역사적 성격

강연촌은 큰 산속에 자리하나 강과 계곡이 교차하여 교통이 편리한 곳임. 高麗墓子河 하안의 繁榮村·新開村과 혼강을 거슬러 오른 곳에 위치한 하룡두촌 등에도 비교적 많은 고구려시기 고분이 있음. 이로 미루어 당시 이 일대가 고구려인의 거주지였으며 사용이 빈번한 교통로였던 사실을 알 수 있음.

참고문헌
· 吉林省文物志編纂委會, 1986, 『通化縣文物志』.
· 國家文物局 主編, 1993, 『中國文物地圖集』 吉林分冊.

13 통화 고석만고분
通化 孤石灣古墳

1. 조사현황 : 1985년 조사

○ 조사기관 : 通化縣文物普查隊.
○ 조사내용 : 고분 3기[1] 확인.

2. 위치와 자연환경(그림 1)

○ 通化縣 大川鄕 建設村 서쪽 1km의 孤石灣溝河 북쪽 산기슭에 위치.

○ 고분군 동쪽으로 건설촌이 2km, 서쪽으로 건설촌 參場이 500m에 있음. 남쪽으로 20m 떨어져 작은 하천이 있고 북쪽으로 높이 약 40~50m의 산들이 연이어져 있음.
○ 고석만구는 동서 방향으로 펼쳐져 있으며, 작은 하천은 골짜기를 따라 동쪽으로 흘러 頭道溝河로 유입됨.

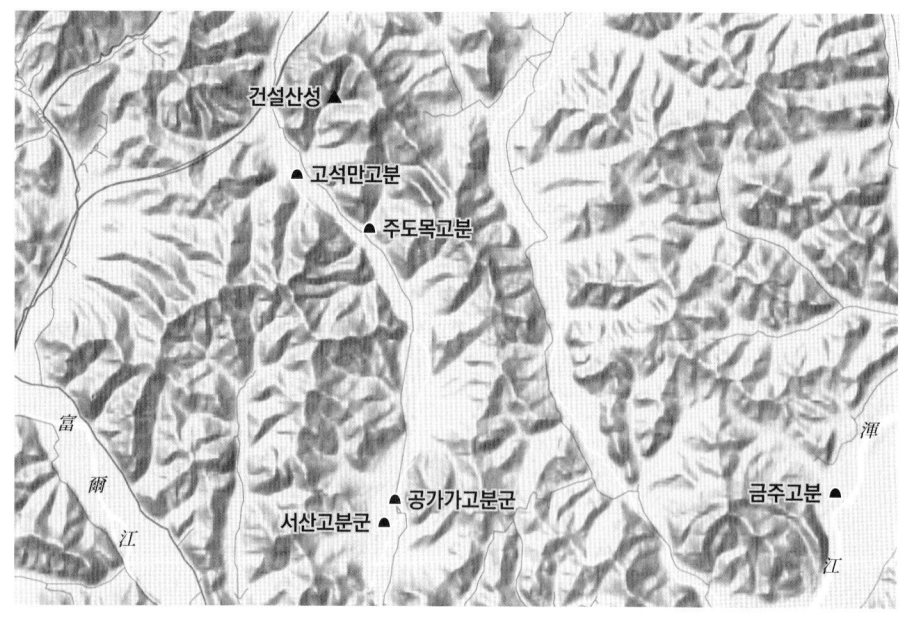

그림 1
고석만고분 위치도

---

[1] 『通化縣文物志』 참조. 『通化縣文物志』 고분군일람표와 『中國文物地圖集』 吉林分冊에는 2기로 기록.

3. 고분의 현황

○ 원래 4기의 고분이 있었으나 현재 3기만 확인되는데 북쪽 산기슭에 비교적 온전한 고분 1기가 잔존하고 나머지 2기는 현재 평지화 되어 흙더미를 약간 볼 수 있을 정도임.
○ 고분은 남북향으로 천장석은 거대한 판석이며, 아직 발굴이 안 되어 내부구조는 알 수 없음.
○ 과거에 북쪽 산기슭의 돌무지 속에서 鐵匕首 1점이 출토되었다고 하나 산실되었음.

4. 역사적 성격

고석만고분은 봉토분으로 추정되며, 보고자는 조성연대는 고구려로 보았으나 판단할 객관적 증거는 확보되지 않았음.

참고문헌
· 吉林省文物志編纂委會, 1986, 『通化縣文物志』.
· 國家文物局 主編, 1993, 『中國文物地圖集』 吉林分冊.

14 통화 금주고분군
通化 金珠古墳群

1. 조사현황 : 관련 조사 내용 없음

2. 위치와 자연환경(그림 1)

○ 通化縣 江甸子鄕 金珠村 珠山 위에 위치하며, 珠山은 고립된 돌산으로 남북 20m, 동서 10m 규모의 작은 산임.
○ 고분 남쪽으로 약 200m 거리에 혼강이 흐름.

3. 고분의 현황

○ 고분군 범위는 비교적 작음.
○ 珠山의 남·북 양쪽 언덕에 2기의 봉토동석묘가 남아 있는데[1] 일찍이 천장석의 절반이 노출되고, 흙속에 반이 묻혀 있었음.[2]

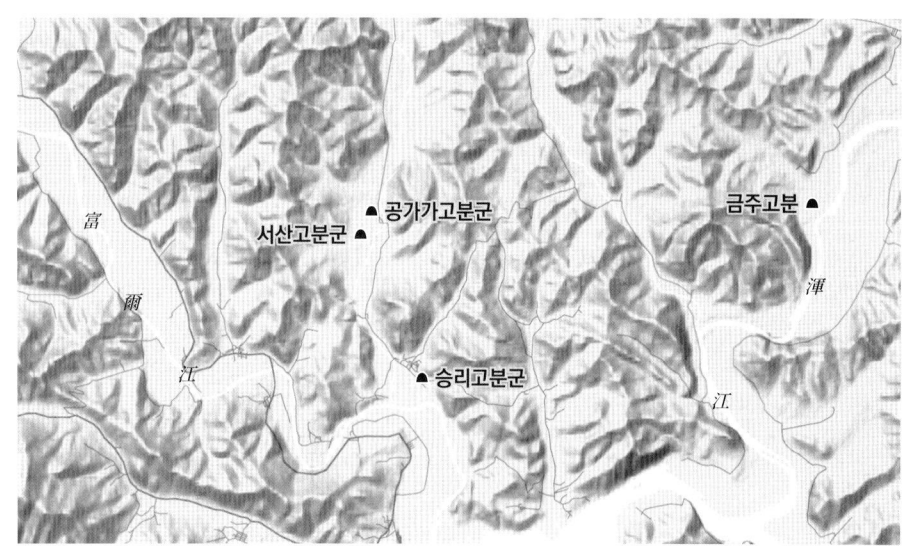

그림 1
금주고분군 위치도

---

1 『通化縣文物志』 고분군일람표 참조. 『中國文物地圖集』 吉林分冊에는 봉토동실묘로 표현.

2 『中國文物地圖集』 吉林分冊 참조.

4. 역사적 성격

금주고분은 고분 형식상 고구려시기의 고분으로 추정되나, 근거는 충분하지 못함.

참고문헌
- 吉林省文物志編纂委會, 1986, 『通化縣文物志』.
- 國家文物局 主編, 1993, 『中國文物地圖集』 吉林分冊.

15 통화 태평고분
通化 太平古墳

1. 위치와 자연환경

○ 通化縣 江甸子鄕 太平村 동북 500m의 산비탈에 돌출된 土臺 위에 위치.
○ 혼강이 동남 2.5km 밖에서 산기슭을 따라 서남방향으로 흐름.

2. 고분의 현황

○ 현재 봉토석실묘 1기만 남아 있음.
○ 봉토는 이미 산실된 상태.

○ 석실은 노출되어 타원형 돌무지로 변형되었고 석실 규모는 남북 너비 9m, 동서 길이 10m, 높이 1.6m임.

3. 역사적 성격

고분은 고구려시기 고분으로 추정.

참고문헌
· 吉林省文物志編纂委會, 1986, 『通化縣文物志』.

16 통화 석호고분군
通化 石湖古墳群

1. 위치와 자연환경

通化縣 石湖역 북쪽 산기슭에 위치.

2. 고분의 현황

봉토동석묘 3기 확인.

3. 역사적 성격

석호고분군은 고구려시기 고분로 추정됨.

참고문헌
- 吉林省文物志編纂委會, 1986, 『通化縣文物志』.

17 통화 민화고분군
通化 民和古墳群

1. 위치와 자연환경

通化縣 江甸子鄕 民和村 남쪽에 위치.

2. 고분의 현황

2기 확인.

3. 역사적 성격

민화고분군은 고구려시기 고분으로 추정됨.

참고문헌
- 吉林省文物志編纂委員會, 1986, 『通化縣文物志』.

18 통화 동강고분군
通化 東江古墳群

1. 조사현황

1) 1956년 조사
○ 조사기관 : 吉林省文化局.
○ 조사내용 : 혼강 중류 유역의 혼강시에서 부이강구에 이르는 지역을 조사.

2) 1959년 10월 13일~11월 1일 조사
○ 조사기관 : 吉林省文物工作隊.
○ 조사참여자 : 徐漢瑞, 徐國文, 鄭國, 嚴長隸, 劉法祥, 李尙信.
○ 조사내용 : 江口村과 東江村 고구려 고분을 조사하여 고분 9기를 발굴함. 동강고분군에서 고분 24기[1] 확인하였는데 8기는 파괴되고 6기는 발굴조사함.

3) 1985년 조사
○ 조사기관 : 通化縣文物普查隊.
○ 조사내용 : 심하게 파괴되어 4기의 잔묘만 확인.

2. 위치와 자연환경(그림 1~그림 2)

○ 通化縣 江甸子鄕 東江村 동쪽에 위치.
○ 동강촌 주위에 고분들이 분포하는데 서남부에 대다

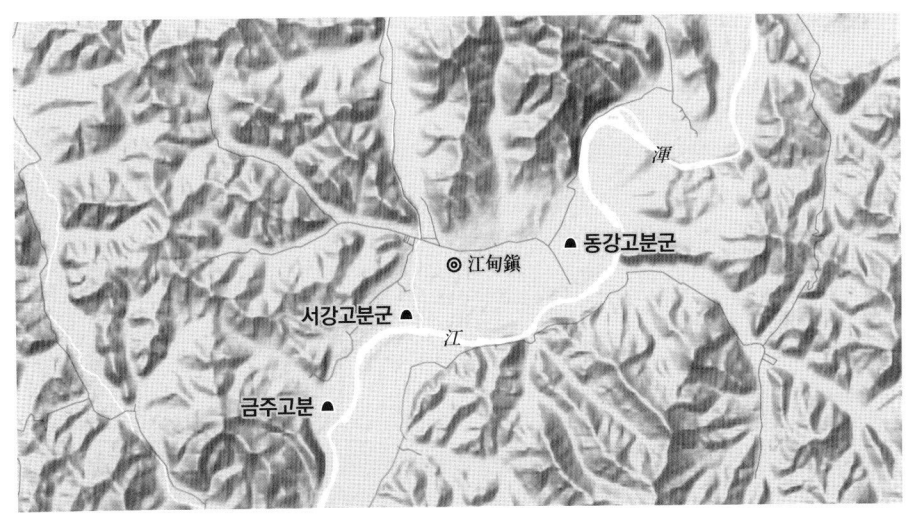

그림 1
동강고분군 위치도 1

---

[1] 『通化縣文物志』 참조. 『中國文物地圖集』 吉林分冊에서는 30여 기로 기록되어 있다.

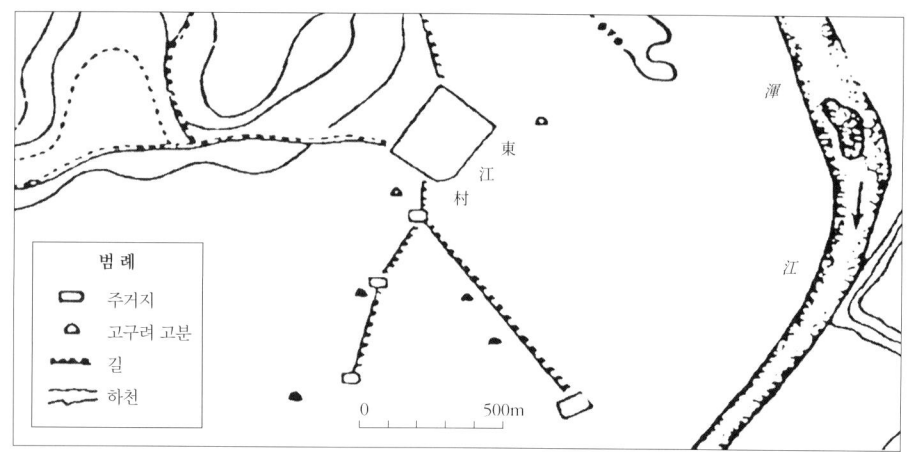

그림 2
동강고분군 위치도 2
(『考古』1960-7)

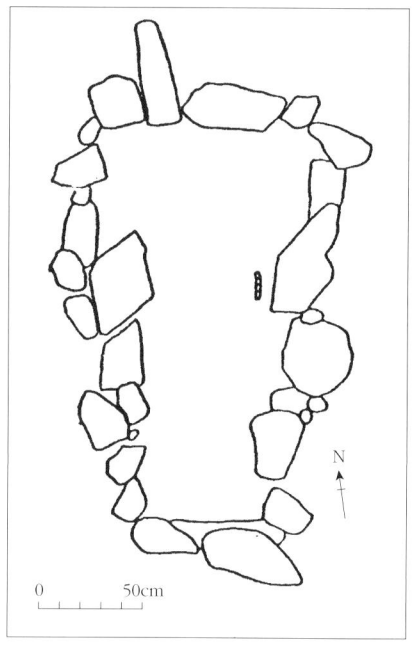
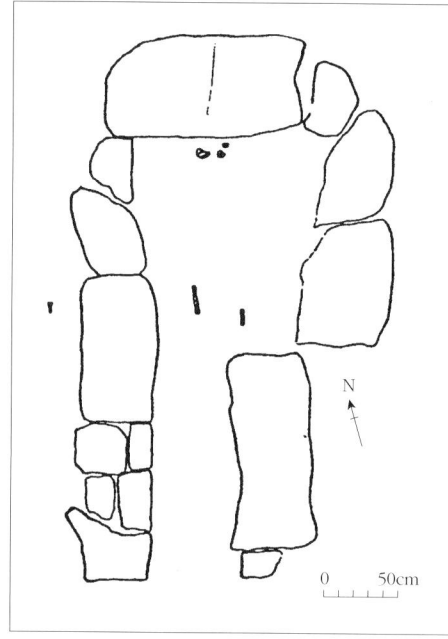

그림 3 동강11호분 평면도
(왼쪽)
그림 4 동강10호묘 평면도
(오른쪽)

수가 있으며, 동강촌은 혼강 北岸에 자리하고 있음.

○ 강구고분군과 신석기시대 유물 분포지역이 서로 연결되었는데 동강촌 북쪽 약 1km의 산비탈에 위치함.

○ 몇 기 고분은 근대인의 고분과 혼재함.

○ 고분은 가공을 거치지 않은 돌로 조성했으며, 봉토를 쌓았으나 현재는 봉토 대부분이 산실되어 석재가 노출됨.

3. 고분군의 현황

1) 고분군의 분포양상

○ 총 24기 고분이 확인되며 8기는 이미 파괴됨.

2) 1959년 조사에 의한 분류

(1) 小墓(동강11호묘, 그림 3)

○ 석관묘와 마찬가지로 매우 작은데 동강고분군에서

점유하는 비율은 적지 않음.
○ 고분은 장방형으로 방향은 偏西南임.
○ 묘실 상부(墓口)[2] 는 길이 1.87m, 너비 0.68m이고, 묘실 바닥은 길이 2.03m, 너비 0.9m, 높이 0.3m임.
○ 묘실 네 벽은 돌로 층층이 쌓았음. 바닥은 길이 약 10cm 정도의 자갈(卵石)을 깔았고, 위에는 길이 약 1m, 두께 0.6~0.7m의 판석을 덮음.

(2) 단실묘(동강 1·2·3·10·18호묘, 그림 4)
○ 고분군에서 가장 많은 유형.
○ 묘실 네 벽은 미가공 돌로 조성했는데 묘실 벽은 위로 올라가면서 점차 안으로 들여쌓아 묘실 상부는 좁고 바닥은 넓어 횡단면은 사다리형태(梯形)임.
○ 묘실 바닥에는 자갈(卵石)이나 판석을 깖.
○ 서남단에 墓道가 있는데 돌로 층층이 쌓았는데 하나는 묘실 동벽 남단에서 서쪽으로 들여 쌓았고, 다른 하나는 묘실 서벽의 남단을 연장하여 묘벽을 이룸.
○ 묘실 상부는 길이 1.51~2.35m, 너비 0.9~1.4m, 높이 0.6~0.9m임.
○ 墓道 역시 입구는 좁고 바닥은 넓은데 입구는 길이 1.3~2.3m, 너비 0.5~0.9m임.
○ 동강3호묘 : 봉토가 가장 양호하여 고분의 형식 파악에 유리한데 외부 규모는 높이 1.37m, 직경 11.55m임. 고분 외부는 돌로 조성하였는데, 평면은 계란형으로 바깥은 매우 가지런하지 않음. 고분 상면에는 판석을 덮었는데 서남은 낮고 동북은 높음.

석판재의 크기는 다른데 길이는 일반적으로 모두 1m 정도, 두께 20~30cm임. 무덤 정상부는 3·4매의 커다란 판석으로 덮고, 주위에는 다시 작은 판석으로 틈을 메워 막음.

4. 역사적 성격

○ 고분 축조방식 : 미가공 석재로 조성했는데 묘실 내벽은 위로 갈수록 점차 안으로 들여쌓아 위는 좁고 바닥쪽은 넓음. 묘실 바닥에는 자갈과 판석을 깔았으며, 묘도는 모두 서남단에 있고 묘도 내부는 모두 돌과 자갈로 막았음. 묘실 방향 역시 모두 서남-동북향임. 묘실 서남면은 비교적 높고 안으로 경사져 있음.
○ 부장품과 장속 : 고분 안에는 부장품이 없고 유골 또한 매우 적어 5기의 고분에서 소량의 유골이 출토되는데 합장이 확인됨.
○ 고분연대 : 동강고분군의 소묘, 단실묘는 고구려시대로 추정되나, 정확한 시기는 알 수 없음.

참고문헌
- 吉林省文物管理委員會, 1960, 「吉林通化市江口村和東江村考古發掘簡報」, 『考古』 1960-7.
- 吉林省文物志編纂委會, 1986, 『通化縣文物志』.
- 國家文物局 主編, 1993, 『中國文物地圖集』 吉林分冊.

---

2 墓口는 묘실 입구라는 의미로 무덤길(연도) 어구로 볼 수 있지만 보고자는 덮개돌을 제거한 다음 드러나는 곽실의 테두리를 묘구라고 표현(정찬영, 1967, 「고구려초기 묘제의 유래」, 『고고민속』 1967-4, 15쪽).

19 통화 번영일대고분군
通化 繁榮一隊古墳群

1. 위치와 자연환경

通化縣 大都嶺鄉 繁榮一隊 동쪽 300m 되는 지점의 산기슭 아래 위치.

2. 고분의 현황

6기의 고분이 있었으나 현재 전부 파괴된 상태.

3. 역사적 성격

번영일대고분군은 고구려시기 고분으로 추정함.

참고문헌

· 吉林省文物志編纂委會, 1986, 『通化縣文物志』.

20 통화 만만천고분
通化 灣灣川古墳

1. 위치와 자연환경

通化縣 老把頭墳 서단에 위치.

2. 고분의 현황

현재 고분 1기 확인.

3. 역사적 성격

만만천고분은 고구려시기 고분으로 추정함.

참고문헌
- 吉林省文物志編纂委會, 1986, 『通化縣文物志』.

21 통화 우가구고분군
通化 于家溝古墳群

1. 위치와 자연환경

通化縣 大川鄕 于家溝村 남산에 위치.

2. 고분의 현황

6기의 고분이 있었으나 현재 남아 있지 않음.

3. 역사적 성격

우가구고분군은 고구려시기 고분으로 추정함.

참고문헌

· 吉林省文物志編纂委會, 1986, 『通化縣文物志』.

22　통화 이가점고분군
通化 李家店古墳群

1. 위치와 자연환경

通化縣 赤柏松古城 서남쪽에 위치.

2. 고분의 현황

10여 기의 고분이 있었으나 현재 남아 있지 않음.

3. 역사적 성격

이가점고분군은 고구려시기 고분으로 추정함.

참고문헌

- 吉林省文物志編纂委會, 1986, 『通化縣文物志』.

23 통화 광화고분군
通化 光華古墳群

1. 위치와 자연환경

通化縣 光華東升村 서쪽 산기슭에 위치.

2. 고분의 현황

7~8기의 고분이 있었으나 현재 남아 있지 않음.

3. 역사적 성격

광화고분군은 고구려시기 고분으로 추정함.

참고문헌

· 吉林省文物志編纂委會, 1986, 『通化縣文物志』.

24 통화 용강후고분군
通化 龍崗後古墳群

1. 위치와 자연환경

通化縣 大都嶺鄕 龍崗後屯 남쪽에 위치.

2. 고분의 현황

현재 3기의 고분이 비교적 양호한 상태로 남아 있음.

3. 역사적 성격

용강후고분군은 고구려시기 고분으로 추정함.

참고문헌

· 吉林省文物志編纂委員會, 1986, 『通化縣文物志』.

25 통화 남두둔고분군
通化 南頭屯古墳群

1. 조사현황

1) 1985년 5월 및 10월 조사
○ 조사기관 : 通化市 文物普查隊.
○ 조사내용 : 5월에 최초로 고분군을 발견했는데 10월에 재조사와 실측을 진행하여 고분 19기를 확인함.

2) 2005년 11월 조사
○ 조사기관 : 通化市 文管會辦公室.
○ 조사 참여자 : 王貴玉, 王志敏, 王珺 등 5인.
○ 조사내용 : 혼강의 통화시 동남구역을 중점으로 삼아 20여 일 고고조사를 실시하였는데 下龍頭 土珠子 제사유적을 중심으로 방사상으로 혼강 양안에 분포하는 유적지 및 고분의 밀집 구역을 발견함. 동일 시기 거주지 5곳(下龍頭 龍崗, 漁營 長崗, 龍泉村 龍崗, 長崗村 龍崗, 頭道鎭 東村), 고분군 2곳(南頭屯, 下龍頭), 제사지 1곳(土珠子) 등 삼위일체의 대형유적군을 이룸. 해당고분군에서 50여 기 고분를 확인함(北區 40여 기, 南區 10기).

2. 위치와 자연환경

1) 고분군 위치(그림 1~그림 3)
○ 通化市 金廠鎭 江沿村 6隊의 南頭屯 북부에 위치.

그림 1
남두둔고분군 위치도 1

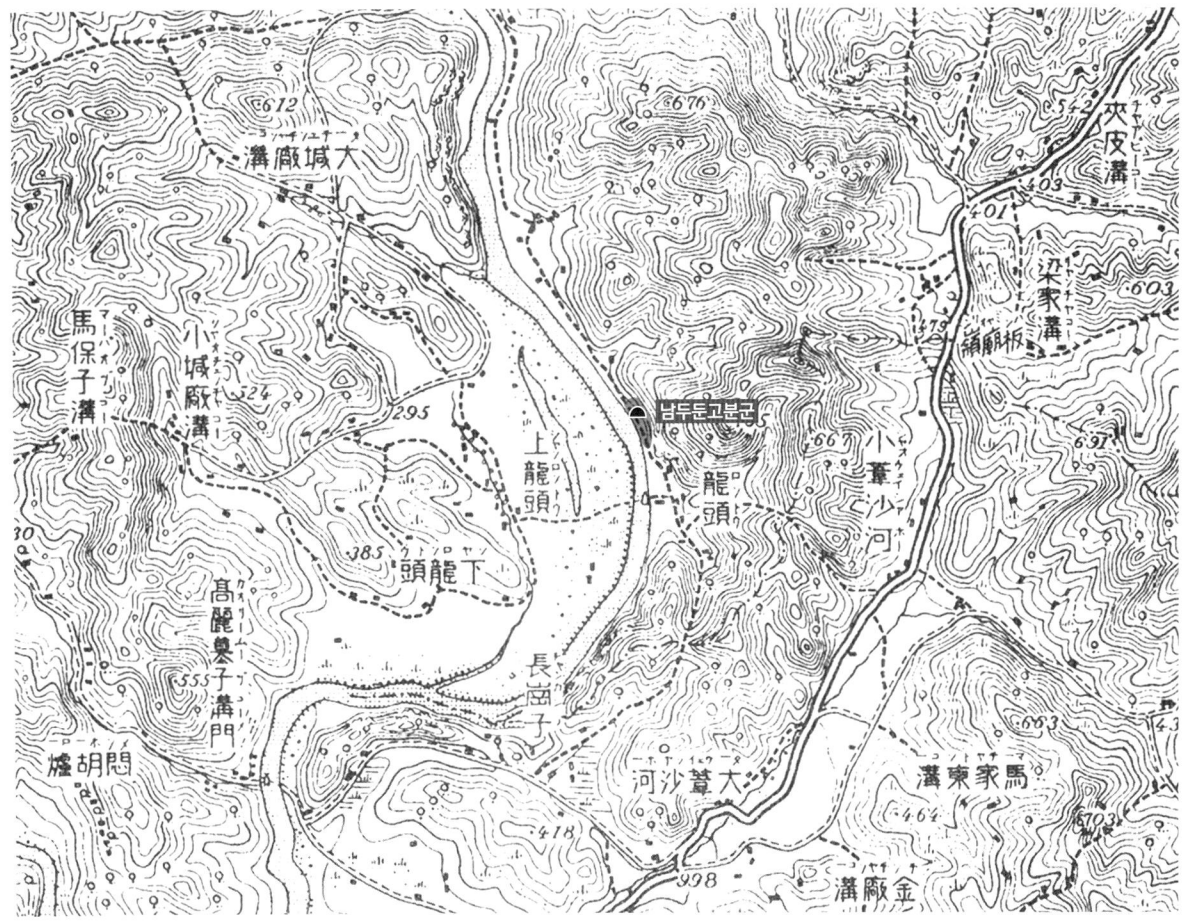

그림 2 남두둔고분군 주변 지형도(滿洲國 10만분의 1 지형도)

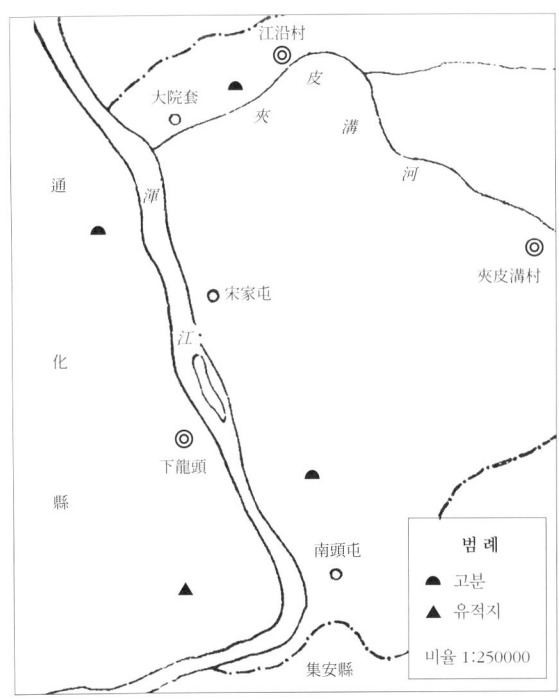

그림 3 남두둔고분군 위치도 2(『通化縣文物志』)

○ 고분군은 혼강 좌안의 2단 대지에 위치함. 대지 아래쪽은 경작지로 宋家屯(원래 강연촌 5隊)에서 남두둔에 이르는 마을길이 경작지를 관통하는데 경작지 상부의 관목 속에 고분이 분포함.

2) 고분군 주변환경

○ 고분군 대지 아래 혼강이 동북에서 서남으로 흘러 江口村에서 환인현 부이강으로 유입함.
○ 고분군 맞은편인 혼강 서안은 충적평원으로 通化縣 大都嶺鄉 下龍頭村에 속함. 하룡두촌 서북쪽으로 비교적 큰 규모의 하룡두고분군이, 서남쪽의 평지 중의 언덕에는 土珠子 원시사회유적이 있음.
○ 혼강을 따라 남북으로 2개의 긴 龍 모양의 언덕이 있어 龍崗이라 부름.

3. 고분군의 현황(그림 4)

1) 1985년 현황
○ 남북 500m, 동서 200m[1] 의 산중턱, 경사도 10°~20°의 비탈 위에 분포.
○ 고분군은 약 300m 거리를 두고 남·북 2개구로 나뉨.
- 남부에서 3기를 확인(1호~3호)했는데 남부 작은 산봉우리 아래에 비교적 큰 적석묘 1기가, 여기서 70m 떨어진 경작지 좌·우에 각기 판석으로 축조한 무덤이 서로 20m 떨어져 자리함.
- 북부에서 16기를 확인(4호~19호)했는데 북부 고분군은 남부 고분군 북쪽으로 300m 떨어진 곳의 작은 산봉우리 아래에 위치함. 이들 고분은 산세를 따라 대체로 7行 16기가 분포하는데 제1행의 4·5호묘는 제2행의 6·7호묘와 약 70m 거리를 두고 있고, 중간에는 19×10m 범위의 인삼밭이 있음. 제3행의 8~12호, 제4행의 13~15호, 제5행의 16·17호, 제6행의 18호, 제7행의 19호가 비교적 밀집해 분포하고 있음. 모두 적석묘로 잔존 상태는 양호함. 묘광이 축조되었던 것으로 보이고, 일부 기초석은 흩어져 있는데 한 변 길이 6~9m, 너비 4~7m, 높이는 대부분 1.5m 정도로 추정함.

2) 2005년 현황

(1) 고분군 입지
고분이 자리한 대지는 東高西低 지형.

(2) 고분군 구획
고분군은 북에서 남으로 전개되는 형세로 북구와 남구로 구분되며, 고분은 총 50여 기가 남아 있음.

---
[1] 『通化市文物志』 참조. 『中國文物地圖集』 吉林分冊에는 300m로 기록.

(3) 구역별 분포 양상
○ 북구에 고분이 집중 분포하는데 40여 기가 확인됨.
- 북편 : 총 11기로 모두 소형적석묘인데 고분 직경은 약 2m로 당시 평민 무덤으로 추정됨.
- 중편 : 총 23기로 절대 다수가 비교적 대형의 방단계제광실적석묘이며, 귀족무덤으로 추정됨.
- 남편 : 총 7기로 그 중 2기는 방단계제석실묘임.
○ 남구(南臺子) : 10기 고분 확인.
- 모두 강변에 가까운 대지 위에 자리하고 있으며, 고분 크기는 고르지 않음.
- 3기가 비교가 대형고분인데 모두 방단적석묘로 잔존높이 약 2m, 한 변 길이 7~8m임. 북구 고분은 강자갈(河卵石)로 조성되었는데 이는 남구와의 차이점으로 고분이 자리한 지역성과 관계가 있음.

(4) 고분 형식
방단계제석실묘, 방단계제광실묘, 방단적석연접묘.

(5) 현황
현재 강변 대지의 고분군은 심하게 파괴되어 깨진 돌들이 널려 있고, 구릉 사면의 고분군은 작은 길에 의해 동·서 양쪽으로 나뉘었는데 이 또한 심하게 파괴되어 원형을 추적하기 어려움. 두 구역 모두 깨진 돌들 중에 냇돌(河卵石)은 거의 보이지 않음.

4. 고분별 현황

1) 1985년 발굴 현황

(1) 남부 고분군의 적석묘(추정 3호묘)
○ 위치 : 남부 작은 산봉우리 아래.
○ 유형 : 적석묘.
○ 규모 : 길이 9m, 너비 8m, 잔존높이 1m.

면 덮개석은 한 고분은 길이 1.5m, 너비 0.75m, 두께 0.23m이고 다른 한 고분은 길이 1.54m, 너비 1.4m, 두께 0.26m임. 2005년 조사에서 석실적석묘의 묘실로 추정되었는데 해당고분이 주민 거주구역과 가까워 적석이 채취되면서 묘실만 남은 것으로 파악함.

2) 2005년 발굴 현황

(1) 남두둔1호묘
○ 위치 : 북구 중편에 동에서 서를 향해 자리하고 있음.
○ 형식 : 방단계제광실적석묘.
○ 규모 : 동서 길이 8m, 남북 너비 7.5m, 높이 약 2.5m.
○ 구조 : 화강암과 황색 산암으로 축조하였는데 모두 5단 계단을 형성함. 기단은 비교적 대형의 화강암 석재로 조성했는데 위를 향해 층층이 들여쌓기를 하였음. 묘실은 이미 파괴되었으나 형식상 초기 광실묘로 추정됨.

(2) 남두둔2호묘
○ 위치 : 북구 남편의 경사지에 위치.
○ 형식 : 방단석실적석묘(계장식).
○ 규모 : 남측 기단 길이 6.5m, 동측 기단 길이 5.5m, 서측 잔존높이 1.7m 정도.
○ 구조 : 화강암과 산돌로 방형기단을 축조하고 기단 위로 층층이 들여쌓기 하였는데 서측은 대략 5단 계단이지만 동측은 지표보다 약간 높은 정도임(즉, 계장식 구조). 천장에 대형 靑色板巖과 화강암을 올려 石棚 모양의 석실을 조성했는데 석붕과 다른 점은 양측 壁石이 50cm 두께의 화강암 2개로 축조된 것. 묘실 규모는 길이 1.7m, 너비 1m, 높이 0.55m임.
○ 성격 : 보고자는 고분 형식상 석붕에서 적석묘로 변화하는 과도기에 출현한 고분 형식으로 고분연대는 비교적 이른 고구려 초기 또는 고구려 이전 시기로 추정함.

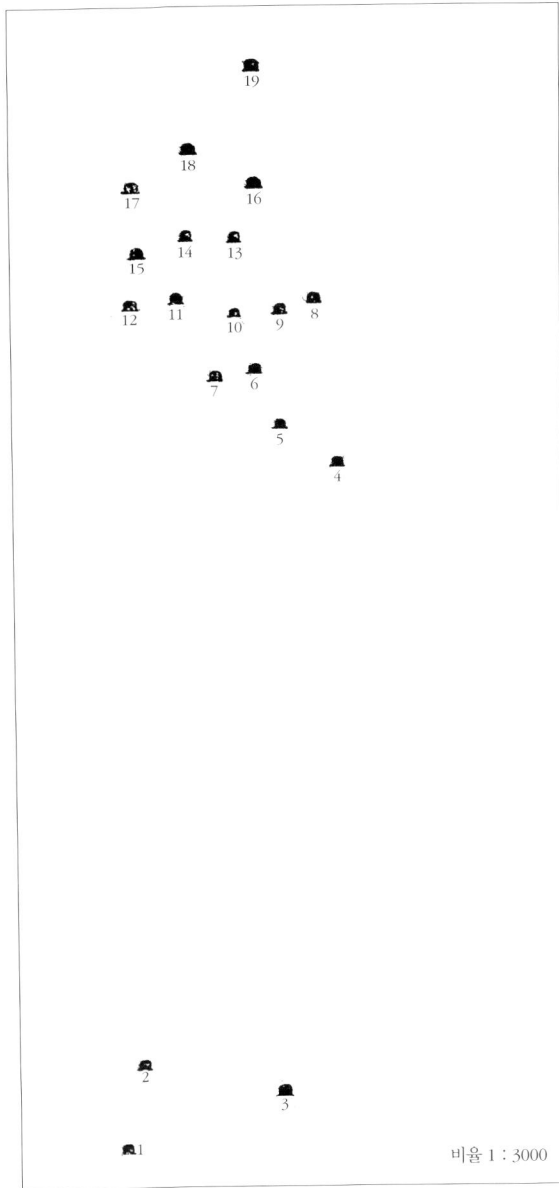

그림 4 남두둔고분군의 분포도(『通化市文物志』)

(2) 남부 고분군의 석붕묘 2기(추정 1호묘·2호묘)
○ 위치 : 추정 3호묘에서 서쪽으로 70m 떨어진 경작지에 좌·우로 1·2호묘가 20m 거리를 두고 나란히 배열되어 있음.
○ 구조 : 현재 파괴된 상태인데 먼저 지면 위에 4개 판석을 수직으로 세워 상자 모양을 이루었음. 상면에는 판석 1매를 덮어 천장을 이루는데 석붕과 유사함. 상

(3) 남두둔3호묘
○ 위치 : 1호묘 동측에 위치.
○ 형식 : 적석연접묘.
○ 구조 : 2개 고분이 연접하였는데 1호묘 방단적석묘보다 작음. 2개 고분은 약 2m 간격으로 떨어져 있고, 남측은 2개 고분의 기단이 평행하고 너비 약 1m의 積石列이 서로 연결되어 있음.

(4) 기타유적 : 건축지
북구 남편의 고분 부근에서 다수의 건축지가 발견되었는데 모두 생활유물이 보이지 않음. 따라서 생활유적이라기 보다 고분과 관계가 있는 제사지 또는 神廟類 유적으로 추정함.

5. 역사적 성격

1) 고분군의 연대

(1) 1985년 조사
○ 북부 구역의 적석묘 : 정연하게 분포하며, 적석묘의 형식으로 보아 고구려 초기의 고분으로 추정됨.
○ 남부 구역의 2기 석붕묘 : 고구려보다 이른 시기의 고분으로 추정됨. 그러나 적석분구가 후대에 유실됨에 따라 석실적석묘의 묘실이 석붕처럼 남았을 가능성도 있음. 방단계제석실묘와 방단계제광실묘는 연대 차이가 아니라 다른 부족과의 융합과 관련되었을 가능성이 있음.[2]

(2) 2005년 조사
○ 보고자는 방단석실적석묘로 파악한 남두둔2호묘를 석붕묘에서 적석묘로 변화하는 과정 중의 하나의 고분 형식으로 이해하여 고분 연대를 고구려 초기 또는 고구려 이전 시기로 파악하고, 아울러 각기 다른 고분 형식을 다른 부족과의 융합과 관련지어 해석함.[3]
○ 보고자의 다른 고분 형식을 다른 부족과의 융합과 관련짓는 해석은 무덤 형식이 축조 집단의 차이를 반영한다는 검증되지 않은 전제에 의한 것임. 남두둔고분군은 여러 형식의 적석묘로 구성되어 있는 점으로 미루어 특정 시기에 국한되어 조성된 고분군이라기 보다는 비교적 긴 시간 폭을 갖고 조성된 고분군으로 추정되지만 구체적인 시간위치를 판단할 근거는 확보되지 않았음.

2) 주변유적과의 관계
고분군이 위치한 江沿지역은 혼강 유역 고구려 문화유적의 전형적 대표지역임. 동일 시기의 고분군, 거주지, 제사지 등이 군집을 이루고 있음. 따라서 상대적으로 독립되고 완전한 통일 사회체계 및 고대국가의 초기 형태를 보여주는 대형 유적군임.

3) 통화 강연유적군의 졸본천설
보고자는 지리적 위치와 주위환경 및 풍부한 문화내용에 근거해 졸본부여의 초기 거주지인 卒本川으로 추정함. 고분군에서의 다른 고분 형식은 고구려 족원 연구에 참고할만한 실물자료를 제공함. 그러나 통화 강연 일대를 졸본 부여의 근거지로 비정할 만한 객관적인 근거는 확보되지 않았으며, 잔존하는 고분 구조만으로는 이른 시기의 고분군이라고 보기 어려움.

참고문헌
· 吉林省 文物志編纂委會, 1986, 『通化市 文物志』.
· 國家文物局 主編, 1993, 『中國文物地圖集』 吉林分冊.
· 通化市 文管會辦公室(王志敏), 2006, 「通化江沿遺迹群調査」, 『東北史地』 2006-6.

---

[2] 『東北史地』 2006-6 참조.

[3] 『東北史地』 2006-6 참조.

26 통화 강연촌고분군
通化 江沿村古墳群

1. 조사현황

1) 1960년 4월 조사
○ 조사기관 : 通化地區文物普査隊.
○ 조사내용 : 적석묘 20여 기[1] 발견.

2) 1985년 5월
○ 조사기관 : 通化市文物普査隊.
○ 조사내용 : 고분 1기[2]만 확인.

2. 위치와 자연환경(그림 1~그림 2)

1) 고분군 위치
○ 通化市 金廠鎭 江沿村(夾皮溝門屯)과 大院套(원래 江沿 4대) 사이의 논에 위치.
○ 마을 동쪽 400m 지점에 위치.
○ 고분군의 서쪽으로 1km 거리에 혼강이 흐름.

2) 고분군 주변환경
○ 강연촌은 혼강 좌안 夾皮溝 하곡에 자리.
○ 협피구하는 동남으로 흘러 강연촌 남쪽의 산기슭을 지나 서쪽으로 혼강으로 유입하며, 협피구하의 남북 양쪽에는 산봉우리가 있으며, 철도가 북쪽 산기슭 아래를 통과함.

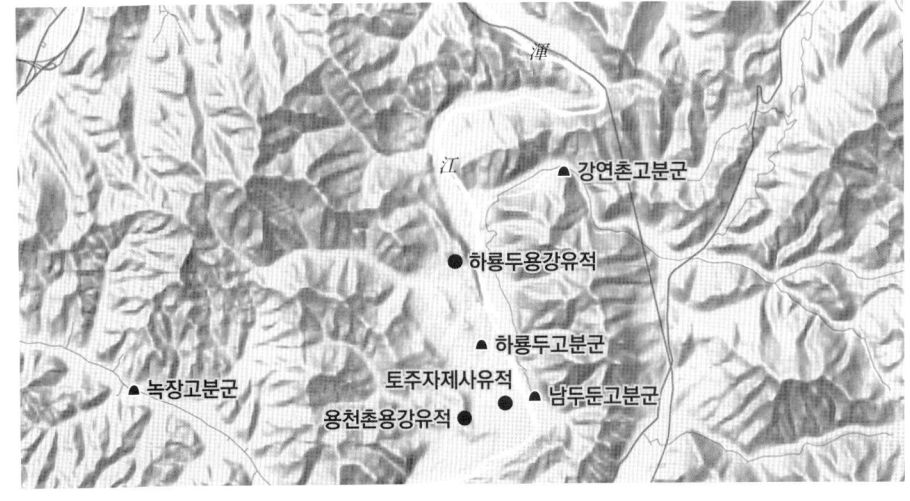

그림 1
강연촌고분군 위치도

---

1 『通化市文物志』 참조. 『中國文物地圖集』 吉林分冊에는 10여 기로 기록.

2 『通化市文物志』 참조. 『中國文物地圖集』 吉林分冊에는 2기로 기록.

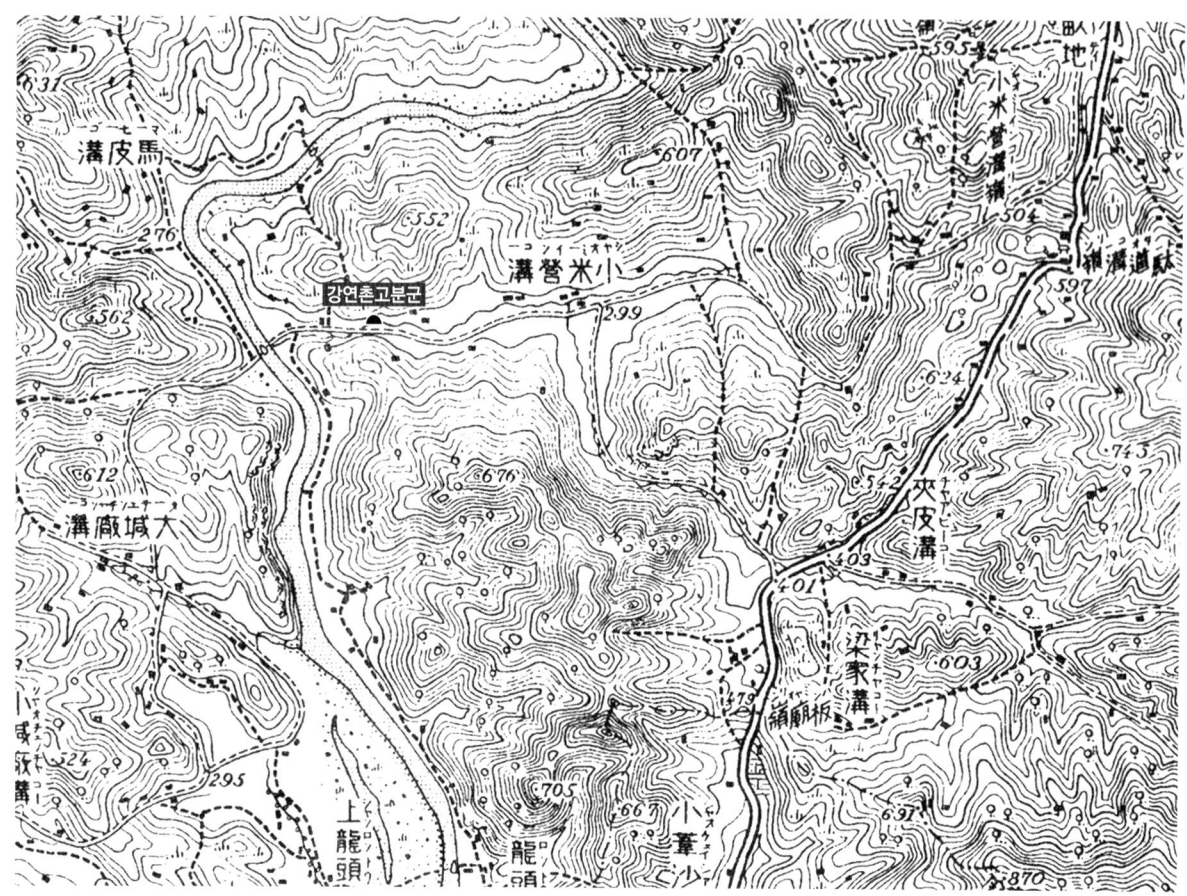

그림 2 강연촌고분군 주변 지형도(滿洲國 10만분의 1 지형도)

3. 고분군의 현황

1) 1960년 고분 현황
○ 동서 500m, 남북 70m 범위의 경작지에 분포.
○ 고분은 크기가 고르지 않고 봉토는 극히 적고 돌 다수가 지면에 노출됨. 즉, 대다수는 적석묘이고 소수의 봉토묘가 적석묘들 사이에 끼어 있음.

2) 1985년 고분 현황
○ 동서 70여 m, 남북 40여 m의 경작지에 분포.
○ 돌이 어지럽게 흩어진 곳에서 무덤은 1기만 잔존.
- 유형 : 상면의 덮개돌을 보면 봉토석실묘로 추정.
- 규모 : 남북 길이 6m, 동서 너비 4m, 높이 1.2m.
- 방향 : 200°.
- 구조 : 천장석은 화강암 판석 한매로 길이 1.9m, 너비 1.5m, 두께 0.3~0.4m. 무덤 가장자리에 있는 여러 개의 큰 돌은 기단석으로 추정.

4. 역사적 성격

강연촌고분군은 봉토석실묘가 대다수로 고구려 중만기의 유적지로 추정됨. 그러나 강연촌고분군에서 확인된 것은 적석묘로 실제 조사 내용과 차이가 있음. 만약 강연촌이 조사 내용처럼 적석묘가 주가 된다면, 고분군의 중심시기는 봉토묘보다는 이를 것으로 추정됨.

참고문헌
- 吉林省文物志編纂委會, 1986, 『通化市文物志』.
- 國家文物局 主編, 1993, 『中國文物地圖集』 吉林分冊.

27 통화 향양촌고분군
通化 向陽村古墳群

1. 조사현황 : 1985년 10월 조사

○ 조사기관 : 通化市 文物普查隊.
○ 조사내용 : 원래 40여 기 고분이 있었으나 약 30여 기[1] 확인.

2. 위치와 자연환경(그림 1~그림 2)

1) 고분군 위치
○ 通化市 鴨園鎭 向陽村의 남부와 북부에 위치.

○ 고분은 小羅圈溝河 양안의 경작지에 분포.

2) 고분군 주변환경
○ 고분의 북쪽으로 약 4km 거리에는 혼강이 흐름.
○ 小羅圈溝河는 남에서 북으로 흘러 혼강으로 유입.

3. 고분군의 현황(그림 3)

○ 고분군은 500m 범위에 분포하며, 2개 구역으로 나뉨.

그림 1
향양촌고분군 위치도 1

---

[1] 『通化市文物志』 참조. 『中國文物地圖集』 吉林分冊에는 6기로 소개했는데 이들 6기의 고분 형식에 대해 봉토돌실묘 4기, 방단적석묘 1기, 형식 불분명 1기로 기록.

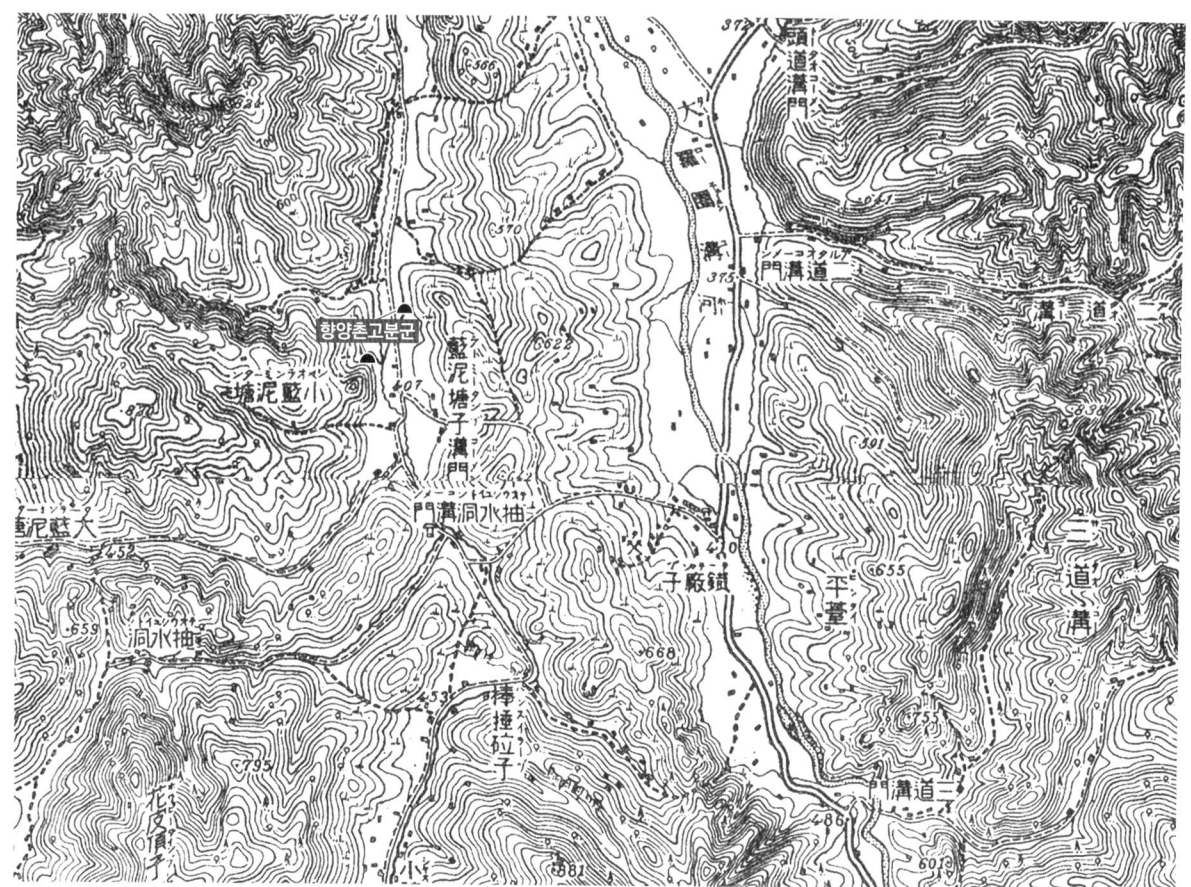

그림 2 향양촌고분군 주변 지형도(滿洲國 10만분의 1 지형도)

○ 1구역 : 향양촌 남쪽의 소라권구하 좌안의 산허리 아래에 집중 분포. 현재 잔존하는 14기 고분 중에는 현대 분묘도 포함. 고분 형식은 대부분 봉토임.
○ 2구역 : 향양촌 북쪽의 소라권구하 우안의 마을길 양쪽에 분포. 16기 고분이 규칙성 없이 분포하며, 고분 형식은 소형 봉토석실묘와 소량의 적석묘임.

4. 고분별 현황

1) 마을 북쪽 구역

○ 잔존 기단으로 보면, 무기단적석묘는 모두 근대에 파괴, 그 중에는 원래 방단적석묘도 있었을 것으로 추정.
○ 마을 길 가 서남쪽에는 2기 고분이 무덤 기초석만 남아 있음.
○ 마을 길 가 서북쪽의 방단적석묘 2기는 판별이 가능. 길이 5m, 너비 5m, 잔존높이 1m 정도.
○ 나머지 고분의 크기는 균일하지 않음. 한 변 길이 3~6m, 너비 2~5m, 높이 1.5m 정도임.

2) 마을 남쪽 구역

○ 비교적 보존상태가 양호한 3기이 있는데 무덤 상부에 노출된 천장석으로 미루어 소형 봉토석실묘로 추정됨. 한 변 길이 6.7~5.3m, 너비 6.3~4.9m, 높이 1.6~2m임.
○ 양호한 3기 가운데 비교적 규모가 큰 1기의 묘실이 확인됨. 마을 사람들이 돌을 옮기다 천장석이 노출되었는데 천장석은 길이 2.2m, 너비 1.4m, 두께 0.25m임.

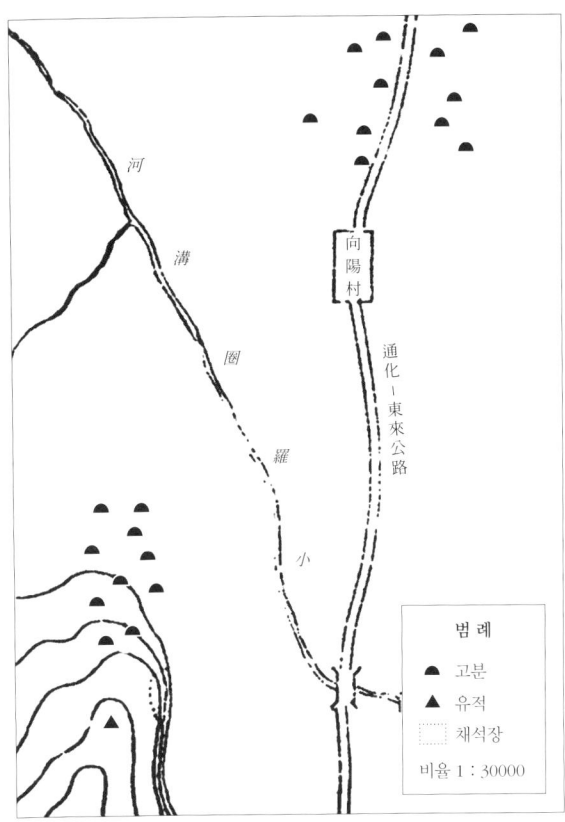

그림 3 향양촌고분군의 분포도

묘실 네 벽은 돌을 4단 쌓아 만들었고 묘실은 남북 길이 2.2m, 동서 너비 2.1m, 높이 0.95m임. 묘실 방향은 南偏東 30°이며 묘실에서 유물은 발견 안됨.

5. 역사적 성격

고분군의 다수를 점하는 소형 봉토석실묘은 고구려 중만기에 비교적 성행하였던 고분유형이며, 소량의 방형평면의 방단적석묘도 있으므로, 해당 고분군은 비교적 늦은 시기까지 장시간 걸쳐 조성된 것으로 보임. 향양촌이 위치한 혼강 일대는 고구려 이전의 맥족이 흥기한 곳임.

참고문헌

- 吉林省文物志編纂委會, 1986, 『通化市文物志』.
- 國家文物局 主編, 1993, 『中國文物地圖集』吉林分冊.

28 통화 만발발자고분군[1]

通化 萬發拔子古墳群 | 王八脖子古墳群 | 萬寶鈸子古墳群

1. 조사현황 : 1997년 5월~1999년 10월 조사

○ 조사계기 : 1950년대 만발발자유적지를 발견한 이래 여러 차례 조사했는데 이 때 고구려 초기 유적 및 고구려 문화기원을 탐색하기 위한 조사를 진행함.

○ 조사기관 : 吉林省文物考古硏究所·通化市文管會辦公室·集安市博物館.

○ 조사참여자 : 王靑, 張健宇, 王志敏, 于麗萍, 孫仁杰, 遲勇, 周榮順, 董峰, 李輝.

○ 조사내용

– 생활유적과 무덤유적이 결합된 복합유적으로 유적의 대다수는 자라머리(말단 융기부)와 몸통의 사이, 즉 자라목(서구)과 자라목에 연접해 있는 자라 어깨부(동구)에 집중 분포함. 자라목에는 생활유적, 자라 어깨부에는 무덤유적이 있음.

– 유적 규모는 동서 길이 750m, 남북 너비 200m에 총면적 15만 m²인데 발굴면적 6,015m²에서 6개 문화층(신석기시대 말기, 商周, 춘추전국, 전한(고구려 초기), 위진(고구려 중후기), 명대 말기과 서로 다른 시기의 고분도 56기 확인됨.

[1] 『1999中國重要考古發現』 등을 참조. 『通化市文物志』 및 『博物館硏究』 1988-3 등에서는 '王八脖子'라 명명. 원래 거북이(王八) 배꼽(脖子)처럼 생겼다고 하여 王八脖子로 불리다가 音의 流轉으로 萬寶鈸子라 불리었다가 최근에 다시 音轉하여 萬發拔子라 불림.

2. 위치와 자연환경

1) 고분군 위치 (그림 1~그림 3)

○ 만발발자유적지는 通化市 金廠鎭 躍進村과 環通鄕 江南村의 경계 지점에 위치.

○ 작은 구릉 정상부의 평탄면에 위치.

○ 지리 좌표는 동경 125°56′~126°06′, 북위 41°40′~41°41′임.

○ 유적지 서부는 둥근 언덕(圓丘)이고, 동쪽으로 완만한 산등성마루와 연이어진 구릉이 접하고 있음. 이곳 산은 동북-서남 주향으로 長白 산맥 서쪽 가장자리에 속함.

○ 유적지는 통화-집안 간의 도로가 동북지구와 서남지구를 관통하면서 동·서로 양분됨. 서부(서구)의 둥근 언덕과 산등성마루에는 생활거주지가 다수 보이고, 동부(동구)는 고분의 주요 분포구역으로 대다수 고분은 동부 제1층 아래 생토층을 파괴하고 조성됨.

2) 고분군 주변환경

○ 유적지 남측에는 현대 촌락이 자리하고 있음.

○ 약 250m 떨어진 곳에서 金廠河가 유적지 동남부를 지나 혼강으로 들어감.

○ 북쪽 약 3km 거리에 통화시, 북동쪽 5km 거리의 혼강 동안에 청동기시대 생활유적인 九仙峰유적, 북서쪽 5km 거리의 혼강 서안에 청동기시대에 해당하는 西山고분군, 남쪽 13km 거리에 고구려시대 江沿村고

그림 1
만발발자고분군 위치도

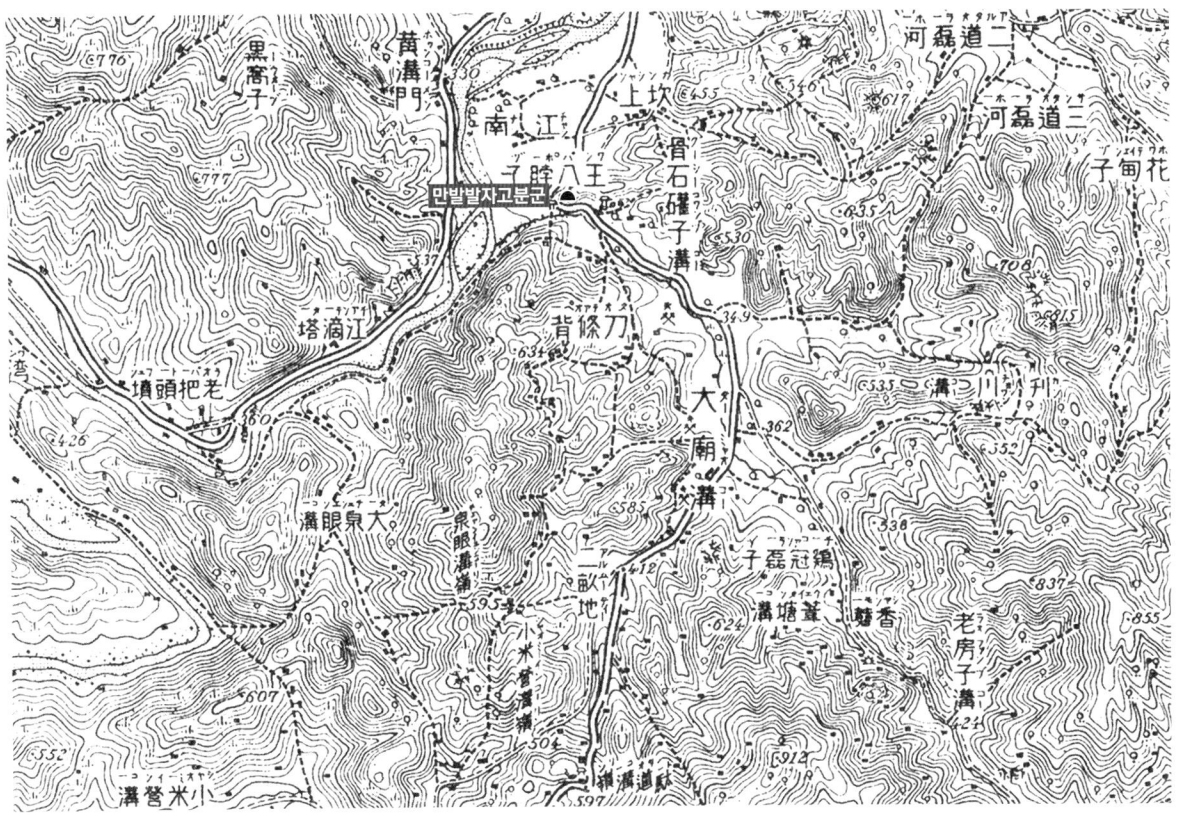

그림 2 만발발자고분군 주변 지형도(滿洲國 10만분의 1 지형도)

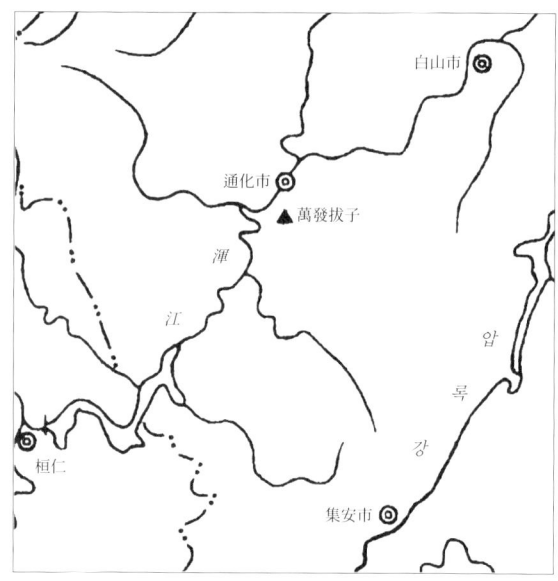

그림 3 만발발자고분군 세부 위치도(『考古』2003-8)

분군, 남쪽 20km 거리에 고구려시대 南頭屯고분군 등이 있음.
○ 서남 방향의 환인 고구려 유적지와는 약 100km 떨어져 있음.

3. 고분군의 현황[2]

1) 고분의 분포양상
○ 土坑墓, 土坑石槨墓, 土坑石槨石棺墓, 大蓋石墓, 大蓋石積石墓, 積石墓, 階壇積石墓 등이 분포하며, 이 고분들은 石板墓에서 積石墓 순으로 발전해감.
○ 이들 고분은 대다수 유적의 동쪽에 분포하며, 서부에는 오직 4기만 발견되는데 모두 제3기에 해당함. 토갱묘 수량이 28기로 가장 많으며, 계단적석묘는 1기만 확인됨.[3]

2) 고분의 현황

(1) 土坑墓와 土坑石槨墓
두 고분 모두 고구려 이전 유적으로 연대는 대체로 춘추전국시기이며, 單人仰身曲肢葬墓과 多人合葬墓로 크게 구별됨. 연대는 토갱묘가 토갱석곽묘보다 상대적으로 빠름.

(2) 土坑石槨石棺墓
연대는 戰國 中晚期에 해당하며, 당시 多人·多次 화장이 성행함.

(3) 大蓋石墓
연대는 전국 말기-한대 초기에 해당하며, 대다수 지세가 험준한 산등성마루 위에 분포함. 무덤 내에서 화장해 인골은 모두 불탔으나 소성도는 높지 않음.

(4) 大蓋石積石墓
보고자는 대개석묘와 고구려 초기 적석묘 사이의 과도기 묘제로 보고 있는데[4] 葬制 방식은 대개석묘와 유사하나, 碎石으로 蓋石을 덮어 墓制는 적석묘와 유사한 양상을 띰.

(5) (無基壇)積石墓
고구려 초기 적석묘로 양한시기와 위·진시기에 조성됨.

(6) 階壇積石墓
고구려의 전형적 고분으로 연대는 위·진시기에 해당하며, 葬制에서 고구려 초기 적석묘와의 전승관계가 명확함.

---

2   『1999中國重要考古發現』 참조.
3   해당 내용은 『中國文物報』 2000年 3月 19日 기사 참조.

4   李新全, 2009, 「遼東地區積石墓的演變」, 『東北史地』 2009-1, 3~9쪽.

표 1 통화 왕팔발자유적의 층위와 무덤유형(오강원, 2004)

문화층위	무덤유형	시간	석관묘	초횡세장형 토광묘	대석개묘	무기단 적석묘	대석개 적석묘	계단식 적석묘
신석기		전25~20	-	-	-	-	-	-
청동기		전13~11	-	-	-	-	-	-
철기전기		전3	●	●	●	-	-	-
고구려	1기층	전2~1	-	-	-	●	●	-
	2기층	후4~5	-	-	-	●	-	●

그림 4 만발발자29호묘(『中國重要考古發現』, 2001 참조)

4. 고분별 현황

1) 만발발자29호묘(그림 4)

○ 유형 : 계단적석묘.
○ 평면 : 방형에 가까운 형태.
○ 규모 : 길이 2.75m, 너비 2.35m.
○ 구조 : 계단은 3단으로 높이 0.9m.
○ 매장 습속 : 고분 안에서 여러 구의 인골이 있고, 인골은 불태워져 대다수 분말형태임. 혈연관계의 일가족 공동 무덤으로 추정됨.

2) 만발발자34호묘

○ 유형 : 대개석묘.
○ 평면 : 장방형.
○ 규모 : 묘광의 남북 길이 2m, 동서 너비 0.8m.
○ 구조 : 덮개돌은 묘광보다 커서 묘실 상부(墓口)[5]를 막음.

5. 역사적 성격

1) 고분 연대

만발발자유적지는 고구려문화와 청동기문화를 연결시킬 수 있는 고리를 제공하는 귀중한 자료임. 신석기시대 中晚期, 商周, 春秋戰國, 兩漢, 魏晉, 明에 해당되는 6개 층위관계가 확인되었음.[6] 무덤은 土坑墓, 土坑石槨墓, 土坑石槨石棺墓, 大蓋石墓, 大蓋石積石墓, 積石墓, 階壇積石墓 등 7개 형식이 확인되는데 춘추전국, 양한, 위·진의 세 시기에 해당됨. 출토유물과 고분 형식에 근거해 연대를 추정해보면 토갱묘, 토갱석

---

[5] 墓口는 묘실 입구라는 의미로 무덤길(연도) 어구로 볼 수 있지만 보고자는 덮개돌을 제거한 다음 드러나는 곽실의 테두리를 묘구라고 표현(정찬영, 1967, 「고구려초기 묘제의 유래」, 『고고민속』 1967-4, 15쪽).

[6] 오강원, 2004에서는 통화 만발발자유적지의 6개 층위의 명칭을 신석기문화층, 청동기문화층, 철기시대 전기문화층, 고구려문화 1기층, 고구려문화 2기층, 명대층 등으로 명명.

곽묘·토갱석곽석관묘, 대개석묘 등은 춘추전국시기로 기원전 3세기에, 대개석적석묘와 적석묘는 양한시기로 기원전 2~1세기에, 계단적석묘는 위진시기로 기원 4~5세기에 해당됨.[7]

2) 고분의 축조집단

(1) 王綿厚(2001, 『北方文物』 2001-3)

만발발자유적지 3·4기는 춘추전국에서 전한시기에 이르는 유적으로 해당 유적의 주류임. 이 주요문화유형의 분포 시기는 문헌 및 혼강 유역 고민족 분포지역에서 본다면 二江(압록강, 혼강)과 二河(태자하, 혼하) 상류를 중심으로 동북 예맥 계통의 '貊'족이 집중 분포하는 중요 시기임(王綿厚, 1999).

만발발자유적에서 주요 문화층인 3·4·5층은, 그 문화성질은 인접한 二江 유역의 서주·춘추에서 전한 이전에 이르는 석관(개)묘와 청동단검을 주요 특징으로 삼는 청동문화와 기본적으로 동일함. 구체적으로 '高句麗先世' 동북 맥족 청동문화의 기본 특징을 갖추고 있음. 문헌 속의 大水는 압록강, 小水는 혼강으로 大水貊(대맥)과 小水貊(소맥)은 강물에 기인한 族名임. 따라서 漢나라 이전의 대수(압록강)와 소수(혼강)에서 거주하는 古族은 요동 고구려의 先世인 '貊族'(高夷)에 해당함. 즉, 만발발자유적이 자리한 혼강 중·상류는 고구려 건국 전 二江과 二河를 중심구역으로 한 古'貊'족의 유적임.

만발발자유적 제3기부터 출현하는 대석개묘, 대석개적석묘, 초기적석묘 모두 二江과 二河 유역에서 상응하는 시기의 石墓 및 그 출토유물과 동일 성질에 속함. 즉 고구려가 건국되는 전한 중기 이전에 압록강·혼강과 태자하 상류를 중심으로 활동한 古'貊'族의 유적임.

일반적으로 '高句麗先世文化' 또는 '前高句麗時期文化'라 할 수 있음. 만발발자유적 속에서 석개묘, 적석석관묘와 공존하는 토광묘 또는 토갱석관묘를 주요 葬制로 삼은 집단은 그 북쪽에 접한 송화강 중·상류의 古'濊'族임. 즉, 통화 만발발자유적의 토광묘나 토갱석관묘는 '西團山文化'의 영향이라 할 수 있음.

(2) 오강원(2004, 『北方史論叢』 1)

만발발자유적을 통화 지역문화가 기원전 3세기를 기점으로 느슨한 청동기 사회에서 완전한 청동기 사회로 변모하고, 기원전 2~1세기에서 토갱묘·석관묘에서 적석묘로 급격히 변모한다는 점에 주목함.

철기시대 전기문화층(3기)는 그 이전의 통화지역 청동기시대와 묘제에서는 공통성을 보이고, 청동기 공반비율과 제작 측면에서는 현격한 차이가 있음. 즉, 앞 시기에 비해 기원전 3세기에는 청동기를 직접 제작하는 수준에 이르렀음. 이는 통화지역 집단의 내적 성장에 기인한 결과임.

요동반도의 적석묘 문화가 환인집단을 경유하여 통화지역으로 전해짐. 통화지역에 원고구려문화, 즉 적석묘문화가 출현하는 시점은 요동 동부의 다른 지역보다 1세기 가량 늦은 기원전 2~1세기임. 통화지역에서는 적석묘 문화의 형성과 함께 방어적 성격이 강한 환호와 구상 유구를 갖춘 대형 취락이 등장하는데 이는 갈등적 측면이 강하게 작용한 사실을 보여줌.

정리하면, 기원전 3세기 사회의 완만한 변화가 통화지역 토착집단이 주변과의 교섭을 통해 내적으로 변화한 양상을 반영한다면, 기원전 2~1세기의 급격한 사회변모는 혼강 중류 유역 환인 방면으로부터 들어온 적석묘집단에 의해 지역집단이 통합된 것으로 파악함.

---

[7] 오강원, 2004 참조.

참고문헌

- 吉林省文物志編委會, 1986, 『通化市文物志』.
- 吳華·志新, 1988, 「通化市王八脖子遺址復查報告」, 『博物館研究』 1988-3.
- 吉林省文物考古研究所·通化市文物管理辦公室, 1997, 「通化市王八脖子遺址及附近幾處地點的調査與發掘」, 『博物館研究』 1997-2.
- 王綿厚, 1999, 「關于漢以前東北"貊"族考古學文化的考察」, 『文物春秋』 1994-1.
- 金旭東·安文榮·楊立新, 2000, 「探尋高句麗早期遺存及起源-吉林通化萬發拔子遺址發掘獲重要收獲」, 『中國文物報』 2000년 3월 19일.
- 國家文物局 編, 2001, 「1999吉林通化萬發拔子遺址」, 『中國重要考古發現』.
- 王綿厚, 2001, 「關于通化萬發拔子遺址的考古與民族學考察」, 『北方文物』 2001-3.
- 吉林省文物考古研究所·通化市文物管理委員會辦公室, 2003, 「吉林通化市萬發拔子遺址二十一號墓的發掘」, 『考古』 2003-8.
- 오강원, 2004, 「萬發拔子를 통하여 본 통화지역 先原史文化의 展開와 初期 高句麗文化의 形成過程」, 『北方史論叢』 1.
- 朱泓·賈瑩·金旭東·趙展坤, 2004, 「通化萬發拔子遺址春秋戰國時期叢葬墓顱骨的觀察與測量」, 『邊疆考古研究』 2004-3.

2
성곽

01 통화 자안산성
通化 自安山城

1. 조사현황

1) 20세기 전반
自安山城은 民國시기에 간행된 『通化縣志』에 石頭城으로 나옴.

2) 1983년 봄 및 6월
○ 시행기관 : 通化市 文化局 文化志 편집팀, 通化市 文化館, 通化市 文物管理委員會.
○ 조사내용 : 제1차(봄) 및 제2차(6월) : 조사와 실측 및 촬영.

3) 1984년 11월 27일
○ 시행기관 : 通化市 人民政府.
○ 내용 : 通化市 重點文物保護單位로 공포.

4) 1985년
○ 시행기관 : 通化市 문물조사대.
○ 조사내용 : 조사와 실측, 촬영을 재차 시행.
○ 발표 : 吉林省文物志編委會, 1986, 『通化市文物志』.

5) 1988년과 1989년
○ 시행기관 및 참가자 : 吉林省 文物考古研究所의 柳嵐·邵春華, 通化市 文物管理委員會의 楊立新 등.
○ 두 차례에 걸쳐 산성을 상세히 조사하고 실측함.

○ 발표 : 柳嵐·邵春華, 1991, 「吉林通化市漢代自安山城調查與考證」, 『博物館研究』 1991-3.

6) 1993년
1993년 吉林省 정부에서 省級 重點文物保護單位로 공포.

7) 2004년 5~6월
○ 시행기관 : 吉林省 文物考古研究所, 通化市 文物管理委員會.
○ 조사내용 : 40일간 조사와 실측 진행(제1차 試掘). 1호 문지, 1호 배수구(涵洞), 남부의 대지 등을 시굴했음. 주거지(房址), 재구덩이(灰坑) 각 1기를 조사하였는데, 陶器, 鐵器, 銅器 등의 유물 출토.
○ 참가자 : 팀장(領隊) 金旭東, 執行 領隊 王志敏, 그 외 谷德平, 王昭, 王鵬勇, 楊立新, 王晶, 王東飛, 王珺 등.
○ 발표 : 通化市文物保護研究所, 2010, 「吉林省通化市自安山城調查報告」, 『北方文物』 2010-3.

8) 2007~2009년
○ 시행기관 : 吉林省 文物考古研究所.
○ 조사내용 : 自安山城이 2006년 '吉林省 高句麗 遺蹟 保護 方案' 사업에 선정되어 대규모 고고 발굴을 개시함. 성벽, 성문지, 배수시설(排水涵洞), 주거지 등에 대한 전면적인 고고 발굴을 진행함.

그림 1
자안산성 위치도

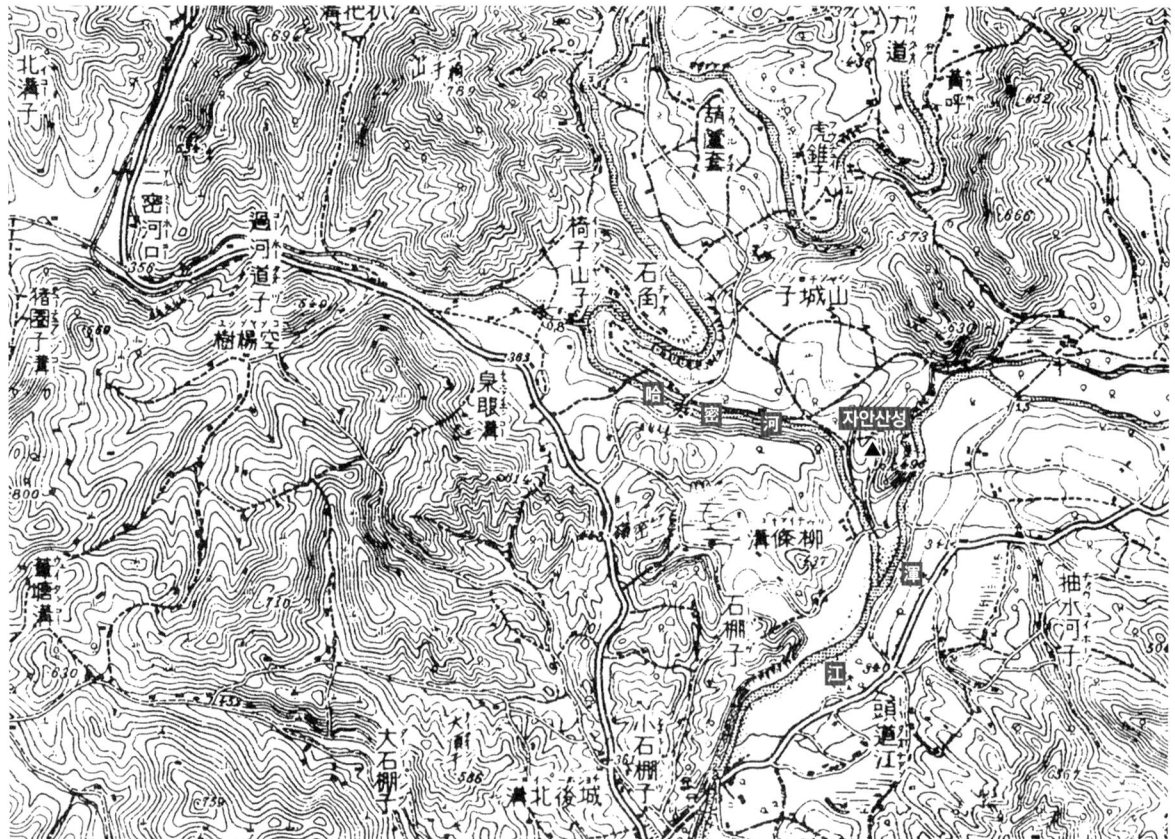

그림 2 자안산성 주변 지형도(滿洲國 10만분의 1 지형도)

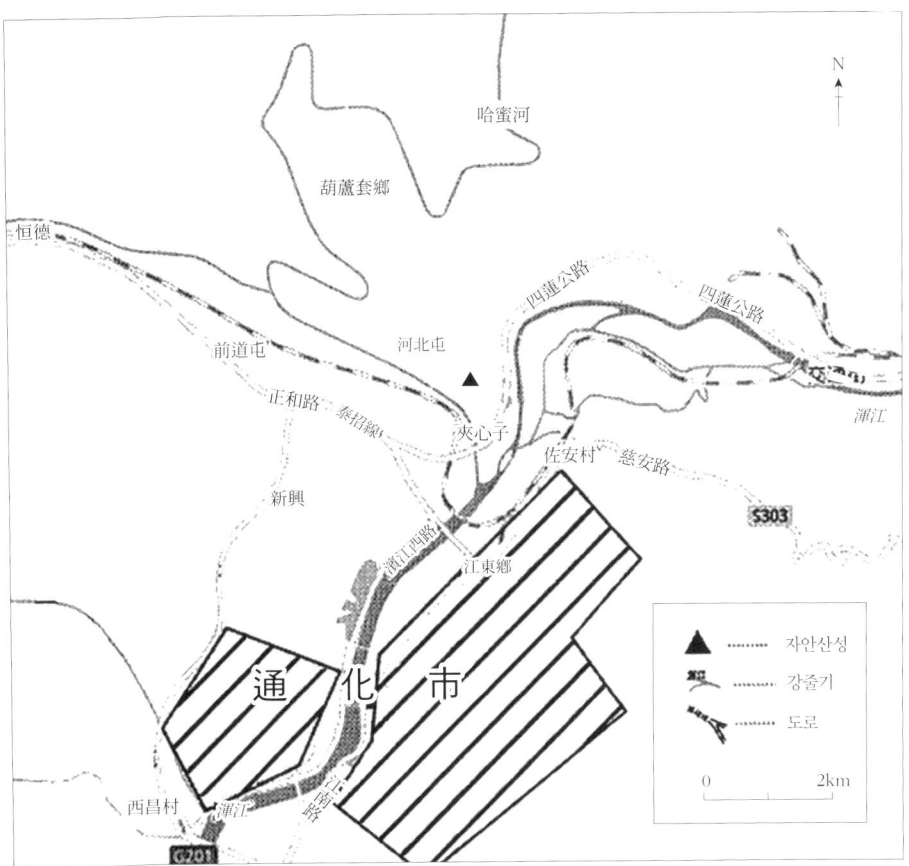

그림 3 자안산성 지리위치도
(徐坤, 2011, 1쪽)

○ 발표 : 徐坤, 2011, 「自安山城的考古收穫與調初步認識」, 吉林大學碩士學位論文.

2. 위치와 자연환경(그림 1 ~ 그림 3)

1) 지리 위치

○ 通化市 江東縣(江東鄕) 自安村(속칭 治安村) 夾心屯의 北山에 위치(『通化市文物志』; 柳嵐·邵春華, 1991).

○ 通化市 北郊 중심지에서 4km 떨어져 있는 江東鄕 自安村 5組에 위치함. 2007~2009년 조사 당시 산성의 북측에는 通化市 경제개발구, 산성 아래의 서측과 남측에는 自安村(원래 治安村) 5組(河北屯)와 6組(夾心子屯)가 각기 위치함(그림 3 : 徐坤, 2011).

2) 자연환경

○ 산성 서남쪽 아래로 哈密河(속칭 哈泥河 혹은 哈民河)가 흐르며, 동쪽의 절벽 아래로는 渾江이 유유히 흐르고 있으며, 남쪽은 哈密河와 渾江이 합류하는 지점으로 산성은 전체적으로 三角洲의 형세를 이룸.

○ 산성의 서쪽과 북쪽으로 산봉우리가 기복을 이루며 연이어지고 있음. 가장 낮은 곳의 해발은 400.3m이고, 가장 높은 곳은 해발 533.7m로 이곳에 서면 통화분지 일대가 한 눈에 들어옴.[1]

○ 산성은 높은 곳에서 낮은 곳을 내려다보는 형세로 지키기는 쉽고 공격하기는 어려운 천혜의 험준한 지형임.

---

[1] 徐坤, 2011, 1쪽. 自安山城 최고봉의 해발이 『通化市文物志』 26쪽에는 507m, 柳嵐·邵春華, 1991, 73쪽에는 526m, 通化市文物保護硏究所, 2010, 33쪽에는 534.4m 등으로 기재되어 있음.

3. 성곽의 전체현황

『通化市文物志』 및 柳嵐·邵春華, 1991의 기술내용

1) 전체 평면
○ 유적 규모 : 남북 길이 925m, 동서 너비 300~450m. 높이 약 200m.
○ 성곽 규모 : 서벽 957m, 남벽 347m, 동벽 1,107m, 북벽 362m로 전체 둘레는 2,773m.
○ 평면 : 불규칙한 長方形. 남북이 길고 동서가 좁음.
○ 성곽 내부는 동쪽이 높고 서쪽이 낮으며, 북쪽이 남쪽보다 높음.

2) 보존상태
○ 인공으로 축조한 서벽과 남벽은 대부분 파괴되어 현재 성벽 기초만 볼 수 있고, 서벽의 북단과 북벽의 보존상태는 비교적 양호함.
○ 현재 성벽 위쪽은 10~20cm 두께의 흙으로 덮여 있고, 성벽이 만곡하는 곳에는 바깥쪽에 보조용 성벽을 여러 겹 축조하였음.
○ 잡초와 관목이 무성하여 성 내부의 상황을 한눈에 파악하기는 어려운 상태이며, 서북쪽은 계단식 밭으로 개간되어 경작되고 있음. 현대의 民墓가 군을 이룬 곳도 있는데, 큰 나무 몇 그루로 둘러싸여 있음.

通化市文物保護研究所, 2010 및
徐坤, 2011의 기술내용(그림 4~그림 6)

○ 남북으로 길고 동서가 좁은 역삼각형임.[2] 가장 높은 지점은 해발 534.4m인데,[3] 내부의 지세는 북부는 비

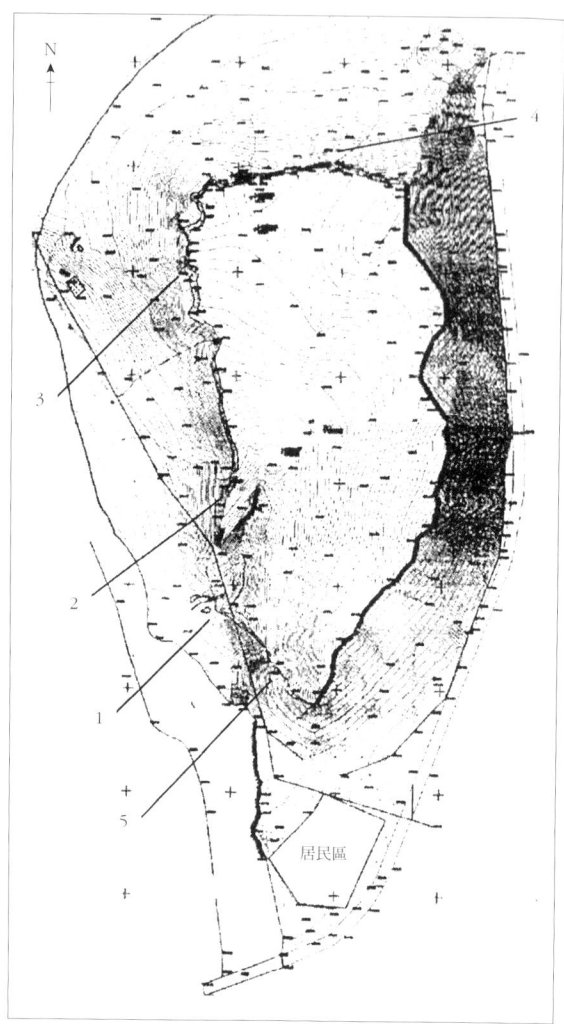

그림 4 자안산성 평면도(1~5호 문지)
(『北方文物』 2010-3, 33쪽)

교적 평탄하고 완만하며, 남부는 비교적 험준한 산비탈과 골짜기이며, 전체적으로 동쪽이 높고 서쪽이 낮음. 산성 중부에 길이 있는데 동쪽에서 서쪽으로 뻗어 있으며 약간 솟아 있음. 산성은 이 길을 경계로 남과 북 두 구역으로 구분됨.
○ 성곽의 전체 둘레는 2,753.5m인데, 북벽 442.1m, 서벽 802.2m, 남벽 352.8m, 동벽 1156.4m임. 총 면

---

[2] 通化市文物保護研究所, 2010, 33쪽 ; 徐坤, 2011, 5쪽에는 장방형으로 기술되어 있음.

[3] 通化市文物保護研究所, 2010, 33쪽 ; 徐坤, 2011, 1쪽에는 최고 해발 533.7m, 최저 해발 400.3m로 기술되어 있음.

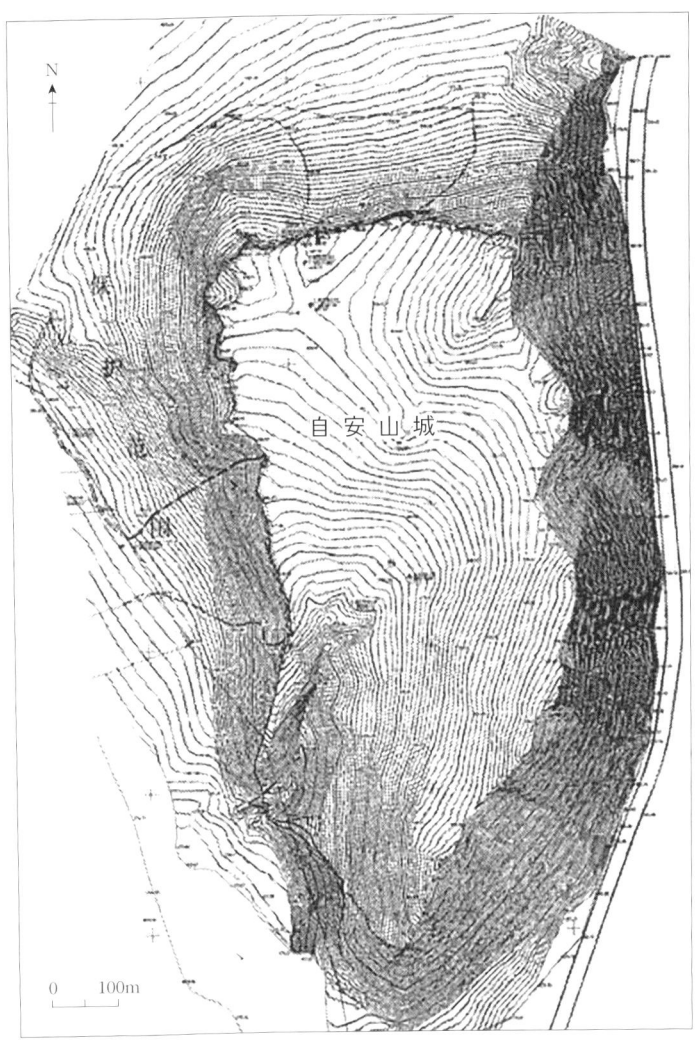

그림 5 자안산성 지형도(徐坤, 2011, 2쪽)

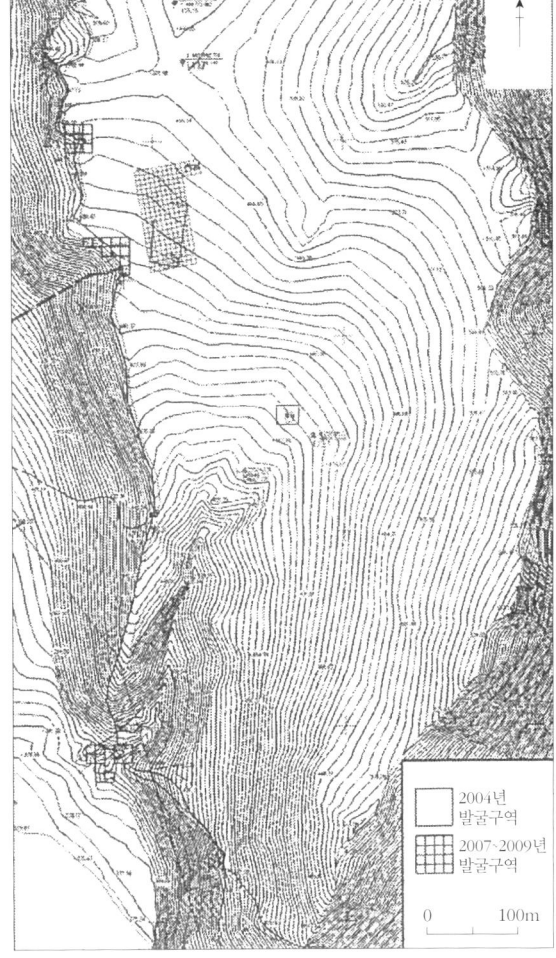

그림 6 자안산성 발굴 구역 위치도(徐坤, 2011, 3쪽)

적은 359,797.9 평방미터. 성벽은 토석혼축으로 축조했는데, 북벽이 보존상태가 가장 좋음.

○ 성문지는 1호 문지(제1 정문), 2호 문지, 3호 문지, 4호 문지(제2 정문), 5호 문지 등 총 5곳이 확인됨. 이 중 2호와 3호 문지는 서벽, 4호 문지는 북벽, 1호와 5호 문지는 남벽에 각각 위치함.

○ 1호 문지 외측에 원형의 흙언덕(土丘) 2개가 마주보고 있는데, 성문의 문궐(門闕)임. 그밖에 성곽시설로 회곽도(馬道), 각루(4호 문지 동북각루), 평대 등이 있고, 유적으로는 우물, 저수지, 배수시설, 건물지 등이 있음.

4. 성벽과 성곽시설

1) 성벽

『通化市文物志』 및 柳嵐·邵春華, 1991의 기술내용(그림 7)

(1) 성돌의 특징

○ 크기 : 대체로 길이 38~42cm, 너비 18~20cm.

(2) 성벽 축조양상

○ 성벽은 험준한 자연지세를 잘 이용하여 축조하였음.
○ 천연성벽 : 산세가 가파르고 험준한 동쪽과 남쪽 양면은 낭떠러지와 절벽을 천연성벽으로 삼았음.
○ 인공성벽 : 산세가 비교적 완만한 서·북 양면은 다듬은 돌로 인공성벽을 축조.

① 서벽

○ 규모 : 길이 약 957m.
○ 자연지세에 따라 성벽을 쌓았는데, 만곡하는 곳이 많음.
○ 축조양상 : 만곡하는 곳의 바깥쪽에는 1~5단의 보조용 성벽을 축조하였는데, 자연석을 퇴적하는 방식으로 쌓았고, 길이나 각도는 산비탈 경사도에 따라 다름.
○ 서벽의 북쪽 부분이 가장 많이 굽었고, 기본적으로 잘 보존되어 있음. 남쪽 부분의 성벽은 많이 파괴되었음.
○ 보존 : 성돌은 대부분 옮겨져서 다른 용도로 사용되었기 때문에 현재는 조금밖에 안 남아 마치 토축성벽처럼 보임.
○ 성문 : 성문터가 2개(吉林省文物志編委會, 李殿福 : 3개) 있음.

② 남벽

○ 방향 : 남벽으로 분류하지만 실제 방향은 서남향에 가까움.
○ 규모 : 길이 347m로 네 성벽 가운데 가장 짧음.
○ 보존 : 성돌은 대부분 다른 용도로 사용되어 현재 잔고 1m 정도의 토석벽이 남아 있음. 동단은 지세가 비교적 높고 잡초가 무성하여 성벽을 쌓은 흔적이 명확하지 않음.
○ 지세 : 바깥은 경사가 완만한 산비탈인데, 그 아래로 渾江이 흐름.
○ 성문 : 서북단에 산성의 정문에 해당하는 성문이 있음.

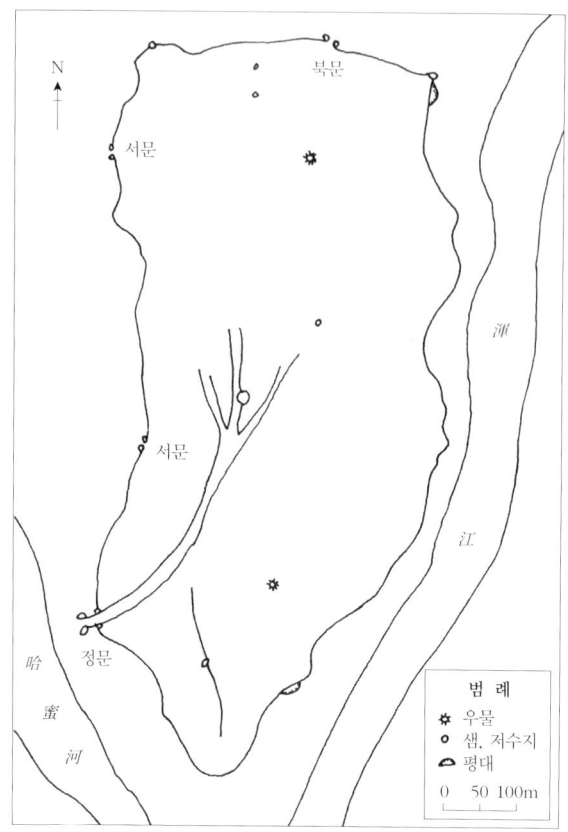

그림 7 자안산성 평면도(柳嵐·邵春華, 1991, 74쪽)

③ 동벽

○ 규모 : 길이 1,107m로 가장 긴 성벽임. 굽거나 꺾어진 곳이 많음.
○ 축조방법 : 가파른 절벽의 가장자리를 자연성벽으로 삼고, 그 위에 돌을 포개어 쌓거나 낮고 움푹 들어간 곳을 돌로 메워 축조했음.
○ 성돌 크기 : 길이 0.38~0.42m, 너비 0.18~0.2m.
○ 지세 : 성벽 아래로 渾江이 南流하다가 서쪽으로 방향을 바꾸어 흘러가면서 哈蜜河와 합류한 다음, 다시 南流함. 동벽은 자안산성에서 지세가 가장 높은 곳으로 남단과 북단의 성벽 바깥에 平臺가 여러 개 있음.

④ 북벽

○ 규모 : 길이 362m로 외벽의 높이 약 2m, 성벽 위쪽에는 20cm 두께의 흙으로 덮여 있음.

○ 성문 : 북벽 중앙에는 성문터가 남아 있음. 성문 바깥쪽은 완만하게 경사진 산비탈로 옛길의 흔적이 뚜렷하며, 산비탈을 비스듬히 가로질러 산 아래로 내려갈 수 있음.
○ 성곽시설 : 북문 동쪽 100m 지점에는 돌로 쌓은 배수구가 있고, 서쪽과 동쪽 모서리에는 각루 시설이 남아 있음.
○ 보존 : 보존상태가 가장 양호함.

通化市文物保護研究所, 2010의 기술내용

(1) 축조양상과 보존상태
○ 서, 남, 북 등 3면의 성벽은 산세를 따라 토석 혼축으로 쌓았는데, 위는 좁고 아래는 넓으며 횡단면은 사다리꼴임. 북벽의 보존상태가 가장 완전함.
○ 성의 서남쪽 가까이에 촌락이 있는데, 예전에 촌민이 집을 지을 때 서남쪽 성벽의 성돌을 가져다가 지었다고 함. 서남쪽 양쪽의 산세가 약간 낮을 뿐 아니라 성벽이 점점 아래쪽으로 비스듬히 경사져 입구의 성문지까지 이어져 있음. 이로 인해 일부 구간은 비교적 심하게 훼손된 상태임.

(2) 성돌
○ 성벽에 사용된 석재는 대체로 다듬은 쐐기형 성돌(楔形石)이 많으며, 방형이나 장방형, 불규칙한 형태의 성돌도 있음.
○ 쐐기형 성돌은 한쪽 끝은 방형이나 장방형이며 다른 쪽 끝은 뾰족하게 만들었는데, 일반적으로 길이 40~45cm, 너비 30~35cm, 두께 25~35cm임.

(3) 성벽의 축조방법
○ 성벽의 외벽은 성돌과 점토를 번갈아가며 층층이 안으로 들여쌓기하였음. 층마다 성돌 사이에 점토를 발라 메워서 매우 견고함.

○ 벽체의 아래 너비는 일반적으로 8~9m이며, 윗 너비는 2~3m 정도임. 성문 부근 벽체는 비교적 넓고 높음.
○ 성벽의 높이가 성 내부와 거의 수평인 곳도 있지만, 대체로 성 내부의 지면보다 높으며 가장 높은 곳은 4m 정도임.

① 동벽
○ 동북 모서리에서 동남 모서리까지가 동벽에 해당함.
○ 이 구간은 산이 높고 가팔라서 인공적으로 쌓은 성벽이 없음. 험준한 절벽과 峭壁에 의지하여 만들어진 것이므로 천연 장벽에 해당함.
○ 초벽 아래로 渾江이 북에서 남으로 흐르다가 산자락을 끼고 산성 남단에 이르러 哈蜜河와 합류하는데, 두 강은 산성의 자연 해자를 이룸.

② 남벽
○ 남벽은 동남 모서리에서 1호 문지까지인데, 산성의 서남측에 해당함.
○ 동남 모서리는 이 성의 가장 남단에 해당하며, 정상부 부근에 거대한 암석이 있는데 삼각형을 띠며, 그 尖角은 남쪽을 가리킴. 남벽의 동남 구간은 산세가 험준하고 가파르며, 그 아래쪽은 2급 臺地와 三角洲임. 이 구간의 성벽은 토석 혼축 성벽이 많음. 산허리에는 성의 안쪽에서 바깥쪽의 성 외곽 남측 기슭 아래의 三角洲를 왕래할 수 있는 회곽도(馬道)가 있음.
○ 성벽은 동남 모서리에서 남쪽 방향으로 뻗어 5호 문지에 이르는데, 이 구간의 성벽 잔장(殘長)은 117.9m임. 그리고 성벽은 5호 문지에서 계속 비스듬하게 경사진 산비탈을 따라 1호 문지까지 이어지는데, 이 구간의 성벽 잔장은 172.7m임. 1호 문지 서벽에서 서남 모서리까지의 잔장은 46m이며, 1호와 5호 문지가 차지한 길이는 16.2m임.

③ 서벽

○ 2호, 3호 문지를 경계로 세 구간으로 구분할 수 있음.
○ 전체 길이는 802.2m이며, 2호와 3호 문지의 길이는 7.63m임.

㉠ A구간

○ 1호 문지에서 2호 문지까지의 구간으로 잔장(殘長)은 197.27m임.
○ 1호 문지에서 시작하여 북쪽을 향해 입구 서북측의 산비탈을 따라 산 정상부를 향해 축조하였음. 경사도는 비교적 가팔라 문지 부근의 성벽은 심하게 훼손된 상태임. 현재 성벽 기초만 남아 있음.
○ 정상부 부근에는 남쪽을 향해 우뚝 솟은 암석(石碴子)이 한 열 있는데, 성벽은 암석 열 서측에 붙어서 정상부로 이어지며, 그 서쪽과 남측 양쪽 비탈의 돌출한 곳에 성벽을 쌓아 한 줄기의 등성이 모양을 띠며, 정상부 서측 산비탈을 따라 북쪽으로 뻗어 2호 문지에 이름.
○ 정상부에서는 성벽이 북쪽으로 갈수록 점점 높아져 2호 문지에 이르러 가장 높은데, 내측은 잔고 3.86m, 외측은 잔고 3.9m에 이름.

㉡ B구간

○ 2호 문지에서 3호 문지까지의 구간으로 보존상태가 비교적 양호함. 성벽의 잔장은 413.1m이고, 내벽의 잔고 1~1.5m, 윗면의 너비 약 3m임.
○ 2호 문지에서 1호 돌출부 구간 : 성벽은 정상부의 서쪽 비탈을 따라 계속 북상하는데, 성 내부에서 볼 때 성벽 높이는 산비탈의 경사도가 완만해질수록 점차 낮아지며, 산의 지세가 꺾이는 1호 돌출부에 이르러 성 내부와 거의 수평을 이룸. 이 구간의 성 내부는 계단밭인데, 밭의 서단은 성벽의 벽체 기초에 잇닿아 있음. 2호 문지 부근에는 거대한 돌로 성벽의 내벽을 축조해 아주 견고함. 외벽은 비교적 높으며 비스듬하게 경사진 모양을 띠고 있는데, 산비탈과 함께 일체를 이룸. 성벽의 외측 잔고 3.9m, 내측 잔고 2.01m.
○ 1호 돌출부에서 2호 돌출부 구간 : 성벽은 1호 돌출부에서 북향하다가 산줄기를 따라 동북으로 꺾였다가 다시 서향으로 꺾여 안으로 꺾인 內折角을 형성함. 內折角 남쪽의 성벽 외측에는 5층 계단을 축조하였는데, 각 층의 너비는 1.5~2m, 높이는 1m 정도임. 이 구간의 성 내부 지세는 평탄하고 개활하며, 성벽 윗부분과 수평을 이룸. 그리고 산 아래로 통하는 작은 길도 있음. 內折角 지점에서 다시 북향하면 또 안으로 꺾인 작은 內折角이 나타나는데, 이곳의 산세는 험준하며 內折角 지점은 도랑을 이룸. 이에 남북향의 짧은 성벽을 축조해 토양의 유실을 방지했는데, 방어 작용도 함. 성벽은 다시 북향하다가 서향으로 꺾였다가 또다시 북향으로 꺾이며 바깥으로 튀어나온 돌출부(外凸角)를 형성하는데, 이곳이 2호 돌출부임.
○ 2호 돌출부에서 3호 문지 구간 : 2호 돌출부는 시야가 완전히 트여서 서북쪽으로 哈密河 골짜기를 굽어볼 수 있으며 남쪽으로 渾江의 양안을 조망할 수 있음. 뒤로는 계단상 성벽 북쪽의 안으로 만곡한 지점을 공제할 수 있음. 치성(馬面)의 기능을 수행한 것으로 보임. 2호 돌출부에서 계속 북향하면 완만한 비탈 구간이 이어지는데, 성벽도 지표에서 점점 돌출함.

㉢ C구간

○ 3호 문지에서 서북 모서리까지 구간으로 성벽의 잔장은 184.2m임.
○ 성벽은 북향하며 일직선으로 뻗어 있고, 내부는 평탄한 대지임.
○ 3호 문지에서 3호 돌출부 구간 : 성벽은 서북 방향으로 10m 뻗어나가다가 다시 꺾여 북향하는데, 치성(馬面)과 유사한 지형을 이룸. 이에 3호 돌출부라고 칭함. 이곳의 산세는 험준하고 가팔라서 시야가 넓고 확 트여 3호 문지를 오가는 산길을 지키는 좋은 위

치임. 이 구간의 성벽은 보존상태가 비교적 양호하며, 안쪽 성벽의 높이는 약 1.5~2m임.

○ 3호 돌출부에서 4호 돌출부 구간 : 3호 돌출부에서 북쪽으로 약 60~70m 가면 또 치성과 비슷한 돌출부(折角)가 나타남. 성벽은 산세를 따라 꺾여 동쪽으로 향하다가 약 30m 지점에서 다시 서북쪽으로 꺾여 안쪽으로 휜 활모양의 예각(銳角)을 형성함. 이에 4호 돌출부(角)이라고 지칭함.

○ 4호 돌출부에서 서북 모서리 구간 : 4호 돌출부의 북단에서 서향하여 약 60m 지점이 산성의 서북 모서리임. 이곳은 산성 서북의 감제고지(制高點)로 성벽의 꺾이는 지점은 각루지(角樓址)로 추정됨. 이 구간의 꺾이는 지점에는 산 아래로 통하는 작은 길(小路)이 하나 있음. 산세는 약간 완만하지만, 양 돌출부는 활처럼 안으로 휜 평지 부분을 지키기에 좋은 요충지임. 성내 지세는 평탄하고 개활함. 이로 인해 이곳은 성곽 전체의 안전을 견고하게 지킬 수 있는 아주 중요한 곳임.

④ 북벽

○ 동서로 뻗은 모양을 띰.

○ 서북 모서리에서 4호 문지 구간 : 성벽을 따라 동북향으로 60m 정도 가면 모서리(折角)가 나타나는데, 모서리의 동측을 돌아 10m 정도 가면 매우 곧은 북벽이 나타남. 모서리는 북벽을 한눈에 조망할 수 있을 정도로 북벽을 감시하고 공제하기에 가장 좋은 지점임. 이 구간의 성벽은 보존상태가 비교적 좋으며, 외벽 높이는 3m 이상으로 균일함. 동서 양단은 높고, 중부는 산세를 따라 비교적 낮은데, 가장 낮은 지점에 규모가 비교적 큰 배수시설(排水涵洞)이 설치되어 있음. 북벽 동단에는 4호 문지가 있음.

○ 4호 문지에서 동북 모서리 구간 : 넓은 平臺가 있는데, 너비는 약 5.02m임. 다만 평대가 어떤 시설인지는 명확하지 않음. 성벽을 따라 다시 동쪽으로 약 60m 정도 가면 동북 모서리가 있음. 동북 모서리는 높은 지점

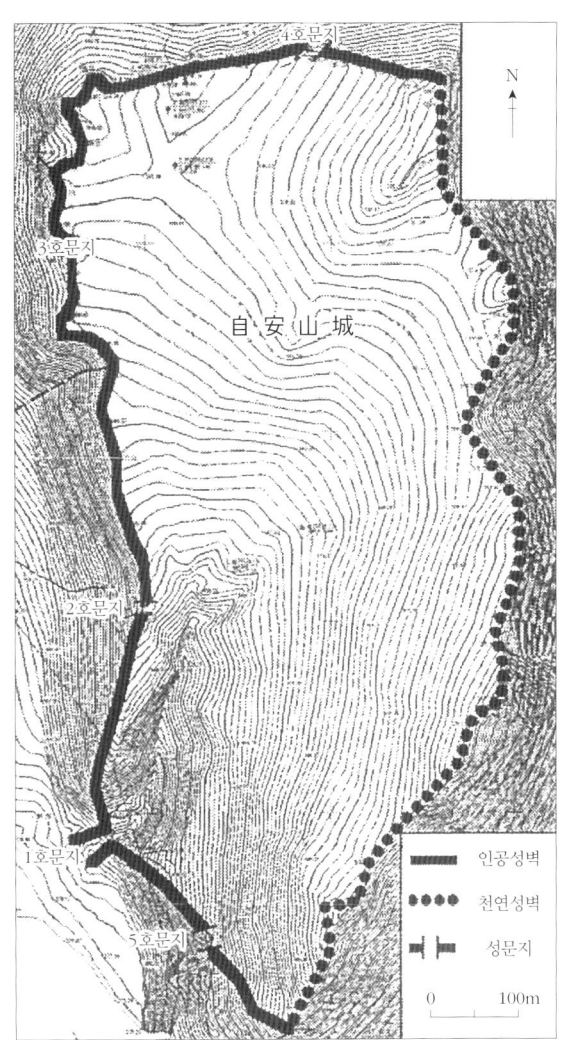

그림 8 자안산성 성벽(인공성벽 및 천연성벽 위치도)
(徐坤, 2011, 5쪽)

에 위치하는데, 동측은 渾江이며, 북측 산비탈 아래는 평평하고 완만한 2급 臺地임. 동북 모서리에 서서 동쪽을 바라보면 二道江 구역이 한눈에 들어오는데, 동북 각루지로 추정됨.

徐坤, 2011의 기술내용

(1) 축조양상과 보존상태(그림 8)

○ 자안산성은 산세에 의지하여 축조하였으며 비교적 전형적인 포곡식(簸箕形) 산성임.

○ 동, 서, 북 3면의 성벽은 산등성이 위에 위치함. 산성의 바깥은 험준한 산비탈에 잇닿아 있으며, 안쪽은 평탄한 臺地임. 남벽은 1호 문지 가까이에 있으며, 지세가 비교적 낮아 성내 골짜기 입구임. 양측의 벽체는 골짜기에 잇닿은 가파른 비탈 위에 수축하였음.

○ 산성의 평면은 대략 장방형으로 동벽 1,156m, 남벽 353m, 서벽 802m, 북벽 442m 등으로 전체는 둘레 약 2,753m임. 면적은 약 36만 평방미터임.

○ 동북 모서리에서 동남 모서리에 이르는 동벽 구간은 높이 약 100m, 경사도 85도의 아찔한 절벽으로 인공적으로 쌓은 성벽이 없음.

○ 동남 모서리에서 1호 문지까지는 높이 약 1m인 토석혼축의 두둑(土石壟)이 발견되었는데, 상부는 잡초가 무성하고 석괴를 쌓은 흔적이 불분명함.

○ 서벽의 벽체는 대부분 심하게 훼손되었는데, 외벽은 대부분 무너졌고, 1호 문지에서 2호 문지 남측의 벽체는 흔적이 거의 남아 있지 않음.

○ 2호와 3호 문지 구간의 성벽 외측 산기슭에서 계단 형태의 석축 유적이 발견되었음. 이곳의 산기슭은 안쪽으로 오목한 흔적이 분명한데, 현재 작은 골짜기 하나가 형성되어 있음. 골짜기 頂端과 서벽이 서로 연결된 곳은 성 밖으로 나가는 통로이거나 배수 계통 관련 시설물로 추정됨.

○ 3호 문지에서 서북 모서리 구간의 외측에서는 석축의 벽체 잔흔을 다수 발견하였는데, 내측은 흙을 다진 벽체임.

○ 북벽은 보존상태가 약간 좋으며, 대부분의 벽체는 현 지표보다 2m 정도 높음. 외측의 석축 부분은 대부분 무너져 비탈을 이루며 頂部에 돌을 쌓은 흔적이 일부 남아 있음.

(2) 성벽의 축조방식

○ 성벽은 대부분 석축인데, 축조방식은 편축식(單面式)과 협축식(雙面式) 두 가지로 구분됨. 성문의 측벽

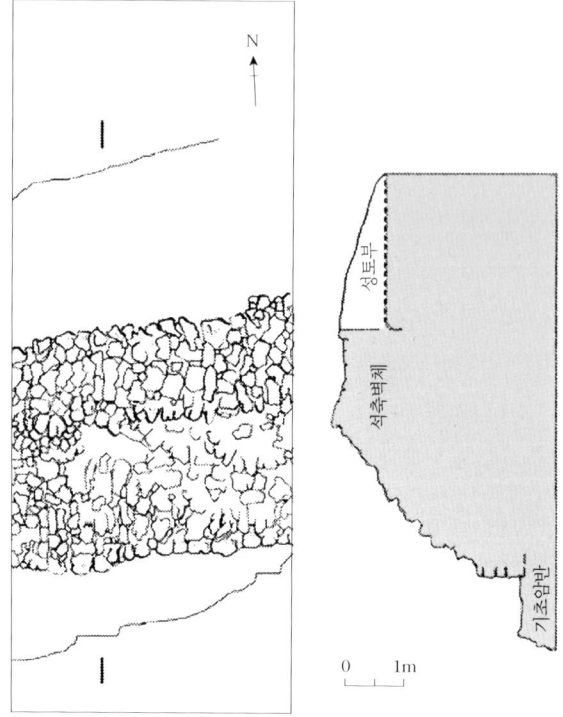

그림 9 자안산성 2009TZT1 평면 및 단면도
(徐坤, 2011, 7쪽)

(門垛) 및 배수시설의 양측 벽체는 대부분 협축식이며, 기타 벽체는 대체로 편축식임.

① 편축식(單面式)

○ 산비탈의 바깥면에만 성벽을 쌓은 축조방식임.

○ 산비탈의 암반이나 단단한 생토층까지 기초 홈을 파서 기초석을 고정시켰는데, 기저부에는 모두 약간 다듬은 거대한 화강암 석괴나 퇴적암 석괴를 놓아 기초석(基石)을 구성하였음. 기초석 상부는 화강암, 청회색의 水成巖, 홍갈색의 변성암 등으로 쌓았음.

○ 외측의 면석은 쐐기형돌(楔形石)로 축조하였는데, 머리가 큰 쪽이 바깥을 향하고 작은 쪽은 안을 향함. 쐐기형 돌을 서로 맞물리게 층층이 가지런하게 쌓으면서 약간 들여쌓기를 하였음. 쐐기형돌 안쪽의 빈틈에는 북꼴돌(梭形石)을 끼워 넣었는데, 층층이 서로 맞물리게 쌓아 벽체의 견고성을 증가시켰고, 바깥으로 향하는 張

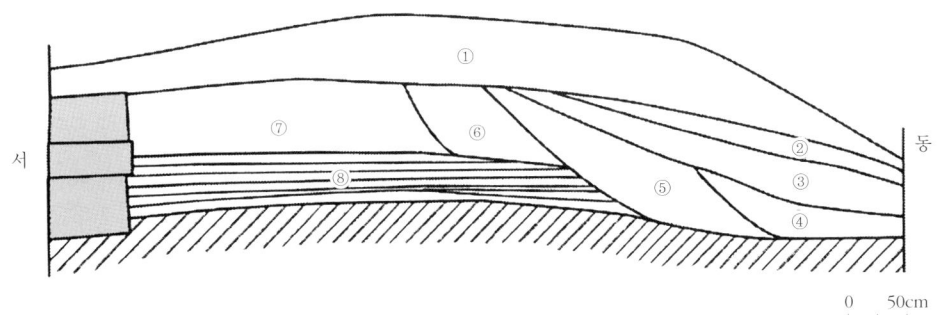

그림 10
자안산성 2009TZT4
북벽 단면도(徐坤, 2011, 7쪽)

力을 감소시켰음. 다만 현재 외벽의 상부는 심하게 허물어졌으며, 안쪽에 북꼴돌이나 길쭉한 돌(條石)이 남아 있음.

○ 석축 벽체는 성내의 지면보다 약간 높음. 내측은 토축이나 土石 혼축으로 이루어졌는데, 비교적 낮고 경사졌으며 치밀하고 단단하여 판축기법(夯打)으로 축조했을 가능성이 있음. 실제 3호 문지 북측에서 내측 토축 벽체를 절개 조사하였는데, 모두 판축한 다진 층(夯土層)을 명확하게 확인함.

㉠ 2009TZT1 벽체(그림 9)

○ 이 구간의 벽체는 3호 배수시설의 북측에 위치. 성벽은 골짜기를 이루는 곳에 1조 수축하였는데 안으로 휜 활 모양을 띰.

○ 잔존 벽체는 외측의 석축과 내측의 북돋운 흙 등 두 부분으로 나뉨. 외측의 석축 부분은 기초 암반 위에 축조하였는데, 기초 홈을 판 다음 대형 괴석으로 벽체 기초를 쌓고, 상부는 長條形 괴석을 2~4단 쌓아 기초석을 구성하였음. 상부의 벽체 외측은 대부분 쐐기형돌이며, 그 사이에 소량의 괴석을 혼합했으며, 내측은 長條石이나 북꼴돌로 끼우고 그 틈새를 깬돌로 조밀하게 채워 넣어 층층이 쌓았음. 외측의 면석은 4층이 남아 있는데, 아래에서 위까지 층마다 약 1cm씩 들여쌓았음.

○ 석축 벽체의 頂部 외측은 모두 무너졌으며 상부에는 너비 1.2m의 깐돌(鋪石)이 남아 있음. 석재는 대부분 괴석이며 겉면은 가지런한데, 원래 벽체의 頂部인지는 명확하게 알 수 없음.

○ 내측 벽체에서는 석축을 발견하지 못했는데 흙을 경사지게 북돋운 현상이 남아 있으며, 북돋운 흙은 황갈색 沙土이며, 대량의 풍화암 돌 알갱이가 섞여 있으며, 비교적 치밀하게 다졌고 판축했을 가능성도 있음. 흙을 북돋운 면은 외측의 잔여 석축 벽체 상부의 평면과 기본적으로 수평을 이룸.

㉡ 2009TZT4 북벽(그림 10)

○ 외측 석축은 무너졌는데, 2단만 남아 있음. 높이는 약 0.7m.

○ 내측 벽체는 흙을 판축하여 쌓은 구조이며, 높이 약 0.8m임. 절개 조사를 통해 8층으로 이루어진 퇴적층을 확인함. 제①층은 진흙 퇴적토층임. 제②~③층은 벽체의 무너진 퇴적임. 제④층은 벽체 사용기간의 진흙퇴적임. 제⑤층은 벽체 내측의 보호 경사면(護坡)임. 제⑥~⑦층은 벽심(墻芯)임. 제⑧층은 다진 흙벽 기초임. 그 아래는 산의 기초 암반(山體 基巖)임.

○ 내측 벽체는 대체로 경사진 비탈 모양을 띠며, 기초부, 벽심, 보호 경사면 등 세 부분으로 이루어졌음. 다만 기초부의 판축 토층은 비교적 명확하지만, 벽심과 보호 경사면의 판축 토층은 분명하지 않음.

○ 성벽 축조에 사용된 흙은 가늘고 기름지며 깨끗한데 채로 치는 과정을 거쳤을 수 있음. 석축의 외벽이 적게 남아 있어 내측 토벽과의 관계를 명확하게 알기는 어려움.

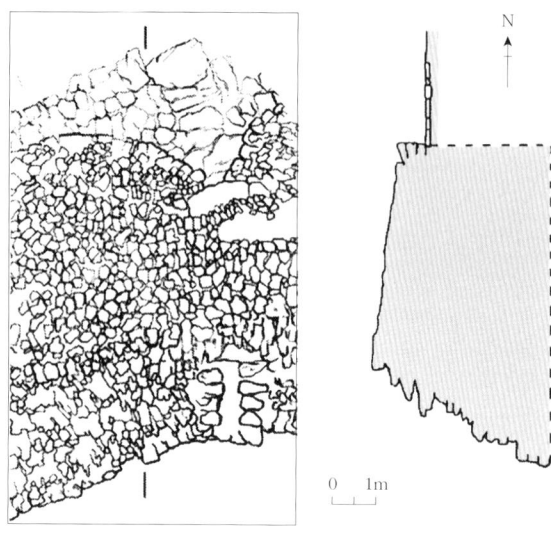

그림 11 자안산성 2009TZT2 평면 및 단면도
(徐坤, 2011, 8쪽)

② 협축식(雙面式)
○ 평탄하고 완만한 臺地에는 협축식으로 성벽을 축조함. 성벽의 면석은 대부분 쐐기형돌을 사용하였고, 내부에는 북꼴돌이나 長條石을 끼워 넣어 서로 맞물리게 하였음. 중간의 빈틈은 깬돌로 채워 견실하게 쌓았음.

㉠ 2009TZT2 3호 배수시설(涵洞) 내측의 벽체(그림 11)
○ 배수구(涵洞)의 入水口에 흐르는 물을 모으기 위해 벽체를 나팔입 모양으로 축조하였는데, 양측에 쐐기형돌(楔形石) 3단이 남아 있음.
○ 지세 때문에 이곳 벽체의 축조는 비교적 높게 쌓았고 양측을 향해 뻗어 있으며 지세가 높아질수록 벽체의 돌 쌓기도 점점 낮아져 성벽 내측의 토축 벽체와 자연스럽게 연결됨.
○ 외측 벽면의 쐐기형돌은 대부분 허물어져 내측의 '干揷石' 구조가 잘 드러나 있고, 배수구의 出水口 남측에 10단 정도 남아 있음. 외측 벽체는 주변 성벽과 하나의 몸체를 이루어 구분할 방법이 없고, 축조방식은 편축식 벽체와 일치함.

○ 배수구 頂部의 석축 부분에는 현재 모두 북꼴돌(梭形石)이나 長條石이 남아 있으며 장축 방향은 성벽이 뻗은 방향과 수직을 이룸. 벽체 내부에 쌓아 외측 성돌을 잡아당기는 작용을 하도록 함. 상부에서 황색 점토층을 발견하였는데 표면은 가지런하며 석괴를 틈에 끼워 넣었음.
○ 이 층의 표면에서 '개원통보' 1매가 출토되었음.

(3) 전각 성벽(轉角墻)
○ 서벽 북쪽 구간 및 서북 모서리 부근에 전각(轉角)한 성벽을 축조함. 이곳은 완만하게 굴절되었는데, 이를 따라 성벽을 축조함.
○ 산보다 돌출한 회절부(曲折處)에는 대부분 석축으로 쌓은 전각 성벽(轉角墻體)이 확인됨. 축조방식은 성벽과 기본적으로 일치하며, 윗면에 평평한 대지가 조성되어 있음. 성벽보다 돌출해 있고, 시야가 탁 트여 있어 조기 경보와 교차 방어의 역할을 할 수 있음.

2) 성곽시설

『通化市文物志』 및 柳嵐·邵春華, 1991의 기술내용

(1) 성문
서남 모서리의 정문, 북문, 서문 2개 등 모두 4개가 있고, 가파른 절벽을 자연성벽으로 삼은 동면과 남면에는 성문이 없음.

① 서남 모서리의 정문
○ 위치 : 서벽과 남벽이 만나는 곳에 위치.
○ 방향 : 265°로 지세가 낮고 움푹 들어간 비교적 평탄한 지형임.
○ 규모 : 폭 14m(吉林省文物志編委會 : 24m), 높이 7.5m.
○ 門闕 : 성문 바깥 7m 지점에는 만두 모양의 흙 언덕

이 2개 있는데, 서로 6.5m 떨어져 있고, 서쪽 언덕은 반 정도 남아 있으나 남쪽 언덕은 잘 보존되어 있음. 직경 14m, 높이 7.5m로 성문 밖의 門闕遺跡으로 추정됨.

○ 平臺 : 성문 양측 平臺는 심하게 파괴되었음. 평대 밑부분은 돌덩이와 판석으로 쌓았고, 윗부분은 돌과 흙을 퇴적하여 쌓았는데, 높이 5.5m, 직경 7m임.

○ 門道 : 평대 사이의 성문 바닥에는 길이 1m, 너비 0.5m, 두께 0.3m인 판석을 여러 개 깔았다. 현지 주민에 따르면 이 문은 원래 石門이었는데, 석재들이 점차 다른 곳으로 옮겨져 현재 기초부만 남게 되었다고 함.

○ 內門址 : 정문 안쪽의 물길 양측에는 직경 16m, 높이 3.2m인 원형 흙언덕이 있는데, 정문 전방의 흙언덕과 비슷하며 內門址로 추정됨.

○ 배수구와 통로 : 정문을 통해 성안으로 들어오는 길은 골짜기이며, 골짜기 양측은 비교적 가파른 절벽으로 높이 4~10m임. 골짜기 위쪽 입구의 폭은 약 20m, 아래쪽 폭은 5~15m. 골짜기의 길은 구불구불하게 성 내부로 뻗어 있고, 안쪽 중간쯤에서 세 갈래로 갈라짐. 동쪽으로 갈라진 길은 물이 흐르는 골짜기로 이어지며 지금도 물이 마르지 않고 계속 흐르고 있는데, 골짜기를 따라 정문을 통과한 다음 정문 앞쪽 100m 지점에서 渾江으로 흘러듦. 특히 골짜기에는 판석을 깔아 아래쪽은 배수구, 위쪽은 통로로 사용하였는데, 정문 부근에서도 판석을 깐 흔적을 볼 수 있음. 이로 보아 정문은 渾江의 수로와 통하는 길임을 알 수 있음.

② 북문

○ 위치 : 북벽 중간에서 동쪽으로 조금 치우친 곳에 위치.

○ 규모 : 성문의 폭은 4m(吉林省文物志編委會 : 12m, 李殿福 : 2m).

○ 적대 : 북문 양측에는 직경 14m, 높이 2m의 圓形 흙더미(土包)가 있는데, 적대시설로 추정됨.

○ 門道 : 북문 바깥쪽에는 성 내외로 통했던 구불구불한 산길의 흔적이 있음. 경사가 완만한 산비탈로 넓은 옛길의 흔적이 역력하며, 산비탈을 비스듬히 가로질러 산 아래로 내려갈 수 있음.

③ 서문

○ 위치 : 서벽 북단과 중앙에 각각 하나씩 2개가 있음.

○ 북단의 서문 : 너비 2.7m(吉林省文物志編委會 : 너비 9m, 좌우 성벽의 잔고 1.4m). 성문 양측에는 높이 1.5m의 원형 흙더미로 이루어진 적대 시설이 있음.

○ 중앙의 서문 : 너비 3.6m(吉林省文物志編委會 : 11m, 좌우 성벽의 잔고 3m). 성문 양 옆에는 높이 3m의 원형 흙더미로 이루어진 적대 시설이 있음.

(2) 角樓와 平臺

○ 각루 : 북벽 동북 모서리와 서북 모서리에 모두 각루 흔적이 남아 있음.

○ 평대 : 동벽은 자안산성에서 지세가 가장 높은 곳으로 성벽 바깥에 여러 개의 평대가 있음. 남단의 성벽 바깥에는 돌로 쌓은 평대가 여러 개 있는데, 비교적 넓은 것은 길이 18m, 폭 4m임. 또 북단의 성벽 바깥에도 길이 21.8m, 너비 6.5m인 비교적 넓은 평대가 있음.

通化市文物保護研究所, 2010의 기술내용

(1) 성문지(城門址) : 5개

○ 모두 5개의 문지가 있음. 그 중 2호와 3호 문지는 서벽, 4호 문지는 북벽, 1호와 5호 문지는 남벽에 있음.

○ 1호 문지는 산 입구에 위치해 있는데, 정문에 해당함. 그 밖의 문지는 모두 산 위쪽의 성벽에 위치해 있음. 북문(4호 문지)은 1호 문지 다음으로 중요한 주요 통로이며 그 밖의 성문은 모두 편문에 속함.

① 1호 문지

○ 남벽 서북단에 위치하며, 돌로 쌓았음.

○ 골짜기 입구에 위치하여 여러 번 홍수를 만나 많이 훼손된 상태임. 문지 남북 양쪽 벽체의 훼손 정도는 다름. 현재 문지의 너비 5.78m, 북측 벽체의 외측 잔고 3.68m, 내측 잔고 3.4m. 남측 벽체의 외측 잔고 4.34m임.

○ 문궐(門闕) : 성문 외측에 원형의 흙언덕(土丘) 2개가 마주 보고 있는데, 직경 22m, 높이 7m임. 성문의 문궐(門闕)로 추정됨.

○ 1980년대 초만 하더라도 문지의 보존상태는 비교적 양호하였고, 원형 흙언덕도 훼손되지 않았음. 문길은 넓고 평탄하여 수레와 말이 다닐 수 있을 정도였음. 1990년대 이래 홍수를 만나 북쪽 문궐의 남측이 절반 가까이 파괴되었고, 문궐을 쌓아 올린 단면층이 노출되었음.

② 2호 문지

○ 위치 : 서벽 남쪽 구간의 중부에 치우친 곳에 위치함. 이곳의 산세는 비교적 높고 험준한데, 지역 주민들이 성 내부로 진입하는 주요 통로임.

○ 보존상태 : 5개 문지 중에 보존상태가 상대적으로 좋음. 곳곳이 파괴되었지만, 기초부의 보존상태는 비교적 양호함.

○ 형태 : 바깥은 넓고 안쪽은 좁아서 나팔의 입구 형태를 띰.

○ 기초석 : 바깥 가장자리 양측의 기초 角石은 모두 직각을 띰.

○ 문길 : 양쪽 기초 각석 사이의 너비는 1.82m 정도이고, 안으로 들어갈수록 좁아져 가장 좁은 곳의 너비는 1.6m임.

③ 3호 문지

○ 위치 : 서벽 중부의 북쪽 구간에 위치함.

○ 문길 : 너비 1.7m.

○ 북측 측벽(門垛)의 보존상태는 비교적 좋으며, 벽체 잔고는 1.2m임. 외측은 무너졌고, 남은 너비 5m.

○ 남측의 측벽은 훼손되었는데, 전쟁 시기에 만들어진 엄폐물에 의해 파괴되었음. 내측의 잔고 1.3m, 외측 잔고 3m, 기초 너비 9m임.

④ 4호 문지

○ 위치 : 북벽의 동쪽 구간에 위치하는데, 이곳의 산세는 비교적 완만함.

○ 문지는 어긋문식(錯門式) 옹성 구조임. 문의 동벽은 안쪽을 향해 어긋나 있고, 벽체의 높이는 안쪽 0.26m, 바깥쪽 3.22m임. 서벽은 바깥쪽을 향해 어긋나 있고, 벽체의 안쪽 높이 0.17m, 바깥쪽 높이 3.02m임.

○ 문지의 너비는 3.88m이고, 성문 외부에는 경사도를 완만하게 하기 위해 지그재그식 산길(盤山道)을 축조했는데, 노폭은 약 3m임. 수레와 말이 다닐 수 있는데, 현지 주민들은 차도(車道)라 부름. 당시 이 성을 왕래하는 북쪽의 주요 성문임.

⑤ 5호 문지

○ 위치 : 남벽 중부의 산허리에 위치함. 성 바깥의 2급 臺地 및 三角洲를 왕래할 수 있는 유일한 통로임.

○ 보존상태 : 이곳은 산성에서 상대적으로 안전하여 성벽의 높이가 비교적 낮은데, 문지 양측의 벽체(墻踩)는 이미 분명하지 않음(지표의 기초부에서 겨우 문지의 현상이 나타남).

○ 규모 : 문지 서측 벽체의 외측 잔고 3.56m. 동측 벽체의 외측 잔고 2.08m. 문지 너비 2.6m.

○ 도로 : 인공적으로 쌓은 것인데, 현지 주민은 회곽도(馬道)라 부름.

(2) 회곽도

○ 남벽 산허리에는 성의 안쪽에서 바깥쪽의 성 외곽 남측 기슭 아래의 三角洲를 왕래할 수 있는 회곽도(馬道)가 있음.

○ 5호 문지에는 당시 인공적으로 조영한 도로가 분명히 드러나 있는데, 현지 주민들은 이를 회곽도라 부름.

(3) 각루(角樓)와 치성(馬面)
○ 각루 : 북벽 4호 문지의 동북 모서리, 서벽 C구간의 4호 돌출부는 각루지(角樓址)로 추정됨.
○ 치성 : 서벽 B구간의 2호 돌출부, 서벽 C구간의 3호 돌출부 등은 성벽 바깥으로 돌출하여 주변 지역을 잘 조망할 수 있는데, 치성과 유사한 지형적 특징을 이룸.

(4) 평대(平臺)
○ 북벽 4호 문지와 동북 모서리 사이에 넓은 平臺가 있는데, 그 역할이나 성격은 명확하게 알 수 없음. 平臺 너비는 약 5.02m임.

徐坤, 2011의 기술내용

(1) 성문지 : 5곳
○ 산성에서 모두 문지 5곳을 발견하였음.
○ 북벽에 1곳, 서벽에 2곳, 남벽에 2곳, 동쪽에는 문이 없음.
○ 성문은 성으로 출입하기 위한 통로의 역할을 하며, 대체로 산성 가장자리의 평탄하고 완만한 골짜기 끝부분(頂端)에 위치하며, 아래쪽 골짜기를 약간 다듬어 출입 통로로 사용함.

① 1호 문지
○ 남벽의 서북단에 위치하며, 방향은 265도임. 동쪽으로 5호 문지와 172m 떨어져 있으며, 북쪽으로 2호 문지와 197m 떨어져 있음.
○ 2004년 1호 문지를 시굴했고, 2007년에 제2차 발굴을 진행하였음.
○ 이 문지가 처한 곳은 골짜기 입구로 여러 차례에 걸친 홍수의 범람으로 문지의 남북 양벽은 심하게 파괴되어 형태가 분명하지 않음.
○ 문지는 너비 5.78m, 북측 벽체 외측 잔고 3.68m, 내측 잔고 3.4m, 남측 벽체 외측 잔고 4.34m.
○ 문길 하부에는 여러 층의 석축이 있는데 사용된 석재의 형체는 비교적 크며 겉면은 약간 정을 쪼아 다듬었음. 문길 하부에서 쐐기형돌을 쌓아 만든 배수구 흔적을 발견하였음. 석판을 깐 덮개석이 있는데, 노면 역할을 함.
○ 성문의 전방에 상호 대칭하는 2개의 원형 흙언덕(土丘)이 있는데, 두 언덕의 간격은 6.6m. 흙언덕은 직경 14m, 높이 7.5m. 홍수로 북측 흙언덕의 남측이 이미 1/2이 훼손되었음. 아울러 수직의 단면을 형성함. 흙언덕을 절개하니, 토질은 비교적 부드러우며, 층차가 비교적 분명하므로 인공적으로 형성된 퇴적임을 알 수 있음.
○ 현지에 거주하는 주민에 따르면 흙언덕의 북측은 원래 낮은 흙두둑(土壟)을 통과해서 문지 양측의 성벽과 서로 연결되어 있었으며, 외부는 석괴로 쌓았다고 함. 석괴는 부근 주민들이 집을 짓는데 채취해갔다고 함.
○ 조사를 통해 1호 문지는 외부에 옹성을 두른 구조로 밝혀짐. 성문 외측에 현존하는 2기의 흙언덕은 옹성 양측 옹성벽(翼墻)의 남단일 것임. 현지 주민이 가리킨 흙두둑(土壟)은 옹성벽의 내부 토축 벽체이며, 외측의 돌은 자연 유실과 인공적인 제거로 인하여 흔적 없이 소실되었던 것임.
○ 문지가 위치한 골짜기는 산성 남반부의 가장 낮은 지점이며, 주요 배수 통로이기도 함. 이 때문에 문길 하부에 배수로(排水涵洞)를 축조한 것임. 1호 문지가 위치한 곳은 북향이어서 평탄하고 완만한 골짜기에서 성내로 진입이 가능함. 성 바깥으로는 哈密河 일대로 도달할 수 있으며, 渾江 수로로 진입할 수 있음. 1호 문지는 성의 남측의 주요 출입 통로임.

② 2호 문지
○ 서벽 남쪽 구간에 위치하는데, 방향은 270도임.

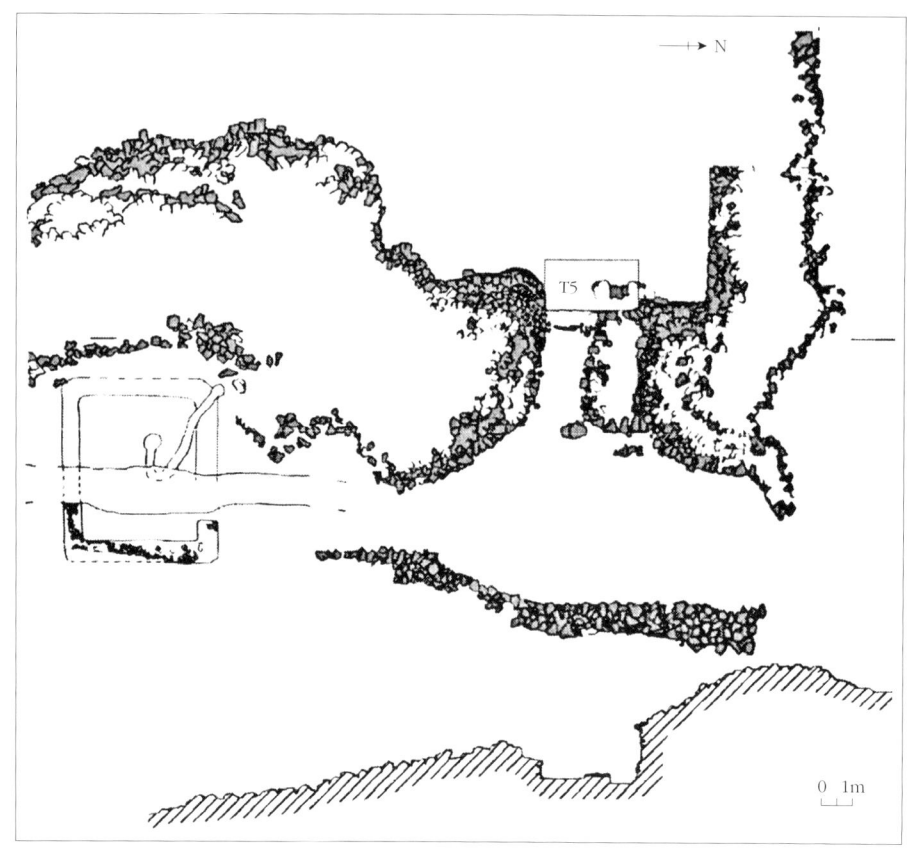

그림 12
자안산성 3호 문지
발굴구역(徐坤, 2011, 10쪽)

○ 성벽 사이에 트인 곳(豁口)의 형태로 남아 있음. 성 바깥의 경사도가 비교적 큰데 산 아래 대지로 통하는 오솔길이 있음. 남쪽으로 1호 문지와 197m 떨어져 있으며, 북쪽으로 3호 문지와 413m 떨어져 있음.
○ 문지 남측 성벽의 외측 잔고 3.86m, 내측 잔고 0.91m. 문지 북측 성벽의 외측 잔고 3.9m, 내측 잔고 2.01m.
○ 2호 문지는 비교적 높고 가파른 곳에 위치하는데, 현재 현지 주민들이 성내로 진입하는 주요 통로로 사용하고 있음.
○ 2004년에 2호 문지를 발굴함. 문길의 바깥은 넓고 안은 좁은 나팔 모양임. 너비는 1.6~1.82m임. 外緣 양측의 측벽(門垛) 기초 모서리는 괴석으로 쌓았는데, 직각으로 좌우 대칭임. 문길 양측에 대형 석괴가 섞인 돌무지 2개가 남아 있는데, 측벽 내부를 축조했던 석재임.
○ 2호 문지가 있는 곳의 위치는 산세가 비교적 가파름. 산 밑에서 문길까지 수직 높이는 약 90m이며, 경사도는 약 75도로 방어에 유리하지만 출입이 불편함. 2호 문지는 성곽이 사용된 시기에 출입하는 주요 통로는 아니었을 것이며, 임시로 사용하는 편문일 가능성이 있음.

③ 3호 문지(그림 12)
○ 서벽 중부의 북쪽으로 치우친 곳에 위치함. 지표에 장기간 밟아서 형성된 작은 트인 곳(豁口) 및 문길 북측 측벽이 잘 보임.
○ 트인 곳의 너비는 1.7m임. 양측에 돌무지가 있으며, 문 바깥은 비교적 평탄하고 완만한 경사임. 산 아래로 통하는 작은 길이 있음.
○ 문의 방향은 268도임. 지세는 북쪽이 높고 남쪽이

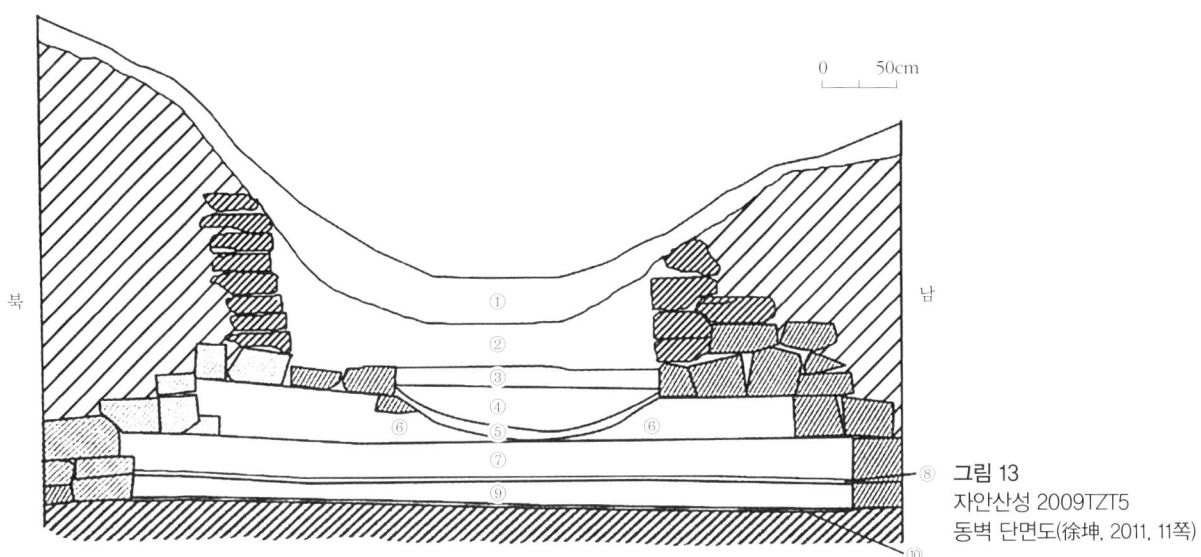

그림 13
자안산성 2009TZT5
동벽 단면도(徐坤, 2011, 11쪽)

낮으며, 북쪽의 서북 모서리와 184m 떨어져 있으며, 남쪽의 2호 문지와 413m 떨어져 있음.

○ 문지 남측의 성벽은 외측 잔고 3.71m, 내측 잔고 0.87m임. 북측 성벽은 외측 잔고 6.02m, 내측 잔고 4.01m임.

○ 2008년 9~10월과 2009년 7~10월에 2차례 발굴을 진행하여 문지 평면이 '凸'자 형태이며, 문길과 외측의 옹성 구조 등을 확인함. 문길 상부의 잡초를 제거한 후, 문길 서단 출구의 외측에 트렌치 2009TZT5를 발굴했음.

㉠ 트렌치(探溝) 2009TZT5(그림 13)

○ 트렌치 동벽 단면에서 볼 때 문길의 퇴적층은 10층으로 구분됨.

○ 제①층 : 표토층임. 부식질을 풍부히 함유하고 있음.

○ 제②층 : 석괴층으로 長條形 석괴와 쐐기형돌 등이 있음. 비교적 두터운데 성벽이 무너진 퇴적층임.

○ 제③층 : 회갈색. 대량의 불에 탄 깬돌, 목탄 등이 포함되어 있음. 여러 개의 대형 괴석이 문길 동서 양끝에 쌓여 있는 것을 발견하였음.

○ 제④층 : 황갈색 점토층. 소량의 석괴, 목탄 찌꺼기가 섞여 있으며, 치밀하며 가지런하고 견실함. 하부는 아래를 향해 약간 오목함.

○ 제⑤층 : 회갈색 점토층. 불에 탄 흙과 재 찌꺼기가 섞여 있음. 솥 바닥 모양을 띰. 분포가 모두 고름.

○ 제⑥층 : 황색 점토층. 비교적 깨끗하며 소량의 석괴가 섞여 있음.

○ 제⑦층 : 회갈색 점토층. 소량의 석괴, 불에 탄 흙 알갱이가 섞여 있음.

○ 제⑧층 : 흑갈색의 점토층. 목탄 알갱이, 불에 탄 흙 알갱이, 재 찌꺼기 등이 다량 포함되어 있음.

○ 제⑨층 : 홍갈색을 띰. 불에 탄 흙, 불에 탄 돌, 목탄 알갱이 등이 다량 포함되어 있음.

○ 제⑩층 : 황갈색을 띰. 단단함. 소량의 路土가 남아 있음.

○ ⑩층 아래는 생토임.

○ 문길 퇴적은 경사진 비탈 모양을 띠며 옹성으로 뻗어 들어갔음.

○ 단면 분석을 통해 문길은 대략 6차례의 훼손과 5차례의 복구와 개축을 거쳤고, 폐쇄된 후에 폐기된 것을 알 수 있음.

○ 너비는 처음 축조될 때 4.7m에서 점점 축소되었음.

ⓛ 문길(門道)

○ 3층 아래에서 발견된 문길은 長條形으로 너비 약 1.5m임. 동쪽이 높고 서쪽이 낮으며, 표면은 황갈색 沙土이고, 일부 구역은 화재를 입어 붉은색을 띰. 양측은 석축임. 남측은 5단이 남아 있고 높이 약 0.7m. 외벽은 쐐기형돌로 축조함. 북측은 1단이 남아 있는데 약간 다듬은 괴석으로 축조함.

○ 양측 벽 사이에서 나무 기둥을 세운 흔적 6곳을 발견하였음. 화재로 훼손되어 탄화되었는데, 기둥의 직경은 약 15cm임. 좌우에 각각 3개씩 있으며 일대일로 대칭됨. 기둥을 세운 석벽은 '凹'자 형태를 이룸. 나무 기둥은 석벽이 오목한 기둥 구멍(柱洞)에 세웠음.

○ 무너진 퇴적층에 대량의 목탄이 포함된 것으로 보아 문길 상부에 문루 건축이 있었음을 추측할 수 있음.

ⓒ 옹성(甕城)

○ 옹성 : 외측 옹성은 문길, 양측의 측벽, 양측의 옹성벽 등으로 구성됨. 옹성의 측벽은 문길 양측에 위치하는데, 석축 성벽임. 쐐기형돌, 괴석, 북꼴돌 등으로 쌓았음. 북쪽 측벽의 서벽은 보존상태가 양호한데 9층이 남아 있음. 남측 측벽은 보존상태가 좋지 않으며, 석축 성벽은 대부분 바깥을 향해 경사졌고, 2~4층이 남아 있음.

○ 북측 익장(翼墻)은 산세를 따라 동서 방향으로 뻗어 있는데, 동쪽 끝은 남쪽을 향하여 꺾이며, 문길 북측 측벽과 연결됨. 외벽은 석축으로 쌓았고 정상부 외측은 무너졌음. 벽체 내측은 흙으로 판축했고, 약간 경사진 모양임. 그 구조는 앞서 기술한 2009TZT4 북벽 단면에서 보았던 구조임. 내외 벽체의 정상부에는 석괴를 깔아 平面을 조성했는데, 동측 가장자리에는 돌을 세웠음. 벽체 정상부의 통로 바깥에 성가퀴(女墻)를 구축했을 가능성이 있음.

○ 남측 익장은 성벽보다 돌출해 있는데 서쪽 방향으로 튀어나오게 쌓은 치성과 유사한 구조임. 동측은 남측 벽과 연결되어 있음. 외측의 석축 부분은 심하게 무너졌고, 저부 1층만 남아 있음. 내측 벽체는 토석 혼축인데, 황색 점토에 대량의 풍화암 돌 알맹이가 섞여 있는데 비교적 낮음.

○ 옹성 중부는 솥바닥 모양이며, 문길 부근의 퇴적층의 양상은 문길과 같음. 초기 성문이 무너진 퇴적층 바닥에서 30여 점의 철제화살촉이 출토되었는데, 초기 성문의 폐기와 관련 있음.

ⓔ 차단벽(擋墻)

○ 3호 문지 내측의 성 내부와 남측 벽체 위에서 차단벽(擋墻)과 주거지(房址) 등 성문지 관련 시설을 발견하였음.

○ 차단벽은 동서 방향으로 뻗어 있는 모양을 띰. 약간 꺾여 있으며 ①층 석축 벽체 기초가 남아 있음. 벽체는 3호 문지 내측에 횡으로 뻗어 있음.

○ 성으로 들어가는 통로는 남북 양쪽으로 나뉘어 있는데, 북쪽 방향으로 성내에 진입할 수 있음. 남쪽 방향으로는 문지 남측의 성벽 위에 건립한 주거지로 향함. 주거지는 2009TZF15로 편호하였음.

ⓜ 주거지 2009TZF15

○ 주거지는 ①층 아래에서 발견되었음.

○ 문 방향은 355도이며, 평면은 원각 장방형임.

○ 동측 벽체가 남아 있는데, 깬돌과 황색 점토가 혼합되었음. 나머지 3면 벽체는 기초 부분만 겨우 남아 있으며 황색 점토로 축조하였음. 너비 약 0.8m.

○ 주거지는 남북 방향의 도랑에 의해 파괴되었고, 실내에서는 거주면(居住面)이 발견되지 않았음. 현관 벽(門道壁)은 북벽 동쪽 끝에 있음. 실내 중앙에 아궁이 한 곳이 남아 있는데, 바닥은 둥근 형태임.

○ 하부에는 불에 탄 붉은색 흙 퇴적이 남아 있는데, 직경은 약 50cm임. 흙 퇴적의 북부에 고래(烟道)가 한 줄 있는데 주거지 서벽을 통과해서 굴뚝(烟筒) 바닥의

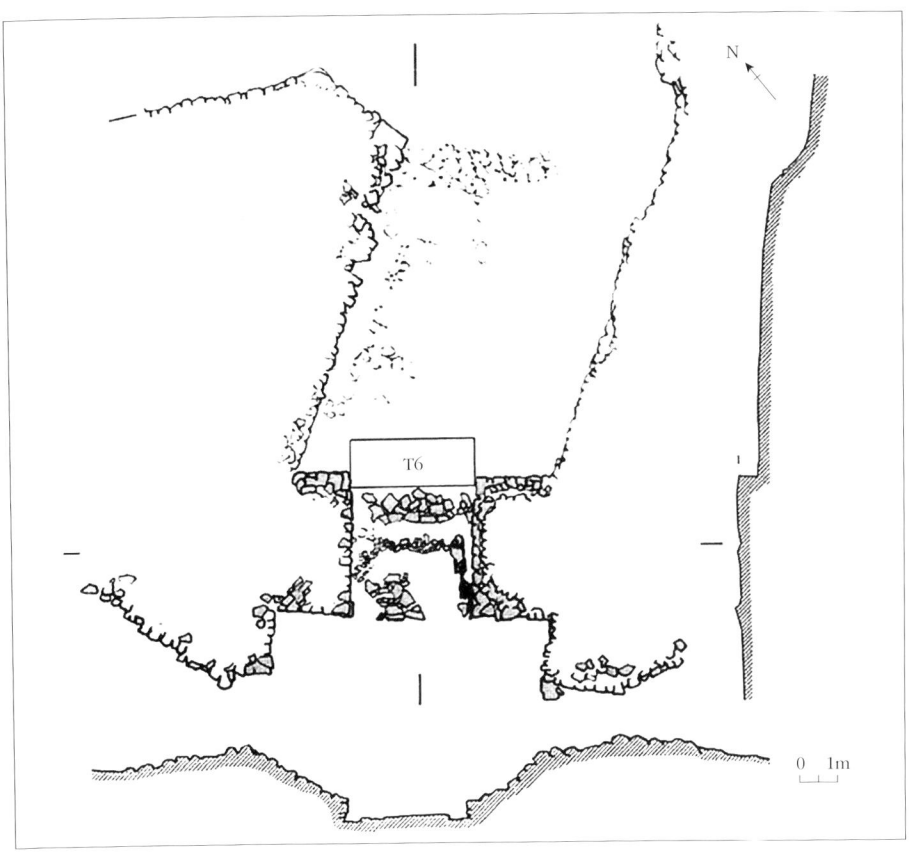

그림 14
자안산성 4호 문지 발굴 구역
(徐坤, 2011, 14쪽)

坑內로 들어감.

○ 실내 퇴적은 겨우 부식토만 1층 남아 있으며, 후기에 형성된 진흙 퇴적임. 주거지 북측은 3호 문지와 약 12m 떨어져 있으며, 開口는 지표에서 0.1m 아래임. 開口의 길이 6m, 너비 5.5m.

○ 주거지 출입구는 3호 문지 내측 격벽 남단과 성벽 사이의 길(夾道)을 바라보고 있음. 주거지 출입구가 있는 곳의 위치는 3호 문지와 긴밀히 관련되며 3호 문지를 일상적으로 경계하는 역할과 관련 있을 가능성이 있음.

○ 3호 문지 외측의 산비탈의 경사도는 비교적 완만한데, 성 서쪽의 강변 대지로 통하는 주요 통로임. 옹성의 구조는 성문의 중요성을 나타내는데, 성내 초소와 차단벽도 성문의 경계 능력과 방어 능력을 높이는 것임.

④ 4호 문지(그림 14)

○ 북벽 중부의 동쪽으로 약간 치우친 곳에 위치함. 서쪽으로 서북 모서리와 288m 떨어져 있으며, 동쪽으로 동북 모서리와 149m 떨어져 있음.

○ 지세는 동남쪽이 높고 서북쪽이 낮음. 서측 성벽의 외측 잔고 3.02m, 내측 잔고 0.17m. 동측 성벽의 외측 잔고 3.22m, 내측 잔고 0.26m.

○ 문지는 자연적인 훼손과 인공적인 훼손으로 심하게 파괴되었고, 발굴 전에 성벽에 트인 곳(豁口) 한 곳이 남아 있었는데, 너비는 3.88m임.

○ 문지의 동서 양측에 각각 돌더미(石堆)가 하나씩 있고, 문길 북측에 소형 平臺가 있음. 문길, 동서 측벽 및 문 바깥 平臺 상부에는 잡초와 관목이 무성함. 문 바깥에 평지로 향하는 비교적 넓은 산길이 있음.

○ 2009년 8~10월에 문지와 주변을 발굴함. 제1층의

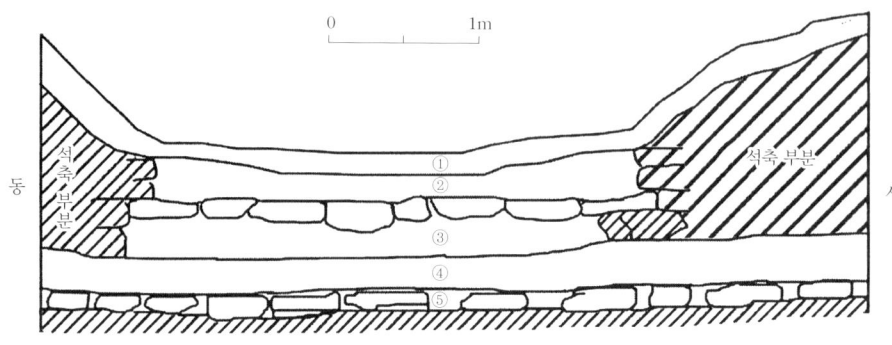

그림 15
자안산성 2009TZT6
남벽 단면도(徐坤, 2011, 15쪽)

진흙 퇴적토 및 제2층의 무너진 퇴적을 제거한 후 문지를 발견하였음.

○ 문지의 평면은 '凸'자 형태를 띠는데, 이는 문길(門道), 양측의 측벽(門垛), 양측의 옹성벽(翼墻) 부분으로 구성된 敞開式 옹성 구조이기 때문임.

○ 문길(門道)은 대롱 모양인데, 방향은 30도이고, 길이는 3.75m, 너비는 3.25m임. 동서 양측은 측벽임. 문길 노면에서 門枕, 문지방(門檻), 문지도리(門樞), 차단석(擋門石), 포석(鋪石) 등을 발견하였음.

○ 門枕은 문길 중부 측벽 가장자리 가까운 곳에서 발견하였는데, 동서에 각각 1개씩 발견되었음. 문지방(門檻)은 문길 중부에서 발견하였으며 양 끝이 門枕에 연결되어 있음. 門枕과 문지방(門檻) 2개는 모두 木質이며, 화재로 훼손된 후의 숯 흔적이 남아 있음. 문지방(門檻) 하부의 문길 포석(鋪石)은 모두 들어내거나 파내서 한 줄의 홈(凹槽) 구멍을 냈는데, 이는 문지방(門檻)을 설치하기 위함임.

○ 門枕 부근에서 철제못 4점이 출토되었는데, 打制이며 규정적임. 한쪽이 휘었음. 양측 門枕 내측에서 문지도리의 흔적을 발견하였는데, 문지도리는 화강암제로 조잡하게 만들었음. 문지도리 상부에 원형의 평평한 바닥이 있는데 홈 구멍을 냈으며, 지하에 묻혔고 문길 평면보다 약간 낮으며, 화재로 균열이 나 있었음.

○ 차단석(擋門石)은 문길 남부 정중앙에 위치하며 한 모서리가 문길 평면보다 높으며, 주변에 여러 덩이의 포석(鋪石)이 분포해 있음. 문길의 포석(鋪石)은 板石이며 대체로 문지방 외측에 분포하는데, 표면은 가지런하고 불에 탄 흔적이 있음.

○ 양측의 측벽에 석축 성벽이 2단 남아 있는데, 외벽은 쐐기형돌로 쌓았고 내측은 長條石으로 쌓았는데, 빈틈에는 작은 석괴를 가득 채웠음.

○ 측벽 남측에서 벽체가 꺾인 지점(折角)을 발견하였는데, 서측 꺾인 지점에 붉게 탄 흙이 다량 분포하며, 철제솥 잔편, 철제허리띠 등이 출토되었음. 문지의 경계 초소로 추정됨.

○ 문길 남측에서 발자국 흔적이 넓게 발견되었는데, 표면은 가지런하며 견실함.

○ 양측의 익장(翼墻)은 심하게 훼손되었으며 문길 가까운 곳의 한 구간이 남아 있음. 동측 익장은 잔장 약 3m, 높이 0.7m로 대석괴로 쌓은 2층이 남아 있는데, 남쪽 방향으로 뻗은 후 서측으로 꺾여 문길 동측 측벽과 연결됨. 서측 익장은 잔장 약 1.5m, 높이 0.3m인데, 1층의 석축이 남아 있고, 남쪽 방향으로 뻗은 후 동측으로 꺾여 문길의 서측 측벽과 연결됨.

○ 옹성의 地面은 동쪽이 높고 서쪽이 낮으며, 황갈색 점토에 화강암 돌 알갱이를 섞어 지면에 깔았는데, 비교적 치밀함. 문길 북단 옹성 내 2009TZT6 남벽 단면을 통해 5층으로 퇴적된 사실을 확인함.

㉠ 2009TZT6 남벽 단면의 퇴적지층(그림 15)
○ 제①층 : 흑갈색으로 부식토임.
○ 제②층 : 회색토층임. 깬돌, 불에 탄 석괴, 목탄 덩이 등이 다량 섞여 있는데 무너진 퇴적임.
○ 제③층 : 황갈색의 점토층임. 소량의 화강암 돌 알갱이가 섞여 있음.
○ 제④층 : 흑갈색토층임. 불에 탄 깬돌, 불에 탄 붉은 흙덩이, 목탄찌꺼기 등이 다량 섞여 있음.
○ 제⑤층 : 황갈색토침. 포석(鋪石) 및 불에 탄 붉은 흙면이 넓게 발견되었음.
○ 지층 퇴적 상황으로 보아 ②층 아래에서 발견된 문지가 가장 늦은 시기의 것이고, 그 아래에 이른 시기의 문지가 존재한 것으로 추정됨. 다만 초기 문지의 문길은 후기의 문지보다 아래에 위치하기 때문에 아직 조사하지 못함. 이에 옹성에 대한 발굴조사를 진행하였음.

㉡ 옹성 현황
○ 옹성의 평면은 '八'자 형태를 띠며, 동북-서남 방향임.
○ 外口의 너비 7m, 內口의 너비 6.75m.
○ 동측 옹성벽(翼墻)은 잔장이 11m임. 4호 문지의 동측 벽체가 서남 방향으로 꺾어서 형성된 것인데, 남단은 계속 성 내부로 뻗어 말기의 측벽(門垛) 아래까지 이어짐. 벽체는 편축식(單面式)으로 축조했는데, 쐐기형돌 2~6층이 남아 있음. 석괴는 대부분 불에 타서 붉은색을 띠며, 일부는 균열되어 있음. 일부 석벽은 빈틈을 메우며 평평하게 쌓았는데, 석재의 크기는 일정하지 않고, 쌓은 층차도 雜亂되었음. 원래 성벽과 뚜렷이 대조되는데, 후기에 보수한 것임.
○ 서측 옹성벽(翼墻)은 잔장이 9.25m임. 문지 서측 벽체의 東端을 이용하여 조영하였는데, 南端은 계속 성 내부로 뻗어 말기 측벽(門垛)의 아래까지 이어짐. 벽체는 협축식(雙面式)으로 축조했는데, 외측 벽면(옹성 서벽)에 쐐기형돌이 1~3층 남아 있음. 옹성벽의 北端은 북벽과 연결되는데, 銳角을 이룸. 꺾이는 지점에 석축이 4층 남아 있는데, 잘 다듬은 대형 화강암 석재임. 모서리를 圓角으로 다듬었고, 長短이 엇갈리게 쌓았으며, 위쪽을 향해 층마다 약간씩 들여쌓기 하였음.
○ 옹성 地面에는 판석을 깔았는데, 포석(鋪石)의 두께는 10~12cm임.
○ 서벽의 저변에 배수구를 조영하였는데, 동측 배수구는 너비 30cm, 깊이 10~15cm이고, 서측 배수구는 너비 30~40cm, 깊이 10~15cm임.
○ 옹성 지면에 불에 탄 흔적이 넓게 남아 있는데, 벽 가장자리와 문길 가까이에 화재 흔적이 더욱 밀집해 있으며, 불에 붉게 탄 흙면이 큰 조각으로 분포함. 포석(鋪石)은 대부분 불에 타 붉은색을 띠며 일부 硅質巖은 불에 녹기도 함.
○ 4호 문지 외측은 개활한 산간 골짜기이며, 경사도는 비교적 완만하며, 성 북측에서 성곽 내부로 출입하는데 편리한 통로임. 문지 동측 벽체는 서측 벽체와 약간 맞물려 있으며, 옹성은 어긋진 성벽의 입구에 위치함. 방향은 동쪽으로 치우쳐있는데, 옹성의 방어 종심을 증대시켰음.

⑤ 5호 문지
○ 남벽 중부에 위치하며 현재 성벽 트인 곳이 보임. 문 바깥의 경사도는 가파르며 비교적 넓은 산길이 있어 성지 동남측에 위치한 渾江과 哈泥河 합류처의 삼각주를 오갈 수 있음.
○ 문지는 동쪽으로 동남 모서리와 117m 떨어져 있으며, 서쪽으로 1호 문지와 172m 떨어져 있음.
○ 서측 성벽 외측의 잔고 3.56m, 동측 성벽 외측의 잔고 2.08m. 문길 너비 2.6m. 문지 평면은 長條形이며, 양측 측벽은 많이 훼손되었고, 소량의 석축만 남아 있음.
○ 문지는 발굴하지 않아 그 형태가 분명하지 않지만,

위치에 근거해 볼 때 역시 주요 진출입 통로는 아닐 것으로 판단됨.

5. 성내시설과 유적

『通化市文物志』 및 柳嵐·邵春華, 1991의 기술내용

1) 배수구, 저수지, 沼澤地, 우물, 샘
○ 배수구 : 북문에서 동쪽으로 100m 떨어진 성벽 아래에는 돌로 쌓은 배수구가 성 밖으로 통함. 성내의 빗물은 이 배수구로 통하여 빠져 나감. 북벽 안쪽 부분의 배수구 높이 0.3m, 너비 0.6m, 바깥쪽 부분은 높이 0.3m, 너비 1.1m(柳嵐·邵春華 ; 배수구의 깊이 0.4m, 너비 1.2m). 배수구 입구의 위쪽은 길이 1.2m, 두께 0.5m인 거대한 판석 두 개로 덮었음.
○ 저수지와 沼澤地 : 배수구를 따라 성 안쪽으로 70m 들어가면 저수지가 있고, 또 남쪽으로 30m 떨어진 곳에 沼澤地가 있음.
○ 우물과 샘 : 성 안에는 우물 2개, 샘 1곳이 있음.

2) 건물지
○ 동남부 지표상에는 길이 1.5m, 너비 0.7m, 두께 1m 정도의 거석이 많이 흩어져 있는데, 분포양상으로 보아 건물 초석으로 추정됨.
○ 깊이 20cm, 직경 20cm의 기둥 구멍이 있는 초석도 있으며, 우물도 하나 있고, 지표에는 니질회색(泥質灰色)의 토기 조각이 곳곳에 흩어져 있음.
○ 북부 산비탈은 경사가 완만하고 면적도 비교적 넓음. 특히 동북쪽에는 층을 이룬 평평한 대지가 있는데, 大石이 여러 개 있음. 북부의 서면은 民墓나 계단식 밭 등으로 인해 유적을 명확하게 볼 수 없지만, 샘과 우물, 저수지 등이 있는 것으로 보아 동부와 함께 주요 건물터였음을 알 수 있음.

通化市文物保護研究所, 2010의 기술내용

1) 급수 및 배수시설

(1) 우물
○ 조사 중에 우물 2곳을 발견하였음.
○ 한 곳은 산성의 동부에 위치하고, 다른 하나는 산성의 중부에 있음.

(2) 저수지
북벽 부근에 저수지가 있음.

(3) 배수시설(涵洞)
모두 2곳에 배수시설이 있음. 북벽 중부의 서쪽 구간에 1호 배수시설, 1호 문지의 통로(甬道) 아래에 2호 배수시설이 있음.

① 1호 배수구
○ 북벽의 서쪽 구간에 위치하며, 성의 서북 모서리에서 150.95m, 4호 문지에서 136.44m 떨어져 있음. 트렌치를 파서 배수구의 형태와 구조를 파악했는데, 청동제거울(銅鏡) 1점이 출토됨.
○ 방향은 180도이고, 안쪽 너비 0.75m, 전체 길이 14.56m, 높이 0.6m임. 성벽 기초부에 조영했는데, 생토층 위에 축조하였음. 남쪽이 높고 북쪽이 낮음. 가공한 석재를 이용하여 쌓는데, 바닥의 포석, 돌로 축조한 벽체, 덮개돌 등 3부분으로 구성되었음.
○ 바닥에는 대형의 길쭉한 돌을 하나 깔았는데, 기초부로도 작용함. 동서 양측 벽체는 모두 길쭉한 돌과 쐐기형돌로 쌓았는데, 3층임. 벽면은 비교적 가지런하며, 아래층 석재는 비교적 두꺼우며, 위층은 상대적으로 얇음. 길쭉한 돌의 길이는 대략 55~75cm, 두께 20~35cm.
○ 꼭대기는 장방형의 큰 덮개돌을 남쪽에서 북쪽까

지 차례로 배열하여 덮었음. 남부에서 모두 5개의 덮개돌을 조사했는데, 두께는 일정하지 않음. 대체로 가지런하게 배열되었는데, 틈새는 깬 잔돌로 채웠음. 덮개돌의 길이는 1.4~2.15m, 너비 0.94~1.54m, 두께 0.55~0.9m임.

○ 입수구(入水口)의 양측 벽체는 쐐기형돌로 3층 쌓았음. 입구는 장방형인데, 상부는 장대석으로 덮었음. 덮개돌의 중압 때문에 입구 안쪽의 동서 양측 벽체가 변형되거나 약간 무너져 내렸음. 입구 앞에는 판석을 깔았는데 부채꼴의 지면을 이루고 있음. 성내에 물이 고여 판석면을 지나면 깔대기처럼 배수구로 유입되며, 성 바깥으로 물이 배출되도록 하였음. 판석의 크기는 일정하지 않으며, 형태도 각각 다름. 두께 대략 5~8cm임. 입수구 주변의 벽체는 바깥으로 펼쳐진 '八'자형 나팔 모양을 띰. 쐐기형돌로 축조했는데, 상부는 이미 무너졌음. 성 내부의 물을 모아 입수구로 유입되도록 함.

○ 출수구(出水口)는 성벽 외측에 위치함. 장방형으로 너비 0.75m, 높이 0.6m임. 저부에는 길이 1.5m, 너비 1.4m, 두께 0.5m의 장대석을 깔았고, 그 위에 길쭉한 돌과 쐐기형돌로 양측 벽체를 축조하였음. 출수구 바깥쪽의 양측 벽체는 길쭉한 장방형의 화강암을 3층 쌓았음. 길쭉한 돌은 잘 가공하였고, 크기는 대략 길이 0.55~0.7m, 너비 0.33~0.53m, 두께 0.2~0.35m임. 출수구 안쪽의 양측 벽체는 모두 쐐기형돌로 쌓았는데, 쐐기형 돌의 크기는 대략 길이 0.4~0.45m, 너비 0.3~0.35m, 두께 0.25~0.35m임. 출수구 윗부분은 장대석으로 덮었음. 벽체의 중압 때문에 출수구 서측의 벽체는 무너졌는데, 발굴 정리를 통해 내벽의 쐐기형돌까지 볼 수 있었음.

② **2호 배수구(그림 16)**
○ 2호 배수구는 정문인 1호 문지의 통로를 따라 'S'자

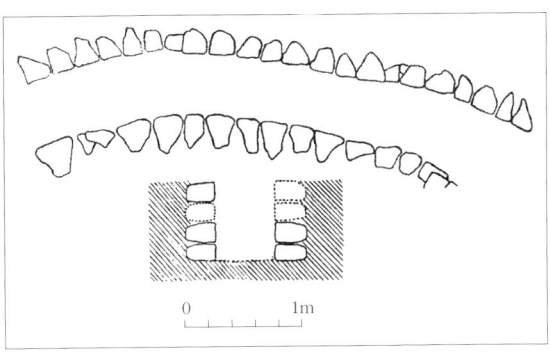

그림 16 자안산성 2호 배수구(『北方文物』 2010-3, 36쪽)

형의 길쭉한 모양을 띰. 쐐기형 돌로 축조하였는데, 홍수로 인해 심하게 파괴되었음.

○ 현재 노출된 구간의 길이는 11m, 배수구의 너비는 0.5m임. 덮개돌은 남아 있지 않고, 문지 부근도 유실되었음. 다만 문지 지점의 지하에 대형 석재로 6층을 축조했고, 저층에서 계속 물이 유출되는 것으로 보아 2호 배수구는 문지 부근에서 지하로 깊이 전입된 것으로 판단되는데, 이는 문지와 도로의 충격과 파괴를 방지하기 위한 것임.

2) 주거지

○ 산성 내부의 지세는 비교적 평평하고 완만한데, 북부에 이용 가능한 완만하고 평평한 경사지가 비교적 많음. 2층으로 이루어진 대지에서 주거지 기초가 발견됨.

○ 북측 대지에는 크기가 다른 초석 여러 개를 발견하였는데, 비교적 고급 주거지로 추정됨. 남측 대지에서는 60~70평방미터의 소형 주거지를 다수 발견하였는데, 시굴 결과를 통해 온돌(火炕)을 가진 고구려(魏晉시기) 주거지로 파악함.

(1) F1 (그림 17)
○ 위치 : 남측 대지의 북쪽 치우친 곳에 위치.
○ 보존상태 : 문화층이 비교적 얕아 경작층 아래에 노

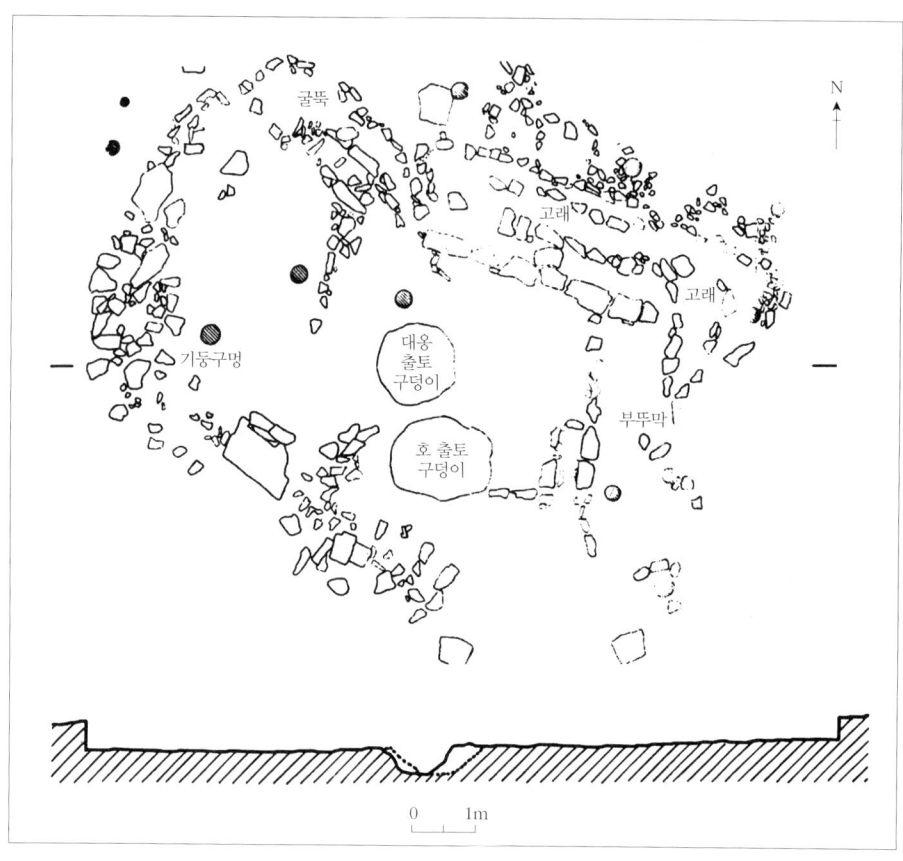

그림 17
자안산성 건물지 F1
평·단면도
(『北方文物』2010-3, 36쪽)

출되어 있었음.
○ 구성 : 2칸으로 이루어진 온돌 주거지 1기와 재구덩이(灰溝)로 구성.
○ 규모 : 남향으로 방향은 20도, 동서 길이 9.7m, 남북 너비 6.4m, 전체 면적 60여 평방미터.
○ 문지 : 문지는 남벽의 서측 치우친 곳에 위치하며, 지면에는 길이 1.1m, 너비 0.64m의 발판석(踏脚石)을 깔았음. 발판석의 外緣은 평평하고 곧으며, 안측 가장자리는 안으로 오목한 모양을 띠며 실내 지면보다 높음. 이에 발판석과 실내 지면 사이에 가로 방향으로 판석을 놓았음. 이 판석은 비교적 얇고 아래쪽은 비어 있어서 중간 부분은 이미 깨져 아래로 함몰되었음. 이와 접하는 문길 지면은 견고하고 단단함.
○ 칸막이벽 : 문길 앞쪽에 짧은 벽을 쌓아서 건물을 동서 두 칸으로 구분하였음.

○ 동측 거실 : 동측 칸은 면적이 비교적 큰 거실임. 실내 동남측에 아궁이(竈)가 있는데, 보존상태가 비교적 좋음. 아궁이(炕洞) 부근은 불에 탄 붉은색 흙으로 되어 있고, 바깥쪽으로 회백색 재 찌꺼기(灰燼)가 있고, 다시 그 바깥쪽에 재 가운데에 아직 완전히 연소되지 않은 숯(木炭)이 드러나 있음. 그 층차와 흔적이 분명함.

① 동측 거실의 온돌
○ 온돌(火炕)은 굽은 자 형태(曲尺形)임.
○ 모두 3갈래의 고래(烟道)로 되어 있음.
○ 안측 2갈래 고래는 약간 넓은데 너비는 30cm 정도임. 바깥측 고래는 비교적 좁은데 너비는 약 20cm 정도임. 고래의 깊이는 25~30cm임. 조사한 구들(炕) 면의 너비는 1.7m임.
○ 아궁이에 잇닿은 구간의 고래는 산세와 같은 방향

으로 조영하였고, 비교적 짧은데 길이는 1.6m임. 그런 다음 직각으로 꺾여 서북으로 향하는데, 점차 안쪽으로 좁아지다가 곧바로 굴뚝(煙筒)으로 통함.

② 동측 거실의 출토유물
○ 칸막이 벽 끝단 동측의 3층 아래에서 구덩이에 안치된 검은색 대옹(大陶甕) 1점을 발견하였음. 지하에 반쯤 묻혀 있어서 하반부는 보존상태가 완전했지만, 상반부는 눌려져 깨졌음. 원래의 위치로 파악됨.
○ 구덩이 안에서 작은 호(小陶罐) 잔편, 청동제발(鉢) 잔편, 철기 잔편 등도 출토함.
○ 대옹(陶甕)의 동남측 부근에서도 구덩이를 발견하였는데, 토기 3점을 출토하였음. 1점은 비교적 완전한 구형의 호(罐) 뚜껑으로 아가리가 작음(小口蓋罐). 1점은 파손된 호(陶罐)인데, 훼손 상태가 심해서 복원할 방법이 없음. 또 1점은 호의 아가리(壺口) 부분임. 이 구덩이에서는 철제솥(鐵鍋) 잔편, 청동제발(鉢) 잔편 등도 출토하였음.
○ 대옹 구덩이와 호(陶罐) 구덩이 사이의 돌덩이 틈새에서 청동제비녀(靑銅頭釵) 1점이 출토됨.
○ 서측 방 : 약간 작음. 지면 위에서 출토된 토기편을 제외하면 기타 유물은 발견되지 않았음.

③ 서측 방의 출토유물
○ 토기편이 많이 출토됨. 협사갈도(夾砂褐陶), 흑도(黑陶), 니질회도(泥質灰陶) 등이 있고, 여러 줄의 선문(弦文)이나 파상문(水波文)을 시문한 백색 토기 잔편도 있음. 복원 작업을 통해 운모가루가 함유된 협사도반(夾砂陶盤) 2점, 완(陶埦) 1점을 복원함.
○ 철제화살촉(鐵鏃), 철제수레(鐵車) 잔편 및 철제편자(鐵馬掌), 철제못(鐵釘) 등도 출토됨.
○ 기둥구멍과 가구(架構)의 흔적 : 벽 기초를 조사하여 기둥 구멍(柱洞)을 발견하였는데, 배열이 비교적 가지런함. 주거지 내부의 대옹(陶甕)을 정리하다가 그 상층에서 비교적 큰 숯(木炭)을 발견했는데, 주거지 윗부분(房頂)의 나무 가구로 추정됨. 이는 이 주거지는 화재로 훼손되었음을 반영함.

徐坤, 2011의 기술내용

1) 성 내부의 구역 현황 (그림 18)
○ 성내 북반부는 지세가 비교적 평탄하며 남반부는 지형이 비교적 복잡함. 지표에는 대량의 수목, 잡초가 자라고 있어 공지는 비교적 적음. 자연지세에 따라 성내를 3개 구역으로 구획함.

(1) I 구역
○ 산성 서남부에 위치함. 서남으로는 1호 문지, 동남으로는 동남 모서리까지이며, 북계는 2호 문지를 조금 벗어남. 산성 면적의 1/4을 점함.
○ 이 구역의 대부분은 자연 협곡으로 양측은 경사도가 비교적 큼.
○ 북부에 작은 면적의 평탄하고 완만한 臺地가 있음.
○ 지표에서 소량의 석괴 벽체 기초 잔흔과 토기편이 보임.
○ 주거지가 존재했을 가능성이 있음.

(2) II 구역
○ 산성의 동부에 위치하는데, 동남 모서리와 4호 문지 연결선의 동측임. 산성 면적의 1/2을 점함. 동쪽이 높고 서쪽이 낮으며, 경사도가 비교적 큼.
○ 이 구역의 북부에서 큰 면적의 평탄하고 완만한 대지를 발견하였음. 지표에 초석이 흩어져 있는데, 대규모 건물지가 있었을 것으로 추정됨.
○ 남부에 다듬지 않은 초석이 소량 보이며, 문확(門臼), 벽체 기초(墻基) 등 유구도 보임. 주거 구역의 하나로 추정됨.

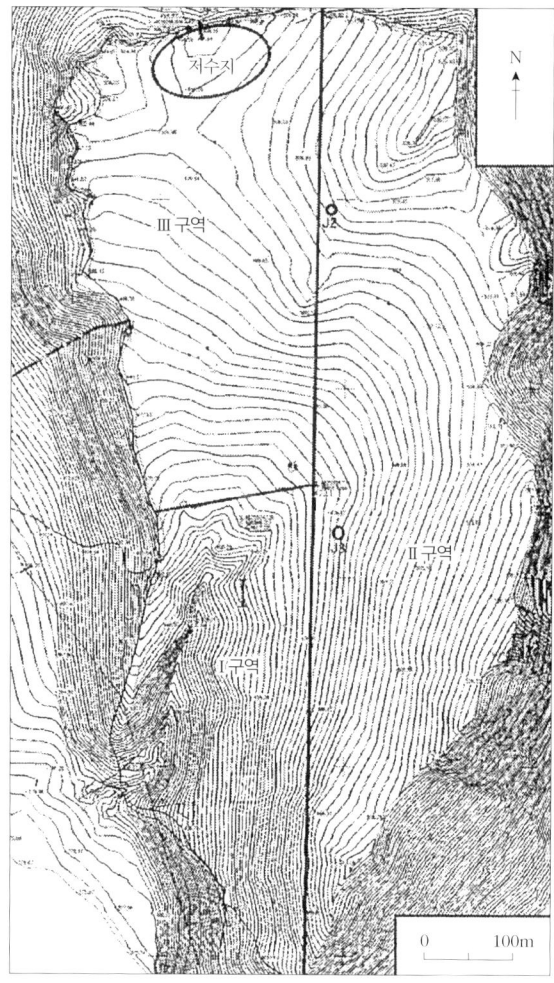

그림 18 자안산성 성내 구분 및 급수시설
(徐坤, 2011, 18쪽)

(3) Ⅲ 구역

○ 산성의 서북부에 위치함. 남북 길이 약 400m, 동서 너비 약 300m.

○ 서벽에 가까운 구역으로 지세는 평탄하고 탁 트여 있음.

○ 지표에서 일부 석축 벽체가 보이며, 역시 거주 구역일 것으로 추정됨.

○ 이 구역에는 평평하게 정리한 臺地가 남아 있는데 1970년대 조성한 계단식 밭임.

2) 주거지(房址)

○ 성내 퇴적은 보편적으로 얇으며, 기존에 발굴된 지역의 퇴적층은 대체로 2개 층으로 구분됨. 제①층은 흑색 진흙 퇴적토이며 부식질이 풍부함. 제②층은 얕은 회색토로 문화퇴적층임. ②층 아래는 생토임.

○ 주거지 15기가 발견되었음. 제①층 아래에서 3기를 조사하였는데, Ⅰ구역에서 1기(2004년 시굴시 발견), Ⅲ구역에서 2기 발견함. 제②층 아래에서 조사한 12기는 모두 Ⅲ구역의 중부에 위치하는데, 대부분 상호 교란됨. 주거지의 형태와 구조의 구분에 근거해 2가지 유형으로 분류됨.

(1) A형 주거지

○ 3기가 확인되었는데, 얕은 지하식(地穴式)임.

○ 면적이 비교적 작고, 구조는 간단함.

○ 문은 대체로 남향이며, 실내에서 아궁이(竈址) 1곳이 발견됨.

(2) B형 주거지

○ 12기가 확인되었는데, 지상식(地面式)임.

○ 원각 방형 혹은 장방형임.

○ 사면 둘레에 벽체가 있음.

○ 면적의 크기는 같지 않음.

○ 난방시설의 형태에 따라 다시 3개 유형으로 구분됨.

① Ba형 주거지

○ 2기가 확인되었는데, 문은 대체로 남향임.

○ 벽체는 토축이고, 실내에서 아궁이 1곳 내지 2곳이 발견됨.

② Bb형 주거지

○ 7기가 확인되었는데, 문의 방향은 일정하지 않음.

○ 벽체는 대체로 토축이며, 소량의 석괴가 섞여 있음.

○ 실내에서 온돌시설(火炕)과 기둥구멍이 발견됨.

○ 온돌시설은 아궁이(竈址)와 고래(烟道), 굴뚝(煙筒)의 바닥 구덩이(底坑) 등으로 조성되어 있으며, 아궁이는 1곳 내지 2곳 있음.

○ 고래는 대체로 생토층을 굴착하여 조성했는데, 아궁이에서 시작하여 실내를 경유하여 하나로 모인 다음 굴뚝 바닥 구덩이로 들어감. 실내의 고래는 불규칙한 고래와 平行式 고래로 크게 구분됨. 불규칙한 고래로 건립된 주거지는 2기, 平行式 고래로 건립된 주거지는 5기임.

○ 기둥 구멍은 실내 기둥과 벽체 간 기둥이 있음.

③ Bc형 주거지

○ 3기가 확인되었는데, 문은 모두 남향임.

○ 벽체는 토석 혼축임.

○ 실내에서 석재로 조성한 온돌(火炕) 시설과 기둥 초석(柱礎)이 발견됨.

○ 온돌은 굽은 자(曲尺) 모양인데, 아궁이, 고래, 굴뚝 바닥의 3부분으로 구분됨. 고래는 괴석이나 판석으로 쌓았고, 굴뚝 바닥은 석괴를 쌓아 만들었으며 벽체 모서리까지 감쌈.

○ 다음은 괴석을 중심으로 그 둘레에 석괴를 짜맞춰 기둥 초석(柱礎)를 조성함.

㉠ 주거지 1(2009TZF12, 그림 19)

○ A형 주거지.

○ 주거지는 제②층 아래에서 발견되었음.

○ 주거지 남쪽은 F10, F11과 이웃함.

○ 문 방향은 220도이고, 평면은 원각 장방형임.

○ 開口는 지표에서 0.4m, 바닥은 지표에서 0.6m 떨어져 있음.

○ 길이 4.5m, 너비 3.7m.

○ 실내는 생토층 위에 판 얕은 구덩이임. 사면 둘레에서 벽체가 보이지 않으며, 일부 벽체 기초 흔적이 보임. 벽체 기초 너비 약 0.5m.

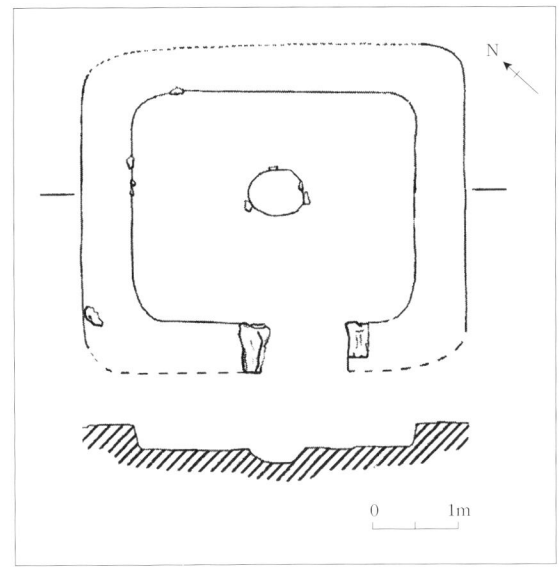

그림 19 자안산성 주거지 2009TZF12 평면 및 단면도 (徐坤, 2011, 19쪽)

○ 문길은 남벽 정중앙에 개설하였음.

○ 거주면의 범위는 비교적 크며, 1층은 황백색 점토를 깔았음. 보존상태가 좋지 않음. 실내에 아궁이 1곳이 남아 있으며, 실내 북부 정중앙에 위치함. 약간 타원형을 띰.

○ 실내 퇴적은 2개 층으로 나뉨. 제①층은 황갈색 점토층으로 대량의 붉은색의 불에 탄 흙 알갱이가 섞여 있음. 회백색과 홍갈색의 운모가루 혹은 윤기있는 돌가루가 혼입된 토기편이 출토되었는데, 집이 무너진 퇴적층임. 제②층은 황백색 점토가 깔린 거주면임. 표면에서 홍갈색의 윤기있는 돌가루가 혼입된 토기편이 출토됨.

㉡ 주거지 2(2009TZF11, 그림 20)

○ Ba형 주거지.

○ 주거지는 ②층 아래에서 발견됨.

○ 주거지의 동쪽에 F10, 북쪽에 F12가 이웃함.

○ 문 방향은 220도이고, 평면은 원각 방형임.

○ 開口는 지표에서 0.45m, 바닥은 지표에서 0.55m

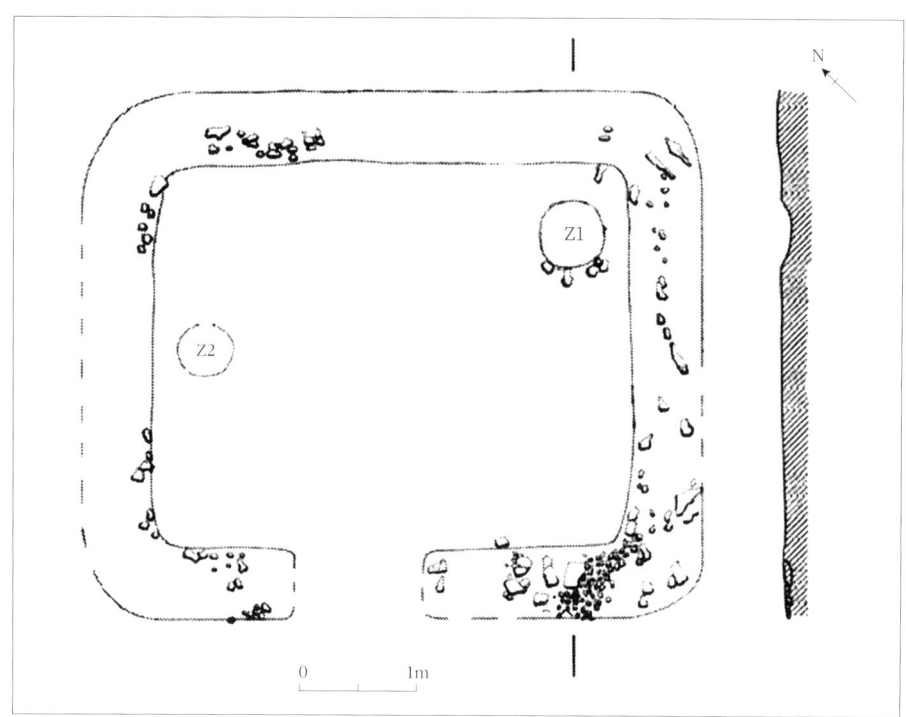

그림 20
자안산성 주거지 2009TZF11
평면 및 단면도
(徐坤, 2011, 20쪽)

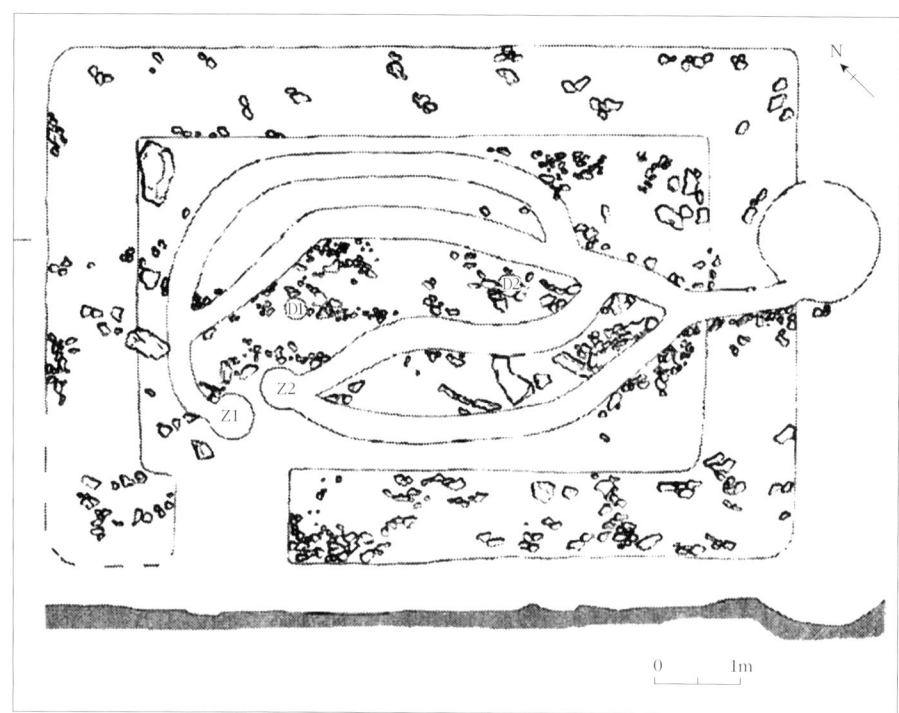

그림 21
자안산성 주거지 2009TZF7
평면 및 단면도
(徐坤, 2011, 21쪽)

떨어져 있음.
○ 길이 4.6m, 너비 4.4m.
○ 일부 벽체가 남아 있는데, 황백색 점토로 쌓았고, 너비는 약 0.6m.
○ 문길은 남벽 동쪽 끝에 개설되었음.
○ 거주면의 범위는 비교적 크며, 보존상태는 좋지 않음.
○ 실내에 아궁이가 2곳 남아 있음(Z1, Z2).
○ 아궁이 1(Z1)
- 실내 동남 모서리에 위치함.
- 둥근 형태의 바닥 구덩이가 얕게 남아 있음.
- 燒結이 심함.
○ 아궁이 2(Z2)
- 실내의 서부에 위치함.
- 서벽 가까이 원형의 구덩이, 둥근 형태의 바닥이 얕게 남아 있음.
- 구덩이 벽체는 붉은색의 불에 탄 흙임.
- 실내 퇴적은 겨우 1층이며, 황갈색의 점토이며, 대량의 붉은색의 불에 탄 흙 알갱이가 섞여 있음. 그 아래는 생토임.
- 니질의 회색 토기편과 홍갈색의 모래혼입 토기편이 출토되었는데 호(鼓腹罐)와 분(平折沿盆) 등 기형을 분별할 수 있음.

ⓒ 주거지 3(2009TZF7, 그림 21)
○ Bb형, 불규칙한 고래를 설치한 주거지임.
○ 주거지는 ②층 아래에서 발견되었는데, 지상식 건물임.
○ 문 방향은 240도이고, 평면은 원각 장방형임.
○ 開口는 지표에서 0.35m, 바닥은 지표에서 0.45m 떨어져 있음.
○ 길이 9m, 너비 약 1m.
○ 벽체는 소량의 깬돌이 섞인 황백색 점토로써 건립되었으며, 일부가 잔존함. 너비 약 1m.

○ 문길은 남벽 서쪽 구간에 개설되었음.
○ 지면에 황갈색 흙을 깔았음.
○ 실내에서 동서로 나란히 배열된 아궁이 2곳(Z1, Z2)을 발견하였는데, 각 아궁이는 2갈래의 고래와 연결되어 동쪽을 향하며, 고래는 주거지 동부에서[4] 모여 주거지 동측의 굴뚝으로 들어감. 고래는 생토층을 파서 조영했고, 굴뚝은 바닥만 남아 있음.
○ 주거지 중심에서 기둥 구멍 2개(D1, D2)를 발견하였는데, 동서로 서로 마주하고 있음.
○ 주거지 내부의 퇴적은 황갈색이며 약간 붉은색을 띰. 붉은색의 불에 탄 알갱이, 초목 재, 물레로 만든 니질의 회색 토기편 등이 섞여 있음.
○ 아궁이 부근에서 환상형의 가락바퀴(紡輪)와 잎모양(柳葉形)의 철제화살촉, 철제못 등이 출토됨.
○ 주거지의 서쪽은 F8, 북쪽은 F10과 이웃함.

ⓔ 주거지 4(2009TZF6, 그림 22)
○ Bb형, 평행식 고래를 설치한 주거지임.
○ 주거지의 ②층 아래에서 발견됨.
○ 문 방향은 25도이고, 평면은 원각 장방형.
○ 開口는 지표에서 0.2m, 바닥은 지표에서 0.3m 떨어져 있음.
○ 길이 6.3m, 너비 5.08m.
○ 벽체는 소량의 깬돌이 섞인 황백색 점토로 조영했고, 너비 약 0.7m.
○ 문길은 북벽 중부에 개설되었음.
○ 지면에 황갈색 흙을 깔았음.
○ 문길 및 그 부근에 약 2평방미터의 발에 밟힌 면 흔적이 남아 있음.
○ 기둥 구멍은 4곳 발견되었는데 동벽 북부와 동북 모서리에서 각각 1곳씩 발견되었음(D1, D2). 문길의 양

---

4 徐坤, 2011, 20쪽에서는 '西部'라고 했으나 '東部'의 오기로 보임.

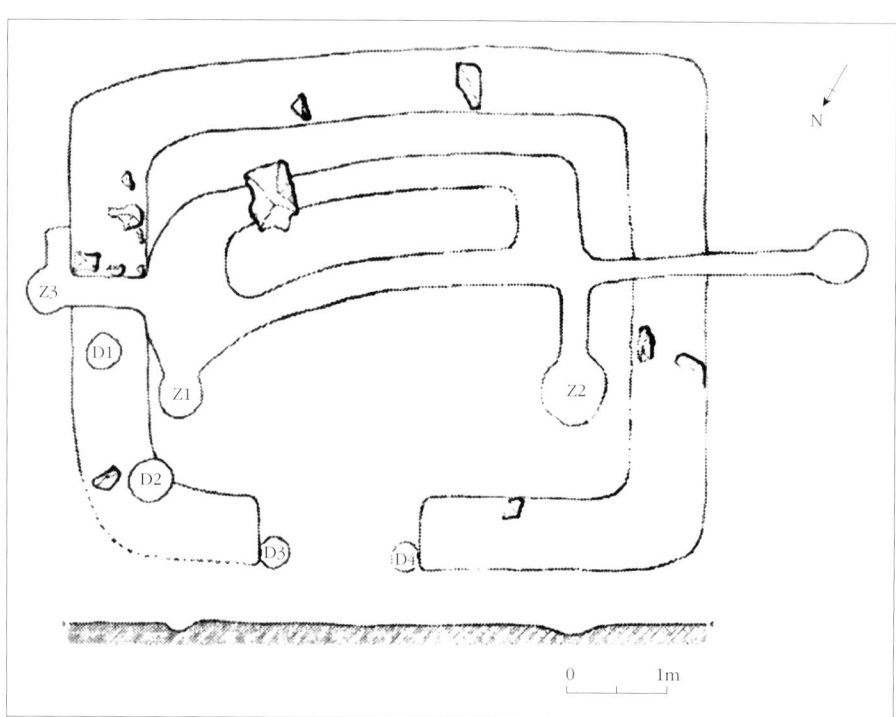

그림 22
자안산성 주거지 2009TZF6
평면 및 단면도
(徐坤, 2011, 21쪽)

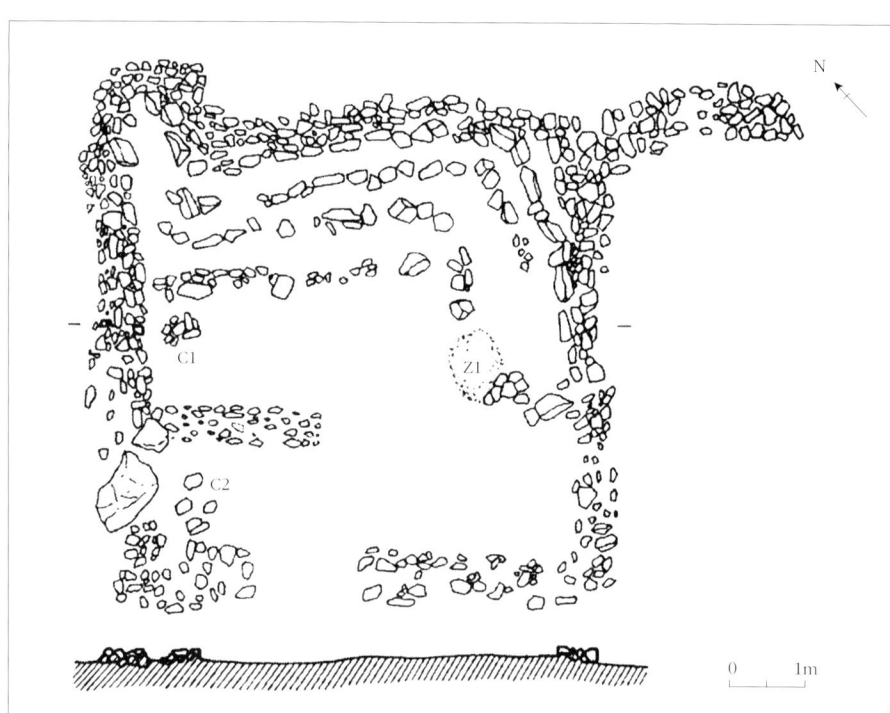

그림 23
자안산성 주거지 2009TZF1
평면 및 단면도
(徐坤, 2011, 22쪽)

측에서도 각각 1곳(D3, D4) 있음.
○ 실내의 동서 두 곳에서 아궁이 2곳(Z1, Z2)을 발견하였음. 두 아궁이는 남쪽을 향한 고래와 연결되며, 이들 고래는 다시 주거지 복판의 긴 고리 형태(長環形)의 고래로 이어졌다가 서쪽 방향에서 모인 다음 주거지 서측 1.5m 지점의 굴뚝으로 들어감. 고래는 생토층을 파서 조영함. 굴뚝은 겨우 바닥만 남아 있음.
○ 동측 실외에서 아궁이 1곳(Z3)을 발견했는데, 입구(竈口)는 남향이며, 서향하는 고래가 주거지의 동벽 아래를 지나 실내의 고래와 연결됨.
○ 집 내부의 퇴적은 2개 층으로 구분됨. ①층은 황갈색이며 약간 붉은 색을 띰. 붉은색의 불에 탄 흙알갱이, 초목 재, 물레질한 니질의 회색 토기편, 철제고리(鐵環), 철제못(鐵釘) 등이 섞여 있음. ②층은 아궁이 및 고래의 회색토 및 붉은색의 불에 탄 퇴적임.
○ 주거지 북쪽은 F3, 동북쪽은 F4, 서북쪽은 F5와 이웃함.

㉤ 주거지 5(2009TZF1, 그림 23)
○ Bc형 주거지.
○ 주거지는 Ⅲ구역의 중부, 약간 동남쪽에 위치함.
○ ①층 아래에서 발견됨.
○ 방향 220도이고, 평면은 방형에 가까움.
○ 주거지의 남북 길이 6.9m, 동서 너비 6.7m.
○ 동, 북, 서쪽 3면 벽체는 보존상태가 비교적 좋음.
○ 너비 약 0.4m인 토석 혼축 벽체 기초가 보이며, 단면 하부에 기초 홈이 있음. 남측 벽체의 보존상태는 비교적 차이가 있는데, 벽체 기초 하부에서 겨우 기초 홈을 발견함. 기초 홈은 생토층을 교란시켰음.
○ 문지는 주거지의 서남 모서리에 위치하며, 동측 가장자리는 남벽 서단이며, 서측 가장자리는 주거지의 서벽임.
○ 집 내부에서 격벽, 온돌(火炕), 礎石 등 시설을 발견하였음.

○ 격벽은 주거지 서부 중앙에 위치하며 동서 방향을 띰. 격벽의 남단은 주거지 서벽과 서로 연결되며 동쪽 방향으로 약 1.3m 뻗어 있음.
○ 온돌(火炕)은 아궁이, 고래, 굴뚝 등으로 구성되었는데, 동부와 북부에 위치함. 아궁이의 위치는 격벽과 서로 마주보고 있으며, 구들 서남 모서리에 위치함. 온돌은 심하게 훼손되었으며, 부분적으로 燒結 정도가 비교적 높은 붉은 색의 불에 탄 흙 퇴적이 남아 있음.
○ 아궁이의 동측은 석괴를 쌓아 만든 3갈래의 고래와 연결되며, 고래의 동측은 동벽 가까이에 붙어 있음. 주거지 동북 모서리에서 방향을 바꿔 북벽에 붙어서 서벽 부근까지 뻗어가다가 서벽 부근에서 한 갈래로 합쳐진 다음, 북향하여 주거지의 서북 모서리까지 뻗어 있는데, 돌출한 북벽 일부분이 굴뚝을 이룸. 고래 상부는 편평한 모양의 석괴를 덮어 구들면을 만들었고, 고래와 구들면 일부에는 다듬은 쐐기형 돌을 사용하기도 함.
○ 초석은 두 곳 있는데 모두 평평한 괴석을 중앙에 놓아 주체 역할을 맡기고, 그 주위에 괴석을 쌓아 단단하게 고정함.
○ 집 내부의 남부는 지세가 비교적 낮으며, 거주면이 발견되지 않았음.
○ 회갈색의 흙을 채운 한 층을 발견하였는데, 채운 흙 중앙에서 대량의 토기편이 출토되었으며, 기형은 회갈색의 운모 가루가 섞인 호(陶罐), 니질의 회색 반(陶盤), 니질의 흑색 그릇(泥質黑皮陶三孔器) 등이 있음.
○ 주거지의 동북 모서리에는 동쪽 방향으로 벽 기초(墻基)가 뻗어 있음.
○ 주거지 남측에는 대량의 석괴 퇴적이 남아 있으며 바닥의 석괴는 비교적 가지런한데 주거지의 부속 시설일 것임.

3) 재구덩이(灰坑)
○ 11기가 발견됨.
○ 재구덩이는 대부분 주거지 주변에서 발견되었으며,

그림 24 자안산성 재구덩이2009TZH3 평면 및 단면도
(徐坤, 2011, 23쪽)

주거지와 조합해서 사용됨. 구축 원인 및 방식은 그 용도와 관련 있음.
○ 타원형(A형)과 불규칙형(B형)으로 구분됨.
○ A형의 재구덩이는 모두 7기.
○ B형의 재구덩이는 모두 4기.
○ A형 재구덩이는 대부분 벽체가 곧으며, 평평한 바닥으로 비교적 규정적임. 저장구덩이로 사용했을 가능성이 있음. 폐기 후에는 매립된 구덩이임.
○ B형 재구덩이는 坑口의 형태가 불규칙할 뿐만 아니라 구덩이의 벽과 구덩이 바닥도 울퉁불퉁함. 이는 土坑일 가능성이 비교적 큼.

(1) 재구덩이 1 (2009TZH3, 그림 24)
○ A형 재구덩이.
○ 재구덩이는 ②층 아래에서 발견됨.
○ 갱구는 지표에서 0.4m, 갱 바닥은 지표에서 0.8m 떨어져 있음.
○ 坑口의 긴 길이 1.1m, 짧은 길이 0.95m.
○ 벽은 경사지고 바닥은 둥근 형태임.
○ 구덩이 내부 퇴적은 대량의 깨어진 풍화암 석괴가 섞여 있는 황갈색의 아류 점토가 한 층임. 불에 탄 붉은색 흙덩이, 초목 재, 목탄 알갱이 등이 포함되어 있음.
○ 물레질한 소량의 니질 회색 토기편과 철기편이 출토됨. 토기는 타원형 구멍이 있는 시루(甑), 동체가 둥근 호(鼓腹罐), 분(折沿盆), 대상파수(橫橋耳)가 부착된 그릇 등 기형을 분별할 수 있음. 철기는 모두 부식이 심하며 판별할 방법이 없음.
○ 서부는 H5를 교란시켰음.

(2) 재구덩이 2 (2009TZH5, 그림 25)
○ B형의 재구덩이.
○ 재구덩이는 ②층 아래에서 발견되었음.
○ 장축 방향은 292도이고, 평면은 약간 타원형에 가까움.
○ 坑口는 지표에서 0.45m, 구덩이 바닥은 지표에서 0.65m 떨어져 있음.
○ 坑口의 긴 길이 3.7m, 짧은 길이 2m.
○ 구덩이 바닥의 긴 길이 3.5m, 짧은 길이 2m.
○ 구덩이 북벽은 가파르게 곧으며, 서부는 약간 안쪽으로 오목함. 남벽은 비교적 경사졌으며, 구덩이 바닥은 비교적 평평함.
○ 구덩이 내부에는 풍화암 석괴가 다량 섞인 황갈색 점토가 퇴적되어 있는데, 불에 탄 붉은색 흙덩이, 초목 재, 목탄 알갱이 등이 포함되어 있음. 운모가 혼입된 토기편, 모래섞인 회색 토기편, 철기편 등이 출토됨.
○ 서부 갱 바닥에서 운모가 혼입된 홍갈색 호(陶罐) 잔편과 석질의 가락바퀴 2점이 출토됨.
○ 동부는 H3에 의해 교란됨. 서쪽은 H4와 이웃함.

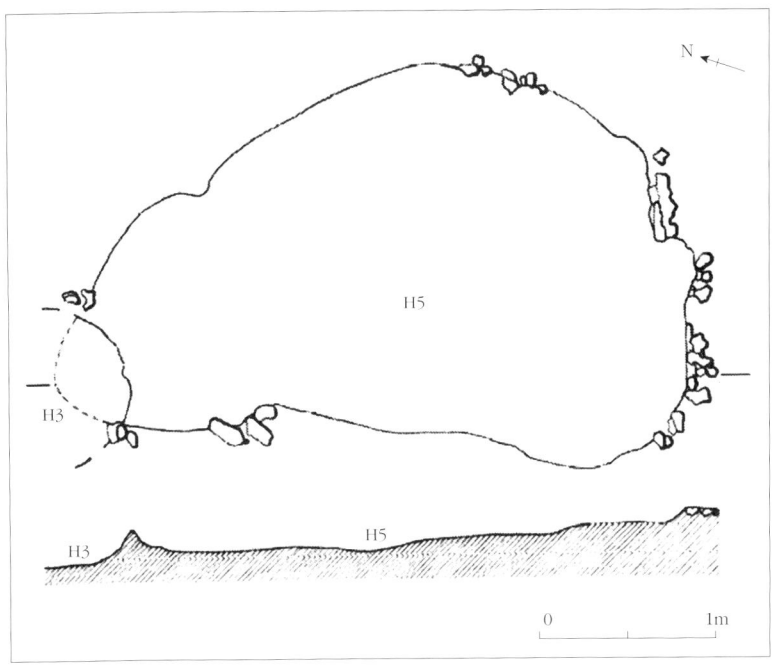

그림 25 자안산성 재구덩이 2009TZH5 평면 및 단면도(徐坤, 2011, 24쪽)

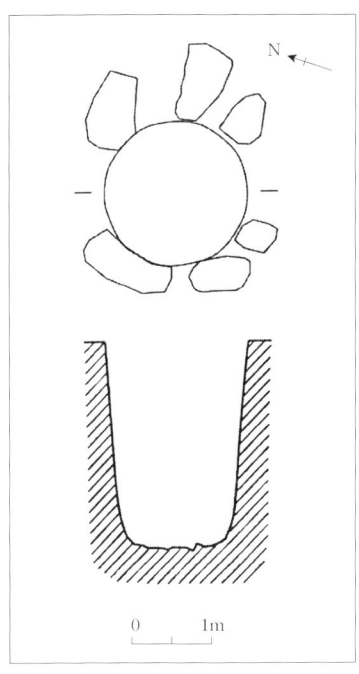

그림 26 자안산성 우물 2009TZJ1 평면 및 단면도(徐坤, 2011, 24쪽)

4) 급수시설

(1) 우물

○ 모두 3개 발견됨.
○ 우물은 산성에 물을 공급하는 계통 중 매우 중요한 하나임. 대체로 거주지 부근에 위치하며 거주민에게 일상 용수를 제공해 줌.
○ 우물의 발견은 성 내부의 급수계통을 이해하고 성내 거주 구역의 분포를 이해하는 데 실마리를 제공함.
○ 동남부의 J2와 중부의 J3 등 우물 2곳은 아직 조사하지 않음.

① 우물 1 (2009TZJ1, 그림 26)

○ J1은 2009TZF13의 서남 모서리 외측에 위치함.
○ ②층 아래에서 발견되었는데, 생토층을 교란시켰음.
○ 口徑 0.72m, 깊이 약 1.2m로 평면은 원형임.
○ 입구가 크고 바닥은 작음. 우물 벽은 약간 경사졌음.
○ 몇 개의 대형 괴석이 口部의 외측을 둘러싸고 있는데 우물 臺를 형성하고 있음. 우물 벽은 토질이 가늘고 기름지며 윤기가 있음. 우물 바닥은 울퉁불퉁하며(凹凸), 평평하지 않음. 물이 우물 바닥에서 새어 나옴.

② 우물 2 (J2)

○ 현재 지표에서 원형의 얕은 구덩이로 남아 있음.
○ 口徑 약 0.5m, 깊이 약 0.8m.
○ 벽은 석괴로 쌓았고 坑內에 소량의 물이 차 있는 것이 보임.

③ 우물 3 (J3)

○ 현재 지표에 원형의 얕은 구덩이로 남아 있음.
○ 坑口 주변에 너비 0.5m의 석괴를 깔고 쌓은 우물대(井臺)가 있음.
○ 坑口 직경 1.2m, 깊이 약 1.2m.

○ 坑內는 흑회색의 부식토임.

(2) 저수지
○ 산성 북부의 북벽 부근, 4호 문지의 서측 100m 지점의 II구역의 낮은 웅덩이 지대에 위치함.
○ 평면은 불규칙한 형태인데, 동서 길이 약 50m, 남북 너비 약 40m임.
○ 현재는 웅덩이(窪地)를 이루고 있는데, 저수지의 낮은 지표에는 잡초가 무성하고 우기 때 바닥에 소량의 물이 차 있는 것을 볼 수 있음.
○ 저수지 벽은 경사진 형태임. 서, 남 양측은 모두 평탄하고 완만한 臺地이며, 현재 저수지 바닥보다 높음. 높이 약 3.5m. 동측은 경사진 비탈 모양의 臺地임. 북측은 성지의 북벽이며, 대형의 배수시설(排水涵洞)을 조영함. 배수시설의 입수구 및 출수구는 현존 저수지 바닥보다 높음.
○ 저수지 면적은 비교적 넓어서 저수 용량이 비교적 큰 것으로 판단됨. 성내를 충분히 충족시킬 정도로 만들어졌으며 가장 안정적인 수원임. 매년 산성의 물 공급을 보장해주는 한편, 다른 한편으로는 전시 때 성을 장기간 지키기 곤란한 용수 문제를 해결해 줌.
○ 저수지는 성 북부의 가장 낮은 지점이며, 주변은 성내에서 가장 평탄하고 완만한 구역 중의 하나임. 이곳은 성내 주요 거주 구역 가운데 하나일 것임. 저수지의 축조도 성내 북부 구역의 排水 문제를 효과적으로 해결함.

5) 배수시설(排水涵洞)
○ 성지의 배수시설은 모두 3곳이 있음.
○ 성내의 지형 분포에 근거해 계획적으로 구획하였음.
○ 1호 배수시설은 북벽의 서쪽 구간 쪽에 위치하며, 주로 저수지에 찬 많은 물을 배출할 때 사용됨.
○ 2호 배수시설은 1호 문지의 문길 하부에 위치하며, 산성 동부에서 1호 문지 내부의 계곡수에 합류한 물을 배출하기 위해 사용됨.
○ 3호 배수시설은 서벽 중부에 위치하여 성내 중서부의 山水를 배출하는데 사용함.
○ 산성에서 발견된 배수시설(排水涵洞)의 축조 방식은 기본적으로 일치함. 입수구(進水口), 암거(涵洞), 출수구 및 입수구 바깥에 깐돌 등 몇 부분으로 구분됨.
○ 입수구 바깥에 깐돌과 양측 나팔형의 벽체는 모두 흐르는 물을 모으기 위해 조영한 것임. 아울러 물의 흐름이 벽체 기초에 부딪히는 것을 막아 벽체에 가하는 충격을 완화시키기 위해 축조한 것임.
○ 배수시설의 저부는 안쪽이 높고 바깥쪽이 낮은 모습인데, 이는 성 내부에 차 있는 물을 배출하기에 유리한 구조임. 출수구의 저부에 깐 돌은 벽체 외벽으로 뻗어 있는데 水流가 벽체에 직접 부딪혀 침투하는 것을 막기 위해서인데, 벽체의 안정성을 보증하는 장치임.
○ 배수시설의 설치는 성곽을 계획적으로 구획하여 설치한 과학성과 실용성을 체현하였음. 3곳에 설치한 배수시설은 산성 남쪽의 자연 협곡과 잘 어울려 수재의 자연 재해로부터 완전히 피할 수 있음.

(1) 1호 배수시설(涵洞, 그림 27)
○ 산성 북벽의 서쪽 구간 쪽에 위치함. 남측은 성내의 저수지임.
○ 산성의 서북 모서리에서 150.95m, 4호 문지에서 136m 떨어져 있음.
○ 암거(涵洞)는 성벽의 기초부에 수축하였으며, 생토층 위에 자리함.
○ 출수구 방향은 0도이고, 암거는 전체 길이 14.56m, 안쪽 너비 0.75m 높이 0.60m.
○ 입수구 입구는 장방형임. 입수구 양측 가장자리 벽은 쐐기형 돌로 쌓았으며 나팔 모양을 띰. 입수구 앞쪽에는 석판을 깔았는데 부채형 지면을 이룸.
○ 암거는 底部의 바닥돌, 암거 측벽, 頂部의 덮개돌 등 3부분으로 구성되었음. 底部에 대형 條石을 깔았으

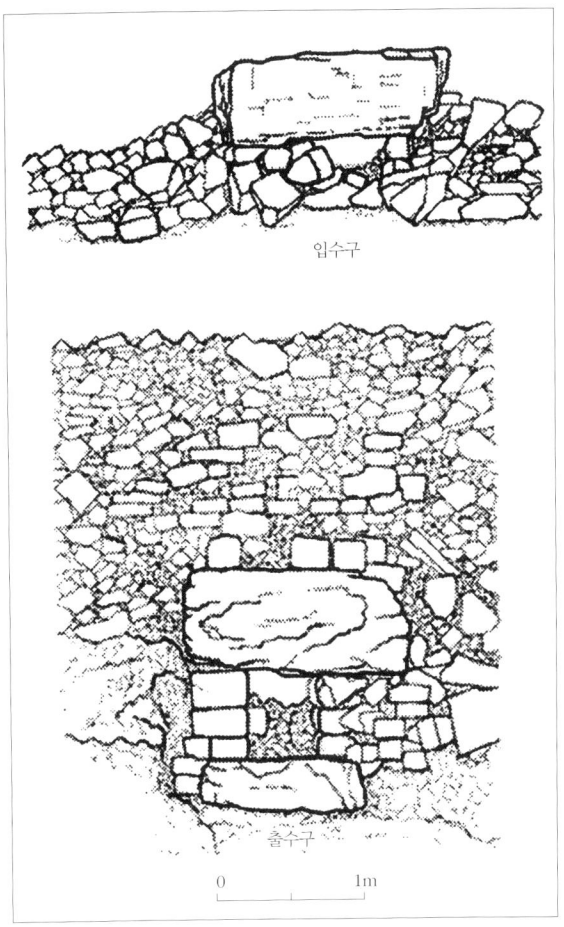

그림 27 자안산성 1호 배수시설(徐坤, 2011, 26쪽)

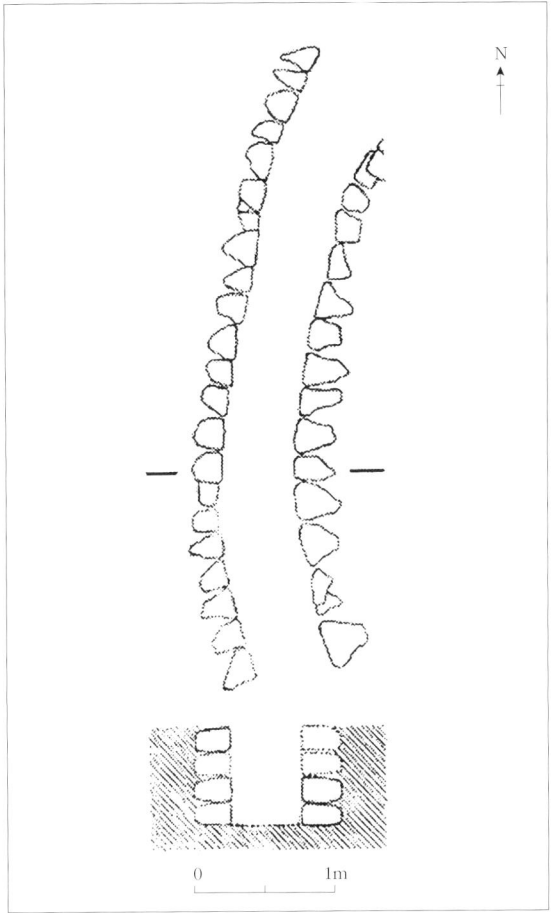

그림 28 자안산성 2호 배수시설(徐坤, 2011, 26쪽)

며 아울러 기초로 사용됨. 암거의 양측 벽은 모두 쐐기형 돌로 3단 쌓았고, 상부는 대형의 장대석으로 덮었으며, 덮개석은 대체로 장방형을 띰.

○ 출수구는 성벽 벽체 외측에 위치하며, 洞口는 장방형이며, 底部에는 길이 1.5m, 너비 1.4m, 두께 0.5m의 장대석을 깔았음. 출수구 외측 양벽은 장방형 화강암 條石을 3단 쌓았으며, 條形石은 규정적으로 가공하였음. 출수구의 정부는 巨形石으로 꼭대기를 덮었음.

(2) 2호 배수시설(涵洞, 그림 28)

○ 1호 문지의 하부에 위치함.

○ 배수시설은 문길의 뻗은 방향을 따라 기다란 모양을 띰.

○ 매년 홍수의 범람으로 심하게 파괴되었음.

○ 잔존 구간은 길이 11m, 너비 0.5m.

○ 측벽은 쐐기형 돌로 쌓아 만들었으며, 덮개석은 이미 남아 있지 않음.

○ 배수시설은 문지에 근접한 곳에서 소실되었는데, 문지 지하에 대형 석재로 6단 축조했을 뿐 아니라 바닥에서 계속 물이 유출하는 것으로 보아, 이 배수시설은 문지에 근접해서 깊은 지하로 들어가기 때문에 그 위에 돌을 깔아 문길을 삼은 것으로 판단됨.

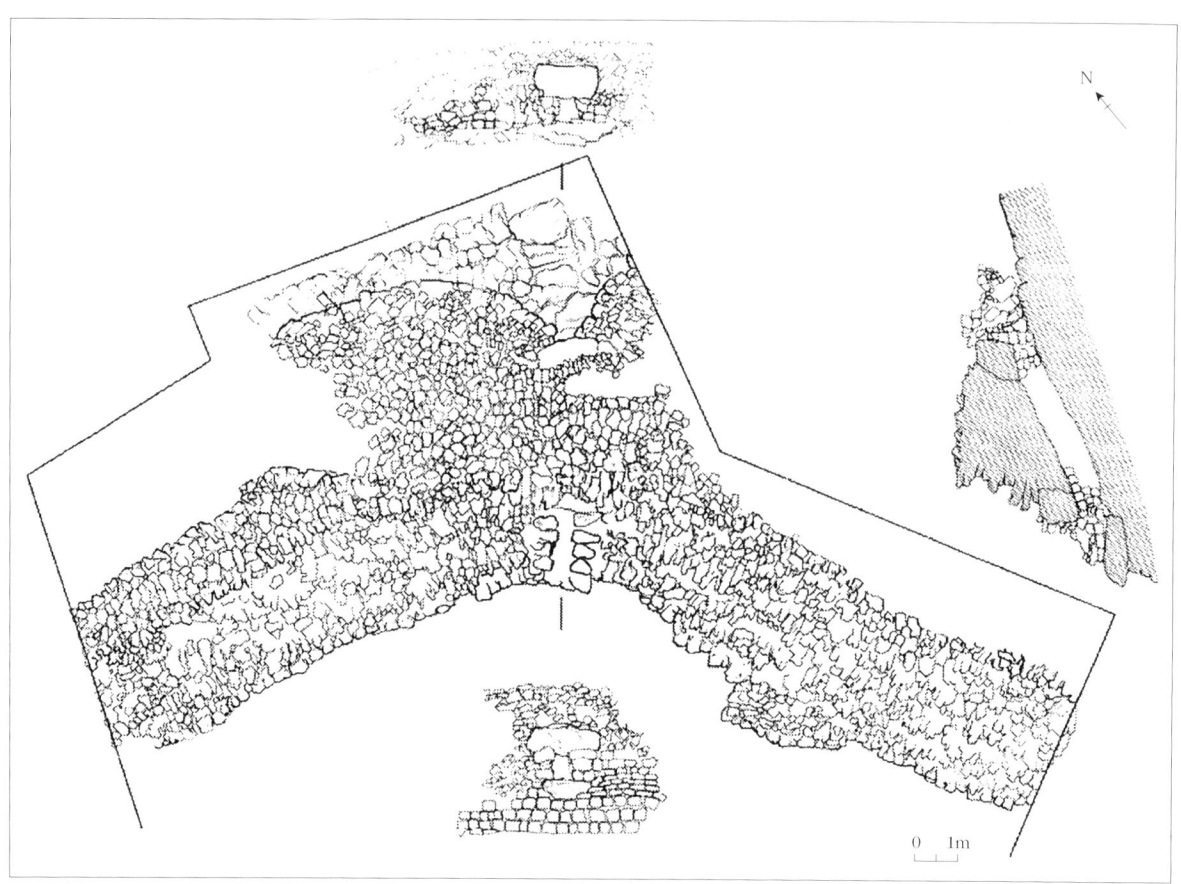

그림 29 자안산성 3호 배수시설 평면 및 단면도(徐坤, 2011, 27쪽)

(3) 3호 배수시설(그림 29)

○ 서벽 중부의 오목한 곳에 위치함.
○ 북쪽으로 3호 문지와 133m, 남쪽으로 2호 문지와 약 280m 떨어져 있음. 입수구, 암거, 출수구의 세 부분으로 구분됨.

① 입수구

○ 입수구는 벽체 내측의 저부에 위치함.
○ 평면 형태는 장방형인데, 높이 약 60cm, 너비 약 50cm.
○ 바닥에는 돌을 깔았음. 양측은 쐐기형 돌을 2단 쌓았고, 윗부분은 거대한 장대석을 덮었는데, 표면은 비교적 가지런함. 장대석은 길이 약 135cm, 너비 76cm.
○ 입수구 양측 벽체는 모두 바깥으로 휜 활모양이며 '역 八子形'을 띰. 입수구 남측 벽체에는 쐐기형 돌로 2단 쌓은 석축이 남아 있으며, 벽체의 기초부에 위치함. 쐐기형 돌은 길이 약 40cm, 외측면 길이 약 30cm, 너비 약 27cm임. 입수구 동측 지면에는 대형 석편을 깔아 쌓았으며, 깐 범위는 비교적 큰데 한 쪽은 벽체 하부까지 뻗어 벽체와 연결되어 있고 다른 한쪽은 성 안쪽으로 뻗어 있으며, 전체 뻗은 모습은 성벽이 뻗은 방향과 대체로 평행함.

② 암거

○ 암거의 몸체 부분은 성벽 벽체 중부에 위치하며, 벽체 석축은 비교적 잘 보존되어 있음. 암거는 입수구 가

장자리 돌과 서로 연결되며 벽체 바깥은 쐐기형 돌로 쌓았음. 쐐기형 돌은 비교적 넓은 면이 바깥을 향해서 가지런하게 놓여 있고 뾰족한 쪽은 벽체 내측을 향해 있음.

○ 벽체 내측에는 북꼴돌과 長條形 괴석으로, 외측의 쐐기형 돌과 맞물리게 쌓았으며, 아울러 비교적 작은 석괴로 빈 틈을 꽉 채움으로써 벽체를 견고하게 축조하였음.

③ 출수구
○ 성벽 외측 중부에 위치하는데, 방향은 212도임.
○ 頂部의 덮개석은 결실됨. 양측의 벽석이 한 층 남아 있으며, 모두 쐐기형 돌로 쌓았음. 저부에는 역시 돌을 깔았음. 저부에 깐 돌의 평면은 입수구의 바닥면보다 낮고, 가장 바깥쪽에 깐 바닥면 돌은 대략 장방형임.
○ 길이 약 1.5m, 너비 약 0.9m. 상부는 자연 평면이며 비교적 가지런함. 하부는 약간 휜 활모양임. 성벽 외벽면보다 0.48m 돌출해 있음.

6. 출토유물

柳嵐·邵春華, 1991의 기술내용

니질 회색토기, 니질 적갈색토기, 조개가루 섞인 적갈색토기 순으로 출토. 기형은 호와 시루 두 종류. 소성온도가 높고 단단하며 녹로로 제작. 대부분 무늬가 없으나 마름모꼴 그물무늬, 압획문, 요철문 등도 있음.

(1) 토기 구연부(A형 1식. 그림 30)
○ 출토지 : 자안산성.
○ 형태 : 호. 작은 기종으로 추정. 구연은 직립하고 끝을 편평하게 조성. 두께는 비교적 얇음.
○ 태토 및 색깔 : 니질 회색토기.

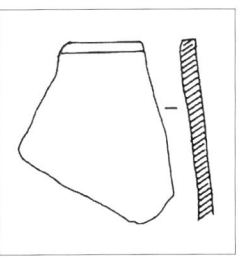

그림 30 토기 구연부
(柳嵐·邵春華, 1991, 76쪽)

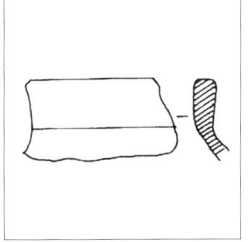

그림 31 토기 구연부
(柳嵐·邵春華, 1991, 76쪽)

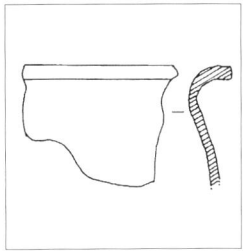

그림 32 토기 구연부
(柳嵐·邵春華, 1991, 76쪽)

그림 33 토기 구연부
(柳嵐·邵春華, 1991, 76쪽)

(2) 토기 구연부(A형 2식. 그림 31)
○ 출토지 : 자안산성.
○ 형태 : 구연부는 내만하는 동체에서 직립하였으며 끝이 편평함.
○ 태토 및 색깔 : 니질의 적갈색토기로 조개가루가 조금 섞임.

(3) 토기 구연부(A형 3식. 그림 32)
○ 출토지 : 자안산성.
○ 형태 : 구연은 외반되었으며 끝이 편평함.
○ 태토 및 색깔 : 니질 회색토기.

(4) 토기 구연부(B형 1식. 그림 33)
○ 출토지 : 자안산성.
○ 크기 : 잔존 길이 4.5cm, 너비 5cm, 두께 0.5~0.9cm.
○ 형태 : 구연은 둥글고 외반됨. 소성온도가 낮고 목

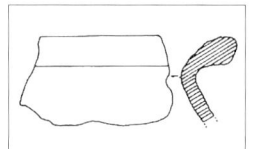 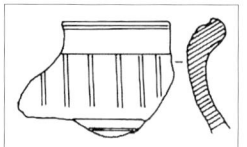 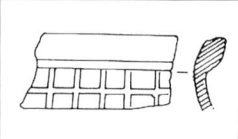 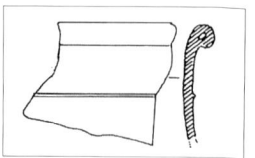

그림 34 토기 구연부
(柳嵐·邵春華, 1991, 76쪽)

그림 35 토기 구연부
(柳嵐·邵春華, 1991, 76쪽)

그림 36 토기 구연부
(柳嵐·邵春華, 1991, 76쪽)

그림 37 토기 구연부
(柳嵐·邵春華, 1991, 76쪽)

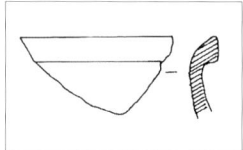 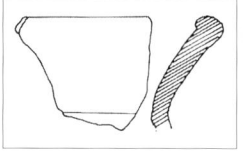 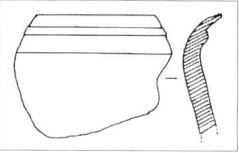 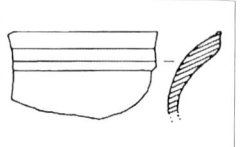

그림 38 토기 구연부
(柳嵐·邵春華, 1991, 76쪽)

그림 39 토기 구연부
(柳嵐·邵春華, 1991, 76쪽)

그림 40 토기 구연부
(柳嵐·邵春華, 1991, 76쪽)

그림 41 토기 구연부
(柳嵐·邵春華, 1991, 76쪽)

부분에 마름모꼴 그물무늬가 교차.
- 태토 및 색깔 : 니질 적갈색토기.

(5) 토기 구연부(B형 2식. 그림 34)
- 출토지 : 자안산성.
- 형태 : 입술은 둥글며 바라진 구연. 입술두께가 비교적 두꺼움.
- 태토 및 색깔 : 니질 회색토기.

(6) 토기 구연부(B형 3식. 그림 35)
- 출토지 : 자안산성.
- 크기 : 잔존길이 4cm.
- 형태 : 끝은 둥글며 바라진 구연. 구연 안쪽에 요문이 있고, 목 부분에는 일정한 간격으로 압획문이 시문됨. 어깨 부분에는 요현문이 두줄 시문. 소성도가 비교적 높음.
- 태토 및 색깔 : 니질 회색토기.

(7) 토기 구연부(B형 4식. 그림 36)
- 출토지 : 자안산성.
- 형태 : 구연은 외반되었으며 밖으로 말아 조성. 목 부분에 격자문이 시문.
- 태토 및 색깔 : 니질 회색토기.

(8) 토기 구연부(B형 5식. 그림 37)
- 출토지 : 자안산성.
- 형태 : 원형의 말린 구연으로 안에 구멍이 있고 목 부분에는 일직선의 凸문이 있음.

(9) 토기 구연부(C형 1식. 그림 38)
- 출토지 : 자안산성.
- 형태 : 외반되고 끝이 뾰족한 구연부. 구연부 아래쪽이 꺾여 있음.
- 태토 및 색깔 : 니질 회색토기.

(10) 토기 구연부(C형 2식. 그림 39)
- 출토지 : 자안산성.
- 형태 : 끝이 위로 뾰족한 구연부. 외반구연. 목 부분에 가는 암현문.

(11) 토기 구연부(C형 3식. 그림 40)
- 출토지 : 자안산성.

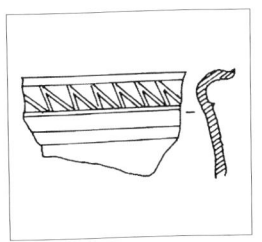
그림 42 토기 구연부
(柳嵐·邵春華, 1991, 76쪽)

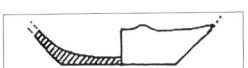
그림 43 토기 저부
(柳嵐·邵春華, 1991, 76쪽)

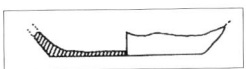
그림 44 토기 저부
(柳嵐·邵春華, 1991, 76쪽)

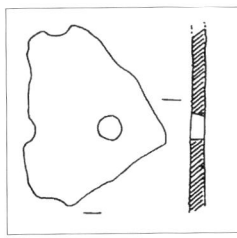
그림 45 시루 저부
(柳嵐·邵春華, 1991, 76쪽)

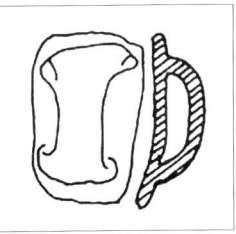
그림 46 토기 파수
(柳嵐·邵春華, 1991, 76쪽)

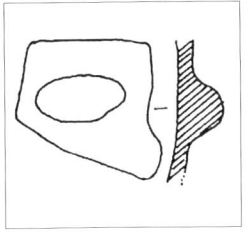
그림 47 토기 파수
(柳嵐·邵春華, 1991, 76쪽)

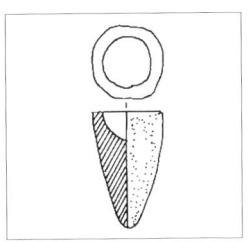
그림 48 석제절구
(柳嵐·邵春華, 1991, 76쪽)

○ 형태 : 입술 부분이 비교적 얇음. 입술 아래쪽에 돌기한 민무늬 띠를 한바퀴 돌렸고, 기벽은 비교적 두꺼움.
○ 태토 및 색깔 : 니질 회색토기.

(12) 토기 구연부(C형 4식, 그림 41)

○ 출토지 : 자안산성.
○ 형태 : 뾰족한 입술의 구연부. 입술 끝부분이 안쪽으로 약간 꺾였고, 구연이 바깥으로 크게 벌어짐. 목이 긺.

(13) 토기 구연부(C형 5식, 그림 42)

○ 출토지 : 자안산성.
○ 형태 : 뾰족한 입술의 외반구연. 구연부 아래쪽이 꺾였고, 입술 부분이 비교적 얇음. 목 부분에 톱날무늬 시문. 어깨 부분에 철현문 한줄과 요조 두 겹을 돌림.

(14) 토기 저부(1식, 그림 43)

○ 출토지 : 자안산성.
○ 크기 : 바닥 직경 7cm 전후.
○ 형태 : 소성온도가 높고, 녹로로 제작. 무늬는 없으며 평저. 비교적 작은 기형.
○ 태토 및 색깔 : 니질의 회색토기.

(15) 토기 저부(2식, 그림 44)

○ 출토지 : 자안산성.

○ 크기 : 바닥 직경 24cm.
○ 형태 : 소성온도가 높고, 녹로로 제작. 무늬는 없으며 평저. 비교적 큰 기형으로 기벽이 얇음.

(16) 시루 저부(그림 45)

○ 출토지 : 자안산성.
○ 크기 : 잔존 길이 6.2cm, 너비 5.2cm, 남은 두께 0.5cm, 구멍 직경 0.9cm.
○ 형태 : 소성온도가 비교적 높고, 녹로로 제작. 시루 구멍은 원형.
○ 태토 및 색깔 : 니질의 회색토기.

(17) 토기 파수(그림 46~그림 47)

○ 출토지 : 자안산성.
○ 형태 : 대상파수. 돌기모양손잡이.

(18) 석제절구(그림 48)

○ 출토지 : 자안산성.

○ 크기 : 전체 직경 24cm, 높이 37.6cm, 안쪽 직경 16cm, 깊이 9.6cm.
○ 형태 : 두 개 출토. 기형 완전. 단면 사각의 송곳모양, 밑바닥은 타원형. 구연부는 둥글게 각진 방형. 마제, 매우 매끄럽고 사용한 흔적이 뚜렷. 재질은 사암질로 입자가 굵고, 단단하며, 비교적 큰 기형임.

通化市文物保護研究所, 2010의 기술내용

철기, 청동기, 토기류 등이 출토되었으며, 남벽 동남 구간의 2급 대지상에서 전국 말기에서 漢代 문화유적이 발견되었음. 또한 민무늬(素面)의 모래 혼입 토기(夾砂陶)가 다량 출토되었음. 전형적인 기형으로 圓底器, 호(壺·罐), 완(碗), 잔(杯) 및 가락바퀴(紡輪) 등이 있음.

1) 철기

(1) 철제화살촉(鐵鏃)
수량은 4점, 그 중에 쌍날개형(雙翼形)이 2점이며, 나머지 2점은 훼손상태가 심한데 삽형(鏟形)과 삼각형의 송곳 모양(錐狀)임을 분별할 수 있음.

① **철제화살촉(鐵鏃) 1**(04TZF1:6-1, 그림 49-6)
○ 출토지 : 자안산성 건물지.
○ 크기 : 鏃身 길이 5.2cm, 날의 너비 1.4cm, 등(脊) 두께 0.3cm, 경부(鋌) 남은 길이 2cm.
○ 형태 : 촉두(鋒)는 뾰족하며 쌍날임. 날 가운데 등(脊)이 있으며, 가로 단면은 납작한 마름모꼴(扁菱形)을 띰. 뒷부분은 안으로 들여져 있고(內收) 경부(鋌)는 둥근 형태임.

② **철제화살촉(鐵鏃) 2**(04TZF1:6-2, 그림 49-7)
○ 출토지 : 자안산성 건물지.
○ 크기 : 鏃身 길이 3.9cm, 날의 너비 1.1cm, 등(脊) 두께 0.6cm, 경부(鋌) 길이 2.7cm.
○ 형태 : 촉두(鋒)는 뾰족하며 쌍날임. 날 가운데 등(脊)이 있으며, 가로 단면은 납작한 마름모꼴(扁菱形)을 띰. 뒷부분은 안으로 들여져 있고(內收) 경부는 네모 형태임(方鋌).

(2) 철제편자(鐵馬掌, 04TZF1:7, 그림 49-8)
○ 출토지 : 자안산성 건물지.
○ 수량 : 1점.
○ 크기 : 길이 10.5cm, 너비 12.8cm.
○ 형태 : 단조품(鍛造), 형태는 현대의 철제편자와 기본적으로 같음.

2) 청동기

(1) 청동제거울(銅鏡, 04TZH1:1, 그림 49-4)
○ 출토지 : 자안산성.
○ 수량 : 1점.
○ 크기 : 직경 4.6cm, 두께 0.2cm.
○ 형태 : 청동제 주조품(鑄制), 형태는 원형의 민무늬(素面)이며 꼭지는 하나임(單紐), 거울면은 약간 바깥으로 휜 활모양임(外弧). 거울 꼭지는 약간 편평한 형태(偏上)임.

(2) 청동제비녀(銅釵, 04TZH1:5, 그림 49-5)
○ 출토지 : 자안산성.
○ 수량 : 1점.
○ 크기 : 남은 길이 5.6cm, 釵首 너비 1.15cm.
○ 형태 : 청동제 주조품(鑄制), 형태는 쌍침이 교차하는 모양으로 만들었으며, 首部는 세 잎의 매화 모양을 띰. 중간은 돌기하여 한 갈래의 등성이(脊棱)를 형성함. 둥근 기둥 형태의 쌍침은 양측의 매화 꽃잎 모양의 비녀 머리 부분(釵首)과 서로 연결되어 있음.

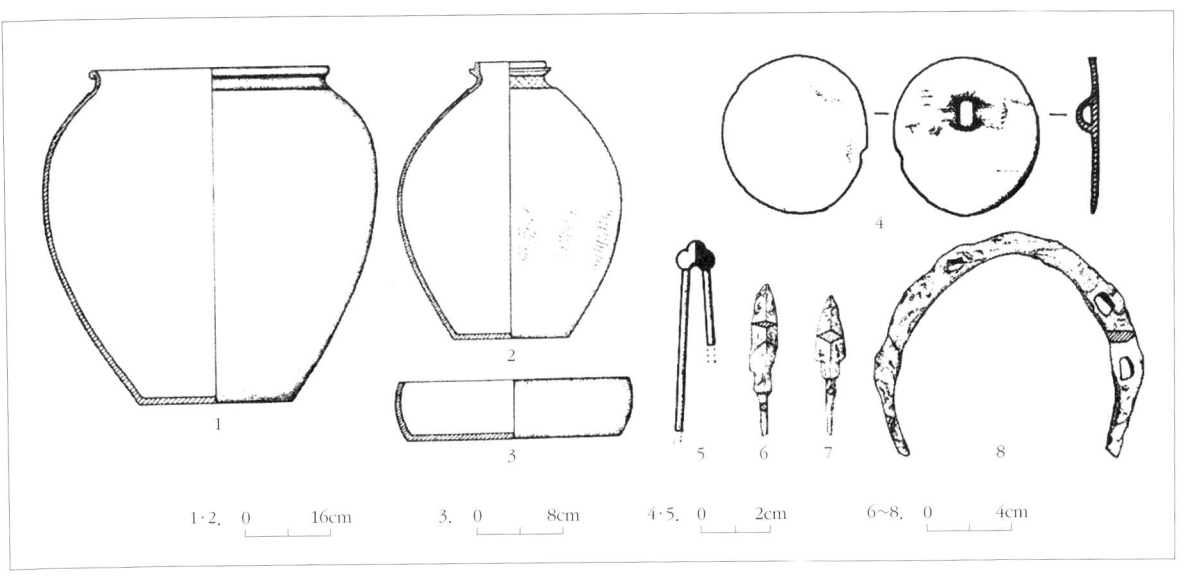

그림 49 자안산성 출토유물(『北方文物』 2010-3, 37쪽)
1. 옹 2. 호 3. 반 4. 청동제거울 5. 청동제비녀 6·7. 철제화살촉 8. 철제편자

3) 토기

(1) 옹(陶甕, 04TZF1:1, 그림 49-1)

○ 출토지 : 자안산성 건물지.

○ 수량 : 1점.

○ 크기 : 口徑 44cm, 바닥 직경 28.8cm. 동체 직경 62.4cm, 높이 62.4cm.

○ 형태 : 물레로 제작하였음(輪制). 구연은 내반하였으며 가장자리는 말린(斂口卷沿) 형태임. 동체는 둥근 형태이며 바닥은 평평함. 표면은 마연하여 검은 색의 윤기가 있음. 그 깃 아래에 한 갈래의 臺 흔적이 있으며 형태는 규정적임. 조형이 단정함(端庄).

○ 태토 및 색깔 : 니질의 검은색 토기(泥質黑皮陶)

(2) 호(陶蓋罐, 04TZF1:2, 그림 49-2)

○ 출토지 : 자안산성 건물지.

○ 수량 : 1점.

○ 크기 : 口徑 12cm, 바닥 직경 21.6cm. 동체 최대 직경 42cm, 높이 51.6cm.

○ 형태 : 전체는 알 모양. 이중 구연이며, 구연부가 작음. 동체는 둥근 형태이며 대략 올리브 모양을 띰. 바닥은 평평함. 목 부분에 눌러 새긴 그물무늬(斜格網文)가 장식되어 있으며, 동체 부분의 표면에는 사선 모양의 눌러 찍은 승문(繩文)을 시문하였음.

○ 태토 및 색깔 : 니질의 회갈색 토기(泥質灰褐陶).

(3) 반(陶盤, 04TZF1:3, 그림 49-3)

○ 출토지 : 자안산성 건물지.

○ 수량 : 2점, 복원 1점.

○ 크기 : 口徑 21.6cm, 바닥 직경 19.6cm. 높이 5.6cm.

○ 형태 : 표면은 갈아서 윤기가 있음. 구연부는 곧으며 약간 내반하였음(直口微斂). 동체는 활모양이며 바닥은 평평함.

○ 태토 및 색깔 : 모래섞인 흑갈색 토기(夾砂黑褐陶).

(4) 완(陶碗, 04TZF1:4)

○ 출토지 : 자안산성 건물지.

○ 수량 : 1점.
○ 크기 : 口徑 12.5cm, 바닥 직경 6.5cm, 높이 3.4cm.
○ 형태 : 구연부가 넓고 외반하였음(敞口展沿). 동체는 비스듬하게 곧은 형태이고 저부는 얇은 圓圈의 굽이 조성되어 있음(假卷足).
○ 태토 및 색깔 : 니질의 회색 토기(泥質灰陶).

徐坤, 2011의 기술내용

○ 성내에서 많은 유물이 출토되었는데, 토기, 철기 등으로 구분할 수 있음.
○ 토기가 가장 많으며 다수는 파손된 토기편으로 복원하기 어려움.
○ 철기는 대부분 부식이 심함.

1) 철기
○ 철기는 출토유물이 비교적 많으며, 부식이 심함.
○ 철제화살촉, 철제못 등이 주로 출토됨.

(1) 철제화살촉(鐵鏃)
5가지 유형으로 분류됨.

① A형 철제화살촉(鐵鏃)
○ 뱀머리형(蛇頭形) 鏃身
○ 2가지 아류 유형으로 구분됨.
– Aa형 : 수량 2점, 鏃身의 단면은 사다리꼴에 가까움.
– Ab형 : 수량 2점, 鏃身의 단면은 장방형임.

② B형 철제화살촉(鐵鏃)
○ 납작한 삽모양(扁鏟形) 鏃, 2가지 아류 유형으로 구분됨.
– Ba형 : 수량 3점. 역 사다리꼴 鏃身. 하부의 양측에 장방형의 날개 모양(翼形)의 돌기가 있음.
– Bb형 : 수량 4점. 역 사다리꼴 鏃身.

③ C형 철제화살촉(鐵鏃)
○ 수량 : 30여 점.
○ 鏃身은 창형(矛形), 鏃身의 단면은 마름모꼴(菱形), 圓錐形 關, 경부(鋌部)의 단면은 방형.
○ 3가지 아류 유형으로 구분됨.
– Ca형 : 수량 10여 점. 鏃身이 긺.
– Cb형 : 수량 10여 점. 鏃身은 약간 짧음.
– Cc형 : 수량 5점. 鏃身은 짧고 작음.

④ D형 철제화살촉(鐵鏃)
○ 나뭇잎 모양(葉形) 鏃身.
○ 鏃身에 따라 2가지 아류 유형으로 구별됨.
– Da형 : 수량 3점. 鏃身이 넓고 납작함(寬扁).
– Db형 : 수량 2점.

⑤ E형 철제화살촉(鐵鏃)
○ 수량 : 2점.
○ 생선꼬리 모양(魚尾形)의 鏃身.

⑥ F형 철제화살촉(鐵鏃)
○ 수량 : 2점.
○ 四棱錐形 鏃身, 關部와 경부(鋌部)의 단면은 모두 방형임.

◎ 철제화살촉(鐵鏃) 1 (2009TZCm3 : 20, 그림 50-1)
○ 출토지 : 자안산성.
○ 크기 : 鏃身 길이 2.1cm, 關 길이 11.2cm, 경부(鋌)의 남은 길이 6.35cm.
○ 형태 : Aa형, 關部의 단면은 장방형임. 경부(鋌部)의 단면은 방형, 關과 경부(鋌部)를 이은 곳에 둥근 파편 모양의 격자(格)가 있음.

◎ 철제화살촉(鐵鏃) 2(2009TZCm3:32, 그림 50-2)
○ 출토지 : 자안산성.
○ 크기 : 鏃身 길이 1.68cm, 關 길이 8.7cm, 경부(鋌)의 남은 길이 3.96cm.
○ 형태 : Ab형, 關部의 단면은 장방형임. 경부(鋌部)의 단면은 방형.

◎ 철제화살촉(鐵鏃) 3(2009TZCm4:14, 그림 50-3)
○ 출토지 : 자안산성.
○ 크기 : 鏃身의 남은 길이 3.18cm, 關 길이 1.5cm.
○ 형태 : Ba형, 關部의 단면은 방형임. 경부(鋌)가 남아 있음.

◎ 철제화살촉(鐵鏃) 4(2009TZCm3:37, 그림 50-4)
○ 출토지 : 자안산성.
○ 크기 : 鏃身의 남은 길이 1.45cm, 關 길이 5.0cm, 경부(鋌部)의 남은 길이 2.7cm.
○ 형태 : Bb형, 關部의 단면은 장방형임. 경부(鋌部)의 단면은 방형임.

◎ 철제화살촉(鐵鏃) 5(2009TZCm3:41, 그림 50-5)
○ 출토지 : 자안산성.
○ 크기 : 鏃身의 남은 길이 1.04cm, 關 길이 2.54cm, 경부(鋌部)의 남은 길이 2.08cm.
○ 형태 : Bb형, 關은 圓錐形, 경부(鋌部)의 단면은 방형임.

◎ 철제화살촉(鐵鏃) 6(2009TZCm3:11, 그림 50-6)
○ 출토지 : 자안산성.
○ 크기 : 鏃身의 길이 7.73cm, 關 길이 7cm, 경부(鋌部)의 남은 길이 4.2cm.
○ 형태 : Ca형, 경부(鋌部)가 남아 있음.

◎ 철제화살촉(鐵鏃) 7(2009TZCm3:21, 그림 50-7)
○ 출토지 : 자안산성.
○ 크기 : 鏃身의 길이 6.9cm, 關 길이 4.7cm, 경부(鋌部)의 남은 길이 12.9cm.
○ 형태 : Ca형, 경부(鋌部)가 남아 있음.

◎ 철제화살촉(鐵鏃) 8(2009TZCm3:9, 그림 50-8)
○ 출토지 : 자안산성.
○ 크기 : 鏃身의 길이 5.5cm, 關 길이 6.3cm, 경부(鋌部)의 남은 길이 10.5cm.
○ 형태 : Cb형, 경부(鋌部)가 남아 있음.

◎ 철제화살촉(鐵鏃) 9(2009TZCm3:27, 그림 50-9)
○ 출토지 : 자안산성.
○ 크기 : 鏃身의 길이 4.7cm, 關 길이 7.7cm, 경부(鋌部)의 남은 길이 10.6cm.
○ 형태 : Cb형, 경부(鋌部)가 남아 있음.

◎ 철제화살촉(鐵鏃) 10(2009TZCm3:19, 그림 50-10)
○ 출토지 : 자안산성.
○ 크기 : 鏃身의 길이 2.6cm, 關 길이 4.7cm, 경부(鋌部)의 남은 길이 8.7cm.
○ 형태 : Cc형, 경부(鋌部)가 남아 있음.

◎ 철제화살촉(鐵鏃) 11(2009TZCm3:43, 그림 50-11)
○ 출토지 : 자안산성.
○ 크기 : 鏃身의 길이 3.1cm, 關 길이 5.4cm, 경부(鋌部)의 남은 길이 7.6cm.
○ 형태 : Cc형.

◎ 철제화살촉(鐵鏃) 12(2009TZT①:2, 그림 50-12)
○ 출토지 : 자안산성.
○ 크기 : 鏃身의 길이 4.5cm, 關 길이 0.6cm, 경부(鋌部)의 남은 길이 1.7cm.

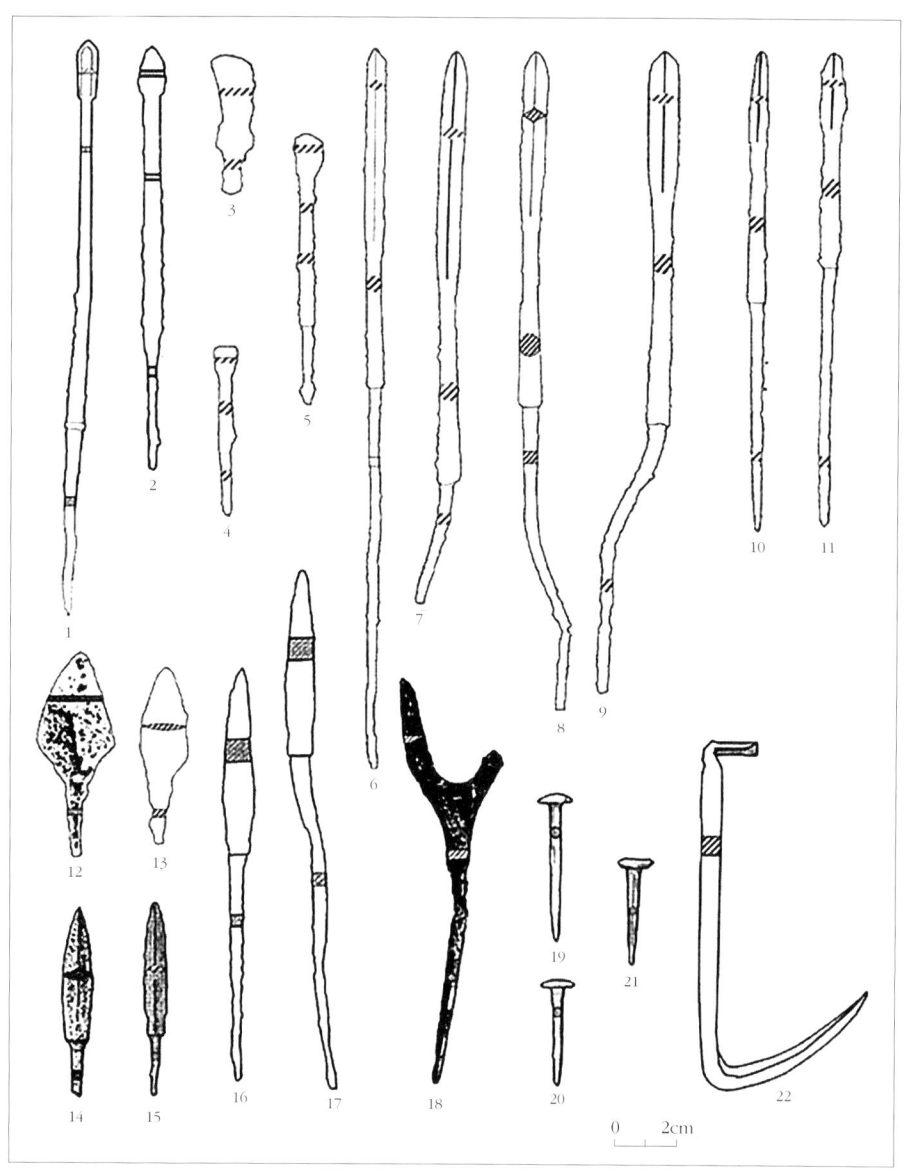

그림 50 자안산성 출토 철기
(徐坤, 2011, 33쪽)

○ 형태 : Da형. 단면은 장방형, 관부와 경부의 단면은 모두 방형임.

◎ 철제화살촉(鐵鏃) 13(2009TZF5:3, 그림 50-13)
○ 출토지 : 자안산성.
○ 크기 : 鏃身의 길이 3.56cm, 關 길이 0.8cm, 경부(鋌部)의 남은 길이 1.4cm.
○ 형태 : Da형. 鏃身은 약간 좁음.

◎ 철제화살촉(鐵鏃) 14(2004TZF1:6, 그림 50-15)
○ 출토지 : 자안산성.
○ 크기 : 鏃身의 길이 4.5cm, 경부(鋌部)의 남은 길이 1.9cm.
○ 형태 : Db형. 鏃身은 길고 가늚, 단면은 납작한 마름모꼴(扁菱形), 관과 경부는 둥근 형태.

◎ 철제화살촉(鐵鏃) 15(2008TZT0503①:1, 그림 50-14)
○ 출토지 : 자안산성.

○ 크기 : 鏃身의 길이 4.5cm, 경부(鋌部)의 남은 길이 1.8cm.
○ 형태 : Db형. 鏃身은 비교적 긺, 단면은 납작한 마름모꼴(扁菱形), 경부는 네모남(方鋌).

◎ 철제화살촉(鐵鏃) 16(2009TZT2①:6, 그림 50-18)
○ 출토지 : 자안산성.
○ 크기 : 鏃身의 길이 5.1cm, 關 길이 1.45cm, 경부(鋌部)의 남은 길이 7.3cm.
○ 형태 : E형. 鏃身의 이가 빠진 부분(凹)은 날 부분임(刃部), 關部의 단면은 장방형이며, 경부의 단면은 방형임.

◎ 철제화살촉(鐵鏃) 17(2009TZCm3:16, 그림 50-16)
– 출토지 : 자안산성.
– 크기 : 鏃身의 길이 5.1cm, 關 길이 1.3cm, 경부(鋌部)의 남은 길이 7.6cm.
– 형태 : F형.

◎ 철제화살촉(鐵鏃) 18(2009TZCm3:7, 그림 50-17)
– 출토지 : 자안산성.
– 크기 : 鏃身의 길이 5.4cm, 關 길이 0.9cm, 경부(鋌部)의 남은 길이 11.4cm.
– 형태 : F형.

(2) 철제못(鐵釘)
정모 및 정신의 차이에 따라 3가지 유형으로 분류됨.

① A형 철제못(鐵釘)
○ 수량 : 6점.
○ 원형 정모, 정신의 단면은 원형임.

② B형 철제못(鐵釘)
○ 수량 : 3점.

○ 扁圓形 정모, 정신의 단면은 방형.

③ C형 철제못(鐵釘)
○ 수량 : 5점.
○ 單側 정모, 정신의 단면은 장방형.

◎ 철제못(鐵釘) 1(2009TZCm4:30, 그림 50-20)
○ 출토지 : 자안산성.
○ 크기 : 정신의 남은 길이 3.3cm, 정모 잔고 0.3cm, 직경 1.1cm.
○ 형태 : A형. 정은 뾰족하며 남아 있음(釘尖殘).

◎ 철제못(鐵釘) 2(2009TZCm4:31, 그림 50-19)
○ 출토지 : 자안산성.
○ 크기 : 정신의 남은 길이 4.7cm, 정모 잔고 0.4cm, 직경 1.2cm.
○ 형태 : A형. 정은 뾰족하며 남아 있음(釘尖殘).

◎ 철제못(鐵釘) 3(2009TZCm4:14, 그림 50-21)
○ 출토지 : 자안산성.
○ 크기 : 정신의 남은 길이 3.3cm, 정모 잔고 0.36cm, 직경 1.2cm.
○ 형태 : B형. 정은 뾰족하며 남아 있음(釘尖殘).

◎ 철제못(鐵釘) 4(2009TZCm4:73, 그림 50-22)
○ 출토지 : 자안산성.
○ 크기 : 정모 한 변의 길이 1.5cm, 두께 0.23cm, 직경 1.2cm. 전체 길이 약 17.2cm.
○ 형태 : C형. 정모는 납작한 네모 모양(扁方形), 정신은 휘었음(彎曲).

2) 토기(陶器)
○ 토기의 대부분은 모래혼입 토기이며, 일부 토기는 운모나 혹은 윤기가 있는 돌가루가 섞여 있음. 니질 토

기는 비교적 적음.
○ 토기 색깔은 홍갈색, 회갈색, 회색, 흑색마연이 대부분이며, 소량의 흑갈색, 황갈색, 황색마연 등이 있음. 흑색, 황색 토기 표면은 대체로 갈아서 윤기가 있음.
○ 토기 종류는 비교적 적음. 대부분 호(罐)이며 소량의 반(盤), 발(鉢), 옹(甕) 등이 있음. 토기는 대체로 민무늬이며 소량은 선문(弦文), 파도문(波浪文), 암문(磨壓暗文)이 있음.
○ 수제품과 물레 제작품(輪制) 모두 있음. 토기의 소성도는 비교적 높으며 토질은 치밀하고 견고함.

(1) 호(陶罐)
구연부(口部)의 특징에 따라 4가지 유형으로 구분됨.

① A형 호(陶罐)
○ 수량 : 30여 점이 발견됨.
○ 크기 : 口經은 대부분 20cm를 넘음.
○ 형태 : 구연이 외반(侈口)하였으며 비교적 큼. 대체로 복원이 어려움.
○ 구연부의 특징에 따라 2가지 아류형으로 구분됨.
– Aa형 호(陶罐) : 구연이 약간 바깥으로 말려 올라감(外翻).
– Ab형 호(陶罐) : 구연은 바깥으로 말려 올라갔으며(沿外翻近平), 顔面에 오목한(凹)흔적이 있음. 盤口와 유사함.

② B형 호(陶罐)
○ 수량 : 40여 점이 발견되었음.
○ 크기 : 口徑은 20cm보다 작음.
○ 형태 : 구연부는 외반하였으며(侈口), 외반한 정도는 비교적 작으며, 목은 잘록함(束頸). 소량은 복원 가능함.

③ C형 호(陶罐)
○ 수량 : 10여 점이 발견됨.
○ 형태 : 곧은 입(直口), 구순은 각이 져 있음(方脣), 구연은 분명하지 않음. 모두 복원하기 어려움.

④ D형 호(陶罐)
○ 수량 : 7점.
○ 구연은 내반하였음(斂口), 口部만 잔존함.

◎ 호(陶罐) 1(2007TZT4①標:3, 그림 51-1)
○ 출토지 : 자안산성.
○ 크기 : 口經 28cm.
○ 형태 : Aa형, 구순은 각이 져 있음. 동체의 상부는 둥근 정도가 비교적 작음.
○ 태토 및 색깔 : 모래혼입 회갈색 토기.

◎ 호(陶罐) 2(2007TZT4①標:2, 그림 51-4)
○ 출토지 : 자안산성.
○ 크기 : 口經 28.2cm.
○ 형태 : Aa형, 구순은 뾰족함(尖脣).
○ 태토 및 색깔 : 泥質의 黃皮陶, 태토는 회색임.

◎ 호(陶罐) 3(2007TZT3①標:5, 그림 51-7)
○ 출토지 : 자안산성.
○ 크기 : 口經 24.2cm.
○ 형태 : Aa형, 구순은 각이 져 있음(方脣), 구연은 바깥으로 말려올라갔음(沿外翻近平), 구연면 아래는 오목함(凹).
○ 태토 및 색깔 : 모래혼입 흑갈색 토기.

◎ 호(陶罐) 4(2008TZT0304①標:1, 그림 51-2)
○ 출토지 : 자안산성.
○ 크기 : 口經 27.8cm.
○ 형태 : Ab형, 구순은 각이 져 있음(方脣), 구연면 아

래는 오목함(凹).
○ 盤口에 가까움, 頸部에 磨壓한 'X'형의 암문과 두 줄의 선문(弦文)을 시문하였음. 물레로 제작하였음 (輪制).
○ 태토 및 색깔 : 니질의 회색 토기.

◎ 호(陶罐) 5(2007TZT4①標:4, 그림 51-5)
○ 출토지 : 자안산성.
○ 크기 : 口經 30cm.
○ 형태 : Ab형, 구순은 뾰족함(尖脣), 구연면 아래는 오목한(凹) 모습이 뚜렷함. 어깨 부분은 약간 둥근 형태임.
○ 태토 및 색깔 : 니질의 회색 토기.

◎ 호(陶罐) 6(2007TZT4①標:1, 그림 51-8)
○ 출토지 : 자안산성.
○ 크기 : 口經 26cm.
○ 형태 : Ab형, 구연은 외반하였음(展沿), 구순은 각이 져 있음(方脣), 구연은 바깥으로 말려 올라갔음(沿外翻近平), 구연면 아래는 오목함(凹).
○ 태토 및 색깔 : 모래혼입 회갈색 토기.

◎ 호(陶罐) 7(2007TZT2①標:6, 그림 51-3)
○ 출토지 : 자안산성.
○ 크기 : 口經 16.2cm.
○ 형태 : B형, 구연부는 위로 말렸음(卷沿), 구순은 둥근 형태(圓脣).
○ 태토 및 색깔 : 모래혼입 회갈색 토기.

◎ 호(陶罐) 8(2007TZT2①標:2, 그림 51-6)
○ 출토지 : 자안산성.
○ 크기 : 口經 13.6cm.
○ 형태 : B형, 구순은 둥근 형태(圓脣).
○ 태토 및 색깔 : 모래혼입 黑皮陶.

◎ 호(陶罐) 9(2007TZT3①標:2, 그림 51-9)
○ 출토지 : 자안산성.
○ 크기 : 口經 12cm.
○ 형태 : B형, 구순은 둥근 형태(圓脣), 구연면(沿面)은 약간 아래로 비스듬히 기울었음(斜).
○ 태토 및 색깔 : 모래혼입 황갈색 토기.

◎ 호(陶罐) 10(2008TZF1:2, 그림 51-10)
○ 출토지 : 자안산성 주거지.
○ 크기 : 口經 12cm.
○ 형태 : B형, 구연은 바깥으로 말려올라갔음(沿外翻), 구연면은 약간 오목함(凹). 구순은 각이 져 있음(方脣), 어깨는 매끈함(溜肩), 동체의 상부는 약간 둥근 형태이며, 동체의 하부는 활처럼 들어갔음(弧收), 바닥은 평평함. 수제품.
○ 태토 및 색깔 : 모래혼입 회갈색 토기. 소성온도는 균일하지 않음.

◎ 호(陶罐) 11(2007TZT3①標:7, 그림 51-11)
○ 출토지 : 자안산성.
○ 크기 : 口經 16cm.
○ 형태 : C형, 어깨에 두 줄의 침선(凹弦文)이 시문되어 있음.
○ 태토 및 색깔 : 모래혼입 회갈색 토기.

◎ 호(陶罐) 12(2007TZT0203①標:2, 그림 51-15)
○ 출토지 : 자안산성.
○ 크기 : 口經 19.8cm.
○ 형태 : C형, 구순은 각이 져 있음(方脣), 민무늬(素面), 물레로 제작하였음(輪制).
○ 태토 및 색깔 : 모래혼입 회갈색 토기.

◎ 호(陶罐) 13(2007TZT4①標:5, 그림 51-12)
○ 출토지 : 자안산성.

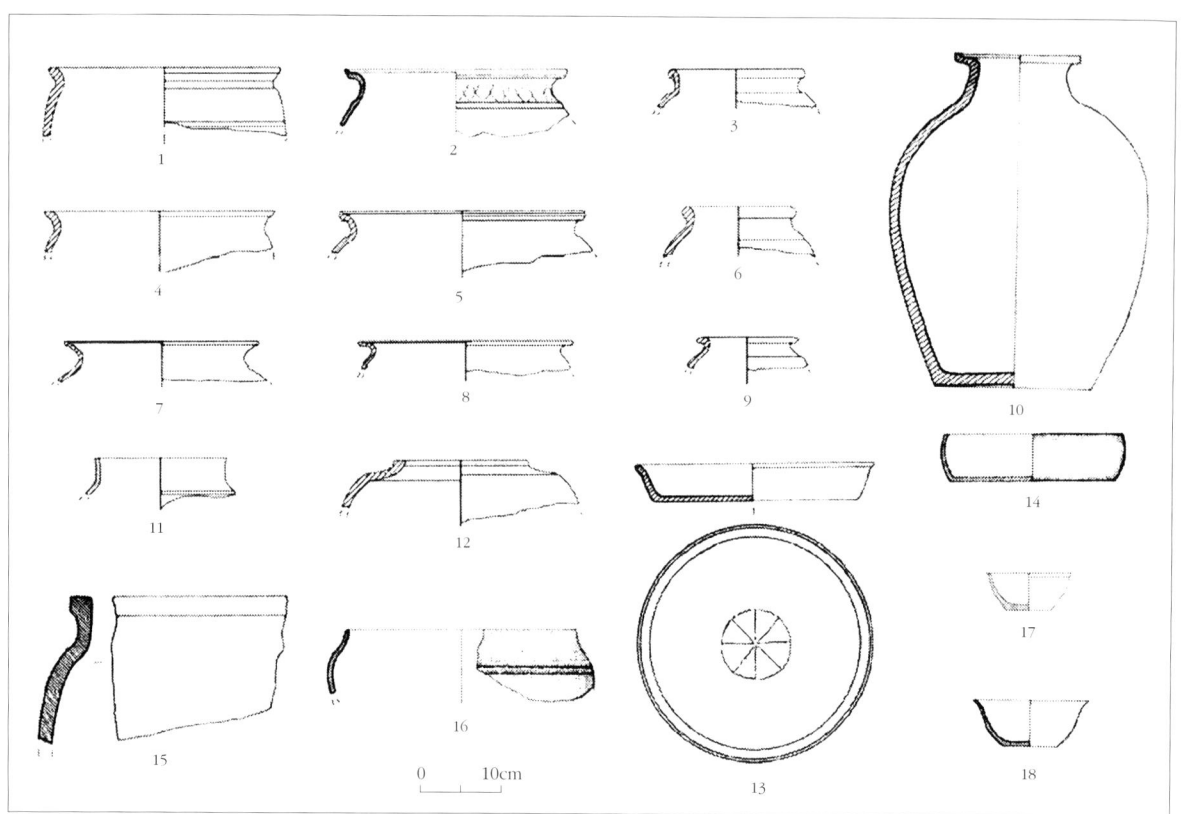

그림 51 자안산성 출토 토기 1(徐坤, 2011, 30쪽)

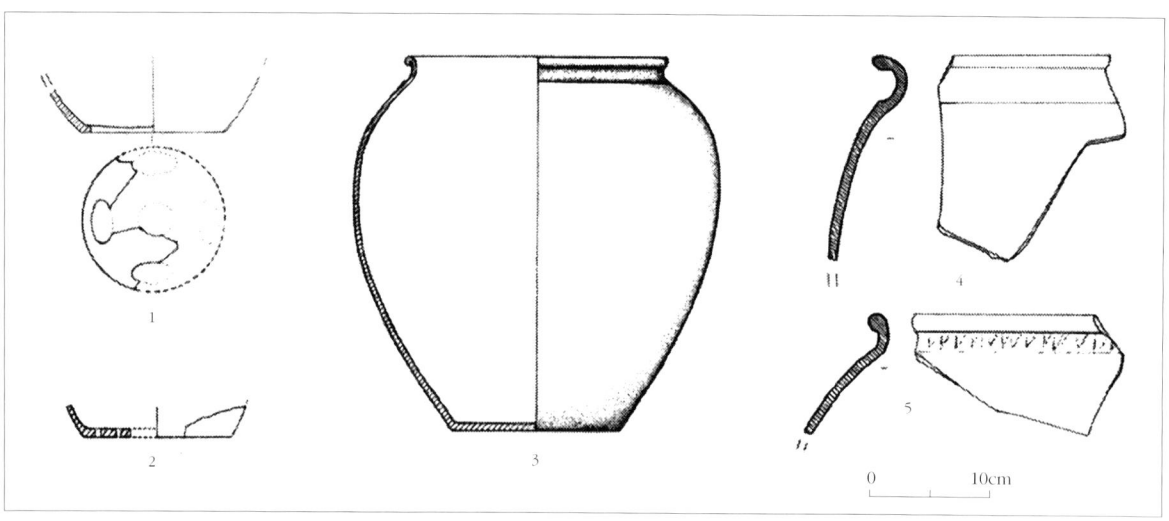

그림 52 자안산성 출토 토기 2(徐坤, 2011, 31쪽)

○ 크기 : 口徑 16.2cm.
○ 형태 : D형, 구순은 둥근 형태(圓脣), 어깨 부분은 약간 아래로 오목함(凹).
○ 태토 및 색깔 : 굵은 모래 혼입 회갈색 토기. 운모나 혹은 윤기있는 돌가루가 토질 안에 섞여 있음.

◎ 호(陶罐) 14(2008TZT0302①標:2, 그림 51-16)
○ 출토지 : 자안산성.
○ 크기 : 口徑 8.4cm.
○ 형태 : D형, 구연부가 없음(無沿), 동체의 상부에 두 줄의 침선(凹弦文)이 시문되어 있음.
○ 태토 및 색깔 : 모래 혼입 회색 토기.

(2) 반(陶盤)
두 가지 유형으로 구분됨.

① A형 반(陶盤)
○ 수량 : 4점, 1건은 복원 가능.
○ 형태 : 구연은 내반하였음(斂口).

② B형 반(陶盤)
○ 수량 : 6점, 1건은 복원 가능함.
○ 형태 : 구연은 내반하였음(斂口).

◎ 반(陶盤) 1(2004TZF1:3, 그림 51-14)[5]
○ 출토지 : 자안산성.
○ 크기 : 구경 21.6cm, 저경 19.6cm, 높이 5.6cm.
○ 형태 : A형, 표면은 문질러서 윤이 남. 동체는 활모양이며 바닥은 평평함.
○ 태토 및 색깔 : 모래혼입 흑갈색 토기.

◎ 반(陶盤) 2(2008TZF1:3, 그림 51-13)[6]
○ 출토지 : 자안산성.
○ 크기 : 구경 28.8cm, 저경 23.2cm, 높이 4.3cm.
○ 형태 : B형, 구연은 바깥으로 말려 올라갔음(沿外翻), 구순은 둥근 형태(圓脣), 동체는 활모양이며 바닥은 평평함. 저부에는 8개의 수레바퀴살 그림 모양의 인감이 찍혀 있음.
○ 태토 및 색깔 : 모래혼입 회색 토기.

(3) 발(陶鉢)
○ 수량 : 2점.
○ 형태 : 구순은 외반하였음(敞口), 동체는 약간 바깥으로 둥근 형태, 바닥은 평평함.

◎ 발(陶鉢) 1(2008TZT1:1, 그림 51-18)[7]
○ 출토지 : 자안산성.
○ 크기 : 구경 14cm, 저경 6.2cm, 높이 5.2cm.
○ 형태 : 구순은 둥근 형태(圓脣), 구연은 약간 바깥으로 말려 올라갔음(沿微外翻).
○ 태토 및 색깔 : 모래혼입 회색 토기.

◎ 발(陶鉢) 2(2009TZT2:9, 그림 51-17)[8]
○ 출토지 : 자안산성.
○ 크기 : 구경 10.2cm, 저경 5.4cm, 높이 5.5cm.
○ 형태 : 구순은 뾰족함(尖脣).
○ 태토 및 색깔 : 모래혼입 회색 토기.

---

5   徐坤, 2011, 30~31쪽에는 〈그림 51-13〉으로 나오지만 〈그림 51-14〉의 오기로 추정됨.

6   徐坤, 2011, 30~31쪽에는 〈그림 51-14〉로 나오지만 〈그림 51-13〉의 오기로 추정됨.

7   徐坤, 2011, 30~31쪽에는 〈그림 51-17〉로 나오지만 〈그림 51-18〉의 오기로 추정됨.

8   徐坤, 2011, 30~31쪽에는 〈그림 51-18〉로 나오지만 〈그림 51-17〉의 오기로 추정됨.

(4) 시루(陶甑)

대부분 바닥 부분이고 깨진 조각임. 두 가지 유형으로 분류됨.

① A형 시루(陶甑)
○ 수량 : 6점.
○ 저부에 뚫린 구멍이 비교적 큼.

② B형 시루(陶甑)
○ 수량 : 8점.
○ 저부에 뚫린 구멍이 비교적 작음.

◎ 시루(陶甑) 1(2009TZT2標:1, 그림 52-1)
○ 출토지 : 자안산성.
○ 크기 : 구멍 직경 6cm.
○ 형태 : A형, 표면은 문질러서 윤기가 있음. 바닥은 평평함. 바닥 중부에 원형의 시루 구멍이 있고, 그 네 둘레에 타원형의 시루 구멍이 에워싸고 있음.
○ 태토 및 색깔 : 모래혼입 黑皮陶.

◎ 시루(陶甑) 2(2007TZT4標:6, 그림 52-2)
○ 출토지 : 자안산성.
○ 크기 : 구멍 직경 0.9cm.
○ 형태 : B형, 벽이 비스듬히 경사졌으며, 바닥은 평평함. 저부에 뚫린 구멍은 원형임.
○ 태토 및 색깔 : 굵은 모래혼입 회갈색 토기. 태토에 운모나 혹은 윤기가 있는 돌 가루가 섞여 있음.

(5) 옹(陶甕)

수량이 비교적 많음. 구연은 곧고 약간 외반하였음(直口微侈). 두 가지 유형으로 분류됨.

① A형 옹(陶甕)
동체 상부는 바깥으로 둥근 형태임. 최대 동체 지름은 동체의 상부에 위치함.

② B형 옹(陶甕)
동체 상부는 약간 활모양, 동체부의 최대 지름은 아래 동체부쪽임.

◎ 옹(陶甕) 1(2004TZF1:1, 그림 52-3)
○ 출토지 : 자안산성 주거지.
○ 크기 : 구경 44cm, 저경 28.8cm, 동체 지름 62.4cm, 높이 62.4cm.
○ 형태 : A형, 구연부는 위로 말렸음(卷沿), 동체는 둥근 형태이며 바닥은 평평함. 표면은 문질러서 윤이 남. 목 아래에 한 줄의 臺 흔적이 있음. 물레로 제작하였음(輪制).
○ 태토 및 색깔 : 모래혼입 黑皮陶.

◎ 옹(陶甕) 2(2008T0203①標:1, 그림 52-4)
○ 출토지 : 자안산성.
○ 크기 : 구경 36.8cm.
○ 형태 : A형, 구연은 곧고 바깥으로 약간 외반하였음(直口微外侈), 구순은 둥근 형태임(圓脣), 목 부분에 문질러 누른 'V'자 형태의 暗文이 시문되어 있음. 물레로 제작하였음(輪制).
○ 태토 및 색깔 : 니질의 黑皮陶.

◎ 옹(陶甕) 3(2008TZT1220②標:1, 그림 52-5)
○ 출토지 : 자안산성.
○ 크기 : 구경 45.8cm.
○ 형태 : B형, 구연은 바깥으로 말려 올라갔음(沿外翻), 구순은 둥근 형태임(圓脣), 목 아래 부분에 침선(凹弦文)이 한 줄 시문되어 있음. 물레로 제작하였음(輪制).
○ 태토 및 색깔 : 모래혼입 흑갈색 토기.

7. 역사적 성격

1) 지정학적 위치와 주변의 유적 현황

자안산성은 압록강 지류인 渾江과 蛤密河가 합류하는 곳에 자리함. 자안산성이 위치한 通化市 일대는 渾江 상류의 중심지로서 松花江 지류인 輝發河 유역에서 龍崗山脈을 넘어 고구려 두 번째 도성이 위치했던 통구분지로 나아가거나, 제2현도군의 치소가 위치했던 富爾江 유역에서 喇蛄河를 거쳐 통구분지로 들어갈 때 반드시 거쳐야 하는 전략적 요충지임.

이로 인해 자안산성 주변에는 일찍부터 많은 유적이 조성되었음. 자안산성 서남쪽 30km 거리에는 漢이 축조한 赤柏松古城이 있는데, 玄菟郡 上殷臺縣의 治所로 추정됨. 그리고 通化 지역에서 고구려 두 번째 도성이었던 국내성으로 향하는 老嶺山脈의 북사면에는 통화 이도구문관애와 석호관애를 비롯하여 집안 대천초소, 관마장산성 등이 있음. 老嶺山脈 북사면에 위치한 이러한 關隘와 성곽은 국내성을 방어하기 위해 축조한 것으로 파악됨.

2) 산성의 축조 시기

(1) 漢代 郡縣城설과 漢代 – 高句麗 – 遼·金·淸代 성곽설

자안산성은 1983년 通化市 文化局의 조사에 의해 그 실체가 확인되었고, 그 이후 여러 차례 고고조사가 이루어짐. 초창기 연구에서는 자안산성의 축조 시기에 대해 漢代의 郡縣城으로 보는 견해와 漢代에 축조되어 高句麗를 거쳐 遼·金·淸代까지 사용되었다고 보는 견해가 대립함.

漢代 郡縣城으로 보는 견해는 柳嵐·邵春華이 제기한 것임. 이들은 산성에서 주로 漢代의 유물이 출토되고, 토기 문양은 漢代 토기의 특징을 많이 지녔다고 파악함. 특히 항아리와 시루의 형태, 소성온도, 태토 등은 內蒙古 哲里木猛 奈曼旗 沙巴營子의 漢城이나 吉林省 永吉縣 大海猛2期 漢代 유적에서 출토된 것과 동일하다고 파악함. 그리고 遼·金代의 布紋 기와편이 출토된 적이 있지만, 그밖에는 遼·金代의 유물이 출토된 것이 없음. 특히 돌로 성벽을 축조하였다는 점은 분명히 고구려 城의 특징이지만, 성 내부에서 漢代 유물만 출토되고 고구려시기 유물은 출토되지 않았다는 점에서 고구려인이 축조하였다고 보기는 힘들다는 것임. 더욱이 자안산성 서남쪽 30km에는 玄菟郡 上殷臺縣 治所로 추정되는 赤柏松古城이 있는데, 자안산성과 적백송고성은 밀접히 관련된다고 여겨진다는 것임. 이에 자안산성은 漢의 玄菟郡 설치와 함께 축조되었다가 玄菟郡이 요동지역으로 쫓겨가면서 폐기되었다고 파악함(柳嵐·邵春華, 1991, 77~78쪽).

한편, 『通化市文物志』와 李殿福은 자안산성이 漢의 군현 설치와 함께 축조되어 고구려시기뿐 아니라 遼·金·淸代까지 사용되었다고 파악함. 이들도 성내에서 漢代의 특징을 지닌 토기가 출토되었다는 점에서 漢郡縣의 설치와 함께 축조되었다고 상정한 다음, 산성의 축조방식이나 토기편이 집안 산성자산성·패왕조산성 등과 동일하다는 점에서 고구려시기에 대규모로 개축되어 고구려 북도의 중요한 전략적 요충지로 기능하였다고 파악함. 그리고 고구려시기 이후에도 사용되었다고 보았는데, 특히 明末 누르하치가 建州女眞을 통일할 무렵, 女眞 完顏部의 거주 및 저항의 거점이었을 것으로 파악함(吉林省文物志編委會, 1986, 27~28쪽 ; 李殿福, 1994, 51쪽).

(2) 通化市文物保護硏究所, 2010의 견해

通化市文物保護硏究所는 2004년의 고고조사를 바탕으로 자안산성을 漢과 고구려시기의 중요한 城堡로 파악함. 자안산성은 漢代의 성곽과 고구려 산성이 결합된 특징을 갖추고 있는데, 토석혼축의 사다리꼴 성벽, 성문 앞의 토축 門闕, 규모가 큰 배수시설 등이 모두 이에 해당한다고 파악함. 중원지역의 漢 문화와 동북민

족문화가 융합된 특징을 체현해 주고 있다는 것임. 특히 1호 문지 앞의 토축 門闕 2개는 전형적인 漢代 성곽의 표지라고 파악함. 보고자는 이러한 자안산성의 門闕이 고구려 왕성을 포함하여 고구려 산성 가운데 유일무이한 것이라고 본 다음,[9] 이 성의 초축 연대는 전한시기이며 그 등급은 郡의 치소보다 낮지 않다고 파악함.

자안산성과 중원문화 요소의 연관성에 대해서도 강조함. 가령 동벽 바깥쪽의 三角洲 2급 대지에서 圜底器, 호(壺·罐), 완(碗), 잔(杯), 가락바퀴(紡輪) 등 모래섞인 민무늬 토기편(素文夾砂陶)이 대량으로 출토되었는데, 전국 말에서 전한시기에 해당하는 토기로 이 지역 토착민이 사용한 것으로 파악함. 반면 산성 내부의 고구려시기(魏晉시기) 건물지(F1)에서는 검은색 옹(黑皮陶甕), 원형 호(罐) 등이 출토되었는데, 토기 형태나 제작기술로 보아 중원 계통에 속하며, 집안 국내성에서 출토된 토기보다 기술 수준이 높다고 파악함. 자안산성은 前漢에서 魏晉시기까지 중원문화를 점유하고 주도하던 지위에 있었다는 것임(通化市 文物保護研究所, 2010, 38쪽).

(3) 徐坤, 2011의 견해

徐坤은 2006~2009년에 시행한 吉林省 文物考古研究所의 고고조사를 바탕으로 축조 시기를 논증함. 산성의 동측은 渾江에 면한 수직 절벽이어서 인공 성벽을 축조할 필요가 없음. 반면 남쪽은 혼강과 합밀하가 합류하는 삼각주와 골짜기에 면하고 있는데, 비교적 평탄하고 완만하며 수로를 이용할 때 경유하는 지점임. 서측 외곽의 경사면은 상당히 가파르지만, 협곡이 다수 분포하며, 곧바로 성곽 정상부로 통할 수 있음. 북측은 산간 분지인데 지세가 평탄하고 완만하여 육로로 내왕할 때 통과하는 지점임. 이로 인해 산성의 북, 남, 서 3면에 모두 석축 성벽을 축조하였음.

성벽은 자연지세를 이용하여 가지런하게 축조했는데, 성돌은 괴석, 쐐기형돌, 북꼴돌, 條形石 등을 사용하였음. 괴석은 주로 성벽 기초석으로 사용하였고, 쐐기형돌은 면석으로 사용함. 성벽 하부의 쐐기형돌은 약 50×30×30cm로 비교적 크며, 상부의 쐐기형돌은 약 45×30×25cm로 조금 작음. 문길 양측 벽체의 쐐기형돌은 약 35×25×20cm로 체성에 사용한 것보다 작음. 벽체 내부에는 북꼴돌이나 條石을 사용했는데, '끼워넣은 돌(干揷石)'이라고 함. 벽체의 빈틈에는 깬돌을 채워 넣었음. 석축 벽체의 안쪽은 대부분 흙을 다져 쌓거나 토석 혼축으로 쌓아 경사진 모양을 이룸.

성문은 산성 방어의 중요 시설임. 자안산성의 성문 5개 중에서 2, 5호 성문은 성 바깥 지세가 險要해 성문 형태는 비교적 간단함. 1호, 3호, 4호의 성문은 성 바깥 지세가 비교적 완만한 주요 출입 시설임. 이에 문지는 모두 옹문 구조를 갖춤. 3호 문 안쪽에는 차단벽(擋牆), 보초실(門衛室) 등 부속시설을 설치하였고, 4호 문의 말기 문길 내측의 초소(哨位)는 모두 성내 방어를 위해 중시한 시설로 시설한 것임.

성내의 주거지와 급수계통은 비교적 간단하게 조영되었고, 실용성과 편리성을 갖추었음. 주거지는 대체로 지세가 평탄하고 탁 트인 구역에 조영했고, 급수시설은 주거지 부근에 위치함(그림 53).

자안산성의 배수계통은 排水溝와 水口門 등이 있음. 排水溝의 양벽은 대체로 쐐기형돌로 쌓았고, 덮개석은 비교적 크며, 入水口 안쪽에는 판석을 넓게 깔았으며, 양측 벽면은 나팔입 모양으로 만들어 흐르는 물을 잘 모을 수 있도록 함. 수구문은 일반적으로 산성의 가장 낮은 지점에 설치하였음. 1호 문지는 전형적인 수구문임. 문지는 산성 남단 골짜기 입구에 위치함. 지세는 비교적 낮고, 문길 하부에 암거(涵洞), 상부에는 덮개석을 덮었는데, 산성의 주요 통로 가운데 하나임.

---

9 다만 후술하듯이 종래 門闕로 파악한 1호 문지 앞의 흙언덕은 옹성 성벽의 일부임이 밝혀졌다(徐坤, 2011, 9쪽).

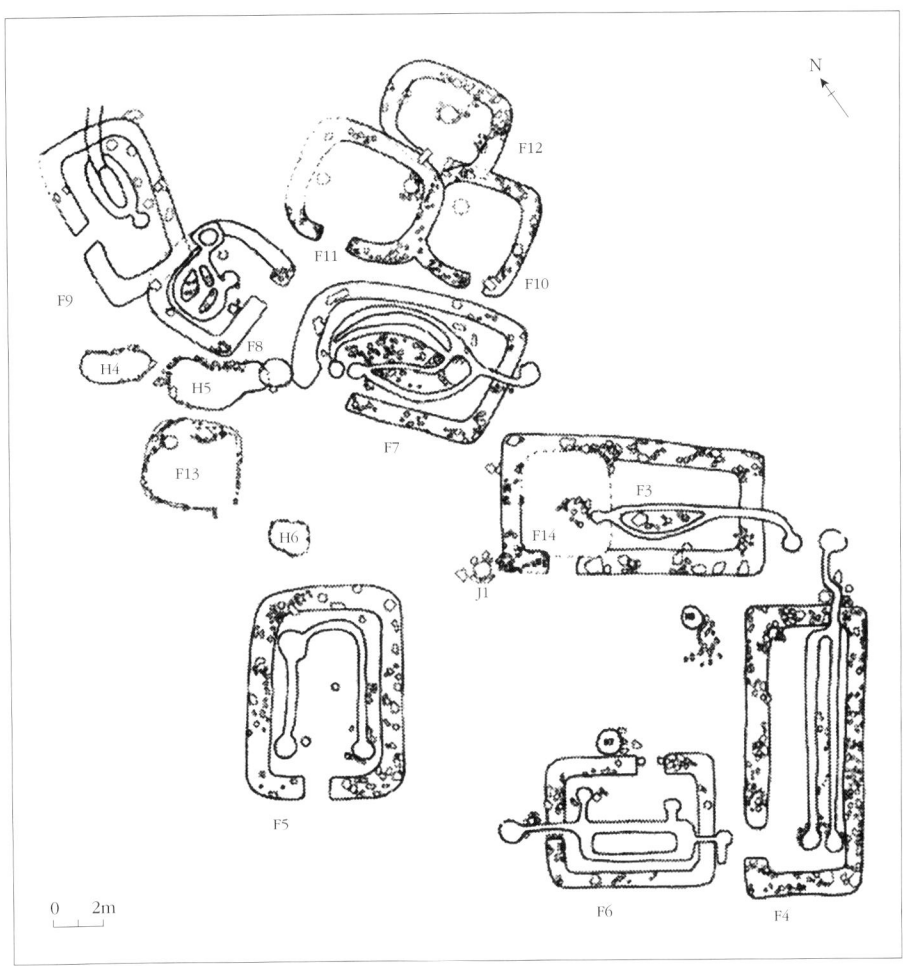

그림 53
자안산성 Ⅲ구역 ②층 아래
유적 전체 평면도
(徐坤, 2011, 37쪽)

자안산성은 압록강과 혼강의 중하류 유역 곧 현대의 행정구역으로는 길림성의 통화지구와 요령성의 환인지구에 위치함. 이 구역의 성곽 가운데 자안산성과 유사한 것으로 적백송고성, 환인 오녀산성, 집안 환도산성 등이 있음. 통화 적백송고성은 漢代의 縣級 城市로 추정되며, 환인 오녀산성은 고구려의 초기 왕도로 이해됨. 집안 환도산성은 3세기 중엽 무렵에 축조되어 342년 前燕 慕容皝의 고구려 침공 때 파괴된 것으로 보임.

자안산성과 오녀산성을 비교하면, 자안산성은 오녀산성에 비해 인공성벽의 비율이 증가했음. 석재의 선택과 가공 기술도 더욱 정밀하며, 성벽 축조기술도 발달했음. 자안산성의 옹문 구조는 초기 형식인 오녀산성 동문의 옹문에 비해 더욱 엄밀하며, 방어에 유리함. 자안산성 4호 문지의 말기 초소의 위치와 구조는 오녀산성 제4기에 건립된 서문지의 보초실과 유사함.

자안산성과 환도산성을 비교하면, 환도산성의 성벽 축조 양상이 더욱 가지런하고 견고하며, 성돌도 잘 다듬은 쐐기형돌, 북꼴돌, 長條石 등을 사용하고, 축조방식도 더욱 다양함. 자안산성의 석축 성벽은 석재의 선택과 축조방식에서 환도산성과 기본적으로 일치함. 자안산성 1호 문지의 옹문은 배수시설(排水涵洞)과 결합한 구조로 환도산성 남문의 구조와 거의 동일함.

자안산성 서벽 내측의 토축 구조는 3호 문지를 경계로 남측의 토석혼축 성벽과 북측의 판축 토벽 등 2종류로 나뉨. 판축 토벽의 구조는 적백송고성의 성벽 단면

구조와 유사한데, 벽심(墻芯)과 보호 경사면(護坡)으로 구성됨.

이상의 비교를 통해 자안산성 성벽의 초축 연대는 오녀산성보다 늦고, 환도산성과 비슷할 것으로 파악할 수 있음. 자안산성 4호 문지의 말기 문길의 축조 연대는 오녀산성 서문지의 보초실보다 이르지 않을 것임.

자안산성의 축조 시기는 출토유물을 통해 명확하게 파악할 수 있음. 자안산성 출토 Aa형 호(陶罐)의 형태는 국내성의 체육장 지점 2003JGTYCT11⑤:1, 2003JGTYCT16③:1, 게이트볼장 지점 2003JGMQC乙:3 등과 유사함. Ab형 호의 형태는 국내성 북벽 절개 지점 2000JGBQDa:1, 회계국 직원 숙소 지점 2000JGSJT1④:23과 일치함. B형 호의 특징은 국내성 게이트볼장 지점 2003JGMQC乙:7, 오녀산성 F40:23 등과 유사함. C형 호는 국내성 체육장 지점 2003JGTYCF3:6과 거의 같음.

A형 시루(陶甑)의 형태는 국내성 체육장 지점 2003JGTYCF4:7에 근접하며, B형 시루 형태는 오녀산성 F4:7과 T56②:15 시루와 일치함.

Aa형 철제화살촉의 형태는 환도산성 망대에서 출토된 B형 철제화살촉, 오녀산성 F11:1 철제화살촉과 같음. Ba형 철제화살촉은 국내성 성벽 서북 모서리 2003JGCXBJ:1, 동북 모서리 2003JGCDBJ:5 화살촉과 유사함. Cb형, D형 철제화살촉의 형태는 각각 오녀산성 T408②:6와 T49①:1에 가까움. Cc형 철제화살촉의 형태는 집안 우산 M157:37, 집안 동대파 M217:6 화살촉과 비교적 유사함. Da형 철제화살촉은 국내성 서벽 서북 모서리 2003JGCXBJ:2와 동북 모서리 2003JGCDBJ:11·12 철제화살촉과 유사함.

상기와 같은 출토유물의 비교를 통해, 자안산성의 주요 출토유물은 오녀산성 제4기 및 국내성의 고구려 중기 유물에 근접한 것으로 이해됨. 자안산성은 고구려 시기에 축조되었으며, 초축 연대는 환도산성이나 국내성보다 이르지 않으며, 사용 연대는 오녀산성의 제4기에 상당한 것으로 이해됨. 또한 서벽 3호 문지 북측의 판축 토벽은 자안산성에 고구려시기보다 이른 유적이 존재할 실마리를 제공함.

자안산성의 폐기 연대는 3호와 4호 문지를 통해 추정할 수 있음. 3호와 4호 문지는 여러 차례에 걸쳐 훼손되고 중건되었는데, 3호 문지는 최종적으로 봉쇄되었고. 4호 문지 말기의 문길은 성곽이 폐기되기 직전까지 사용되었음. 자안산성 4호 문지 말기의 문길은 오녀산성 제4기에 상당하며, 절대 연대는 약 4세기 말에서 5세기 초임. 그리고 성내 출토유물의 연대 역시 고구려 시기보다 늦지 않은 시기임(徐坤, 2011, 36~40쪽).

3) 산성의 성격과 역사지리 비정

(1) 漢 玄菟郡의 郡縣城으로 보는 견해

상기한 것처럼 자안산성의 축조 시기에 대해서는 1990년까지 漢代의 군현성으로 보는 견해와 漢代에 축조되어 고구려시기를 거쳐 遼·金·淸代까지 사용되었다고 보는 견해가 대립되었음. 특히 전자는 성 내부에서 고구려시기 유물이 출토되지 않는다는 점을 근거로 漢의 玄菟郡이 요동 방면으로 퇴축된 다음 자안산성도 폐기되었을 것으로 파악함(柳嵐·邵春華, 1991, 77~78쪽). 반면 후자는 고구려시기에 대규모로 개축되어 北道의 중요한 전략적 요충지로 기능하였고, 明末에도 후금을 건국한 누르하치가 建州女眞을 통일할 무렵, 女眞 完顔部의 거점이었을 것으로 파악함(吉林省文物志編委會, 1986, 27~28쪽; 李殿福, 1994, 51쪽).

이에 대해 通化市文物保護硏究所는 2004년의 고고조사를 바탕으로 자안산성을 漢과 고구려시기의 중요한 城堡라고 파악한 다음, 성곽의 초축 연대는 전한 시기이며 규모와 출토유물로 보아 등급은 郡의 치소보다 낮지 않다고 상정함. 자안산성은 중국 판도의 가장 東端에 위치한 漢代 성곽이라는 것임. 압록강 중류와 혼강 중상류 유역에는 현도군과 관련된 성곽으로 책구루성(고구려현), 서개마성, 상은대성 등이 위치했다고 상정한 다음, 지리위치, 건축 특징, 초축 시기 등으로 보아 자안산성이 전한시기의 고구려현 즉 제2현도군의 치소였을 것으로 파악함(通化市 文物保護硏究所, 2010, 38쪽).

(2) 고구려의 군사방어성으로 보는 견해

徐坤은 2006~2009년에 시행한 吉林省 文物考古硏究所의 고고조사를 바탕으로 자안산성을 고구려시기의 전형적인 군사방어성으로 파악함. 혼강 중류에 위치한 자안산성은 혼강 상류와 고구려 초·중기의 중심지인 환인-집안지구를 방어하는 교통의 요충지이며, 혼강 상류에서 환인 오녀산성, 집안 국내성과 환도산성으로 나아가는 수로와 육로 교통의 요새로 고구려 도성의 북부 방어선을 옹위하는 중요 병풍이라는 것임.

자안산성은 水陸 교통의 역참 기능과 교통로의 요충지를 방어하는 기능을 고려하여 입지를 선택했음. 고구려 두 번째 도성인 국내성지로 나아가는 교통로는 南北 2도가 있는데, 이 가운데 북도는 현재의 集安 시가지를 출발하여 土門嶺과 老嶺山脈을 넘어 葦沙河 河谷을 따라 熱鬧, 淸河, 頭道 등을 경유해 渾江 연안에 도착하는 루트로 파악됨. 한편 최근 북도의 경로를 국내성과 환도산성을 출발하여 통구하를 따라 陽岔, 雙安小城, 通溝嶺을 경유한 다음, 大羅圈溝河 유역의 石湖關隘와 二道溝關隘를 거쳐 渾江 연안의 자안산성에 도달하는 루트로 보는 견해도 제기됨.

자안산성은 혼강 중류에 자리하고 있어 수로를 통해 葦沙河 河谷의 입구나 渾江 연안의 桓仁지구로 곧바로 나아갈 수 있고, 상류로는 혼강의 여러 지류를 경유하여 백두산 남록 일대까지 진입할 수 있음. 이러한 수로는 고구려 초·중기의 영토 확장이나 군사 방어에 매우 중요한 통로 역할을 했을 것임. 자안산성은 이러한 교통로에 위치한 城堡로서 군사방어 기능이 가장 중요했을 것으로 파악함.

자안산성은 남, 서, 북 3면의 성벽을 산기슭 가장자리에 축조하였는데, 벽체는 높고 크며 가팔라서 군사 방어에 유리함. 동쪽 구간은 자연의 천험적인 방어력을 잘 이용하였음. 모서리의 성벽도 상이한 지세의 방어기능을 충분히 고려하여 축조하였기 때문에 방어와 요망에 유리함. 성문은 성 내부의 완만한 경사면과 외부의 완경사 저지대가 만나는 지점에 조영했는데, 교통상의 편리함을 고려하면서 군사 방어의 취약성을 보완했음.

자안산성은 저수지와 배수시설을 결합해 설계했는데, 우기에 저장한 빗물을 이용하여 용수 문제를 효과적으로 해결하였음. 또 저수지의 넘치는 빗물을 배수시설을 통해 성 바깥으로 배수하여 홍수 문제를 해결함. 우물은 거주 구역 인근에 위치하여 거주민의 일상 음용수를 제공하기에 편리하고, 거주민의 생존 압력을 경감시켜줌. 배수시설의 입지는 성 내부의 지세를 고려하여 합리적으로 선택했고, 아주 엄밀하게 축조하였음. 이러한 점에서 자안산성은 엄밀하고 과학적인 계획을 수립하여 축조한 것으로 파악됨.

산성 내부에서는 주거지와 재구덩이(灰坑) 등이 다수 조사되었는데, 주거지는 대부분 방형과 장방형으로 흙과 돌을 섞어서 축조한 반지하식 내지 지상식의 간이 주택임. 주거지 내부에는 난방용 아궁이와 온돌이 있고, 그 주변에는 움 구덩이(窖穴)가 있음. 이러한 주거지는 성 내부에 거주하는 주민의 주거지로 제공되었겠지만, 교통로의 경비와 방어, 전략물자의 비축 등과 관련하여 더 많이 사용된 것으로 파악됨. 자안산성은 일반 주민의 거주용보다는 군사방어의 기능이 더 강하다는 것임.

이에 徐坤은 산성의 위치, 성격, 기능 등을 종합하여 보았을 때 고구려 초·중기의 중핵지구를 호위하고, 혼강 상류를 방어하며, 왕도 서북 방면의 水陸 교통을 보장하기 위한 목적으로 자안산성을 축조했다고 추정된다고 파악함. 결국 자안산성은 지리위치상의 중요성 때문에 축조했다는 것임.

자안산성은 건축 규모와 분포 양상으로 보아 현지 실사를 통한 구획 계획을 거쳐 조영한 것으로 파악됨. 성 내부의 지세에 따라 기능이 다른 여러 구역으로 구획하였는데, 방어기능에 중점을 두었기 때문에 각종 방어시설을 체계적으로 조영하였을 것임. 현재 발견된 주거지 시설은 비교적 간단한데, "고구려 사람들이 골짜기를 따라 거주하며", "성안에는 물자를 비축해두었다가 적군이 침공하면 입보하여 지킨다" 등의 기록과 관련될 것으로 보임. 즉 성 내부의 서북부와 동북부에도 장기간 주둔하며 사용한 군사방어와 연관된 주거지 건축이 존재할 가능성이 있음.

자안산성에서는 성벽과 문지를 발굴했을 때, 각종 형식의 철제화살촉이 대량으로 출토되었고, 아울러 불에 탄 돌, 불에 탄 흙, 목탄 등이 여러 층 퇴적된 현상도 확인하였음. 이는 산성이 여러 차례 戰火를 거쳤고, 戰火로 인해 훼손되었을 가능성이 매우 크다는 것을 반영함. 즉 자안산성은 고구려시기에 군사방어성으로 기능하다가 전쟁의 와중에 큰 피해를 입고 폐기되었다는 것임. 그리고 자안산성이 폐기되기 직전까지 사용되었다고 파악한 4호 문지 말기의 문길을 오녀산성 제4기에 상당하는 4세기 말에서 5세기 초로 비정하는 것으로 보아 대체로 5세기 초까지 사용되다가 폐기된 것으로 상정하는 것으로 보임(徐坤, 2011, 41~42쪽).

(3) 渾江 상류의 군사 방어성과 지방지배의 거점

2006~2009년에 시행한 吉林省 文物考古研究所의 고고조사를 통해 자안산성이 고구려시기에 축조한 성곽이라는 사실은 비교적 명확해짐(徐坤, 2011, 36~40쪽). 徐坤은 자안산성 서벽 내측의 판축 토벽을 적백송고성의 성벽 단면 구조와 유사하다며 漢代에 축조되었을 가능성을 상정하기도 했지만, 석축성벽 안쪽에 판축토벽을 축조하는 양상은 남한지역의 백제나 신라 성곽에서 다수 확인되는 일반적인 양상임. 자안산성 서벽 내측의 판축 토벽은 석축 성벽과 동시에 축조했을 가능성이 높은 것임.

더욱이 漢郡縣의 治所는 일반적으로 소규모 토성인데 비해, 자안산성은 둘레가 2.7km에 이르는 대형 石城이며 遼·金代 기와편도 발견됨. 그러므로 자안산성은 고구려시기에 축조되어 후대에도 계속 사용되었을 것으로 판단됨. 자안산성이 위치한 通化市 일원은 渾江 상류의 중심지이고, 輝發河에서 龍崗山脈을 넘어 통구분지로 나아가거나 아니면 富爾江 상류에서 喇蛄河를 거쳐 통구분지로 들어갈 때 반드시 거쳐야 하는 전략적 요충지임.

이로 보아 자안산성은 고구려시기에 축조되어 渾江 상류 일대의 중심성으로 기능하였다고 파악됨. 이 일대에 고구려 초기 적석묘가 상당수 분포되어 있다는 사실은 이를 반영함. 다만 자안산성은 지리위치나 규모로 보아 단순한 군사시설이라기보다는 지방지배의 거점으로도 기능하였다고 추정됨. 자안산성은 소자하 상류에서 喇蛄河를 거쳐 渾江으로 향하던 교통로와 輝發河 유역에서 용강산맥을 넘어 渾江으로 향하던 교통로 등을 공제하던 군사방어시설로 渾江 右岸의 弧形·軸線방어체계에서 중요한 기능을 담당하였고, 渾江 상류 일대에 대한 지방지배를 담당하던 치소성의 역할도 수행한 것으로 파악됨(余昊奎, 1998, 204~205쪽 ; 양시은, 2016, 188~189쪽).

이에 자안산성이 국내성기에 혼강 상류 일대를 지배하기 위한 거점성으로 축조되었고, 평양 천도 이후에도 지방지배의 거점 기능을 계속 수행했을 것으로 파악하기도 함. 특히 665년 연개소문 사후에 천남생은 동생들과의 권력다툼에서 패배한 다음, 국내성으로 피신한 다음 '國內 등 6성'을 들어서 당에 투항했는데, 자안산성이 이들 6성 가운데 하나라고 추정하기도 함(이경미, 2012, 130~131쪽).

참고문헌

- 吉林省文物志編委會, 1986, 『通化市文物志』.
- 孫進己·馮永謙, 1988, 『東北歷史地理』(2), 黑龍江人民出版社.
- 柳嵐·邵春華, 1991, 「吉林通化市漢代自安山城調查與考證」, 『博物館研究』 1991-3.
- 國家文物局 主編, 1993, 「通化市-自安山城」, 『中國文物地圖集』 吉林分冊, 中國地圖出版社.
- 李殿福(차용걸·김인경 역), 1994, 『중국내의 고구려 유적』, 학연문화사.
- 王禹浪·王宏北, 1994, 「中國吉林省通化市高句麗自安山城」, 『高句麗·渤海古城址研究匯編』(上), 哈爾濱出版社.
- 馮永謙, 1994, 「高句麗城址輯要」, 『北方史地研究』, 中州古籍出版社.
- 王綿厚, 1994, 「鴨綠江右岸高句麗山城研究」, 『遼海文物學刊』 1994-2.
- 余昊奎, 1998, 「通化 自安山城」, 『高句麗 城』 I(鴨綠江中上流篇), 國防軍史研究所.
- 楊春吉·王曉南, 2000, 「高句麗疆域調查與研究現狀」, 『高句麗歸屬問題研究』, 吉林文史出版社.
- 魏存成, 2002, 「山城」, 『高句麗遺跡』, 文物出版社.
- 王綿厚, 2002, 「高句麗南北二道上諸城」, 『高句麗古城研究』, 文物出版社.
- 李樂營·李淑英 편저, 2006, 『中國高句麗學者與研究綜述』, 吉林文史出版社.
- 通化市文物保護研究所, 2010, 「吉林省通化市自安山城調查報告」, 『北方文物』 2010-3.
- 徐坤, 2011, 「自安山城的考古收穫與初步認識」, 吉林大學碩士學位論文.
- 徐坤·聶勇·張迪, 2012, 「再論吉林省通化自安山城的年代」, 『博物館研究』 2012-1.
- 이경미, 2012, 「압록강 중상류 고구려 성곽의 분포 양상과 기능의 변화」, 『한국고대사연구』 66.
- 양시은, 2016, 『고구려 성 연구』, 진인진.
- 정원철, 2017, 『고구려 산성 연구』, 동북아역사재단.

02 통화 건설산성
通化 建設山城 | 建設村山城

1. 조사현황

1) 1957년
○ 내용 : 쇠화살촉과 쇠칼 등 출토.
○ 발표 : 『通化縣文物志』.

2) 1984년 2월 24일
○ 시행기관 : 通化縣 人民政府.
○ 조사내용 : 通化縣 重點文物保護單位로 지정.

3) 1985년 4월
○ 시행기관 : 通化縣 文物普查隊.
○ 조사내용 : 유적 현황 조사.

○ 발표 : 『通化縣文物志』게재.

2. 위치와 자연환경

1) 지리위치
通化縣 大川鄕 建設村 동북 2km 거리의 떨어진 碴子溝(高麗城子溝).

2) 자연환경
○ 건설촌 동북쪽 1km 거리에 길이 2km 정도인 碴子溝가 동서로 길게 뻗어 있는데, 현지 주민들은 이 계곡을 '高麗城子溝'라 부름. 이 골짜기 입구 양측의 산봉

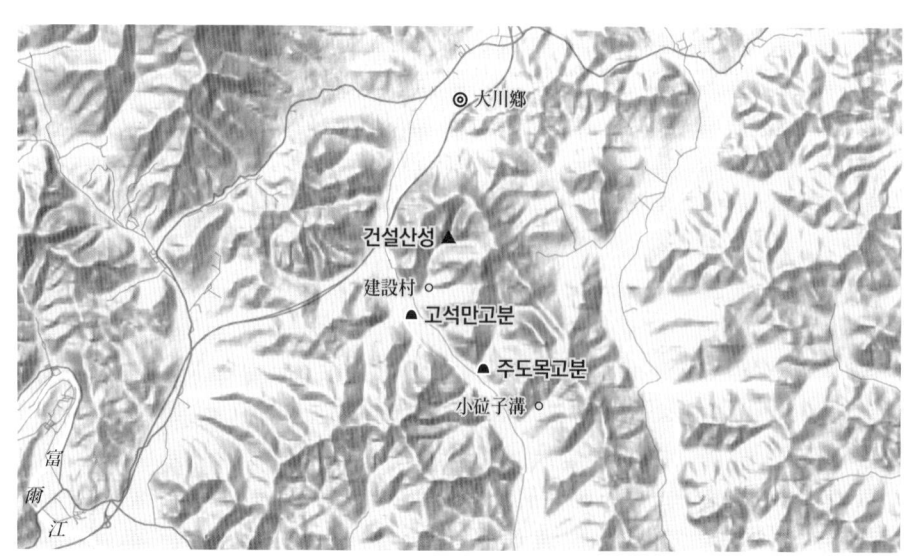

그림 1
건설산성 위치도 1

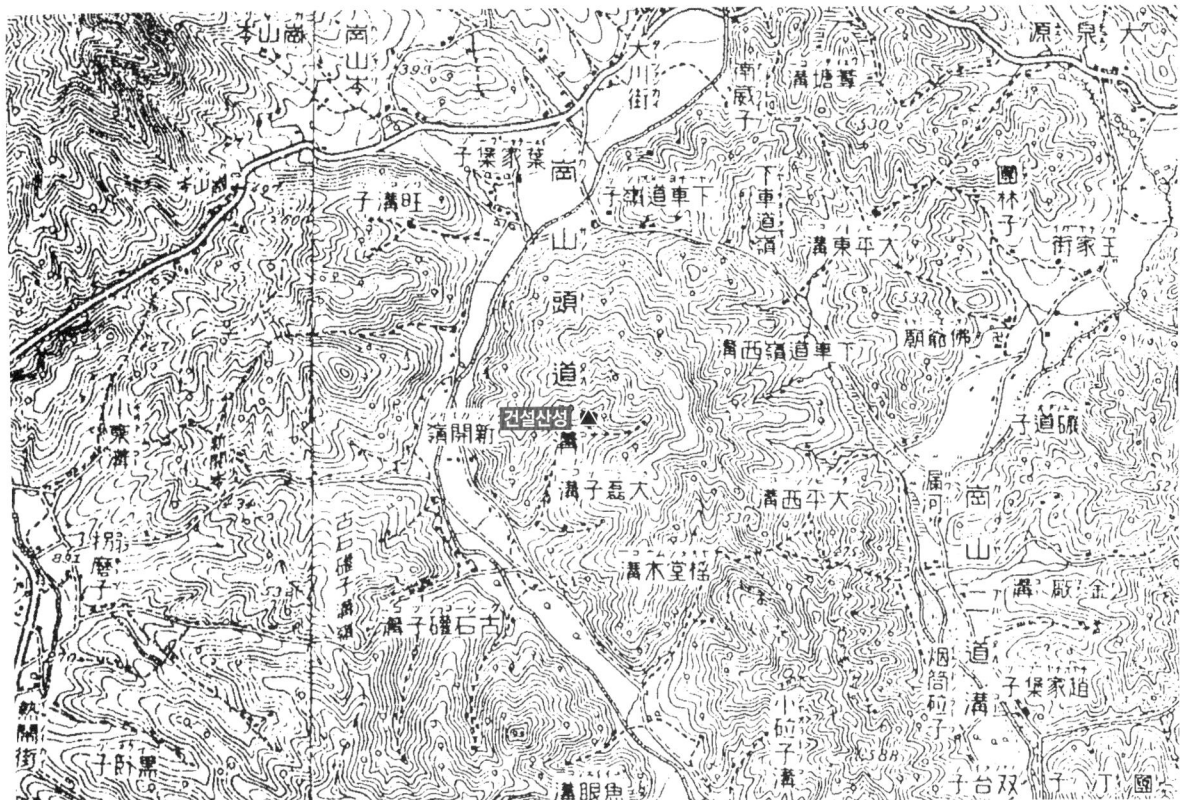

그림 2 건설산성 주변 지형도(滿洲國 10만분의 1 지형도)

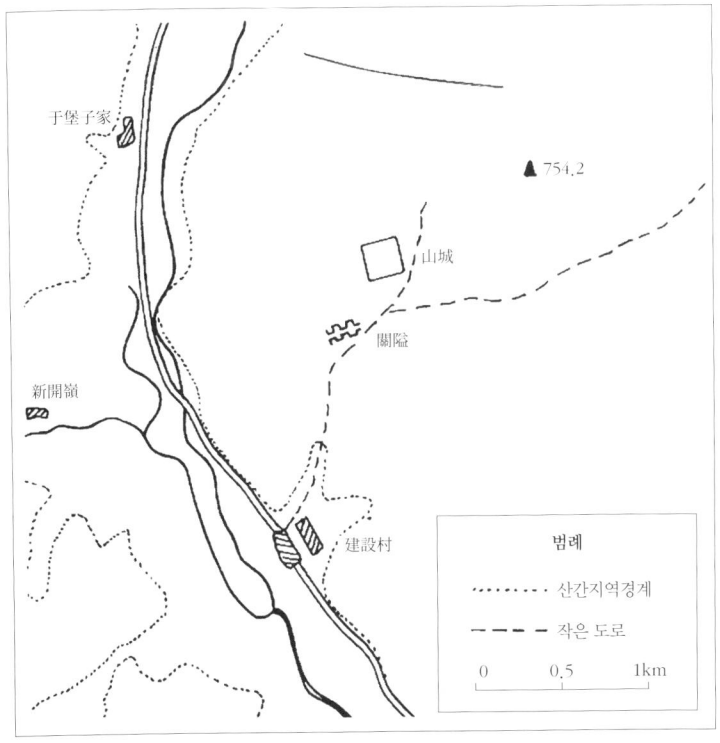

그림 3 건설산성 위치도 2(『通化縣文物志』, 64쪽)

우리는 험준하며, 입구에는 산성으로 진입하는 보조 초소가 있음. 이 초소를 지나 1km 정도 거슬러 올라가면 높이 25m의 험준한 절벽 위에 건설산성이 자리잡고 있음.

○ 砬子溝 골짜기 끝에서 세 갈래 길이 교차하는데, 동쪽으로 언덕을 지나면 大泉源鄕 和平村이고, 북쪽으로 산을 넘으면 大川鄕 정부 소재지인 大川村에 이름. 산성은 이 교차 지점의 서쪽 절벽 위에 위치함. 산성에 올라서서 남쪽을 바라보면 富爾江과 渾江의 합류 지점이 한눈에 들어옴.

○ 산성의 서쪽 10km 거리에는 富爾江 지류인 頭道河가 남류하다가 富爾江으로 흘러들고 있음.

3. 성곽의 전체현황

○ 지세 : 산성이 위치한 산 정상은 비교적 평탄한 지형임. 남쪽이 넓고 북쪽이 좁으며 계단상을 이루고 있음. 산 정상의 지세는 사방이 높고 가운데가 약간 낮아 마치 분지처럼 생겼음.

○ 규모 : 성곽이 위치한 평탄지의 면적은 약 6,600m², 전체 둘레 약 340m, 동면과 서면 110m, 남면 70m, 북면 50m(李殿福 : 각 성벽의 길이는 50~80m 이내).

○ 천연성벽 : 동·남·서 3면은 경사가 매우 가파른 절벽이기 때문에 성벽을 쌓지 않고 절벽을 천연성벽으로 삼았음(李殿福 : 가파른 절벽을 천연성벽으로 삼고 일부는 다듬은 돌로 쌓았음).

○ 인공성벽 : 경사가 비교적 완만한 북쪽 산비탈의 산등성이를 따라 성벽 축조. 길이 30m, 너비 2m, 높이 0.8~1m인 석벽이 남아 있음.

○ 문화층 : 성 내부에서 3개의 지층 확인. 가장 상부의 표토층의 두께는 30cm로 흑색 부식토층. 중간의 문화층은 두께 40cm으로 황색 점토층. 가장 아래는 암석층.

4. 성벽과 성곽시설

1) 성문

○ 성문은 남문과 서북문 등 2곳이 남아 있음.

○ 남문 : 남쪽에 자연적으로 트인 곳(豁口)이 있음. 이곳에서 산 아래로 내려갈 수 있음.

○ 서북문 : 서북 모서리에 위치, 흔적이 명확하지 않음.

5. 성내시설과 유적

1) 우물

○ 규모 : 깊이 0.6m, 직경 0.8m.

○ 낙엽과 수풀로 가득차 있지만, 여전히 샘물이 솟아나고 있음.

2) 부속 관애

○ 위치 : 산성 서남쪽. 산성 서쪽으로는 산들이 남북 방향으로 연이어져 있는데, 관애는 산 아래쪽 골짜기 입구에 설치하였음.

○ 기능 : 서남쪽 골짜기 입구에서 산성으로 통하는 통로 봉쇄.

○ 축조 양상 : 성벽은 두 겹으로 축조하였는데 길이는 각각 42m임. 두 성벽 사이의 거리는 6m임. 가공하지 않은 돌로 쌓았음. 현재는 모두 무너졌음. 성벽 중간 부분은 홍수에 따른 침식으로 커다란 구멍이 뚫렸음.

○ 첫 번째 성벽 : 아래쪽 너비 8m, 잔고 1.2m.

○ 두 번째 성벽 : 아래쪽 너비 8.5m, 잔고 1.6m.

○ 관문터 : 성벽 동쪽 끝 산기슭 아래에 위치. 너비 8m. 두 번째 성벽의 동측에는 성문을 지키던 초소용 건물지가 있음.

6. 출토유물

1) 토기편
○ 출토지 : 건설산성 황색점토층(2층)에서 출토.
○ 수량 : 22점.
○ 형태 : 소성온도가 비교적 높고, 태토가 굳고 단단하며, 무늬가 없음. 홍갈색토기는 소성온도가 낮고 태토가 손으로 부러뜨릴수 있을 정도로 무른편임. 표면은 울퉁불퉁하고, 무늬는 없음. 두께는 얇고 작음.
○ 태토 및 색깔 : 가는 모래질 흑회색 또는 홍갈색 토기.

7. 역사적 성격

1) 지정학적 위치와 주변의 유적 현황
건설산성은 渾江 지류인 富爾江 연안에 위치하고 있음. 산성의 서쪽에서 頭道河가 10km 정도 南流하다가 富爾江에 합류하는데, 산성에 올라서서 남쪽을 바라보면 富爾江과 渾江의 합류지점이 한눈에 들어옴. 이곳은 고구려시기에 蘇子河 유역에서 富爾江 연안을 거쳐 渾江을 건넌 다음, 新開河를 경유해 두 번째 도성인 國內城으로 나아가는 주요 교통로에 해당함.

건설산성이 위치한 富爾江 연안에는 신빈 흑구산성, 전수호산성, 사도구산성 등 고구려 산성이 다수 분포되어 있음. 또한 산성이 위치한 頭道溝 일대에는 孤石灣고분군, 勝利고분군 등 고구려 고분군이 다수 분포함. 다만 頭道溝 일대에 분포한 고구려 고분군에 대한 상세한 고고조사는 아직 이루어지지 않았음.

2) 성곽의 기능과 성격
건설산성은 전체 둘레가 340m에 불과한 소형 보루성임. 이에 군사 방어를 위한 보루나 봉화 등 군사적인 통신·경보 시설로 추정함(李殿福, 1994, 53쪽). 한편 건설산성이 위치한 頭道溝를 고구려 남도상의 주요 교통로로 비정한 다음, 남도를 방어하던 주요 군사시설로 추정하기도 함(吉林省文物志編委會, 1986, 65쪽).

전술한 바와 같이 富爾江 연안에는 건설산성 외에도 흑구산성, 전수호산성, 사도구산성 등이 분포되어 있음. 이들은 대체로 해발 600~700m의 높은 산 위에 있고, 각각 富爾江 서안과 동안에 위치하면서 모두 富爾江 연안을 공제했던 것으로 추정됨. 건설산성도 蘇子河 상류에서 富爾江을 거쳐 渾江으로 향하던 교통로를 공제하던 방어시설로 渾江 우안의 弧形·軸線방어체계를 구성하였다고 추정됨(余昊奎, 1998, 216쪽 ; 양시은, 2016, 181~183쪽).

참고문헌
- 吉林省文物志編委會, 1986, 『通化縣文物志』.
- 國家文物局 主編, 1993, 『中國文物地圖集』 吉林分冊, 中國地圖出版社.
- 李殿福(차용걸·김인경 역), 1994, 『중국내의 고구려 유적』, 학연문화사.
- 王禹浪·王宏北, 1994, 「中國吉林省通化縣大川鄉高句麗建設山城址」, 『高句麗·渤海古城址硏究匯編』(上), 哈爾濱出版社.
- 馮永謙, 1994, 「高句麗城址輯要」, 『北方史地硏究』, 中州古籍出版社.
- 余昊奎, 1998, 「通化 建設山城」, 『高句麗 城』 I(鴨綠江中上流篇), 國防軍史硏究所.
- 魏存成, 2002, 「山城」, 『高句麗遺跡』, 文物出版社.
- 양시은, 2016, 『고구려 성 연구』, 진인진.
- 정원철, 2017, 『고구려 산성 연구』, 동북아역사재단.

03 통화 영과포산성
通化 英戈布山城

1. 조사현황

1) 1985년 4월
○ 시행기관 : 通化縣 文物普査隊.
○ 조사내용 : 유적 현황 조사.
○ 발표 : 『通化縣文物志』게재.

2. 위치와 자연환경

1) 지리위치
○ 通化縣 英戈布鄕 英戈布村 동쪽 300m 거리의 산 정상에 위치.
○ 喇蛄河와 四平河가 교차하는 중간쯤에 우뚝 솟은 孤山에 위치.
○ 남쪽으로 15km 거리에 通化縣城 소재지인 快大茂子鎭이 있음.
○ 북쪽으로 20km 거리에 三棵楡樹鄕 태평구문고성이 있음.

2) 자연환경
○ 산성이 위치한 산은 해발 650m로서 경사는 비교적 완만한 편임.
○ 산의 남쪽에는 喇蛄河가 서쪽에서 동쪽으로 흐르고 있음.

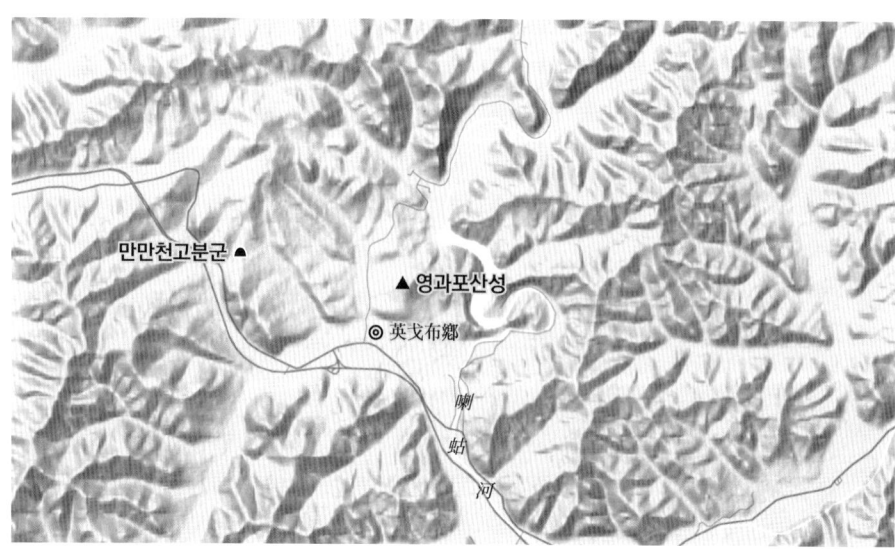

그림 1
영과포산성 위치도 1

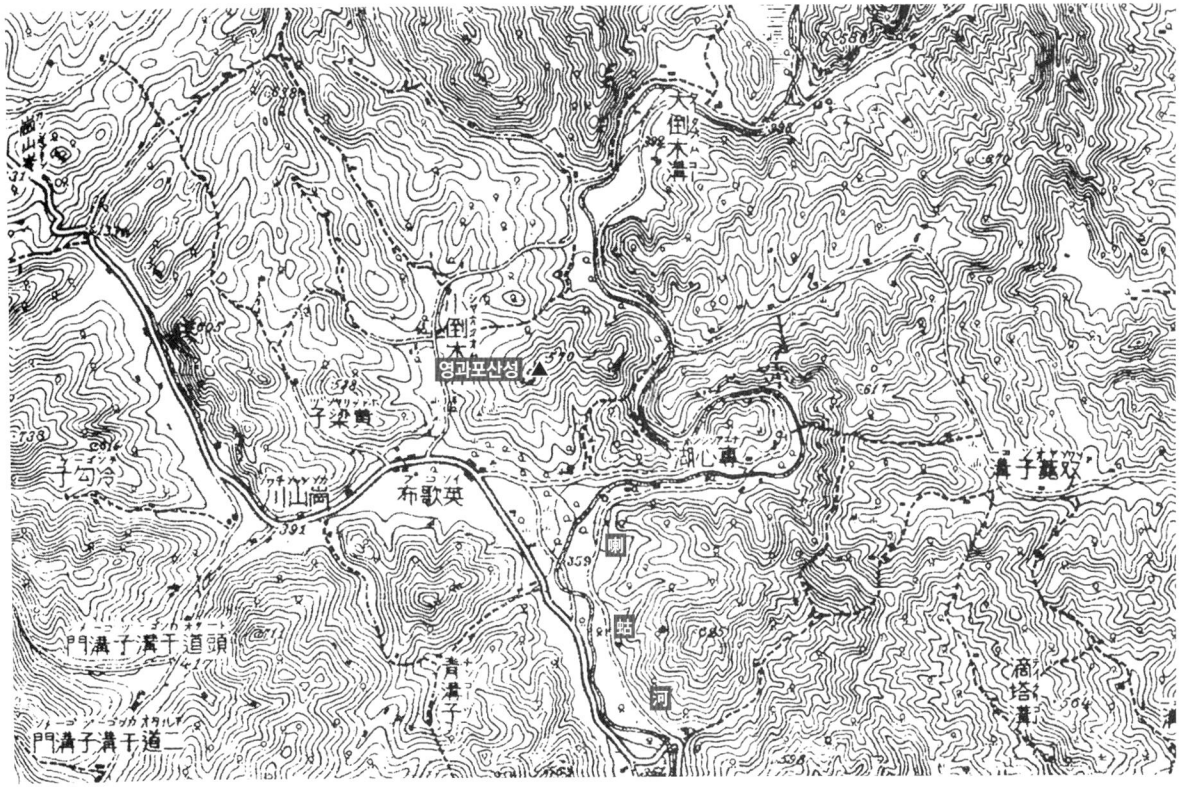

그림 2 영과포산성 주변 지형도(滿洲國 10만분의 1 지형도)

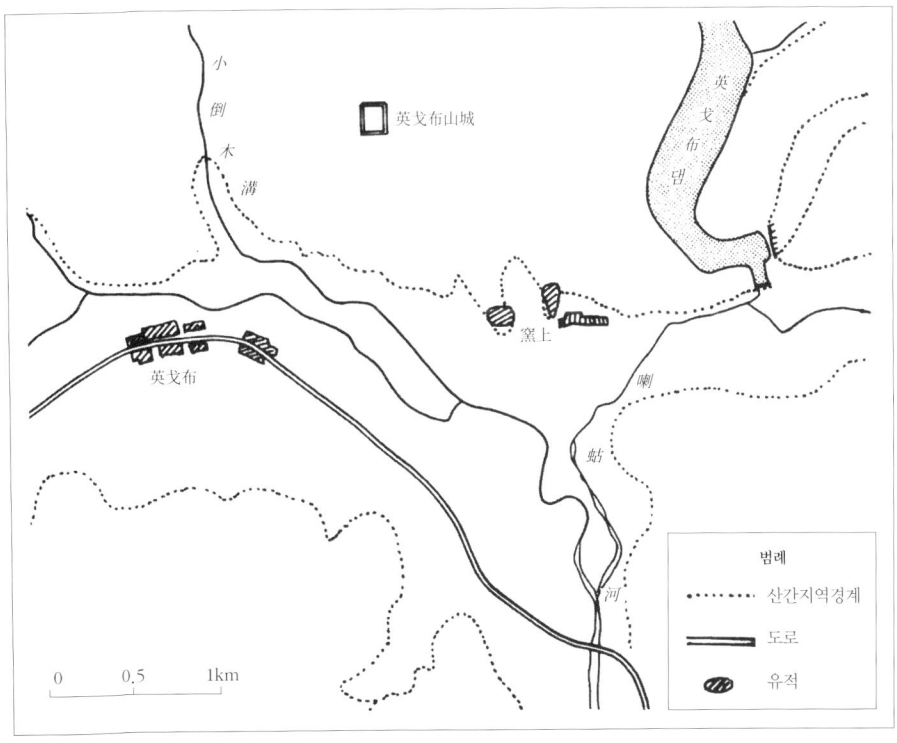

그림 3 영과포산성 위치도 2
(『通化縣文物志』, 35쪽)

○ 산성에 올라서면 산성의 북·동·남쪽에 펼쳐진 喇蛄河와 四平河 유역의 河谷평지가 한눈에 들어옴.

3. 성곽의 전체현황

○ 산성의 규모는 비교적 작은 편인데, 남북 길이 100m, 동서 폭 31m임.
○ 성곽의 평면은 비교적 규칙적인 矩形(또는 불규칙한 方形).
○ 산성은 산세를 이용하여 구축했는데, 동벽은 높이 약 2m, 윗너비 1~2m인 수직 절벽을 천연성벽으로 삼음. 서·남·북 3면의 성벽은 산등성이를 따라 제대로 다듬지 않은 불규칙한 돌로 쌓아 올렸음.
○ 성벽은 대부분 무너져 문터도 확실하지 않음. 다만 북벽에는 비교적 잘 보존된 성벽이 5m 정도 남아 있는데 잔고는 1m임(李殿福 ; 1.5m).
○ 성 내부는 풀과 관목으로 뒤덮여 있고, 아직 유물은 발견되지 않았음.

4. 역사적 성격

1) 지정학적 위치와 주변의 유적 현황

영과포산성은 渾江 지류인 喇蛄河와 四平河가 교차하는 지역에 위치함. 이곳은 蘇子河 유역에서 富爾江 상류의 旺淸門 일대를 경유하여 통화지역 혼강 본류 연안으로 나아가는 전략적 요충지임. 산성의 북쪽 약 20km 거리에는 三棵楡樹鄕 태평구문고성, 의목수고성, 남태고성 등이 자리잡고 있음.

2) 성곽의 기능과 성격

영과포산성은 蘇子河 상류에서 富爾江으로 진입한 다음 富爾江 지류인 三棵楡樹河와 渾江 지류인 喇蛄河를 통해 渾江으로 나아가던 교통로와 관련된 군사시설로 추정됨. 이에 영과포산성이 높은 산의 정상부에 자리하고 성곽 규모도 비교적 작다는 점에서 고구려시기의 초소시설로 파악하는 견해가 제기된 바 있음(吉林省文物志編委會, 1986, 68쪽 ; 李殿福, 1994, 53쪽).

다만 고고조사가 제대로 이루어지지 않았고 출토유물도 없기 때문에 영과포산성이 고구려시기의 성곽인지 명확하게 판단하기 어려운 상황임. 영과포산성이 고구려시기 성곽이라면 위치상 소자하 상류에서 三棵楡樹河와 喇蛄河를 경유하여 통화지역의 渾江 본류로 나아가는 교통로를 방어하던 군사시설로 추정됨(余昊奎, 1998, 224쪽).

참고문헌
· 吉林省文物志編委會, 1986, 『通化縣文物志』.
· 吉林省地方志編纂委員會, 1991, 『吉林省志』 43(文物志).
· 國家文物局 主編, 1993, 『中國文物地圖集』 吉林分冊, 中國地圖出版社.
· 李殿福(차용걸·김인경 역), 1994, 『중국내의 고구려 유적』, 학연문화사.
· 王禹浪·王宏北, 1994, 「中國吉林省通化縣高句麗英戈布山城」, 『高句麗·渤海古城址研究匯編』(上), 哈爾濱出版社.
· 馮永謙, 1994, 「高句麗城址輯要」, 『北方史地研究』, 中州古籍出版社.
· 余昊奎, 1998, 「通化 英戈布山城」, 『高句麗 城』 I(鴨綠江中上流篇), 國防軍史研究所.
· 魏存成, 2002, 「山城」, 『高句麗遺跡』, 文物出版社.

04 통화 태평구문고성
通化 太平溝門古城

1. 조사현황

1) 1985년 4월
○ 시행기관 : 通化縣 文物普查隊.
○ 조사내용 : 유적 현황 조사.
○ 발표 : 『通化縣文物志』 게재.

2. 위치와 자연환경

1) 지리위치
○ 通化縣 三棵楡樹鄕의 太平溝 입구 서쪽 산기슭 아래에 위치.

○ 행정구역상으로는 三棵楡樹鄕 三棵楡樹村 7隊에 속함.
○ 동쪽 80m 거리에 依木樹河가 南流하여 三棵楡樹河에 합류하고 있으며, 남쪽 400m 거리에 鶴崗-大連 도로가 있음.

2) 자연환경
○ 古城 남쪽과 동쪽에는 폭 0.5km 정도의 하곡 평지가 펼쳐져 있음.
○ 고성 남쪽은 지방도로와 맞닿아 있고, 북쪽은 높은 산에 접해 있음.
○ 고성에서 남쪽으로 南台古城을 조망할 수 있고, 북으로는 依木樹古城이 바라다 보이며, 동으로는 歡喜

그림 1
태평구문고성 위치도

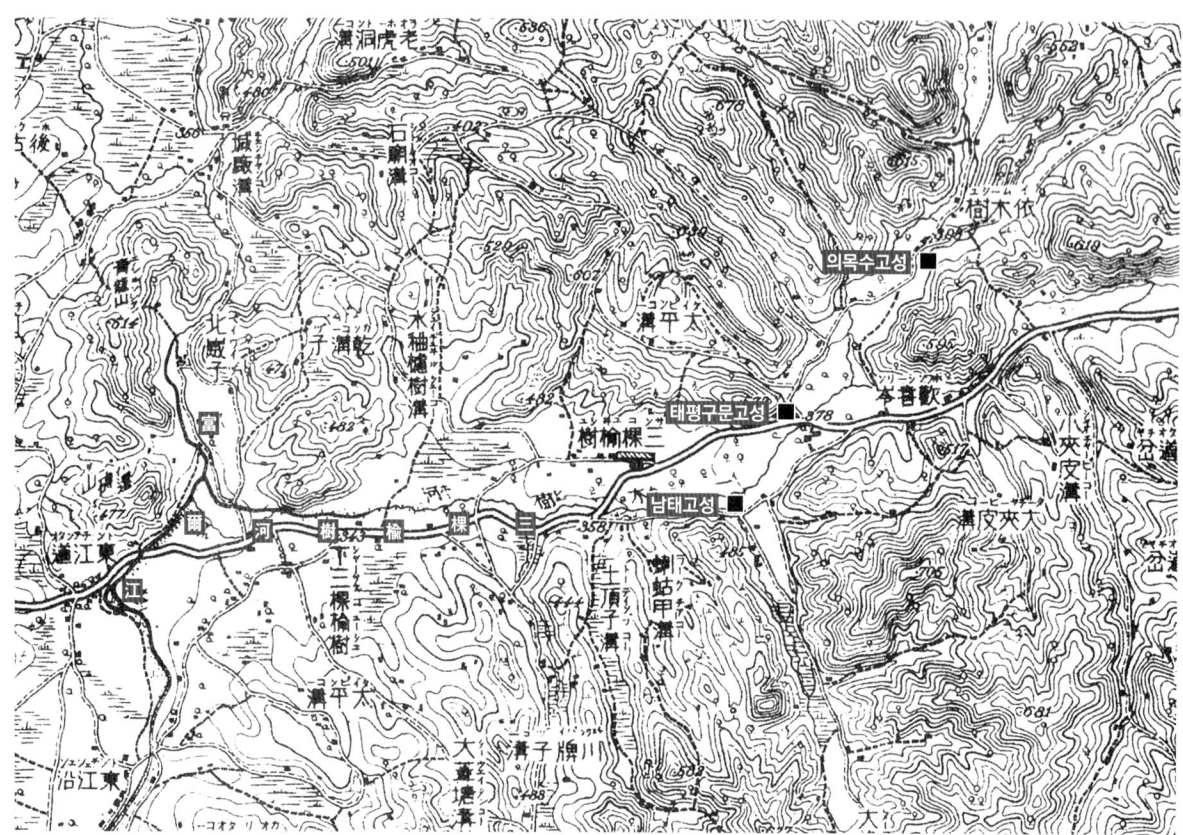

그림 2 태평구문고성 주변 지형도(滿洲國 10만분의 1 지형도)

嶺 골짜기가 펼쳐짐.

3. 성곽의 전체현황

1) 전체 평면
○ 모양 : 불규칙한 方形.
○ 규모 : 전체 둘레 188m.
○ 성의 내부는 키 모양(簸箕狀)의 低地를 이루고 있음.
○ 조사 당시 성 내부에는 교실 4칸의 초등학교 건물이 남아 있었는데, 7隊 주민이 거주지로 사용하다가 이사를 갔음.

2) 보존상태
○ 성벽은 비교적 잘 보존되어 있음. 다만 남벽의 동쪽 부분에 헐린 곳이 있는데 성 안팎으로 드나드는 통로로 사용되고 있음.

4. 성벽과 성곽시설

1) 성벽
○ 재료 : 깬돌과 사질토를 사용하여 축조.
○ 축조방식 : 돌을 겹겹이 쌓은 흔적은 없으며 돌과 흙을 퇴적하여 쌓음.
○ 성벽 규모
- 동벽 : 길이 45m, 바깥쪽 높이 2~3m, 안쪽 높이 0.8~1.0m.
- 남벽 : 길이 48m, 바깥쪽 높이 2~2.5m, 안쪽 높이 1.5m, 남벽의 기초부는 지방도로보다 약 1.5m 높음.

- 서벽 : 길이 47m, 바깥쪽 높이 2~3m, 안쪽 높이 0.8~1.0m.
- 북벽 : 길이 48m, 바깥쪽 높이 3~3.5m, 안쪽 높이 1~2m.

5. 성내시설과 유적

조사 당시 성 내부에 교실 4칸의 소학교 건물이 남아 있었는데, 7隊 주민이 거주지로 사용하다가 이사를 갔음.

6. 출토유물

동벽 아래에는 불에 달구어졌던 잔돌이 일부 있고, 지표에는 불에 구워진 붉은색 흙덩이도 있음. 현지 주민에 따르면 이 성안에서 택지 부지를 조성할 때 유물을 발견하지 못했으며 동남부에서 대량의 목탄 찌꺼기를 발굴했다고 함.

7. 역사적 성격

1) 지정학적 위치와 주변의 유적 현황

태평구문고성은 富爾江 지류인 三棵楡樹河 연안에 위치하는데, 이곳은 蘇子河 유역에서 富爾江 상류의 旺淸門 일대를 경유하여 통화지역의 渾江 본류 연안으로 나아가는 전략적 요충지임. 고성은 太平溝 골짜기 입구의 서쪽 산기슭 아래에 위치하는데, 남쪽으로 鶴崗－大連 도로가 있고, 동쪽 80m 거리에 依木樹河가 남류하여 三棵楡樹河로 흘러들고 있음.

三棵楡樹河 유역에는 태평구문고성 이외에도 고구려 성곽으로 추정되는 고성이 다수 분포함. 삼과유수하 하곡평지 건너편에는 남태고성이 있고, 북쪽으로는 의목수고성을 바라볼 수 있음. 그리고 남쪽으로 약 20km 거리에는 높은 산 정상에 영과포산성이 자리하고 있음.

2) 고성의 기능과 성격

태평구문고성은 蘇子河 상류에서 富爾江으로 진입한 다음 富爾江 지류인 三棵楡樹河를 통해 渾江으로 나아가던 교통로와 관련된 소형 보루성임. 이에 태평구문고성이 교통로 주변의 평지에 자리한 소형 성곽이라는 점에 주목하여 고구려시기의 哨所나 烽火臺 등의 군사시설로 추정하기도 함(吉林省文物志編委會, 1986, 67쪽).

富爾江 지류인 三棵楡樹河 연안에는 태평구문고성 이외에도 의목수고성·남태고성 등이 있음. 이들은 모두 富爾江 상류에서 通化縣城으로 나아가던 교통로를 공제하던 군사시설로 추정됨. 喇蛄河 유역의 영과포산성도 위치상 이와 동일한 성격의 산성으로 추정됨. 그러므로 태평구문고성이 고구려시기의 성곽이라면, 소자하 상류에서 三棵楡樹河와 喇蛄河를 경유하여 통화지역의 渾江 본류로 나아가는 교통로를 방어하던 군사시설로 추정됨(여호규, 1998, 220쪽). 다만 현재로서는 태평구문고성이 고구려시기의 성곽이라고 단정할 만한 명확한 근거가 없음.

참고문헌

- 吉林省文物志編委會, 1986, 『通化縣文物志』.
- 國家文物局 主編, 1993, 『中國文物地圖集』 吉林分冊, 中國地圖出版社.
- 王禹浪·王宏北, 1994, 「中國吉林省通化縣三棵楡樹鄕太平溝門高句麗古城址」, 『高句麗·渤海古城址硏究匯編』(上), 哈爾濱出版社.
- 馮永謙, 1994, 「高句麗城址輯要」, 『北方史地硏究』, 中州古籍出版社.
- 余昊奎, 1998, 「通化 太平溝門古城」, 『高句麗 城』 I (鴨綠江 中上流篇), 國防軍史硏究所.
- 魏存成, 2002, 「山城」, 『高句麗遺跡』, 文物出版社.

05 통화 남태고성
通化 南台古城

1. 조사현황

1) 1985년 4월
- 시행기관 : 通化縣 文物普查隊.
- 조사내용 : 유적 현황 조사.
- 발표 : 『通化縣文物志』 게재.

2. 위치와 자연환경

1) 지리위치
○ 通化縣 三棵楡樹鄕에서 남쪽으로 0.5km 떨어진 河谷平地의 충적대지에 위치함.

○ 동쪽은 蜂密溝 골짜기이고, 북쪽에는 三棵楡樹河가 동에서 서로 흘러 富爾江으로 흘러들어감.

2) 자연환경
○ 古城 북쪽에는 폭 0.5km 정도의 하곡 평지가 동서 방향으로 기다랗게 펼쳐져 있으며, 이 하곡평지를 따라 三棵楡樹河가 동쪽에서 서쪽으로 흘러가고 있으며, 鶴崗 – 大連 도로가 지나가고 있음.
○ 고성의 동북쪽 건너편에 태평구문고성이 위치해 있으며, 여기에서 다시 동북 방향에 依木樹古城이 위치해 있음.

그림 1
남태고성 위치도

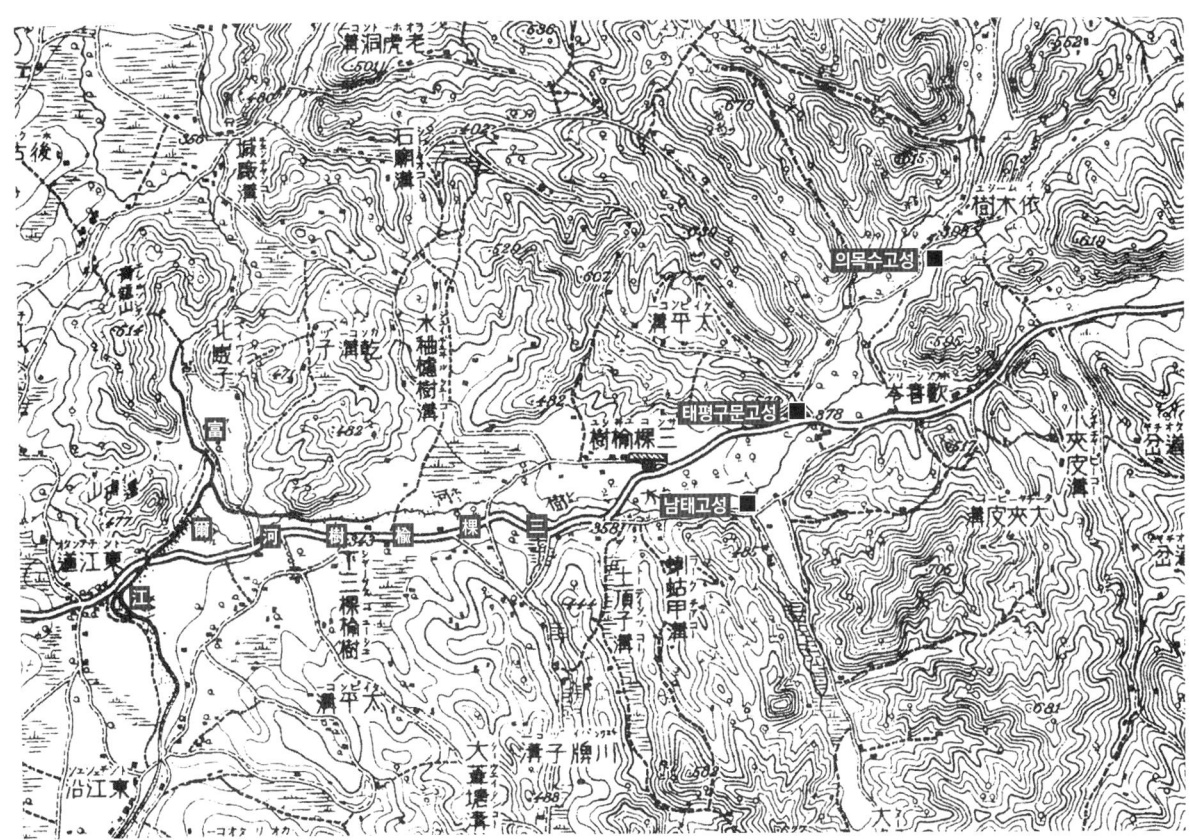

그림 2 남태고성 주변 지형도(滿洲國 10만분의 1 지형도)

3. 성곽의 전체현황

1) 전체 평면
○ 모양 : 長方形.
○ 규모 : 동벽 38m, 남벽 48m, 서벽 38m, 북벽 48m로 전체 둘레 172m.
○ 성 내부의 지세는 주변보다 약간 높음.

2) 보존상태
○ 성벽은 비교적 잘 보존되어 있음.
○ 성 내부는 현재 옥수수밭으로 경작되고 있음.
○ 서북 모서리에 民家, 서북·동남 모서리에 채소 저장구덩이가 있음. 동남 모서리 아래쪽에는 현대의 民墓가 조영되어 있음.

4. 성벽과 성곽시설

1) 성벽
○ 축성재료 : 흙과 돌을 섞어서 성벽을 축조함.
○ 축조방식 : 近代에 교란된 성벽 단면을 보면 성벽 기초부에는 땅을 다진 흔적이 있고, 성벽 곳곳에서 흙을 구운 흔적이 발견됨. 이러한 흙은 높은 온도에서 지속적으로 구워진 것으로 보이는데, 대부분 푸석푸석함. 또 기단부 1.5m 지점에서는 숯 부스러기가 발견되었고, 그 부근에는 돌들이 흩어져 있는데, 일부 비교적 큰 돌은 성벽 기초와 관련된 것으로 추정됨.
○ 성벽규모 : 기단부 너비 6m, 윗너비 1m, 높이 2m 전후.

2) 성곽시설

각대 : 동남 모서리에 각대(垜臺)와 유사한 것이 있음. 각대 위에는 둘레 4.2m인 느릅나무 한 그루가 있는데, 그 아래에는 현대의 民墓가 조영되어 있음.

5. 출토유물

유물은 거의 출토되지 않았음. 석제괭이(打制石鎬), 석제구슬(石球) 및 석제반(石盤) 조각, 니질회색토기(泥質灰陶) 구연부편 1개, 가는 사립홍갈색토기편(細砂紅褐陶) 1개 등이 출토되었을 뿐임.

6. 역사적 성격

1) 지정학적 위치와 주변의 유적 현황

남태고성은 富爾江 지류인 三棵楡樹河 연안에 위치하는데, 이곳은 蘇子河 유역에서 富爾江 상류의 旺淸門 일대를 경유하여 통화지역의 渾江 본류 연안으로 나아가는 전략적 요충지임. 고성은 三棵楡樹河 하곡평지의 남쪽 대지상에 위치하는데, 고성의 동쪽은 蜂密溝 골짜기이고, 북쪽에는 三棵楡樹河가 동에서 서로 흘러 富爾江으로 흘러들어가고 있음.

三棵楡樹河 유역에는 남태고성 이외에도 고구려 성곽으로 추정되는 고성이 다수 분포함. 三棵楡樹河 하곡평지 건너편에는 태평구문고성이 있고, 그 동북쪽으로는 의목수고성이 있음. 그리고 남쪽으로 약 20km 거리에는 높은 산 정상에 영과포산성이 자리하고 있음.

2) 고성의 기능과 성격

남태고성은 蘇子河 상류에서 富爾江으로 진입한 다음 富爾江 지류인 三棵楡樹河를 통해 渾江으로 나아가던 교통로와 관련된 소형 보루성임. 남태고성은 규모가 비교적 작고, 성 내부에는 건물지가 없으며, 성벽은 불에 구워진 흔적이 있음. 남태고성 서남쪽 3.5km 지점에서 遼·金代의 유물이 대량으로 발견된 바 있음. 이에 남태고성은 일찍이 고구려시기에 哨所나 烽火臺 등의 군사시설로 축조되었다가 遼·金代에 다시 수리하여 사용된 것으로 추정한 바 있음(吉林省文物志編委會, 1986, 65~67쪽).

富爾江 지류인 三棵楡樹河 연안에는 남태고성 이외에도 태평구문고성·의목수고성 등이 있음. 이들은 모두 富爾江 상류에서 通化縣城으로 나아가던 교통로를 공제하던 군사시설로 추정됨. 喇蛄河 유역의 영과포산성도 위치상 이와 동일한 성격의 산성으로 추정됨. 그러므로 남태고성이 고구려시기의 성곽이라면, 소자하 상류에서 三棵楡樹河와 喇蛄河를 경유하여 통화지역의 渾江 본류로 나아가는 교통로를 방어하던 군사시설로 추정됨(여호규, 1998, 218쪽). 다만 현재로서는 태평구문고성이 고구려시기의 성곽이라고 단정할 만한 명확한 근거가 없음.

참고문헌

- 吉林省文物志編委會, 1986, 『通化縣文物志』.
- 吉林省地方志編纂委員會, 1991, 『吉林省志』 43(文物志).
- 國家文物局 主編, 1993, 『中國文物地圖集』 吉林分冊, 中國地圖出版社.
- 王禹浪·王宏北, 1994, 「中國吉林省通化縣三棵楡樹鄕高句麗南台古城址」, 『高句麗·渤海古城址硏究匯編』(上), 哈爾濱出版社.
- 馮永謙, 1994, 「高句麗城址輯要」, 『北方史地硏究』, 中州古籍出版社.
- 余昊奎, 1998, 「通化 南台古城」, 『高句麗 城』 I(鴨綠江 中上流篇), 國防軍史硏究所.
- 魏存成, 2002, 「山城」, 『高句麗遺跡』, 文物出版社.

06 통화 의목수고성
通化 依木樹古城

1. 조사현황

1) 1985년 4월
- 시행기관 : 通化縣 文物普查隊.
- 조사내용 : 유적 현황 조사.
- 발표 : 『通化縣文物志』 게재.

2. 위치와 자연환경

1) 지리위치
- 通化縣 三棵楡樹鄕 依木樹村 남쪽 300m 거리의 산기슭에 위치.
- 남쪽 2.5km에 태평구문고성이 있음.
- 依木樹村의 서남쪽 4km에 三棵楡樹鄕 소재지가 있음.

2) 자연환경
- 고성의 주변에는 너비 300~500m인 增勝溝 하곡 평지가 동북-서남으로 펼쳐져 있음.
- 依木樹村 서쪽 150m 지점에 작은 개울이 남류하여 三棵楡樹河로 흘러들고 있음.
- 마을 한복판으로 지방도로가 관통하고 촌 동쪽으로는 큰 산들이 첩첩이 연이어져 있음.

그림 1
의목수고성 위치도

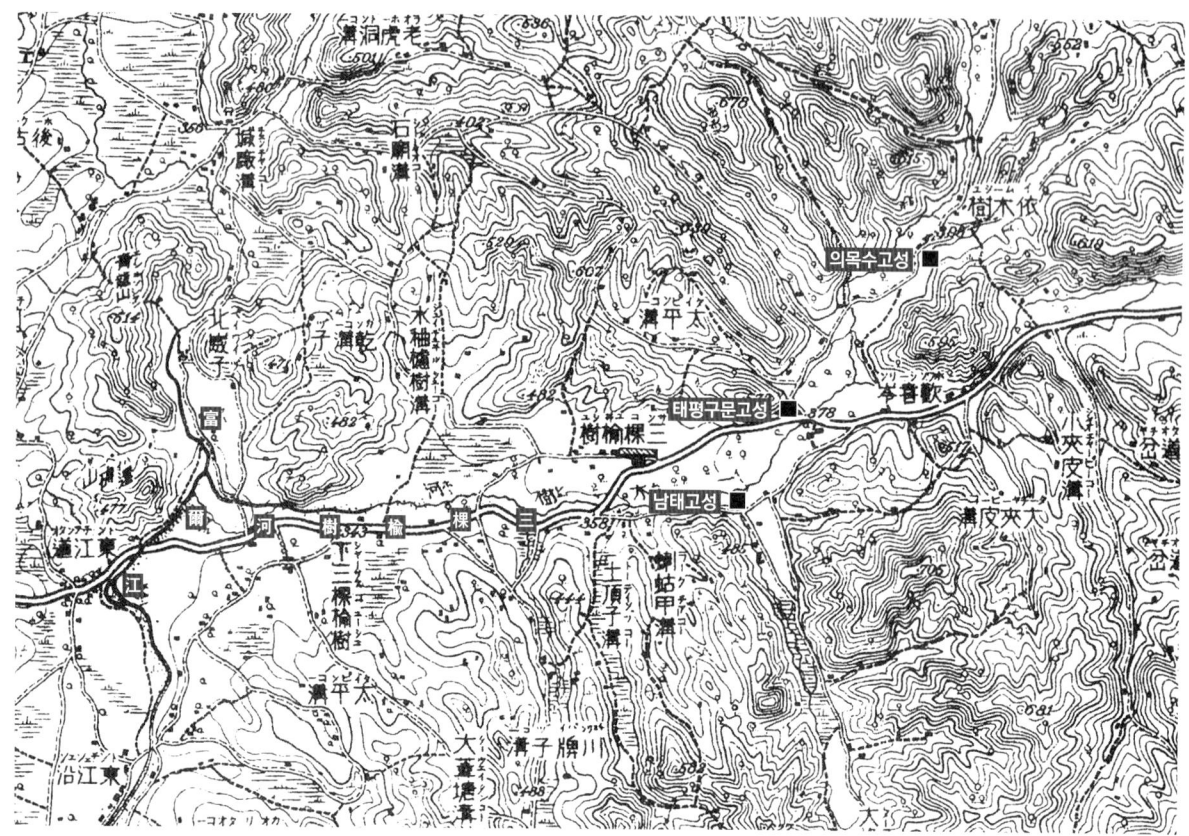

그림 2 의목수고성 주변 지형도(滿洲國 10만분의 1 지형도)

3. 성곽의 전체현황

○ 현황 : 1984년 조사 당시 성 내부에 가시나무와 풀덤불이 우거져 있어서 유물 채집이나 관찰을 할 수 없었다고 하는데, 2007년 이동통신회사의 중계소가 설치되어 있어서 유적 전체가 완전히 파괴된 상태임.
○ 기단석 : 기단석으로 추정되는 장대석이 1층 남아 있음. 반듯하지는 않음. 장대석은 대체로 길이 0.6~0.8m, 너비 0.5~0.8m, 두께 0.3~0.5m임.
○ 성돌 : 큰 돌이 성벽 안팎 곳곳에 흩어져 있는데, 원래 성돌로 짐작됨.

4. 역사적 성격

1) 지정학적 위치와 주변의 유적 현황

의목수고성은 富爾江 지류인 三棵楡樹河 연안에 위치하는데, 이곳은 蘇子河 유역에서 富爾江 상류의 旺淸門 일대를 경유하여 통화지역의 渾江 본류 연안으로 나아가는 전략적 요충지임. 고성은 三棵楡樹河가 지나가는 增勝溝 하곡평지의 산기슭에 위치함.

三棵楡樹河 유역에는 의목수고성 이외에도 고구려 성곽으로 추정되는 고성이 다수 분포함. 의목수고성에서 서남쪽으로 태평구문고성을 조망할 수 있으며, 태평구문고성 남쪽에는 삼과유수하 건너편에 남태고성이 위치해 있음. 그리고 남쪽으로 약 20km 거리에는 높은 산 위에 영과포산성이 있음.

2) 고성의 기능과 성격

의목수고성은 蘇子河 상류에서 富爾江으로 진입한 다음 富爾江 지류인 三棵楡樹河를 통해 渾江으로 나아가던 교통로와 관련된 소형 보루성임. 이에 의목수고성의 규모와 형식이 三棵楡樹河 연안의 남태고성·태평구문고성 등과 유사하다는 점에 주목하여 高句麗 및 遼·金代의 哨所나 烽火臺 등으로 추정한 바 있음(吉林省文物志編委會, 1986, 68쪽).

富爾江 지류인 三棵楡樹河 연안에는 의목수고성 이외에도 태평구문고성·남태고성 등이 있음. 이들은 모두 富爾江 상류에서 通化縣城으로 나아가던 교통로를 공제하던 군사시설로 추정됨. 喇蛄河 유역의 영과포산성도 위치상 이와 동일한 성격의 산성으로 추정됨. 그러므로 의목수고성이 고구려시기의 성곽이라면, 소자하 상류에서 三棵楡樹河와 喇蛄河를 경유하여 통화지역의 渾江 본류로 나아가는 교통로를 방어하던 군사시설로 추정됨(여호규, 1998, 211~212쪽). 다만 현재로서는 의목수고성이 고구려시기의 성곽이라고 단정할 만한 명확한 근거가 없음.

참고문헌

- 吉林省文物志編委會, 1986, 『通化縣文物志』.
- 王禹浪·王宏北, 1994, 「中國吉林省通化縣高句麗依木樹古城址」, 『高句麗·渤海古城址研究匯編』(上), 哈爾濱出版社.
- 馮永謙, 1994, 「高句麗城址輯要」, 『北方史地研究』, 中州古籍出版社.
- 余昊奎, 1998, 「通化 依木樹古城」, 『高句麗 城』 I(鴨綠江中上流篇), 國防軍史研究所.
- 魏存成, 2002, 「山城」, 『高句麗遺跡』, 文物出版社.

07 통화 적백송고성
通化 赤柏松古城

1. 조사현황

1) 1960년
- 시행기관 : 通化縣.
- 조사내용 : 성 내부의 서북 모서리에서 건물지 확인.
- 발표 : 文物檔案에 기록.

2) 1982년 이래
- 시행기관 : 吉林省, 通化市, 通化縣 등의 문물조사기관.
- 조사내용 : 성곽의 현황 등 조사, 성 안팎에서 여러 유물 채집.
- 발표 : 『通化縣文物志』.

3) 1984년 2월 24일
- 시행기관 : 通化縣 人民政府.
- 내용 : 通化縣 重點文物保護單位로 지정.

4) 1987년 5월
- 시행기관 및 참가자 : 吉林省 文物考古硏究所의 柳嵐·邵春華 등.
- 조사내용 : 성곽에 대한 상세한 조사와 실측.
- 발표 : 柳嵐·滿承志·邵春華, 1987, 「赤柏松漢城調査」, 『博物館硏究』 1987-3.
- 결과 : 1987년에 吉林省 重點文物保護單位로 지정.

그림 1
적백송고성 위치도 1

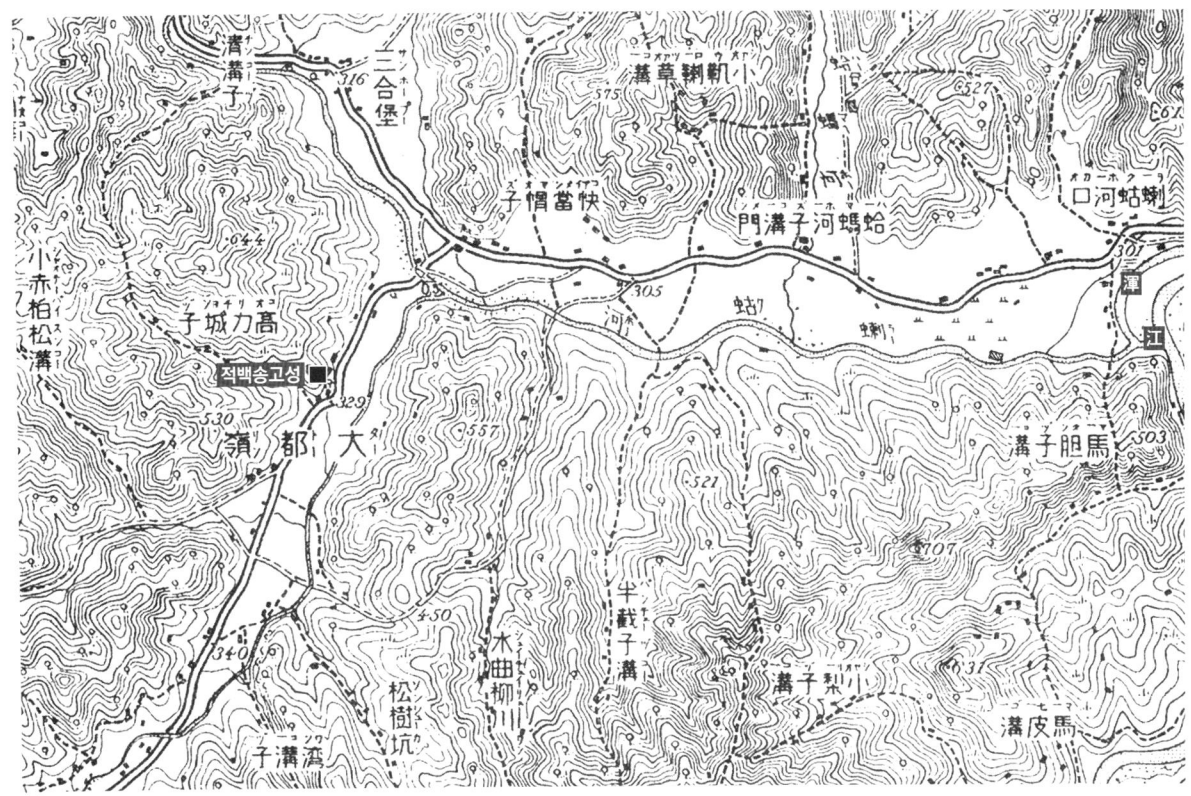

그림 2 적백송고성 주변 지형도(滿洲國 10만분의 1 지형도)

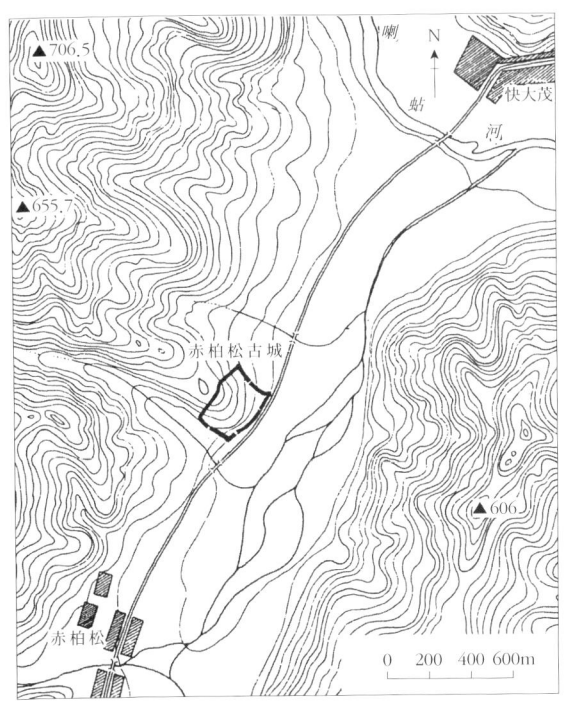

그림 3 적백송고성 위치도 2(『吉林省志 ; 文物志』, 98쪽)

5) 2005~2008년

○ 시행기관 : 吉林省 高句麗遺址保護領導小組辦公室.

○ 조사내용 : 2005년 吉林省 高句麗遺址保護領導小組辦公室이 적백송고성을 '吉林省高句麗遺址保護方案' 사업으로 선정하여 2005~2008년에 고고조사를 진행함(그림 4, 그림 6). 시굴과 발굴조사 및 유물 보존처리와 전시를 통해 성곽의 기능, 성격, 주변 고구려 유적의 관계를 깊이 있게 이해함.

○ 발표 : 王義學, 2008, 「赤柏松古城考古發現及其相關問題研究」, 吉林大學碩士學位論文.

2. 위치와 자연환경(그림 1~그림 3)

1) 지리위치
○ 通化縣城인 快大茂鎭 서남쪽 2.5km 지점의 臺地에 위치.
○ 성 동벽 아래로는 鶴崗 – 大連 도로가 지나가며 이 정표는 1,177km임. 성의 북쪽에는 快大茂鎭 赤柏村 1隊와 向前村이[1] 있는데, 각각 鶴崗 – 大連 도로의 서쪽과 동쪽 양측에 위치하고 있음.
○ 성의 북쪽 가장 높은 곳에 서면 동으로는 河口村, 남으로는 大都嶺村, 북으로는 三合堡 등이 한눈에 들어올 정도로 멀리까지 조망할 수 있음. 通化縣, 新賓縣, 桓仁縣 3현의 교통 요충지로 險要한 곳에 위치함.

2) 자연환경
○ 고성이 위치한 곳은 해발 656.7m인 산봉우리에서 동남 방향으로 뻗어내린 산줄기 끝 부분의 평탄한 대지임.
○ 고성의 동남쪽에는 동북 – 서남방향의 좁고 기다란 河谷평지가 펼쳐져 있으며, 하곡평지 남쪽 가장자리의 산기슭 아래로는 大都嶺河가 서남에서 동북으로 흘러가다가 快大茂鎭 부근에서 東流하는 喇蛄河에 유입됨.
○ 고성의 남쪽에는 산골짜기가 있는데 현지 주민들은 高麗溝라고 부르며 대형 니켈광산(鎳礦)이 발견되어 지금은 興建礦山구역이 되었음. 골짜기 입구는 적백송 2隊 자연촌이며, 서쪽으로는 산들이 연이어져 있음.

3. 성곽의 전체현황

柳嵐·滿承志·邵春華, 1987의 기술내용

○ 지세 : 고성은 해발 656.7m인 산봉우리에서 동남 방향으로 뻗어내린 산줄기 끝 부분의 평탄한 대지에 위치. 이로 인해 산봉우리로 이어지는 서북쪽은 높고, 하곡평지와 잇닿아 있는 동남쪽은 낮은 지세를 이루며, 성벽은 대지의 가장자리를 따라 흙을 다져서 축조하였음.
○ 성곽 규모 : 높이 9m, 면적 약 600m²로 방향은 125°.
○ 평면 : 불규칙한 方形(矩形).
○ 성 내부는 경작지로 이용되고 있음. 지표상에서 유물을 찾아보기 힘들지만, 최근 성 내부의 건물지를 발굴하였다고 함.

王義學, 2008의 기술내용

○ 고성은 해발 320~410m, 면적 약 6만 평방미터인 골짜기(河谷) 2급 臺地에 자리잡고 있는데, 대지는 북쪽이 높고 남쪽이 낮음.
○ 평면은 불규칙한 矩形이고, 고성의 동서방향 軸心을 기점으로 하면 방향은 157도임.
○ 성벽은 흙을 다져 축조하였는데, 전체 둘레는 1053.164m임(동벽 235.658m, 남벽 313.370m, 서벽 174.683m, 북벽 329.453m).
○ 성문지 : 모두 4곳임. 1호 문지(南東門), 2호 문지(南西門), 3호 문지(西門), 4호 문지(北門).
○ 각루 : 성의 동남 모서리에 직경 약 10m의 圓臺狀의 각루 유적이 있음. 북벽 동쪽 모서리, 남벽 서쪽 모서리에도 각각 직경 7m 정도의 圓臺가 있는데, 각루 유적임.
○ 성내 유적 : 1기 및 2기의 주요 유적으로 원락식(院

---
[1] 王義學, 2008, 3쪽. 柳嵐·滿承志·邵春華, 1987에는 '向陽村'이라고 나옴.

落式) 대형 주거지(房址), 와적(瓦堆) 유적, 회랑(廊道) 유적, 소형 주거지(房址) 등이 있음.
○ 출토유물 : 대부분 철제 생산 공구이며 농기구가 많음. 또 철제 병기도 소량 있음. 철제괭이(鐵钁), 철제 가래(鐵鍤), 철제낫(鐵鎌), 철제칼(鐵刀), 철제차관(鐵車輨), 철제화살촉(鐵鏃) 등이 있으며, 동전(剪輪 五銖) 1매도 발견되었음.

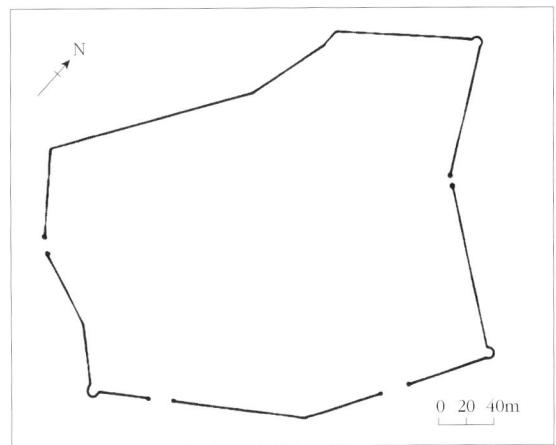

그림 4 적백송고성 평면도(『博物館研究』 1987-3, 61쪽)

4. 성벽과 성곽시설

柳嵐·滿承志·邵春華, 1987의 기술내용

1) 성벽(그림 4)
○ 축조방식 : 흙을 다져서 축조한 토축성벽.
○ 동벽 : 길이 200m(吉林省文物志編委會 : 220m), 높이 2.0~4.5m.
○ 남벽 : 길이 286m, 높이 0.5~1.0m.
○ 서벽 : 길이 172m(吉林省文物志編委會 : 72m), 높이 0.5~1.0m.
○ 북벽 길이 318m, 높이 1.5~4.8m.
○ 전체 둘레는 996m.

2) 성곽시설

(1) 성문
○ 동문 1, 서문 1, 남문 2 등 모두 4개가 있음.
○ 동문 : 너비 13m.
○ 서문 : 너비 10m.
○ 남문 : 2개로서 문 사이의 거리 107m. 성문 너비는 각각 15m인데, 장기간 침식으로 인해 도랑이 되었음.
○ 서쪽의 남문 부근에 기와 조각이 많이 흩어져 있는데, 門樓 흔적으로 추정됨.

(2) 角樓와 將臺
동남쪽 모서리에 직경 10m인 원형 돈대(圓臺)가 있고, 북벽의 동쪽 모서리와 남벽의 서쪽 모서리에도 직경 7m(吉林省文物志編委會 : 17m)인 원형 돈대가 각각 1개씩 있음. 각루의 터로 추정됨. 북벽의 서단이 고성에서 가장 높은데 將臺로 이용되었을 가능성이 높음.

王義學, 2008의 기술내용

1) 성벽(그림 5)
○ 성벽은 계단상 대지(階地)의 둘레를 따라 뻗어 있음.
○ 지세로 인해 성벽은 대체로 안쪽이 낮고 바깥쪽이 높음.
○ 북벽 서쪽 구간의 지세는 매우 높으며, 이와 같은 지세로 인해 성벽이 보이지 않으며, 이곳도 전체 성곽에서 가장 높은 지점임.
○ 축소방식 : 土石을 섞어 다져서 축성하였음.

(1) 동벽
○ 동벽은 남북 방향으로 뻗어 있음.
○ 동벽 길이 235.658m, 잔고 2.0~4.5m임.

(2) 남벽

○ 남벽은 동서방향을 뻗어 있으며 성벽 중부에서 內折함.

○ 남벽 길이 313.370m, 잔고 0.5~1.0m.

(3) 서벽

○ 서벽은 남북 방향으로 뻗어 있음.

○ 서벽 길이 174.683m, 잔고 0.5~1.0m.

(4) 북벽

○ 북벽은 동서 방향으로 뻗어 있으며, 성벽 중부에서 內折하며, 아울러 서쪽 구간에서 자연 산세를 따라 內收하며, 전체 북벽의 모습은 굽은 자 모양(曲尺形)임.

○ 북벽 길이 329.453m, 잔고 1.5~4.80m.

(5) 동벽의 단면 조사(그림 6)

○ 2007년에 성벽 구조를 조사하기 위해 동벽 2호 문지 부근에서 한 곳을 선택하여 절개하였음. 성벽은 평지에 건립하였는데 경사도로 인해 산비탈 아래 부분을 간단히 평평하게 한 다음 축조했음.

○ 성벽은 토석을 여러 층 다져 축조하였음. 내외측에 층위가 엇갈리도록 다진 현상이 있음. 내측에는 각 판축 층위 중간에 한 층의 흑색 점토와 석괴를 섞어 성벽을 견고하게 했음.

○ 외측 벽체는 대체로 3층으로 나누어 다져 쌓았음. 아랫층에는 황색토를 석괴와 섞어 다져 쌓았는데 석괴는 직경 10cm 이상임. 중간층에는 흑색토를 작은 깬돌(碎石)과 섞어 다져 쌓았음. 윗층에는 황색토를 작은 깬돌과 섞어 다져 축성하였음.

○ 성벽의 단면은 아래는 넓고 위는 좁은데, 아랫너비 약 5m, 윗너비 약 2.8m, 높이 3.5m임. 성벽 위에 성가퀴(女墻)을 설치하였음. 성가퀴 너비 약 1m, 잔고 0.2m. 성가퀴도 土石을 섞어 다져 축성하였음.

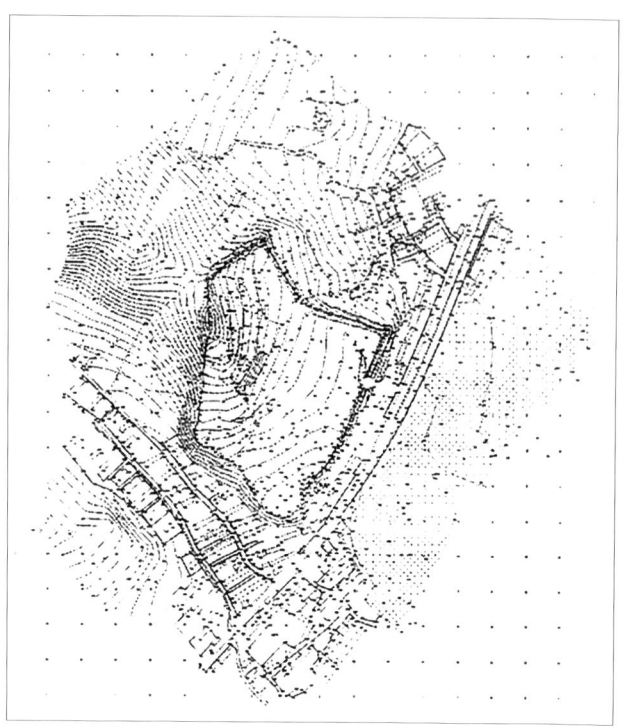

그림 5 적백송고성 측량도(王義學, 2008, 42쪽)

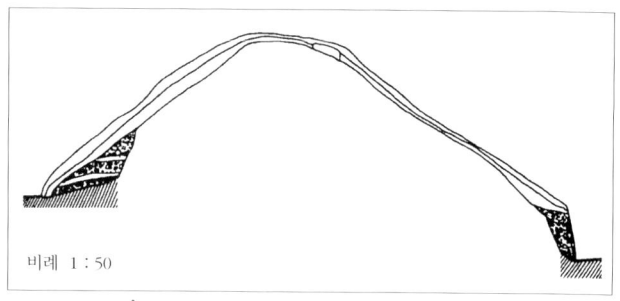

그림 6 적백송고성 성벽 단면도(王義學, 2008, 43쪽)

2) 성곽시설

(1) 성문

2005년에 실지 조사와 측량을 통해 성곽 전체에 모두 성문 4개를 설치하였음을 발견하였음.

① 1호 문지(南東門)

○ 2007년도에 발굴을 진행하였는데, 너비 15m임.

○ 남벽의 동쪽 구간에 위치하며, 동남 모서리에서 62m 떨어져 있음.
○ 지세 관계로 인해 성문은 이미 홍수 피해를 입어 큰 골짜기(溝)가 형성되었음.
○ 山水가 매년 범람하여 이 문지가 있는 곳에 넓고 깊은 충적 골짜기가 형성되었는데, 이 충적 골짜기의 입구는 너비가 20m 가까이 되며, 대체로 문지 전체가 범람으로 인해 훼손되었음.
○ 이 충적 골짜기 내에 가지런하게 다듬은 巨石이 몇 개 있는데, 원래 문지나 문지 아래의 배수시설(排水涵洞)로 사용된 것으로 보임.

② 2호 문지(南西門)
○ 너비 13.0m.
○ 남벽의 서쪽 구간에 위치하며, 서남 모서리에서 45m 떨어져 있음.
○ 성문은 홍수의 범람으로 피해를 입어 큰 골짜기가 형성되었음.

③ 3호 문지(西門)
○ 너비 6.0m.
○ 서벽의 북쪽 구간에 위치하며, 서남 모서리에서 116m 떨어져 있음.

④ 4호 문지(北門)
○ 너비 8m.
○ 북벽의 중부에 위치하며 동북 모서리에서 100m 떨어져 있음.
○ 2007년에 일부 발굴을 진행하였음. 이 문지는 현재 산길로 이용되고 있으며, 오랜 세월 山水의 범람으로 인해 심하게 파괴되었음. 문길(門道) 위에는 범람으로 인해 진흙 퇴적토가 다량 쌓여 있음. 시간 관계 때문에 이 4호 문지는 정리하지 않은 상태로 발굴을 끝마쳤음.
○ 문길의 너비는 명확하지 않음. 문길 양측의 벽체는 심하게 파괴되었으며, 그 나머지는 보존상태가 양호함. 측벽(門垛)은 자연석괴를 사용하여 쌓았으며, 비교적 심하게 파괴되었음.
○ 4호 문지가 위치한 성벽 바깥은 이전에 경작지였기 때문에 일부 바깥 벽체는 훼손되었음.

(2) 角樓 : 3개
○ 3곳에 각루 유적이 남아 있음을 발견하였음.
○ 한 곳(1호 각루)은 동남 모서리에 위치하며, 직경 약 10m, 원형의 대(圓臺) 모양을 띰. 도로의 수리 등 인위적인 원인으로 인해 일부 파괴되었음.
○ 나머지 2곳은 각각 동북 모서리(2호 각루)와 서남 모서리(3호 각루)에 위치함. 직경 약 7m로 원형의 대(圓臺) 모양을 띰.
○ 각루 유적은 모두 아직 발굴이 진행되지 않았음.

5. 성내시설과 유적

柳嵐·滿承志·邵春華, 1987의 기술내용

1) 우물
고성 내부 서남쪽에 옛 우물이 있었다고 하는데 조사 당시 다 허물어졌지만 지표가 축축하게 젖어 있어서 샘처럼 보임.

2) 기타 시설물(건물지)
1960년의 고고조사 기록에는 서북쪽 모서리에 건물지가 있다고 기재되어 있음. 현지 주민의 증언에 따르면 본래 성 내부에 큰 돌이 많이 남아 있었는데, 주민들이 건축 자재로 사용하였다고 함. 조사 당시 성 내부에는 잔돌만 많이 남아 있었음.

王義學, 2008의 기술내용(그림 7~그림 8)

1) 우물(水井)
○ 2005년 성내 측량 작업 중에 우물을 하나 발견하였음.
○ 위치는 성내 중부 남벽 가까운 곳이며, 아직 발굴이 진행되지 않았음.

2) 주거지(房址)와 기타 유적
○ 2005년 성내에서 탐사 작업을 진행했는데 경작지 토층 아래에서 대량의 석괴가 두루 깔려 있음을 발견했지만, 도로 계통과 주거지 건축의 분포양상을 완전히 조사하지는 못함.
○ 2005~2007년에 2개 구역을 선정하여 발굴을 진행하였는데, 제1발굴 구역은 성내 동북, 제2발굴 구역은 성내 남벽 중부 가까이에 위치함.
○ 제1발굴 구역에서 원락식(院落式) 건물 1기를 발굴하였는데, 모두 5기의 주거지(초기 주거지 1기와 상층 주거지 4기), 와적(瓦堆) 유구 1곳, 회랑(廊道) 유구 1곳, 도로와 벽체 유구 등을 발견하였음.
○ 제2발굴 구역에서 소형 주거지 1기를 발견하였음. 성내 조사 작업에서 성내 중부의 남쪽에서 우물 1기를 발견하였음.
○ 제1발굴 구역에서 발견된 주거지 면적은 모두 비교적 크며 열을 지어 분포함. 또 회랑 유적이 발견되었는데, 관청(衙署)이나 공공건물로 추정됨. 또 제2발굴 구역에서 발견된 주거지 규모는 상대적으로 작은 것이 많은데, 일반인이 생활하는 주거지일 것임.
○ 赤柏松古城址의 지층퇴적 상황 및 유적의 층위 관계에 근거하여 전기와 후기 두 시기로 구분할 수 있음. 적배송고성지의 지층퇴적 상황은 비교적 간단하며 표토 아래는 여러 층의 침식 퇴적층이며, 그 아래는 곧 문화층임. 2006~2007년의 발굴 상황에 근거하면, 성내에서 여러 기의 주거지를 발견하였음. 또 층위 관계도

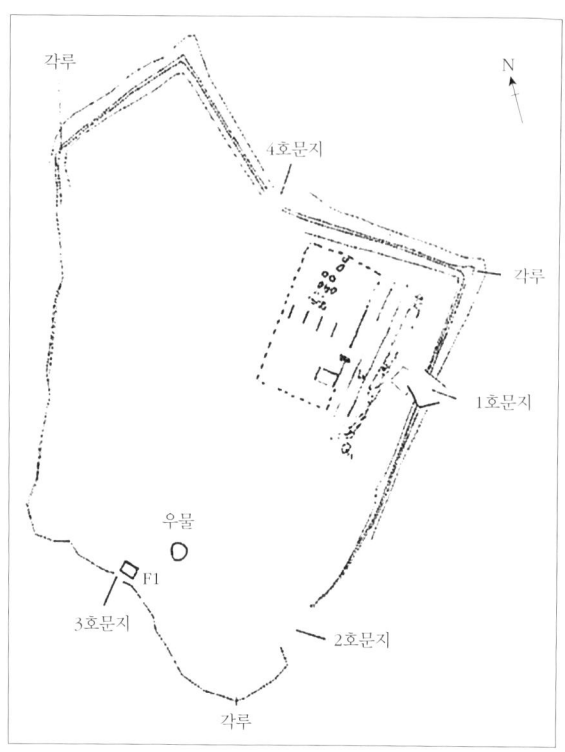

그림 7 적백송고성 성곽 및 성내시설(王義學, 2008, 44쪽)

그림 8 적백송고성 발굴 위치도(王義學, 2008, 45쪽)

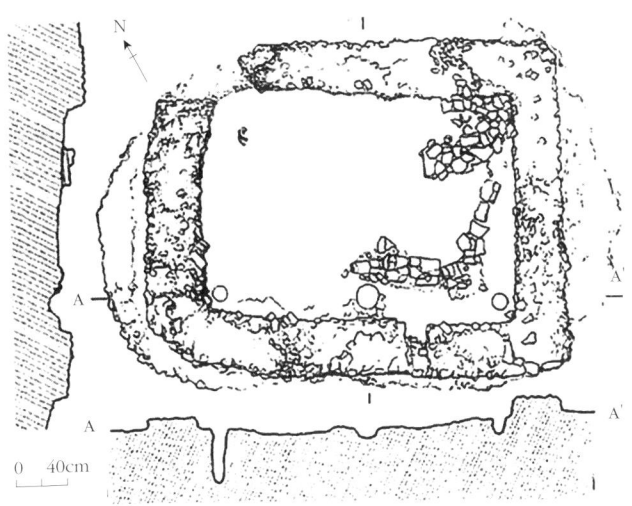

그림 9 적백송고성 주거지 F1평면 및 단면도
(王義學, 2008, 47쪽)

남아 있는데, 2차례 보수 건축한 현상이 확인되며, 이를 통해 성지의 건립과 폐기 과정을 알 수 있음.

(1) 제1기

○ 성벽 및 성내 발굴 구역 중 하층 주거지, 벽체와 도로 유적을 포괄함.
○ 모두 생토 위에 건립하였으며, 주거지는 모두 지상식(地面式) 건축임.
○ 주거지 5기, 기 노출된 주거지 2기, 도로 유구 1곳, 벽체 유구 1곳 등을 발견함.

① 주거지 F1(그림 9)

○ 위치 : F1은 성내 서남부에 위치함.
○ 제2발굴 구역의 T0354, T0355, T0397, T0398 등에 걸쳐 있음.
○ 開口는 ⑤층 아래에 있으며, ⑥층과 생토층을 파괴하였음.
○ 평면은 장방형으로 동서가 넓고 남북은 좁음. 면적은 약 24평방미터이고, 전체 둘레는 약 18m. 방향은 北偏東 32도임.
○ 벽체는 토석혼축임. 벽체 아래에 얕은 기초 구덩이를 파고, 작은 깬돌 알갱이와 황갈색의 점토를 다져서 조영하였기 때문에 토질은 비교적 깨끗함. 벽체의 위쪽 너비 1.00m, 두께 0.12~0.22m.

○ 문지 : 북벽 서쪽 끝에 위치하며, 안에서 바깥으로 오르막을 띠며 나감. 문지 너비 0.70m, 방향 北偏東 12도, 깊이 약 0.14~0.22m. 문길은 작은 깬돌 알갱이와 황갈색의 점토를 다져 쌓았음.

○ 고래 : 주거지 안쪽 동남부에서 고래(烟道)가 무너진 상태로 발견되었는데 'L'자 형태로 배열되었음. 길이 약 3.08m. 고래의 앞쪽 끝에는 수키와(筒瓦) 2매를 상하로 덮었고, 그 뒤로 암키와(板瓦)를 연결하여 고래 위를 덮었는데, 모두 25점임. 고래 내에 불에 탄 홍색 흙알갱이와 회색의 재층이 대량 퇴적되어 있음. 기와편은 대부분 파손되었음.

○ 아궁이 : F1 중간 남쪽 치우친 곳에 길이 약 2.65m, 너비 약 0.50m의 회색 재구덩이(碳溝)가 있는데, 두께 약 0.30m이며, 작은 깬돌덩이가 섞인 회색카본 흙(碳土)임. 무너진 고래와 연결되어 있는데 아궁이(竈址)임.

○ 벽체 : F1 동북 모서리에서 석괴로 쌓은 벽체 한 구간을 발견하였는데, 동북 양면에 F1의 동북 양쪽 벽체가 긴밀하게 바짝 달라붙어 있음. 크고 작은 석괴를 쌓아 축조했기 때문에 측단면(側剖面)은 사다리꼴 계단 모양을 띰. 길이 약 3.0m, 너비 0.2~0.5m, 높이 0.18~0.32m, 석괴의 크기는 길이가 약 0.1~0.46m, 너비와 두께는 평균 0.1~0.2m임. F1과 같은 건축물임.

○ 주거지 내에서 기둥구멍 3개를 발견하였는데, 동남 모서리, 서남 모서리, 북벽 중간 가까운 지점 등으로 나뉨. 기둥구멍 내 퇴적은 불에 탄 붉은 흙 알갱이가 섞인 황토이며, 포함된 물질이 없으며, 출토유물은 없음.

○ 주거지 내의 퇴적층은 2층으로 이루어져 있음.
○ ①층은 폐기 퇴적으로 토질이 부드러우며, 불에 탄

붉은 흙알갱이와 풀 섞인 진흙덩이가 다량 포함됨. 원래 벽체가 무너진 퇴적으로 두께는 약 0.3m임. ①층 퇴적층 내에서 수키와, 암키와 잔편이 대량으로 출토되었음.

○ ②층은 居住面으로 황갈색의 점토를 다져 조성했음. 토질은 견고하며 단단하고 깨끗함. 두께는 10cm인데, 평평하지는 않음. 서북쪽이 높고 동남쪽이 낮음. 토층은 비교적 얇음. ②층 내에서 토기 구연부와 바닥(器底), 잔편 등이 출토되었는데 모두 니질의 회색 토기로 기형은 호(罐)로 판별됨.

② 주거지 F7(그림 10)

○ F7은 赤柏松古城 동북부 구역에 위치하는데, 기타 구역에 비해 상대적으로 평탄함. F8, F9, F10과 공동으로 구성된 원락식(院落式) 건축임. F7 위에 F3이 위치함.

○ 동벽의 일부분만 조사하였는데, 동벽 중간 위치에서 문지를 발견하였음. 문지 아래에서 평평한 자연석괴를 쌓아 축조한 배수구를 발견하였음.

○ 평면은 장방형으로 면적은 57평방미터이고, 방향은 北偏東 20도임.

○ 基礎는 황색의 점토와 土石을 섞어 다졌음. 보존상태가 상대적으로 양호한 것은 남벽인데, 남벽의 벽체 길이 8.5m, 너비 1.1m, 잔고 0.1m. 북벽의 벽체 길이 8.5m, 너비 0.9m, 잔고 0.1m. 동벽의 벽체 길이 6.5m, 너비 1m, 잔고 0.1m. 서벽의 남은 벽체 길이 2.2m, 너비 0.75m, 잔고 0.1m.

○ 주거지 중앙에서 초석을 발견하였는데, 초석의 구덩이 직경은 3.4m로 솥 바닥 모양(鍋底狀)임. 그 안에서 비교적 큰 가지런한 석괴 하나를 발견하였는데 깨어졌음. 초석은 대석괴 위에 쌓았음. 초석 규격은 0.50×0.45×0.40m임. 구덩이 내부는 구조가 긴밀한 갈색 흙을 채워 넣었음. 초석은 활동면보다 높은데, F7 내의 초석이 분명함.

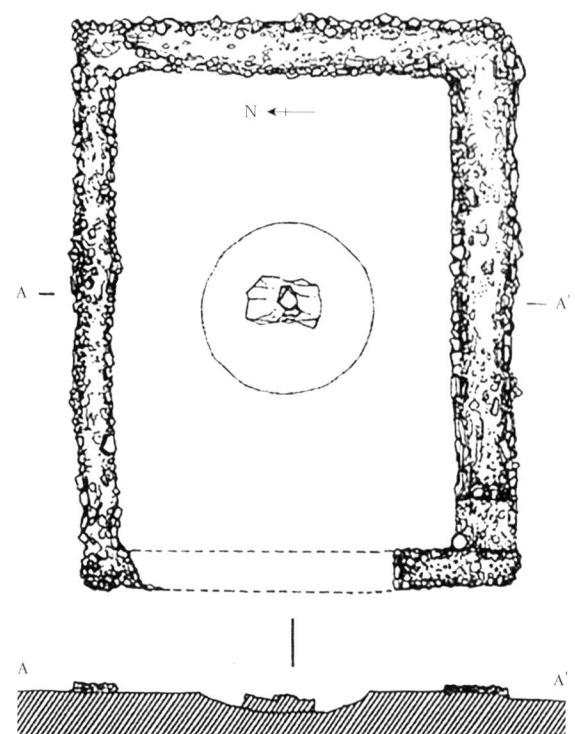

그림 10 적백송고성 주거지 F7 평면 및 단면도
(王義學, 2008, 48쪽)

○ 문지는 주거지의 서남 모서리에 위치하며, 문길 서측 서벽 가까운 곳에서 기둥구멍 하나를 발견하였음. F7 위에 3호 주거지(F3이)가 조성되었기 때문에 아궁이 등의 시설은 파괴되었음.

③ 주거지 F8-F10

○ F8-F10은 시간 관계로 인해 조사하지 못했음. 다만 F8-F10은 F7과 공동으로 구성된 원락식 건축으로 이루어진 주거지임.

○ F8-F10은 일반 주민의 주거용 가옥이 아니라, 공공건물이거나 관청 소재 건물로 추정됨.

④ 벽체 유구 05TCQ1

○ 벽체 유구는 T1056, T1012, T1011, T1010을 관통하는데 발굴 면적이 한정되어 있어서 전체 모습이 드

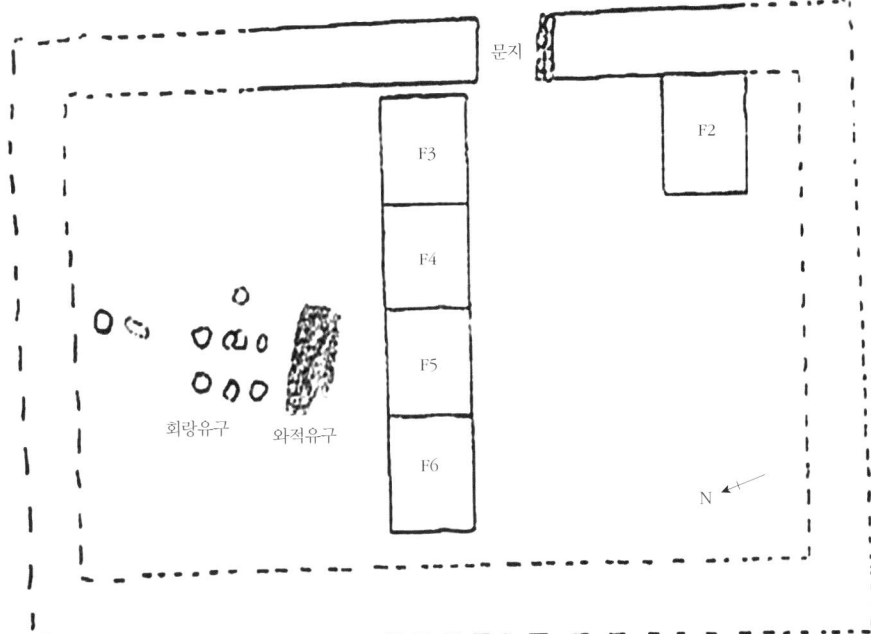

그림 11 적백송고성 2기 유적 분포도(王義學, 2008, 49쪽)

러나지 않았음. 벽체는 북향하여 T1056 바깥으로 나와 계속 뻗어 있으며, 남쪽으로는 T1010 서남 모서리에서 서쪽으로 방향을 바꾸어 T1010 바깥으로 나와 뻗어 있음. 노출된 부분의 벽체가 뻗은 방향은 동벽이 뻗은 방향과 기본적으로 일치함.

○ 05TCQ1의 開口는 ④층 아래이며, 생토층을 교란시켰음. 노출된 부분은 동북-서남 방향으로 뻗어 있으며, 횡단면은 불규칙한 사다리꼴임. 노출 부분의 길이 41.5m, 너비 2.00~2.50m, 두께 0.20~0.30m.

○ 벽체 표면은 花色을 띠며, 토석 혼축임. 비교적 견고하며, 자갈의 크기는 모두 균일함. 표면은 가지런하며 포함된 유물은 없음.

○ 그 용도는 발굴 면적이 제한적인 까닭에 알 수 없음.

⑤ 도로 유구 05TCL1
○ 도로유구는 동북-서남 방향인데, 05TCQ1과 뻗어 있는 방향이 일치함.
○ 開口는 ④층 아래이며 ⑤층을 교란시켰음.
○ 방향은 北偏東 15도임.

○ 도로 유구는 자갈과 돌이 섞인 황색 점토로 축조하였음. 노출된 부분은 길이 13.70m, 너비 1.30~2.50m인데, 노면에서 유물은 발견되지 않았음. 도로 유구는 당시 도로의 일부일 것임.

(2) 제2기(그림 11)
○ 제2기 유적은 제1기 유적 위에 조성한 주거지(房址), 와적(瓦堆) 유구, 회랑(廊道) 유구 등 상층 유구를 포괄함.
○ 제2기 유적은 모두 원락식(院落式) 건축 내에 조성하였는데, F2-F6 등 주거지 5기를 발굴조사함. 이 가운데 F2는 정원의 남부에 위치하며, F3-F6은 정원의 북부에 동서 방향으로 '一'자로 배열되어 있음.

① 주거지 F2
○ F2는 정원의 남부에 위치함.
○ 정원 동벽에 기대어 건립되었음.
○ 면적은 약 35평방미터.

② 주거지 F3(그림 12)
○ F3은 F7 위에 조성하였으며, F7 폐기 후 F7의 기초 상면을 가지런하게 한 다음 조영함. 평면은 장방형으로 면적은 60평방미터이며, 방향은 北偏東 18도임.
○ F3은 F7의 드러난 초석(明礎)을 초석(暗礎)으로 삼았는데, 크기는 0.3×0.55m임.
○ 아궁이(竈址)는 주거지의 서북에 위치하며, 2개의 석괴만 남아 있음. 아궁이는 고래와 연결되어 있는데, 주거지의 서북 모서리에 고래 입구가 설치되어 있음. 다만 고래는 대부분 파괴되었음.
○ 문지는 주거지의 서남 모서리 쪽에 있음. 문길의 양측에는 안측으로 기대어 있는 초석 한 개와 기둥구멍 한 개가 있음. 문길 너비는 1.1m임.
○ 서벽의 중부에서도 기둥구멍을 1개 발견함.

그림 12 적백송고성 주거지 F3 평면 및 단면도
(王義學, 2008, 50쪽)

③ 주거지 F4(그림 13)
○ F4는 성내 동북부에 위치함. F4의 아래에는 F8이 위치함.
○ F4 주거지는 장방형임. 북쪽은 대략 넓고 남쪽은 대략 좁음.
○ 벽체는 灰綠色 砂土를 다져 쌓았음.
○ 면적은 약 83평방미터이고, 둘레는 약 36.5m임. 방향은 北偏東 20도.
○ 벽체는 회록색 砂土를 다져 축조함.
○ 주거지 내 동북 모서리에서 아궁이를 발견함. 아궁이는 동벽과 북벽에 기대어 건립하였고, 자연석괴로 쌓았으며, 아궁이 안쪽 바닥에는 석괴 2개를 가지런하게 깔았으며, 아궁이 안쪽의 네 벽에 쌓은 돌덩이가 안쪽을 향하여 비스듬하게 무너져 있지만, 아궁이는 기본적으로 보존상태가 완전함. 아궁이는 북벽에 出烟口가 시설되어 있음.
○ 주거지의 북벽에는 바깥 측에 기댄 주초석 4개가 있으며 동서로 배열되어 있음. 주초석의 간격은 약 2.0m이며, 벽체를 공고히 하기 위해 사용된 것임.

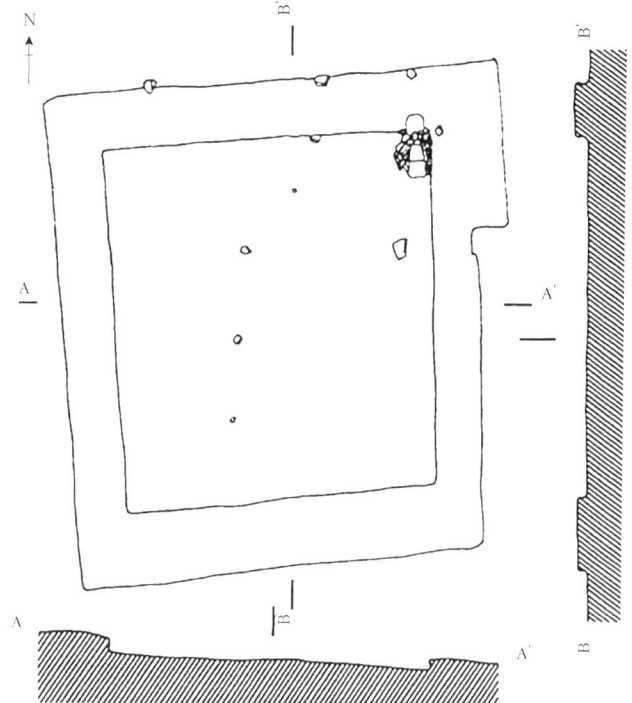

그림 13 적백송고성 주거지 F4 평면 및 단면도
(王義學, 2008, 51쪽)

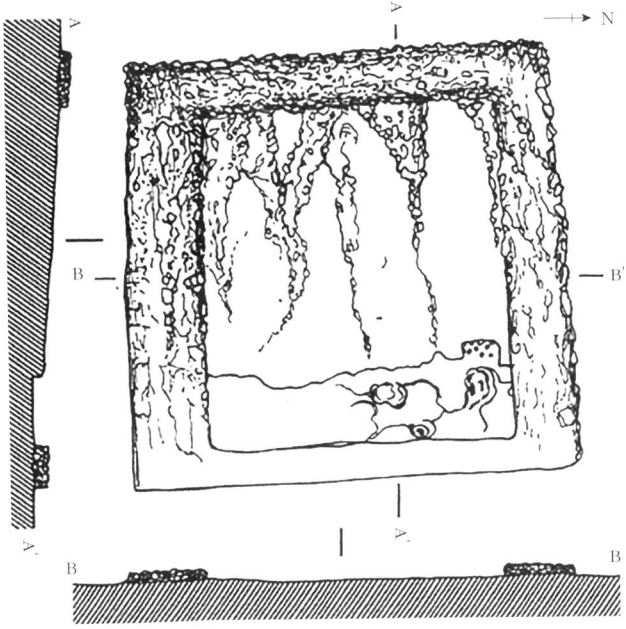

그림 14 적백송고성 F5 평면 및 단면도
(王義學, 2008, 52쪽)

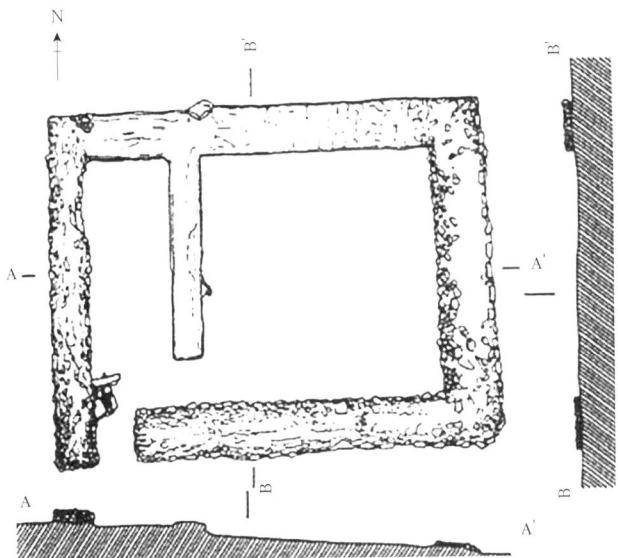

그림 15 통화 적백송고성 주거지 F6 평면 및 단면도
(王義學, 2008, 53쪽)

○ 주거지 내 퇴적은 2층으로 나뉘어짐.
○ ①층은 주거지 내부의 무너진 퇴적층으로 두께는 약 0.18~0.27m임. 토질은 비교적 부드러우며, 깬돌 덩어리, 불에 탄 붉은색 흙 알갱이, 재덩이, 기와편 등이 다량 포함되어 있음.
○ ②층은 거주면인데, 사용 시간은 비교적 짧았을 가능성이 있음. 이 때문에 F4는 매우 양호한 거주면을 형성하고 있음. 가는 모래 혼입 홍색 陶壺, 수키와와 암키와 잔편 등이 다량 출토되었음.

④ 주거지 F5(그림 14)
○ F5 아래에는 F9가 위치함.
○ 평면은 정방향으로 면적은 70.6평방미터이고, 전체 둘레는 33.5m이며, 방향은 北偏東 20도임. 벽체는 토석을 다져 축조하였음.
○ 동측 벽체 안쪽에 고랑이 있는데, 너비 약 0.20~1.50m, 깊이 0.20~0.70m임. 고랑 내부에는 불에 탄 붉은색 흙 및 기와 잔편이 다량 채워져 있음.[2]
○ 주거지 내부에는 석괴가 섞인 황색토가 퇴적되어 있는데, 퇴적층에는 건축재료가 소량 보임. 주거지는 한 차례 훼손된 후에 중건이 진행되었으나 완성되지 못하였던 것으로 추정됨.
○ F5 주거지 내에서는 아궁이, 문길, 기둥 구멍 등 관련 시설이 발견되지 않았음.

⑤ 주거지 F6(그림 15)
○ F6 아래에 F10이 위치함.
○ 평면은 장방형으로 남북이 넓고 동서가 좁음. 면적은 90.2평방미터이고, 전체 둘레는 37.7m임. 방향은 北偏東 20도임.
○ 벽체는 土石을 다져 축조하였으며, 중간에 격벽이 있음. 길이 5.3m, 너비 0.70m. 회록색의 砂土를 다져

---

2   고래 시설일 가능성이 있음.

축조하였음.
○ 주거지 내에서 아궁이는 발견되지 않았음.
○ 문지 2곳이 발견되었는데 주거지 내부의 격벽 남단과 주거지 동남 모서리에 각각 위치함.
○ 주거지 내부에서 남벽의 문지 가까운 위치에서 기둥구멍 한 개를 발견하였고, 격벽 중간에서 주초석 하나를 발견하였음.

⑥ 와적(瓦堆) 유구
○ 정원의 북부에서 와적 유구와 회랑(廊道) 유구를 각각 1곳 발견하였음.
○ 와적 유구는 주거지 F5와 회랑 사이에서 발견하였으며 표토층 아래에 위치함. 수키와(筒瓦)를 3~5층 정연하게 쌓았는데, 면적은 약 9×2.6m임.
○ 회랑이나 주거지를 수리하거나 건립하기 위한 건축 자재임.

⑦ 회랑(廊道) 유구
○ 주거지 F5와 F6의 북측에 위치함.
○ 3열의 초석이 보이며 표토층 아래에 위치함.
○ 동북-서남 방향으로 뻗어 있으며, 동측에 초석이 하나 있음.
○ 중간과 서측에 초석이 각각 5개와 3개 있음. 각 초석의 간격은 약 1.5m이며, 초석 직경은 평균 0.3~0.4m.
○ 퇴적 정황에서 보아 아직 완성되지 않은 건물로 추정됨.

3) 주변의 유적 : 촌락지, 고분, 제련소 등
○ 2005년 赤柏松古城 발굴 이전에 주변 지역을 조사함. 이를 통해 촌락지, 고분(墓葬), 제련소(冶炼址) 등의 유적을 탐사하였음.
○ 『通化縣文物志』에 따르면 赤柏松古城에서 가장 가까운 유적은 黎明유적, 黎明4隊유적, 黎明6隊유적

이라고 함. 이들 유적지는 대체로 청동기시대로 여겨짐. 黎明村 서쪽의 小靴鞍草溝와 동쪽의 河口村 사이 지역에는 해발 고도 400m 전후인 계단상 대지가 10여 곳 분포함. 계단상 대지는 북쪽으로는 산에 의지하고, 남쪽으로는 喇蛄河 충적 평야에 잇닿아 있는데, 이곳에서 고대 유물을 다량 분포한 사실을 확인함.

① 黎明유적
○ 黎明유적은 통화현성에서 3.5km 떨어져 있음.
○ 黎明유적 내에서 조사 채집한 유물로는 石鎬, 石斧, 끌(石凿), 고리 형태(環形)의 석기, 刮削器, 砍砸器, 陶制品 및 陶器片 등이 있음(그림 16).
○ 유적의 지표에 토기편이 비교적 풍부하게 흩어져 있으며, 기형으로는 굽접시다리(豆足), 바닥(器底), 손잡이(器耳), 구연부(口沿) 등과 함께 가락바퀴(紡輪)와 구슬(陶朱) 등이 있음.
○ 가락바퀴는 모래혼입 황갈색 토기로 옅은 황색이며, 수제품임. 원반형(圓餠形)으로 직경 4.6cm, 두께 1.8cm, 구멍 직경 0.6cm. 赤柏松古城 내에서 출토된 토제가락바퀴와 형태가 일치함.
○ 굽접시다리(豆足)는 모두 기둥 모양의 空心이며, 가는 모래 혼입 토기로 굽이 높고 낮은 두 종류로 분류됨.
○ 손잡이(器耳)는 대상파수(橋狀耳), 혹 모양(瘤狀耳), 작은 돌기 형태(小乳釘耳), 고리 형태(環耳) 등이 있음.
○ 구연부는 折脣과 外侈方脣 두 종류가 있음.
○ 토기의 태토는 니질 토기(泥質陶), 가는 모래 혼입 토기(夾細沙陶), 굵은 모래 혼입 토기(夾粗砂陶) 등 세 종류가 있음. 니질 토기는 회색과 흑색 두 종류가 있음. 가는 모래 혼입 토기는 홍갈색, 황갈색, 청회색, 회색 등이 있는데, 소성 온도는 낮은 편임. 器底 일부는 소성온도가 비교적 높으며, 표면은 단단하고 견고하며, 겉과 안의 색깔이 같지 않음. 굵은 모래 혼입 토기는 갈

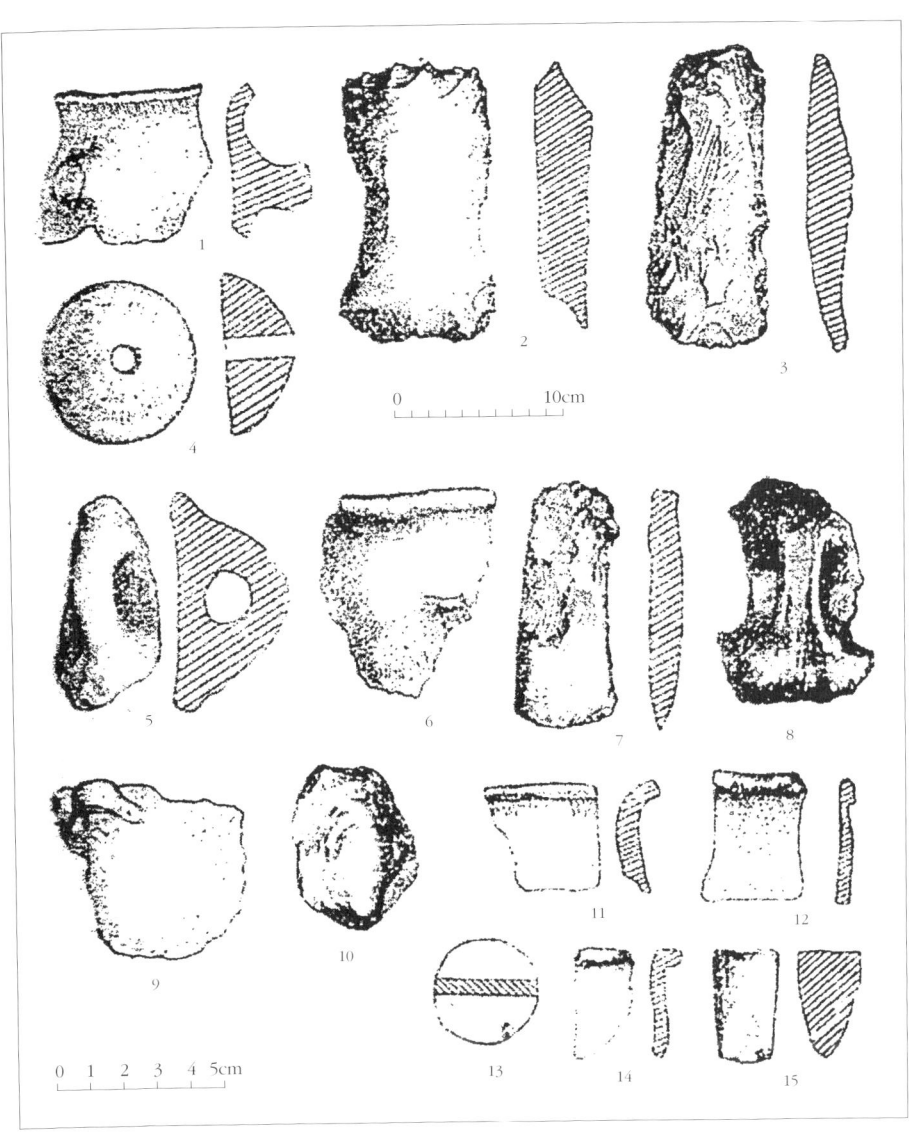

그림 16
여명유적 채집유물
(王義學, 2008, 46쪽)

색, 회색, 황갈색 등이 있는데, 雲母 알갱이를 첨가한 것이 있음.
○ 토기의 연대는 여러 시기에 걸쳐 있지만, 대체로 청동기시대에서 漢代에 속함. 니질 토기와 가는 모래 혼입 토기는 赤柏松古城에서 출토한 토기편과 제작방식과 형태가 모두 일치함.

② 大都嶺鄕 소재 고구려 고분
○ 『通化縣文物志』에 따르면 赤柏松古城에서 가장 가까운 거리의 고분은 大都嶺鄕에 분포한 고분군임. 이들 고분군은 모두 고구려시기로 편년되는데, 최근 조사에서도 赤柏松古城과 같은 시기의 고분은 발견되지 않았음.

③ 니켈 광산(鎳礦)
○ 赤柏松古城 서쪽에 니켈 광산이 있으며 현재도 채굴하고 있음. 이 니켈 광산이 兩漢시기에도 이용되었는지는 명확하지 않음. 향후 과제임.

6. 출토유물

柳嵐·滿承志·邵春華, 1987의 기술내용

(1) 암키와(그림 17)
○ 출토지 : 적백송고성.
○ 형태 : 두께가 비교적 얇고 기와 상단부는 민무늬인 반면 몸체에는 사선방향의 가는 노끈무늬.

(2) 암키와(그림 18)
○ 출토지 : 적백송고성.
○ 형태 : 두께가 비교적 얇고, 민면인 상부에 철현문 시문.

(3) 암키와(그림 19)
○ 출토지 : 적백송고성.
○ 형태 : 상반부의 철현문 위에 사선방향으로 노끈무늬가 시문, 하반부에 수직방향의 노끈무늬 시문.

(4) 암키와(그림 20)
○ 출토지 : 적백송고성.
○ 크기 : 두께 1cm 정도.
○ 형태 : 소성온도가 낮고 얇은편. 상단부에는 무늬가 없고 몸체에는 승문, 내면에는 포흔이 있음.
○ 태토 및 색깔 : 사질 황갈색.

(5) 수키와(그림 21)
○ 출토지 : 적백송고성.
○ 두께 : 상단부 1.5cm, 몸체 1.2cm.
○ 형태 : 소성온도가 비교적 높고 굳고 단단함. 무늬는 없으며 내면에는 포흔이 있고 기와홈이 매우 깊음.
○ 태토 및 색깔 : 사질 회색.

그림 17 암키와
(『博物館研究』 1987-3, 61쪽)

그림 18 암키와
(『博物館研究』 1987-3, 61쪽)

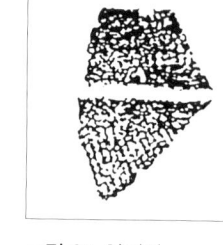

그림 19 암키와
(『博物館研究』 1987-3, 61쪽)

그림 20 암키와
(『博物館研究』 1987-3, 61쪽)

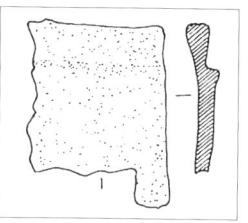
그림 21 수키와
(『博物館研究』 1987-3, 62쪽)

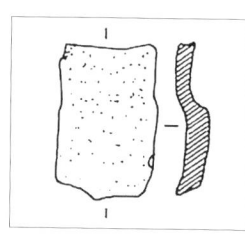
그림 22 수키와
(『博物館研究』 1987-3, 62쪽)

그림 23 수키와
(『博物館研究』 1987-3, 62쪽)

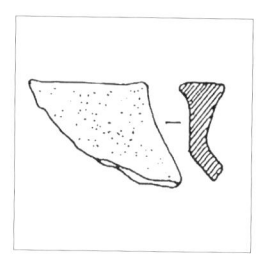
그림 24 토기 구연부
(『博物館研究』 1987-3, 62쪽)

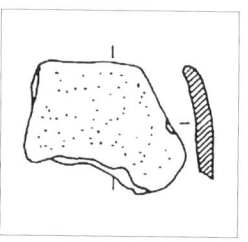
그림 25 토기 구연부
(『博物館研究』 1987-3, 62쪽)

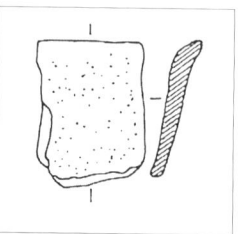
그림 26 토기 구연부
(『博物館研究』 1987-3, 62쪽)

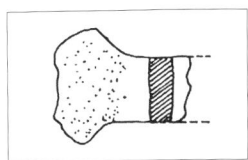
그림 27 토기 파수
(『博物館研究』 1987-3, 62쪽)

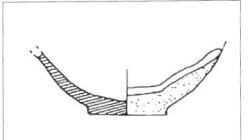
그림 28 토기 저부
(『博物館研究』 1987-3, 62쪽)

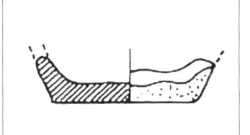
그림 29 토기 저부
(『博物館研究』 1987-3, 62쪽)

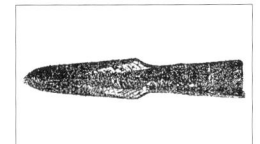
그림 30 청동제창
(『博物館研究』 1987-3, 62쪽)

(6) 수키와(그림 22)
○ 출토지 : 적백송고성.
○ 크기 : 두께 1cm 정도.
○ 형태 : 소성온도가 낮고 몸체도 얇은 편. 무늬는 없음.
○ 태토 및 색깔 : 사질 황갈색.

(7) 수키와(그림 23)
○ 출토지 : 적백송고성.
○ 크기 : 두께 1.8cm.
○ 형태 : 무늬는 판별하기 힘드나 사선방향으로 볼록하게 돋아난 선문이 확인됨.
○ 태토 및 색깔 : 사질 홍갈색.

(8) 토기 구연부(그림 24~그림 25)
○ 출토지 : 적백송고성.
○ 수량 : 2점.
○ 형태 : 소성온도가 비교적 높고 단단하며 녹로로 제작. 하나는 입술이 편평하며, 하나는 둥근입술임.
○ 태토 및 색깔 : 니질 회색토기.

(9) 토기 구연부(그림 26)
○ 출토지 : 적백송고성.
○ 형태 : 뾰족한 입술이 외반되었으며 소성온도가 낮고 조악한 편.
○ 태토 및 색깔 : 사질 갈색토기.

(10) 토기 파수(그림 27)
○ 출토지 : 적백송고성.
○ 형태 : 띠고리모양. 태토는 사질 갈색토기인 구연부와 비슷한데, 동일한 개체일 가능성.
○ 태토 및 색깔 : 사질 갈색토기.

(11) 토기 저부(그림 28)
○ 출토지 : 적백송고성.
○ 크기 : 직경 5.7cm.
○ 형태 : 평저. 소성온도는 비교적 낮음.
○ 태토 및 색깔 : 사질 갈색토기.

(12) 토기 저부(그림 29)
○ 출토지 : 적백송고성.
○ 크기 : 직경 7cm.
○ 형태 : 소성도는 비교적 높음. 평저.
○ 태토 및 색깔 : 사질 회갈색토기.

(13) 석제구슬
○ 출토지 : 적백송고성.
○ 수량 : 4점.
○ 형태 : 자연석을 갈아 제작.

(14) 청동제창(그림 30)
○ 출토지 : 적백송고성의 서북쪽 300m 지점에서 도로공사를 하던 중 발견.
○ 크기 : 전체 길이 14.2cm, 몸체 길이 8cm, 너비

2.7cm. 쫄口 길이 2.1cm, 너비 1.3cm, 깊이 7.9cm.
○ 형태 : 주조품. 몸체는 납작하고 길며, 등줄기 양옆에 피홈이 있고, 피홈 안쪽에는 사선방향의 나뭇잎무늬가 있음. 쫄口 타원형. 끝부분은 둥글면서 예리함.

(15) 청동제화살촉
○ 출토지 : 적백송고성 동남쪽 산에서 대량 출토.
○ 형태 : 三翼形.

王義學, 2008의 기술내용(그림 31)

2006~2008년 발굴조사에서 토기와 철기 및 건축자재가 다량 출토됨.

1) 철기(鐵器)
○ 비교적 다량 발견되었음.
○ 생산 공구, 병기, 수레 부속품과 마구(車馬具), 건축재료 등 4종류로 크게 분류할 수 있음. 생산 공구는 대부분 철제괭이(鐵钁), 철제가래(鐵鍤), 철제낫(鐵鐮), 철제송곳(鐵錐) 등임. 병기는 주로 철제화살촉(鐵鏃)과 철제창고달(鐵鐏 : 창물미) 등이 있음.

(1) 철제괭이(鐵钁)
○ 철제괭이(鐵钁)는 모두 괭이(钁)의 공부 자리가 수직임(竪銎).
○ 몸체는 장방형이거나 방형 혹은 長條形임.
○ 공부 자리가 수직임(竪銎). 공부 부분(銎部)이 칼날 부분(刃部)과 같거나 혹은 넓음. 공부 부분이 칼날 부분(刃部)보다 좁은 것도 있음. 器身은 대체로 두껍고 무거움.
○ 공부 부분(銎部)과 칼날 부분(刃部)의 비례 및 양측과 날 부분의 변화에 근거해서 4가지 유형으로 분류할 수 있음.

① 철제괭이(鐵钁) A형
○ 출토지 : 적백송고성.
○ 공부 부분(銎部)과 칼날 부분(刃部)은 대체로 너비가 같으며 양측은 평평하고 곧음(平直). 표본으로 T1011⑤:4, T1012③:8, T1012③:13, T1012③:14, T1012③:23이 있음.

② 철제괭이(鐵钁) B형
○ 출토지 : 적백송고성.
○ 공부 부분(銎部)은 칼날 부분(刃部) 보다 약간 넓으며, 양측은 평평하고 곧음(平直). 표본으로 F1②:21, T1011⑤:26, T1056②:16, F3①:2, F3①:10, F6①:1이 있음.

③ 철제괭이(鐵钁) C형
○ 출토지 : 적백송고성.
○ 양측은 약간 안쪽으로 활모양으로 휘어지며(內弧), 약간 허리가 잘록한 모양임.
○ 표본으로 T1056①:7, T1056①:12, T1056③:8이 있음.

④ 철제괭이(鐵钁) D형
○ 출토지 : 적백송고성.
○ 괭이(钁)는 삽형(鍤形).
○ 수량은 1점인데, 표본으로 T1056③:20이 있음.

(2) 철제가래(鐵鍤)
○ 비교적 많이 발견되었으며 모두 가래의 구멍(鍤口)이 곧음(直).
○ 두 가지 유형으로 분류됨.

① 철제가래(鐵鍤) A형
○ 출토지 : 적백송고성.
○ 器形은 규정적임. 공부의 입구(銎口)와 날의 입구

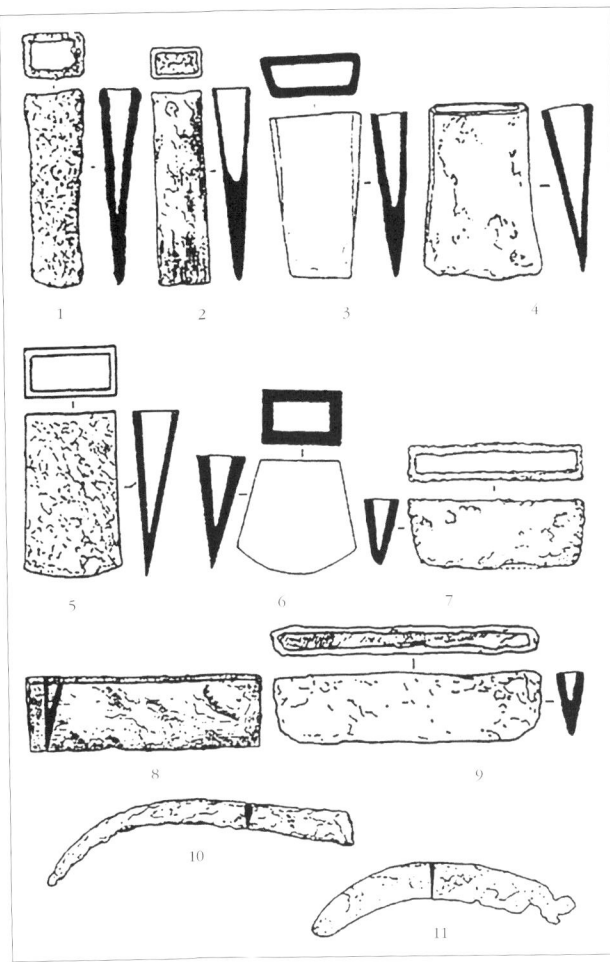

그림 31 적백송고성 기타 지구 출토 한대 철기
(王義學, 2008, 54쪽)

(刃口)와 양측 가장자리는 모두 평평하고 곧음(平直).
○ 평면은 횡장방형이거나 혹은 위는 넓고 아래는 좁은 역사다리꼴 형태를 띰. 표본으로 T1011⑤:6, T1011⑤:10, T1011⑤:11, T1011⑤:12, T1056②:2, T1012③:22가 있음.

② 철제가래(鐵鍤) B형
○ 출토지 : 적백송고성.
○ 칼날은 곧거나 혹은 약간 바깥으로 휘어 있고(外弧), 칼날의 모서리는 둥그스름하며, 칼날 부분은 약간 좁음. 표본으로 T1009⑤:4, T1012③:6, T1013④:5,

T1053③:9가 있음.

(3) 철제낫(鐵鎌)
○ 수량 : 4점.
○ 2가지 유형으로 분류됨.

① 철제낫(鐵鎌) A형
○ 출토지 : 적백송고성.
○ 낫의 몸체(鎌體)는 後部가 직각에 가깝고(近直), 前部는 휘었음(彎曲).
○ 낫의 몸체(鎌體)는 비교적 길며, 손잡이 끝은 낫의 몸체와 대체로 너비가 같음. 등 쪽에 등뼈(起脊)가 있음.
○ 표본으로 T1011⑤:18, T1010⑤:22가 있음.

② 철제낫(鐵鎌) B형
○ 출토지 : 적백송고성.
○ 낫의 몸체(鎌體)는 휘었음. 器身은 A형보다 짧음. 손잡이 끝은 낫의 몸체(鎌體)보다 좁으며, 등 부분에 등뼈(起脊)가 있음.
○ 표본으로 T1056③:22, T1056③:27이 있음.

(4) 철제송곳(鐵錐)
○ 출토지 : 적백송고성.
○ 수량 : 1점.
○ 사릉의 錐모양. 공부(銎)는 네모남.
○ 길이 11cm. 공부 입구 직경 2.8cm.
○ 표본은 F3①:1.

(5) 철제화살촉(鐵鏃)
○ 출토지 : 적백송고성.
○ 비교적 소량 발견되었음.
○ 화살촉은 주로 삽형(鍤形, F1①:1), 뱀머리형(蛇頭形, T1009⑤:3), 마름모꼴(菱形, F1①:14)이 있음.

(6) 철제창고달(鐵鐏 : 창물미)

○ 출토지 : 적백송고성.

○ 수량 : 1점.

○ 형태 : 원추형, 중간은 비어 있음. 봉부는 원형임(圓銎).

○ 크기 : 길이 13cm, 봉부(銎) 口徑 3cm.

○ 표본으로 F3①:9가 있음.

(7) 철제수레바퀴 굴대축(鐵車輨)

○ 출토지 : 적백송고성.

○ 형태 : 모두 파손되었음. 형태로 보아 모두 圓筒形임. 원형의 구멍이 뚫려 있음(圓穿).

○ 크기 : 직경 5.5cm, 길이(器長) 3.3cm.

2) 청동기(銅器)

비교적 소량 발견되었으며, 기형은 화살촉, 방울, 동전 등이 있음.

(1) 청동화살촉(銅鏃)

○ 출토지 : 적백송고성.

○ 수량 : 3점.

○ 모두 머리는 청동기이며 경부는 철제임(銅頭鐵鋌), 뱀머리 형태임(蛇頭形).

(2) 청동방울(銅鈴)

○ 출토지 : 적백송고성.

○ 수량 : 1점.

○ 위아래가 연결되어 있고, 그 위에는 원형의 뚫린 구멍이 하나 있음.

(3) 동전(銅錢)

○ 출토지 : 적백송고성 T0882의 제②층.

○ 1매.

○ 剪輪 五銖

3) 석기

주로 돌화살촉(石鏃)과 석구(石球)임.

(1) 돌화살촉(石鏃)

3가지 유형으로 분류됨.

① 돌화살촉(石鏃) A형

○ 출토지 : 적백송고성.

○ 평면은 삼각형에 가까움. 가운데 등뼈(脊)가 있으며, 꼬리에 짧은 날개가 있음. 경부(鋌)는 둥근 기둥 모양임.

○ 표본으로 T1009⑤:2가 있음.

② 돌화살촉(石鏃) B형

○ 출토지 : 적백송고성.

○ 三棱狀. 가운데 등뼈(脊)가 있으며, 꼬리 끝에 날개가 없음. 경부(鋌)는 둥근 기둥 모양임.

○ 표본으로 T0883①:1이 있음.

③ 돌화살촉(石鏃) C형

○ 출토지 : 적백송고성.

○ 三棱狀. 가운데 등뼈(脊)가 있으며, 한쪽에 홈(凹槽)이 있음. 꼬리에 짧은 날개가 있음. 경부(鋌)는 철제임.

○ 표본으로 T1010⑤:17, T1013④:2가 있음.

(2) 석구(石球)

○ 출토지 : 적백송고성.

○ 수량 : 1점.

○ 크기 : 직경 5cm.

○ 형태 : 타제임.

○ 표본으로 T0840①:2가 있음.

4) 토기(陶器)

○ 일용 토기는 비교적 소량 발견되었으며, 또 대부분 파손되었음.

○ 대부분 물레 제작(輪制)이며, 소량은 手制임.

○ 대형은 대체로 니조반축법(泥條盤築法)을 채용하였음.

○ 태토는 가는 모래혼입과 니질 두 종류가 있으며, 그 중에 니질토기가 많음.

○ 색깔은 주로 회색이 많고, 그 다음이 紅陶임.

○ 기형은 호(罐, 壺), 시루(甑), 뚜껑(器蓋), 가락바퀴(方輪) 등이 있음.

○ 손잡이(器耳)는 대상파수(橫狀橋耳)만 보임.

○ 표면은 대체로 민무늬(素面)이며, 소량은 동체에 선문(弦文)을 시문하였음.

(1) 호(陶罐)

○ 출토지 : 적백송고성.

○ 대부분 구연이 내반하였고, 구순은 뾰족함(斂口尖脣).

(2) 호(陶壺)

○ 출토지 : 적백송고성.

○ 대부분 목이 곧고(直頸), 구연은 외반하였으며(侈口), 구순은 뾰족함(尖脣).

○ 대형은 대부분 구순은 각이 져 있으며(方脣), 구연은 끝이 올라갔고(圈沿) 내반하였음(斂口).

(3) 가락바퀴(陶紡輪)

○ 출토지 : 적백송고성.

○ 수량 : 2점.

○ 1점은 떡 모양(餅狀)으로 한 면에 착점문(戳点文)을 시문하였음.

○ 다른 1점은 만두머리 모양임(饅首狀).

5) 기와(瓦)

○ 건축재료로 주로 수키와(筒瓦)와 암키와(板瓦)가 발견되었으며, 와당은 발견되지 않았음.

○ 모두 니질의 홍색이거나 혹은 니질의 회색임.

(1) 수키와(筒瓦)

○ 출토지 : 적백송고성.

○ 수량 : 비교적 많이 발견되었음.

○ 문양 : 외면(凸面)은 대체로 민무늬(素面)이며, 선문(弦文)과 繩文이 시문되었음. 繩文은 가는 繩文과 굵은 繩文 두 종류로 나뉨. 안쪽면(凹面)에는 布文이 남아 있음.

○ 태토와 색깔 : 대체로 니질의 紅色陶이거나 혹은 니질의 灰色陶임.

(2) 암키와(板瓦)

○ 출토지 : 적백송고성.

○ 문양 : 대부분 파편임. 대체로 선문(弦文)이 시문되었으며 상반부에는 繩文도 시문되었고 하반부에는 선문(弦文)이 시문되었음. 소량의 선문(弦文)상에 수직 모양(竪狀)의 가는 승문이 더해서 시문되었으며 어떤 것은 상단부(瓦頭)상에 連珠文을 찍어(戳印) 시문되었음.

○ 태토와 색깔 : 모두 오렌지색(橘紅色)이거나 혹은 청회색임.

7. 역사적 성격

1) 지정학적 위치

적백송고성은 通化縣城인 快大茂鎭 서남쪽 2.5km 지점의 臺地에 위치함. 이곳은 고구려 건국지인 桓仁縣에서 通化縣으로 나아가는 교통로의 요충지일 뿐 아니라, 제2현도군이 위치했던 蘇子河 유역에서 富爾江

상류를 경유해 通化縣으로 나아가는 교통로의 요충지이기도 함.

2) 성곽의 사용 시기와 구조

(1) 성곽의 조영과 사용 시기

적백송고성은 발견 초기부터 漢代에 축조하였을 것으로 파악되었는데, 王義學은 2005~2007년의 고고조사를 바탕으로 축조 시기를 보다 구체적으로 고찰함. 성 내부에서 출토된 토기는 매우 적고 대부분 깨진 파편이어서 편년하기가 쉽지 않음. 이에 철기의 형식을 통해 성곽의 조영과 사용 연대를 파악함. 성 내부에서 출토된 철기는 철제괭이(鐵钁), 철제가래(鐵鍤), 철제낫(鐵鐮) 등이 있음.

적백송고성 출토 A형 철제괭이는 공부(銎部)가 수직으로 洛陽 燒溝漢墓 M97:27 출토품과 같음. 연대는 전한 말기로 이러한 괭이는 武夷山城村漢城 등지에서도 출토되었음. 鄭州 古滎鎭과 桑植 朱家臺에서도 공부가 수직인 철제괭이가 출토되었는데, 그 형태는 적백송고성 출토 B형 괭이와 일치하며, 연대는 전한 말기에서 후한 전기에 해당함. 적백송고성 출토 C형 철제괭이도 공부가 수직으로 鶴壁鹿樓 출토품과 일치하는데, 연대는 전한시기임. 이러한 유형의 괭이는 南陽 瓦房廣 등에서도 출토되었음. 적백송고성 출토 D형 철제괭이도 공부가 수직으로 興安 七里圩 출토품과 일치하는데, 연대는 전한 중·말기에 해당함.

적백송고성 출토 A형 철제가래(鐵鍤)와 같은 것이 洛陽 燒溝漢墓에서 출토된 바 있는데, 이러한 유형의 철제가래는 漢 長安城 禮制건물, 隴縣 店子漢墓, 桑植 朱家臺鑄鐵유적 등에서도 발견되었음. 적백송고성 출토 B형 철제가래는 錦西 小荒地古城址 출토품과 동일한데, 연대는 전한시기임. 이러한 유형의 가래는 巩縣 鐵生溝 등지에서도 출토되었음.

적백송고성 출토 A형 철제낫(鐵鐮)과 같은 것이 洛

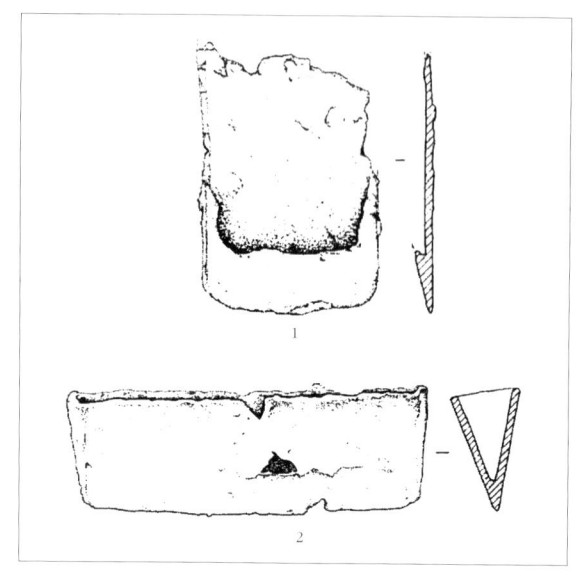

그림 32 오녀산성 3기 문화 철기(王義學, 2008, 55쪽)

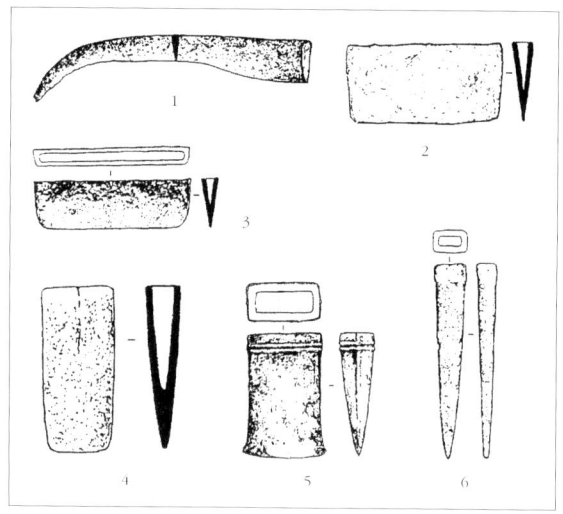

그림 33 유수노하심유적 중층 출토 한대 철기

陽 燒溝漢墓에서 출토된 바 있는데, 연대는 전한 말임. 이러한 유형의 철제낫은 長葛 石固漢墓, 楡樹 老河深墓地 등에서도 출토되었음. 적백송고성 출토 B형 철제낫은 南陽 瓦房廣 출토품과 동일한데, 연대는 漢代임. 이러한 유형의 철제낫은 長葛 石固漢墓, 寶鷄 斗鷄臺 西漢墓 등에서도 발견되었음.

이상의 철기 형태의 비교를 통해 적백송고성의 조영

과 사용 연대는 전한 중·후기에서 후한대까지라고 파악할 수 있음(王義學, 2008, 21~22쪽).

한편 환인 오녀산성 3기 문화는 兩漢시기에 해당하는데, 적백송고성 출토품과 형태가 일치하는 철제괭이와 철제가래가 다량 출토되었음(그림 32). 楡樹 老河深墓地에서도 적백송고성 출토품과 동일한 철제괭이, 철제가래, 철제도끼(空首斧), 철제낫 등이 다수 출토되었음(그림 33).

楡樹 老河深묘지에서는 고분 129기를 발굴하였는데, 연대는 전한 말에서 후한 초까지 해당됨. 吉林市 帽儿山墓地에서도 공부가 수직인 철제괭이와 함께 철제가래가 출토되었는데, 연대는 전한 중·말기에 해당함. 東豊 大架山遺址 上層과 寶山遺址 上層에서도 적백송고성 출토품과 동일한 철제괭이, 철제가래, 철제낫 등이 출토되었음.

적백송고성 내부의 ②층 퇴적층에서 剪輪五銖 1점이 출토되었는데, 剪輪五銖는 전한 武帝-昭帝시기에 출현하여 후한 중·후기까지 사용되는데, 후한 말기나 그 이후에 더 많이 사용되며 특히 변경지대에서 붐을 이룸. 이로 보아 적백송고성의 축조 시기는 전한 武帝-昭帝代보다 이르지 않을 것으로 보임. 적백송고성의 조영과 사용 시기는 한 현도군의 설치 시기와 거의 부합함(王義學, 2008, 25~26쪽).

(2) 성곽의 구조

王義學은 2005~2007년의 고고조사를 바탕으로 적백송고성의 구조를 보다 구체적으로 고찰함. 漢은 변경과 남방 일부 지구를 제외하고 전국을 통일적인 군현 통치체계에 편입시켰는데, 縣城의 규모는 대체로 전체 둘레가 1,000~3,000m이고, 郡治가 있는 縣城 가운데 큰 것은 3,000~5,000m임. 북방 변방의 縣城은 군사방어적 성격이 강하며 규모도 약간 작은데, 朔方郡 窳渾縣城, 三封縣城처럼 전체 둘레가 1,000m 이하인 성곽도 드물지 않음.

적백송고성은 전체 둘레 1,053m로 이러한 사례에 해당함. 新賓 永陵漢代古城址(즉 高句麗縣의 舊址)도 전체 둘레가 700m임. 성벽 구조상 적백송고성은 漢代 축성 방식의 영향을 크게 받았음. 2007년에 적백송고성의 성벽 단면을 조사했는데, 지역적 특성을 보이지만 기본적으로 漢代 중원지구의 판축토성과 동일함. 漢代 성벽에 부속한 방어시설로는 문루, 각루, 옹성, 치성 등이 있는데, 적백송고성에도 각루 유적을 3곳 발견함. 아울러 2007년 성벽 단면 조사에서 성가퀴(女墻)를 발견하였는데, 적백송고성이 漢代 성곽의 영향을 깊이 받았음을 반영한다고 파악함(王義學, 2008, 23~25쪽).

3) 성곽의 역사지리 비정

(1) 漢代 玄菟郡 上殷臺縣의 治所說

1980년대에 고성을 발견한 다음 출토유물을 근거로 漢代 현도군의 군현성으로 비정함. 즉 고성에서 출토된 繩紋板瓦와 灰色筒瓦는 內蒙古 哲里木盟 善寶營子 漢代城址에서 출토된 漢代의 기와와 동일하며, 토기는 전형적인 漢代 토기이며, 판축기법과 角樓 유구도 漢代의 축성법과 동일하다고 파악함. 이에 적백송고성을 漢 玄菟郡 上殷臺縣의 치소로 비정함(吉林省文物志編委會, 1986, 60~63쪽 ; 邵春華·溝承志·柳崗, 1987, 60~63쪽).

(2) 高句麗 沿用說 및 遼代 東京道 淥州 예하의 正州說

적백송고성 내부에서는 아직까지 고구려시기 유물은 출토된 바 없음. 이에 중국학계에서는 대부분 적백송고성을 漢 玄菟郡의 上殷臺縣으로 비정함.[3] 다만 고

---

3 王綿厚, 1994, 81쪽에서는 적백송고성을 제2현도군의 서개마현으로 비정하였음.

구려가 현도군을 요동방면으로 물리친 다음, 적백송고성을 연용했을 가능성을 상정하기도 함(王綿厚, 2002, 114쪽). 또 고성 내부에서 遼代의 토기나 자기가 출토된다는 점을 근거로 沸流國의 故地에 설치했다는 東京道 淥州 예하의 正州로 비정하기도 함(邵春華·溝承志·柳崗, 1987, 63쪽).

(3) 玄菟郡의 변천과 적백송고성의 성격

王義學은 玄菟郡의 변천을 고려하여 적백송고성을 上殷臺縣의 치소로 비정한 다음 그 치폐 과정을 고찰함. 그는 현도군의 치소가 기원전 108~82년에는 옥저성(제1현도군), 기원전 82년~후한 말에는 고구려성(영릉진고성 ; 제2현도군), 후한 말에서 晉末까지는 현도성(무순 노동공원고성 ; 제3현도군) 등으로 변천했다고 파악한 다음, 적백송고성을 제2현도군 시기의 上殷臺縣 치소로 파악함.

王義學은 제2현도군의 범위를 남쪽으로는 청천강과 대동강 상류 북안에 이르러 낙랑군과 연접하고, 북쪽으로는 길림합달령산맥과 휘발하 일대에서 부여와 이웃하며, 서쪽은 요동군과 장성을 경계로 하였고, 동쪽은 백두산을 경계로 옥저와 연접하였다며 그 범위를 상당히 넓게 설정함. 그런 다음 적백송고성은 제2현도군 시기에 上殷臺縣의 관할구역에 위치하였다고 상정하고, 삼국시기에 현도군의 요동방면 이치와 함께 上殷臺縣도 옮겨졌다고 추정함.

고고 자료로 보아 적백송고성의 사용 시기는 兩漢 시기에 해당하는데, 漢 武帝가 현도군을 설치한 이래 그 속현은 曹魏시기까지 高句麗, 西蓋馬, 上殷臺, 高顯, 侯城, 遼陽, 望平 등 7개가 확인됨. 이 가운데 高顯, 侯城, 遼陽 3현은 본래 요동군에 속했는데, 후한 안제가 현도군의 방어를 강화하기 위해 그 소속을 바꾼 것임. 망평현도 삼국시기에 현도군에 소속된 것임. 漢 무제가 설치한 縣은 高句麗, 西蓋馬, 上殷臺 등 3개임.

이 가운데 高句麗縣은 제2현도군의 군치가 소재한 곳으로 신빈현 경내의 영릉성지로 비정됨. 그리고 西蓋馬縣은 지금의 백두산과 낭림산을 지칭하는 蓋馬大山에서 유래한 명칭으로 그 범위는 백두산에서 서안평 동쪽의 포석하 일대에 이르는 지역임. 西蓋馬縣은 昭帝 始元 5년에 진번군을 현도군으로 개속하면서 속현으로 삼은 것으로 縣治는 지금의 집안현성 부근에 해당하다고 파악함.

한편 上殷臺縣의 위치에 대해 光緒 연간에 간행된 『吉林通志』에서는 길림시 일대로 비정하기도 함. 그렇지만 길림시 일대는 부여의 중심지로 상은대현은 길림시 남쪽 천여 리 지점에 위치했다고 보아야 함. 이에 신빈현 동쪽 10km 거리의 白旗堡古城을 上殷臺縣의 故址로 보기도 하지만(徐家國, 1984), 고구려현이 위치한 신빈현 경내에 縣治를 2개나 설치했다고 보기는 어려움. 그러므로 통화현에 위치한 적백송고성이 부여 남쪽 천여 리 지점으로 上殷臺縣의 故址에 해당한다고 파악됨.

『漢書』지리지에는 高句麗縣, 上殷臺縣, 西蓋馬縣 등의 순서로 기재되어 있음. 高句麗縣과 西蓋馬縣의 방위로 볼 때, 上殷臺縣은 고구려현과 서개마현 사이의 옛 교통로에 해당된다고 추정됨. 신빈현 영릉진 漢代고성에서 압록강 중류의 집안지역 사이에는 본래 남북 두 교통로가 있었음. 이 가운데 남로는 旺淸門에서 富爾江을 따라 남쪽으로 내려가다가 혼강을 지나고 신개하를 거슬러 노령산맥을 넘어 집안에 도달하는 노선임. 북로는 旺淸門에서 하류를 따라 북행하다가 통화현(快大茂)에 이른 다음 남행하여 혼강을 지나 葦沙河, 淸河 골짜기를 거슬러 老嶺산맥을 넘어 집안에 도달하는 노선임. 적백송고성은 고구려 북도의 전략적 요충지임.

최근 고고조사를 통해 적백송고성을 2차 수리한 사실을 확인했는데, 이는 고구려가 현도군에 대한 공격과 점유를 반복한 역사적 상황과 부합됨. 또 북도에는 신빈 白旗堡古城과 적백송고성이 위치했는데, 두 고성은 초기 고구려의 서북 邊界로 제2현도군에서 고구려를 오가는 옛길 부근에 위치한 것으로 파악됨. 특히 白旗堡古城은 제2현도군(신빈현 영릉진한성)의 동쪽 50리, 비류수(지금의 부이강)의 서쪽 40리에 자리하는데, 제2현도군 동쪽에 축조했다는 '책구루'로 비정됨.

적백송고성에서는 수키와와 암키와가 대량으로 출토되고, 배수시설과 회랑 유구도 조사함. 이러한 유물로 보아 적백송고성은 漢代의 縣治所로 비정할 수 있음. 漢代古城과 교통로의 분포상황으로 보아 적백송고성은 초기 고구려 국경의 북쪽에 위치하며, 남쪽으로 鹽難水(지금의 渾江)와 약 50리 떨어져 있고, 요동군이나 제2현도군에서 고구려로 나아가는 도로에 자리함. 현재 적백송고성 아래에는 남쪽으로 집안이나 환인, 서쪽으로 신빈에 도달하는 도로가 있는데, 이 도로의 방향은 고구려 北道와 기본적으로 일치함. 이러한 제반 상황으로 보아 적백송고성은 上殷臺故址로 비정할 수 있음.

적백송고성은 전한시기의 여러 유형의 도시 가운데 변경을 개척하기 위해 증치한 경우에 해당함. 적백송고성은 크게 두 시기로 나뉘는데, 두 시기의 건축형식과 유물의 형태는 뚜렷한 변화가 없음. 제1기의 건축은 대체로 2차 수리한 흔적이 있고, 많이 훼손되었음. 반면 제2기 유적은 사용기간이 매우 짧고 완성되기 전에 폐기된 것도 있음. 적백송고성의 폐기는 고구려의 흥기에 따른 현도군의 移置와 깊이 연관되는 것으로 보임. 적백송고성 내부에서는 대규모 2차 수리 현상이 확인되며, 제2기 유적 가운데 완공하지 못한 것도 다수 있음. 이는 고구려가 上殷臺를 탈취한 후 성을 이용하지 않고 폐기했음을 반영함(王義學, 2008, 26~35쪽).

王義學의 견해처럼 玄菟郡의 치소가 여러 차례 옮겨졌음. 또 고고조사 결과 적백송고성은 한 차례 폐기되었다가 중건된 사실도 확인되었음. 다만 玄菟郡의 移置 과정이나 적백송고성의 사용 시기에 대한 王義學의 견해는 재검토가 필요함. 상기한 바와 같이 王義學은 제1현도군은 기원전 108~82년, 제2현도군은 기원전 82년~후한 말, 제3현도군은 후한 말에서 晉末까지로 상정한 다음, 적백송고성은 제2현도군 上殷臺縣의 치소로 기원전 82년에서 후한 말까지 사용되었다고 파악함.

그렇지만 제1현도군은 치소 위치에 대해서는 논란이 분분하지만 그 시기는 기원전 107~75년, 제2현도군의 치소는 新賓 永陵鎭古城으로 그 시기는 기원전 75년에서 서기 1세기 말~2세기 초, 제3현도군의 치소는 撫順 勞動公園古城으로 그 시기는 서기 2세기 초에서 4세기 초 등으로 각각 상정됨. 특히 고구려는 서기 1세기 중반을 전후해 제2현도군의 분리통제책을 차단했으며, 97년을 전후해서는 제2현도군을 요동방면으로 몰아내고 蘇子河 유역까지 장악한 것으로 파악됨. 한의 현도군이 적백송고성을 후한 말까지 군현성으로 사용했다고 보기는 어려운 상황임.

王義學이 정리한 것처럼 적백송고성의 유구는 하층과 상층 두 개 문화층으로 구성되어 있음. 하층은 전한 중후기, 상층은 후한으로 비정되는데, 하층이 폐기되고 일정 시간이 흐른 다음 상층 유구가 조영된 것으로 파악됨. 특히 상층의 유구 가운데 상당수는 완공하지 못한 상태에서 폐기되었는데, 고구려에 의해 적백송고성이 점령당했기 때문으로 파악됨.

상기와 같은 현도군의 변천과 고고조사 양상을 고려하면, 적백송고성은 전한이 압록강 중상류 일대에 현도군을 설치하면서 처음 축조한 것으로 파악할 수 있음. 전·후한이 교체되는 혼란기에 폐기되었다가 후한이 현도군을 재정비하면서 중건을 시도했으나 완공하지 못한 상태에서 고구려에 의해 점령된 것으로 보임. 고구려가 서기 97년을 전후해 제2현도군을 요동방면으로 몰아냈으므로 서기 1세기 중반경에 적백송고성을 점령한 것으로 추정됨. 고구려가 국가적 성장을 이룩하며 제2현도군의 분리통제책을 차단하자, 현도군이 동쪽 경계에 책구루를 설치하였다고 하는데, 이 시기를 전후해 고구려가 적백송고성을 점령한 것으로 파악됨.

다만 적백송고성 내부에서 고구려 유물이 출토된 바 없으므로 고구려가 점령한 이후에는 사용하지 않고 폐기한 것으로 보임. 다만 적백송고성 하층과 상층의 주거지에서 온돌 유구가 확인되었는데, 고래의 상부에 漢代 기와를 얹었다는 점에서 온돌의 조영 주체는 漢人으로 추정됨. 즉 현도군의 군현성인 적백송고성에 파견된 漢人이 현지의 추운 기후에 적응하는 과정에서 온돌이라는 현지의 토착문화를 수용하여 난방한 것으로 추정됨(여호규, 2020, 5~30쪽).

참고문헌

- 徐家國, 1984, 「漢玄菟郡二遷址考略」, 『社會科學輯刊』 1984-3.
- 吉林省文物志編委會, 1986, 『通化縣文物志』.
- 邵春華·溝承志·柳崗, 1987, 「赤柏松漢城調査」, 『博物館研究』 1987-3.
- 方起東·劉景文, 1990, 「吉林省近十年考古工作的主要收穫」, 『博物館研究』 1990-1(林妶炫 譯, 1991, 『韓國上古史學報』 8).
- 吉林省地方志編纂委員會 編, 1991, 「赤柏松山城」, 『吉林省志』 43(文物志).
- 國家文物局 主編, 1993, 「通化市 - 自安山城」, 『中國文物地圖集』 吉林分冊, 中國地圖出版社.
- 王綿厚, 1994, 『秦漢東北史』, 遼寧人民出版社.
- 王禹浪·王宏北, 1994, 「中國吉林省通化縣赤栢松高句麗古城址」, 『高句麗·渤海古城址研究匯編』(上), 哈爾濱出版社.
- 余昊奎, 1998, 「通化 赤柏松古城」, 『高句麗 城』 I(鴨綠江中上流篇), 國防軍史研究所.
- 王綿厚, 2002, 『高句麗古城研究』, 文物出版社.
- 王義學, 2008, 「赤柏松古城考古發現及其相關問題研究」, 吉林大學碩士學位論文.
- 여호규, 2020, 「고구려와 한의 접경공간 변화에 따른 주민집단의 잡거」, 『역사문화연구』 74.

08 통화 이도구문관애
通化 二道溝門關隘

1. 조사현황

1) 1985년 5월
- 시행기관 : 通化市 文物普查隊.
- 조사내용 : 유적 발견, 현황 조사, 실측.
- 발표 : 『通化市文物志』게재.

2. 위치와 자연환경

1) 지리위치
- 관애는 通化市 鴨園鎭 鴨園村 二道溝門에 위치에 위치.
- 서쪽 2km에 鴨園村이 있고, 통화시 중심가에서 30km 거리임.
- 서북 24km에 자안산성이 있고 남쪽 34km에 石湖關隘가 있음.

2) 자연환경
- 관애는 大羅圈溝河 지류인 二道溝河 골짜기 입구에 위치.
- 관애는 높은 산 사이의 계곡에 위치하는데, 현지 주민들은 이 계곡을 二道溝門이라고 부름. 이 계곡은 좁고 길며, 계곡을 벗어나면 大羅圈溝河 유역의 개활지(하곡평지)가 펼쳐짐.

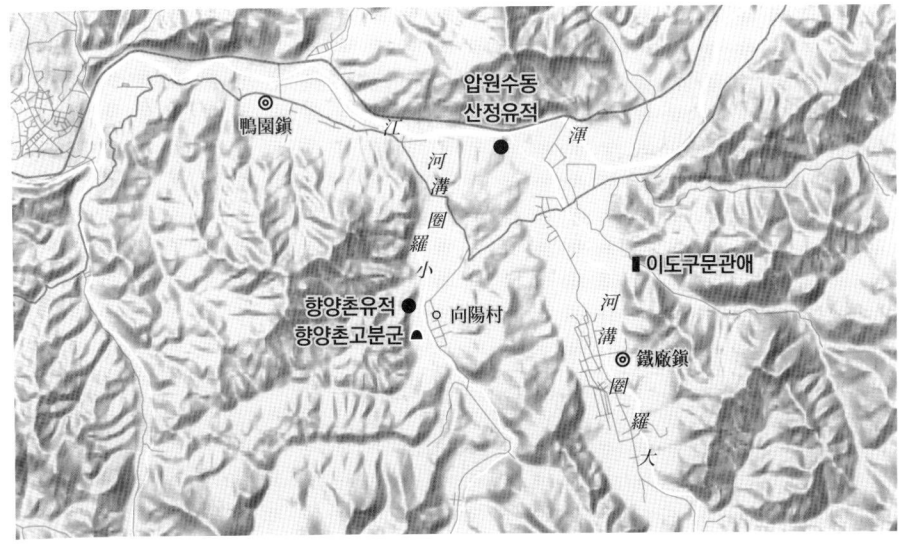

그림 1
이도구문관애 위치도

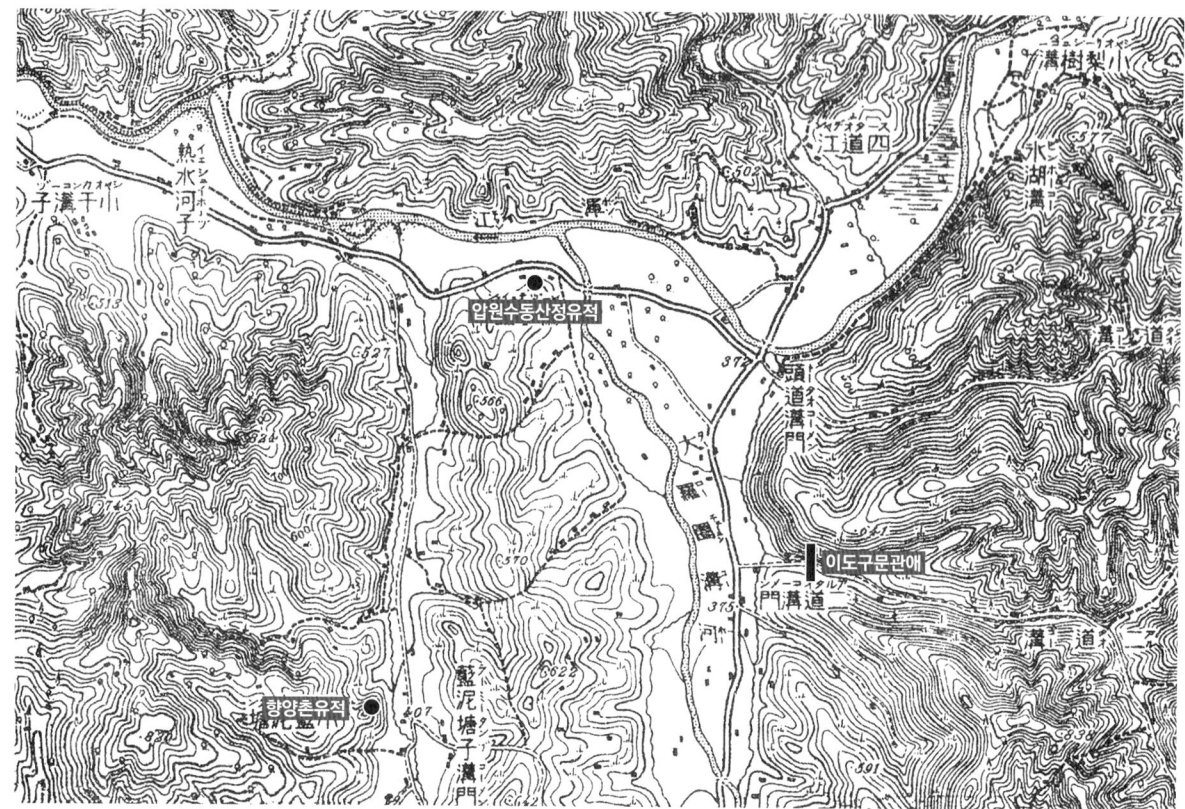

그림 2 이도구문관애 주변 지형도(滿洲國 10만분의 1 지형도)

3. 성벽의 전체현황

○ 골짜기 입구에서 안쪽으로 300m 들어온 지점의 협곡에 土石混築으로 성벽을 축조. 현지 주민들은 이 성벽을 '高麗城子'라고 부름. 성벽 바깥 북쪽에 산속으로 통하는 좁은 길이 있는데, '高麗道子'라고 부름.
○ 규모 : 전체 길이 약 250m. 잔고 0.3~0.7m. 험준한 자연지세를 이용하여 골짜기 입구에 성벽을 축조하여 방어선을 형성하였음. 이 관애는 구조상 대체로 집안 관마장산성과 유사함.
○ 현황 : 1985년 조사 당시 관애 북단은 채석장으로 이용되어 깨진 돌들이 널려 있어 흔적만 겨우 볼 수 있었다고 하는데, 2007년에는 관애 북단의 산줄기가 절반 이상 채석되어 관애의 흔적조차 찾아볼 수 없음. 그리고 채석장의 잔돌이 관애를 통과하는 도로 남쪽까지 뒤덮고 있어 이쪽에서도 관애의 흔적을 찾기 힘듦. 다만 이도구하 건너편의 남단 부분에서는 산줄기로 이어지는 관애의 외형을 육안으로도 확인할 수 있음.

4. 역사적 성격

1) 지정학적 위치와 주변의 유적 현황
이도구문관애는 渾江 유역에서 大羅圈溝河를 거슬러 고구려 두 번째 도성이 위치한 통구분지로 향하는 교통로상에 입지함. 관애의 서북 24km 거리에 자안산성이 있고, 남쪽 34km에는 石湖關隘가 있음.

2) 二道溝門關隘의 기능과 성격
이도구문관애 남쪽 34km 거리에 石湖關隘가 있는데,

石湖關隘도 二道溝門關隘처럼 토석혼축이며 특히 하류 쪽에 반원형 치와 塹壕가 있음. 따라서 二道溝門關隘나 石湖關隘는 大羅圈溝河를 거슬러 통구분지로 향하는 교통로를 차단하던 관애로 파악됨. 즉 二道溝門關隘는 石湖關隘와 함께 大羅圈溝河 일대에서 도성 외곽의 호형방어선을 구성한 것으로 추정됨(여호규, 1998, 226쪽 ; 양시은, 2016, 188~189쪽).

다만 관애가 위치한 二道溝門 골짜기는 통구분지로 향하는 주요 교통로와 직접 연관되지 않으며, 그 서편의 大羅圈溝河 골짜기가 통구분지로 향하는 주요 교통로였음. 따라서 이도구문관애는 외형은 골짜기를 가로지른 關隘의 형태를 띠고 있지만, 실제로는 성벽 안쪽의 골짜기를 군사시설로 활용하던 군사방어성의 성격을 띠었을 가능성이 높음. 이러한 현상은 집안의 灣溝老邊墻關隘나 七個頂子關隘 등에서도 확인할 수 있음. 이에 342년 전연이 고구려를 침공할 당시의 전쟁로인 北道와 관련시키는 견해도 있지만(吉林省文物志編委會, 1986, 29쪽), 명확한 논거가 있는 것은 아님.

참고문헌

- 吉林省文物志編委會, 1986, 『通化市文物志』.
- 吉林省地方志編纂委員會, 1991, 『吉林省志』 43(文物志).
- 國家文物局 主編, 1993, 『中國文物地圖集』 吉林分冊, 中國地圖出版社.
- 李殿福(차용걸·김인경 역), 1994, 『중국내의 고구려 유적』, 학연문화사.
- 余昊奎, 1998, 「通化 二道溝門關隘」, 『高句麗 城』 I(鴨綠江 中上流篇), 國防軍史研究所.
- 양시은, 2016, 『고구려 성 연구』, 진인진.
- 정원철, 2017, 『고구려 산성 연구』, 동북아역사재단.

09 통화 석호관애
通化 石湖關隘 | 高麗城子關隘

1. 조사현황

1) 1982년 10월
- 시행기관 : 通化縣 文化館.
- 조사내용 : 유적 발견 및 현황 조사.
- 발표 : 『通化縣文物志』 게재.

2) 1985년 4월
- 시행기관 : 通化縣 文物普査隊.
- 조사내용 : 유적 현황 재조사.
- 발표 : 『通化縣文物志』 게재.

2. 위치와 자연환경

1) 지리위치
- 通化縣 石湖鄕 高麗城村(公益村) 동쪽 300m 지점의 골짜기에 위치.
- 小八道溝河가 大羅圈溝河와 합류하는 지점임.
- 高麗城村은 石湖鄕 소재지에서 남쪽으로 3.5km 거리임.
- 관애 남쪽 10km에 老嶺 정거장, 북쪽 20km에 二道溝門關隘가 있음.

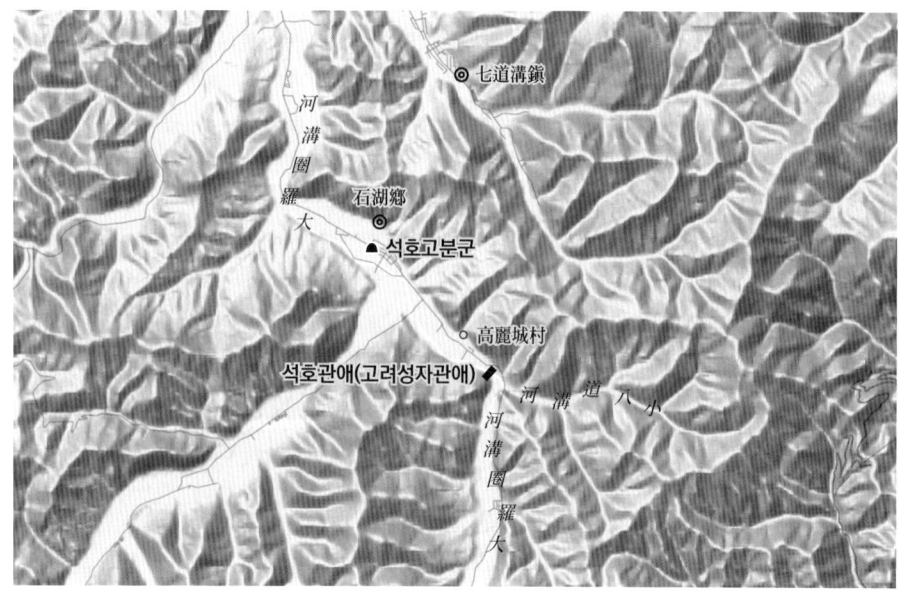

그림 1
석호관애 위치도 1

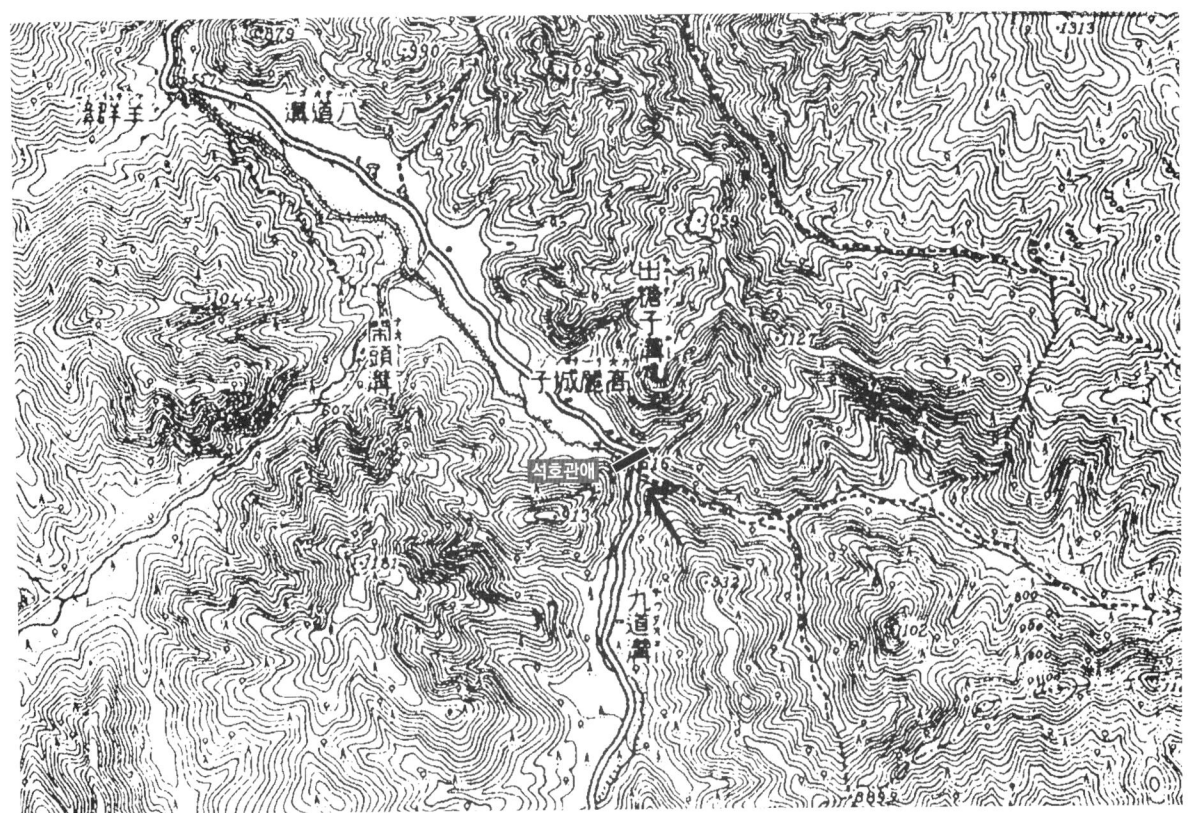

그림 2 석호관애 주변 지형도(滿洲國 10만분의 1 지형도)

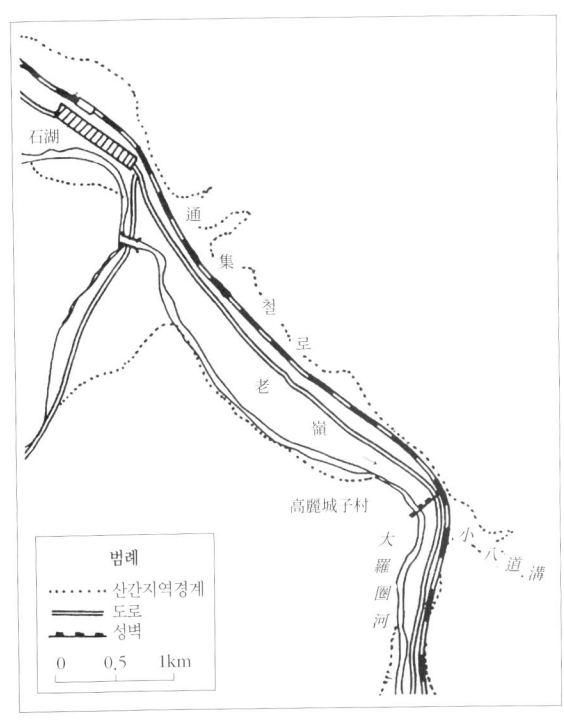

그림 3 석호관애 위치도 2(『通化縣文物志』, 66쪽)

○ 通化-集安 철로가 관애의 동북 모서리를 통과하며, 관애 중앙으로는 石湖鄕 公盆村에서 老嶺으로 나가는 지방도로가 통과하고 있음.

2) 자연환경

○ 大羅圈溝河가 노령산맥 북사면에서 발원하여 渾江으로 유입되는데, 大羅圈溝河 상류 유역에 石湖鄕 公盆村이 있음. 이 마을 동쪽으로 2.5km 지점에서 小八道溝河와 大羅圈溝河가 모인 뒤 다시 북쪽으로 흘러가는데, 합류지점의 2km 거리에 관애가 있음.

○ 관애가 위치한 小八道溝河와 大羅圈河(大羅圈溝河)의 합류지점 양측으로는 해발 900m의 높은 산이 우뚝 솟아 있음.

3. 관애의 전체현황

○ 大羅圈河(大羅圈溝河) 양측에는 해발 900m의 높은 산이 우뚝 솟아 있는데, 석호관애는 두 산 사이의 계곡을 가로질러 성벽을 쌓았음.
○ 보존상태 : 성벽은 비교적 잘 보존되어 있음. 다만 대라권구하가 지나가는 관애 남단 부분은 많이 유실되었고, 지방도로가 지나가는 관애 중간 부분과 철도가 지나가는 북쪽 부분도 성벽이 완전히 절단되었음.

4. 성벽과 성곽시설

1) 성벽
○ 성벽은 흙과 돌을 섞어서 축조.
○ 방향 : 남에서 서로 25° 기울어진 남북 방향.
○ 규모 : 전체 길이 291m, 아래쪽 너비 12m, 위쪽 너비 1.5~3m, 안쪽 높이 3m, 바깥쪽 높이 5m.[1]
○ 축조방식 : 지방도로에 의해 절단된 성벽 중간 부분의 횡단면을 통해 축조방식을 추정할 수 있음. 성벽 하단에 강돌과 깬돌로 기초부를 다진 다음, 양쪽 가장자리 하단에 비교적 큰 절석이나 강돌을 놓고 그 안쪽에는 흙을 다져서 성벽을 쌓거나 흙과 잔돌을 섞어 축조함. 다만 성벽 상단부에도 비교적 큰 절석이 노출된 것으로 보아 성벽의 중심부를 흙이나 잔돌만으로 축조한 것 같지는 않음.
○ 축조재료 : 성벽의 축조재료는 성벽 안팎에서 쉽게 구할 수 있는 돌이나 흙을 주로 사용했음. 가령 성벽 동단부의 경우 산기슭에 흘러내린 산돌을 많이 이용한 반면, 성벽 중간 부분의 경우 성벽 안팎의 흙과 더불어 강돌이나 자갈을 많이 사용했음.

2) 성곽시설

(1) 치와 참호
○ 치(馬面) : 성벽 바깥쪽에 반원형 치를 6개 쌓았음. 치 사이의 거리는 일정하지 않음. 반경 5~6m로 성벽에서 0.5m 높이로 솟아 있음. 모두 흙으로 쌓았다고 보고되었는데, 치의 하단에 큰 절석이 드러나 있는 것으로 보아 치의 기초는 돌로 다졌을 가능성이 높음.
○ 참호(護墻河) : 성벽 바깥쪽 6m 거리에 성벽을 보호하기 위한 참호를 구축했음. 참호는 북단 부분에 비교적 잘 남아 있는데, 깊이 2m, 위쪽 너비 8m, 아래쪽 너비 6m임. 참호의 남단은 경작지로 개간되어 움푹 들어간 흔적만 남아 있음.

(2) 관문터
○ 현지 주민에 따르면, 1958년 수로를 보수할 때 지방도로가 지나가는 관애 중앙의 지표하 1.2m 지층에서 주춧돌(柱礎石) 하나를 발견하였다고 함. 이로 보아 현재 지방도로가 지나가는 지점이 당시 관애의 문터였을 것으로 추정되는데, 관문터의 너비는 9m.

5. 출토유물

주춧돌(柱礎石) : 1958년 수로를 보수할 때 지방도로가 지나가는 관애 중앙의 지표하 1.2m 지층에서 하나를 발견하였다고 함.

6. 역사적 성격

1) 지정학적 위치와 주변의 유적 현황
석호관애는 渾江 유역에서 大羅圈溝河를 거슬러 고구려 두 번째 도성이 위치했던 통구분지로 나아가는 교통

---

[1] 『通化縣文物志』, 65쪽. 國家文物局 主編, 1993에는 기단 너비 12~16m, 높이 1~2.5m로 나옴.

로 상에 위치함. 大羅圈溝河 주변의 하곡평지는 관애 북쪽까지는 그 폭이 비교적 넓지만, 관애를 지난 다음에는 그 폭이 급격히 좁아짐. 大羅圈溝河 下流 방면인 북쪽 20km 거리에 二道溝門關隘가 위치함.

2) 石湖關隘의 기능과 성격

석호관애는 관애를 방어하기 위한 치와 참호가 大羅圈河 下流 방면에 위치한 것으로 보아 하류 방면인 혼강 유역에서 침입해 오는 적을 방어하던 군사시설로 추정됨. 따라서 북쪽 20km에 있는 二道溝門關隘와 함께 大羅圈溝河를 거슬러 통구분지로 향하는 교통로를 차단하던 관애로서 大羅圈溝河 일대에서 도성 외곽의 弧形防禦線을 구성한 것으로 추정됨(余昊奎, 1998, 228~229쪽 ; 양시은, 2016, 188~189쪽). 이에 342년 전연이 고구려를 침공할 당시의 전쟁로인 北道와 관련시키는 견해도 있지만(吉林省文物志編委會, 1986, 65쪽 ; 李殿福, 1994, 51~52쪽), 명확한 논거가 있는 것은 아님.

참고문헌

- 吉林省文物志編委會, 1986, 『通化縣文物志』.
- 國家文物局 主編, 1993, 「通化縣-高麗城子關隘遺址」, 『中國文物地圖集』吉林分冊, 中國地圖出版社.
- 李殿福(차용걸·김인경 역), 1994, 『중국내의 고구려 유적』, 학연문화사.
- 余昊奎, 1998, 「通化 石湖關隘」, 『高句麗 城』 I(鴨綠江 中上流篇), 國防軍史硏究所.
- 양시은, 2016, 『고구려 성 연구』, 진인진.
- 정원철, 2017, 『고구려 산성 연구』, 동북아역사재단.

10 통화 평강산고성
通化 平崗山古城

1. 위치와 자연환경

○ 통화시 혼강 동안의 東嶺街 동북측의 平崗山 위에 자리함.
○ 서북쪽으로 강을 사이에 두고 자안산성과 마주보고 있음.
○ 평강산은 동쪽에 자리해 서쪽을 바라보고 있으며 남북 산들이 면면히 이어져 계속됨. 고성이 소재한 평강산의 지세는 평탄하고 광활하며, 지평면에서 높이 20m임. 고성의 동쪽으로는 높은 산이 이어지며, 남쪽으로 二道溝에서 靖宇陵園 일대까지 조망됨. 서쪽은 시내의 기차역으로 왕래하는 도로에 잇닿아 있으며, 북쪽은 大頭道溝임.
○ 頭道溝河는 골짜기 입구에서 90도로 꺾여 남향하며, 서북 양측을 휘감아 돌아 渾江으로 유입됨. 인위적으로 변경한 것 같은 流向이 성을 보호하는 천연 해자처럼 보임.

2. 성곽의 현황

○ 남쪽 廟溝河 북안에서 시작하여 북쪽으로 廟水河에 이르는 2급 대지상에서 漢代 유적을 발견함. 평강산 고성이 이 유적의 핵심을 이룸.
○ 고성 유적이 소재하는 평강산은 면적이 비교적 크고 연결된 2개의 산 정상부를 포괄함. 유적의 서부는 현대의 주택가임.
○ 현지 주민에 따르면 예전에 토성벽이 있었다고 하는데, 현대 건축물 조성에 따른 파괴로 인해 지표 관찰로는 알아볼 방법이 없음.
○ 유적의 동부는 보존상태가 비교적 양호하며, 현재는 경작지임. 이 때문에 기본적으로 원래 지형 모습이 남아 있음. 경작지는 서쪽의 주거 지역보다 1.5~2m 높은 臺地를 형성함.
○ 土石包 : 경작지로 사용되고 있는 대지에 약간 융기한 土石包가 여러 개 있음. 배열에 질서가 있어 보이며 많은 승문 기와가 이곳에 집중 산포해 있음. 그러므로 이곳은 비교적 대형인 관아류의 건물지일 것으로 이해됨.

3. 출토유물

경작지로 사용되고 있는 대지에 土石包가 여러 개 있고, 그 주변에는 협사토기편과 승문와 등이 대량으로 산포해 있음. 협사토기편은 대부분 홍갈색과 황갈색이며, 소성온도는 높지 않은데, 현지 주민이 제작한 것으로 보임. 승문 기와는 니질 회색 토기이며, 전형적인 漢代 유물임. 승문기와 이외에 승문 토기편도 소량 발견하였는데, 漢代 중원 계통의 유물로 추정됨.

4. 역사적 성격

평강산고성은 고구려 초기 중심지인 혼강의 중상류 유역에 위치함. 이에 혼강 중상류 일대를 沸流國의 경역으로 상정한 다음, 평강산고성에서 漢代의 기와와 토기가 출토된다는 점을 근거로 前漢 玄菟郡 高句麗縣의 치소로 파악하기도 하는데(王志敏, 2010, 17쪽), 명확한 논거가 있는 것은 아님. 평강산고성의 성격에 대해 향후 더욱 면밀한 검토가 요구됨.

참고문헌

- 通化市文管會辦公室, 2006, 「通化江沿遺蹟群考古調査」, 『東北史地』 2006-6.
- 王志敏, 2010, 「高句麗故地与第二玄菟郡考」, 『東北史地』 2010-5.

3
기타 유적

01 통화 만발발자유적
通化 萬發拔子遺址 | 王八脖子遺址

1. 조사현황

1) 1956년 3월 20일~5월 3일
○ 시행기관 : 吉林省 文化局 考古調査組.
○ 조사내용 : 원시시기 유적지를 발견하고, 신석기시대로 파악.

2) 1958년 7월
○ 시행기관 : 吉林省文化局 산하의 임시 유적조사단.
○ 조사내용 : 方柱形과 圓柱形의 토기 굽다리 2건 발견.

3) 1960년 4월 16일
○ 시행기관 : 通化地區 文物조사대.
○ 조사내용 : 도로 동편 산 위에서 출토된 토기편이 서편 언덕에서 출토된 유물과 같고, 같은 시기의 유적이라는 사실 파악.
○ 결과 : 1961년 4월 13일 吉林省 重點文物保護單位로 지정.

4) 1985년 5월과 8월
○ 시행기관 : 通化市 文物普查隊.
○ 조사내용 : 유적과 그 주변 재조사, 토기편과 석기 채집.
○ 발표 : 吉林省文物志編委會, 1986, 『通化市文物志』.

5) 1997년 5월~1999년 10월
○ 시행기관 : 吉林省 文物考古硏究所.
○ 조사내용 : 동서 750m, 남북 200m의 유적 가운데 6,015m² 발굴. 신석기시대 후기, 商·周, 春秋戰國(先高句麗), 前漢(고구려 초기), 魏·晋(고구려 중후기), 明代 후기 등 6시기의 유구 248곳(집터 22기, 고분 56기, 재구덩이(灰坑) 160곳, 재도랑(灰溝) 9곳, 환호 1곳)을 발굴하고, 유물 6,942건과 인골, 동물뼈 등을 대량으로 출토함.
○ 성과 : 생활유적과 고분유적이 결합된 복합유적으로 확인됨. 中國 國家文物局에서 1999년 중국 중점 고고 발견 중의 하나로 평가함.
○ 발표 : 『博物館硏究』 1997-2 ; 『1999中國重要考古發現』, 文物出版社 ; 『北方文物』 2001-3 ; 『考古』 2003-8 ; 『邊疆考古硏究』 2.

2. 위치와 자연환경

1) 지리위치
○ 通化市 金廠鎭 躍進村의 渾江 남안의 언덕 산에 위치함.
○ 通化市 중심가에서 남쪽으로 3km 거리이며, 통화–집안 도로가 유적지 아래로 지나감.

그림 1
만발발자유적 위치도 1

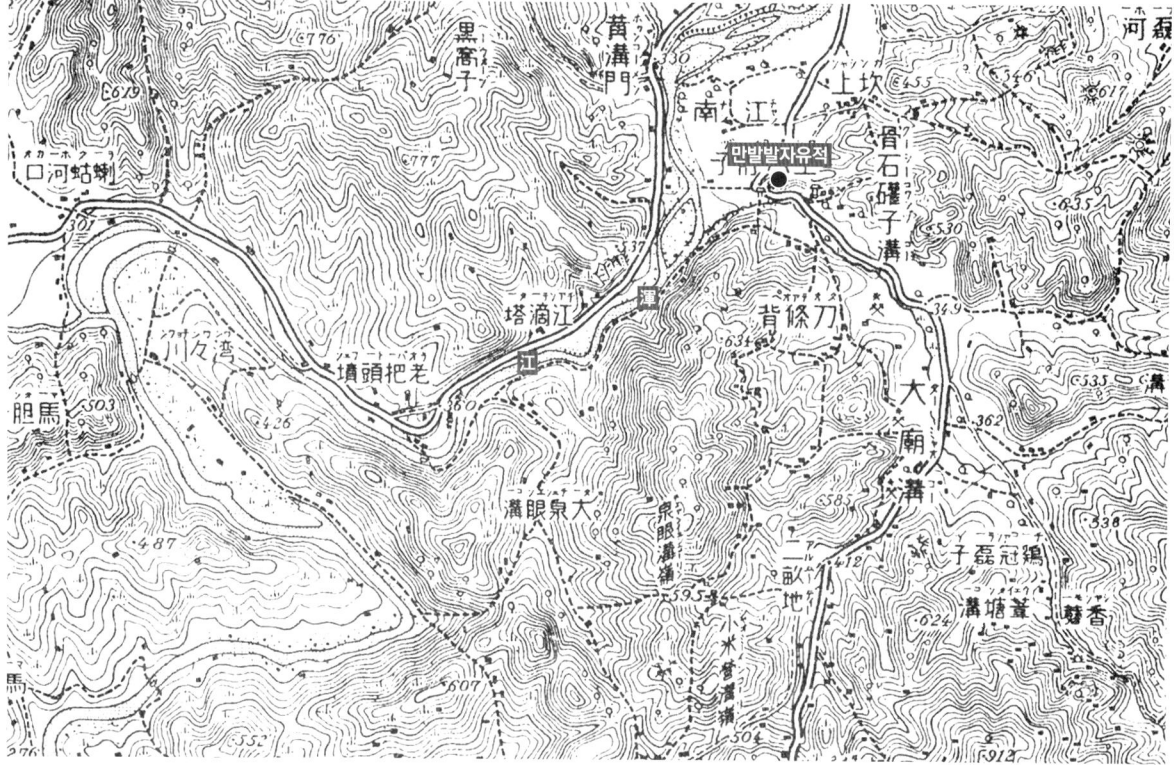

그림 2 만발발자유적 주변 지형도(滿洲國 10만분의 1 지형도)

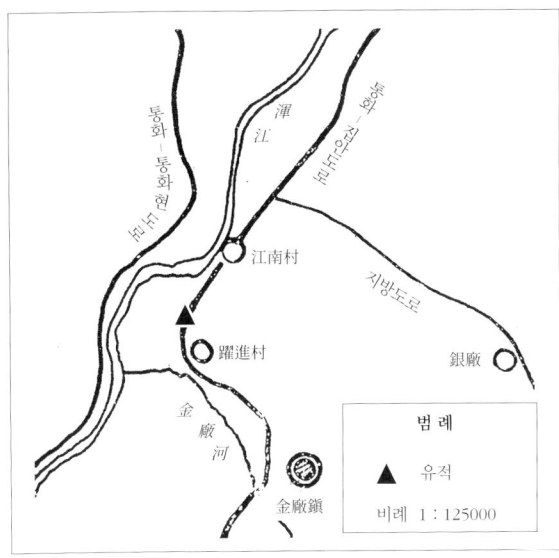

그림 3 만발발자유적 위치도 2(『通化市文物志』, 11쪽)

2) 자연환경

○ 萬發拔子의 原名은 萬寶鈸子로 '王八脖子'는 속명임.

○ 유적은 동북에서 서남으로 뻗어내린 산줄기의 끝단에 자리하는데, 산 능선과 언덕 산으로 이루어진 지형이 마치 자라의 형상을 닮았다 하여 '王八脖子'라 불리었음.

○ 종래 通化-集安 도로(303국도)가 자라의 목에 해당하는 동북쪽 산 능선과 서남쪽 언덕 산 사이의 오목한 부분을 지나갔는데, 최근 도로를 확장하면서 언덕 산 서편 아래로 경로가 바뀌게 되었음.

○ 유적지 남쪽에서 金廠河(원명 大廟溝河)가 서북쪽으로 흘러 구릉 서쪽의 평지를 지나 서북 500m 지점에서 渾江으로 유입됨. 유적지의 북, 서, 남 3면에는 1~2단으로 이루어진 충적평지가 넓게 펼쳐져 있는데, 특히 서북 방면으로는 渾江 남안의 충적평지로 이어짐.

3. 유적의 전체현황

1) 전체현황

○ 303번 舊道路를 경계로 자라 몸통에 해당하는 유적지 동북구는 지세가 비교적 높고 경사도 약 15~25° 이상으로 비교적 가파름. 반면 자라머리에 해당하는 서남구 부분은 상대 고도 15m 정도인 비교적 평평하고 완만한 산등성이 위에 분포함. 서남구의 중심 위치는 해발 고도 약 400m임.

○ 유적지 서남구의 남부 경계는 구릉 단애로서 지세가 비교적 험준한 편임. 지세가 험준하지 않은 곳에는 구릉을 돌아가면서 판 環濠가 있음. 이것은 적의 침입이나 야수의 습격을 방어하는 防護 작용을 했던 것으로 추정됨.

○ 유적의 전체 면적은 약 2,500m²로서 圓形 구릉의 동측에 집중적으로 분포되어 있으며, 유물은 구릉과 산기슭 아래의 지표 곳곳에 흩어져 있음.

2) 문화층의 구성과 편년

○ 문화층 : 모두 6기의 문화층으로 구성되어 있음. 1997~1999년에 모두 6기의 문화층에서 주거지 22기, 고분 56기, 재구덩이(灰坑) 160곳, 재도랑(灰溝) 9곳, 환호(環山圍溝) 1곳 등을 조사하고, 토기, 석기, 청동기, 금동기, 철기 등 유물 6,942건과 동물 유골을 대량으로 출토함.

○ 1기 문화층 : 신석기시대 말기로 6000~5000년 전으로 편년되며, 초기와 말기 두 시기로 나눌 수 있음. 신석기 문화층의 주거지는 실내 중앙부에 평면 원형 또는 방형의 爐址(火爐)가 설치되어 있음.

○ 2기 문화층 : 청동기 문화층으로 생활유구와 함께 각종 토기편이 출토되었음. 그중 鬲 등 삼족기는 通化를 중심으로 한 혼강 상류 유역에서 처음으로 발견된 것임.

○ 3기 문화층 : 초기 철기시대 문화층으로 고구려문화층과 함께 유적지의 중심 문화층으로서 전체 유적지

표 1 통화 만발발자유적의 층위와 시간

	신석기	청동기	철기	고구려 1기	고구려 2기	만주족
기원전 25~20세기	●					
기원전 13~11세기		●				
기원전 3세기			●			
기원전 2~1세기				●		
서기 1~3세기						
서기 4~5세기					●	
서기 15~16세기						●

에 걸쳐 넓게 분포하며, 유적과 유물도 가장 풍부하며 문화층의 두께도 가장 두꺼움.

○ 4기 문화층 : 고구려 초기 문화층으로서 면적은 비교적 크지만, 퇴적층은 비교적 얇으며 환호취락이 확인된다는 점이 특징적임. 무기단 적석묘가 출현하고, 대석개묘와 적석묘의 속성이 결합된 대석개적석묘가 나타난다는 점도 특기할 만함.

○ 5기 문화층 : 고구려 중기 문화층으로 초기 문화층보다 분포 면적이 많이 축소되었는데, 고구려문화 2기층에 이르러 유적지가 취락의 입지로서 그다지 선호되지 않았음을 시사함. 주거지로는 온돌을 갖춘 지상식 주거지가 있는데, 온돌은 쪽구들로 판석으로 네 벽체를 돌아가며 설치함. 고분으로는 방단계단적석묘(29호)가 있고, 유물로는 토기류가 출토되었음.

○ 6기 문화층 : 明代의 만주족 유적임.

○ 環壕유적 : 제4기 고구려 초기 문화층(前漢시대층)에 속하며 대형 취락유적으로 고구려 건국 이전이나 건국 초기 유적으로 추정됨. 환호가 자라의 목과 머리부를 일주하고 있어 구릉에 입지한 취락을 방어하는 양상을 띰. 취락지에서는 재도랑(灰溝)과 각종 수혈유구도 다수 발견되었음. 유물로는 고구려 초기의 전형적인 발형토기, 굽접시, 장경호 등이 출토되었음.

4. 출토유물[1]

1985년과 1995년에 걸쳐 두 차례 조사를 통해 다량의 유물을 출토함.

1) 유적 내부 출토유물

호 – 구연부를 기준으로 4가지로 구분.

(1) 호(A형. 그림 4)

○ 출토연도 : 1995년.

○ 유물현황

– 크기 : 입지름 7.4cm, 잔존높이 7.4cm.

– 형태 : 목 부분을 꺾어서 구연을 형성하였고 아가리는 밖으로 벌어짐. 입술은 뾰족하고 배는 불러있으며 굽은 이미 파손됨. 아주 낮은 굽. 동체부에 1쌍의 판판한 손잡이(板耳)부착. 동체 최대경은 중상위에 해당.

– 태토와 색깔 : 모래혼입. 흑갈색.

(2) 호(A형. 그림 5)

○ 출토연도 : 1995년.

○ 유물현황

– 크기 : 입지름 8cm, 높이 10cm.

– 형태 : 표면 마연. 입술은 둥글게 처리하였고 배는 불러있으며 작고 낮은 굽 부착. 동체에 1쌍의 손잡이 부착.

– 태토와 색깔 : 활석혼입. 황갈색.

(3) 토기 구연부(B형. 그림 6)

○ 출토연도 : 1995년.

○ 유물현황

– 크기 : 입지름 12cm.

---

[1] 출토유물의 도면 출처는 『博物館研究』 1997-2, 60~61쪽 참조.

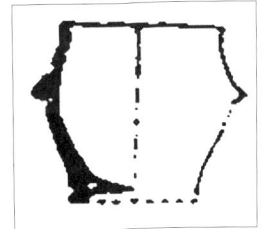 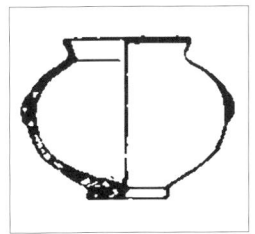  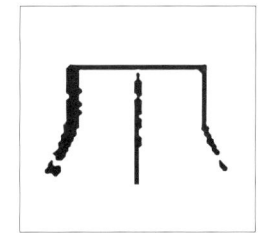

그림 4 호 　　　　그림 5 호 　　　　그림 6 토기 구연부 　　　　그림 7 토기 구연부

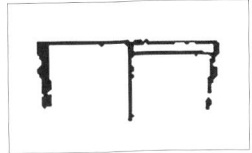  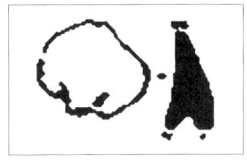 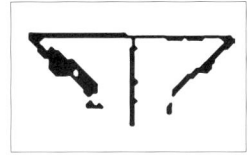

그림 8 토기 구연부 　　　　그림 9 토기 저부 　　　　그림 10 토기 파수 　　　　그림 11 굽다리접시편

- 형태 : 호 구연부만 남아 있음. 입술은 둥글게 밖으로 말아 붙임. 배부른 동체이며 동체 이하 파손. 구연부 압날흔.
- 태토와 색깔 : 활석혼입. 적갈색.

(4) 토기 구연부(C형. 그림 7)

○ 출토연도 : 1995년.

○ 유물현황

- 크기 : 입지름 13.2cm.
- 형태 : 구연부만 잔존. 입술은 반듯하고 곧게 처리. 목이 길고 목과 동체의 구분이 모호함.
- 태토와 색깔 : 활석혼입. 흑갈색.

(5) 토기 구연부(D형. 그림 8)

○ 출토연도 : 1995년.

○ 유물현황

- 크기 : 입지름 21.6cm.
- 형태 : 입술은 두텁고 배는 아래로 내려오면서 사선으로 경사짐. 아랫배 이하는 이미 파손. 아랫배에는 1쌍의 橫盲耳가 장식.

- 태토와 색깔 : 활석혼입. 흑갈색.

(6) 토기 저부(그림 9)

○ 출토연도 : 1985년.

○ 유물현황

- 크기 : 굽지름 8cm.
- 형태 : 심하게 부른 동체와 작고 낮은 굽이 부착됨.
- 태토와 색깔 : 활석가루혼입, 적갈색.

(7) 토기 파수(그림 10)

○ 출토연도 : 1985년.

○ 유물현황

- 형태 : 고리모양의 세로방향 손잡이.
- 태토와 색깔 : 활석혼입. 황갈색.

(8) 굽다리접시편(그림 11)

○ 출토연도 : 1995년.

○ 유물현황

- 크기 : 입지름 18cm.
- 형태 : 뽀족한 입술. 얕은 접시. 자루는 파손. 가장자

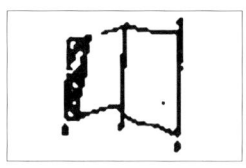
그림 12 굽다리접시편

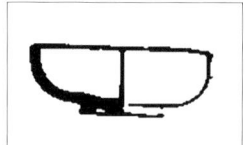
그림 13 발

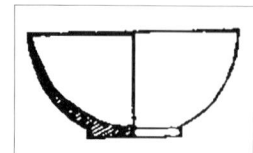
그림 14 발

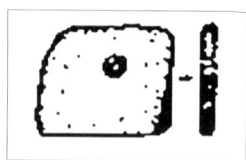
그림 15 토제방추차

그림 16 토제어망추

그림 17 반달돌칼

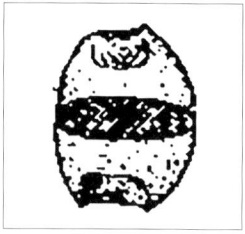
그림 18 석제어망추

그림 19 석제화살촉

리의 아랫부분에는 1쌍의 橫盲耳가 장식됨.
- 태토와 색깔 : 활석혼입. 갈색.

(9) 굽다리접시편(그림 12)

ㅇ 출토연도 : 1995년.
ㅇ 유물현황
- 크기 : 굽 두께 1.2~0.6cm.
- 형태 : 굽의 일부 파손.
- 태토와 색깔 : 활석혼입. 황갈색.

(10) 발(그림 13)

ㅇ 출토연도 : 1995년.
ㅇ 유물현황
- 크기 : 입지름 18cm, 높이 7.6cm.
- 형태 : 구연은 넓고 낮은 굽이 부착됨. 표면 마연. 입술은 반듯하고 배는 곧음.
- 태토와 색깔 : 활석혼입. 황갈색.

(11) 발(그림 14)

ㅇ 출토연도 : 1995년.
ㅇ 유물현황
- 크기 : 입지름 27.2cm, 높이 13.2cm.
- 형태 : 표면 마연. 아랫배 부분에는 세로방향의 깎은 흔적. 입술은 반듯하면서도 뾰족하게 처리.
- 태토와 색깔 : 활석가루가 섞인 황갈색 토기.

(12) 토제방추차(그림 15)

ㅇ 출토연도 : 1985년.
ㅇ 유물현황
- 크기 : 두께 0.4cm.
- 형태 : 갈아만듦. 모죽은 방형. 위로 치우친 부분에 하나의 구멍 투공.
- 태토와 색깔 : 활석혼입. 황갈색.

(13) 토제어망추(그림 16)

ㅇ 출토연도 : 1995년.
ㅇ 유물현황
- 크기 : 최대지름 2.4cm.
- 형태 : 토기편 재활용. 모양은 타원형. 허리 부분에 홈이 돌아감.

- 태토와 색깔 : 활석혼입. 황갈색.

(14) 반달돌칼
- 출토연도 : 1995년.
- 유물현황
- 크기 : 두께 0.5cm, 잔존길이 8cm.
- 형태 : 장방형. 부러져 있으며 칼날부는 파손.
- 암질과 색깔 : 침적암, 검은색.

(15) 반달돌칼(그림 17)
- 출토연도 : 1995년.
- 유물현황
- 크기 : 두께 0.5cm, 길이 15.2cm.
- 형태 : 등은 휘었으며 날은 예리하고 곧음. 위로 치우친 부분에 1쌍의 구멍이 투공됨.
- 암질과 색깔 : 침적암. 청회색.

(16) 석제어망추(그림 18)
- 출토연도 : 1995년.
- 유물현황
- 크기 : 두께 0.7cm.
- 형태 : 작은 강돌의 양끝을 쳐서 홈을 형성하여 제작.

(17) 석제화살촉(그림 19)
- 출토연도 : 1995년.
- 유물현황
- 크기 : 잔존길이 3.5cm.
- 형태 : 윗부분만 잔존. 끝이 약간 파손. 단면 마름모꼴.
- 암질와 색깔 : 혈암, 회녹색.

2) 유적 주변 출토유물
王八脖子遺址와 金廠河를 사이에 두고 마주 보이는

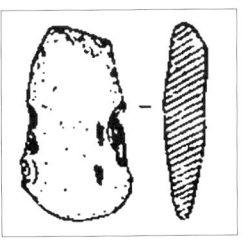 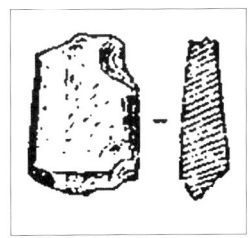

그림 20 석제괭이 그림 21 석제도끼

남안 산 앞 臺地 위에 위치한 5개 지점(D1·D2·D3·D4·D5)에서 출토.

(1) 석제괭이(鎬. 그림 20)
- 출토위치 : D1.
- 유물현황
- 크기 : 높이 11.8cm, 허리폭 5.8cm, 두께 2.4cm.
- 형태 : 천연강돌로 만들어진 뗀석기. 끝은 둥글고 맙腰形이다. 날은 휘었으나 무뎌짐.
- 암질과 색깔 : 사암, 황색.

(2) 석제도끼(그림 21)
- 출토위치 : D1.
- 유물현황
- 크기 : 잔존 높이 9cm, 두께 2.5cm.
- 형태 : 납작한 장방형이고 끝은 이미 파손. 날 부분은 파손되었고 몸체 부분은 다듬은 흔적이 선명하게 관찰됨. 날은 갈아서 만듦.
- 암질과 색깔 : 현무암, 검은색.

(3) 석제도끼(그림 22)
- 출토위치 : D1.
- 유물현황
- 크기 : 전체 높이 12.3cm, 두께 2.6cm.
- 형태 : 몸체가 길고 날은 비스듬함. 몸체의 한 측 및 날 부분은 갈아서 만든 것이고 끝이 약간 파손됨.

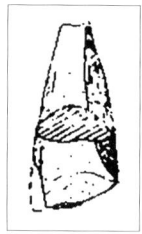

그림 22
석제도끼

그림 23
석제자루

그림 24(상), 그림 25(하)
토기 구연부

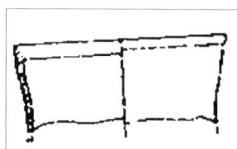

그림 26 토기 구연부

그림 27 토기 구연부

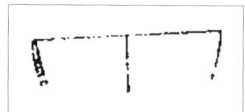
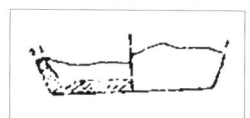

그림 28 토기 구연부

그림 29 토기 저부

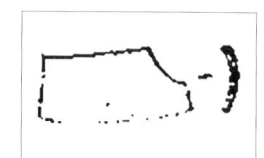

그림 30 토기 파수

그림 31 토기 구연부

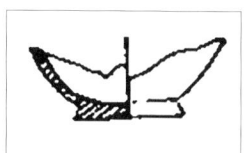
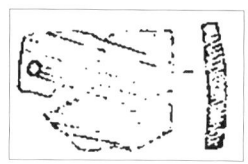

그림 32 토기 저부

그림 33 토기 구연부

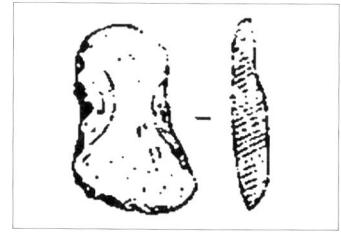

그림 34 석제괭이

그림 35 숫돌

- 암질과 색깔 : 변질암, 회갈색.

(4) 석제자루(磨棒. 그림 23)

○ 출토위치 : D1.

○ 유물현황

- 크기 : 잔존 길이 10.2cm, 두께 1.4cm.
- 형태 : 윗부분만 잔존. 몸 전체가 갈아서 만듦. 한 면은 반듯하고 매끄러운 편.
- 암질과 색깔 : 침적암, 회녹색.

(5) 토기 구연부(A형. 그림 24)

○ 구연의 형태에 따라 A~D형으로 구분.

○ 출토위치 : D2.

○ 유물현황

- 크기 : 입지름 12.8cm.
- 형태 : 겹 입술. 입술은 둥글게 처리.
- 태토와 색깔 : 활석혼입. 검은색.

(6) 토기 구연부(A형. 그림 25)

○ 출토위치 : D2.

○ 유물현황

- 크기 : 입지름 28cm.
- 형태 : 각진 입술.
- 태토와 색깔 : 굵은모래 혼입. 황갈색.

(7) 토기 구연부(B형. 그림 26)

○ 출토위치 : D2.

○ 유물현황

- 크기 : 입지름 28.8cm.
- 형태 : 외반구연. 입술은 둥글면서도 뾰족하게 처리. 비스듬하게 아래로 내려오면서 좁아지며 약간 휘어짐.
- 태토와 색깔 : 굵은 모래혼입. 검은색.

(8) 토기 구연부(B형, 그림 27)
- ○ 출토위치 : D2.
- ○ 유물현황
- – 크기 : 입지름 19.2cm.
- – 형태 : 외반구연. 입술은 둥글고 배는 불러있음.
- – 태토와 색깔 : 활석혼입, 회갈색.

(9) 토기 구연부(C형, 그림 28)
- ○ 출토위치 : D2.
- ○ 유물현황
- – 크기 : 입지름 30cm.
- – 형태 : 입술이 뾰족하고 구연이 넓음.
- – 태토와 색깔 : 활석혼입. 황갈색.

(10) 토기 저부(그림 29)
- ○ 출토위치 : D2.
- ○ 유물현황
- – 크기 : 굽지름 12cm, 두께 0.9cm.
- – 형태 : 호의 저부. 평저.
- – 태토와 색깔 : 굵은 모래와 활석혼입, 적갈색.

(11) 토기 파수(그림 30)
- ○ 출토위치 : D2.
- ○ 유물현황
- – 형태 : 고리모양 손잡이. 일부 파손.
- – 태토와 색깔 : 활석혼입. 검은색.

(12) 토기 구연부(鉢, 그림 31)
- ○ 출토위치 : D2.
- ○ 유물현황
- – 형태 : 발. 얇은 기벽. 동체부로 추정.
- – 태토와 색깔 : 활석혼입. 흑갈색.

(13) 토기 저부(그림 32)
- ○ 출토위치 : D2.
- ○ 유물현황
- – 크기 : 굽지름 4cm.
- – 형태 : 평저. 굽은 작고 낮음.
- – 태토와 색깔 : 활석혼입 검은색 태토. 외면 적갈색.

(14) 토기 구연부(그림 33)
- ○ 출토위치 : D2.
- ○ 유물현황
- – 크기 : 두께 0.6cm.
- – 형태 : 平行斜線紋. 문양이 혼란하며 얕게 시문.
- – 태토와 색깔 : 활석혼입. 적갈색.

(15) 석제괭이(鎬, 그림 34)
- ○ 출토위치 : D2.
- ○ 유물현황
- – 크기 : 전체 길이 10.2cm, 두께 1.8cm.
- – 형태 : 강돌을 다듬어서 만들어진 뗀석기. 亞腰形. 날은 비스듬하고 끝은 둥그스름하다. 몸체에 타제흔.
- – 암질과 색깔 : 침적암, 회녹색.

(16) 숫돌(그림 35)
- ○ 출토위치 : D2.
- ○ 유물현황
- – 크기 : 전체 길이 7cm, 폭 3.7cm. 깊은홈 폭 0.4cm, 깊이 0.5cm.
- – 형태 : 六柱體. 몸체 전체에 간 흔적. 갈아서 형성된 홈.
- – 암질과 색깔 : 활석, 회백색.

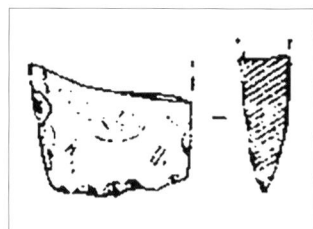

그림 36 석제도끼

그림 37 석제창

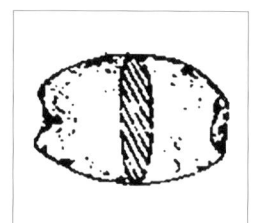

그림 38 석제어망추

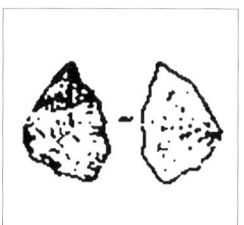

그림 39 흑요석기

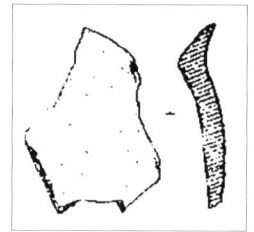

그림 40 토기 구연

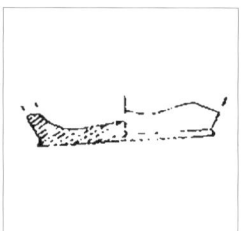

그림 41 토기 저부

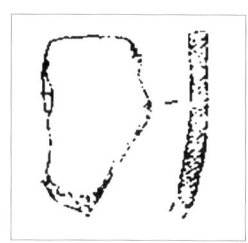

그림 42 토기 동체부

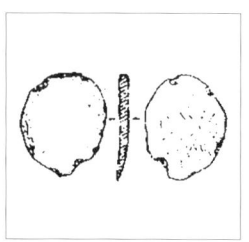

그림 43 석제도구

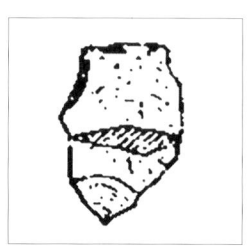

그림 44 석제도구

(17) 석제도끼(그림 36)

○ 출토위치 : D2.
○ 유물현황
- 크기 : 잔존 길이 4.6cm, 폭 5.4cm, 두께 1.8cm.
- 형태 : 아랫부분만 잔존. 간석기. 타격흔. 正弧刃.
- 암질과 색깔 : 현무암, 검은색.

(18) 석제창(그림 37)

○ 출토위치 : D2.
○ 유물현황
- 크기 : 잔존 길이 5cm, 폭 3.3cm, 두께 0.5cm.
- 형태 : 간석기. 양날을 형성하였고 한측 날은 사용흔 관찰.
- 암질과 색깔 : 옅은 녹색, 혈암.

(19) 석제어망추(그림 38)

○ 출토위치 : D2.
○ 유물현황
- 크기 : 전체 길이 2.1cm, 폭 2.1cm, 두께 0.5cm.
- 형태 : 타원형의 작은 강돌을 양끝을 타격하여 홈을 냄.
- 암질과 색깔 : 혈암, 회녹색.

(20) 흑요석기(그림 39)

○ 출토위치 : D3.
○ 유물현황
- 크기 : 길이 1.8cm.
- 형태 : 黑曜石. 尖狀器. 둥그스름한 삼각형. 끝부분에 사용흔 잔존. 한 면은 깎아낸 흔적이 선명하며, 다른 한 면은 쪼개낸 면임.

(21) 토기 구연부(그림 40)

○ 출토위치 : D4.

○ 유물현황
- 크기 : 기벽 두께 0.7cm.
- 형태 : 동체부만 잔존. 입술은 뾰족하고 목에서 꺾어서 구연을 형성. 배는 불러있음.
- 태토와 색깔 : 활석혼입. 회갈색.

(22) 토기 저부(그림 41)
○ 출토위치 : D4.
○ 유물현황
- 크기 : 굽지름 4.8cm.
- 태토와 색깔 : 활석혼입. 흑갈색.

(23) 토기 동체부(그림 42)
○ 출토위치 : D4.
○ 유물현황
- 형태 : 입술은 작고 반듯하며 배는 약간 불러있음.
- 태토와 색깔 : 모래혼입. 황갈색.

(24) 석제도구(그림 43)
○ 출토위치 : D4.
○ 유물현황
- 형태 : 돌을 갈아서 만든 도끼의 머리 부분에 해당. 둥글고 가장자리에 사용흔.
- 암질과 색깔 : 현무암, 검은색.

(25) 석제도구(그림 44)
○ 출토위치 : D4.
○ 유물현황
- 형태 : 몸체에는 깎아낸 흔적. 날은 사용한 흔적.
- 암질과 색깔 : 석영암, 흰색.

5. 역사적 성격

1) 지정학적 위치

通化 지역은 桓仁, 集安 등과 함께 초기 고구려의 사회와 문화가 형성된 지역인데, 만발발자유적은 통화지역 내에서도 교통로의 요지와 통화분지 중심 가까이에 위치함. 유적지 남쪽에서 金廠河(원명 大廟溝河)가 서북으로 흘러 서북 500m 지점에서 渾江에 유입됨. 유적은 강안 충적 평지 방향으로 돌출된 구릉 정상부의 평탄 대지에 입지하고 있는데, 渾江 유역에서는 보기 드물게 넓은 충적평지와 분지가 발달한 지역임.

2) 주변의 유적 현황

만발발자유적지에서 멀리 떨어지지 않은 渾江 연안에는 생활유적으로 청동기시대의 九仙峯·樺樹河口·土珠子 유적, 초기 철기시대의 沿江유적, 고구려시대의 南頭屯·江沿村·向陽村유적 등이 널리 분포함. 또 고분유적으로는 청동기시대의 西山·西江·磙縫유적, 고구려시대의 江沿村고분군(적석묘, 봉토석실분), 南頭屯고분군(적석묘), 下龍頭고분군 등이 있음. 성곽 유적으로는 혼강 건너편에 자안산성이 있고, 유적에서 서남쪽으로 통화-집안 도로를 따라가면 대천초소와 관마장산성이 나옴.

3) 유적의 성격

(1) 신석기-청동기시대 유적설

1980년대까지는 고구려시기 유적을 확인하지 못해 대체로 신석기-청동기시대 유적으로 파악함. 즉 만발발자유적 출토유물은 대체로 渾江 중류 양안의 集安 荒崴子·長崗·東村·梨水·南臺子·二道崴子 유적, 通化 下龍頭·江沿村南山·江口村 유적 등에서 출토되는 유물과 같은 것으로 파악함. 당시까지는 석기는 석제괭이(打製 石鎬), 석제호미(石鋤) 등이 있고, 마제석축, 석제창, 침상기(枕狀器) 등이 출토되었음. 토기는 배(杯), 고배(豆), 호(罐), 발(鉢), 방추차(紡輪), 어망추(罔墜) 등이 출토되었음. 三足器의 器足도 발견되었음. 이에 유적지의 상한은 신석기시대, 하한은 청동기시대로 추정한 다음, 채집 수렵 단계에서 농업·어렵을 위주로 하는 정착 거주 단계로 진입했을 것으로 파악함(吉林省文物志編委會, 1986, 13~15쪽).

(2) 초기 貊族의 씨족 취락설

1997~1999년에 유적지에 대한 고고조사가 대대적으로 이루어졌는데, 이를 바탕으로 고구려 선주민을 '貊族'으로 상정한 다음 고구려 건국 이전 맥족의 씨족 취락으로 보는 견해가 제기됨. 즉 만발발자유적의 3~4기 문화층은 춘추·전국시기에서 전한시기에 해당하는데, 압록강-혼강과 태자하-혼하 상류를 중심으로 동북의 貊族이 널리 분포하던 시기로 맥족이 남긴 취락유적이라는 것임.

만발발자유적은 청동기시대 유물이 큰 비중을 차지하는데, 주거지, 고분, 출토유물 등에서 압록강-혼강 유역 토착 문화의 성격을 모두 갖추고 있음. 그중 3기 문화층은 전체 유적지에 가장 넓으며 출토유물도 풍부함. 이 시기의 문화층은 石棺(蓋)墓와 靑銅短劍을 주요 특징으로 하는 고구려 선대 동북 貊族의 청동문화에 속하는 것으로 파악됨. 따라서 만발발자 3~4기 문화층은 고구려 건국 직전에 압록강-혼강 유역에 분포한 초기 貊族의 씨족 취락으로 추정된 것임. 높은 대지 위에 건축한 '환호(環山圍溝)'와 '石垣聚落'으로 고구려 건국 이후에 출현하는 '성읍취락(주로 산성)'의 전신 내지 기원에 해당한다고 파악함(王綿厚, 2001, 14~20쪽).

(3) 비류국(연노부, 소수맥) 소재지설

만발발자유적 일대를 고구려 건국설화에 나오는 沸流國의 소재지로 파악한 다음, 沸流國은 중국측 문헌에 나오는 涓奴部와 小水貊에 해당한다고 보는 견해도 있음. 이에 따르면 송양의 비류국은 졸본천 상류에 있다고 하는데, 졸본천은 지금의 혼강으로 졸본천의 상류는 고구려 건국지인 桓仁보다 상류인 通化 지역으로 비정된다는 것임.

통화지역에서는 만발발자유적을 포함하여 灣灣川유적, 黎明유적, 自安山城, 夾心屯유적, 平崗山유적, 樺樹河口유적, 砬砬屯유적, 耐火廠北山유적, 西熱村유적, 東熱村유적, 向陽유적, 鴨園隧洞山頂유적 등이 발견되었는데, 모두 졸본천 상류에 위치한 비류국의 문화유적으로 추정된다는 것임. 졸본천과 비류국은 모두 고구려 건국기의 涓奴部에 속했는데, 대체로 지금의 통화지역으로 비정되며, 만발발자유적지는 연노부와 연관된 가장 대표적인 취락지로 파악된다는 것임(王貴玉·王珺·王志敏, 2006, 45~47쪽).

(4) 만발발자유적의 변천에 대한 주요 견해

만발발자유적을 둘러싼 자연환경의 변화에 관한 연구도 이루어졌음. 만발발자유적은 청동기시대-초기 철기시대에 해당하는 유물 분포 면적은 크고 풍부한 반면, 고구려 초기의 유물 분포 면적은 비교적 크지만 문화 퇴적층은 얇음. 이는 생업유형의 변화를 반영하는데, 前漢 이후 이 지역은 상대적으로 차고 건조한 기후로 변화되어 농경의 어려움이 확대되고, 인구압이 증가해 생태환경압력이 많이 증가했다고 파악됨. 이에 고구려 초기 단계(전한시기)에 環壕를 구축했는데, 이는 유적지가 조직화된 대형 촌락으로 변모하며 식물자원과 생활공간에 대한 방어를 강화한 양상을 반영한다고 파악함.

한편 만발발자유적을 통해 通化 지역의 선사-고대 문화의 흐름을 파악한 견해도 제기됨. 만발발자유적에서 주목되는 발형토기나 적석묘는 渾江 유역 고구려의 토착문화(기저문화)를 반영하며, 고구려 건국 이후 서기 5세기까지도 이러한 측면이 고구려 지역에 강하게 지속되었음을 보여줌. 만발발자유적을 통해 통화 지역의 문화가 기원전 3세기를 기점으로 느슨한 청동기사회에서 완전한 청동기사회로, 기원전 2~1세기를 기점으로 괴석조석관묘, 대석개묘, 종횡세장형 토광묘, 직장, 앙신굴지장의 문화에서 적석묘, 세골장, 화장의 문화로 변모되었다는 것을 알 수 있음. 또 적석묘 문화의 형성과 함께 취락이 대형화하고 방어적 성격이 강한 환호와 구상유구가 등장하였음도 알 수 있음. 이렇게 볼 때 통화지역은 기원전 3세기에는 토착집단이 주변과의 교섭을 통해 내적인 변화를 일으킨 것으로 판단되고, 기원전 2~1세기에는 환인 방면으로부터 들어온 적석묘 집단에 의해 지역집단이 통합된 것으로 생각되며, 이때부터는 환인지역보다 위상이 내려가게 된 것으로 여겨진다고 파악함. 통화지역에 '원고구려문화=적석묘문화'가 출현하는 시점은 요동 동부의 다른 지역보다 1세기 정도 늦은 기원전 2~1세기이고, 이러한 변모는 고구려 중심부와의 갈등 양상을 반영한다는 것임(오강원, 2004, 165~171쪽).[2]

참고문헌

- 吉林省文物志編委會, 1986, 『通化市文物志』.
- 吉林省地方志編纂委員會, 1991, 『吉林省志』 43(文物志).
- 吉林省文物考古研究所·通化市文物管理協公室, 1997, 「通化市王八脖子遺址及附近幾處地點的調查與發掘」, 『博物館研究』 1997-2.
- 金旭東·安文榮·楊立新, 2000, 「探索高句麗早期遺存及通起源」, 『中國文物報』 2000年 3月 19日版.
- 國家文物國 主編, 2001, 「吉林通化萬發撥子遺址」, 『1999中國重要考古發現』, 文物出版社.
- 王綿厚, 2001, 「通化萬發撥子遺址的考古與民族學觀察」, 『北方文物』 2001-3.
- 吉林省文物考古研究所 外, 2003, 「吉林通化市萬發撥子遺址二十一號墓的發掘」, 『考古』 2003-8.
- 오강원, 2004, 「萬發撥子를 통하여 본 通化지역 先原史 문화의 전개와 初期 高句麗文化의 形成過程」, 『북방사논총』 창간호.
- 湯卓煒·金旭東·楊立新, 2004, 「吉林通化萬發撥子遺址地學環境考古研究」, 『邊疆考古研究』 2, 科學出版社.
- 通化市文管會協公室, 2006, 「通化江沿遺跡群調査」, 『東北史地』 2006-6.
- 王貴玉·王珺·王志敏, 2006, 「通化江沿遺跡群所在地當卽調卒本夫餘初居地」, 『東北史地』 2006-6.
- 백종오, 2022, 「통화 만발발자 유적의 축자해석(逐字解釋), 그 새로운 시도」, 『東北亞歷史論叢』 77.

---

[2] 2019년에 통화 만발발자유적에 대한 종합보고서인 『通化萬發撥子遺址考古發掘報告』(吉林省文物考古研究所·通化市文物管理協公室, 2019, 과학출판사)가 간행되고, 2021년에 이를 종합적으로 분석한 『길림성 통화 만발발자유적 : 고조선과 고구려의 만남』(박선미 외, 2021, 동북아역사재단)이 간행되었다. 다만 본서의 원고를 모두 작성한 다음 간행된 단행본이어서 반영하지 못했음을 밝혀둔다.

02 통화 동대자유적
通化 東臺子遺址

1. 조사현황

1) 1985년 6월 16일
○ 시행기관 : 通化縣 文物普查隊.
○ 조사내용 : 유적 현황 조사, 대지 남단에서 석기와 토기편 채집.
○ 발표 : 『通化縣文物志』 게재.

2. 위치와 자연환경

1) 지리위치
大都嶺鄕 동북 약 1km에 위치하는데, 都嶺村 2대에 속함.

2) 자연환경
○ 東臺子는 都嶺河 左岸의 돌출한 대지로서 주변의 하곡평지보다 8~10m 정도 높음. 대지는 약 1km 정도 넓게 펼쳐져 있는데, 양단은 '東臺子'와 '西臺子'로 나뉨.
○ 都嶺河가 서쪽에서 흘러와 이 대지 아래에서 동쪽으로 흘러가 '동대자'에 이르러 꺾어져 서남으로 흘러가다가 다시 동쪽으로 가다가 喇蛄河에 유입됨. 강이 굽이도는 곳은 都嶺村 1대 마을이고 그 남쪽 약 100m에 통화-환인 도로가 있음.
○ 東臺子 북쪽은 산들로 둘러싸여 있고 남쪽으로는 하곡에 닿아 있으며 동, 서로는 대지가 펼쳐져 있음.

그림 1
동대자유적 위치도 1

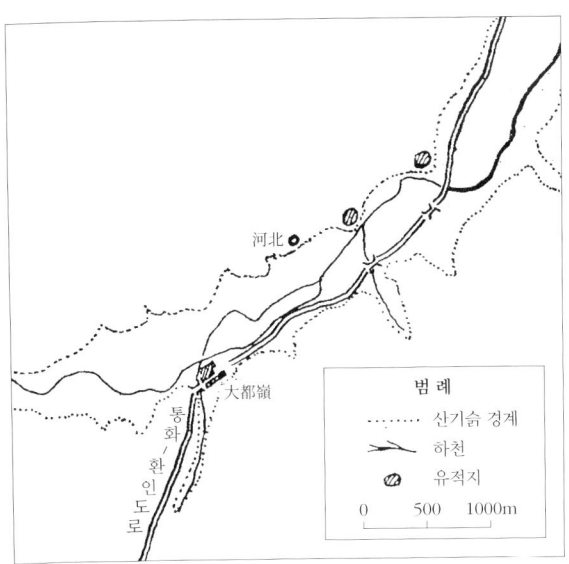

그림 2 동대자유적 위치도 2(『通化縣文物志』, 25쪽)

3. 유적의 전체현황

○ 규모 : 花崗巖體의 산언덕으로 남북 길이 250m, 동서 너비 50m.
○ 유물은 동대자 남단 50×80m 범위에 비교적 집중 분포되어 있음.
○ 경작지는 흑갈색 부식토로 두께 0.3m 정도임.
○ 산언덕 정상은 완만하고 평평하며 동, 서 두 산비탈은 약간 낮음.
○ 서쪽 산비탈 아래 약 0.8m 지점에서 비교적 많은 토기편이 채집되었고, 산 위에는 토기편이 극히 적음.

4. 출토유물

1) 토기편
○ 출토지 : 통화 동대자유적.
○ 형태 : 여러 개체. 고리모양 귀가 달리거나 짧은 목에 벌어진 입술. 손으로 제작. 무늬는 없으며 표면 마연.
○ 태토 : 石棉粒 또는 모래 함유.

2) 토기편
○ 출토지 : 통화 동대자유적.
○ 형태 : 여러 개체. 짧은 목에 벌어진 입술. 손으로 제작. 무늬는 없으며 표면 마연.
○ 태토 및 색깔 : 니질. 회색 혹은 적갈색.

3) 석제괭이
○ 출토지 : 통화 동대자유적.
○ 크기 : 남은 부분 길이 12.4cm, 너비 5.3 cm, 두께 0.24 cm.
○ 형태 : 호형 변을 가진 장방형. 비교적 정교하게 타제되었고 흔적이 명확하였으며 인부가 약간 파손됨.
○ 재질 : 흑색 화성암.

4) 석제괭이
○ 출토지 : 통화 동대자유적.
○ 크기 : 길이 20.7cm, 인부 너비 7.8cm, 두께 2.2cm.
○ 형태 : 타제. 긴 사다리 모양을 띠며 인부가 넓고 꼭대기가 좁음. 인부와 몸 한측에서만 가공흔적이 보였고 기타 부분은 모두 자연 그대로 남음.
○ 재질 : 자연 하란석편.

5) 석제끌
○ 출토지 : 통화 동대자유적.
○ 크기 : 길이 5.0cm, 인부 너비 2.7cm, 두께 0.9cm.
○ 형태 : 정교하게 가공되었으며 몸 전체가 마제.

5. 역사적 성격

동대자유적은 渾江 지류인 喇蛄河 유역에 위치한 취락유적으로 추정됨. 출토유물은 독특한 특징을 갖고 있는데, 기다란 석제괭이(長身打製石鎬)가 다수를 차지하고 잘록한 석제괭이(束腰打製石鎬)가 적게 보이며, 석제어망추는 보이지 않음. 또 사질토기(夾砂陶), 니질회색토기(泥質灰陶), 니질적색토기(泥質紅陶) 등이 공존하는데, 구연부 모양, 제작기법, 소성도 등으로 보아 泥質토기는 고구려 토기의 특징을 간직하고 있는 것으로 파악됨. 이에 혼강 유역의 원시 문화유적 가운데 비교적 늦은 시기의 취락 유적으로 그 하한은 漢代(고구려 초기)로 추정된다고 파악함(吉林省文物志編委會, 1986, 25~26쪽).

참고문헌

- 吉林省文物志編委會, 1986, 『通化縣文物志』.
- 國家文物局 主編, 1993, 『中國文物地圖集』 吉林分冊, 中國地圖出版社.

03 통화 향양촌유적
通化 向陽村遺址 | 向陽遺址

1. 조사현황

1) 1986년 4월
○ 시행기관 : 通化市 文物普查隊.
○ 조사내용 : 유적 발견 및 현황 조사.
○ 발표 : 『通化市文物志』게재.

2. 위치와 자연환경

○ 通化市 鴨園鎭 向陽村에서 남쪽 0.5km 小羅圈溝河 左岸의 산 위에 위치하는데, 小羅圈溝河는 북에서 4km 흘러와 渾江으로 유입됨.

○ 小羅圈溝河 동쪽 산기슭 아래에는 通化 - 東來鄕 도로가 있음. 지세가 넓고 평평하여 '向陽'이라 이름 지음.
○ 向陽村유적의 산 아래에는 1985년에 발견된 向陽村고분군이 있음.

3. 유적의 현황

○ 규모 : 동서 약 200m, 남북 약 200m.
○ 현황 : 문화층이 비교적 얇은데, 보존상태가 비교적 좋다고 함.
○ 유적지가 위치한 평탄면에는 밭으로 개간하여 경

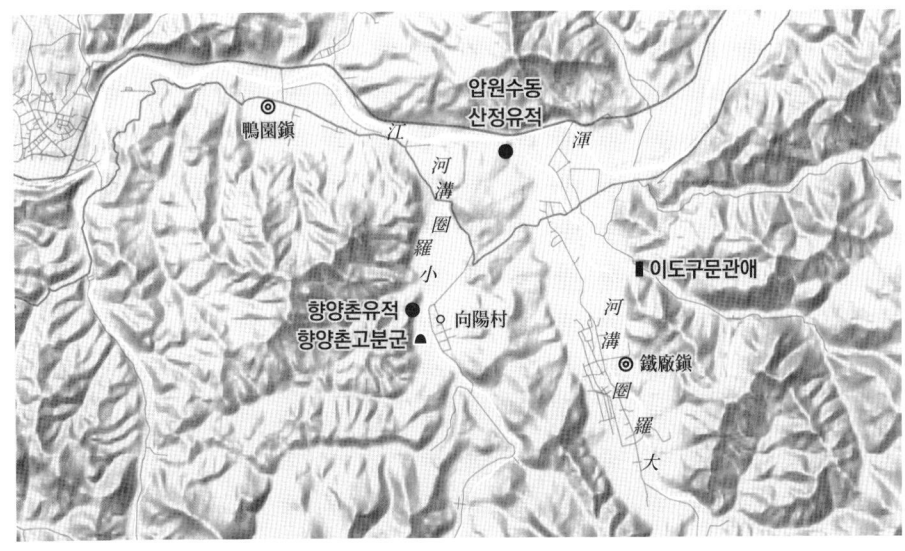

그림 1
향양촌유적 위치도

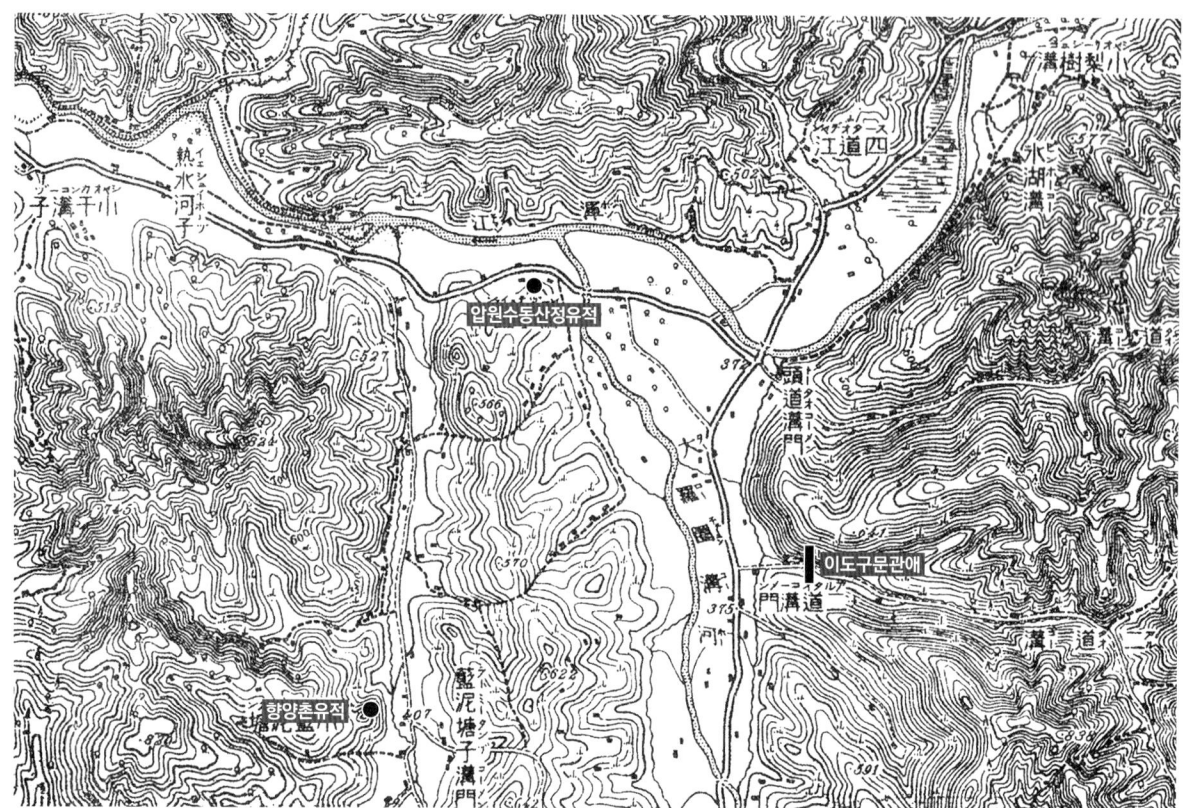

그림 2 향양촌유적 주변 지형도(滿洲國 10만분의 1 지형도)

작한 흔적이 남아 있으며, 2007년 당시 현대의 민묘도 7기 정도가 조영되어 있었음. 다만 잡초와 관목이 우거져 육안으로는 유적의 현황을 가늠하기 어려운 상태임.

4. 출토유물

석제괭이, 석기, 사질이 혼입된 갈색의 戳点紋 토기편 등 채집.

5. 역사적 성격

향양촌유적은 아직 고고조사가 제대로 이루어지지 않아 그 성격을 정확하게 파악하기는 어려운 상황임. 지표조사를 통해 원시시기에 유적이 형성된 다음, 고구려인이 이곳에 거주하며 산 아래의 고분군을 남겼을 것으로 추정하기도 함. 또 遼·金시기의 유물도 출토되는 점을 근거로 고구려시기 이후에도 계속 거주 공간으로 활용되었을 것으로 추정함(吉林省文物志編委會, 1986, 22~23쪽).

참고문헌

- 吉林省文物志編委會, 1986, 『通化市文物志』.
- 國家文物局 主編, 1993, 「通化市-向陽遺址」, 『中國文物地圖集』 吉林分冊, 中國地圖出版社.

04 통화 압원수동산정유적
通化 鴨園隧洞山頂遺址

1. 조사현황

1) 1986년
- 시행기관 : 通化市 文物普査隊.
- 조사내용 : 유적 발견 및 현황 조사.
- 발표 : 『通化市文物志』게재.

2. 위치와 자연환경

○ 鴨園隧洞유적은 通化市 鴨園鎭 소재지에서 1.5km 떨어진 鴨園鎭 기차역의 북쪽 1km 거리의 언덕 산 위에 위치.

○ 유적의 동쪽은 大羅圈溝河와 渾江이 만나는 삼각지대이고, 남쪽 1km 거리에는 기차역이 위치해 있음. 서쪽으로는 산줄기가 첩첩히 이어짐. 북쪽 산 밑에는 通化-集安 철로의 터널이 통과하고 있는데 鴨園隧洞이라는 유적 명칭은 이 터널에서 유래했음. 다만 2007년 당시 터널의 정식 명칭은 '鴨園隧洞'이 아니라 '鴨子隧道'임.

3. 유적의 현황

- 규모 : 동서 약 200m, 남북 약 100m.
- 현황 : 지표에 유물이 비교적 풍부하며, 보존상태도

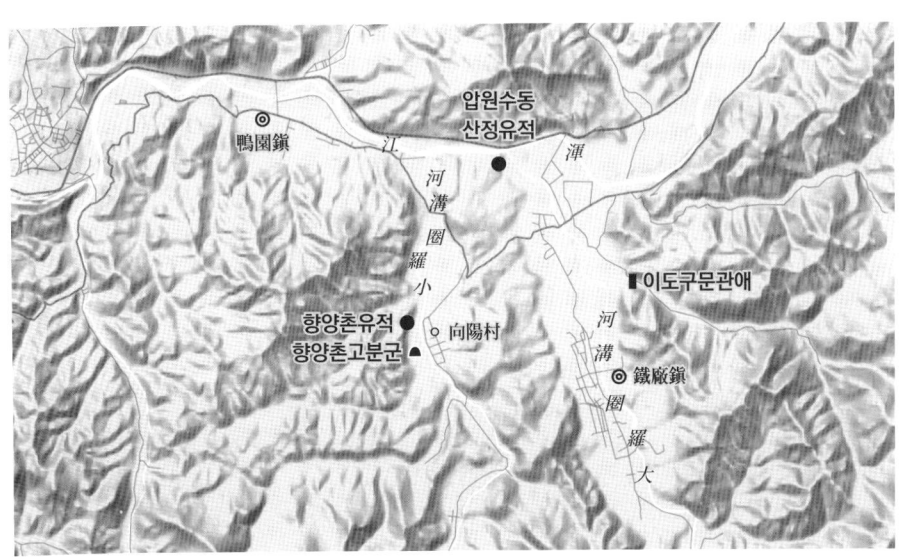

그림 1
압원수동산정유적 위치도

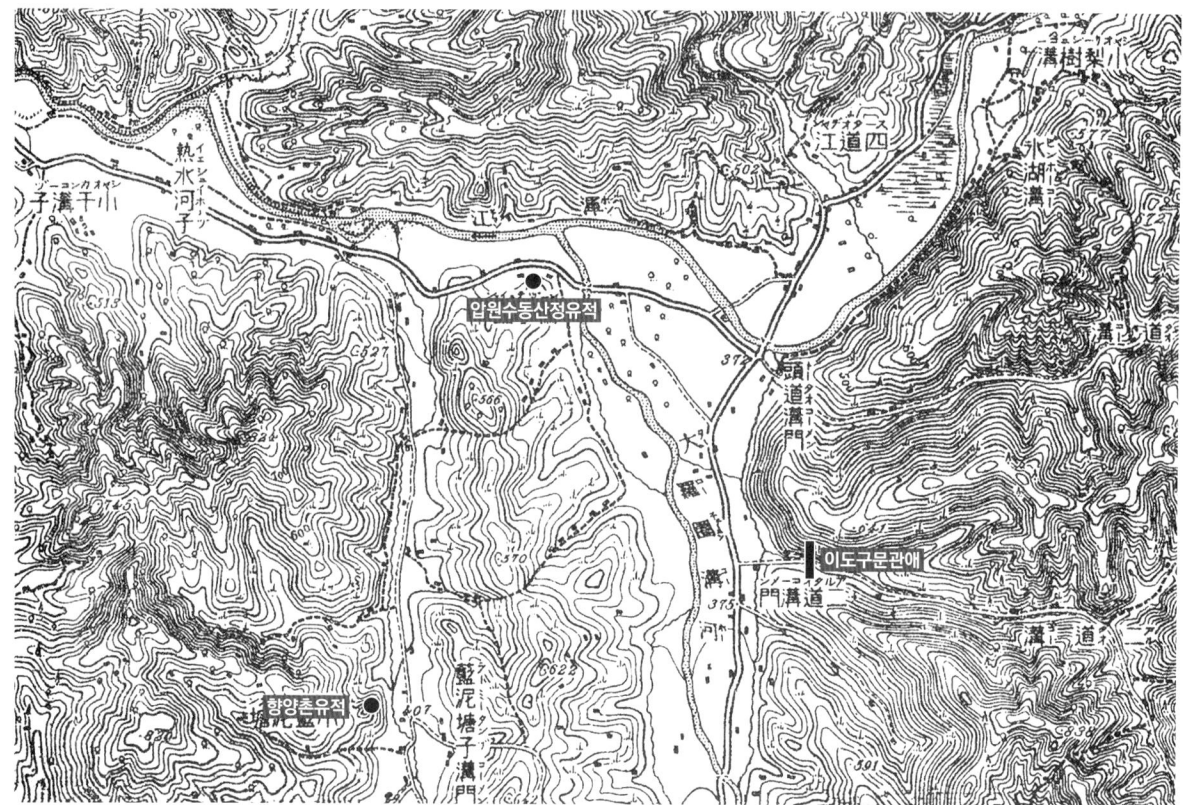

그림 2 압원수동산정유적 주변 지형도(滿洲國 10만분의 1 지형도)

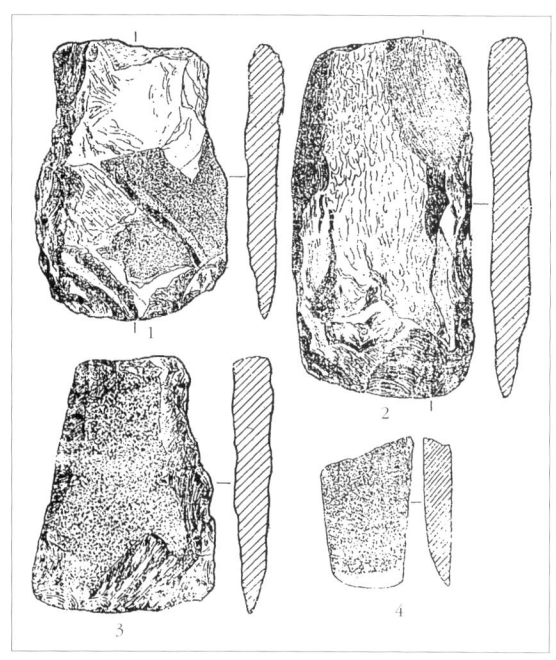

그림 3 출토유물(『通化市文物志』, 24쪽)

양호하다고 함.

○ 유적지의 동, 북, 서 삼면은 경사가 가파른 산비탈이며, 남쪽으로는 평탄한 언덕 대지가 이어짐. 2007년 당시 유적지가 위치한 대지 북단의 평탄면은 옥수수밭으로 경작되고 있었고, 북단 가장자리에는 고압전선의 철탑이 세워져 있었음.

4. 출토유물

석제괭이 4점(그림 3의 1~3), 석제자귀 1점(그림 3의 4), 토기편 등을 채집함. 석제괭이는 모두 타제이며, 크기는 대략 10~14cm 내외이고 날은 둥긂. 토기편은 사질이 혼입된 적갈색이 많으며 흑갈색 토기도 소량 확인됨. 흑갈색 토기편에는 교차선문이 시문된 것도 있음.

5. 역사적 성격

채집유물로 보아 원시사회시기부터 高句麗, 遼·金시기에 생활공간으로 활용되었다고 하지만(吉林省文物志編委會, 1986, 23쪽), 고구려시기에도 생활공간으로 이용되었는지 명확히 밝혀진 상태는 아님.

참고문헌
- 吉林省文物志編委會, 1986, 『通化市文物志』.
- 國家文物局 主編, 1993, 「通化市-鴨園隧洞山頂遺址」, 『中國文物地圖集』 吉林分冊, 中國地圖出版社.

05 통화 하룡두용강유적
通化 下龍頭龍崗遺址

1. 조사현황

1) 1985년 6월
- 시행기관 : 通化縣 文物普査隊.
- 조사내용 : 유적 현황 조사.
- 발표 : 『通化縣文物志』게재.

2) 2005년 11월
- 시행기관 : 通化市政府 文化主管部 후원.
- 참가자 : 王貴玉, 王志敏 등 5명.
- 조사내용 : 유적 현황 조사.
- 발표 : 『東北史地』2006-6.

2. 위치와 자연환경

○ 通化縣 大都嶺鄕 下龍頭村에 위치함. 혼강 右岸에 龍崗이라 부르는 남북 방향의 기다란 언덕 대지 위에 자리함.

○ 龍崗 유적지의 동서 양측은 매우 가파르며, 그 동쪽은 渾江, 서쪽은 작은 하천에 각각 잇닿아 있음.

○ 龍崗 남단의 맞은편은 土珠子 제사유적지이고, 龍泉村 龍崗의 동단도 土珠子 유적을 마주하고 있어 마치 두 마리의 龍이 여의주를 가지고 노는 모습을 하고 있음.

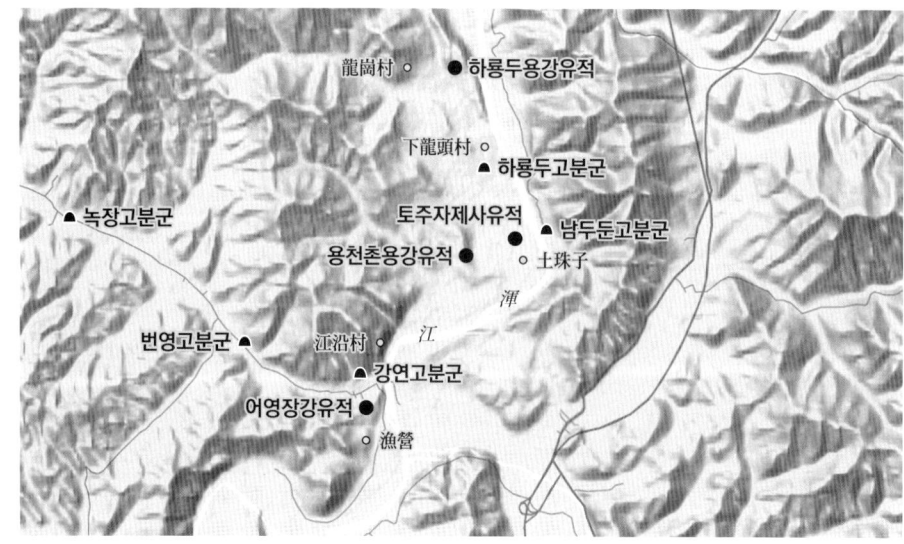

그림 1
하룡두용강유적 위치도

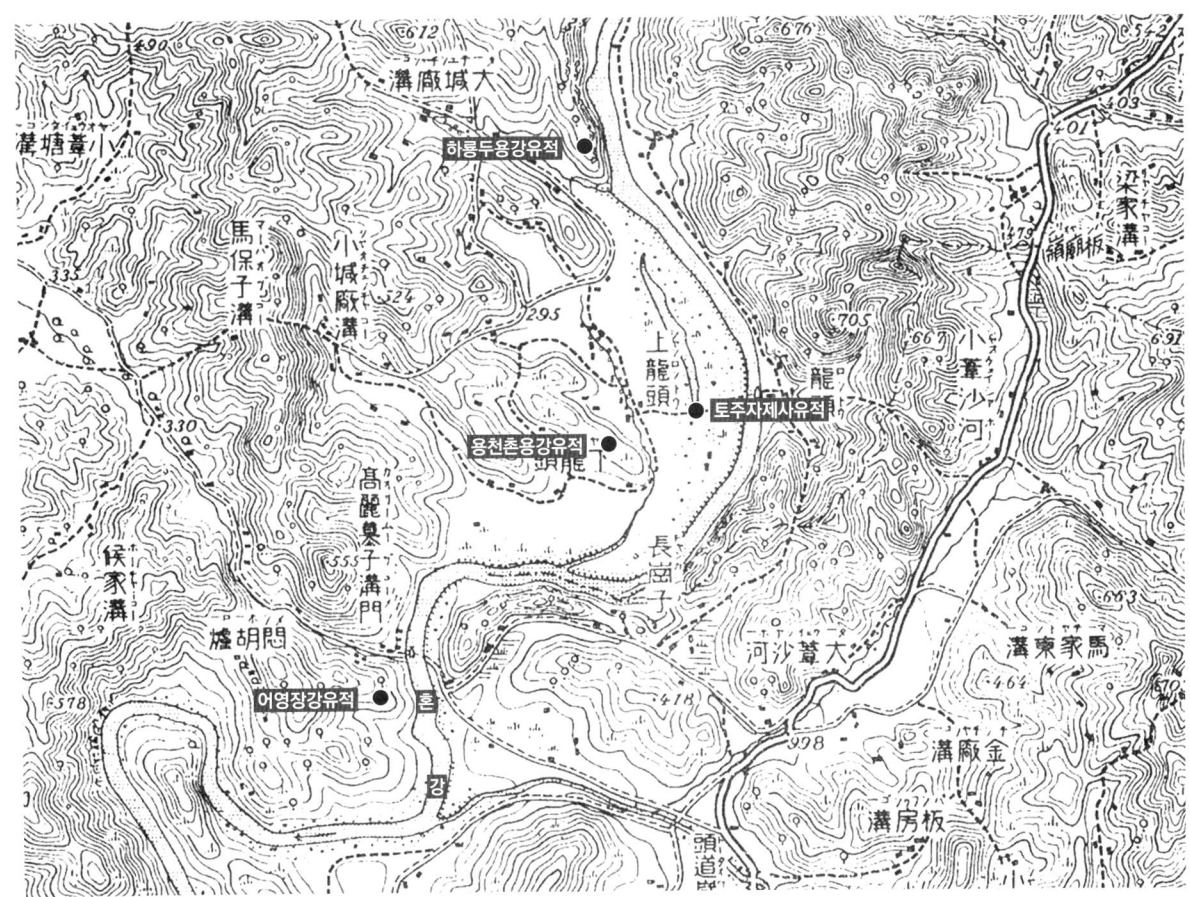

그림 2 하룡두용강유적 주변 지형도(滿洲國 10만분의 1 지형도)

3. 유적의 전체현황

○ 규모 : 남북 길이 약 1,000m, 동서 너비는 약 350m.
○ 모양 : 남북 방향의 긴 언덕 대지로서 형상이 마치 龍과 같다 하여 현지인들이 龍崗이라고 부름.
○ 해자 : 유적지 남단으로부터 북쪽 50m 지점에는 너비 약 3.5m, 깊이 2m 정도의 해자가 언덕 대지를 횡단하고 있음. 현지 주민에 따르면, 古代 南蠻이 본토의 세력을 억제하기 위해 이 '龍脈'을 끊어 버렸다고 함. 龍崗에 거주하던 주민집단이 적을 방어하기 위해 건설한 해자임.
○ 龍崗의 북부에는 산 아래로 통하는 통로가 있는데, 통로는 넓고 완만하여 마차가 지나갈 수 있으며 통로 북측에 적석묘가 있고, 남측에는 깊은 해자가 있음. 북측 산허리에는 우뚝 솟은 높이 수 m인 절벽이 있는데, 난공불락의 關口를 형성하고 있음.

4. 출토유물

석기는 타제석기와 마제석기로 나뉘는데, 타제석기에는 괭이, 어망추 등이 있고, 마제석기로는 도끼, 칼, 화살촉, 숫돌 등이 있음. 토기류는 모두 편으로 모래가 함유된 무문토기편과 진흙질의 회색 토기편이 있음. 청동기로는 청동제단추(靑銅泡飾) 발견됨.

5. 역사적 성격

1) 주변 유적
하룡두용강유적 주변에는 생활유적과 제사유적이 다수 분포함. 생활유적으로는 渾江 右岸에는 龍泉村 龍崗유적과 漁營屯 長崗유적이 있고, 渾江 左岸에는 頭道 長崗村 龍崗유적과 東村유적 등이 있음. 고분군으로는 渾江 左岸에 下龍頭고분군과 南頭屯고분군 등이 있음. 제사유적으로는 용강유적 남쪽의 충적평지에 土珠子 제사유적이 있음.

2) 유적의 기능과 성격
통화지역 渾江 유역의 江沿 유적지는 渾江 右岸의 下龍頭 龍崗유적, 龍泉村 龍崗유적, 漁營屯 長崗유적과 渾江 左岸의 頭道 長崗村 龍崗유적, 東村유적 등으로 구성되어 있는데, 모두 현지에서 龍崗이라 부르는 언덕 대지 위에 분포함. 그리고 下龍頭용강유적을 포함해 漁營屯 長崗유적과 頭道 長崗村 龍崗유적, 東村유적에는 모두 구릉 끝부분에 적석묘가 있음. 모두 유적의 규모가 클 뿐 아니라 출토유물도 풍부한데, 채집된 유물로 보아 청동기시대 말기에서 고구려 초기에 해당함.

이 가운데 용강은 남북 방향의 긴 구릉(長崗)으로 남측과 북측에 각각 방어를 위한 해자가 있고, 동측과 서측은 경사가 매우 가파른 절벽임. 이로 보아 용강 유적은 방어기능을 갖춘 취락지로 추정됨. 이에 通化 江沿 일대의 渾江을 고구려 건국설화에 나오는 卒本川으로 비정한 다음, 하룡두 용강을 시조 주몽이 승천했다는 '忽本 東崗'이나 장사 지냈다는 '龍山'으로 파악하기도 함(王貴玉·王珺·王志敏, 2006, 44쪽). 渾江 유역의 江沿 유적지가 고구려 건국 지역과 관련된다는 것인데, 명확한 논거가 제시된 것은 아님.

참고문헌
- 吉林省文物志編委會, 1986, 『通化縣文物志』.
- 通化市文管會協公室, 2006, 「通化江沿遺跡群調査」, 『東北史地』 2006-6.
- 王貴玉·王珺·王志敏, 2006, 「通化江沿遺跡群所在地當卽調卒本夫餘初居地」, 『東北史地』 2006-6.

06 통화 용천촌용강유적
通化 龍泉村龍崗遺址

1. 조사현황

1) 2005년 11월
- 시행기관 : 通化市政府 文化主管部 후원.
- 참가자 : 王貴玉, 王志敏 등 5명.
- 조사내용 : 유적 현황 조사.
- 발표 : 『東北史地』 2006-6.

2. 위치와 자연환경

○ 通化縣 大都嶺鄕 龍泉村 북측에 위치함. 龍泉村 龍崗은 북쪽 산줄기에서 남쪽으로 뻗다가 방향을 꺾어 동쪽으로 혼강을 향해 뻗은 언덕 대지임.

○ 龍泉村 龍崗의 동쪽에는 土珠子 제사유적이 있는데, 하룡두 龍崗의 남단 역시 土珠子를 마주하고 있어 마치 두 마리의 龍이 여의주를 가지고 노는 모습을 하고 있음.

3. 유적의 전체현황

○ 규모 : 龍崗의 동서 길이는 900m, 남북 너비는 350m.

○ 현황 : 구릉 위에는 현재 경작이 중단되고 풀이 자라나 있지만, 강자갈과 더불어 거주지 유적이 명확하게

그림 1
용천촌용강유적 위치도

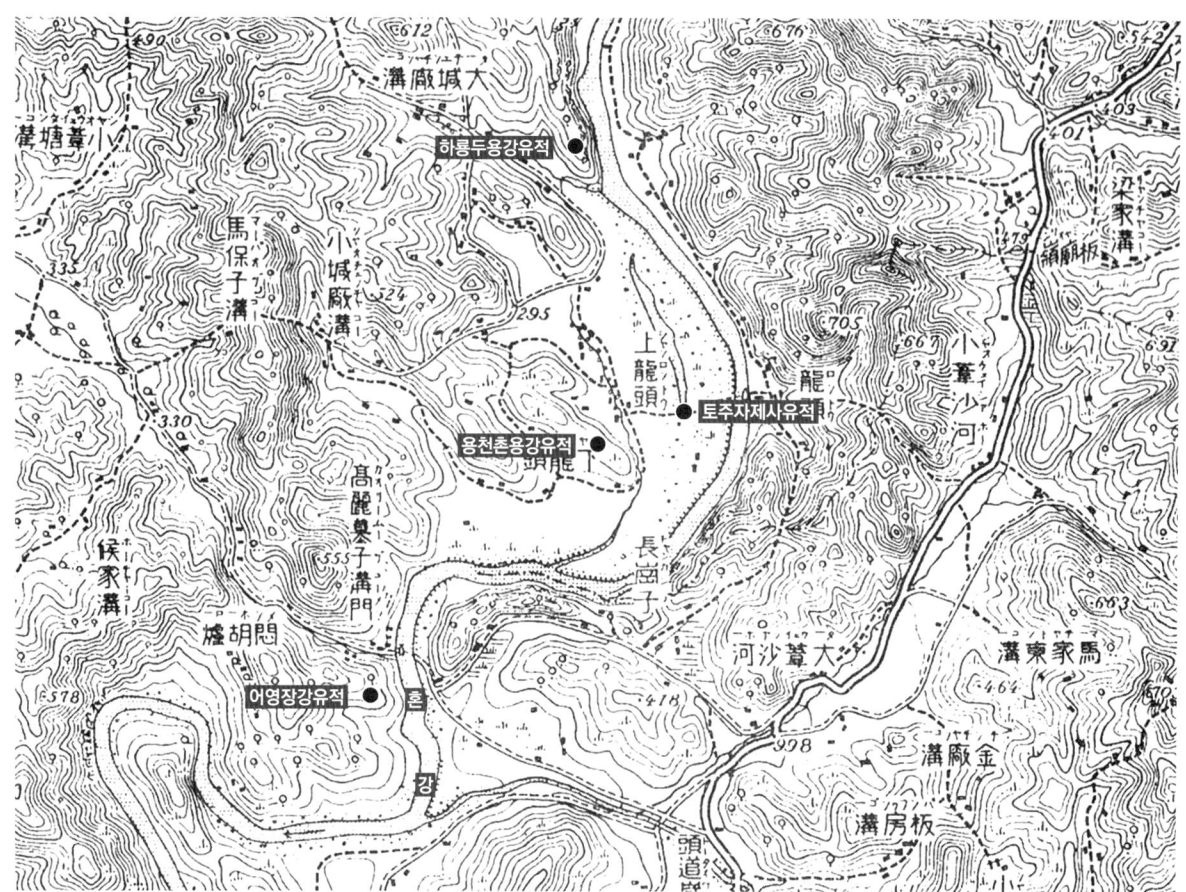

그림 2 용천촌용강유적 주변 지형도(滿洲國 10만분의 1 지형도)

드러나 있음.
○ 일찍이 1980년대 현지 주민이 유적지 내에서 여러 차례 돌괭이(石鎬), 돌도끼(石斧) 등의 유물을 주웠다고 함.

4. 출토유물

1980년대 현지 주민이 지표에서 석제괭이(石鎬), 석제도끼(石斧) 등을 채집.

5. 역사적 성격

1) 주변의 유적 현황

용천촌용강유적 주변에는 여러 유적이 밀집 분포함. 생활유적으로는 渾江 右岸에는 下龍頭 龍崗유적과 漁營屯 長崗유적이 있고, 渾江 左岸에는 頭道 長崗村 龍崗유적과 東村유적 등이 있음. 고분군으로는 渾江 左岸에 下龍頭고분군과 南頭屯고분군 등이 있음. 제사유적으로는 용강유적 남쪽의 충적평지에 土珠子제사유적이 있음.

2) 유적의 기능과 성격

통화지역 渾江 유역의 江沿 유적지는 渾江 右岸의 下

龍頭 龍崗유적, 龍泉村 龍崗유적, 漁營屯 長崗유적과 渾江 左岸의 頭道 長崗村 龍崗유적, 東村유적 등으로 구성되어 있는데, 모두 현지에서 龍崗이라 부르는 언덕 대지 위에 분포함. 그리고 下龍頭용강유적을 포함해 漁營屯 長崗유적과 頭道 長崗村 龍崗유적, 東村유적에는 모두 구릉 끝부분에 적석묘가 있음. 모두 유적의 규모가 클 뿐 아니라 출토유물도 풍부한데, 채집된 유물로 보아 청동기시대 말기에서 고구려 초기에 해당함.

이 가운데 용강은 남북 방향의 긴 구릉(長崗)으로 남측과 북측에 각각 방어를 위한 해자가 있고, 동측과 서측은 경사가 매우 가파른 절벽임. 이로 보아 용강 유적은 방어기능을 갖춘 취락지로 추정됨. 이에 通化 江沿 일대의 渾江을 고구려 건국설화에 나오는 卒本川, 하룡두 용강을 시조 주몽이 승천했다는 '忽本 東崗'이나 장사 지냈다는 '龍山'으로 비정한 다음, 용천촌 용강유적을 고구려 건국과 관련한 유적으로 파악하기도 함(王貴玉·王珺·王志敏, 2006, 44쪽). 渾江 유역의 江沿 유적지가 고구려 건국 지역과 관련된다는 것인데, 명확한 논거가 제시된 것은 아님.

참고문헌

- 通化市文管會協公室, 2006, 「通化江沿遺跡群調查」, 『東北史地』 2006-6.
- 王貴玉·王珺·王志敏, 2006, 「通化江沿遺跡群所在地當卽調卒本夫餘初居地」, 『東北史地』 2006-6.

07 통화 어영장강유적
通化 漁營長崗遺址

1. 조사현황

1) 2005년 11월
- 시행기관 : 通化市政府 文化主管部 후원.
- 참가자 : 王貴玉, 王志敏 등 5명.
- 조사내용 : 유적 현황 조사.
- 발표 : 『東北史地』 2006-6.

2. 위치와 자연환경

○ 通化縣 大都嶺鄉 江沿村 小漁營屯 동북측의 기다란 구릉(長崗)에 위치.

○ 유적지 동쪽은 혼강에 가깝고 구릉 아래 혼강 우안은 村級 도로인데 북쪽으로 下龍頭와 왕래할 수 있음. 서북측 구릉 아래는 下龍頭에서 繁榮, 大都嶺으로 왕래하는 鄕級 도로임. 강 맞은편 동북측은 集安 頭道鎭의 長崗유적이고, 동남쪽은 東村 유적임.

○ 통화지역 혼강 유역의 江沿 유적지 5곳은 渾江 右岸의 下龍頭 龍崗·龍泉村 龍崗·漁營屯 長崗 유적과 渾江 左岸의 頭道 長崗村 龍崗·東村 유적 등인데, 모두 용강이라 부르는 언덕 대지 위에 분포함.

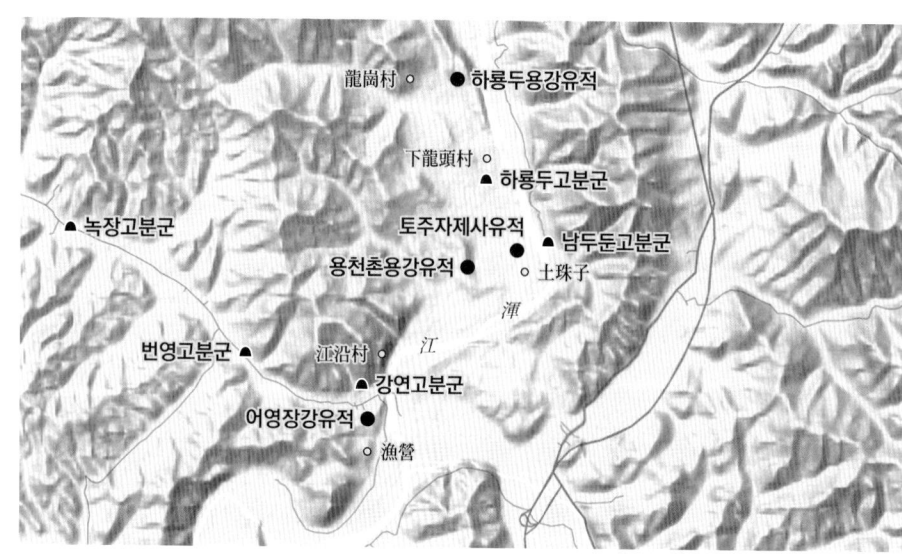

그림 1
어영장강유적 위치도

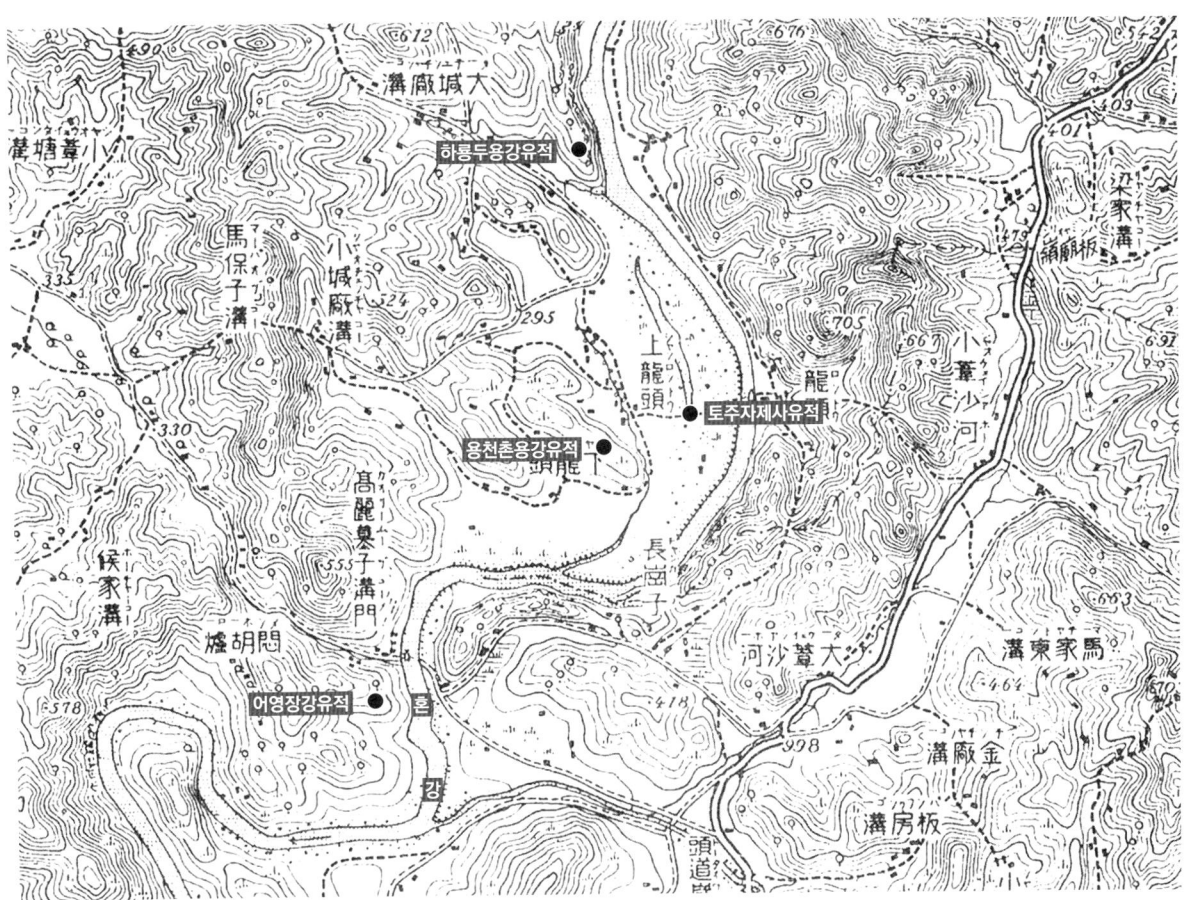

그림 2 어영장강유적 주변 지형도(滿洲國 10만분의 1 지형도)

3. 유적의 전체현황

○ 규모 : 유적이 위치한 산언덕은 남북 방향으로 기다랗게 뻗은 모양으로, 남북 길이 1,250m, 동서 너비 350m임.
○ 현황 : 유적 내에는 비교적 커다란 강자갈이 분포해 있고, 유물도 비교적 풍부함.
○ 경사가 가파른 언덕 대지 위에 위치한 것으로 보아 방어 기능을 갖춘 취락지로 추정됨.
○ 유적 남단에 積石墓가 있는데, 개간할 때 적석묘의 돌을 구릉 아래로 옮겼기 때문에 비교적 큰 화강암 기초석만 잔존해 있음.

4. 출토유물

지표에서 채집한 유물로는 석제괭이(石鎬), 석제끌(石鑿), 석제도끼(石斧), 석제칼(石刀), 석제어망추(石網墜), 석제화살촉(石鏃), 무문사질토기, 니질회색토기 편 등이 있음.

5. 역사적 성격

1) 주변 유적

어영장강유적 주변에는 생활유적과 제사유적이 다수 분포함. 생활유적으로는 渾江 右岸에는 下龍頭 龍崗

유적과 龍泉村 龍崗유적이 있고, 渾江 左岸에는 頭道 長崗村 龍崗유적과 東村유적 등이 있음. 고분군으로는 渾江 左岸에 下龍頭고분군과 南頭屯고분군 등이 있음. 제사유적으로는 용강유적 남쪽의 충적평지에 土珠子 제사유적이 있음.

2) 유적의 기능과 성격

통화지역 渾江 유역의 江沿 유적지는 渾江 右岸의 下龍頭 龍崗유적, 龍泉村 龍崗유적, 漁營屯 長崗유적와 渾江 左岸의 頭道 長崗村 龍崗유적, 東村유적 등으로 구성되어 있는데, 모두 현지에서 龍崗이라 부르는 언덕 대지 위에 분포함. 그리고 下龍頭용강유적을 포함해 漁營屯 長崗유적과 頭道 長崗村 龍崗유적, 東村유적에는 모두 구릉 끝부분에 적석묘가 있음. 모두 유적의 규모가 클 뿐 아니라 출토유물도 풍부한데, 채집된 유물로 보아 청동기시대 말기에서 고구려 초기에 해당함.

이 가운데 용강은 남북 방향의 긴 구릉(長崗)으로 남측과 북측에 각각 방어를 위한 해자가 있고, 동측과 서측은 경사가 매우 가파른 절벽임. 이로 보아 용강 유적은 방어기능을 갖춘 취락지로 추정됨. 이에 通化 江沿 일대의 渾江을 고구려 건국설화에 나오는 卒本川, 하룡두 용강을 시조 주몽이 승천했다는 '忽本 東崗'이나 장사 지냈다는 '龍山'으로 비정한 다음, 어영장강유적을 고구려 건국과 관련한 유적으로 파악하기도 함(王貴玉·王珺·王志敏, 2006, 44쪽). 渾江 유역의 江沿 유적지가 고구려 건국 지역과 관련된다는 것인데, 명확한 논거가 제시된 것은 아님.

참고문헌

- 通化市文管會協公室, 2006, 「通化江沿遺跡群調査」, 『東北史地』 2006-6.
- 王貴玉·王珺·王志敏, 2006, 「通化江沿遺跡群所在地當卽調卒本夫餘初居地」, 『東北史地』 2006-6.

08 | 통화 토주자제사유적
通化 土珠子祭祀遺址

1. 조사현황

1) 1982년 5월
○ 시행기관 : 龍泉村 3대 주민 趙國柱.
○ 조사내용 : 토주자 언덕 위에서 黑石製 磨製石矛 발견.
○ 발표 : 『通化縣文物志』 게재.

2) 1982년 11월 4일
○ 시행기관 : 吉林省, 通化市, 通化縣 고고학자.
○ 조사내용 : 유적 시굴, 문화층 확인, 석제괭이(打製石鎬) 채집.
○ 발표 : 『通化縣文物志』 게재.

○ 결과 : 1984년 2월 24일에 通化縣 重點文物保護單位로 지정.

3) 1985년 5월 11일
○ 시행기관 : 通化縣 文物普查隊.
○ 조사내용 : 유적 현황 재조사, 유물 채집.
○ 발표 : 『通化縣文物志』 게재.

4) 2005년 11월
○ 시행기관 : 通化市政府 文化主管部 후원.
○ 참가자 : 王貴玉, 王志敏 등 5명.
○ 조사내용 : 유적 현황 조사.
○ 발표 : 『東北史地』 2006-6.

그림 1
토주자제사유적 위치도

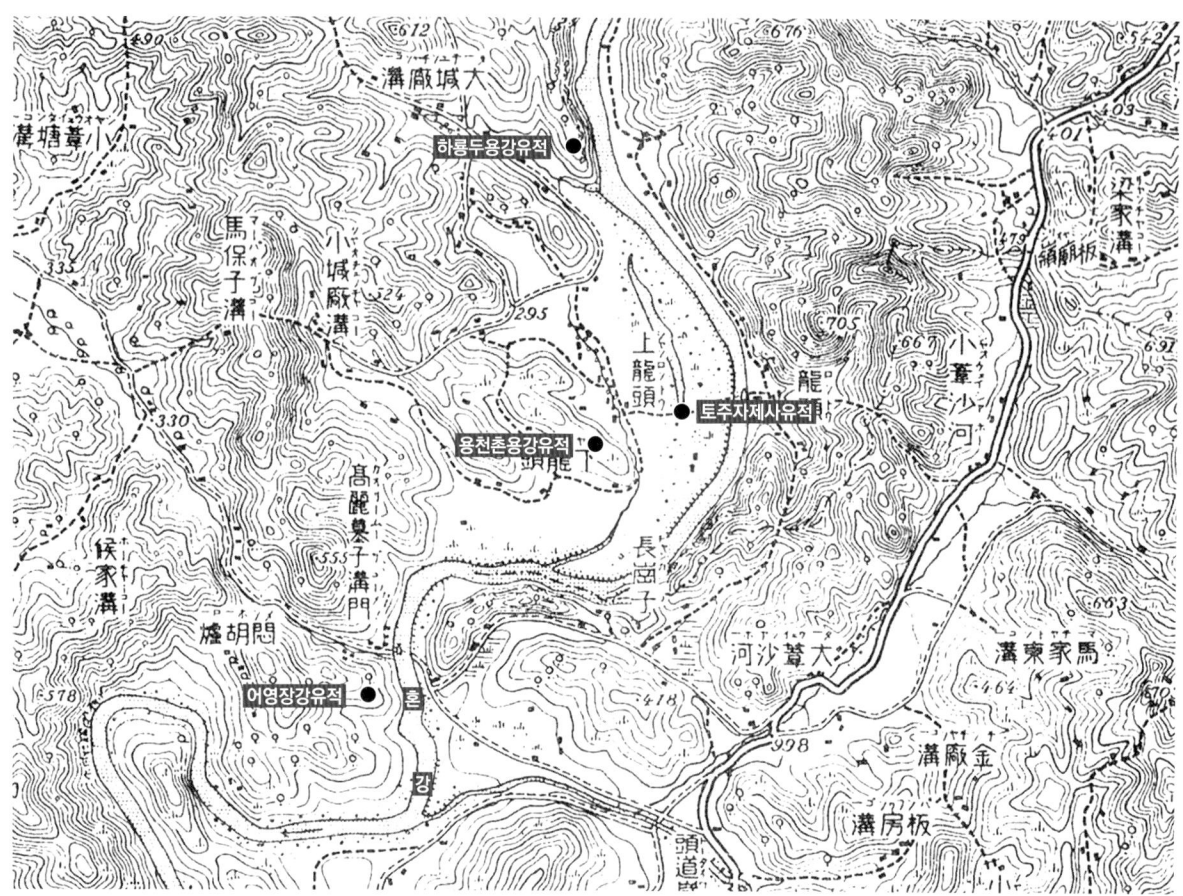

그림 2 토주자제사유적 주변 지형도(滿洲國 10만분의 1 지형도)

2. 위치와 자연환경

○ 通化縣 大都嶺鄕 下龍頭村에 위치. 渾江 우안 비교적 넓은 충적평지에 위치함.
○ 유적지 서북쪽에 下龍頭고분군이 있고, 동북쪽에는 통화시 강연 南頭屯고분군이 있는데, 두 고분군은 강을 사이에 두고 서로 바라보고 있음. 그리고 유적의 북쪽에는 하룡두용강유적, 서쪽에는 용천촌용강유적, 서남쪽에는 漁營屯 長崗유적과 長崗村 龍崗유적 등의 방어취락이 토주자 유적을 중심으로 언덕 위에 분포함.
○ 토주자제사유적이 있는 곳은 시야가 확 트였고, 여러 방어취락 유적의 중심에 자리하여 제사 활동을 하기에 편리했을 것으로 추정됨.

3. 유적의 전체현황

○ 모양 : 충적평지에서 우뚝 솟은 타원형 高臺임.
○ 규모 : 하단의 최대 직경은 28m, 높이 10여 m, 상단의 직경은 7~8m.
○ 유적지의 북부는 가파르고 자연 암석이 드러나 있으며 동, 남, 서 3면은 모두 황색 風化 砂土로 그 안에는 수많은 강자갈이 포함되어 있음.
○ 서남측 중부에는 인공적인 끌 작업을 거친 청색 화강암이 드러나 있어, 일찍이 인위적인 건축 활동을 한 것으로 추정됨.
○ 1980년에 頂部에서 소량의 모래가 섞인 토기편을 채집했고, 1985년에는 석제단검(石短劍)과 석제괭이

(石鏃)를 발견한 적이 있음.

○ 土珠子의 규모로 볼 때 상부의 직경이 8m도 되지 않아 거주지보다 제사 장소로 추정됨. 특히 석제단검은 동검을 본떠 매우 정밀하게 만들었는데, 제사용품으로 추정됨. 器形 및 가공기술로 보아 전한시기로 추정됨.

4. 출토유물

1980년, 유적 꼭대기에서 소량의 모래가 함유된 토기편이 채집됨. 1985년에는 석제단검과 석제괭이가 발견됨.

5. 역사적 성격

1) 주변 유적
토주자 유적 주변에는 고분과 생활유적이 밀집 분포함. 고분 유적으로는 유적지의 서북쪽에 下龍頭고분군이 있고, 동북쪽에는 통화시 강연 南頭屯고분군이 있음. 생활유적으로는 유적지 북쪽에 하룡두용강유적, 서쪽에 용천촌용강유적, 서남쪽에 漁營屯 長崗유적과 長崗村 龍崗유적 등이 토주자 유적을 중심으로 언덕 위에 분포함.

2) 유적의 기능과 성격
통화지역 渾江 유역의 江沿 유적지는 渾江 右岸의 下龍頭 龍崗유적, 龍泉村 龍崗유적, 漁營屯 長崗유적와 渾江 左岸의 頭道 長崗村 龍崗유적, 東村유적 등으로 구성되어 있는데, 모두 현지에서 龍崗이라 부르는 언덕 대지 위에 분포함. 그리고 下龍頭용강유적을 포함해 漁營屯 長崗유적과 頭道 長崗村 龍崗유적, 東村유적에는 모두 구릉 끝부분에 적석묘가 있음. 모두 유적의 규모가 클 뿐 아니라 출토유물도 풍부한데, 채집된 유물로 보아 청동기시대 말기에서 고구려 초기에 해당함.

이 가운데 용강은 남북 방향의 긴 구릉(長崗)으로 남측과 북측에 각각 방어를 위한 해자가 있고, 동측과 서측은 경사가 매우 가파른 절벽임. 이로 보아 용강 유적은 방어기능을 갖춘 취락지로 추정됨. 이에 通化 江沿 일대의 渾江을 고구려 건국설화에 나오는 卒本川, 하룡두 용강을 시조 주몽이 승천했다는 '忽本 東崗'이나 장사 지냈다는 '龍山'으로 파악한 다음, 토주자 유적을 고구려 왕실이 매년 졸본천에 와서 제사지냈다는 시조묘와 관련한 제사시설로 추정하기도 하는데(王貴玉·王珺·王志敏, 2006, 44쪽), 명확한 논거가 제시된 상태는 아님.

참고문헌
- 吉林省文物志編委會, 1986, 『通化縣文物志』.
- 通化市文管會協公室, 2006, 「通化江沿遺跡群調査」, 『東北史地』 2006-6.
- 王貴玉·王珺·王志敏, 2006, 「通化江沿遺跡群所在地當即調卒本夫餘初居地」, 『東北史地』 2006-6.

4
유물

01	거푸집
	范

1. 출토지

通化縣 英戈布鄉 小都嶺村.

2. 유물현황(그림 1)

1) 크기
거푸집 길이 27.2cm, 맞물렸을 때 두께 3.4~5.0cm, 폭 5.8~6.5cm.

2) 형태
청동창 거푸집. 合范. 표면은 회색인데, 갈색 얼룩이 있음. 윗부분은 불에 데워 회백색으로 되었음. 외 표면은 약간 수정함. 거푸집의 하부(骹) 양측에는 각각 1갈래로 그어진 선이 있는데 두 쪽을 마주 맞물릴 때 사용되는 표기인 듯함. 창날은 버드나무 잎 모양이고 날의 폭은 3.9cm, 창의 길이는 25.1cm, 자루를 끼워 넣는 동그란 구멍의 폭은 2.7cm. 등은 창 앞날까지 꿰뚫었음. 거푸집의 윗부분에 '+'자형의 주공이 있음.

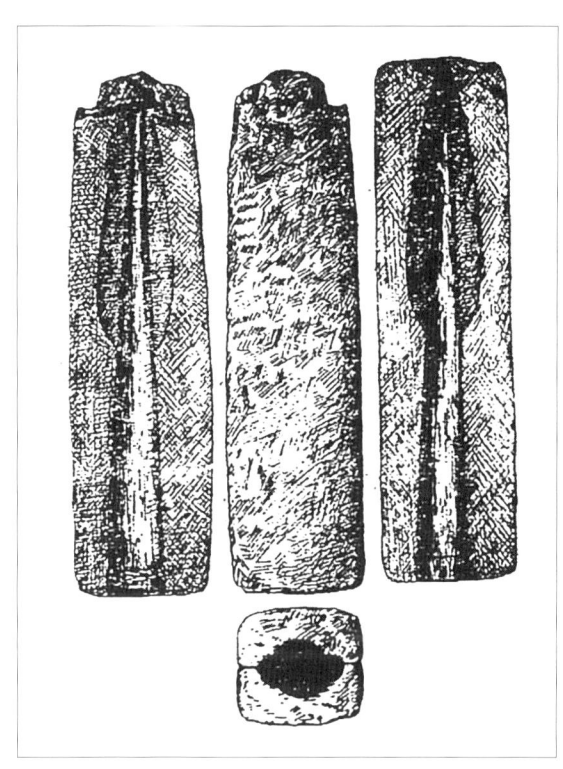

그림 1 거푸집(『通化縣文物志』, 41쪽)

참고문헌
· 吉林省文物志編委會, 1986, 『通化縣文物志』.

02 거푸집
范

1. 출토지

通化縣 英戈布鄕 小都嶺村.

2. 유물현황

1) 크기
斧·鏡의 길이 72.2cm, 폭 9~10.5cm, 두께 2cm. 도끼 몸체 길이 10.9cm, 날 폭 9.5cm, 공부 폭 5.2cm, 깊이 1.5cm.

2) 형태
斧鏡范(그림 1). 1점 발견. 한 쪽은 도끼 거푸집이고 다른 한 쪽은 거울 거푸집임. 양측은 원각이고 표면은 매끄럽고 사다리꼴임. 그러나 방향은 상반. 또한 넓은 면이 위이고 주공이 있음. 도끼 거푸집 표면에는 갈색 얼룩이 있고, 허리 부분에는 마름모꼴의 그물 문양이 불규칙적으로 장식. 거울 거푸집의 주공은 나팔 모양이고 그 부근은 검은색을 띰. 거울 거푸집의 직경은 9.2cm, 깊이는 2cm임. 반원형의 쌍 꼭지는 아래 끝에 치우쳐

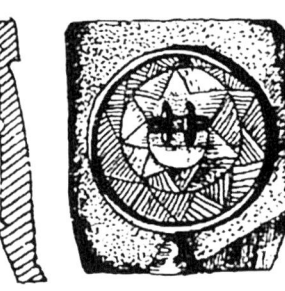

그림 1 거푸집(『通化縣文物志』, 41쪽)

있고 꼭지의 깊이는 0.7cm임. 거울 거푸집 표면에는 꼭지 쪽으로 치우친 두 층의 동그라미가 새겨져 있음. 즉 도안을 내·외 두 부분으로 나누어 놓았음. 바깥 원 직경 6cm, 안팎의 원 직경 3.5cm. 내·외 두 부분에 각각 삼각형 기하문양이 새겨져 있음. 마치 햇빛이 사방으로 비추는 듯싶기도 하고 마치 해바라기 꽃이 활짝 핀 듯함. 안쪽 부분의 하반부는 반원형 쌍 꼭지이고 상반부에는 竪劃線이 새겨져 있음.

참고문헌
- 吉林省 文物志編委會, 1986, 『通化縣文物志』.

03 거푸집
范

1. 출토지

通化縣 英戈布鄕 小都嶺村.

2. 유물현황

1) 크기
길이 12.6cm, 두께 2.8~3.1cm.

2) 형태 : Ⅱ식(그림 1)
雙斧范. 2점이 발견. 두 쪽의 도끼 거푸집이 서로 반대 방향으로 놓여졌음. 주공은 각각 양 끝에 있음. 도끼의 몸체 길이 8.2cm, 날의 폭 8.7cm, 공부의 폭 4.5cm임. 표면은 데워서 갈색으로 되었음. 그중 한 쪽은 주공부분이 검은색을 띠고, 도끼의 어깨 양측에 홈이 있으며, 날의 양측에 선명한 맞물림 표기가 그어져 있음. 표면형태는 사다리꼴. 허리 부분에 마름모꼴의

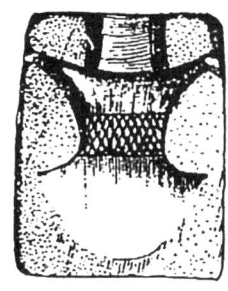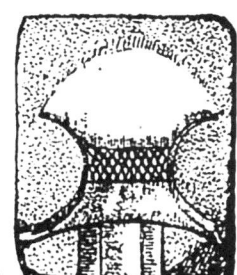

그림 1 거푸집(『通化縣文物志』, 41쪽)

그물무늬가 희미하게 보임. 다른 1쪽은 표면형태가 정방형이고, 도끼의 어깨 양측에 옅은 홈이 있으며, 홈과 날 귀퉁이 양측에 각각 1갈래의 서로 대칭되는 맞물림 표기가 그어져 있음. 도끼 몸체의 길이는 8.6cm, 날의 폭과 공부의 폭은 4.5cm임.

참고문헌
• 吉林省文物志編委會, 1986, 『通化縣文物志』.

04	거푸집
	范

1. 출토지

通化縣 英戈布鄉 小都嶺村.

2. 유물현황

1) 크기
길이 7.3cm, 폭 6~6.5cm, 두께 1.9~2.1cm.

2) 형태 : II식(그림 1)
파손. 표면형태는 사다리꼴임. 표면은 회갈색. 그중 한 쪽의 거푸집은 도끼의 몸체 길이 5.8cm, 날의 폭 6.1cm, 공부의 폭 3.1cm. 허리 부분에는 3개의 마름모꼴 문양이 장식. 다른 한 쪽의 거푸집은 도끼의 몸체 길이 6.2cm, 날의 폭 6cm. 허리 부분에는 세밀한 마름모꼴 그물 무늬가 선명하게 장식. 도끼의 어깨와 날 귀퉁이 양측에 각각 1갈래의 맞물림 표기가 있음.

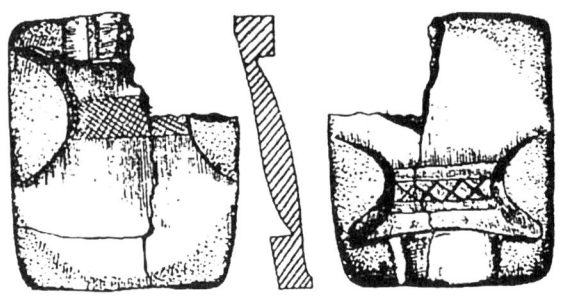

그림 1 거푸집(『通化縣文物志』, 41쪽)

참고문헌
· 吉林省文物志編委會, 1986, 『通化縣文物志』.

05	거푸집
	范

1. 출토지

通化縣 英戈布鄉 小都嶺村.

2. 유물현황

1) 크기

거푸집의 길이 9.5cm, 폭 6.6~7.1cm, 두께 1.6~2cm. 도끼 몸체의 길이 7.1cm, 날의 폭 6.5cm, 공부의 폭 3.7cm.

2) 형태 : Ⅲ식(그림 1~그림 3)

單面斧范, 5점이 발견. 그중 1점은 완정. 색깔은 짙은 회색이고 형태는 사다리꼴. 배면은 반원형. 도끼의 어깨와 날 귀퉁이 양측에 각각 1갈래의 맞물림 표기가 그어져 있음.

참고문헌

- 吉林省文物志編委會, 1986, 『通化縣文物志』.

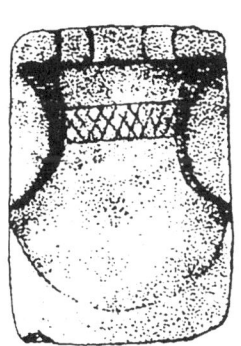
그림 1 거푸집 (『通化縣文物志』, 41쪽)

그림 2 거푸집 (『通化縣文物志』, 41쪽)

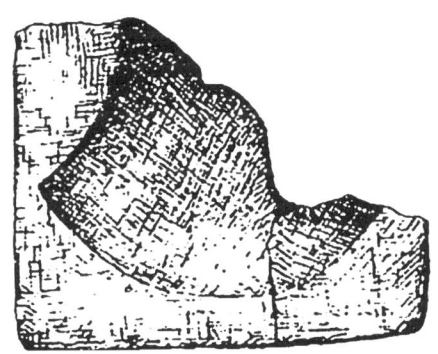
그림 3 거푸집 (『通化縣文物志』, 41쪽)

06 거푸집
范

1. 출토지

通化縣 英戈布鄉 小都嶺村.

2. 유물현황

1) 크기
길이 10.2cm, 남은 폭 4.2cm, 두께 1.9~2.1cm.

2) 형태 : Ⅲ식
도끼 거푸집. 허리 부분에 蓖齒文이 장식. 배면에는 폭 0.4cm, 깊이 0.2cm 정도되는 3갈래의 홈이 새겨져 있음. 도끼의 몸체 길이는 8cm.

참고문헌
• 吉林省文物志編委會, 1986, 『通化縣文物志』.

07 거푸집
范

1. 출토지

通化縣 英戈布鄉 小都嶺村.

2. 유물현황

1) 크기
두께 1.4cm.

2) 형태
청동거울 거푸집. 파손. 표면은 회색이고 형태는 모서리가 둥그스름한 네모꼴. 바깥 가장자리의 단면은 삼각형이고, 반원형의 쌍 꼭지는 거울 거푸집의 한 측에 치우쳐 있음. 표면에는 1줄의 동그라미선이 그어져 있음.

참고문헌
• 吉林省文物志編委會, 1986, 『通化縣文物志』.

08 거푸집
范

1. 출토지

通化縣 英戈布鄉 小都嶺村.

2. 유물현황

1) 크기

두께 1.4cm.

2) 형태

청동거울 거푸집. 파손. 표면은 회색이고 형태는 모서리가 둥그스름한 네모꼴. 바깥 가장자리의 단면은 삼각형이고, 반원형의 쌍 꼭지는 거울 거푸집의 한 측에 치우쳐 있음. 표면에는 1줄의 동그라미선이 그어져 있음.

참고문헌

- 吉林省文物志編委會, 1986, 『通化縣文物志』.

09 철제화살촉
鐵鏃

1. 출토지

1985년 5월 通化縣 大泉源鄕 江口村 고분 부근에서 출토.

2. 유물현황

1) 크기
길이 12.5cm, 날 폭 3.6cm, 날 두께 0.15cm, 잔존 슴 베길이 5.4cm.

2) 형태 : II형
三角刃철제화살촉. 편호TDK:1, 완형임. 날은 삼각형이고 납작하고 편평함. 날로부터 점차 좁아져 화살촉의 몸체를 형성. 그 뒤로 방추형의 뾰족한 슴베가 이어짐. 정의 몸체는 쇠를 두드려 만들 때 가운데 부분이 잘 맞물리지 않게 하였는데, 이는 피 홈의 작용을 하는 듯함.

참고문헌
- 吉林省文物志編委會, 1986, 『通化縣文物志』.

10 철제화살촉
鐵鏃

1. 출토지

1985년 5월 通化縣 大川鄕 勝利村에서 출토.

2. 유물현황

1) 크기
남은 길이 12.2cm, 폭 1.0cm, 두께 0.3cm.

2) 형태 : Ⅲ형
窄刃 철제화살촉. 편호TDS:1. 날과 슴베 부분은 결실됨. 화살촉의 몸체는 납작하고 네모나며 약간 넓은 편임. 몸체에서 점차 얇아져 날을 형성. 그 뒤로 方柱형의 슴베가 이어짐.

참고문헌
• 吉林省文物志編委會, 1986, 『通化縣文物志』.

11	**철제화살촉**
	鐵鏃

1. 출토지

通化縣 英戈布鄕 小都嶺村에서 출토.

2. 유물현황

1) 크기
남은 길이 12.4cm, 날 폭 1.0cm, 슴베 길이 3.6cm.

2) 형태 : Ⅳ형
편호TYX:11, 날과 슴베 끝은 약간 결실. 날은 좁고, 날로부터 점차 가늘어져 허리가 잘록한 화살촉 몸체를 형성. 슴베와 화살촉 몸체가 이어지는 부분은 약간 넓음. 그 뒤로 방추형 슴베가 이어짐.

참고문헌
• 吉林省文物志編委會, 1986, 『通化縣文物志』.

제6부

백산시(白山市)·
임강시(臨江市) 지역의
유적과 유물

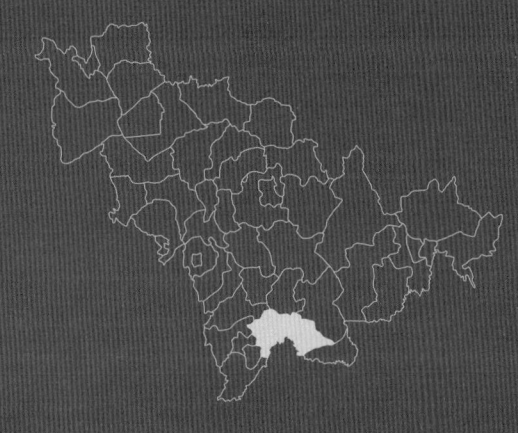

1
고분군과 고분

01 백산 적대고분군
白山 滴臺古墳群

1. 조사현황

1) 1963년 9월 조사[1]
- 조사기관 : 吉林省博物館·集安縣博物館.
- 조사 참가자 : 李健才, 李殿福, 趙壁人.
- 조사내용 : 조·중 합작의 운봉댐 건설을 위한 압록강 중상류 일대 조사 때 고분군을 확인했는데 1965년 운봉댐이 건설되면서 고분군은 수몰됨.

2) 2004년 조사
- 조사기관 : 吉林省文物考古研究所.

- 조사내용
- 4월 운봉댐 둑(제방) 수리로 인해 수위가 40m 내려가면서 장기간 수몰된 대량의 고구려 고분이 노출됨. 해당 유적을 긴급 구제하기 위해 5~8월 조사지를 조직하여 고고조사 및 발굴을 실시함.
- 당시 조사에서 새로 발견한 21개소 고분군의 총 2753기 고분에 대해 각기 측회·기록 및 사진촬영을 함. 특히 良民, 二道溝, 猫鷹溝, 滴臺, (石湖)王八脖子, 二馬駒 등의 6개소 고분군을 선택하여 발굴했는데 모두 고분 76기를 정리하고 유물 228점을 출토함.

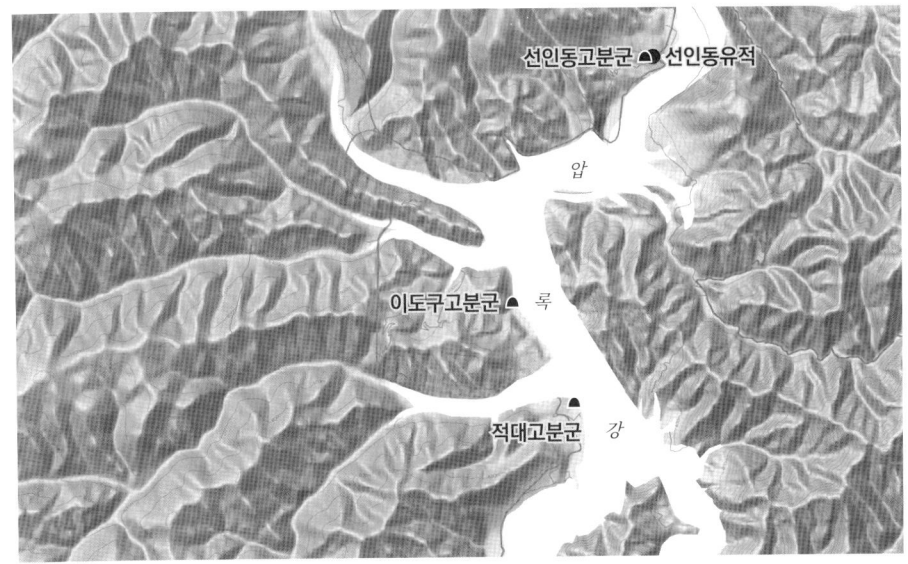

그림 1
적대고분군 위치도

---

1 『東北史地』 2004-5 및 『渾江市文物志』 文物工作大事記 참조.
  『中國文物地圖集』 吉林分冊에는 1962년으로 기록.

2. 위치와 자연환경(그림 1)

○ 白山市(舊 渾江市) 三道溝鎭 滴臺村에 위치.

○ 고분군 북쪽 약 15km 거리에 三道溝鎭이 자리하고 있음.

○ 적대촌은 압록강 우안의 넓은 충적대지로 경작지 면적이 2백 헥타르에 달함.

○ 적대촌 압록강 맞은편은 북한 자성강 어귀(江口)임.

3. 고분군의 분포상황

○ 수몰 전 상황 : 대형 고분 6기 이상을 포함하여 비교적 많은 고분이 분포함. 현지인의 설명에 따르면 방단적석묘 또는 방단계제적석묘로 추정됨.

○ 현재 고분은 수심 50m 정도의 대지 위에 수몰된 상태됨.

○ 2004년 조사내용은 아직 소개되지 않음.

참고문헌

- 吉林省文物志編纂委會, 1984, 『渾江市文物志』.
- 國家文物局 主編, 1993, 『中國文物地圖集』 吉林分冊.
- 孫仁杰·遲勇·張殿甲, 2004, 「鴨綠江上游右岸考古調査」, 『東北史地』 2004-5.
- 安文榮, 2008, 「云峰水庫淹沒區高句麗墓群」, 『田野考古集粹 - 吉林省文物考古硏究所成立二十五周年紀念』, 文物出版社.

02 | 백산 이도구고분군
白山 二道溝古墳群

1. 조사현황

1) 1963년 9월 조사[1]
○ 조사기관 : 吉林省博物館·集安縣博物館.
○ 조사 참가자 : 李健才, 李殿福, 趙壁人.
○ 조사내용 : 조·중 합작의 운봉댐 건설을 위한 압록강 중상류 일대 조사 때 고분군을 확인했는데 1965년 운봉댐이 건설되면서 고분군은 수몰됨.

2) 2004년 조사
○ 조사기관 : 吉林省文物考古硏究所.

○ 조사내용
- 4월 운봉댐 둑(제방) 수리로 인해 수위가 40m 내려가면서 장기간 수몰된 대량의 고구려 고분이 노출됨. 해당 유적을 긴급 구제하기 위해 5~8월에 조사자를 조직하여 고고조사 및 발굴을 실시함.
- 당시 조사에서 새로 발견한 21개소 고분군의 총 2753기 고분에 대해 각기 측회·기록 및 사진촬영을 함. 특히 良民, 二道溝, 猫鷹溝, 適臺, (石湖)王八脖子, 二馬駒 등의 6개소 고분군을 선택하여 발굴했는데 모두 고분 76기를 정리하고 유물 228점을 출토함.

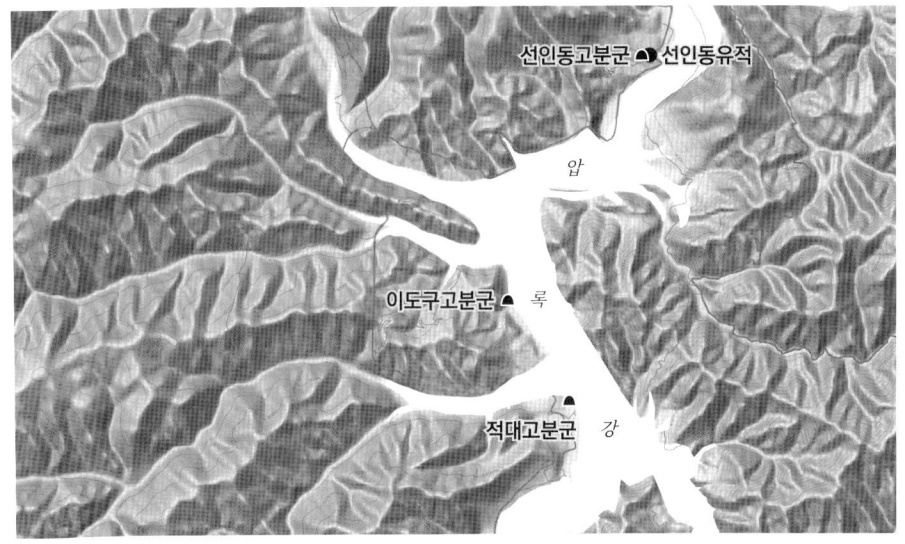

그림 1
이도구고분군 위치도

---
1 『東北史地』 2004-5 및 『渾江市文物志』 文物工作大事記 참조.
『中國文物地圖集』 吉林分冊에는 1962년으로 기록.

2. 위치와 자연환경(그림 1)

○ 백산시(舊 渾江市) 三道溝鎭 二道溝村에 위치.
○ 二道溝 남쪽 6km에 三道溝鎭, 남쪽 8km에 적대촌이 자리하고 있음.
○ 촌락은 서에서 동으로 흘러 압록강으로 유입하는 계곡 양쪽 가에 자리하고 있음.

3. 고분군의 분포와 현황

○ 원래 二道溝가 압록강 어귀(江口)로 들어가는 일대에는 큰 기름진 땅이 있었고, 수몰 전 그 대지에는 비교적 많은 고분이 분포하였다고[2] 하나 운봉댐에 수몰된 이후로 수량과 형식은 이미 조사할 수 없는 상황임.
○ 고구려 고분군으로 추정되나, 그 실제 면모는 확인하기 어려움.
○ 2004년 조사내용은 아직 소개되지 않음.

참고문헌

- 吉林省文物志編纂委會, 1984, 『渾江市文物志』.
- 國家文物局 主編, 1993, 『中國文物地圖集』 吉林分冊.
- 孫仁杰·遲勇·張殿甲, 2004, 「鴨綠江上游右岸考古調査」, 『東北史地』 2004-5.
- 安文榮, 2008, 「云峰水庫淹沒區高句麗墓群」, 『田野考古集粹-吉林省文物考古研究所成立二十五周年紀念』, 文物出版社.

---

[2] 『渾江市文物志』 참조. 『中國文物地圖集』 吉林分冊에는 10기 정도로 소개.

03 백산 선인동고분군
白山 仙人洞古墳群

1. 조사현황

1) 1963년 9월 조사[1]
- 조사기관 : 吉林省博物館·集安縣博物館.
- 조사 참가자 : 李健才, 李殿福, 趙壁人.
- 조사내용 : 조·중 합작의 운봉댐 건설을 위한 압록강 중상류 일대 조사 때 고분군을 확인했는데 1965년 운봉댐이 건설되면서 고분군은 수몰됨.

2) 1984년 조사
- 조사기관 : 渾江市文物普查隊.
- 조사내용 : 갈수기에 3기 고분이 노출됨.

3) 2004년 조사
- 조사기관 : 吉林省文物考古研究所.
- 조사내용
  - 4월 운봉댐 둑(제방) 수리로 인해 수위가 40m 내려가면서 장기간 수몰된 대량의 고구려 고분이 노출됨. 해당 유적을 긴급 구제하기 위해 5~8월 조사자를 조직하여 고고조사 및 발굴을 실시함.
  - 당시 조사에서 새로 발견한 21개소 고분군의 총 2753기 고분에 대해 각기 측회·기록 및 사진촬영

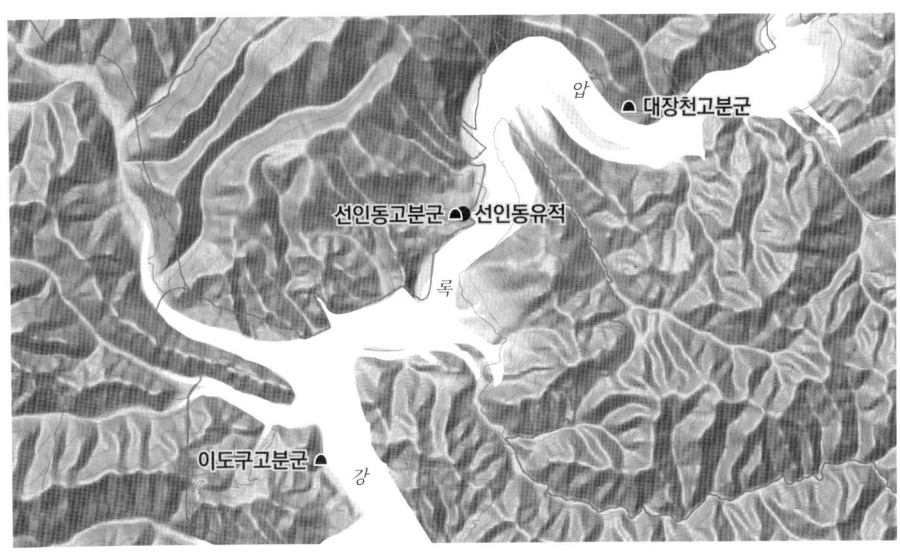

그림 1
선인동고분군 위치도

---

1 『東北史地』 2004-5 및 『渾江市文物志』 文物工作大事記 참조. 『中國文物地圖集』 吉林分冊에는 1962년으로 기록.

을 함. 특히 良民, 二道溝, 猫鷹溝, 適臺, (石湖)王八脖子, 二馬駒 등의 6개소 고분군을 선택하여 발굴했는데 모두 고분 76기를 정리하고 유물 228점을 출토함.

2. 위치와 자연환경(그림 1)

○ 백산시(舊 渾江市) 三道溝鎭 仙人洞村 서쪽 일대에 위치.
○ 선인동은 삼도구진 동쪽 8km, 水路로는 약 13km에 자리함.
○ 마을 서쪽 峭壁에 동굴이 하나 있었는데 부근 산봉우리가 거꾸로 비쳐 선녀가 바구니를 팔에 걸고 돌아오는 것과 같은 형상의 동굴이라고 하여 '仙人洞'이란 이름을 얻음.

3. 고분군의 분포상황

○ 운봉댐 건설로 3천여 畝[2] 의 기름진 땅이 수몰됨.
○ 원래 마을 서쪽 '댐 뒤쪽(水庫後)' 일대에 비교적 많은 고분이 분포.

○ 현지인에 의하면 고분군 중에서 가장 큰 고분은 길이 10m 정도의 2기가 있었다고 함. 두 고분은 방단적석묘로 추정되며 양자의 거리는 약 100m임.
○ 대형 고분 부근에는 소형 고분이 적지 않았을 것으로 추정됨.
○ 수몰된 이후로도 갈수기 때 3기가 확인되나 형식은 불명확함.
○ 1호묘(계장적석묘) : 아래 비탈(下坡)에는 3단 계단이 있고, 양 측면은 2단 계단으로 감소하고, 위쪽 비탈(上坡)에는 1단 계단만이 있음.[3]
○ 2004년 조사내용은 아직 소개되지 않음.

참고문헌

- 吉林省文物志編纂委會, 1984, 『渾江市文物志』.
- 方起東, 1985, 「高句麗石墓的演進」, 『博物館研究』 1985-2.
- 國家文物局 主編, 1993, 『中國文物地圖集』 吉林分冊.
- 孫仁杰·遲勇·張殿甲, 2004, 「鴨綠江上游右岸考古調査」, 『東北史地』 2004-5.
- 安文榮, 2008, 「云峰水庫淹沒區高句麗墓群」, 『田野考古集粹-吉林省文物考古研究所成立二十五周年紀念』, 文物出版社.

---

[2] 1畝는 약 30평이므로 3천여 畝는 약 9만평, 대략 298,000m²에 해당함.

[3] 方起東, 1985, 「高句麗石墓的演進」, 『博物館研究』 1985-2, 35쪽 참조.

04 백산 대장천고분군
白山 大長川古墳群

1. 조사현황

1) 1963년 9월 조사[1]
○ 조사기관 : 吉林省博物館·集安縣博物館.
○ 조사 참가자 : 李健才, 李殿福, 趙壁人.
○ 조사내용 : 조·중 합작의 운봉댐 건설을 위한 압록강 중상류 일대 조사 때 고분군을 확인했는데 1965년 운봉댐이 건설되면서 고분은 수몰됨.

2) 1984년 조사
○ 조사기관 : 渾江市文物普查隊.
○ 조사내용 : 고분 3기 정도 확인.

3) 2004년 조사
○ 조사기관 : 吉林省文物考古研究所.
○ 조사내용
- 4월 운봉댐 둑(제방) 수리로 인해 수위가 40m 내려가면서 장기간 수몰된 대량의 고구려 고분이 노출됨. 해당 유적을 긴급 구제하기 위해 5~8월 조사자를 조직하여 고고조사 및 발굴을 실시함.
- 당시 조사에서 새로 발견한 21개소 고분군의 총 2753기 고분에 대해 각기 측회·기록 및 사진촬영

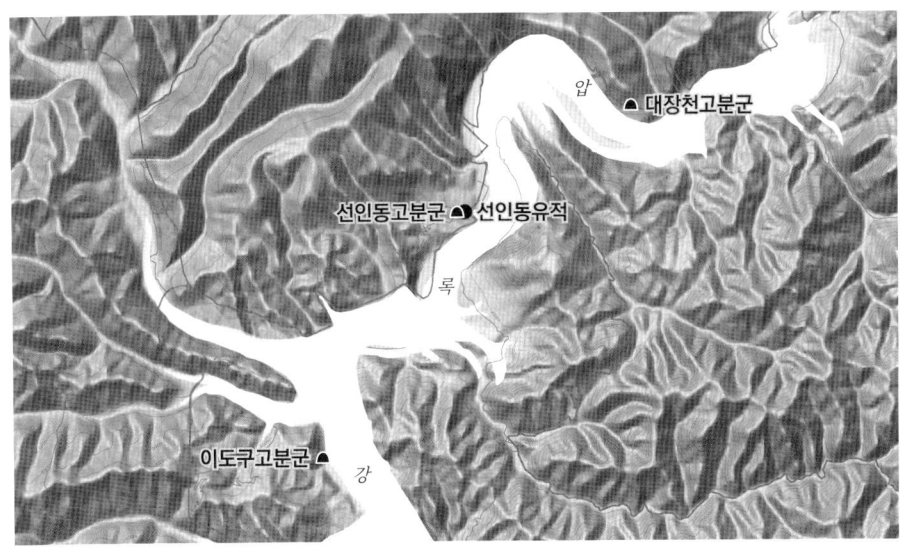

그림 1
대장천고분군 위치도

---

1 『東北史地』 2004-5 및 『渾江市文物志』 文物工作大事記 참조. 『中國文物地圖集』 吉林分冊에는 1962년으로 기록.

을 함. 특히 良民, 二道溝, 猫鷹溝, 適臺, (石湖)王八脖子, 二馬駒 등의 6개소 고분군을 선택하여 발굴했는데 모두 고분 76기를 정리하고 유물 228점을 출토함.

2. 위치와 자연환경(그림 1)

○ 고분군은 백산시(舊 渾江市) 三道溝鎭 大長川村에 위치.
○ 고분군 서북 약 3km 거리에 三道溝鎭이 자리하고 있음.
○ 대장천은 선인동 동북 9km 거리에 위치하는데 삼도구진 동단의 촌락으로, 원래 압록강 우안의 비교적 큰 평지였으나 운봉댐 건설로 수몰됨.

3. 고분군의 분포상황

○ 현지인에 의하면 수몰된 경작지에는 본래 고구려 고분 30여 기가 분포했고 가장 큰 것은 한 변 길이가 10m였다고 함. 그 가운데 돌무지가 교란된 적석묘가 있었고, 둘레 주위에 石條를 한 바퀴 쌓은 방단적석묘도 있음.
○ 대지 단애에서 약 2尺(약 61cm) 너비의 고대 밭이랑(地壟) 흔적을 발견함.
○ 2004년 조사내용은 아직 소개되지 않음.

4. 역사적 성격

압록강은 고구려 중요 교통로의 하나였으며, 대장천고분군은 당시의 주민 분포 및 생활 등을 연구하는데 중요한 실마리를 제공함.

참고문헌

- 吉林省文物志編纂委會, 1984, 『渾江市文物志』.
- 國家文物局 主編, 1993, 『中國文物地圖集』 吉林分冊.
- 孫仁杰·遲勇·張殿甲, 2004, 「鴨綠江上游右岸考古調査」, 『東北史地』 2004-5.
- 安文榮, 2008, 「云峰水庫淹沒區高句麗墓群」, 『田野考古集粹-吉林省文物考古研究所成立二十五周年紀念』, 文物出版社.

05 임강 호로투고분군
臨江 葫蘆套古墳群

1. 조사현황

1) 1963년 9월 조사[1]
○ 조사기관 : 吉林省博物館·集安縣博物館.
○ 조사 참가자 : 李健才, 李殿福, 趙壁人.
○ 조사내용 : 조·중 합작의 운봉댐 건설을 위한 압록강 중상류 일대 조사 때 고분군을 확인했는데 1965년 운봉댐 건설로 고분은 모두 수몰됨.

2) 1984년 조사
○ 조사기관 : 渾江市文物普查隊.
○ 조사내용 : 갈수기에 일부 고분 노출됨.

3) 2004년 조사
○ 조사기관 : 吉林省文物考古研究所.
○ 조사내용
- 4월 운봉댐 둑(제방) 수리로 인해 수위가 40m 내려가면서 장기간 수몰된 대량의 고구려 고분이 노출됨. 해당 유적을 긴급 구제하기 위해 5~8월 조사자를 조직하여 고고조사 및 발굴을 실시함.
- 당시 조사에서 새로 발견한 21개소 고분군의 총 2753기 고분에 대해 각기 측회·기록 및 사진촬영

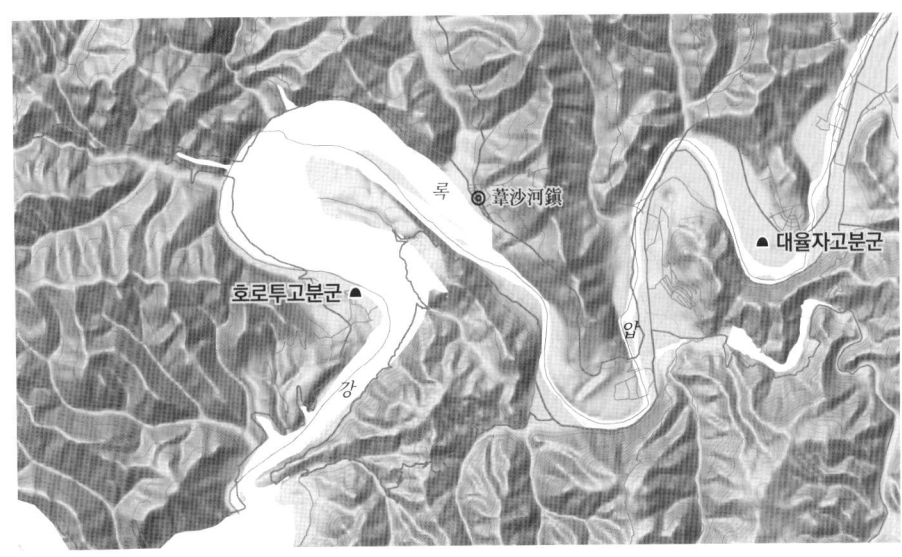

그림 1
호로투고분군 위치도

---

[1] 『東北史地』 2004-5 및 『渾江市文物志』 文物工作大事記 참조. 『中國文物地圖集』 吉林分冊에는 1962년으로 기록.

을 함. 특히 良民, 二道溝, 猫鷹溝, 適臺, (石湖)王八脖子, 二馬駒 등의 6개소 고분군을 선택하여 발굴했는데 모두 고분 76기를 정리하고 유물 228점을 출토함.

2. 위치와 자연환경(그림 1)

○ 臨江市(舊 渾江市) 葦沙河鎭 葫蘆套村 동쪽의 '東崗' 일대에 위치.
○ 고분군 남쪽 약 1km 거리에 白馬浪屯이 있으며, 동면과 서면으로는 강물이 돌아감.

3. 고분군의 분포상황

○ 원래 약 30여 기 고분이 분포.

○ 1958년 整地 작업 때 고분 1기가 파괴되었는데 당시 철제가래(鐵鏵)·철제가위(鐵剪刀) 등이 출토되었으나 현재는 완전히 소실된 상태임.
○ 고분군은 방단적석묘였으나 운봉댐 건설로 수몰되어 현재 알 수 없으나 갈수기에 일부 고분이 노출됨.
○ 2004년 조사내용은 아직 소개되지 않음.

참고문헌

- 吉林省文物志編纂委會, 1984, 『渾江市文物志』.
- 國家文物局 主編, 1993, 『中國文物地圖集』吉林分冊.
- 孫仁杰·遲勇·張殿甲, 2004, 「鴨綠江上游右岸考古調查」, 『東北史地』2004-5.
- 安文榮, 2008, 「云峰水庫淹沒區高句麗墓群」, 『田野考古集粹-吉林省文物考古研究所成立二十五周年紀念』, 文物出版社.

06 임강 이도하자고분군
臨江 二道河子古墳群

1. 조사현황 : 1984년 5월 하순 조사

○ 조사기관 : 渾江市 文物普查隊.
○ 조사내용 : 普查隊가 조사할 때 현지 주민들이 '高麗旱窯'(보사대 조사이후 M1로 편호)라 불리는 유적을 보고하여 보사대가 조사 및 측회를 실시하여 고대 고분군임을 확인함.

2. 위치와 자연환경(그림 1)

1) 고분군 위치
임강시(舊 渾江市) 葦沙河鎭 四道河子村의 二道河子 부근에 위치.

2) 주변환경
○ 고분군 남쪽 3km 되는 거리에 위사하진이 위치.
○ 葦沙河는 북에서 남으로 흘러 압록강으로 유입함.
○ 위사하가 이도하자를 지나면서 'S'자형의 彎을 형성함. 강물의 물살이 급하게 남류하면서 골짜기 양안을

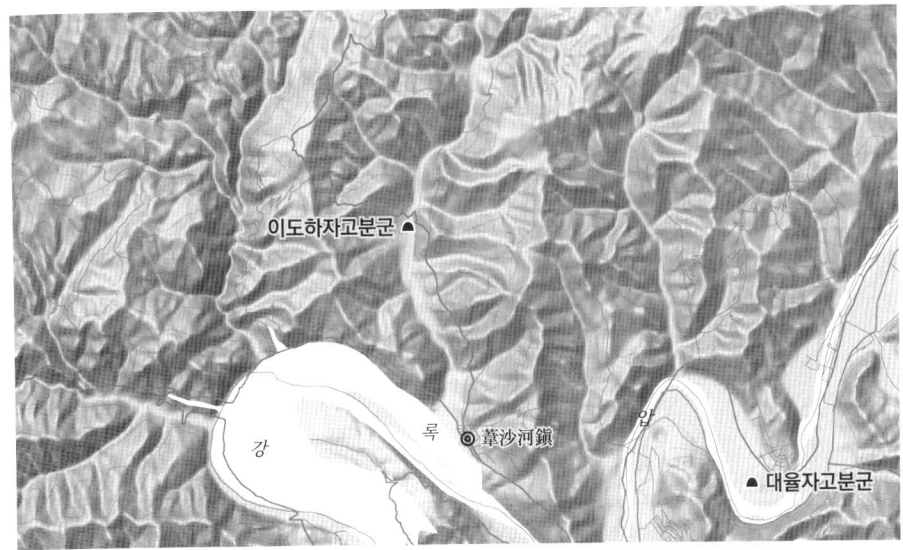

그림 1
이도하자고분군 위치도

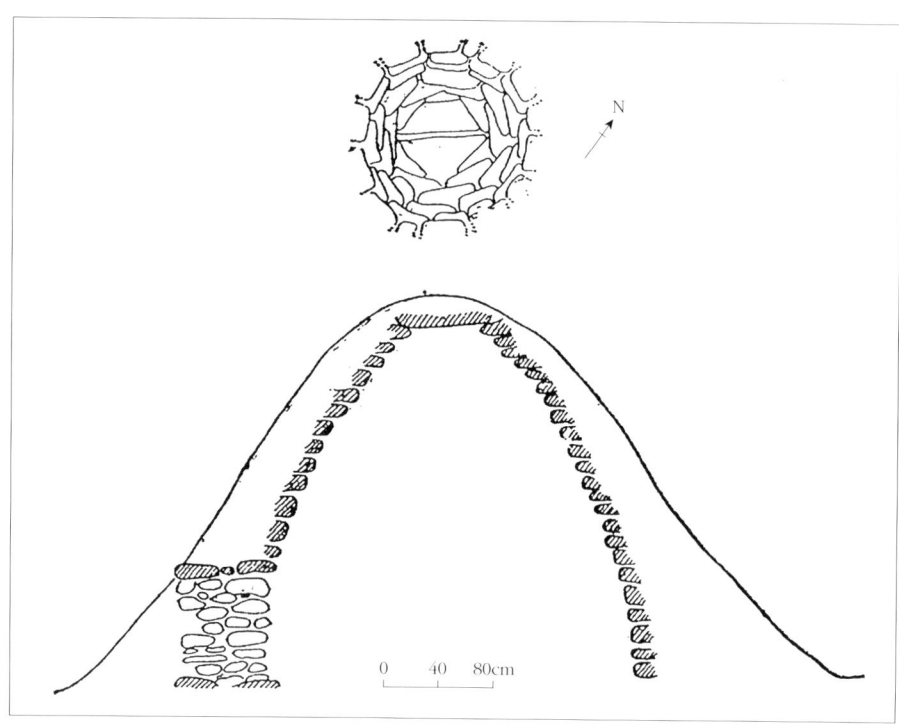

그림 2
이도하자1호묘의 단면과
천장 구조도

침식하여 산간에 15km의 골짜기를 형성하였는데 강줄기 양쪽의 지형은 모래사장으로 비옥하지 않은 대지임.

3. 고분군의 분포상황

○ 고분은 이도하자 부근 골짜기 양안의 산기슭 아래에 있음.

○ 이 골짜기 너비는 150m가 채 안되고, 모래사장은 강바닥(河床)보다 1~3m 높음.

○ 봉토석실묘 4기[1] 가 현존하는데 위사하 좌안에 1기, 우안 지역에 3기가 있음. 위사하 우안의 고분중에 장대석으로 쌓은 2층의 석단(石墻)만 남은 잔묘 1기도 있는데 길이가 1m에 불과해 고분여부를 판단하기가 어려움.

4. 고분별 현황

1) 이도하자1호묘(M1, 그림 2)

○ 위치 : 위사하 동쪽 약 10m 거리에 일명 '高麗부窯'라 불리는 곳.

○ 고분 형식 : 봉토석실묘.

○ 규모 : 직경 4m, 높이 1.80~2.00m.

○ 방향 : 235°.

○ 구조

- 묘도가 열려 있어 묘실 내부로 들어갈 수 있음.
- 묘실 평면은 원형[2] 으로 크기는 직경 2m, 높이 1.9m.
- 묘실은 지표 위에 조성했는데 석실 바닥은 진흙을 깔았으나 두께는 분명치 않음. 묘실 천장은 궁륭식임.

---

[1] 『渾江市文物志』 참조. 『中國文物地圖集』 吉林分冊에는 '6기'로 기록.

[2] 『渾江市文物志』 참조. 『中國文物地圖集』 吉林分冊에는 '弧角方形'으로 기록.

- 묘실 축조과정 : 자연석으로 1m 높이까지 층층이 쌓아 올리고 그 위 부터는 점차 들여쌓다가 약 19층 쯤에 이르러 모줄임(抹角) 3단을 마련한 뒤에 3개의 작은 돌로 천장을 막음
- 묘도는 두께가 묘실 벽과 같고, 길이는 0.55m를 넘지 않고, 너비 0.5m, 높이 0.6m임.
- 문미석은 길이 0.64m, 너비 0.23m임.

2) 기타 고분

모두 M1호묘 맞은편에 위치하는데 보존상태는 양호하며, M1호에 비해 봉토가 비교적 낮고 석실이 작음.

5. 역사적 성격

1) 주변 유적과의 관계

○ 고분군 부근의 경작지에서 대량의 鎔石, 불태워진 石片 등이 발견되었고, 2곳의 야철지(熔爐址)도 발견됨. 현지 주민들에 따르면 위서하 서쪽의 골짜기 언덕 위에서 磷鐵礦 광맥이 발견되었다고 하므로, 고분군은 야철지(熔鐵址)와 관련된 주민의 무덤으로 추정됨.

○ 고분군과 제철 유적은 연대는 서로 같았을 것으로 추정되나, 그 시기를 판단할 근거는 충분하지 못함.

2) M1호묘 연대

○ 고분의 지상식 매장부, 궁륭상 천장, 천장 가구방법 등은 고구려 봉토석실묘의 축소방식과 유사하지만, 축조술이 거칠고 묘실 벽에 회칠을 하지 않고 연도가 좁고 이실이 없는 등 일정한 차이점이 있음. 무덤 구조로 미루어 대략 6세기경 무덤으로 추정되나, 객관적 연대 비정은 아님.

○ 위사하진의 '金鑾店' 유적지와 멀지 않으며, 금난점 유적에서 고구려-발해 시기의 토기편이 발견되므로, 이 유적과의 관련 여부를 밝힐 필요가 있음.

참고문헌
- 吉林省文物志編纂委會, 1984, 『渾江市文物志』.
- 國家文物局 主編, 1993, 『中國文物地圖集』 吉林分冊.
- 孫仁杰·遲勇·張殿甲, 2004, 「鴨綠江上游右岸考古調査」, 『東北史地』 2004-5.

07　임강 대율자고분군
臨江 大栗子古墳群

1. 조사현황 : 1984년 조사[1]

○ 조사기관 : 渾江市文物普査隊.
○ 조사내용 : 고분이 완전 파괴된 상태를 확인함.

2. 위치와 자연환경

○ 고분군은 임강시 大栗子鎭 서쪽 강안 대지 위에 분포.
○ 고분군 서북쪽 400m 거리에 기차역이 있는데 鴨圓에서 대율자를 연결하는 鴨大철로가 고분군 서쪽 50m를 지나감.

3. 고분군의 분포와 현황

○ 1950년대 초 고분 십 몇 기가 분포.
○ 1984년 봄 문물조사 때는 이미 완전 파괴된 상태였는데 현지 주민에 따르면 일찍이 고분 속에서 철제화살촉 등의 유물이 발견되었다고 함. 고구려 고분군으로 추정됨.

참고문헌

- 吉林省文物志編纂委會, 1984, 『渾江市文物志』.
- 孫仁杰·遲勇·張殿甲, 2004, 「鴨綠江上游右岸考古調査」, 『東北史地』 2004-5.

---

[1] 『渾江市文物志』, 1984 참조. 『東北史地』 2004-5, 23쪽, 〈표 2〉에는 1963년 운봉댐 건설을 위한 조사 때 처음 조사된 것으로 소개.

08 임강 장천고분군
臨江 長川古墳群

1. 조사현황 : 1987년 5월 조사

○ 조사기관 : 臨江電站庫區文物普査隊.
○ 조사 참가자 : 石肯元, 張立夫, 張立新, 王洪峰, 張殿甲.
○ 조사내용 : 임강수력발전소 건설을 위해 수몰구역 내의 문물조사를 실시하여 3개 구역에서 고분을 확인함.

2. 위치와 자연환경(그림 1~그림 2)

○ 임강시(舊 渾江市) 四道溝鎭 長川村 북쪽에 위치.
○ 고분군 서북 약 3km 거리에는 四道溝鎭政府가 자리하고 있음.
○ 장천은 四道溝河 우안의 강안 대지에 위치하며 대지 남쪽으로는 압록강, 북쪽으로는 산맥이 자리함. 좁고 긴 지세로 평탄하고 넓음.

그림 1
장천고분군 위치도 1

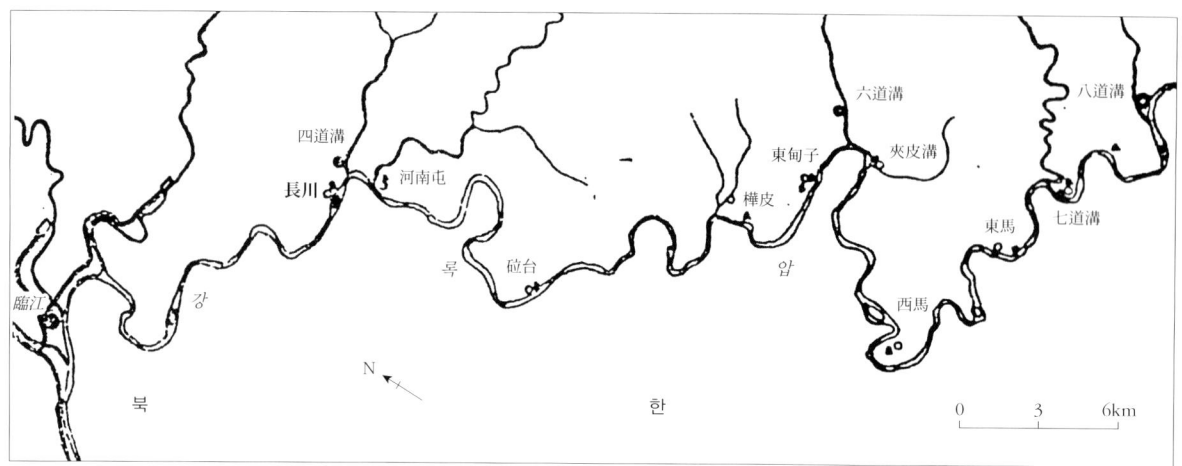

그림 2 장천고분군 위치도 2(『博物館硏究』 1988-3)

3. 고분군의 분포상황

○ 고분은 비교적 넓은 범위에 분포.
○ 고분군은 동쪽에서 서쪽으로 가면서 3개 구역으로 구획되는데 1묘구는 장천 2隊村 북쪽 과수원에, 2묘구는 新學校 북쪽 산간 평지에, 3묘구는 본래 老學校의 옛 터인 장천 1隊村 뒤에 위치함. 각 구역 사이의 거리는 2里 정도임.
○ 2묘구는 고분이 가장 많이 분포했으나 이미 파괴됨. 과수원과 계단식 밭이 들어서면서 대량으로 파괴되고 현재 몇 기만이 잔존하나, 원래 모습은 훼손됨.
○ 3묘구는 보존상태가 가장 양호함. 현재 다수의 고분이 집을 짓기 위한 取石으로 없어지고, 6기 정도는 보존상태가 양호함. 3기는 방단적석묘이며, 한 변 길이 5~6m로 고르지 않음. 연접 적석묘 1기가 확인되는데 길이 12m, 너비 5m임. 그 외 2기는 방단이 없어져 외형은 (무기단)적석묘와 유사한데 제거된 무덤 돌에서 녹아서 응결된 모양(鎔結狀)이 다수 확인되므로, 매장할 때 화장습속이 있었다고 추정됨.

4. 출토유물

○ 현지인들에 의하면, 1·2묘구에서는 무덤이 훼손될 때 토기(陶罐)·철제칼(鐵刀)·화살촉(箭頭)이, 3묘구에서는 토기(陶罐)·청동장식(銅飾)·철제괭이(鐵钁) 등이 수습됨.
○ 1987년 조사 당시 철제괭이 2점과 석제화살촉 1점만 회수되고, 나머지는 모두 산실됨.

1) 철제도끼(鐵钁, 그림 3-1, 그림 3-2)
○ 총 2점. 단조품.
○ 頂部는 평평하고 刃部는 弧를 이룬 형태로 현재의 철제자귀(鐵錛)와 비슷한 형태임.
○ 한 점은 器身이 비교적 길고 어깨가 뚜렷하고(그림 3-2), 다른 한 점은 器身이 비교적 짧고 어깨가 뚜렷하지 않음(그림 3-1).
○ 銎部 평면은 장방형이며, 깊이가 깊음.

2) 석제화살촉(石鏃, 그림 4)
○ 磨製. 옅은 녹색임.
○ 鏃身은 유엽형으로 脊이 있으며, 아래에는 미늘(倒刺)과 원주형의 짧은 鋌이 있음.

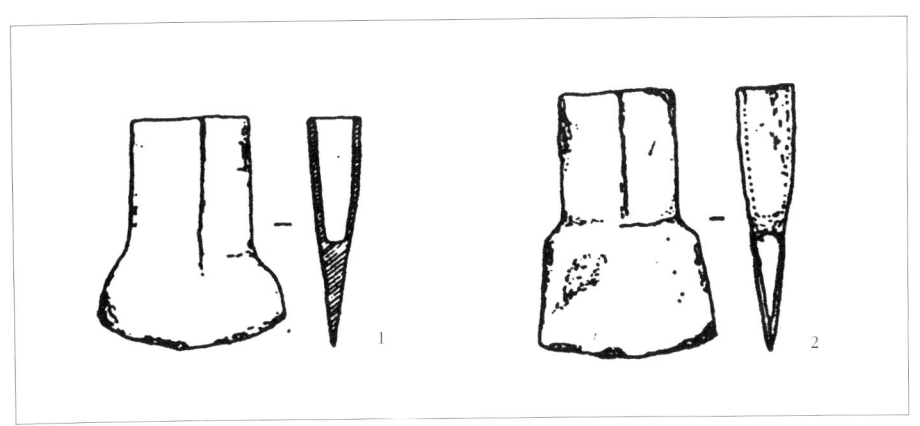 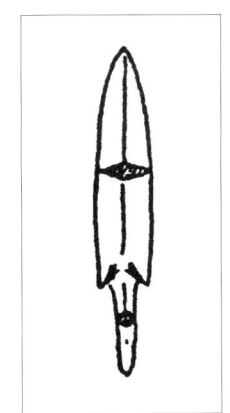

그림 3 철제도끼   그림 4 석제화살촉

○ 형태상 西馬유적지 채집품과 유사함.
○ 원시 유물로 고구려 고분과는 관련 없음.

○ 출토품 철제괭이는 자귀식(錛式)으로 東甸子고분군에서도 발견되는데 집안의 고구려 고분에서 흔히 볼 수 없는 형태임.

5. 역사적 성격

○ 장천고분의 형식과 구조가 고구려 고분과 매우 유사하고, 부장품의 종류 역시 일치하므로 고구려 유적으로 추정됨.

참고문헌

- 洪峰, 1988, 「臨江電站庫區古遺存調査綜述」, 『博物館研究』1988-3.

09 임강 파구고분군
臨江 坡口古墳群

1. 조사현황 : 1970년대 초

현지 주민이 논에서 큰 돌무지 2기를 헐어버림.

2. 위치와 자연환경(그림 1 ~ 그림 2)

임강시(舊 渾江市) 四道溝鎭 坡口村 부근의 五道口 북안에 위치.

그림 1
파구고분군 위치도

그림 2 파구고분군 주변 지형도(滿洲國 10만분의 1 지형도)

3. 고분군의 상황

1970년대 초 현지 주민에 의해 논에서 길이 30m, 너비 약 10m 정도의 큰 돌무지(大石堆)가 제거되었는데 고구려 고분으로 추정됨.

4. 역사적 성격

고분이 위치한 파구촌은 고구려시대 여러 유물들이 채집된 곳으로, 고구려시기 취락과 고분 유적이 함께 확인됨.

참고문헌

• 吉林省文物志編纂委會, 1984, 『渾江市文物志』.

10. 임강 고가영고분군
臨江 賈家營古墳群

1. 조사현황 : 1984년 조사

○ 조사기관 : 渾江市 文物普査隊.
○ 조사내용 : 고분 3기 확인.

2. 위치와 자연환경(그림 1)

○ 임강시(舊 渾江市) 賈家營鄕 賈家營村五隊 약 300m 지점에 위치.
○ 고분군 북쪽 150m에 螞蟻河가 흐르고, 남쪽 200m 에는 높은 산이 있음.

3. 고분군의 분포와 상황

총 3기 고분이 일렬로 배열되었는데 중앙에 대형고분이 있고 그 좌우로 2개 소형 고분이 있음. 대형 고분과 그 동남쪽 소형 고분의 상태가 양호함.

4. 고분의 현황

1) 대형 고분
○ 유형 : 적석묘.
○ 규모 : 남북 길이 7m, 동서 너비 16m, 높이 1.5m.

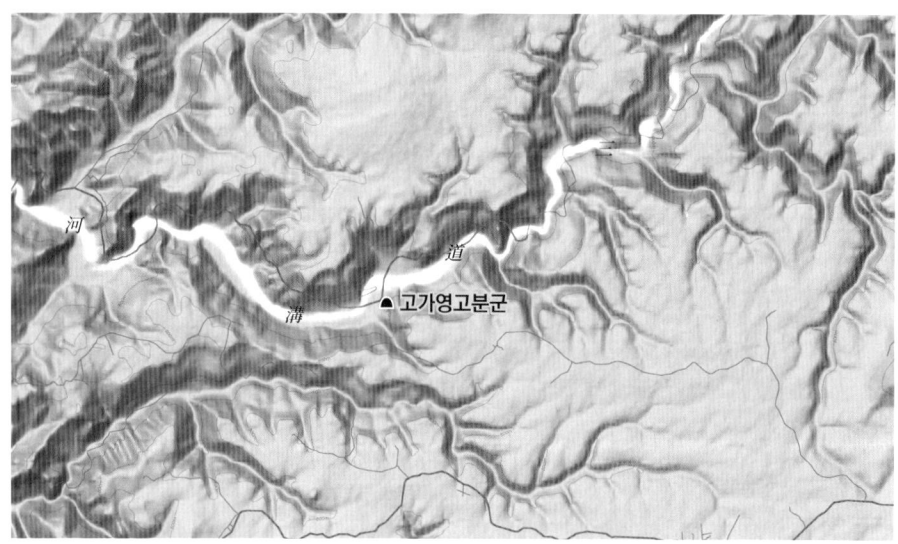

그림 1
고가영고분군 위치도

○ 방향 : 320°.
○ 기타 : 보존상태는 양호.

2) 소형 고분
○ 유형 : 적석묘.
○ 평면 : 타원형(나머지 소형고분 역시 동일).
○ 규모 : 길이 8m, 너비 4m, 높이 1.2m.
○ 방향 : 320°.
○ 기타 : 현지인의 전언에 의하면 방단적석묘라고 하는데 고분은 일찍부터 교란되었고, 돌무지 위에 후대에 더해진 돌도 있고, 고분 부근에서 철제화살촉 등의 유물이 발견된 적이 있다고 함.

5. 역사적 성격

○ 고구려 적석묘의 다실묘와 유사한 구조로 그 연대는 4세기 이후로 비정하나, 객관적인 증거는 확보되지 못함.
○ 고분이 자리한 螞蟻河는 혼강 경내 압록강 수계 가운데 비교적 큰 지류로, 고구려유적의 분포 및 변경과 도성 부근 고분의 유형과 차이 등을 연구하는데 귀중한 자료를 제공함.

참고문헌
• 吉林省文物志編纂委會, 1984, 『渾江市文物志』.
• 國家文物局 主編, 1993, 『中國文物地圖集』 吉林分冊.

11 임강 입대고분군
臨江 砬臺古墳群

1. 조사현황

1) 1984년 5월 조사
○ 조사기관 : 渾江市文物普査隊.
○ 조사내용 : 본래 수십여 기 고분이 분포했으나 조사 당시에는 5기만 확인.

2) 2004년 7월 10일 조사
○ 조사기관 : 吉林省長白山文化硏究會, 白山市文管辦, 集安市博物館.
○ 조사 참가자 : 張福有, 孫仁杰, 遲勇, 張殿甲, 谷芯.
○ 조사내용 : 본래 40기였으나 조사 당시에는 방단적석묘 15기를 확인.

2. 위치와 자연환경(그림 1 ~ 그림 2)

1) 고분군 위치
○ 임강시(舊 渾江市) 六道溝鎭 砬臺村 서쪽에 위치.
○ 고분군은 입대촌 서쪽에 자리한 학교 동쪽의 산기슭

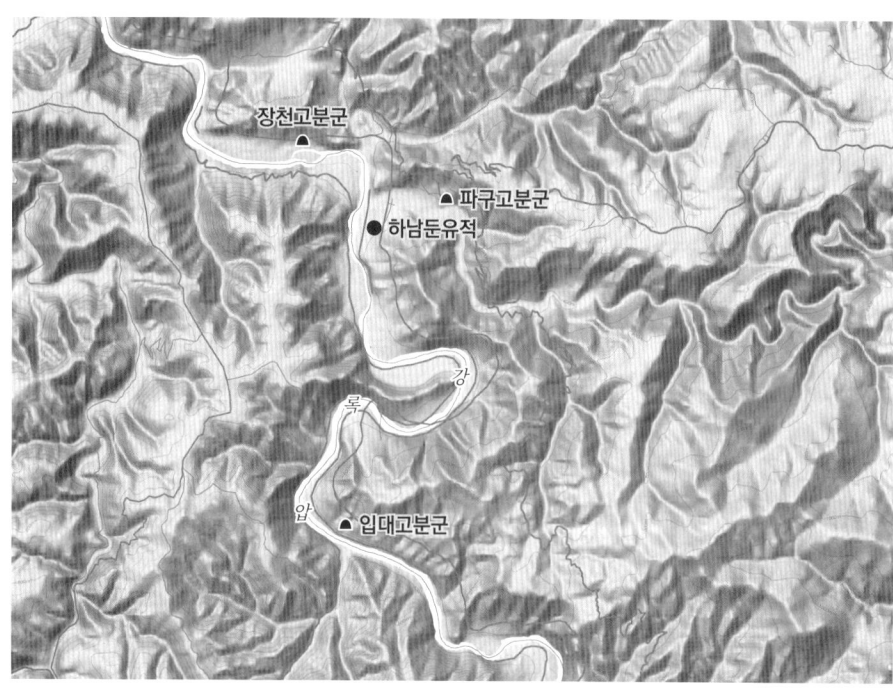

그림 1
입대고분군 위치도

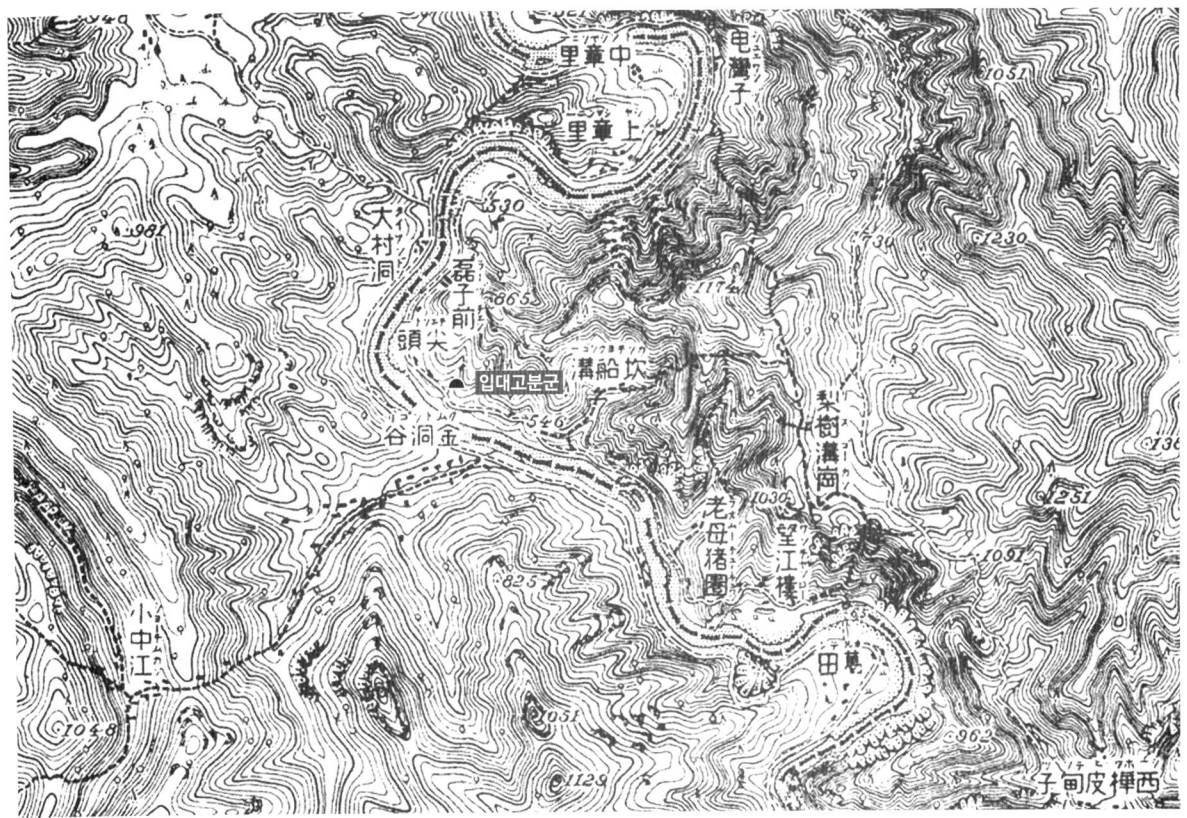

그림 2 입대고분군 주변 지형도(滿洲國 10만분의 1 지형도)

에 분포함.

○ 고분군 남쪽으로 30m가 채 되지 않는 거리에 압록강이 흐름.

2) 고분 주변환경

○ 입대촌은 六道溝鎭 서쪽 끝에 자리한 촌락임.

○ 입대촌 북쪽은 높은 산을 사이에 두고 四道溝鎭과 서로 연결되어 있으며, 그 동남 약 24km에는 육도구진이 자리하고 있음.

○ 입대촌 남쪽에는 압록강이 동남으로부터 흘러 내려와 마을을 반 바퀴 휘감고 북으로 꺾여 흐름.

○ 압록강변에는 크지 않은 충적대지가 형성됨.

3. 고분군의 분포상황

1) 고분군 범위
동서 약 200m, 남북 약 60m.[1]

2) 고분군의 현황

○ 고분 개체수 : 1984년 조사에서 원래 수십여 기가 있었으나 당시 5기만 확인된 것으로 기록됨(『渾江市文物志』, 1984).[2] 2004년 조사에서는 원래 40여 기가 있

---

1 『渾江市文物志』 참조. 『中國文物地圖集』 吉林分冊에는 남북 역시 200m로 기록.

2 『中國文物地圖集』 吉林分冊에는 방단적석묘 20여 기로 기록.

었으나 당시에는 15기만 확인된 것으로 소개됨(『東北史地』 2004-5, 표1).
○ 고분이 자리한 산비탈은 경사도가 약 20°.
○ 고분 규모는 가장 큰 고분은 9×9m, 작은 고분은 5×5m.
○ 현지 주민의 진술에 의하면, 고분 유형은 방단적석묘가 다수이나 1950년대 말 파괴가 시작되어 1970년대 중반 거의 소멸되어 원상 파악이 어려움.
○ 고분 파괴가 일찍 진행되어 유물을 징집 또는 수집할 수 없었음.

4. 역사적 성격

고분 형식과 인근 유적으로 미루어 고구려 고분군으로 추정되나, 그 구체 내용은 알 수 없음.

참고문헌

- 吉林省文物志編纂委會, 1984, 『渾江市文物志』.
- 國家文物局 主編, 1993, 『中國文物地圖集』 吉林分冊.
- 孫仁杰·遲勇·張殿甲, 2004, 「鴨綠江上游右岸考古調査」, 『東北史地』 2004-5.

12 임강 동전자 고분군
臨江 東甸子古墳群

1. 조사현황

1) 1960년 4월 조사
○ 조사기관 : 渾江市 文物普查隊.
○ 조사내용 : 백수십여 기의 고분 발견.

2) 1984년 5월 및 6월 조사
○ 조사기관 : 渾江市 文物普查隊.
○ 조사내용 : 고분 약 60여 기를 확인함. 무덤은 2개 구역으로 나뉘는데 I구역에 50여 기가 있음.

3) 1987년 5월 조사
○ 조사기관 : 臨江電站庫區 文物普查隊.
○ 조사 참가자 : 石肯元, 張立夫, 張立新, 王洪峰, 張殿甲.
○ 조사내용 : 임강수력발전소 건설을 위해 수몰구역 내의 문물조사를 실시하고 두 구역에서 약 60여 기를 확인함.

4) 2004년 7월 10일
○ 조사기관 : 吉林省長白山文化硏究會, 白山市文管辦, 集安市博物館.
○ 조사 참가자 : 張福有, 孫仁杰, 遲勇, 張殿甲, 谷芃.
○ 조사내용 : 동전자촌 서쪽 대지에서 고분 30여 기를 확인했고, 동전자 후산 남쪽 언덕에서는 5기를 확인함.

2. 위치와 자연환경(그림 1 ~ 그림 2)

1) 위치
임강시(舊 渾江市) 六道溝鎭 東甸子村(일명 東樺皮甸子村) 서쪽 대지와 後山 남쪽 언덕에 위치.

2) 주변환경
○ 동전자는 원래 '高麗墓子'로 불렸음.
○ 동전자는 압록강 우안의 狹長한 충적대지 위에 자리함. 대지 남쪽은 압록강, 북쪽은 산들에 접하고 있는데 동서 길이 약 2km, 남북 너비 약 0.5~0.8km[1] 임.
○ 충적대지 중앙에서 남쪽으로 치우진 곳에는 압록강의 옛길인 저지대가 있으나 지금은 농경지로 개간되었고, 충적대지 북쪽은 수면보다 6m 정도 높은 2급대지임.
○ 동전자 주민은 대지의 북쪽에 치우진 곳에 거주하며 동전자촌 중앙에는 임강과 장백을 잇는 臨長도로가 관통하고 있음.
○ 동전자 동쪽 4km에 六道溝鎭이 자리하고 있음.

---

[1] 『渾江市 文物志』 참조. 『東北史地』 2004-5에는 동서 길이는 2.5km정도, 남북 너비 약 1km로 기록.

그림 1
동전자고분군 위치도

그림 2 동전자고분군 주변 지형도(滿洲國 10만분의 1 지형도)

3. 고분군의 분포상황

1) 고분군 개황
○ 고분은 동서 500m, 남북 450m 범위에 분포.[2]
○ 1960년대 초 백수십여 기가 분포하였으나, 1980년대 조사 때 60여 기 정도를 확인했고[3] 2004년 조사 때 대략 35여 기를 확인함.
○ 고분군은 I·II 구역으로 나뉨.

2) 고분군의 분포내용

(1) I구역(M1. M2. M4. M8. M10)

① 고분 분포상황
동전자 서쪽의 동서 길이 200m, 남북 최고 너비 150m의 2급대지에 밀집해 분포하는데[4] 질서 있게 배열되어 있음.

② 고분 수량의 변화
○ 1984년 : 50여 기가 잔존하며, 십여 기 정도만 보존상태 양호.[5]
○ 2004년 : 30여 기가 잔존하며, 15기만 보존상태가 양호.
○ 2007년 : 외형 확인 가능한 것은 몇 기에 불과.

③ 고분 유형[6]
○ 방단적석묘(기단적석묘) : 고분 대부분이 이 유형에 해당하는데 둘레 길이 5~6m 정도이나 10여 m에 이르는 고분도 있음.
○ 계단계제적석묘(계단적석묘) : 소수만 확인되는데 계단의 보존상태는 명확치 않음. 계단석은 대다수 비교적 큰 자연석을 이용해 축조했으나 일부 가공한 것도 있으며, 계단 수는 모두 2~3단임.
○ 방단적석연접묘(기단적석연접묘) : 2기 정도가 보존상태가 양호.

④ 고분 방향
180~230°.

⑤ 구조
무덤 정상부는 碎石으로 봉했고, 일부는 함몰갱이 확인됨. 일부 고분은 기단석 훼손으로 무기단적석묘 형태로 변형됨.

(2) II구역(M1. M2)

① 고분군 위치
동전자 後山 남쪽 언덕 위에 위치하는데 이곳은 산맥이 대지로 뻗어 내린 낮은 언덕으로 높이는 약 40m임. 남쪽 약 500m에 압록강이, 동쪽 약 100여 m에는 골짜기가, 북쪽 30m에는 비교적 가파른 구릉이 자리하고 있음.

② 고분 수량의 변화
○ 1960년 : 구릉의 남쪽 비탈과 동쪽 비탈에서 20여 기 확인.

---

2 『中國文物地圖集』吉林分冊 참조.

3 『渾江市文物志』 및 『博物館研究』 1988-3 참조. 『中國文物地圖集』吉林分冊에는 40여 기로 기록.

4 『渾江市文物志』 및 『博物館研究』 1988-3 참조. 『東北史地』 2004-5에는 분포범위를 동서 길이 300m, 남북 너비 200m로 소개.

5 『渾江市文物志』 참조. 1987년 조사 때에는 비교적 양호한 고분이 20여 기로 소개됨(『博物館研究』 1988-3).

6 『渾江市文物志』 및 『博物館研究』 1988-3 참조

○ 1984년 : 2기 확인.[7]
○ 2004년 : 5기 확인.

4. 고분별 현황

1) I구역

(1) 1호묘(M1)
○ 유형 : 적석묘.
○ 방향 : 180°.
○ 규모 : 동서 길이 4m, 남북 너비 3m, 잔존높이 0.5m.
○ 기타 : 보존상태는 좋지 못함.

(2) 2호묘(M2)
○ 유형 : 방단적석연접묘(기단적석연접묘).
○ 방향 : 195°.
○ 규모 : 길이 25m, 너비 4m, 잔존높이 0.5~0.8m.
○ 기타 : 보존상태는 좋지 못함.

(3) 4호묘(M4)
○ 유형 : 방단적석묘(기단적석묘).
○ 방향 : 190°.
○ 규모 : 길이 5m, 너비 6m, 높이 0.8m.
○ 기타 : 보존상태 비교적 좋음.

(4) 8호묘(M8)
○ 유형 : 방단적석묘(기단적석묘).
○ 방향 : 190°.
○ 규모 : 길이 18m, 너비 12m, 잔존높이 0.8m.
○ 구조 : 기단석은 모두 비교적 작은 자연산돌로 조성했는데 파괴된 상태임.

(5) 10호묘(M10)
○ 유형 : 방단적석연접묘(기단적석연접묘).
○ 방향 : 190°.
○ 규모 : 길이 12m, 너비 24m, 잔존높이 2.2m.
○ 기타 : 보존상태는 매우 양호.

(6) I구역 내에서 수습된 유물
○ 1984년 조사 때 훼손된 방단적석묘에서 출토된 청동솥(銅鍑), 호(陶罐), 철제자귀(鐵鐯) 등의 유물이 주민에 의해 버려졌다가 회수됨.
○ 예전에 청동용기(銅容器), 청동칼(銅刀), 철제화살촉(鐵鏃) 등의 유물이 출토된 적이 있다고 함.

2) II구역[8]

(1) 1호묘(M1. 그림 3)
○ 유형 : 방단계제적석묘(계단적석묘).
○ 위치 : II구역 고분들 중 가장 높은 곳, 산비탈 위에 단독적으로 자리.
○ 평면 : 정방형에 가까운 형태.[9]
○ 방향 : 290°.
○ 규모 : 남북 길이 30m, 동서 너비 27m, 잔존높이 4.5~7m.[10]

---

7 『渾江市文物志』에서 II묘구의 고분 수량을 구체적으로 언급하지 않지만, 동전자고분군이 총 60여 기이고, I묘구 고분이 50여 기라는 기록에 의하면, II묘구의 고분은 '10여 기'로 추정되지만, 보고문에서는 대다수 파괴되고 비교적 대형의 방단계제묘 2기만을 소개.

8 『東北史地』2004-5 참조.
9 『渾江市文物志』 참조. 『東北史地』2004-5에는 '방형'으로 기록.
10 『渾江市文物志』 참조. 『東北史地』2004-5에는 동서 너비는 28m, 잔존높이는 7m로 기록.

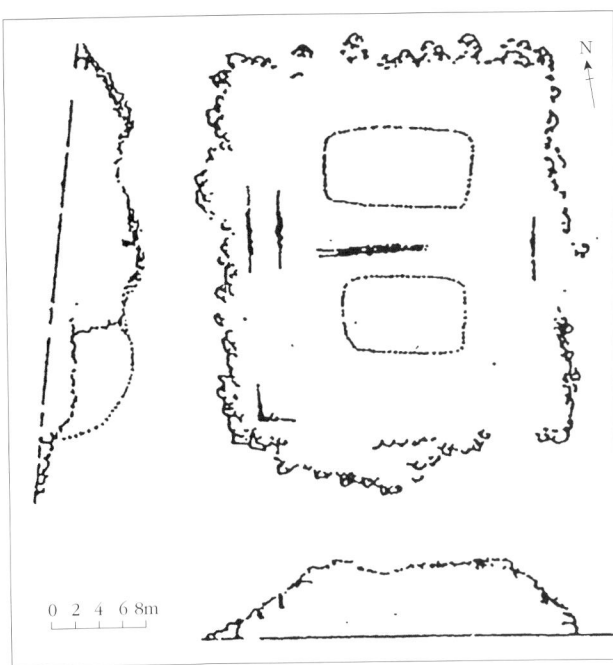

그림 3 동전자고분군 II구역 1호묘 평·단면도
(『東北史地』2004-5)

○ 구조
- 고분 중앙부에 격벽(隔墙)으로 구획된 雙壙室[11]이 있는데 깊이 1m의 함몰갱 두 개를 볼 수 있음.
- 3단 계단이 확인되는데 각 계단은 돌을 층층이 2층으로 쌓았는데 높이 0.9cm임. 계단석은 비교적 두껍고 무거운데 가장 큰 계단석은 길이 2m, 너비 0.5m, 높이 0.4m[12]로 표면은 세심한 가공을 거치지 않음.[13] 계단 내부는 작은 산돌로 채워졌음.
- 고분 정상부 면적은 약 7.2×5.5m이고 위에 작은 강자갈(河卵石)과 산돌(山石)을 봉함.
- 고분 남반부 적석은 현지 농민들의 取石으로 파괴됨.

11 『渾江市文物志』에는 '雙室'로 기재.
12 『渾江市文物志』 참조. 『博物館研究』 1988-3에는 길이 2m, 두께 0.5m로 기록, 『東北史地』 2004-5에는 2.5m, 너비 0.4m, 높이 0.8m로 기록.
13 『渾江市文物志』 참조. 『東北史地』 2004-5에는 '계단석 표면은 가공하여 정연하다'고 기록.

(2) 2호묘(M2)
○ 유형 : 방단계제적석묘(계단적석묘).
○ 위치 : M1의 동남 10m에 위치.
○ 규모 : 길이 19m, 너비 15m, 잔존높이 5m.
○ 구조 : 3단 계단으로 M1의 구조와 같고 규모는 약간 작음. 고분 정상부 북측에 깊이 1.2m의 함몰갱이 있는데 작은 耳室로 추정되며 이는 M1 구조와 차이를 보임.[14]

(3) 수습유물
1987년 조사 때 주민들이 고분을 헐고 내버려둔 철제 괭이(鐵钁), 철제창(鐵矛) 각 1점을 수집함.

5. 출토유물

1) 토기

(1) 호(直口罐, 그림 4)
○ 출토지 : I구역(1984년 조사)
○ 크기 : 입 직경 11.4cm, 바닥 직경 11.2cm, 전체 높이 16.4cm, 동체 둘레 20.0cm, 기벽 두께 0.8cm.
○ 태토 및 색깔 : 점토질 회색토기(泥質灰陶)로 태토색이 균일함.
○ 형태 : 手製. 구연부 일부가 파손되었으나 온전한 형태임. 둥근 입술, 곧은 목, 넓은 어깨, 불룩한 배, 납작한 바닥임. 어깨의 꺾임이 명확함. 소성도는 비교적 높으며, 표면과 구연 안쪽은 눌러서 문질러 광을 냄. 高麗墓子古墓群 M15 출토품[15]과 유사함.

14 『渾江市文物志』 참조. 『東北史地』 2004-5에는 石箱을 '小耳室'로 표현.
15 『渾江市文物志』 참조. 확인 고려묘자(고력묘자)15호묘에서 호가 출토되었다고 하는데 그 출토품은 소개된 적이 없고 201호묘와 19호묘의 출토품만이 소개됨.

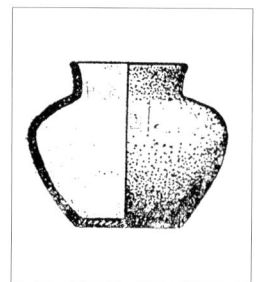 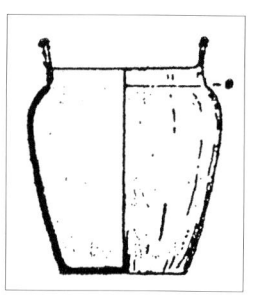 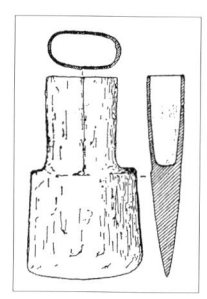 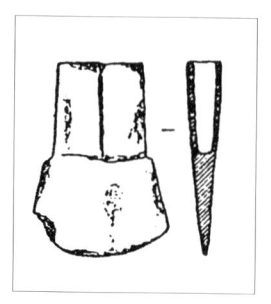 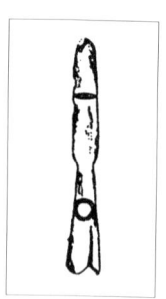

그림 4 호(『渾江市文物志』) 그림 5 청동솥(『渾江市文物志』) 그림 6 철제자귀(『渾江市文物志』) 그림 7 철제괭이(『博物館研究』1988-3) 그림 8 철제창(『博物館研究』1988-3)

2) 청동기

(1) 청동솥(銅鍑, 그림 5)
○ 출토지 : I구역(1984년 조사)
○ 크기 : 입 직경 9.4cm, 바닥 직경 7.6cm, 전체 높이 12.2cm, 기벽 두께 0.3cm.
○ 형태 : 청동 주조. 바닥부 주조 틈에서 거푸집 주조 흔이 확인됨. 곧은 구연, 뾰족한 입술, 짧은 목, 완만한 어깨, 넓고 평평한 바닥임. 구연 아래에 대칭된 2개의 구멍(鑽孔)이 있는데 매달 때 사용한 것으로 보임. 원래 이 입구에 2개의 고리(提梁耳)가 있었는데 이미 훼손되었으나 잔흔을 볼 수 있음. 용기 안에 0.5cm 두께의 황백색 물때가 있고, 외면에 비교적 두꺼운 검댕이가 있는 등 취사흔이 보임.

3) 철기

(1) 철제자귀(鐵錛, 그림 6)
○ 출토지 : I구역(1984년 조사).
○ 크기 : 길이 14.0cm, 날(刃) 너비 8.1cm, 구멍(銎) 4.4×2.1cm, 구멍 깊이 6.0cm.
○ 형태 : 銎部는 타원형이고 날은 사다리꼴임. 공부와 날(刃)이 만나는 곳은 용접흔이 있고, 날은 주조이고 공부는 단조임. 어깨가 있음.

(2) 철제괭이(鐵钁, 그림 7)
○ 채집지 : II구역(1987년 조사).
○ 크기 : 길이 11.2cm.
○ 형태 : 단조품, 외측에 단조의 흔적이 선명함. 날(刃)은 호형. 정상부는 평평하고, 어깨가 있고, 윗부분의 銎部는 깊음.

(3) 철제창(鐵矛, 그림 8)
○ 채집지 : II구역(1987년 조사).
○ 크기 : 전체 길이 19.8cm.
○ 형태 : 연미형으로 편평한 잎모양임. 尖部 끝이 약간 파손되고, 하부에 원통형의 깊은 銎部가 있고, 銎部 끝부분에는 단조의 'V'자형 입구가 있음. 集安縣 板岔岭 출토품과 유사함.

6. 역사적 성격

1) 고분의 연대와 피장자
○ 동전자 後山의 대형계단적석묘 M1과 M2의 축조 방식은 집안 통구고분군 산성하구의 兄塚·弟塚과 유사하므로, 이들 무덤과 비슷한 고구려 4·5세기로 추정됨.
○ 後山 고분은 비교적 높은 곳에 위치하며, 큰 규모로

미루어 귀족의 고분일 가능성이 큼.
○ 해당 고분군은 멀지 않는 곳에 자리한 樺皮甸子古城과 밀접한 관계를 가짐.

2) 고분 유물
○ 동전자고분군 가운데 청동솥(銅鍑, 그림 5)은 북방 흉노·선비족의 문물 풍격을 갖추고 있는데 이는 漢代 이래 고구려민족과 주변민족과의 밀접한 교류가 행해졌던 사실을 보여줌.
○ 토기(陶罐, 그림 4)는 환인 대고려묘자촌 M15에서 출토된 것과 비슷하여 이곳이 일찍부터 개발된 지역이었음을 시사함.
○ 철제괭이(鐵銚, 그림 7)는 도끼형태(銚式)로 臨江長川에서도 출토되는데 집안 고구려 고분 출토품에서는 보기 힘든 형태임.

○ 고분군 남부의 강안 모래언덕에서 일찍이 비교적 많은 석제도끼(石斧), 석제화살촉(石鏃), 토제어망추(陶網墜), 토기(陶罐) 등이 발견된 적이 있음. 이곳은 고대 거주지로, 연대는 고분군 보다 약간 이르거나 동시기로 추정됨.
○ 동전자촌 동쪽의 동전자유적지에서 토기와 석기만 확인되지만 바로 인접한 생활유적지라는 점에서 동전자고분군과 관련된 것으로 추정함.

참고문헌
- 吉林省文物志編纂委會, 1984, 『渾江市文物志』.
- 王洪峰, 1988, 「臨江電站庫區古遺存調査綜述」, 『博物館研究』 1988-3.
- 國家文物局 主編, 1993, 『中國文物地圖集』 吉林分冊.
- 孫仁杰·遲勇·張殿甲, 2004, 「鴨綠江上游右岸考古調査」, 『東北史地』 2004-5.

13 임강 서마록포자고분군
臨江 西馬鹿泡子古墳群

1. 조사현황

1) 1984년 5월 및 6월 조사
○ 조사기관 : 渾江市 文物普査隊.
○ 조사내용 : 남아 있는 고분이 몇 기 없어 확보한 정보가 미미함.

2) 2004년 7월 10일 조사
○ 조사기관 : 吉林省長白山文化硏究會, 白山市文管辨, 集安市博物館.
○ 조사 참가자 : 張福有, 孫仁杰, 遲勇, 張殿甲, 谷芃.

2. 위치와 자연환경(그림 1~그림 2)

○ 임강시(舊 渾江市) 동남 130여 km의 六道溝鎭 西馬鹿泡子村 동남에 위치.
○ 촌락은 압록강변의 동서로 狹長한 충적대지로, 면적은 대략 1.5×1.0km임.
○ 서마록포자촌 주민은 대지 북쪽 산맥에 접한 지대에 거주하며, 주민들의 주택 남쪽으로부터 30m지점에 고분군이 동북향으로 일렬로 분포함.
○ 고분군 동북 12km 떨어진 곳에 육도구진이 자리하고 있음.

그림 1
서마록포자고분군 위치도

그림 2 서마록포자고분군 주변 지형도(滿洲國 10만분의 1 지형도)

3. 고분군 분포와 현황

1) 분포범위
동서 약 400m, 남북 약 50m.

2) 고분군의 현황
○ 고분은 원래 백여 기[1] 가 있었으나, 1984년에는 십수기만 남았고, 2004년에는 15여 기[2] 로 소개됨. 일찍부터 파괴되어 기단석과 적석 등이 거의 남지 않거나 원형이 훼손되어 고분의 측량과 기록이 불가능함.

○ 고분군은 3구역으로 나뉘어 분포하는데 마을 동쪽의 지금 소학교 부근, 마을 서쪽의 지금 채석장 일대, 서마록촌 대지 남단의 압록강변 등임. 압록강변 고분군은 수량은 적으나 비교적 많은 돌들이 남아 있어 고분은 규모가 비교적 컸을 것으로 추정됨. 압록강변 큰 고분의 자리에는 근대 사당이 축조되어 상세한 조사를 할 수 없음.

○ 현지인의 증언에 따르면 고분은 방단적석묘와 방단계단적석묘로 이루어졌다고 하지만 묘실은 모두 정연하게 축조되지 않았고, 고분에서 철기, 청동기, 토기, 용석 잔편으로 추정되는 '탄재'(爐灰渣子) 등이 발견됨.

○ 현지 노인에 의하면 서마록고분군은 일찍이 파괴되어 고분 기단석이 남겨진 것이 몇 기이고 무덤 위의 적석은 허물어진 작은 고분의 돌(亂石)들이 버려져 점점 많아짐.

---

1 『渾江市文物志』 참조. 『中國文物地圖集』 吉林分冊에는 30～60여 기로 기록.

2 『東北史地』 2004-5 참조.

3) 현황

○ 마을 동쪽 소학교부근 밭에서 남북 2열로 배치된 7기 고분이 확인됨.
○ 서마록포자촌 남단의 강 연안에서 1기가 확인되는데 예전 고분이 자리했던 곳에 세워졌던 사당이 철거되었으나 고분 중앙부는 완전 훼손된 상태임.

4. 역사적 성격

서마록포자촌 대지는 규모가 광대하고 사람들의 생산과 생활에 적합한 곳으로, 고분군 주위에 비교적 많은 동시기 유적이 자리함. 이는 이 일대가 일찍이 교통이 편리하고 인구가 조밀한 지역이었음을 시사함.

참고문헌

- 吉林省文物志編纂委會, 1984, 『渾江市文物志』.
- 國家文物局 主編, 1993, 『中國文物地圖集』 吉林分冊.
- 孫仁杰·遲勇·張殿甲, 2004, 「鴨綠江上游右岸考古調査」, 『東北史地』 2004-5.

14. 임강 용강고분군
臨江 龍崗古墳群

1. 조사현황

1) 1984년 5월 조사
○ 조사기관 : 渾江市 文物普查隊.
○ 조사내용 : 2기 고분을 발굴조사.

2) 2004년 7월 10일 조사
○ 조사기관 : 吉林省長白山文化硏究會, 白山市文管辦, 集安市博物館.
○ 조사 참가자 : 張福有, 孫仁杰, 遲勇, 張殿甲, 谷芃.

2. 위치와 자연환경(그림 1~ 그림 2)

○ 임강시(舊 渾江市) 六道溝鎭 西馬鹿泡子村 龍崗 동쪽 400여 m의 산자락 아래에 위치.
○ 용강은 육도구진 서마록포자촌의 한 촌락으로, 육도구진 서남 10km에 위치. 촌락은 압록강변 비탈지에 자리하며, 동쪽 및 서쪽 3km에 동마록포자촌, 서마록포자촌이 자리함.
○ 마을에는 강안으로 펼쳐진 구릉이 하나 있는데 '龍崗'이라 부름.

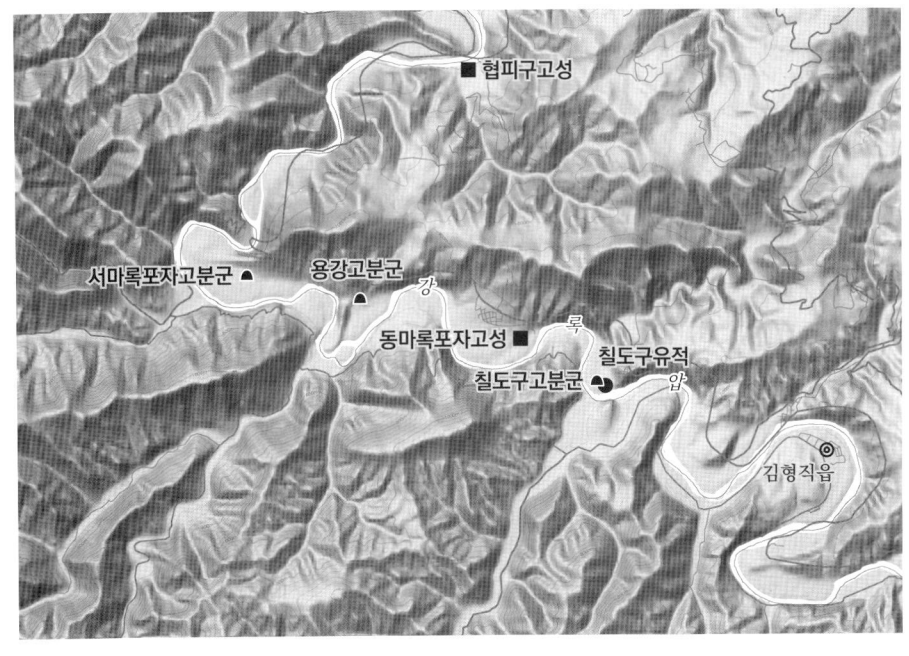

그림 1
용강고분군 위치도

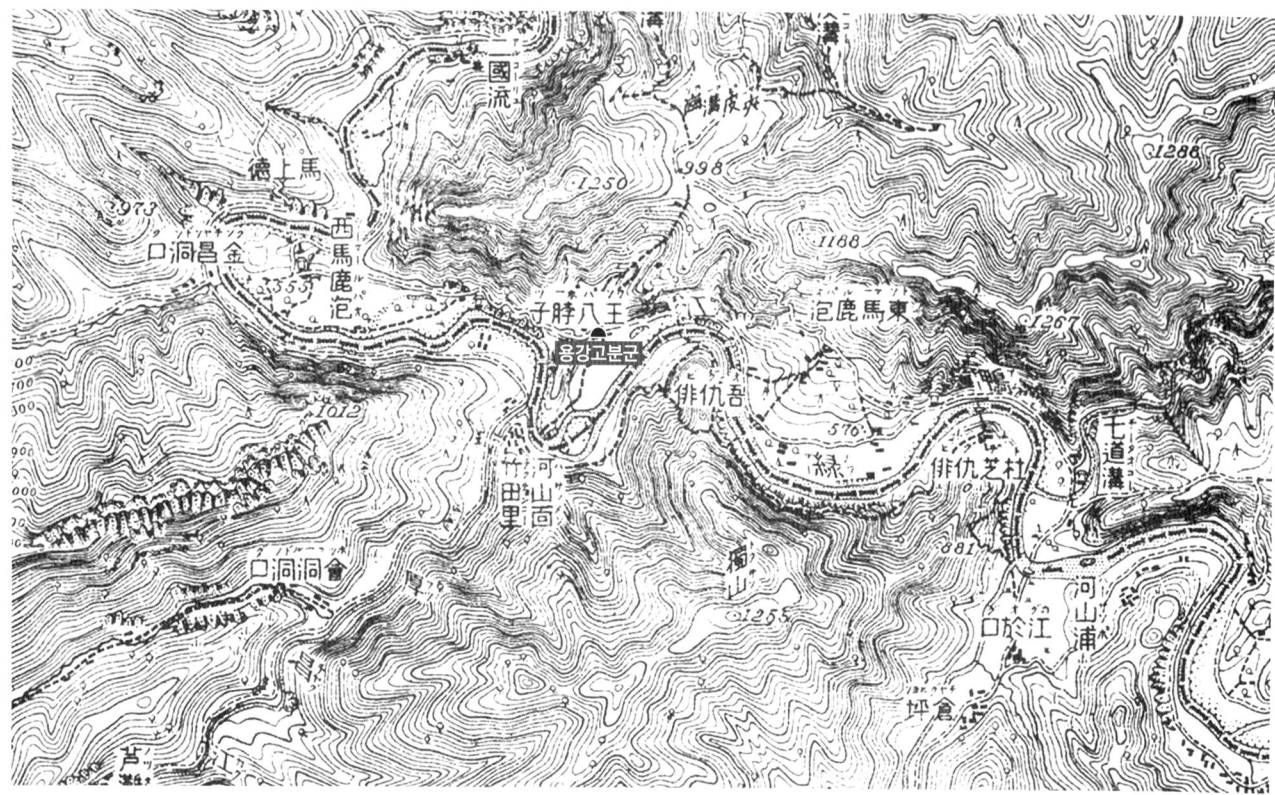

그림 2 용강고분군 주변 지형도(滿洲國 10만분의 1 지형도)

3. 고분군의 분포상황

○ 고분군 범위 : 약 2,000m².
○ 고분군의 현황
- 고분은 원래 수십 기가 있었으나, 2기[1]만 남고 나머지는 파괴 또는 소멸된 상태임.
- 2기 고분은 압록강 우안 2단대지의 북쪽 가에 위치하는데 남쪽 약 200m에 압록강이 있고, 북쪽으로 약 50m 못 미쳐 구릉이 있으며, 압록강을 따라 鄕路가 산비탈을 지나감.
- 고분 부근에는 아직 기타 유적이나 유물이 확인되지 않음.

4. 고분별 현황

○ 고분 2기의 형식 : 방단적석묘.
- 고분 1 : 기단석이 거의 남아 있지 않음.
- 고분 2 : 규모는 한 변 길이 10×10m, 잔존높이 1m 정도이고 방향은 200°임. 보존상태는 양호함.
○ 기단석은 모두 자연석을 사용.
○ 규모는 크지 않음.

참고문헌

- 吉林省文物志編纂委員會, 1984, 『長白朝鮮族自治縣文物志』.
- 國家文物局 主編, 1993, 『中國文物地圖集』 吉林分冊.
- 孫仁杰·遲勇·張殿甲, 2004, 「鴨綠江上游右岸考古調査」, 『東北史地』 2004-5.

---

[1] 『渾江市文物志』 참조. 『中國文物地圖集』 吉林分冊, 1992에는 '3기'로 기록.

15 임강 칠도구고분군
臨江 七道溝古墳群

1. 조사현황

1) 1984년 6월 조사
○ 조사기관 : 渾江市 文物普査隊.
○ 조사내용 : 1984년 5월 마을 서쪽의 압록강에 접한 언덕에서 고분군을 발견하고, 1984년 6월 중순 조사에서 20여 기를 확인함.

2) 1987년 5월 조사
○ 조사기관 : 臨江電站庫區 文物普査隊.

○ 조사 참가자 : 石肖元, 張立夫, 張立新, 王洪峰, 張殿甲.
○ 조사내용 : 20여 기 고분 확인.

3) 2004년 7월 10일 조사
○ 조사기관 : 吉林省長白山文化硏究會, 白山市 文管辦, 集安市博物館.
○ 조사 참가자 : 張福有, 孫仁杰, 遲勇, 張殿甲, 谷芃.
○ 조사내용 : 3기 고분 확인.

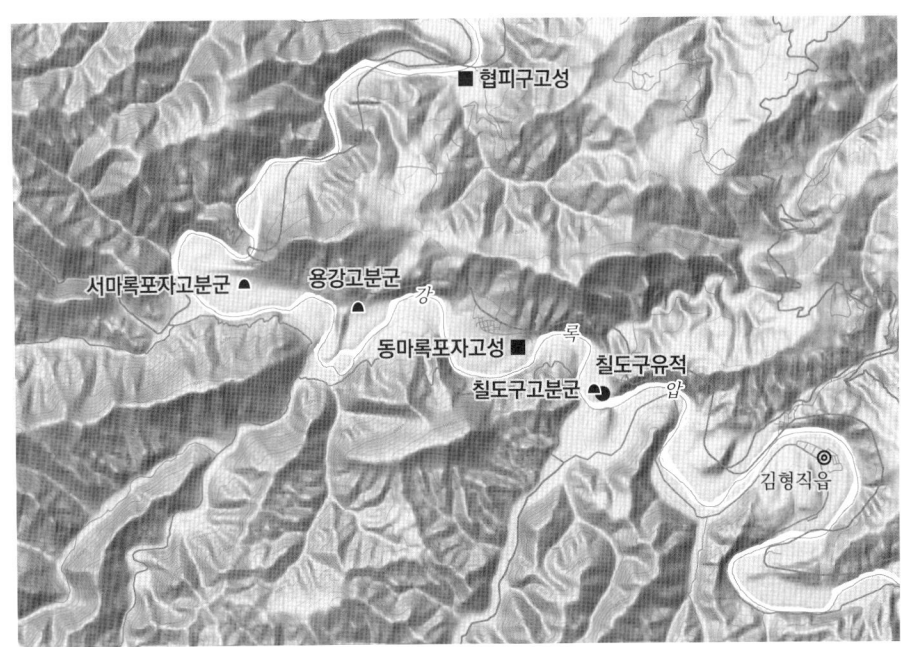

그림 1
칠도구고분군 위치도

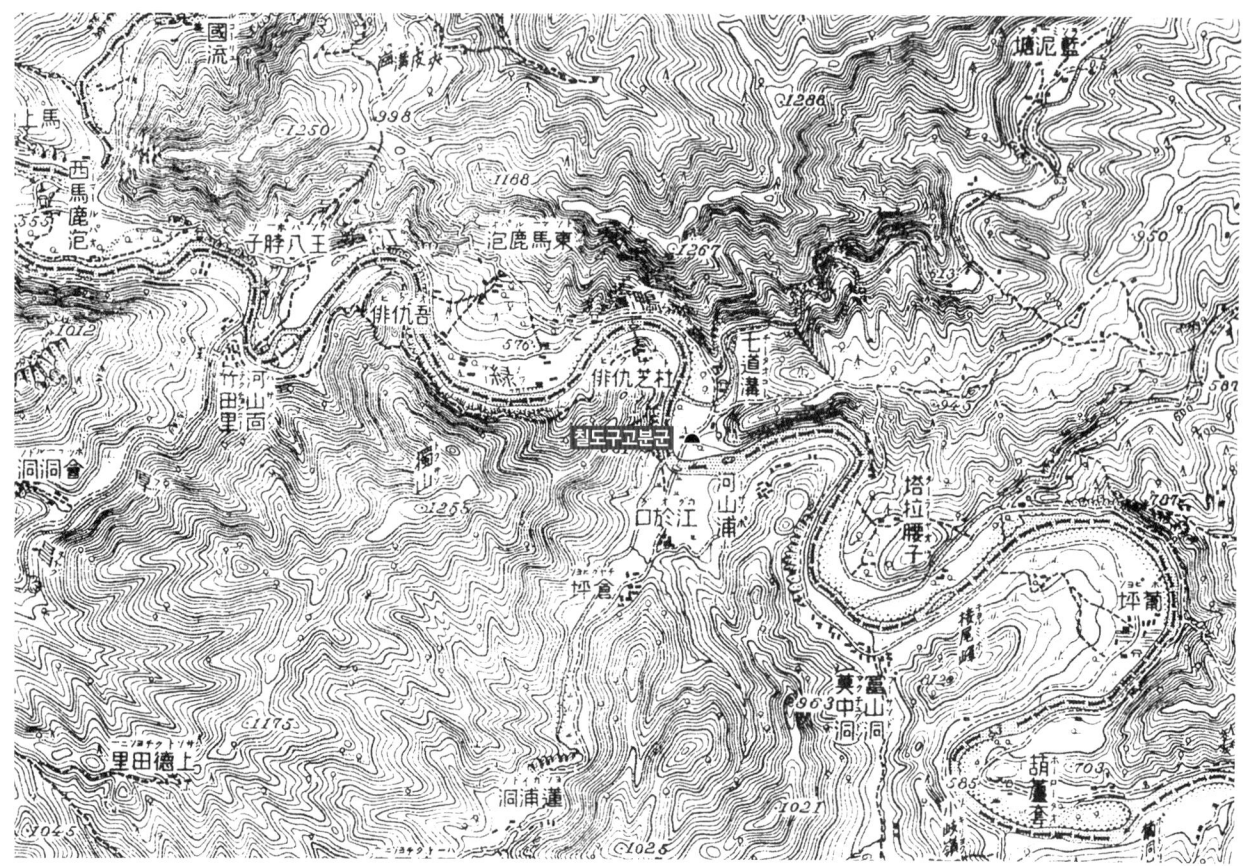

그림 2 칠도구고분군 주변 지형도(滿洲國 10만분의 1 지형도)

2. 위치와 자연환경(그림 1~그림 2)

1) 고분군 위치
○ 임강시(舊 渾江市) 六道溝鎭 七道溝村 서쪽에 위치.
○ 임강시(舊 渾江市) 동남 130km의 六道溝鎭 동남단에 위치.

2) 고분 주변환경
○ 고분군 서북 약 10km에 육도구진이 있고, 동쪽 1km 못 미쳐 장백조선족자치현임.
○ 고분군 북쪽과 동쪽은 높은 산과 깊은 계곡이며, 오직 압록강 연안의 鄕路로 외부와 연결됨.
○ 七道溝鎭가 깊은 산속에서 흘러 내려 마을 북쪽 200m에서 압록강으로 유입함.

○ 七道溝鎭 하구 및 流路를 따라 형성된 저지대 충적평야는 현재 대부분 논이며, 그 남쪽은 동서로 좁고 긴 높은 구릉과 서로 접하며, 칠도구촌은 그 구릉 위에 자리하고 있음.
○ 고분군 동쪽 500~1,000m에 칠도구유적지가 있음.

3. 고분군의 분포상황

○ 고분군 범위 : 동서 약 300m, 남북 약 150m. 동서 방향으로 분포.
○ 고분군의 현황
- 고분의 개체수 변화 : 원래 50여 기였으나, 1984년

에는 20여 기[1] 만 확인되었고, 2004년에는 형태가 비교적 온전한 3기가 확인됨.
- 고분들은 대지 서쪽에 집중 분포하며, 현지인들은 이 일대를 '高麗城子'로 부름.
- 고분 규모는 크지 않은 편으로 5×5m 정도가 대다수이고 (무기단)적석묘가 주를 이루었지만, 많은 택지나 채소밭에서 고분 기단석이 보이므로 방단적석묘도 다수 분포한 것으로 보임.
- 고분 방향은 모두 200~230° 사이에 해당함.

4. 고분 현황

1) 칠도구1호묘(M1)
○ 유형 : 불규칙한 계단식 석축(적석묘 추정).
○ 규모 : 한 변 길이 4×4m, 높이 0.6m.
○ 방향 : 220°.
○ 기타 : 보존상태는 양호.

2) 칠도구2호묘(M2)
○ 유형 : 봉토묘(고분군 가운데 유일한 사례).
○ 규모 : 직경 5m, 높이 1.8m.
○ 기타 : 외관은 비교적 온전한 상태.

3) 칠도구6호묘(M6)
○ 유형 : 방단적석묘.
○ 규모 : 한 변 길이 5×5m, 높이 1.2m.
○ 방향 : 200°.
○ 기타 : 보존상태 비교적 양호.

4) 기타 고분
○ M1, M2, M6를 제외한 고분들은 매우 심하게 파괴됨.
○ 대다수 방단적석묘로 추정[2] 되는데 큰 고분은 9×9m 정도이고 작은 고분은 5×5m 정도임.

5. 역사적 성격

○ 고분 구조 상 고구려 고분군으로 추정됨. 고구려 봉토묘의 등장이 일반적으로 4세기경으로 보고 있으므로, 칠도구고분은 이보다 늦은 5·6세기의 유적으로 추정되나, 객관적인 근거는 없음.
○ 1984년 5월 발굴조사 때 마을 동쪽 取土場의 단면에서 비교적 많은 토기 잔편이 발견된 바 있으므로, 고분과 같은 시기의 주거지도 있었을 것으로 추정됨.

참고문헌
- 吉林省文物志編纂委會, 1984, 『渾江市文物志』.
- 王洪峰, 1988, 「臨江電站庫區古遺存調査綜述」, 『博物館研究』 1988-3.
- 國家文物局 主編, 1993, 『中國文物地圖集』 吉林分冊.
- 孫仁杰·遲勇·張殿甲, 2004, 「鴨綠江上游右岸考古調査」, 『東北史地』 2004-5.

---

[1] 『渾江市文物志』 참조. 『中國文物地圖集』 吉林分冊에는 28기 정도가 현존하는 것으로 기록.

[2] 『中國文物地圖集』 吉林分冊 참조.

2
성곽

01 임강 임성고성
臨江 臨城古城 | 臨城城址

1. 조사현황

1) 1983년 6월
○ 시행기관 : 渾江市 文化局.
○ 조사내용 : 소량의 토기편 채집.
○ 결과 : 1984년 3월 8일에 渾江市 重點文物保護單位로 지정됨.

2) 1984년 가을
○ 시행기관 : 渾江市 文物普查隊.
○ 조사내용 : 실측과 기록.
○ 발표 : 『渾江市文物志』중의 '臨城城址'.

3) 2004년 7월 10일
○ 시행기관 : 吉林省長白山文化研究會, 白山市文管辦, 集安市博物館.
○ 참가자 : 張福有, 張殿甲, 遲龍, 孫仁杰 등.
○ 조사내용 : 개괄적인 현황 파악.
○ 발표 : 『東北史地』 2004-5.

2. 위치와 자연환경(그림 1~그림 2)

1) 지리위치
○ 臨江市 소재지(옛 渾江市 臨江鎭)에서 三道溝河를 따라 동쪽으로 5km 정도 떨어진 臨城 8隊(臨東村) 북

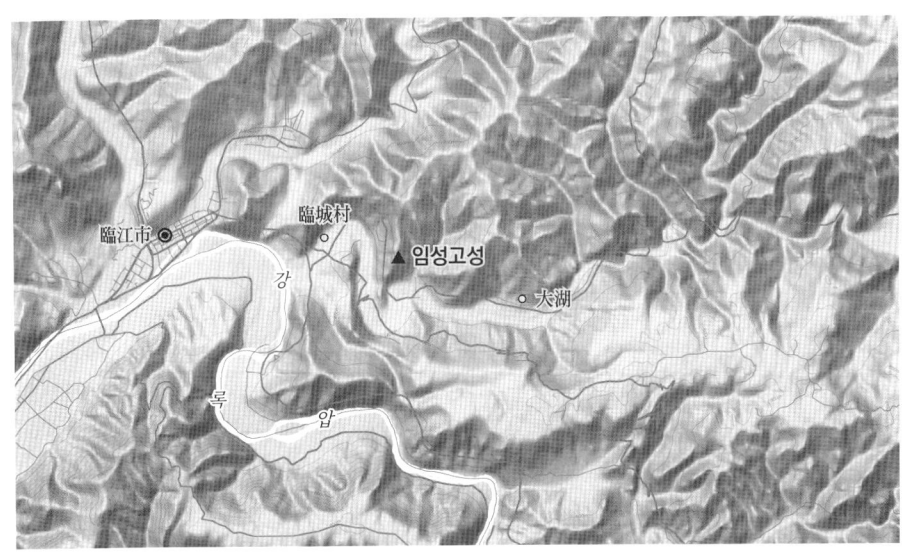

그림 1
임성고성 위치도

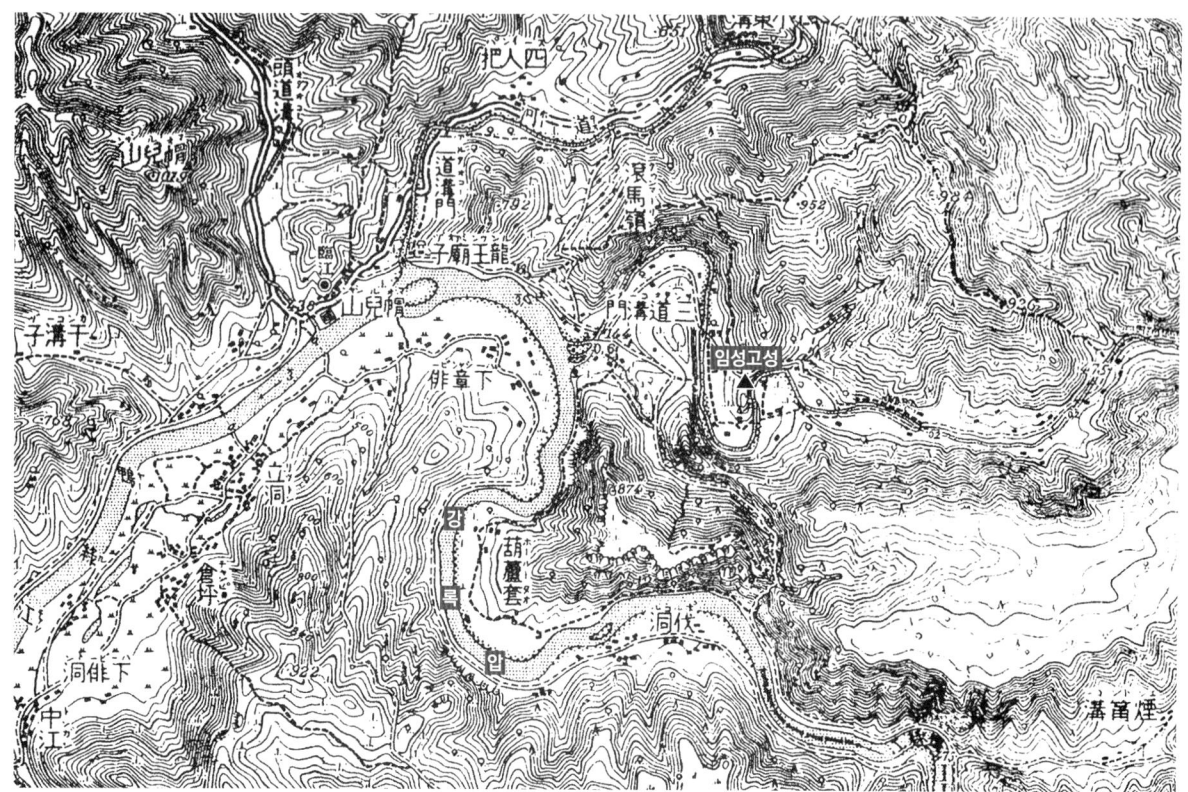

그림 2 임성고성 주변 지형도(滿洲國 10만분의 1 지형도)

쪽의 산봉우리에 위치함.
○ 臨城 8隊(臨東村)는 臨江 - 大湖탄광 도로 곁에 있는 작은 마을임. 山城 맞은편 산기슭에는 臨江 - 長白 도로가 있고, 산성 북쪽 산기슭 아래로는 臨江 - 大湖 탄광 철로가 통과하고 있음.
○ 성곽에 올라서면 서쪽으로 臨江市 시가지와 압록강, 남쪽으로 臨江 - 長白 도로, 동쪽으로 三道溝 골짜기, 북쪽으로 楊木頂子山脈 등이 한눈에 들어옴.

2) 자연환경
○ 압록강 지류인 三道溝河가 마을 동북쪽에서 흘러 들어와 마을 남쪽을 지나 古城이 위치한 산기슭 아래에서 활모양으로 성의 동·남·서를 휘감아 돌아 지난 다음, 방향을 꺾어 남쪽으로 흐르다가 臨城村 부근에서 압록강으로 유입됨.

○ 성터가 있는 산봉우리는 북쪽 산줄기에서 三道溝河를 향해 남쪽으로 쭉 뻗은 산에 위치함. 높이 약 200m 정도로 우뚝 솟아오른 것이 마치 누워있는 소와 같으며, 三道溝 河谷을 기다랗게 가로막고 있음.

3. 성곽의 전체현황(그림 3)

1) 전체평면
○ 성은 三道溝河를 향해 남쪽으로 뻗은 언덕산의 정상에 위치.
○ 성이 위치한 산봉우리는 북쪽이 높고 남쪽이 낮은 지형이며, 성 내부는 동쪽이 높고 서쪽이 낮음.
○ 동벽 바깥은 가파른 낭떠러지이고, 북벽과 서벽 바깥은 높이 3~5m 정도의 벼랑임. 남벽 바깥으로는 너

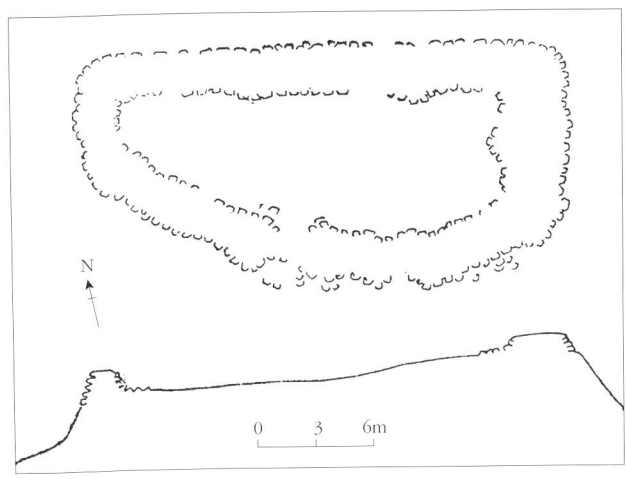

그림 3 임성고성 평면도(『渾江市文物志』, 38쪽)

비 20m, 길이 50m 정도의 평탄한 대지가 펼쳐져 있는데 밭으로 경작되고 있음.
○ 성곽의 평면은 전체적으로 조금 찌그러진 공 모양임.

2) 보존상태
○ 성벽은 많이 허물어져 성돌을 가지런하게 쌓은 모습을 찾아보기 힘듦.
○ 다만 성돌이 대부분 성벽 주변에 무너진 상태로 남아 있어서 성곽의 윤곽을 확인하기는 어렵지 않은 상태임. 성곽 안팎에는 가시나무가 꽉 들어차 있음.

4. 성벽과 성곽시설

1) 성벽

(1) 성돌
○ 석재 : 대부분 깬돌인데 잘 다듬지는 않았음. 강돌도 일부 섞여 있음.
○ 크기 : 대체로 길이가 20~40cm 사이임.

(2) 성벽 축조양상
○ 지세 : 동벽 바깥은 가파른 절벽, 북벽과 서벽 바깥은 높이 3~5m 정도의 암벽으로 각 성벽은 이러한 자연지세를 이용하여 축조.
○ 축성법 : 성벽이 무너져 가지런하게 쌓은 면이 남아 있지 않음.

① 북벽
○ 형태 : 비교적 곧은 편.
○ 방향 : 105°.
○ 규모 : 길이 26~27m, 기단부 너비 2m, 윗면 너비 0.5m, 殘高 1.3m.

② 동벽
○ 방향 : 195°.
○ 규모 : 길이 8m, 너비 3.5m, 높이 0.7m.

③ 남벽
○ 형태 : 활모양으로 휘어져 동벽과 서벽을 잇고 있음.
○ 규모 : 길이 20m, 높이 1m, 아래 너비 0.5~0.8m.

④ 서벽
○ 규모 : 길이 5m도 안 됨. 높이 1m.

2) 성곽시설

(1) 성문지
○ 위치 : 벽의 서쪽 부분.
○ 규모 : 너비 1m 정도의 트인 곳, 성문지로 추정됨.

5. 성내시설과 유적

○ 성 내부는 동쪽이 높고 서쪽이 낮은 편인데, 유적의

흔적은 명확하게 보이지 않음. 서벽 안쪽에 약간 깊은 구덩이가 있는데, 용도는 정확히 알 수 없음.

6. 출토유물

○ 토기편과 도끼날형(鏃形) 철제화살촉 등 채집.
○ 토기편은 니질회색토기(泥質灰陶)와 황갈색토기(黃褐陶) 등으로 비교적 두꺼운 편인데, 토기 형태를 판별하기는 어려움.

7. 역사적 성격

1) 지정학적 위치

臨城古城은 압록강 변의 臨江市 소재지에서 三道溝河를 따라 동쪽으로 5km 정도 떨어진 臨城 8隊 북쪽의 산봉우리에 위치함. 성에 올라서면 서쪽으로 臨江市 시가지와 압록강, 동쪽으로 三道溝河 골짜기가 한눈에 들어와 지리적 위치가 매우 뛰어남. 임성고성이 위치한 三道溝河 유역은 압록강, 四道溝河, 五道溝河 등 여러 水系를 연결하던 통로임. 이러한 三道溝河 하류에 위치한 임성고성은 압록강과 여러 지류 일대의 교통을 공제할 수 있는 전략적 요충지에 해당함.

2) 성곽의 기능과 성격

상기와 같은 지정학적 위치로 보아 임성고성은 압록강과 여러 지류 연안의 水路 교통을 공제하던 전략적 요충지로 추정됨. 임성고성 주변에 별다른 군사 주둔지가 보이지 않는 것으로 보아 비록 규모는 작지만 임성고성 자체가 방어용 城堡였던 것으로 추정됨. 이에 임성고성이 고구려 중기에 축조되어 발해시기까지 사용된 것으로 추정하기도 하는데(吉林省文物志編修委員會, 1984, 36~38쪽), 이를 뒷받침할 만한 명확한 논거가 제시된 것은 아님.

참고문헌

· 吉林省文物志編修委員會, 1984, 『渾江市文物志』.
· 國家文物局 主編, 1993, 「臨城城址」, 『中國文物地圖集』 吉林分冊, 中國地圖出版社.
· 王禹浪·王宏北, 1994, 「中國吉林省渾江市三道溝河臨城八隊高句麗古城址」, 『高句麗·渤海古城址研究匯編』(上), 哈爾濱出版社.
· 余昊奎, 1998, 「臨江 臨城古城」, 『高句麗 城』 I(鴨綠江中上流篇), 國防軍史硏究所.
· 馮永謙, 1994, 「高句麗城址輯要」, 『北方史地硏究』, 中州古籍出版社.
· 孫仁杰·遲龍·張殿甲, 2004, 「鴨綠江上流右岸考古調査」, 『東北史地』 2004-5.

02 임강 화피전자고성
臨江 樺皮甸子古城 | 樺皮甸子城址

1. 조사현황

1) 1960년 4월
○ 시행기관 : 渾江市 文物普査隊.
○ 조사내용 : 성곽의 현황 파악 및 간략한 기록.

2) 1974년
○ 마을 주민이 성돌을 채취하여 민가를 짓다가 靑花白磁 1점을 발견했다고 함.

3) 1984년 5월과 6월 27일
○ 시행기관 : 渾江市 文物普査隊.
○ 조사내용 : 유적의 조사 및 촬영(5월), 재조사 및 실측과 기록(6월). 5월과 6월 두 차례의 조사에서 유물을 채집함.
○ 발표 : 『渾江市文物志』 중의 '樺皮甸子城址'
○ 결과 : 조사 착수에 앞서 1984년 3월 8일에 渾江市 重點文物保護單位로 지정.

4) 1987 5월
○ 시행기관 : 吉林省 文物考古硏究所와 渾江市 文物管理委員會.
○ 참가자 : 石肯元, 張立夫, 張立新, 王洪峰.
○ 조사내용 : 임강댐 수몰지구 조사차 성곽의 전체현황 파악.
○ 발표 : 『博物館硏究』 1988-3.

5) 1995년 5월
○ 시행기관 : 白山市 文物普査隊.
○ 참가자 : 張殿甲 외.
○ 조사내용 : 성곽 현황 파악 및 유물 채집.
○ 발표 : 『北方文物』 2000-2.

6) 2004년 7월 10일
○ 시행기관 : 吉林省長白山文化硏究會, 白山市文管辦, 集安市博物館.
○ 참가자 : 張福有, 張殿甲, 遲龍, 孫仁杰 등.
○ 조사내용 : 전체적인 현황 파악 및 유물 채집.
○ 발표 : 『東北史地』 2004-5.

7) 2004년 9월 12일
○ 시행기관 : 吉林省長白山文化硏究會.
○ 참가자 : 張福有, 遲龍, 孫仁杰 등.
○ 조사내용 : 전체적인 현황 파악 및 유물 채집.
○ 발표 : 『東北史地』 2004-5.

2. 위치와 자연환경(그림 1~그림 2)

1) 지리위치
○ 樺皮甸子古城은 臨江市(옛 渾江市) 六道溝鄕 樺皮甸子村에서 서남으로 1.25km 떨어진 樺皮甸子1社의 경작지 중에 위치함.

그림 1
화피전자고성 위치도

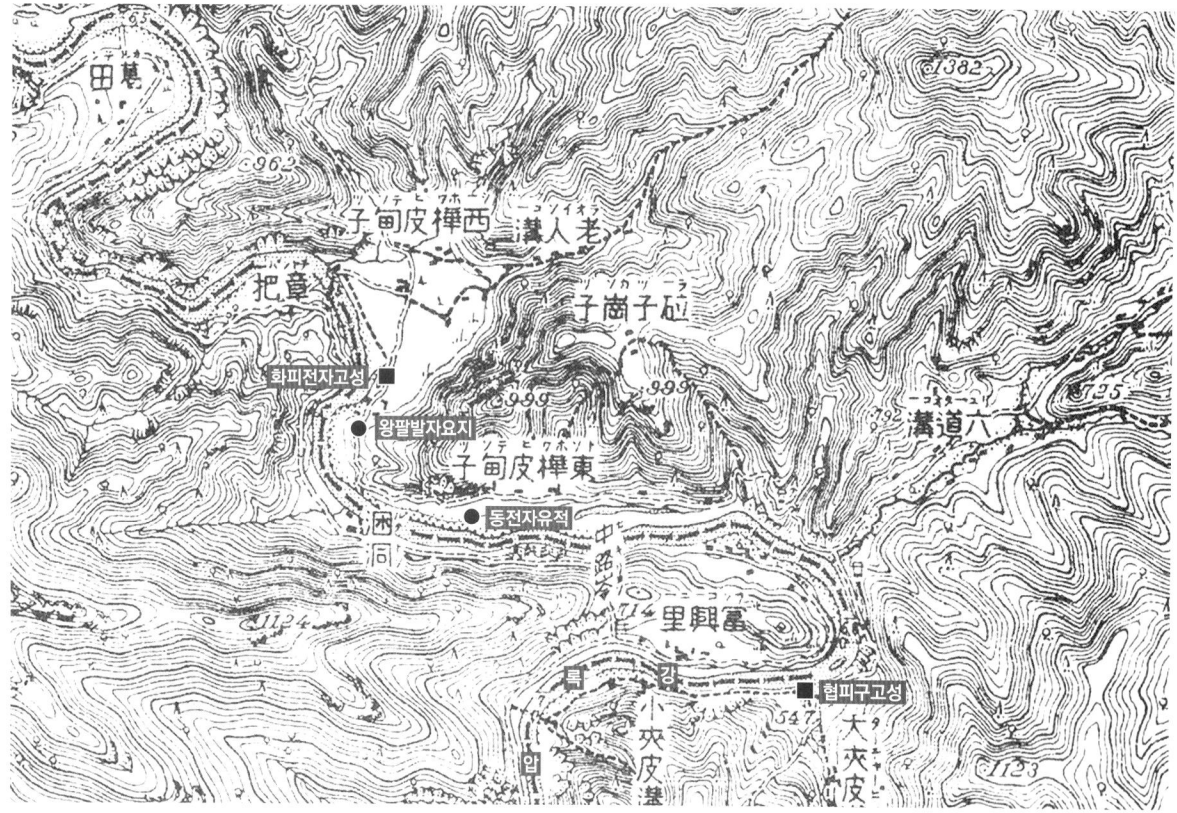

그림 2 화피전자고성 주변 지형도(滿洲國 10만분의 1 지형도)

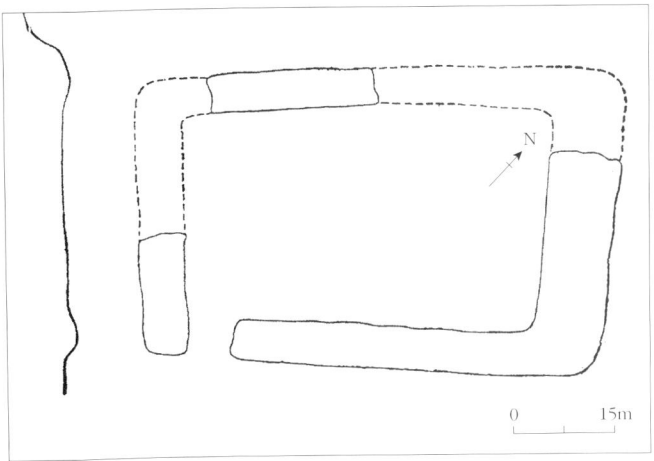

그림 3 화피전자고성 평면도(『渾江市文物志』, 36쪽)

○ 古城의 동쪽 6km 거리에 六道溝鄕 소재지가 있고, 고성 서쪽 외곽에 樺皮甸子1社 마을이 자리잡고 있음.
○ 臨江 - 長白 도로가 초승달 모양 대지의 가운데를 지나가고 있는데, 112호 이정표가 고성 남쪽 60m 거리에 있음.
○ 古城의 서쪽은 압록강이며, 그 왼쪽으로는 북한지역임.

2) 자연환경

○ 압록강이 남에서 흘러들어와 성의 서쪽 200m 지점에서 방향을 꺾어 북쪽으로 유유히 흘러감.
○ 압록강 右岸에 비교적 넓은 초승달 모양 臺地가 펼쳐져 있는데, 고성은 이 대지의 남쪽 끝부분에 자리잡고 있음.
○ 古城이 위치한 압록강 연안의 대지는 2단으로 되어 있는데, 강 연안에 바로 인접하여 좁고 기다란 1단 대지가 형성되어 있고, 그 안쪽에 1단 대지보다 5~10m 정도 높은 2단 대지가 펼쳐져 있음.
○ 古城은 2단 충적대지의 가장자리에 위치해 있는데, 압록강 변에서 바라보면 상당히 웅장하게 보임. 또한 고성은 충적대지의 남쪽 끝단에 위치하여 충적대지 방향인 북쪽을 제외하면 3면이 높은 산으로 둘러싸여 있음.

3. 성곽의 전체현황

1) 규모와 전체평면(그림 3)

○ 유적 규모 : 성곽 외곽에서도 유물이 출토되고 있는데 유적의 전체 면적은 동서 100m, 남북 200m 전후임.
○ 성곽 규모 : 성곽은 길이 58m, 너비 40m, 殘高 0.5~18m로 전체 둘레는 약 180m 전후임.
○ 성곽 방향과 평면 : 방향은 135°이고, 평면은 동서 방향으로 긴 장방형으로 사각이 균일하지는 않음.
○ 내부 지형 : 성곽 내부는 남쪽이 높고 북쪽이 낮으며, 0.8m 정도의 고도차가 있음.

2) 보존상태

○ 성곽의 규모와 윤곽은 쉽게 파악할 수 있지만, 성곽 서쪽에 樺皮甸子1社 마을이 있고, 나머지 성곽 안팎도 논과 밭 등 농지로 경작되고 있어 유적의 훼손이 심한 상태임.
○ 동벽과 남벽의 보존상태가 가장 양호한 편이지만, 동벽 북단은 절단되어 성벽 단면이 드러나 있고, 남벽 서단 모서리도 민가에 의해 일부가 파괴되었음.
○ 서벽과 북벽은 훼손 정도가 심한데, 서벽 남단의 각대로 추정되는 부분은 송전탑 건설로 많이 훼손되었음. 북벽의 동반부는 성벽이 거의 모두 유실되었고, 서단도 민가에 의해 많이 훼손되었음. 특히 2단 충적대지의 가장자리에 위치한 북벽 아래쪽에는 흘러내린 성돌이 많이 퇴적되어 있음.

4. 성벽과 성곽시설

1) 성벽

(1) 성돌의 특징
석재 : 강돌과 깬돌이 섞여 있음.

(2) 성벽 축조양상
축조방식 : 土石混築이라고 하지만(『渾江市文物志』), 2007년 당시 동벽 북단의 절단면이나 북벽 중반부의 절단면을 통해 강돌과 깬돌을 섞어서 허튼쌓기를 한 石築 성벽일 가능성을 확인함.

① 동벽
- 길이 35m, 기단부 폭 10m, 殘高 2m, 북단 6~7m 붕괴.
- 북단의 붕괴된 단면에는 강돌과 깬돌이 혼재되어 노출되어 있음.
- 2004년 조사시 동벽의 殘長은 42m, 기단부 폭 8m, 殘高 1.8m.

② 남벽
- 길이 51m, 기단부 폭 5m, 높이 1m.
- 2004년 조사시 남벽의 잔장 62m 전후, 기단부 폭 4~6m, 높이 1m.

③ 서벽
- 남단의 18m 정도만 남아 있다고 함. 최고 높이 약 1.8m.
- 다만 2007년 당시 서벽의 북단 부분도 완전히 유실되지 않았음.

④ 북벽
- 북벽은 2단 충적대지의 가장자리 위에 축조. 북벽 바깥은 2단 충적대지의 비탈이며, 아래쪽의 1단 충적대지와 약 5m 정도 고도차가 있음.
- 2007년 당시 북벽의 2단 충적대지 가장자리를 따라 강돌과 깬돌을 섞어서 축조한 성벽 단면이 많이 노출되어 있었음.
- 북벽의 서단부는 유실. 동반부에 길이 25m, 높이 0.5m의 성벽 잔존.

2) 성곽시설

(1) 성문지
- 남문 : 남벽 서단에 5m 정도의 트인 곳이 있는데, 성문지로 추정됨.
- 동문 : 2007년 당시 동벽 북단에 6~7m 정도의 트인 곳이 있었는데, 성벽이 유실된 것이라기보다는 성문일 가능성이 있다고 판단됨.

(2) 각대
서남 모서리에는 현재 송전탑이 세워져 있는데, 서벽 남단의 성벽은 윗면이 평탄할 뿐 아니라, 폭도 성벽의 다른 부분보다 훨씬 넓음. 각대나 각루가 설치되었을 가능성이 높음.

5. 성내시설과 유적

- 동북 모서리 : 붉게 탄 흙덩이가 흩어져 있음.
- 건물지 : 동벽 외곽의 경작지에서 기와, 벽돌, 토기편 등이 대량 출토되었음. 유물 산포지의 면적은 길이 100m, 폭 30m임. 건물지 또는 취락이 존재했을 것으로 추정됨.

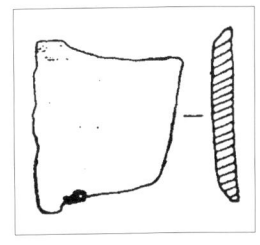 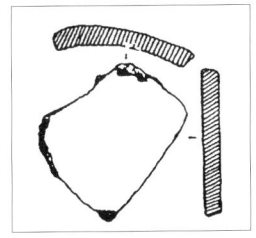 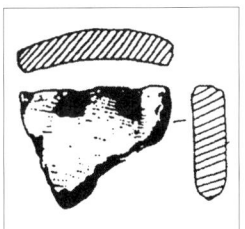 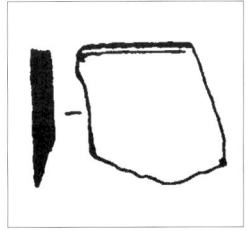

그림 4 평기와 　　　그림 5 평기와 　　　그림 6 평기와 　　　그림 7 평기와

6. 출토유물

1) 1980년대까지의 출토유물

(1) 은제 반지
○ 발견자 : 樺皮3대의 雲 모씨.
○ 문양 : 반지 중간에 두꺼비(蟾蜍) 도안이 있으며, 그 양쪽으로는 봉황꼬리와 깃털 문양이 시문되어 있음.

(2) 1974년에 출토된 청화백자
○ 출토 위치 : 마을 주민이 성돌을 채취하다가 발견.
○ 기종 : 회백색의 청화 주발.
○ 크기 : 직경 12.7cm, 잔고 5.2cm.
○ 형태 : 구연부 외반, 배부분이 경사졌고, 저부는 둥 그스름함.

(3) 1984년 1987년 출토유물
○ 동벽 외곽에서 기와편, 토기편, 석환(石環) 등 채집.
○ 평기와 : 수키와와 암키와 모두 출토, 색깔은 회색 과 붉은색. 안쪽 면에 포흔이 있고, 문양은 繩文 등 다 양함(그림 11).
○ 토기편 : 니질회색토기(泥質灰陶)와 니질황갈색토 기(泥質黃褐陶)로 구분되며 대부분 구연이 외반된 단 지류로 구연부는 네모난 모양이 많음. 그밖에 토기 바 닥 및 대상파수(橋狀橫耳)도 채집.
○ 석환 : 마제이며 표면이 반들거림. 직경 10cm. 날 은 호형, 횡단면은 원형. 가운데 구멍 직경 1.7cm.

2) 1995년 동벽 외곽 출토유물[1]

(1) 기와류
평기와 5식으로 구분.

① **평기와**(그림 4)
○ 크기 : 두께 1.5cm.
○ 색깔과 태토 : 회색. 모래혼입 태토.
○ 문양 : 배면에 사림과 그 균열 흔적. 내면에 포흔.
○ 형태 : I식. 앞쪽 끝(上端部)에는 편평한 사면이며 약간 위로 들림.

② **평기와**(그림 5)
○ 크기 : 두께 1.8cm.
○ 형태 : II식. 굴홍색. 모래혼입 태토. 내면 포문.

③ **평기와**(그림 6)
○ 크기 : 두께 2.7cm.
○ 색깔과 태토 : 회색. 크고 작은 모래알갱이 혼입, 태 토는 두꺼운 편이며 색상이 고르지 않음.
○ 문양 : III식. 내면 포흔, 기와 앞끝 위(上端部)부분에

---

[1] 유물의 도면 출처는 『北方文物』 2000-2, 42쪽.

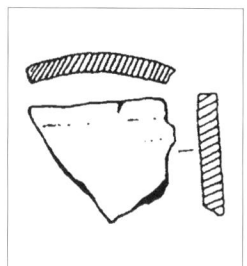 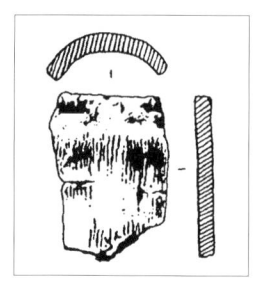  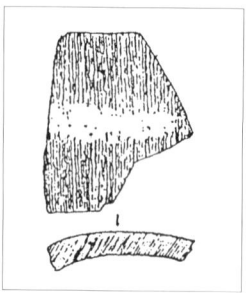

그림 8 평기와   그림 9 평기와   그림 10 평기와 (『北方文物』 2004-5, 18쪽)   그림 11 평기와 (『博物館研究』 1988-3, 57쪽)

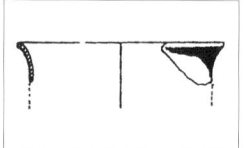 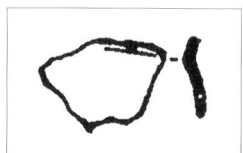 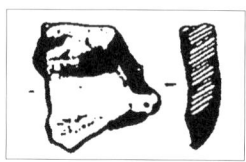 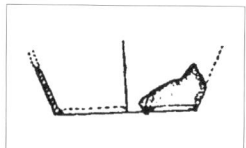

그림 12 토기 구연부   그림 13 토기 구연부   그림 14 토기 구연부   그림 15 토기 저부

는 指頭文 시문, 표면에는 균일한 가로방향의 횡침선 시문.

④ **평기와**(그림 7)
○ 크기 : 두께 1.1cm.
○ 색깔과 문양 : 니질. 회갈색. 내면 포흔.
○ 형태 : Ⅳ식. 기와 앞 끝(上端)은 사선으로 편평하고 비교적 얇음.

⑤ **평기와**(그림 8)
○ 크기 : 두께 1.6cm.
○ 색깔과 문양 : 옅은 회색. 니질. 내면 포흔.
○ 형태 : Ⅴ식. 기와 앞 끝(上端)은 편평함.

⑥ **평기와**(그림 9)
○ 종류 : 수키와.
○ 크기 : 두께 1.6cm.
○ 색깔과 태토 : 회색, 거친 모래혼입. 비교적 거침.

○ 문양 : 배면 繩文, 내면 포흔 시문, 배면에 한 줄의 횡방향 정면흔.

(2) 토기류

① **토기 구연부**(그림 12)
○ 색깔과 태토 : 모래혼입, 회갈색이나 고르지 않음. 내면은 귤황색.
○ 형태 : 열린 구연, 뾰족한 입술, 작은 경부.
○ 器形 : Ⅰ식. 잔존부위로 보아 외반구연호로 추정.

② **토기 구연부**(그림 13)
○ 태토 : 모래혼입 토기.
○ 색깔 : 홍갈색. 색상은 비교적 고른 편.
○ 형태 : Ⅱ식. 구연은 밖으로 바라지고 입술 부분은 파손.

○ 동벽 외곽 : 灰色의 繩文 기와편(그림 10), 토기편, 석제절구(石臼) 등 출토.

○ 토기편과 繩文기와는 集安 西大墓 출토품과 동일하다고 함(『東北史地』 2004-5).

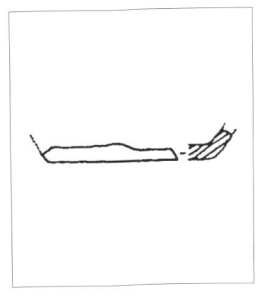 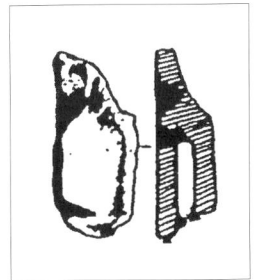

그림 16 토기 저부   그림 17 토기 파수

③ 토기 구연부
○ 태토 : 모래혼입토기.
○ 소성도와 색깔 : 소성도는 낮고 색상은 黑褐色으로 비교적 고름.
○ 형태 : Ⅲ식. 뾰족한 입술, 구연은 밖으로 바라진 형태.

④ 토기 구연부(그림 14)
○ 태토 : 모래혼입토기.
○ 색상 : 黑褐色으로 비교적 고름.
○ 형태 : Ⅳ식. 곧은 구연이며 입술은 편평.

⑤ 토기 저부(그림 15~그림 16)
○ 총 2점. 니질 회색 토기. 평저. 색상은 비교적 고른편.
○ 한 점은 대부분 결실됨.
○ 다른 한 점은 바닥과 동체가 이어진 부분만 잔존.

⑥ 토기 파수(그림 17)
○ 2점. 한 점은 회색의 모래혼입토기이며 소성도는 높음.
○ 색상이 고른 가로손잡이(橋狀橫耳).

3) 2004년도 출토유물
○ 성곽 내부 : 암키와(灰色 繩文板瓦), 수키와(筒瓦), 니질회색토기(泥質灰陶)편 등 출토(그림 10).
○ 남벽 : 석제절구(石臼) 1개 채집.

7. 역사적 성격

1) 지정학적 위치와 주변의 유적 현황

樺皮甸子古城은 압록강 상류 右岸의 초승달 모양 충적대지 남단에 위치함. 압록강에 잇닿아 있는 충적대지는 2단으로 이루어져 있는데, 고성은 2단 충적대지의 가장자리에 위치함. 압록강과의 거리는 200m에 불과함.

화피전자고성 주변에는 고구려시기 유적이 밀집 분포함. 고성에서 압록강 상류를 거슬러 약 10km 정도 올라가면 夾皮溝古城이 나오고, 다시 20km 정도 거슬러 올라가면 東馬鹿泡子古城이 나옴. 특히 古城의 남쪽 언덕 위에는 臨江 王八脖子窯址가 있었으나, 현재는 도로 개설 등으로 모두 유실되었음. 또한 古城 남쪽의 모퉁이를 돌아 2km 정도 가면 東甸子村이 나오는데, 이곳에는 고구려시기의 고분군과 함께 마을 유적이 있음(그림 18 참조).

2) 古城의 기능과 성격

樺皮甸子古城은 압록강 상류 右岸의 충적대지에 자리하는데, 남쪽 언덕 위에 자리하였던 王八脖子窯址, 동남쪽 2km 거리의 東甸子古墳群 등과 밀접히 연관되어 있을 것으로 추정됨. 고성에서 압록강 상류를 거슬러 30km 정도 떨어진 동마록포자고성에서는 일찍이 高句麗시기의 도끼날형화살촉이 출토된 바 있음. 이에 樺皮甸子古城도 東馬鹿泡子古城처럼 고구려 중기 이후에 조영된 소형 평지성으로 추정하는데, 동벽 외곽에서 고구려시기의 기와나 토기편이 출토된 사실을 이

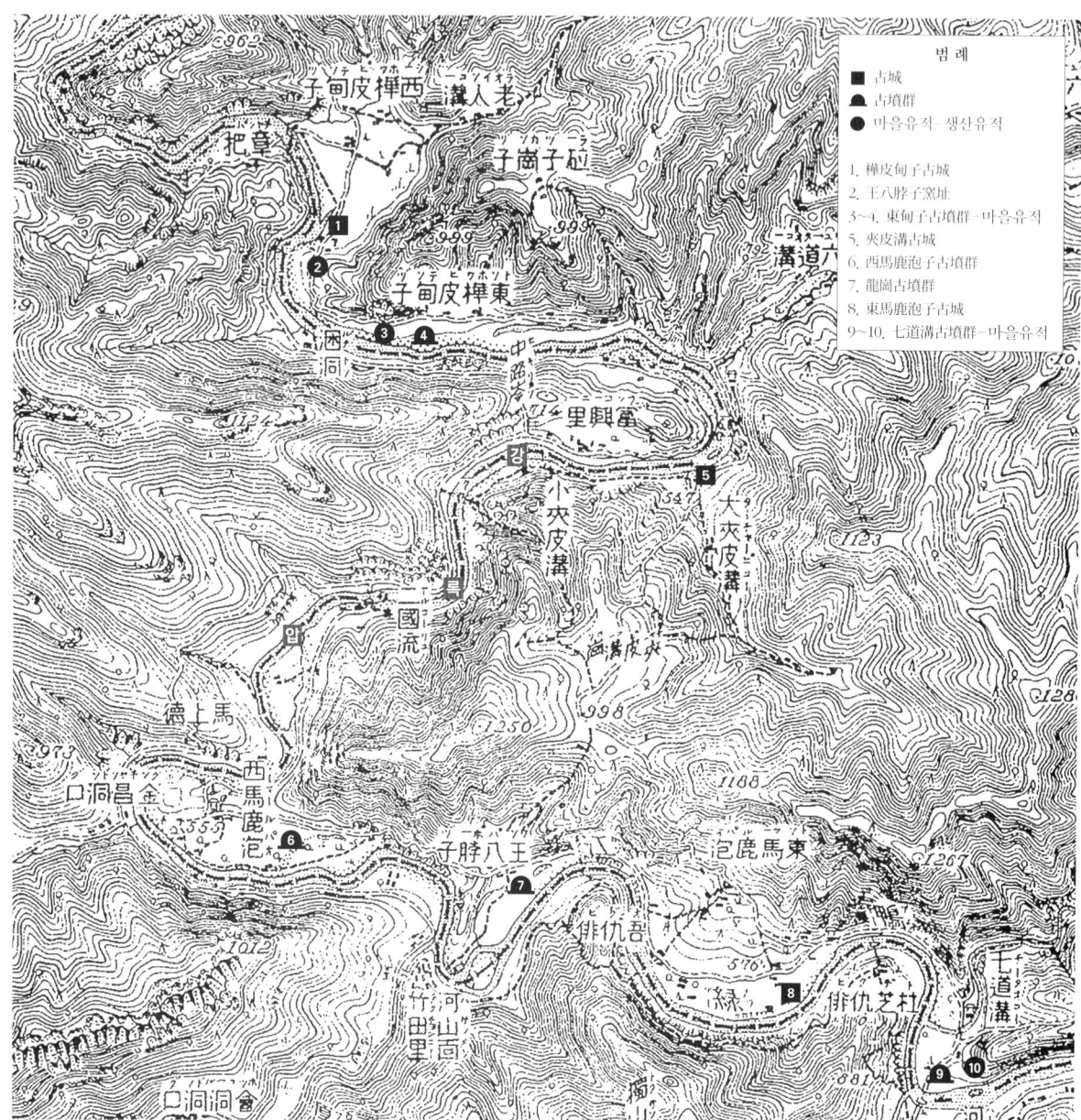

그림 18 임강 화피전자고성과 동마록포자고성 주변의 유적 분포도(여호규, 2008, 144쪽)

를 반영하는 것으로 파악됨(吉林省文物志編修委員會, 1984, 36쪽; 王洪峰, 1988, 57쪽).

樺皮甸子古城은 유물 출토현황이나 성벽구조로 보아 당시 성곽 인팎에 비교적 큰 취락이 자리했던 것으로 추정됨. 다만 압록강변의 충적대지에 위치했다는 점에서 군사요새로 보이지는 않음. 압록강 중상류 연안에는 화피전자고성을 비롯하여 長川古城, 良民古城, 夾

皮溝古城, 東馬鹿泡子古城 등이 압록강 강변을 따라 일정 간격으로 분포하는데, 모두 상하 2단으로 이루어진 강변 충적대지 가운데 2단 충적대지의 가장자리에 자리잡고 있음.

이로 보아 화피전자고성은 압록강 수로의 교통요지를 공제하던 수운 역참의 기능을 수행했다고 추정됨. 화피전자고성에서 압록강을 거슬러 협피구고성을 경유하여 동마록포자고성까지는 하루 일정에 해당하는데, 고구려가 압록강 중상류 일대의 수로를 운영하기 위해 일정한 간격으로 강변에 수운역참의 기능을 수행할 수 있는 소형 성곽을 축조한 사실을 반영함.

이로 보아 화피전자고성도 압록강 수로를 공제하던 수운 역참의 기능을 수행했다고 추정됨. 상기한 바와 같이 화피전자고성의 남쪽 0.5km 거리에는 王八脖子窯址가 있었음. 1960년 발견 당시 20여 개나 되는 가마 구덩이가 산기슭을 따라 활처럼 펼쳐져 있었고, 가마터는 동서 길이 30m, 남북 너비 3m였고, 문화층의 두께는 2m에 이르렀다고 함(吉林省文物志編修委員會, 1984, 51~52쪽). 가마터의 규모로 보아 여기에서 생산한 토기는 현지뿐 아니라 國內城 등 각지로 운송되었을 텐데, 가마터에서 생산된 토기는 樺皮甸子古城으로 운반해 보관했다가 鴨綠江 水路를 통해 각지로 운송했을 것임. 화피전자고성이 水運 驛站으로 기능하던 모습을 구체적으로 보여주는 사례임.

한편 樺皮甸子古城 동벽 외곽에는 길이 100m, 너비 30m 범위에 걸쳐 고구려시기의 기와와 토기가 널리 분포해 있었음. 이는 古城 외곽에 기와 건물이 존재했을 가능성을 시사하는데, 주지하듯이 고구려시기에는 王宮을 비롯하여 神廟, 佛寺, 官府 건물 등에만 기와를 사용했음. 이로 보아 樺皮甸子古城에는 지방관청 등 중요한 건물이 존재했을 가능성이 높음(張殿甲, 2000, 42쪽). 화피전자고성은 압록강 수로를 관리하는 水運 驛站의 기능과 더불어 지방통치의 거점 역할도 수행했다고 추정됨(여호규, 2008, 141~147쪽).

한편 고구려는 342년 前燕 慕容皝의 침공을 받아 환도성이 함락당하자, 이듬해인 343년(고국원왕 13) '平壤東黃城'으로 移居했다고 했는데, 화피전자고성을 '黃城'으로 비정하기도 함. 즉 '平壤東黃城'을 '平壤' 동쪽의 '黃城'으로 해석한 다음, 平壤을 集安 良民古城으로 비정하고, 그 동쪽에 위치했다는 黃城을 임강 화피전자고성으로 비정함. 화피전자고성이 양민고성의 동쪽에 위치했다는 것, 화피전자고성이 위치한 지역이 압록강 상류에서 가장 넓은 충적분지라는 점, 주변에 유적이 집중되어 있다는 점, 피난을 목적으로 잠시 移居한 것에 불과하다는 점, 주변에 고구려 고분군이 밀집했으며 규모가 커다는 점, 주변에 야생동물이 많다는 점, 발해시기 서경압록부 소재지였던 임강의 동쪽에 위치했다는 점 등을 근거로 제시하였는데(孫仁杰·遲龍·張殿甲, 2004, 20~22쪽), 명확한 논거가 제시된 상태는 아님.

참고문헌

- 吉林省文物志編修委員會, 1984, 『渾江市文物志』.
- 王洪峰, 1988, 「臨江電站庫區古遺存調査綜述」, 『博物館研究』 1988-3.
- 國家文物局 主編, 1993, 「樺皮甸子城址」, 『中國文物地圖集』 吉林分冊, 中國地圖出版社.
- 馮永謙, 1994, 「高句麗城址輯要」, 『北方史地研究』, 中州古籍出版社.
- 王禹浪·王宏北, 1994, 「中國吉林省渾江市六道溝鄕樺皮甸子村高句麗古城址」, 『高句麗·渤海古城址研究匯編』 (上), 哈爾濱出版社.
- 渾江市地方志編纂委員會 編, 1994, 「文物」, 『渾江市志』, 中華書局.
- 余昊奎, 1998, 「林江 樺皮甸子古城」, 『高句麗 城』 I(鴨綠江 中上流篇), 國防軍史硏究所.
- 張殿甲, 2000, 「鴨綠江中上流高句麗·渤海遺址調査綜述」, 『北方文物』 2000-2.
- 魏存成, 2002, 『高句麗遺跡』, 文物出版社.
- 孫仁杰·遲龍·張殿甲, 2004, 「鴨綠江上流右岸考古調査」, 『東北史地』 2004-5.
- 張福有, 2004, 「高句麗平壤東黃城考」, 『東北史地』 2004-5.
- 여호규, 2008, 「鴨綠江 중상류 연안의 高句麗 성곽과 東海路」, 『역사문화연구』 29.

03 임강 협피구고성
臨江 夾皮溝古城 | 夾皮溝城址

1. 조사현황

1) 20세기 전반
1935년에 간행된 『臨江縣志』에 따르면 당시 臨江縣 동남 130里 거리의 夾皮溝에 '高麗城子'라 불리는 古城이 있었다고 함. 당시 성벽은 무너졌으나, 성벽 기단 부근에는 벽돌이나 기와 조각이 흩어져 있었으며, 네 성문의 형적 또한 알아볼 수 있었다고 함. 전체 둘레는 약 2方里였다고 함.

2) 1960년 4월
○ 시행기관 : 渾江市 文物普査隊.
○ 조사내용 : 성곽 내부에서 석제화살촉, 刮削火石, 토기편, 창(三稜槍), 철제화살촉, '長平'자 모양의 동전 등의 유물 채집. 당시 '淸 太祖의 古城'이라고 칭했다고 함.

3) 1984년 5·6월
○ 시행기관 : 渾江市 文物普査隊.
○ 조사내용 : 5월에 전체현황을 조사, 6월에 실측과 기록 시행.
○ 발표 : 『渾江市文物志』 중의 '夾皮溝城址'.
○ 결과 : 조사 착수에 앞서 1984년 3월 8일에 渾江市 重點文物保護單位로 지정.

4) 1987년 5월
○ 시행기관 : 吉林省 文物考古研究所와 渾江市 文物管理委員會.
○ 조사내용 : 임강댐 수몰 지구 조사차 전체현황 파악 및 유물 채집.
○ 발표 : 『博物館研究』 1988-3.

5) 2004년 7월 10일
○ 시행기관 : 吉林省長白山文化研究會, 白山市文管辦, 集安市博物館.
○ 참가자 : 張福有, 張殿甲, 遲龍, 孫仁杰 등.
○ 조사내용 : 개괄적인 현황 파악.
○ 발표 : 『東北史地』 2004-5.

2. 위치와 자연환경(그림 1 ~ 그림 2)

1) 지리위치
○ 臨江市 六道溝鄉 소재지 남쪽 3km의 夾皮村 북쪽에 위치.
○ 古城은 행정구역상 夾皮村 夾皮1社에 소속.
○ 본래 臨江 - 長白 도로가 남벽 외곽을 지나갔으나, 2007년 당시 도로를 확장하여 포장하면서 남벽 안쪽을 지나가게 되었음.
○ 古城의 북쪽은 압록강이며, 그 왼쪽으로는 북한 지역임.

그림 1
협피구고성 위치도

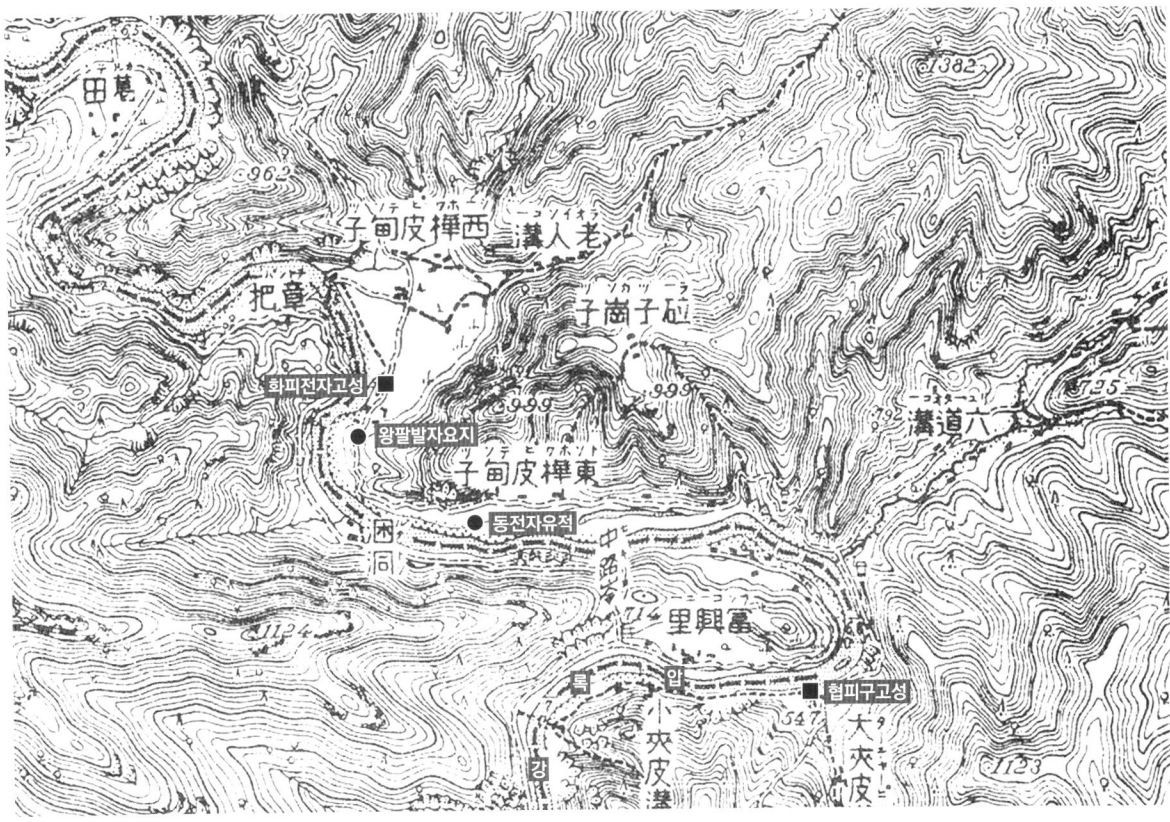

그림 2 협피구고성 주변 지형도(滿洲國 10만분의 1 지형도)

2) 자연환경

○ 古城의 북쪽은 압록강이고, 서쪽에 夾皮溝 골짜기, 동쪽과 남쪽에는 산들이 연이어져 있음.

○ 夾皮溝는 큰 산 사이의 좁은 협곡으로 산비탈이 계단식 지형에 속하는데, 골짜기 사이를 흐르는 작은 개울이 北流하여 古城 서벽 외곽을 지나 압록강에 유입됨.

○ 압록강이 서쪽에서 흘러들어와 古城의 북쪽을 지난 다음, 夾皮村 동쪽에서 방향을 꺾어 북쪽으로 흐르다가 六道溝河 河口에서 다시 방향을 바꾸어 서쪽으로 흘러나가는데, 流向이 古城 부근에서 180° 바뀜.

○ 古城 남쪽에 위치한 夾皮村은 남북으로 길게 자리잡고 있으며, 동쪽과 서쪽은 모두 험준한 산맥임. 夾皮村 북쪽에 臨江-長白 도로가 지나가고 있는데 2007년 당시 도로를 확장하여 포장하면서 고성의 남단부를 덮어 버렸음.

○ 古城의 남쪽은 점차 낮아지는 산록과 맞닿아 있고, 북쪽은 압록강가임.

○ 古城은 압록강 右岸의 모래사장에 자리잡고 있는데, 북쪽으로 불과 20여 m 거리에 압록강이 있으며 성곽은 강 수면보다 2m 정도 높음.

3. 성곽의 전체현황

1) 전체 평면(그림 3)

○ 규모 : 압록강 右岸의 모래사장에 위치했는데, 고성의 범위는 동서 폭 50m, 남북 길이 100m임. 성곽의 전체 둘레는 약 280m임.[1]

○ 평면 : 평면은 불규칙한 장방형으로 동, 북, 서 3면에 돌로 성벽을 축조했으며, 산기슭으로 이어지는 남쪽

---

[1] 『渾江市志』에는 古城의 동서 길이가 88.1m, 남북 너비가 109m 로 기재되어 있음.

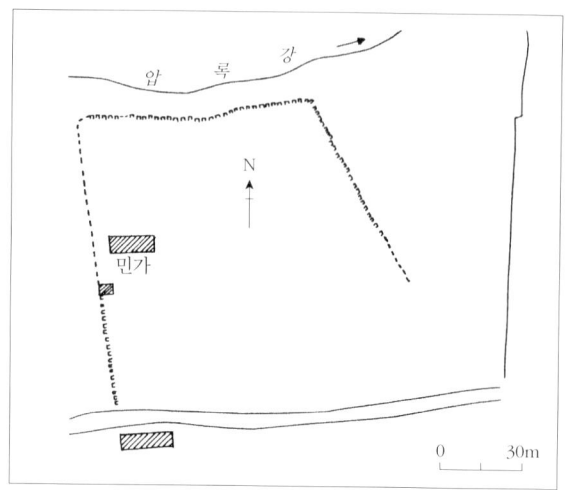

그림 3 협피구고성 평면도(『渾江市文物志』, 34쪽)

에는 성벽을 축조하지 않은 것으로 보임.

○ 내부 : 1960년대 조사 당시에 이미 성곽 내부에 성벽과 비슷한 높이로 흙이 쌓여 있었는데, 성으로 흙이 유입될 만한 하천이나 계곡이 없으므로 자연적으로 퇴적된 것이 아니라 인공적으로 조성한 것으로 추정됨.

2) 보존상태

○ 20세기 전반에 만주지역을 점령한 일본군이 성돌을 가져다 공사를 하여 성곽이 많이 파괴되었다고 함(『渾江市志』). 성곽 내부는 2007년 당시 채소밭으로 경작되고 있고, 민가도 한 채 있어 많이 훼손된 상태임.

○ 1980년대 조사 당시 동벽의 북단, 북벽의 동단, 서벽의 남단 등의 성벽이 비교적 잘 보존되어 있었다고 함. 2007년에도 북벽 동단부는 성벽 축조상태를 관찰할 수 있을 정도로 보존상태가 양호한 편임.

○ 2007년 무렵 臨江-長白 도로를 확장하여 포장하면서 성곽 남단부뿐 아니라 동벽과 서벽의 남단도 도로에 덮혀 원형을 찾아볼 수 없게 됨.

○ 동벽은 압록강으로 나아가는 小路에 의해 성벽이 상하단으로 분리되어 전체적인 축조양상을 명확히 파악할 수는 없음.

○ 북벽 서반부는 퇴적으로 인해 성곽의 축조양상을 파악할 수 없으며, 서벽의 북반부는 성벽 자체가 유실된 것으로 파악됨.
○ 성곽 서북쪽 강변에서는 모래와 자갈 채취가 계속 이루어지고 있어 앞으로도 성곽에 대한 훼손이 지속될 것으로 보임.

4. 성벽과 성곽시설

1) 성벽

(1) 성돌
○ 재료 : 자연산돌과 깬돌을 많이 사용.
○ 크기 : 크기는 일정하지 않음.

(2) 성벽 축조양상
○ 모래사장으로 이어지는 동, 북, 서 3면에 성벽을 축조했음. 성벽은 북쪽이 높고 남쪽으로 갈수록 낮아져 지표와 평평하게 되며, 산기슭으로 이어지는 남쪽에는 본래부터 성벽을 쌓지 않았던 것으로 파악됨.
○ 축성법 : 산돌과 깬돌을 허튼쌓기로 층층이 축조했는데, 북벽 서반부에서는 11층까지 확인할 수 있음.
○ 성곽 외벽의 벽면은 비교적 평평하고 가지런한 편이며, 성벽 안쪽에는 흙으로 메웠기 때문에 성벽의 두께를 정확히 파악할 수 없음.

① 북벽
○ 동서 방향, 2007년 당시 67m 정도가 남아 있음.
○ 동반부의 보존상태가 양호하며 2007년에 11층까지 쌓은 양상 확인.
○ 높이 1m 정도, 최고 높이는 2.2m.

② 동벽
○ 방향 150°, 잔여 길이 56m, 높이 1.7m.
○ 강으로 이어지는 小路에 의해 성벽이 상하단으로 나뉘어짐.

③ 서벽
○ 1984년 : 방향 170°, 殘長 50m, 높이 0.3~1.2m 정도(『渾江市文物志』).
○ 1987년 : 전체 길이 90m, 남단에 35m 정도의 성벽 잔존(『博物館研究』 1988-3).
○ 서벽 남반부는 臨江-長白 도로에 덮혀 흔적을 찾을 수 없고, 북반부는 유실됨.

④ 북벽 외곽의 보조성벽
본래 북벽 외곽 6m 거리에 보조성벽이 있었는데, 殘高는 0.8m였다고 함(『渾江市志』).

2) 성문
본래 성문이 4개 있었고 그 형적을 쉽게 판별할 수 있었다고 하는데(『渾江市志』), 2007년 당시 성문의 흔적을 찾기 어려웠음.

5. 출토유물

○ 1960년대 : 석제창, 석제화살촉, 토기편, 철제화살촉, 동전 등 출토.
○ 1987년 : 니질회색토기(泥質灰陶), 사질갈색토기편(夾砂褐陶片), 석제칼 편(石刀片) 등 채집.

6. 역사적 성격

1) 지정학적 위치와 주변의 유적 현황

夾皮溝古城은 臨江市 六道溝鄉 夾皮村 북쪽의 압록강 상류 右岸에 위치함. 古城이 입지한 곳은 압록강 연안의 모래사장으로 북쪽으로 불과 20여 m 거리에 압록강이 있고, 강 수면보다 2m 정도 높음. 중수기 때가 되면 강물이 불어나 성벽 아래까지 넘치고, 심한 경우 수몰되기도 함.

古城 주변에는 고구려시기의 성곽과 유적이 밀집 분포함. 古城에서 압록강을 따라 상류로 20km 정도 거슬러 올라가면(도로로는 14km) 東馬鹿泡子古城이 있고, 하류로 10km 정도 내려가면(도로로는 8km) 樺皮甸子古城이 있는데, 각각 규모가 비슷하고 축성방식도 유사함. 이 두 古城은 모두 압록강 우안의 2단 충적대지 가장자리에 자리잡고 있으며, 성벽은 흙과 돌을 혼축한 것으로 같은 시기의 유적으로 추정됨. 또 압록강 상류로 동마록포자고성에 도착하기 이전에 고구려시기의 西馬鹿泡子고분군과 龍崗고분군이 자리잡고 있고, 하류로 화피전자고성에 도착하기 이전에 東甸子고분군과 東甸子유적, 그리고 王八脖子窯址가 있음.

2) 고성의 기능과 성격

夾皮溝古城은 압록강 상류 右岸에 위치하는데, 큰 산 사이에 있고, 계곡이 깊고 가파른 절벽으로 되어 있어 陸路 교통은 매우 불편함. 古城은 강가에 자리하며, 모래사장으로 이어지는 동, 북, 서 3면에만 성벽을 축조하고, 산기슭으로 이어지는 남쪽에는 성벽을 축조하지 않음. 古城의 북쪽은 강가이며, 중수기에는 강물이 불어나 성벽 아래까지 넘치고, 심한 경우 수몰되기도 함. 夾皮溝古城의 이러한 입지는 거주나 군사방어에는 매우 불리한 조건임. 이로 보아 고성은 압록강을 오가던 선박이나 뗏목을 정박하던 고구려시기의 선착장 유적으로 추정됨(吉林省文物志編修委員會, 1984, 33~34쪽 ; 王洪峰, 1988, 58쪽).

실제 압록강 중상류 연안에는 협피구고성 이외에도 長川古城, 良民古城, 樺皮甸子古城, 東馬鹿泡子古城 등이 압록강 강변을 따라 일정 간격으로 분포하는데, 모두 압록강 연안 충적대지의 가장자리에 자리잡고 있음. 이 가운데 화피전자고성, 협피구고성, 동마록포자고성 등은 流路가 심하게 曲流하는 압록강 상류에 밀집 분포하는데, 화피전자고성에서 압록강 수로를 거슬러 협피구고성을 경유해 동마록포자고성까지는 운항하는 데는 하루가 소요된다고 함. 고구려가 압록강 중상류 일대의 수로를 운영하기 위해 일정한 간격으로 수운역참의 기능을 수행하는 소형 성곽을 축조하였던 것임.

다만 화피전자고성, 협피구고성, 동마록포자고성 등의 성곽은 모두 고구려 취락이나 고분군이 확인되지 않는 曲流 지점 부근에 위치함. 이로 보아 고구려가 기존의 선착장 시설이 없는 曲流 지점 부근에 성곽을 조영하여 이 일대의 水路 전체를 최대한 안전하게 관리하려고 도모했다고 파악됨. 다만 夾皮溝古城은 규모가 작고 주변에 별다른 유적이나 배후지도 없다는 점에서 수운 역참의 기능만 수행했을 것으로 파악됨(여호규, 2008, 141~146쪽).

참고문헌

- 羅寶書·邱在官 편, 1935, 『臨江縣志』.
- 吉林省文物志編修委員會, 1984, 『渾江市文物志』.
- 王洪峰, 1988, 「臨江電站庫區古遺存調査綜述」, 『博物館研究』 1988-3.
- 國家文物局 主編, 1993, 「夾皮溝城址」, 『中國文物地圖集』 吉林分冊, 中國地圖出版社.
- 馮永謙, 1994, 「高句麗城址輯要」, 『北方史地研究』, 中州古籍出版社.

- 王禹浪·王宏北, 1994, 「中國吉林省渾江市六道溝鄉夾皮溝村高句麗古城址」, 『高句麗·渤海古城址研究匯編』(上), 哈爾濱出版社.
- 渾江市地方志編纂委員會 編, 1994, 「文物」, 『渾江市志』, 中華書局.
- 余昊奎, 1998, 「林江 夾皮溝古城」, 『高句麗 城』 I(鴨綠江 中上流篇), 國防軍史研究所.
- 魏存成, 2002, 『高句麗遺跡』, 文物出版社.
- 孫仁杰·遲龍·張殿甲, 2004, 「鴨綠江上流右岸考古調查」, 『東北史地』 2004-5.
- 여호규, 2008, 「鴨綠江 중상류 연안의 高句麗 성곽과 東海路」, 『역사문화연구』 29.

04 임강 동마록포자고성
臨江 東馬鹿泡子古城 | 東馬鹿村古城 | 東馬城址

1. 조사현황

1) 1950년대 말경
○ 성곽 서쪽 400여 m 떨어진 東馬小學院 內에서 철제삼족기(三足鐵器), 철제화살촉(鐵鏃) 등이 출토되었다고 함.

2) 1983년 가을
○ 시행기관 : 渾江市 文化局.
○ 결과 : 1984년 3월 8일에 渾江市 重點文物保護單位로 지정.

3) 1984년 봄과 6월
○ 시행기관 : 渾江市 文物普査隊.
○ 조사내용 : 봄에 유적지 기록 및 사진 촬영, 6월에 실측.
○ 발표 : 『渾江市文物志』 중의 '東馬城址'.

4) 2004년 7월 10일
○ 시행기관 : 吉林省長白山文化硏究會, 白山市文管辦, 集安市博物館.
○ 참가자 : 張福有, 張殿甲, 遲龍, 孫仁杰 등.
○ 조사내용 : 개괄적인 조사와 측량.
○ 발표 : 『東北史地』 2004-5.

2. 위치와 자연환경(그림 1~그림 2)

1) 지리위치
○ 臨江市 六道溝鄕 동남쪽에 위치한 東馬鹿村의 압록강 右岸에 위치.
○ 六道溝鄕 소재지에서 압록강을 거슬러 약 23km 정도 올라간 지점임.
○ 東馬鹿村 동남쪽 500m 거리의 2단 충적대지 가장자리에 위치.
○ 臨江 - 長白 도로가 충적대지 북쪽의 산기슭 아래로 통과하고 있음.
○ 압록강 왼쪽은 경사가 가파른 산비탈인데 북한의 厚昌郡 관할 지역임.

2) 자연환경
○ 이 일대에는 말과 사슴이 많아서 馬鹿泡子라 불렸다고 하는데, 지금은 충적대지 일대를 농지로 개간하여 비옥한 산간분지로 변함.
○ 동쪽에서 흘러들어온 압록강이 남쪽으로 완만하게 만곡하여 서쪽으로 흘러나가면서 강의 북쪽에 길이 2km, 폭 500m 전후의 충적대지 형성. 충적대지는 2단으로 이루어졌는데, 압록강에 인접하여 좁고 기다란 1단 충적대지가 있고, 그 북쪽으로 1단 대지보다 5~10m 정도 높은 2단 충적대지가 넓게 펼쳐져 있음. 동마록포자은 2단 충적대지의 북쪽 산기슭 아래에 위치.

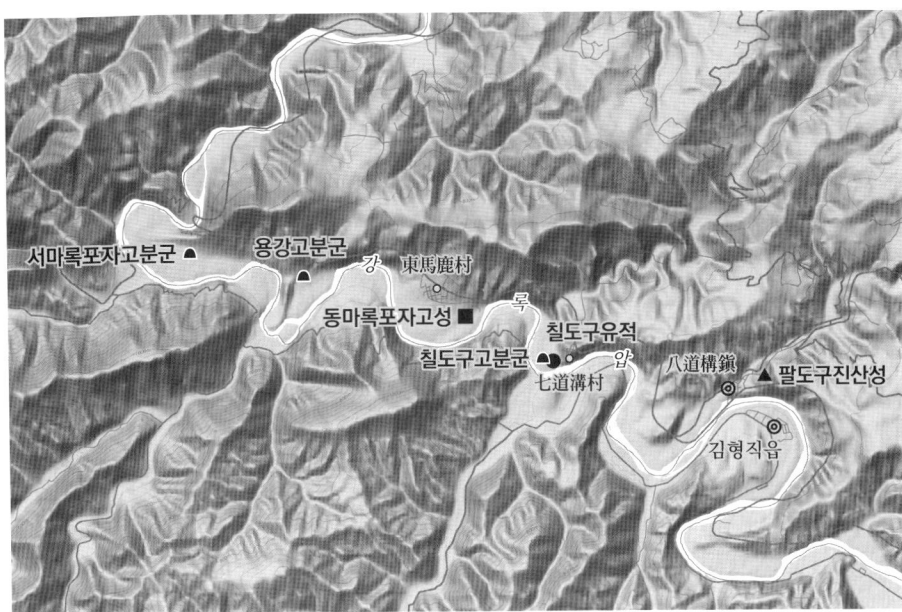

그림 1
동마록포자고성 위치도

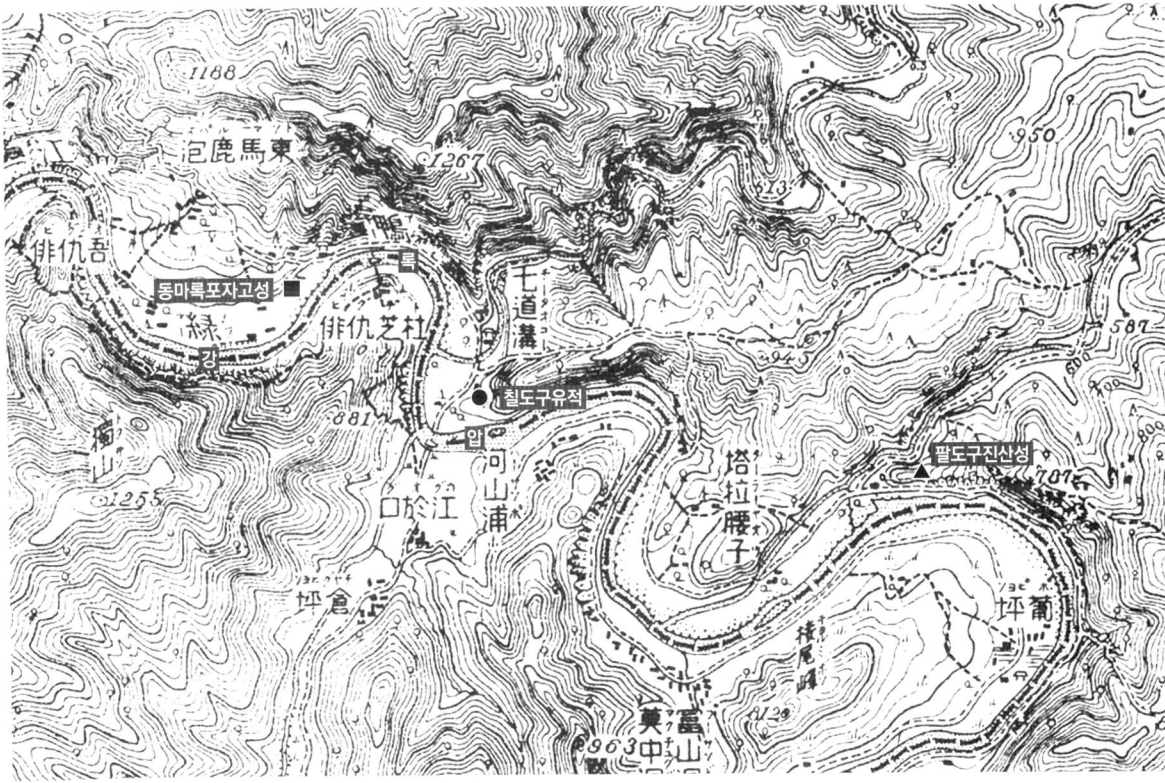

그림 2 동마록포자고성 주변 지형도(滿洲國 10만분의 1 지형도)

○ 고성은 2단 충적대지의 동남쪽 가장자리에 위치하여 있으며, 남쪽 100여 m 거리의 압록강과는 아래쪽 1단 충적대지를 통해 연결됨.

○ 충적대지는 산으로 둘러싸여 분지를 이루는데, 남, 동, 서 3면의 산은 경사가 가파르지만, 북쪽으로는 경사가 비교적 완만한 산줄기가 이어짐.

3. 성곽의 전체현황

1) 전체 평면(그림 3)

○ 1984년 조사 : 전체적인 형태는 정방형, 한 변 25m, 전체 둘레 100m 전후. 방향은 180°로 정남북을 향하고 있음(『渾江市文物志』).

○ 2004년 조사 : 전체적인 형태는 방형으로 둘레 150m 전후(『東北史地』 2004-5).

2) 보존상태

○ 성곽 안팎이 모두 밭으로 개간되어 심하게 허물어졌지만, 성곽의 전체적인 윤곽은 잘 드러나 있음.

○ 1984년 당시 동벽과 남벽만 남아 있었다고 하는데, 2007년에 동벽 상부는 흙더미로 퇴적되어 있으며 밭으로 경작되고 있어 원형을 파악할 수 없음.

○ 남벽 서반부의 보존상태는 비교적 양호하지만, 동반부는 흙으로 퇴적되어 밭으로 경작되고 있어 원형을 파악할 수 없음.

○ 북벽과 서벽은 심하게 훼손되었지만, 성벽 가장자리를 따라 성돌이 퇴적되어 있으며 부분적으로는 아직 성벽 기단부를 볼 수 있음.

○ 1984년 당시 현지인의 말에 의하면 북벽에 원래 문이 하나 있었으나, 이미 북벽과 같이 훼손되어 흔적을 찾아볼 수 없었다고 함.

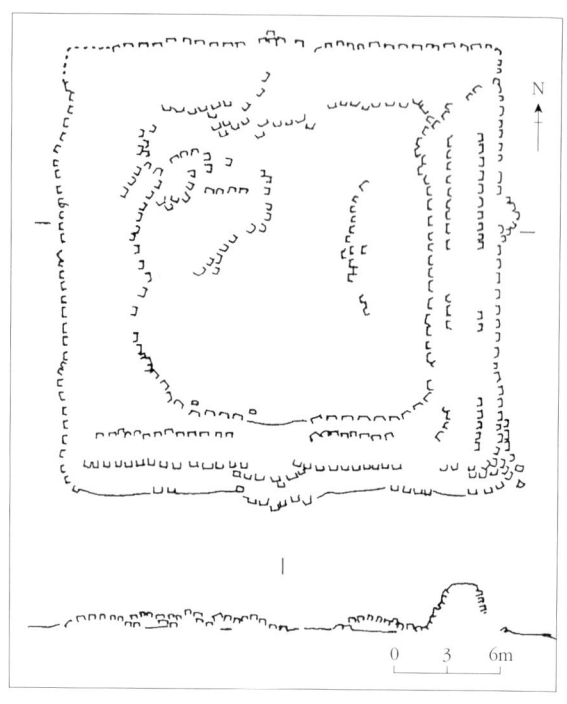

그림 3 동마록포자고성 평면도(『渾江市文物志』, 32쪽)

4. 성벽과 성곽시설

1) 성벽

(1) 성돌

○ 재료 : 성돌은 깬돌과 강돌.

○ 크기 : 강돌은 외벽을 축조하는데 사용했는데, 대체로 길이 30cm 이상.

(2) 성벽 축조양상

○ 1984년 조사 : 성벽 내부를 깬돌과 진흙을 섞어 축조한 다음, 바깥은 커다란 강돌로 쌓아 올림(『渾江市文物志』).

○ 2004년 조사 : 성벽 내부를 흙으로 축조하고, 바깥을 다듬은 돌로 축조한 토석혼축 성벽이라고 함(『東北史地』 2004-5).

① 동벽
○ 1984년 조사 : 당시 보존상태가 가장 좋았다고 함. 길이 25m, 기단부 너비 4m, 윗면 너비 2m, 높이 3m.
○ 2004년 조사 : 길이 28m, 기단 너비 4m, 윗면 너비 2m, 잔고 3m 전후.
○ 2007년 당시 동벽 전체가 흙으로 덮여 있으며 밭으로 개간되어 경작되고 있어 성벽의 양상을 파악하기 힘든 상태임.

② 남벽
○ 1984년 조사 : 대체로 동벽과 축조양상 동일, 길이 25m. 충적대지 가장자리에 축조되어 있어서 1단 대지에서 보면 높이가 약 5~6m에 이름.
○ 2004년 조사 : 길이 30m, 기단부 너비 5m, 윗면 너비 3m.
○ 2007년 당시 2단 충적대지 가장자리를 따라 깬돌과 강돌로 성벽 기초부를 다진 다음, 그 안쪽에 성벽을 쌓아올린 흔적을 확인할 수 있었음.

③ 서벽
○ 1984년 조사 : 심하게 훼손되었다고 함.
○ 2004년 조사 : 잔존길이 15m, 기단부 너비 4m, 윗면 너비 2m, 잔고 1.5m.

2) 성곽시설

(1) 성문
○ 남문 : 남벽 중앙에 트인 부분이 있는데 남문으로 추정됨.
○ 북문 : 북벽에도 성문이 있었다고 함.

5. 성내시설과 유적

1) 성내시설
○ 성 내부는 매우 협소하고 돌더미 널려 있음.
○ 간혹 건물 기초 흔적으로 보이는 것도 있음.

2) 돌계단과 도로유적
○ 남문지 아래쪽에 본래 여러 층으로 된 돌계단이 있었다고 함.
○ 고성 아래쪽의 1단 충적대지를 거쳐 강으로 이어지는 도로로 사용되었을 것으로 추정됨.
○ 1단 충적대지는 일찍이 水路로 사용되었을 것으로 추정됨.

3) 고성 동북 70m 거리의 돌더미
○ 고성 동북쪽 70m 거리에 여러 개의 돌더미가 남아 있음.
○ 본래 고분이었을 것으로 추정됨.

6. 출토유물

1) 1950년대 말
○ 위치 : 성곽 서쪽 400여 m 떨어진 東馬小學院 內
○ 유물 : 철제삼족기(三足鐵器), 철제화살촉(鐵鏃) 등이 출토되었다고 함.

2) 1984년 조사시

(1) 철제화살촉(그림 4)
○ 크기 : 전 길이 14.3cm, 날 너비 4.0cm, 정 길이 5.6cm.
○ 형태
– 단조품, 촉날은 도끼날형.

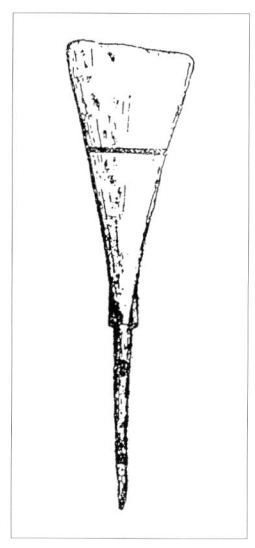
그림 4 철제화살촉
(『渾江市 文物志』, 33쪽)

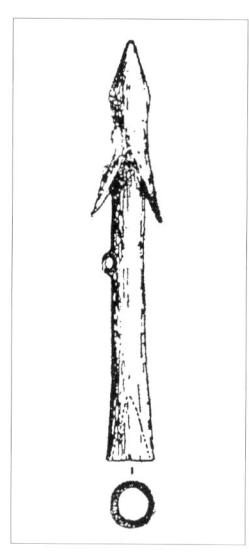
그림 5 창
(『渾江市 文物志』, 33쪽)

- 뒤에는 원주형의 네모끝이 이어짐.
- 촉몸과 촉정이 서로 접한 단면은 육모형.
- 날은 직선이며 뾰족하게 처리.
○ 소장처 : 渾江市 文物管理所(1984년 기준).

(2) 창(그림 5)
형태 : 원추형, 창 양날에 날개가 달려 있는 특이한 형태.

7. 역사적 성격

1) 지정학적 위치와 주변의 유적 현황
東馬鹿泡子古城은 臨江市 六道溝鄉 東馬鹿村 동남쪽의 압록강 상류 우안에 위치함. 이곳에는 압록강 右岸에 길이 2km, 폭 500m 전후인 상하 2단의 충적대지가 넓게 펼쳐져 있는데, 고성은 2단 충적대지의 동남쪽 가장자리에 위치함. 古城의 남쪽 아래로는 좁고 기다란 1단 대지가 펼쳐지며, 그 남쪽에 압록강이 동쪽에서 서쪽으로 유유히 흐르고 있음.

古城 주변에는 고구려시기의 성곽과 고분 등이 밀집 분포함. 古城에서 압록강을 따라 하류로 20km 정도 내려가면(도로로는 14km) 夾皮溝古城이 있고, 다시 하류로 10km 정도 내려가면(도로로는 8km) 樺皮甸子古城이 있는데, 각각 규모가 비슷하고 축성방식도 유사함. 이 두 古城은 모두 압록강 우안의 2단 충적대지 가장자리에 자리잡고 있음. 또 압록강 하류로 협피구고성에 도착하기 이전에 고구려시기의 龍崗고분군과 西馬鹿泡子고분군이 자리잡고 있고, 화피전자고성에 도착하기 직전에는 東甸子고분군과 東甸子유적, 王八脖子窯址 등이 분포함.

2) 고성의 기능과 성격
東馬鹿泡子古城에서 출토된 도끼날형 철촉은 고구려시기의 화살촉과 비슷하다고 추정됨. 또 성 내부에서 발견된 활시위는 청 말에 변경의 황무지를 개간하면서 생활하였던 유민이 남긴 것으로 추정됨. 동마록포자고성은 고구려 중기 이후에 처음 축조되어 청말까지 사용한 것으로 파악됨. 특히 압록강을 따라 하류 30km 이내에 동마록포자고성과 유사한 협피구고성과 화피전자고성 등이 있는데, 서로 밀접한 관계가 있을 것으로 여겨짐. 이에 성곽의 입지, 유구, 축성법 등을 근거로 압록강 수로를 관리하던 수운역참으로 파악한 견해가 제기됨(吉林省 文物志編修委員會, 1984, 31~32쪽).

실제 압록강 중상류 연안에는 夾皮溝古城 이외에도 長川古城, 良民古城, 樺皮甸子古城, 夾皮溝古城 등이 압록강 강변을 따라 일정 간격으로 분포하는데, 모두 압록강 연안 충적대지의 가장자리에 자리잡고 있음. 이 가운데 화피전자고성, 협피구고성, 동마록포자고성 등은 流路가 심하게 曲流하는 압록강 상류에 밀집 분포하는데, 화피전자고성에서 압록강 수로를 거슬러 협피구고성을 경유해 동마록포자고성까지는 운항하는 데는 하루가 소요된다고 함. 고구려가 압록강 중상류 일대의 수로를 운영하기 위해 일정 간격으로 수운역참의 기능을 수행하는 소형 성곽을 축조하였던 것임.

다만 화피전자고성, 협피구고성, 동마록포자고성 등의 성곽은 모두 고구려 취락이나 고분군이 확인되지 않는 曲流 지점 부근에 위치함. 이로 보아 고구려가 기존의 선착장 시설이 없는 曲流 지점 부근에 성곽을 조영하여 이 일대의 水路 전체를 최대한 안전하게 관리하려고 도모했다고 파악됨. 다만 동마록포자고성은 규모가 작고 주변에 별다른 유적이나 배후지도 없다는 점에서 수운 역참의 기능만 수행했을 것으로 파악됨. 특히 압록강을 향해 있는 남벽에 남문이 있고, 그 바깥에 있었다는 돌계단은 1단 충적대지를 통해 압록강변의 선착장으로 나아가던 통로와 관련된 유적으로 추정됨(여호규, 2008, 141~146쪽).

참고문헌

- 吉林省文物志編修委員會, 1984, 『渾江市文物志』.
- 國家文物局 主編, 1993, 「東馬鹿泡子城址」, 『中國文物地圖集』吉林分冊, 中國地圖出版社.
- 王禹浪·王宏北, 1994, 「中國吉林省渾江市六道溝鄉東馬鹿村高句麗古城址」, 『高句麗·渤海古城址硏究匯編』(上), 哈爾濱出版社.
- 余昊奎, 1998, 「林江 東馬鹿村古城」, 『高句麗 城』I(鴨綠江 中上流篇), 國防軍史硏究所.
- 馮永謙, 1994, 「高句麗城址輯要」, 『北方史地硏究』, 中州古籍出版社.
- 孫仁杰·遲龍·張殿甲, 2004, 「鴨綠江上流右岸考古調査」, 『東北史地』 2004-5.
- 여호규, 2008, 「鴨綠江 중상류 연안의 高句麗 성곽과 東海路」, 『역사문화연구』 29.

3
기타 유적

01 백산 선인동유적
白山 仙人洞遺蹟

1. 조사현황

1) 1950년대 말경
현지 주민에 따르면, 1950년대 말 온돌의 구들 판석(炕板石), 고래(烟道), 탄층(炭層) 등이 확인되었고, 토기가 출토되었다고 함.

2) 1966년 9월 9일
운봉댐 완공으로 유적이 수몰됨.

2. 위치와 자연환경

○ 白山市 三道溝鄕 소재지에서 동쪽으로 8km 거리에 위치한 仙人洞村 남쪽 江岸 대지에 자리잡고 있었음.
○ 마을 서쪽의 암벽 위에 동굴이 있는데 부근의 산봉우리가 마치 선녀가 바구니를 갖고 있는 형상과 같아 '仙人洞'으로 불리게 되었다고 함.

3. 유적의 전체현황

1966년 雲峰 발전소 건설로 인하여 유적지가 모두 수몰됨.

4. 출토유물

온돌의 구들 판석(炕板石), 고래(烟道), 탄층(炭層) 등 확인.

5. 역사적 성격

선인동유적에서는 온돌의 구들 판석, 고래, 탄층 등을 확인했고, 토기편도 출토되었음. 또 1950년대에 유적지가 자리한 대지의 양측 기슭에 고분군이 위치했었다고 함. 이로 보아 선인동유적은 고구려시기의 마을이었을 것으로 추정됨(吉林省文物志編修委員會, 1984, 51쪽).

참고문헌
· 吉林省文物志編修委員會, 1984, 『渾江市文物志』.
· 國家文物局 主編, 1993, 「仙人洞遺址」, 『中國文物地圖集』 吉林分冊, 中國地圖出版社.

02 임강 파구 유적
臨江 坡口 遺蹟

1. 조사현황

1) 1950년대 중반
압록강에서 500m 정도 떨어진 五道溝河 양안의 1km 정도 길이의 평지상에서 토기편과 어망추 등 출토.

2) 1958년
坡口 동쪽 100m(2007년 당시 大楂子)의 농지에서 경작하다가 어망추, 석제보습, 석제화살촉(또는 철제화살촉), 동제세발솥(銅鼎) 등 출토. 유적 동쪽에서 우물 3개 발견.

3) 1960년 4월
1960년 4월 渾江市 展覽館에서 사람을 파견해 이 마을을 조사하게 했는데, 토제어망추(陶网墜), 석기 등을 채집하였음.

4) 1970년대 초
현지 주민이 논에서 길이 약 30m, 너비 약 10m인 큰 돌무지를 제거함.

5) 1984년 5월
○ 1984년 5월, 渾江市 文物普査隊가 이 일대 재조사.
○ 유적이나 유물의 흔적을 찾지는 못함.
○ 조사에 앞서 1984년 3월 8일, 市 重點文物保護單位로 지정.

2. 위치와 자연환경(그림 1~그림 2)

1) 지리위치
○ 臨江市 四道溝鄕 坡口村 부근의 五道溝河 北岸.
○ 서북쪽으로 五道溝鄕 소재지와 약 2km 떨어져 있음.

2) 자연환경
○ 유적이 위치한 곳은 압록강 지류인 五道溝河 下流로 五道溝河 양안에 좁고 기다란 충적대지가 형성되어 있으며, 사방이 산으로 둘러싸여 자그마한 분지를 이룸.
○ 五道溝河가 서쪽으로 흘러 압록강으로 유입되는데, 유적지의 서쪽과 남쪽 1km 거리에서 압록강이 北流하고 있음.
○ 五道溝河가 압록강과 만나며 형성된 충적대지이기 때문에 토질이 아주 비옥함. 2007년 당시 논으로 개간되어 경작되고 있었음.
○ 동쪽으로는 五道溝河 골짜기가 계속 이어지며 충적대지 남쪽과 북쪽은 산으로 가로막혀 있는데, 북쪽 산줄기는 경사가 매우 가파르지만 남쪽 산줄기는 경사가 비교적 완만한 편임.

3. 유적의 전체현황

○ 五道溝河 양안 충적대지 곳곳에서 유물 출토.

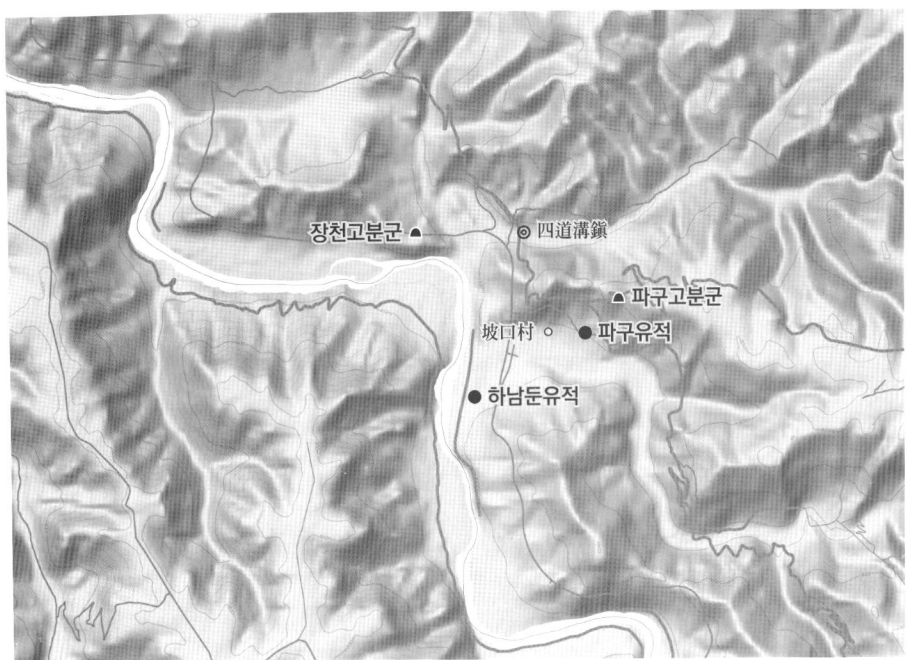

그림 1
파구유적 위치도

그림 2 파구유적 주변 지형도(滿洲國 10만분의 1 지형도)

○ 1958년에 삼각형 모양으로 분포한 우물 3개 발견.
○ 1970년대 마을 주민들이 제거했다는 돌무지는 고구려 적석묘로 추정됨.

4. 출토유물

○ 1950년대 중반 : 토기편과 어망추.
○ 1958년 : 어망추, 석제보습, 석제화살촉(또는 철제화살촉), 동제세발솥(銅鼎) 등 출토.
○ 동제세발솥(銅鼎) : 출토 시기 미상, 三足圓形, 口徑 30cm, 무게 2kg.

5. 역사적 성격

坡口유적에서 출토된 유물은 대체로 고구려시기로 추정됨. 아직 상세한 고고조사가 이루어지지 않았지만, 유적지의 현황으로 보아 고구려시기의 취락이 있었던 것으로 파악됨. 그리고 1970년대에 마을 주민들이 제거했다는 돌무지는 고구려시기의 적석묘로 추정됨(吉林省文物志編修委員會, 1984, 13~14쪽).

참고문헌

· 吉林省文物志編修委員會, 1984, 『渾江市文物志』.
· 國家文物局 主編, 1993, 「坡口遺址」, 『中國文物地圖集』 吉林分冊, 中國地圖出版社.
· 渾江市地方志編纂委員會 編, 1994, 「文物」, 『渾江市志』, 中華書局.

03 임강 동전자 유적
臨江 東甸子遺址

1. 조사현황

1) 발견 경위
○ 1957년 : 현지 농민인 李秀海가 저장 구덩이를 파다가 토기 항아리 2개 채집. 구덩이 깊이는 3~5尺. 일찍이 성벽 흔적이 발견되었다고 함.
○ 1958년 : 농지를 경작하다가 돌도끼, 돌화살촉, 돌보습 등 출토.
○ 1960년의 기록 : 유적의 동서 길이는 645m, 남북 너비 400m임. 지표면에서 토기편, 자기편, 어망추 등을 쉽게 볼 수 있었음. 당시 西面의 고분군과 유적지는 인접하여 이어져 있었으며, 압록강과 도로 중간의 좁고 긴 지대를 유적과 고분군이 점유하고 있었다고 함.

2) 1984년 6월
○ 시행기관 : 渾江市 文物普査隊.
○ 조사내용 : 유적의 현황을 파악했는데, 거의 파괴되었다고 함.
○ 발표 : 『渾江市文物志』 중의 '東甸子遺址'
○ 결과 : 유적 조사에 앞서 1984년 3월 8일에 渾江市 重點文物保護單位로 지정.

3) 1987년 5월
○ 시행기관 : 吉林省 文物考古硏究所와 渾江市 文物管理委員會.
○ 참가자 : 石岢元, 張立夫, 張立新, 王洪峰.
○ 조사내용 : 임강댐 수몰지구 조사차 고분군과 더불어 유적 조사.
○ 발표 : 『博物館硏究』 1988-3.

2. 위치와 자연환경(그림 1~그림 2)

1) 지리위치
○ 臨江市 六道溝鄕 東甸子村 남쪽 200m 지점의 경작지에 위치.
○ 유적지에서 동쪽으로 4km 거리에 六道溝鄕 소재지가 있음.
○ 臨江-長白 도로가 충적대지 북쪽의 산기슭 아래로 통과하고 있음.
○ 압록강과 도로 사이의 충적대지에 유적지가 광범위하게 분포.

2) 자연환경
○ 동쪽에서 흘러들어온 압록강이 완만하게 서쪽으로 흘러나가면서 강의 북쪽에 길이 2km, 폭 200~300m 전후의 충적대지 형성.
○ 충적대지는 2단으로 이루어졌는데, 압록강에 인접하여 좁고 기다란 1단 충적대지가 있고, 그 북쪽으로 1단 대지보다 5m 정도 높은 2단 충적대지가 넓게 펼쳐져 있음. 동전자 마을은 2단 충적대지의 북쪽 산기슭 아래에 위치하는데, 지금은 臨江-長白 도로에 의해

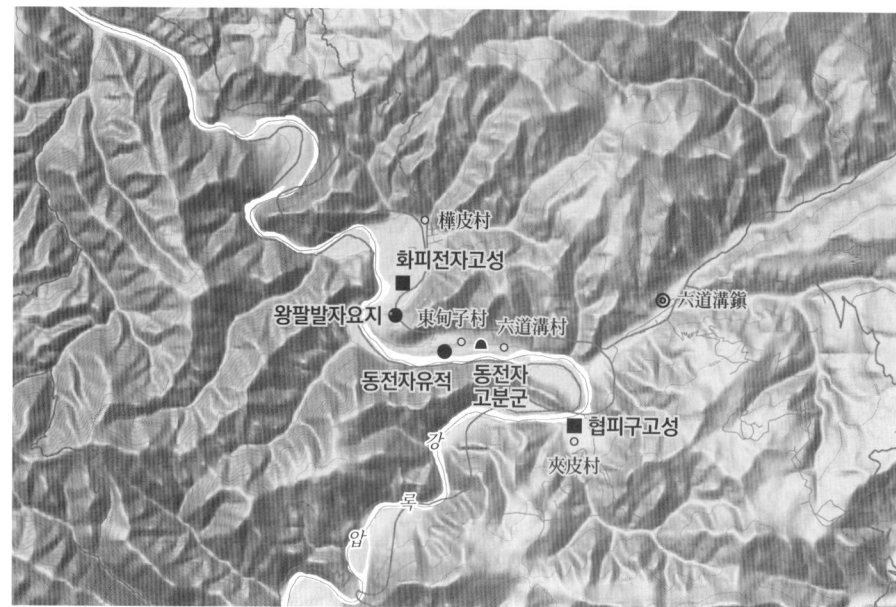

그림 1
동전자유적 위치도

그림 2 동전자유적 주변 지형도(滿洲國 10만분의 1 지형도)

마을이 두 개로 분리되어 있음.

○ 유적지는 대지 서단의 2단 충적대지에 위치하여 있으며, 남쪽 50여 m 거리에 압록강이 있음.

○ 충적대지는 사면이 모두 경사가 가파른 산으로 둘러싸여 하나의 자그마한 분지를 이루고 있으며, 대지는 농지로 개간되어 경작되고 있음.

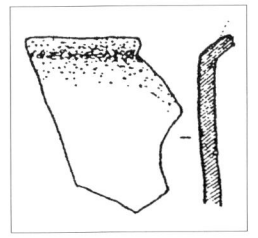
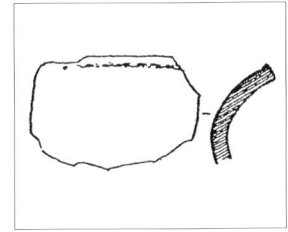

그림 3 토기 구연부   그림 4 토기 구연부

3. 유적의 전체현황

1) 전체 평면

○ 규모 : 1960년에 조사할 때는 동서 길이 645m, 남북 너비 400m라고 했으나, 1984년 재조사한 결과 대략 동서 180m, 남북 50~70m로 확인됨. 또한 1987년 조사에서는 동서 길이 400m, 남북 너비 100m라고 파악함.

○ 평면 : 압록강에 인접한 2단 충적대지에 분포하며 마을 유적이기 때문에 정형화된 평면을 확인하기는 어려운 상태임.

○ 성벽 : 1950년대에 성벽의 흔적이 발견되었다고 하는데(『渾江市志』), 다른 자료에는 관련 언급이 없어서 명확하게 파악하기 어려움.

2) 보존상태

○ 1984년 6월 渾江市 文物普査隊가 재조사할 때는 어떠한 흔적도 발견되지 않았고, 원래 있던 100여 기의 고분군 역시 많이 파괴되어 몇 십 기만 남아 있었다고 함.

○ 다만 1987년 조사에서는 유적의 전체적인 범위와 함께 石器類를 다수 채집했다고 함.

4. 출토유물[1]

○ 1957년 : 현지 농민이 저장 구덩이를 파다가 토기 항아리 2개 채집.

○ 1958년 : 농지를 경작하다가 석제도끼, 석제화살촉, 석제보습 등 출토.

○ 1960년대 기록 : 토기편, 자기편, 어망추 등 출토.

○ 1987년 조사 : 석기류 다수 채집.

(1) 토기 구연부(그림 3, 그림 4)

○ 특징
- 구연부 2점.
- 모래혼입토기.
- 홍갈색 또는 회갈색 색조.
- 모두 외반구연.

(2) 석기류

○ 석제도끼 : 총 2점(그림 5, 그림 6).

○ 크기 : 길이 10.5cm, 너비 5cm.

○ 형태 : 사암 제작. 마제품.
- 한 점은 반들거리게 갈았으며 몸체와 끝부분은 편평. 사선형 날.
- 다른 한 점은 비교적 거칠게 갈음. 변두리에 떼어낸

---

[1] 유물의 도면 출처는 『博物館硏究』 1988-3, 58쪽.

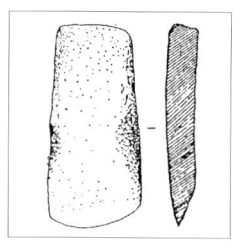
그림 5 석제도끼

그림 6 석제도끼

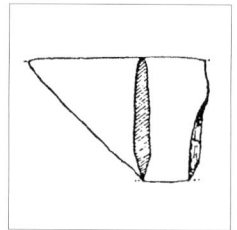
그림 7 석제칼

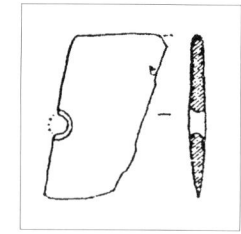
그림 8 석제칼

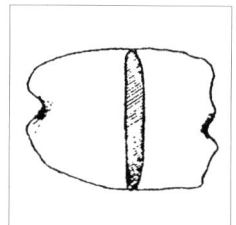
그림 9 어망추

흔적. 몸체는 편평한 장방형이고 날은 호형. 끝부분은 파손됨.
○ 소장처 : 渾江市 文物管理所(2004년 기준).

(3) 석제칼 : 총 3점(그림 7. 그림 8)
○ 특징
- 모두 파손품.
- 검은색 혈암을 마연하여 제작.
- 날 부분의 양면은 경사지게 넓게 마연하였는데, 날 부분 근처에 구멍을 뚫은 것이 있음.

(4) 어망추(그림 9)
○ 특징
- 조약돌 가공 제작.
- 양측에 묶기 편리하게 구멍을 뚫음.

5. 역사적 성격

1) 지리위치와 주변의 유적 현황

東甸子유적은 압록강 상류 연안의 충적대지에 위치함. 압록강이 동쪽에서 흘러들어와 완만하게 서쪽으로 흘러나가며 강의 북쪽에 길이 2km, 폭 200~300m 전후의 충적대지를 형성했는데, 유적지는 대지 서단의 2단 충적대지에 위치하며, 남쪽 50여 m 거리에 압록강이 있음. 충적대지는 사면이 모두 경사가 가파른 산으로 둘러싸여 자그마한 분지를 이룸.

1960년대만 하더라도 유적과 인접하여 백여 기 이상의 고분이 밀집해 있었지만, 1980년대에는 몇십 기만 남아 있었다고 함. 다만 2007년 당시에도 동전자촌 서쪽 경작지와 마을 안쪽에서 수십기의 적석묘를 확인할 수 있으며, 마을 뒤쪽 산기슭에서는 거대한 적석묘가 여러 기 분포해 있었음.

유적 주변에는 고구려시기의 성곽이나 가마터도 밀집 분포함. 유적에서 압록강 하류를 따라 약 2km 정도만 내려가면 樺皮甸子古城이 나오며, 상류를 거슬러 약 8km 정도 가면 夾皮溝古城, 다시 20여 km 정도 거슬러 올라가면 東馬鹿泡子古城이 나옴. 또 유적에서 臨江-長白 도로를 따라 서쪽으로 모퉁이를 돌아가면 언덕 위에 臨江 王八脖子窯址가 있었는데, 현재는 도로 개설 등으로 모두 유실되었음.

2) 유적의 기능과 성격

유적지 인근에 고구려시기의 고분군이 대량으로 분포했다는 사실을 근거로 대체로 고구려시기의 마을 유적으로 추정함. 다만 유적지에서 주로 石器가 발견되고 있어 당시 거주민의 생산력 수준은 비교적 낮았던 것으로 파악되며, 고구려 건국 초기의 상황을 반영한다고 이해됨(吉林省文物志編修委員會, 1984, 15~16쪽 ; 王洪峰, 1988, 60쪽).

한편 1950년대에 성벽의 흔적이 발견되었다고 하는데(『渾江市志』), 다른 자료에는 관련 언급이 없어서 명확하게 파악하기 어려움. 실제 성벽이 존재했다면 단순한 마을 유적이 아니라 압록강 수로와 연관된 古城일 가능성이 높음. 특히 유적에서 臨江-長白 도로를 따라 서쪽으로 모퉁이를 돌아가면 언덕 위에 王八脖子窯址가 있었고, 압록강 하류를 따라 약 2km 정도만 내려가면 樺皮甸子古城이 나옴. 이로 보아 동전자유적은 王八脖子窯址나 樺皮甸子古城 등과 관련한 이 일대의 중심 취락이었을 가능성이 있음(여호규, 2008, 141~146쪽).

참고문헌

- 吉林省文物志編修委員會, 1984, 『渾江市文物志』.
- 王洪峰, 1988, 「臨江電站庫區古遺存調査綜述」, 『博物館研究』 1988-3.
- 國家文物局 主編, 1993, 「東甸子遺址」, 『中國文物地圖集』 吉林分冊, 中國地圖出版社.
- 渾江市地方志編纂委員會 編, 1994, 「文物」, 『渾江市志』, 中華書局.
- 여호규, 2008, 「鴨綠江 중상류 연안의 高句麗 성곽과 東海路」, 『역사문화연구』 29.

04 임강 칠도구유적
臨江 七道溝遺址

1. 조사현황

1) 1984년 6월
○ 시행기관 : 渾江市 文物普査隊.
○ 조사내용 : 유적 발견, 현황과 층위 파악 및 유물 채집.
○ 발표 : 『渾江市文物志』 중의 '七道溝遺址'.

2) 1987년 5월
○ 시행기관 : 吉林省 文物考古硏究所와 渾江市 文物管理委員會.
○ 참가자 : 石肯元, 張立夫, 張立新, 王洪峰.
○ 조사내용 : 임강댐 수몰지구 조사차 고분군과 더불어 유적 조사.
○ 발표 : 『博物館硏究』 1988-3.

2. 위치와 자연환경(그림 1~그림 2)

1) 지리위치
○ 臨江市 六道溝鄕 七道溝村의 동북쪽에 위치.
○ 유적지에서 서북쪽으로 10여 km 거리에 六道溝鄕 소재지가 있음.
○ 유적지에서 동쪽으로 1km 정도만 가면 臨江市와 長白縣의 경계임.
○ 臨江-長白 도로가 유적지 북쪽을 지나가고 있음.

2) 자연환경
○ 압록강 북안에 상하 2단의 대지가 산으로 둘러싸여 盆地를 형성.
○ 압록강이 동쪽에서 서쪽으로 흐르다가 盆地 서남단에서 流向을 북쪽으로 꺾은 다음, 盆地 서북단을 지난 다음 다시 방향을 꺾어 西流하고 있음.
○ 盆地 서북쪽에 비교적 넓은 1단 충적대지가 자리잡고 있는데, 논으로 경작되고 있고 그 사이를 七道溝河가 가로질러 압록강에 유입됨.
○ 盆地 동남쪽에 동서 방향의 2단 대지가 자리잡고 있는데, 동쪽으로는 높은 산과 접해 있고, 남쪽 100m 거리에 압록강이 있고, 서북쪽으로는 평탄한 1단 충적대지가 펼쳐져 있음.
○ 2단 대지의 남북 너비는 200m에 불과하며, 그 위에 七道溝村이 자리잡고 있음. 유적은 마을의 동북쪽에 위치해 있고, 2단 대지 西端의 小學校 북쪽에는 고구려시기의 적석묘가 다수 분포해 있음.

3. 유적 현황

1) 1984년도 조사시 현황
○ 위치 : 七道溝村 동북쪽에 흙을 채취하던 커다란 探土場이 있음.
○ 규모 : 길이 150m, 너비 100m. 깊이 1.8~2.0m의 흙구덩이.

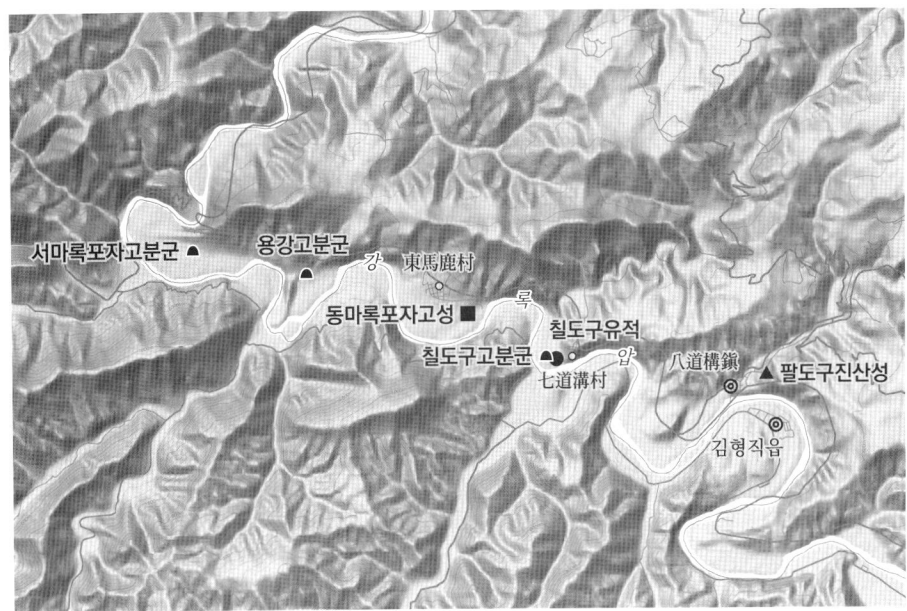

그림 1
칠도구유적 위치도

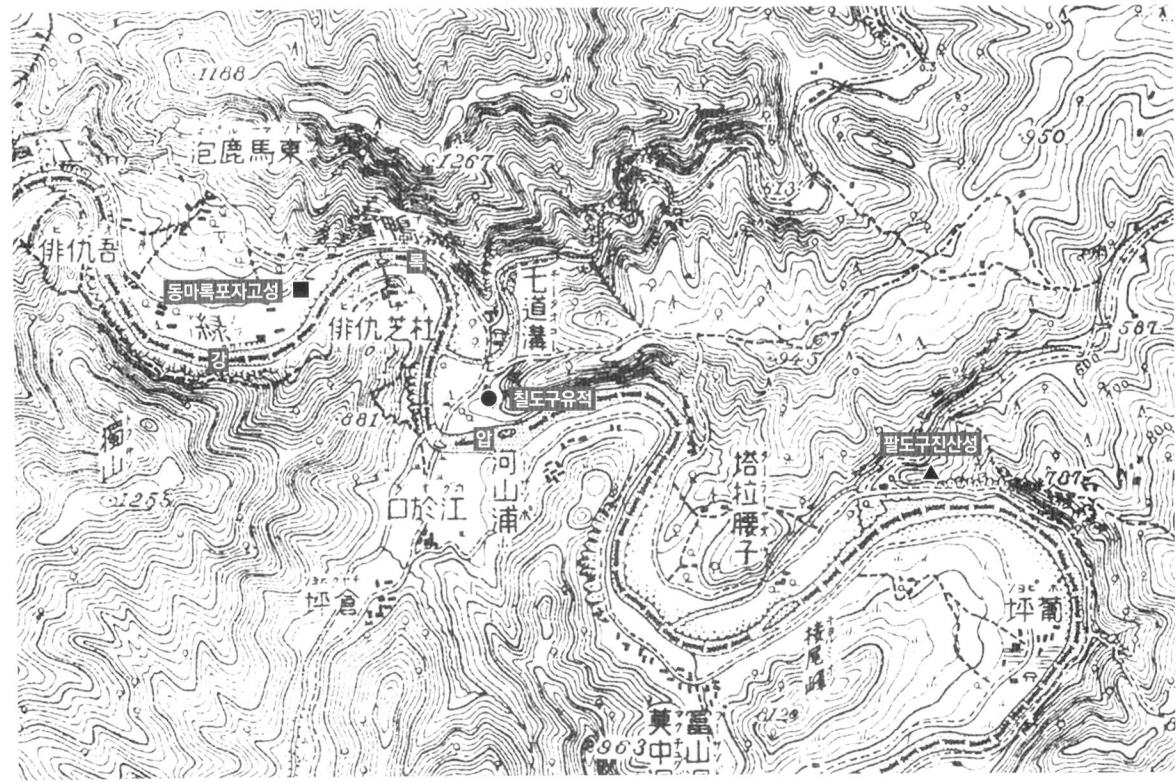

그림 2 칠도구유적 주변 지형도(滿洲國 10만분의 1 지형도)

○ 층위 : 지표하 0.30~1.00m는 경작층과 교란층, 1.00~1.50m는 문화층, 1.60m 이하는 황토층으로 생토층.

○ 지표하 1.0~1.5m의 문화층에서 파괴된 재구덩이(灰坑)가 나타났으며, 토기편이 다수 출토되었다고 함.

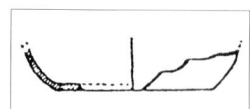

그림 3 토기 저부

2) 1987년도 조사시 현황

○ 유적 범위 : 2단 대지상에 짙은 회색의 암키와와 수키와, 흑요석, 토기편 등이 많이 흩어져 있었는데, 범위는 남북 100m, 동서 50m임.

○ 문화층 : 마을 북쪽은 유적 서편에 해당하는데, 이곳에 채토를 하던 커다란 흙구덩이가 있음. 크게 3개의 층위로 나뉘는데, 제1층은 두께 20cm로 표토층, 제2층은 두께 80cm로 黑褐土의 문화층, 제3층은 黃沙土로 생토층임. 제2층의 문화층에서 불탄 흙덩어리, 숯, 토기편 등이 출토됨.

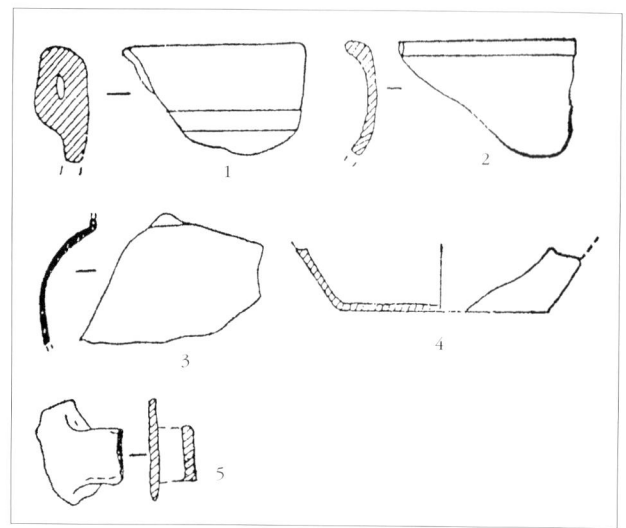

그림 4 칠도구유적 출토 토기편

4. 출토유물[1]

○ 1984년 조사시 토기편 다수 출토.

○ 1987년 조사시 평기와, 수키와, 흑요석, 불탄 흙덩어리, 숯, 토기편 등 출토.

1) 토기류

(1) 토기 저부(그림 3)

○ 크기 : 밑지름 20cm.

○ 형태 : 평저. 동체 아래부분은 약간 원호형.

(2) 각종 토기편(그림 4)

○ 크기 : 밑지름 20cm.

○ 형태
- 니질 회도, 모래혼입회갈도, 고운니질적색토기 등.
- 구연부, 경부, 저부, 파수 등이 채집.
- 일부 토기편에는 횡방향의 음각문 시문.

2) 기와류

(1) 암키와

○ 크기 : 두께 2cm.

○ 형태 : 내면 포흔.

(2) 수키와

○ 크기 : 두께 1.8cm, 너비 7cm.

○ 형태 : 한쪽 와도흔 잔존. 내면 포흔.

---

[1] 유물의 도면 출처는 『渾江市文物志』, 15쪽.

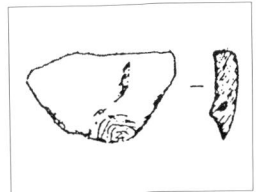 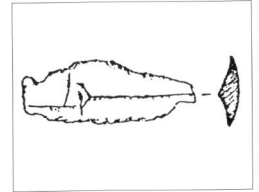

그림 5 흑요석기 　　　　그림 6 흑요석기

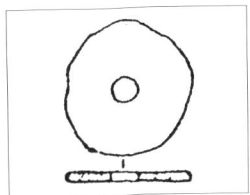 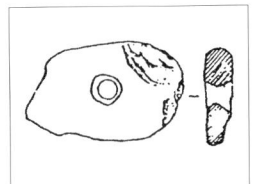

그림 7 석기 　　　　　　그림 8 석기

3) 석기류

(1) 흑요석기(刮削器, 2점, 그림 5, 그림 6)

○ 흑요석제.

○ 형태와 크기

- 반원형. 길이 4.7cm. 곧은 등에 호형날. 날부분은 뚫었거나 사용한 흔적(그림 5).
- 긴 장방형모양. 길이 6.2cm. 중간에는 한줄의 비교적 높은 棱脊가 있음. 단면은 삼각형. 양측에는 모두 누르고 뚫은 흔적이 있음(그림 6).

(2) 석기(그림 7, 그림 8)

○ 형태와 크기

- 원형. 직경 3.4cm. 편평하고 얇음. 중간에 구멍 하나를 뚫었고 玉壁모양에 가까움(그림 7).
- 타원형. 길이 5.5, 너비 3.4, 두께 1cm. 약간 거칠고 두터움. 표면은 거친편. 중간부 구멍. 장식품으로 추정(그림 8).

5. 역사적 성격

七道溝유적은 臨江市 六道溝鄕 七道溝村 동북쪽의 압록강 우안의 충적대지에 위치함. 압록강 북안에 상하 2단의 충적대지가 산으로 둘러싸여 盆地를 이루고 있는데, 유적은 2단 충적대지에 자리한 七道溝村의 동북쪽에 위치하고 있음. 유적에서 서쪽으로 500~1,000m 거리에 길이 300m, 너비 150m에 이르는 고구려시기 고분군이 분포하는데, 대부분 적석묘이며, 고분군 남쪽에는 봉토석실묘도 있음. 유적에서 출토된 유물과 서측에 분포한 고분군으로 보아 고구려 시기의 마을 유적으로 추정됨. 다만 黑曜石이 대거 분포한 것에서 보듯이 고구려 건국 이전부터 취락이 형성되었을 가능성이 높음(吉林省文物志編修委員會, 1984, 14~15쪽 ; 王洪峰, 1988, 59쪽).

참고문헌

- 吉林省文物志編修委員會, 1984, 『渾江市文物志』.
- 王洪峰, 1988, 「臨江電站庫區古遺存調査綜述」, 『博物館研究』 1988-3.
- 國家文物局 主編, 1993, 「七道溝遺址」, 『中國文物地圖集』 吉林分冊, 中國地圖出版社.

05 임강 왕팔발자요지
臨江 王八脖子窯址

1. 조사현황

1) 1960년 4월
○ 시행기관 : 渾江市 文物普査隊.
○ 조사내용 : 혼강시 일대의 유적 조사시 窯址 발견.

2) 1984년
○ 시행기관 : 渾江市 文物普査隊.
○ 조사내용 : 유적의 흔적을 확인할 수 없었음.
○ 발표 : 『渾江市文物志』 중의 '王八脖子窯址'.
○ 결과 : 조사 착수에 앞서 1984년 3월 8일에 渾江市 重點文物保護單位로 지정.

2. 위치와 자연환경

1) 지리위치
○ 臨江市 六道溝鄕 東甸子村 서쪽 약 1.5km에 위치.
○ 유적지에서 동남쪽 5.5km 거리에 六道溝鄕 소재지가 있음.
○ 본래 六道溝에서 四道溝鄕에 이르는 도로 북쪽의 기다란 산등성이에 위치했으며, 도로가 유적 바로 앞을 지나갔다고 함. 2007년 당시 臨江 - 長白 도로가 본래의 유적지 일대를 관통하고 있었음.
○ 북쪽으로 0.5km 거리에 樺皮甸子古城이 위치해 있으며, 동남쪽으로 산모퉁이를 돌아 1.5km 정도 가면 東甸子고분군과 東甸子유적이 나옴.

2) 자연환경
○ 가마터는 해발 1,000여 m의 산봉우리에서 서쪽으로 압록강을 향해 기다랗게 뻗은 산등성이의 끝자락에 자리잡고 있음. 산등성이의 形狀이 마치 거북이 목처럼 쭉 뻗어 있어 '王八脖子'로 불렸다고 함.
○ 본래 가마터 바로 앞으로 臨江 - 長白 도로가 지나갔으며, 높이는 압록강 수면보다 30m 정도 높았다고 함. 2007년 당시에는 臨江 - 長白 도로가 본래의 유적지 일대를 관통하고 있음.
○ 압록강이 동쪽에서 서쪽으로 흘러가 가마터 서남쪽에서 流向을 완만하게 북쪽으로 꺾어 커다랗게 만곡하여 흘러가고 있음.
○ 가마터 동쪽으로는 험준한 산줄기가 이어지며, 북쪽으로는 길이와 폭이 1.5km 전후인 (西)樺皮甸子村 충적대지가 펼쳐져 있고, 동남쪽으로 산모퉁이를 돌면 東甸子村 충적대지가 동서 방향으로 기다랗게 펼쳐져 있음.

3. 유적의 전체현황

1) 전체 평면
○ 1960년 가마터를 발견했을 당시에는 가마터가 산등성이의 가파른 모퉁이 지점에 위치했고, 20여 개의

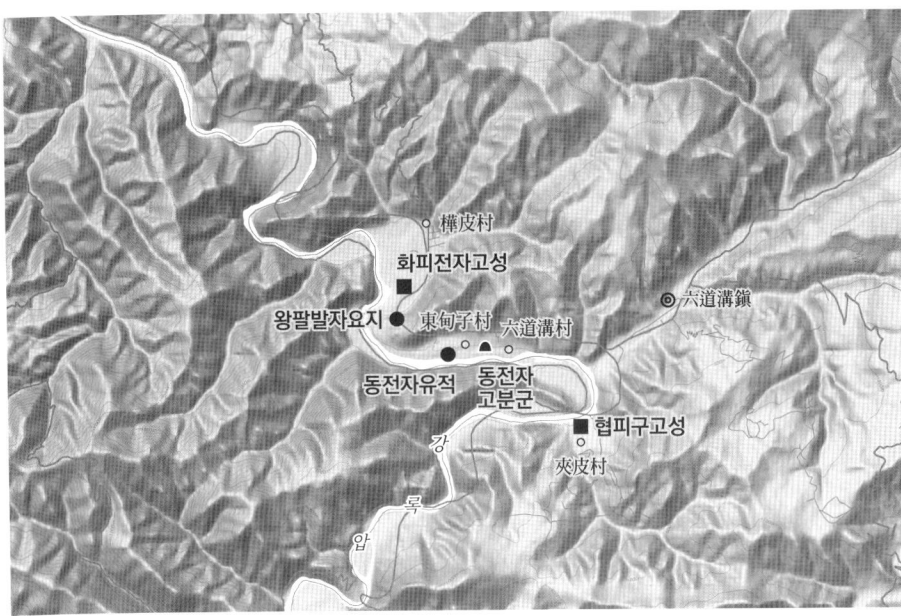

그림 1
왕팔발자요지 위치도

그림 2 왕팔발자요지 주변 지형도(滿洲國 10만분의 1 지형도)

登窯式(窯洞式) 가마 구덩이가 도로에 인접하여 동서 방향으로 활처럼 나란히 펼쳐져 있었다고 함.
○ 가마터의 동서 길이는 30m, 남북 너비는 3m이고, 문화층의 두께는 2m.

2) 보존상태
○ 세월이 흐르고 비바람에 침식됨에 따라 가마터는 자연 소실되어 1984년 문물 조사 때에는 이미 그 흔적을 찾을 수 없었음.
○ 특히 도로의 확장과 포장으로 인해 대부분의 가마터가 파괴됨. 2007년 당시 임강-장백 도로가 유적지 일대를 관통하고 있음.

4. 출토유물

붉게 불탄 흙덩이, 토기편, 木炭 등 출토.

5. 역사적 성격

王八脖子窯址는 臨江市 六道溝鄕 東甸子村에서 서쪽으로 약 1.5km 거리인 압록강 연안의 산기슭에 위치함. 유적지 주변에는 고구려시기 유적이 밀집 분포함. 유적지에서 북쪽 0.5km 거리에는 樺皮甸子古城 위치하며, 동남쪽 1.5km 거리 東甸子 일대에는 마을 유적과 고분군이 분포하고 있음.

유적은 고구려시기의 가마터로 추정되는데, 주변의 자연환경과 토양이 토기 제작에 적합한 여건을 갖추고 있음. 登窯式(窯洞式) 가마 구덩이가 20여 개나 있었다는 점에서 여기에서 제작한 토기는 현지뿐 아니라 압록강 수로를 이용해 각지로 운송했을 것으로 추정됨(吉林省文物志編修委員會, 1984, 51~52쪽). 이 경우 가마터에서 북쪽으로 0.5km 거리에 위치한 樺皮甸子古城이 압록강 수로를 이용해 토기를 운송하던 수운역참으로 활용되었을 것으로 추정됨(여호규, 2008, 142쪽).

참고문헌
· 吉林省文物志編修委員會, 1984, 『渾江市文物志』.
· 國家文物局 主編, 1993, 「王八脖子陶窯址」, 『中國文物地圖集』吉林分冊, 中國地圖出版社.
· 渾江市地方志編纂委員會 編, 1994, 「文物」, 『渾江市志』, 中華書局.
· 여호규, 2008, 「鴨綠江 중상류 연안의 高句麗 성곽과 東海路」, 『역사문화연구』 29.

06 임강 육도구동광유적
臨江 六道溝銅礦址 | 夾心崗古銅鑛址

1. 조사현황

1) 1885년(光緖 11)
o 臨江市 六道溝 동북쪽 산에서 깊이 6m인 오래된 채광 갱도 4개 발견.
o 이때 제련시에 남긴 찌꺼기(鑛渣)도 많이 발견.

2) 동광 개발 연혁
o 1887년경 鄭鐸民, 孟蘭亭, 郝金堂 등이 채광을 시도하다가 기술적 낙후로 모두 그만둠.
o 1923년부터 개발되어 '臨江銅鑛'으로 불리게 됨.
o 1932년 일제의 만주침략 이후 더욱 본격적으로 채광을 함.
o 1940년 이후에는 구리보다 군사적 목적에서 주로 몰리브덴(鉬) 채광.
o 중국 정부 성립 이후 동광 매장량 조사.
o 1958년부터 광산을 건설해 채광하다가 1983년에 폐광함.

3) 1954~1958년
o 이 무렵 중국 정부가 광산을 개발하기 위해 준비에 착수.
o 瀋陽地質勘探公司 108隊(吉林省 冶金 地質 601 勘探隊)의 周正發이 六道溝 銅山鎭(舊名 老黑頂子) 일대를 탐사하다가 2호 동굴에서 오래된 좁은 갱도 발견했는데, 601대가 그린 갱도의 평면도가 檔案 자료로 남아 있음.

4) 1984년 6월 하순
o 시행기관 : 渾江市 文物普査隊.
o 참가자 : 錯草頂子鄕 黨委 書記 周正發 등.
o 조사내용 : 광산 간부 등의 도움을 받아 동광의 흔적 확인.
o 발표 : 『渾江市文物志』 중의 '六道溝銅鑛址'.

5) 1995년 5월
o 시행기관 : 白山市 文物普査隊.
o 참가자 : 張殿甲 외.
o 조사내용 : 古銅鑛 부근의 寶山鎭(原名 錯草頂子鄕) 下亂泥塘四社(舊名 後小溝)의 경작지에서 冶鍊 유적 발견.
o 발표 : 『北方文物』 2000-2.

2. 위치와 자연환경

1) 지리위치
o 臨江市 六道溝鄕에서 동북쪽 13km 떨어진 錯草頂子鄕(현재의 寶山鎭) 관할의 銅山鎭 서측 산 위에 위치.
o 지금은 폐광된 臨江銅鑛에서 동쪽으로 1km 정도 떨어진 평탄한 산등성이에 위치.

그림 1
육도구동광유적 위치도

2) 자연환경
○ 古銅鑛이 위치한 산등성이는 해발 760m, 比高 300m로 평탄함.
○ 평탄한 산등성이는 둥그스름한 방형으로 면적은 20여 만 km²에 이름.

3. 銅鑛과 古坑道 현황

1) 광맥과 동광의 품위
○ 礦脈 : 동서 2,600m, 남북 1,000m 범위에 분포.
○ 礦石品位 : 대체로 0.2% 정도, 개별 富礦脈 品位는 20% 정도.
○ 鑛床 : 矽卡巖型의 小型 礦床, 黃銅礦, 斑銅礦과 輝鉬礦 등 매장.
○ 매장량(1950년대) : 총 245만 톤, 銅 1.7만 톤, 몰리브덴(鉬) 1,824톤.

2) 1885년에 발견한 坑道
○ 깊이 6m인 채광 갱도 4개를 발견했다고 함.

3) 1950년대에 발견한 坑道
○ 광산 개발을 위해 이 일대를 탐사하다가 2호 동굴에서 고갱도 발견.
○ 갱도는 方圓形으로 폭이 0.7m에 불과, 깊이는 알 수 없었음.
○ 갱도에서 靑銅製 등잔과 목제가래 등 발견.

4) 臨江銅鑛 채굴시 발견한 坑道
○ 臨江銅鑛에서 일했던 인부들이 古礦洞의 현황에 대해 전언.
○ 채굴하다가 고갱도 발견, 고갱도에서 소나무 횃불(明子) 발견.
○ 현대의 갱도는 平行 巷道式 채굴법을 채용하여 여러 갱도를 평행으로 굴진한 다음 다시 주 갱에서 관통해 폭파시켜 광석을 채취하므로 처음 팠던 갱도는 모두 커다란 동굴로 변함. 이에 비해 古坑道는 수직 구덩이식(竪井)을 위주로 했고, 대부분 富礦脈을 따라 굴진해 분포 상태가 불규칙함. 1950년대 말 이래 20여 년간 채광하면서 고동광은 거의 모두 사라짐.

4. 銅鑛 주변의 冶鍊址와 취락 유적

1) 曲柳樹(立新村, 夾心崗, 錯草頂子山) 일대의 冶鍊址

○ 1950년대말 六道溝鄕 曲柳樹(현재의 錯草頂子鄕 立新村, 夾心崗이라고도 불림)에서 석제도끼, 석제화살촉, 철제화살촉, 철제솥, 동제불상(銅佛), 마제석촉 발견.

○ 부근에서 아궁이(炕址)와 재 구덩이(灰坑) 등도 발견.

○ 이 일대 언덕에는 冶鍊址와 목탄과 야련 찌꺼기(溶渣) 등이 남아 있음.

○ 동광 전문가에 따르면 노천 야련은 온도가 높지 않아도 되며, 목탄을 연료로 사용해도 가능하다고 함.

2) 冰湖村 산 위의 冶鍊址

○ 吉林 冶金 地質 602隊를 퇴직한 趙興國씨의 회상.

○ 1950년대 冰湖村 산 위에 가득 흩어져 있는 銅渣堆 발견.

○ 이 銅 찌꺼기들은 近代의 것이 아니었다고 함.

3) 寶山鎭(原名 錯草頂子鄕) 下亂泥塘四社 冶鍊址와 취락

○ 1995년 曲柳樹(夾心崗) 야련지에서 서남쪽으로 2km 정도 떨어진 寶山鎭(原名 錯草頂子鄕) 下亂泥塘 4社(舊名 後小溝) 경작지에서 발견.

○ 유적지 북쪽 300m 거리에 四社, 남쪽 50m 거리에 七道溝河가 있음.

○ 七道溝河 右岸 2단 대지 위에 위치해 지세는 확 트였고 평탄함.

○ 유적지 규모: 동서 약 200m, 남북 약 100m로서 토질이 비옥함.

○ 층위: 耕土層 약 15~20cm, 그 아래 문화층에 탄층(炭層)과 붉게 탄 흙덩이(紅燒土)가 있음.

○ 유적지 표면에 토기편과 銅渣(동 찌꺼기) 등이 흩어져 있음.

○ 현지 학생이 四社 동쪽의 두 번째 산골짜기에서 동 찌꺼기 채집.

5. 출토유물

1) 1950년대에 발견한 古坑道

○ 1950년대에 발견한 古坑道에서 청동제등잔과 목제가래 발견.

○ 청동제등잔: 靑銅 鑄造品, 자루가 높고 잔은 얕음. 높이 약 30cm.

○ 목제가래: 가래의 너비 25~30cm, 길이 30~35cm, 자루 길이 70cm.

2) 曲柳樹(立新村, 夾心崗) 일대의 冶鍊址

석제도끼, 석제화살촉, 철제화살촉, 철제솥, 동제불상(銅佛), 마제석촉 등을 발견했다고 함.

3) 寶山鎭(原名 錯草頂子鄕) 下亂泥塘四社 冶鍊址

○ 동 찌꺼기와 함께 토기편 다수 채집.

○ 니질회색토기(泥質灰陶): 민무늬, 소성온도는 보통, 토기 바닥.

○ 니질흑색토기(泥質黑陶): 器壁이 두꺼우며, 안쪽에 方格文을 눌러 시문.

○ 어망추: 泥質灰陶片을 가공, 불규칙한 원형, 한쪽 면에 拍子 凹痕.

○ 박자(拍子) 단편: 양단에 모두 절단된 흔적이 있음.

○ 동 찌꺼기: 홍갈색, 형태는 불규칙.

6. 역사적 성격

六道溝銅鑛유적은 압록강 상류인 六道溝 골짜기의 산 위에 위치하는데, 근현대 坑道와 다른 古坑道 현황, 주변의 冶鍊址에서 채집된 유물과 야련 찌꺼기 등으로 보아 고대 銅鑛과 冶鍊유적으로 추정됨. 고구려시기부터 개발되어 발해시기에도 채굴했을 것으로 추정됨. '高麗에 銅이 많다'는 『宣和奉使 高麗圖經』의 기록, 周나라 世宗이 비단을 고려의 銅과 교환해 鑄錢했다는 『五代史証』의 기록 등은 본래 고구려 경내에도 銅鑛이 있었음을 증명한다고 추정됨.

『冊府元龜』권999에는 "唐 文宗 開成 元年(836) 6월에 淄靑節度使가 상주해 발해가 銅을 정련해 보냈다"는 기록이 나오는데, 당시 압록강 수로를 경유하던 '朝貢道'를 통해 발해가 당과 무역하던 상황을 감안하면, 이 기록의 銅은 臨江 銅鑛에서 채굴해 제련(冶鍊)한 純銅을 六道溝 河谷 - 압록강 수로를 거쳐 唐의 淄靑節度使가 주재하던 登州까지 보냈을 것으로 추정됨(吉林省文物志編修委員會, 1984, 53~54쪽 ; 張殿甲, 2000, 40~41쪽).

참고문헌

- 吉林省文物志編修委員會, 1984, 『渾江市文物志』.
- 國家文物局 主編, 1993, 「夾心崗古銅鑛址」, 『中國文物地圖集』 吉林分冊, 中國地圖出版社.
- 渾江市地方志編纂委員會 編, 1994, 「鑛業」, 『渾江市志』, 中華書局.
- 張殿甲, 2000, 「鴨綠江中上流高句麗·渤海遺址調査綜述」, 『北方文物』 2000-2.

07 임강 하남둔유적
臨江 河南屯遺址

1. 조사현황

1) 1984년 6월
○ 시행기관 : 渾江市 文物普查隊.
○ 조사내용 : 유적의 현황 파악, 유물 채집.
○ 발표 : 『渾江市文物志』 중의 '河南屯遺址'

2) 1987 5월
○ 시행기관 : 吉林省 文物考古硏究所와 渾江市 文物管理委員會.
○ 참가자 : 石肖元, 張立夫, 張立新, 王洪峰.
○ 조사내용 : 임강댐 수몰지구 조사차 고분군과 더불어 유적 조사.
○ 발표 : 『博物館硏究』 1988-3.

3) 1995년 5월
○ 시행기관 : 白山市 文物普查隊.
○ 참가자 : 張殿甲 외.
○ 조사내용 : 성곽 현황 파악 및 유물 채집.
○ 발표 : 『北方文物』 2000-2.

4) 2004년 7월 10일
○ 시행기관 : 吉林省長白山文化硏究會, 白山市文管辦, 集安市博物館.

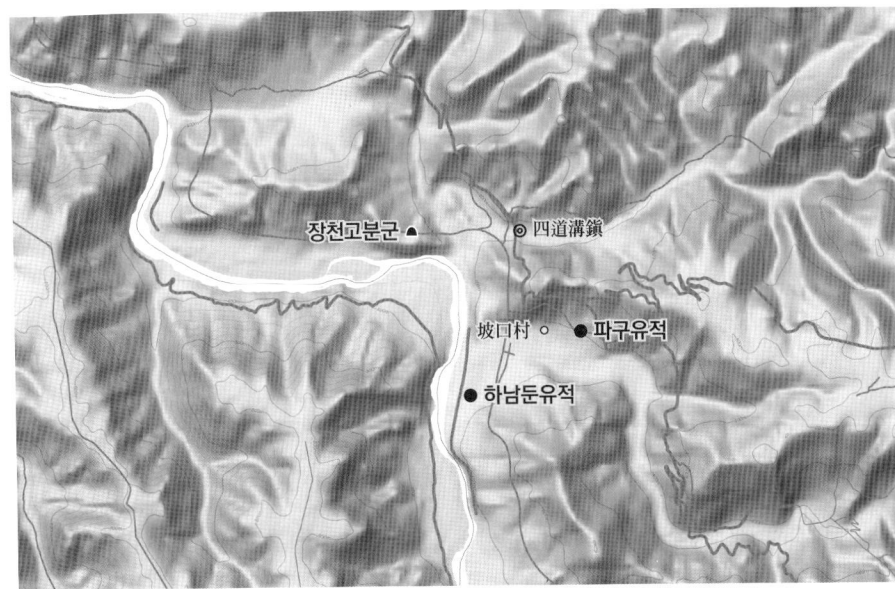

그림 1
하남둔유적 위치도

○ 참가자 : 張福有, 張殿甲, 遲龍, 孫仁杰 등.
○ 조사내용 : 전체적인 현황 파악 및 유물 채집.
○ 발표 : 『東北史地』 2004-5.

2. 위치와 자연환경(그림 1)

1) 지리위치
○ 臨江市 四道溝鄕 河南屯村 북쪽 3km의 하남둔에 위치함.
○ 서북쪽 4km에 四道溝鄕 소재지가 있음.
○ 북쪽 약 500m에 五道溝河가 있음.
○ 압록강가의 대지상에 마을이 있는데, 현대 벽돌 공장이 있음.
○ 이곳에서 五道溝河를 따라 조금만 올라가면 四道溝 坡口遺蹟이 나옴.

2) 자연환경
○ 河南屯은 압록강의 右岸, 五道溝河의 南岸에 위치.
○ 압록강이 하남둔 서쪽에서 유유히 北流하다가 五道溝河와의 합류처를 지난 다음, 四道溝河와 합류하면서 流向을 서쪽으로 꺾어 흘러나가고 있음.
○ 五道溝河와 압록강 합류 지점 동남쪽에 충적대지가 형성되어 있음. 특히 하남둔유적의 압록강 건너편에는 상당히 넓은 충적대지가 펼쳐져 있으며, 하남둔 대지의 동남쪽 산기슭도 경사가 상당히 완만한 편임.

3. 유적의 전체현황

1) 1984년 조사현황
벽돌공장 북쪽 일대에서 布文 기와편과 소량의 토기편을 채집함.

2) 1987년 조사현황
○ 분포범위 : 마을의 도로를 중심으로 대략 동서 200m, 남북 100m 전후.
○ 층위 : 지층은 3개로 확인되었음. 제1층 표토층의 두께는 25cm, 제2층 황색 모래층의 두께는 45cm, 제3층 흑갈토층의 두께는 15～20cm임. 제2층에는 유물이 거의 없고, 제1층·제3층에 유물이 많다고 함.
○ 분포양상 : 도로 서측에는 기와편, 동측에는 토기편이 많음.

3) 1995년 조사현황
분포 범위 : 남북 100m, 동서 50m.

4) 2004년 조사현황
분포 범위 : 남북 300m, 동서 200m.

5) 보존상태
○ 1984년 조사 당시 담장은 이미 무너진 상태였음.
○ 1987년에 유적지 북부에는 민가가 자리하여 유적 훼손이 심했다고 함.
○ 1995년 당시 유적 동남부는 마을의 민가로 뒤덮임.

4. 성벽(담장) 및 건축물 현황

○ 1984년에 유물 채집 지역 서남쪽에 흙으로 다져 쌓은 담장이 있었는데, 많이 무너져 殘長 50m, 높이 0.2～0.4m, 최고 높이 1m 정도에 불과했음.
○ 2004년에 유적의 서남쪽에 城址가 있었다고 함. 殘長 50m, 높이 0.4～1m, 기단 너비 6m.
○ 2004년 조사 당시 성지 내부의 몇 곳에서 정연하게 배열된 채 높이 솟은 경작지의 흙담이 있었는데, 건축물의 흔적으로 파악.

   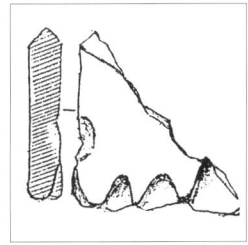

그림 2 평기와   그림 3 평기와   그림 4 평기와   그림 5 끝암키와

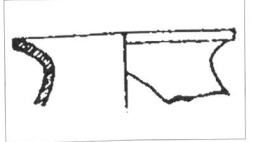  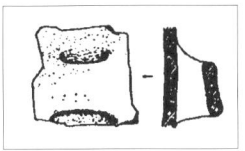

그림 6 토기 구연부   그림 7 토기 구연부   그림 8 토기 파수

5. 출토유물[1]

1) 1984년 출토유물
布文 기와편과 소량의 토기편 채집.

2) 기와류

(1) 1987년 출토 기와
○ 크기 : 두께 1.5~2cm.
○ 형태 : 니질. 회색. 내면 포흔.

(2) 1995년 출토 평기와 2점(그림 2. 그림 3)

(3) 2004년 출토 평기와(그림 4)
○ 형태 : 회색. 암키와. 수키와.

(4) 끝암키와(그림 5)

3) 토기류
○ 색상은 회갈색과 황갈색 두 가지 종류가 있고 회갈색이 비교적 많음.
○ 기종은 단지, 바리 등.

(1) 1987년 출토 토기편(그림 6)
○ 크기 : 구연부 지름 약 14cm.
○ 형태 : 니질토기. 기벽은 두께가 균일하고 기형은 규칙적.

(2) 1987년 출토 토기 구연부(그림 7)
○ 구연부 한 점.
○ 입지름 10cm에 두터운 입술이고 안으로 내만.
○ 구연 외측에는 한 줄의 돌기가 있음.

(3) 1987년 출토 토기 파수(그림 8)
○ 크기 : 너비 4cm.
○ 형태 : 편평하고 넓은 대상파수(橋狀橫耳). 표면은 흑회색.

---

[1] 1984~1987년 출토유물의 도면 출처는 『博物館硏究』 1988-3의 57~58쪽, 1995년 출토유물의 도면 출처는 『北方文物』 2000-2의 43쪽 참조.

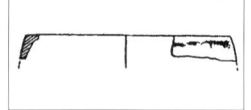 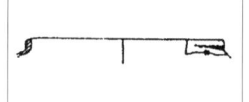  

그림 9 토기 구연부   그림 10 토기 구연부   그림 11 토기 구연부   그림 12 토기 구연부

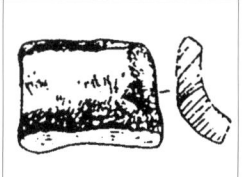 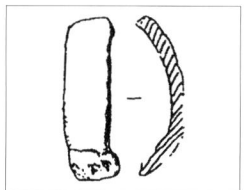 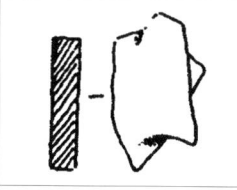 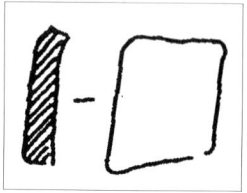

그림 13 토기 구연부   그림 14 토기 파수   그림 15 토기 파수   그림 16 토기 파수

(4) 1995년 출토 토기 구연부(그림 9)
- 회색. 니질토기.
- 구연은 내만. 평평한 입술.
- 소성도는 높고 색상은 고름.
- I식. 심발형(鼓腹罐)으로 추정.

(5) 1995년 출토 토기 구연부(그림 10)
- 니질 회색토기.
- 곧은 구연. 둥근 입술.
- II식. 소성도는 높으며 색조는 고름.

(6) 1995년 출토 토기 구연부(그림 11)
- 니질 흑색토기.
- 소성도는 중간.
- 색조는 고르지 못하며 구연은 급격하게 외반.
- III식. 둥근 입술. 동이로 추정.

(7) 1995년 출토 토기 구연부(그림 12)
- 니질 흑회색.
- 곧은 구연에 뾰족한 입술.
- 입술 외측에는 한 갈래의 부가퇴문 시문.
- IV식. 소성도는 중간이고 단지로 추정됨.

(8) 1995년 출토 토기 구연부(그림 13)
- 니질 흑색토기.
- 소성도는 중간이고 색조는 균일.
- V식. 곧은 구연에 뾰족한 입술. 입술의 바깥쪽은 경사를 이룸.

(9) 1995년 출토 토기 파수(그림 14)
- 크기 : 잔존 길이 11cm, 너비 3.3cm, 두께 1cm.
- 흑색 니질토기.
- 소성도 중간.
- I식. 대상파수(橋狀橫耳).

(10) 1995년 출토 토기 파수(그림 15)
- 모래혼입 회색토기.
- 끝부분만 잔존. 형태는 비교적 큰 편.
- 소성도는 높은 편.
- 색조는 균일하지 않음.
- II식. 대상파수(橋狀橫耳)편.

(11) 토기 파수(그림 16)
- 모래혼입 회색토기.
- 소성도는 중간. 색조는 불균일.

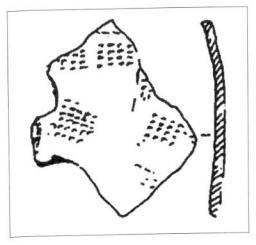
그림 17 토기편

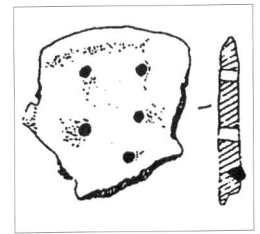
그림 18 시루 저부

○ Ⅲ식. 대상파수(橋狀橫耳)중간.

(12) 1995년 출토 토기편(그림 17)
○ 회색 니질토기.
○ 소성도는 높고 색조는 고름.
○ 표면에는 模壓한 方格文 시문.

(13) 1995년 출토 시루 저부(그림 18)
○ 크기 : 구멍 지름 0.8cm.
○ 형태 : 회색 니질토기. 파손품.
○ 소성도는 높고 색상은 고름.

4) 1995년 출토 철편
○ 형태 : 단조품.
○ 철솥편으로 추정.

5) 1995년 출토 어망추(石網墜)
○ 유적 남쪽 150m 부근 경지에서 채집.
○ 천연 조약돌 조각의 양끝에 오목한 구멍을 뚫림.

6. 역사적 성격

河南屯遺蹟은 臨江市 四道溝鄕 河南屯村 북쪽 3km 거리의 압록강 본류와 五道溝河 합류지점 부근의 충적대지에 위치함. 하남둔유적에서 출토된 기와편이나 토기편 등은 대체로 발해시기 유물로 추정됨. 이에 발해시기의 성터 또는 절터로 추정하며, 대체로 西京鴨綠府에 소속된 神州 관할의 神化縣이나 劍門縣 소재지로 추정하고 있음(吉林省文物志編修委員會, 1984, 23쪽 ; 張殿甲, 2000, 44쪽 ; 孫仁杰·遲龍·張殿甲, 2004, 18쪽). 다만 하남둔유적에서 출토된 토기편들이 고구려 토기의 특징을 비교적 많이 보유하고 있다고 파악하기도 함(王洪峰, 1988, 56~57쪽).

참고문헌
- 吉林省文物志編修委員會, 1984, 『渾江市文物志』.
- 王洪峰, 1988, 「臨江電站庫區古遺存調査綜述」, 『博物館研究』 1988-3.
- 國家文物局 主編, 1993, 「河南屯遺址」, 『中國文物地圖集』吉林分冊, 中國地圖出版社.
- 渾江市地方志編纂委員會 編, 1994, 「文物」, 『渾江市志』, 中華書局.
- 張殿甲, 2000, 「鴨綠江中上流高句麗·渤海遺址調査綜述」, 『北方文物』 2000-2.
- 孫仁杰·遲龍·張殿甲, 2004, 「鴨綠江上流右岸考古調査」, 『東北史地』 2004-5.

4
유물

01 동제도끼
鉞形銅斧

1. 출토지

임강 위사하향 위사하촌.

2. 유물현황

1) 크기
날 너비 7.7cm, 높이 7.7cm, 두께 2.1cm, 결입부 입지름 4.5×1.2cm, 깊이 4.5cm.

2) 형태
○ 청동질이며 주조품. 부채모양.
○ 鉞形斧. 정봉 부채형날, 날끝은 위로 들리였고 허리띠가 있음.
○ 양면 중간에 살짝 위로 두드러진 菱形 網格文이 주조됨.
○ 윗부분에는 긴 원형의 깊은 구멍이 있음.
○ 구멍 양 끝 역시 위로 살짝 쳐들려짐.
○ 표면은 매끄러운데 장기간 사용하여 마찰로 보임.

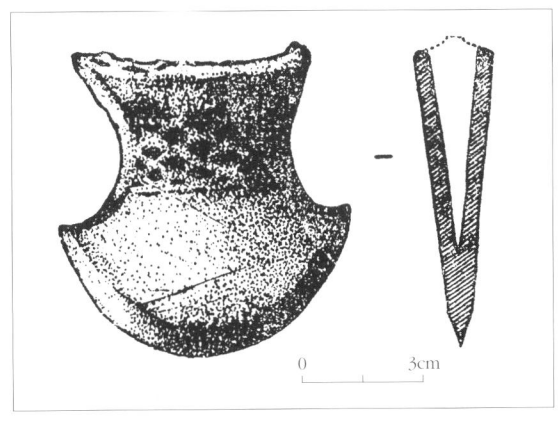

그림 1 동제도끼(『渾江市文物志』, 67쪽)

3) 소장처
渾江市文物管理所(2004년 기준).

참고문헌
• 吉林省文物志編修委員會 主編, 1984, 『渾江市文物志』.

제7부

장백현(長白縣) 지역의 유적과 유물

1
고분군과 고분

01 장백 합마천고분군
長白 蛤蟆川古墳群

1. 조사현황

1) 1986년 5월 조사
○ 조사기관 : 長白縣 文物普査隊.
○ 조사내용 : 2기 흙무지 발견.

2. 위치와 자연환경 (그림 1 ~ 그림 2)

○ 長白縣 十一道溝鄕 蛤蟆川村 서쪽 대지의 서부에 위치.
○ 大柳樹 底屯과 약 1km 떨어져 있음.
○ 북쪽으로 300m에는 험준한 산들이 이어져 있고, 산기슭 아래에는 강을 따라 도로가 지나감.
○ 남쪽으로 약 70m에는 압록강이 동남에서 서북으로 흐름.

3. 고분군의 분포상황

○ 지표보다 높은 흙무지가 동쪽과 서쪽에서 각 한기씩 150m 간격을 두고 분포함.
○ 동쪽 흙무지는 평면은 원형으로 직경 15m, 높이 2m임.

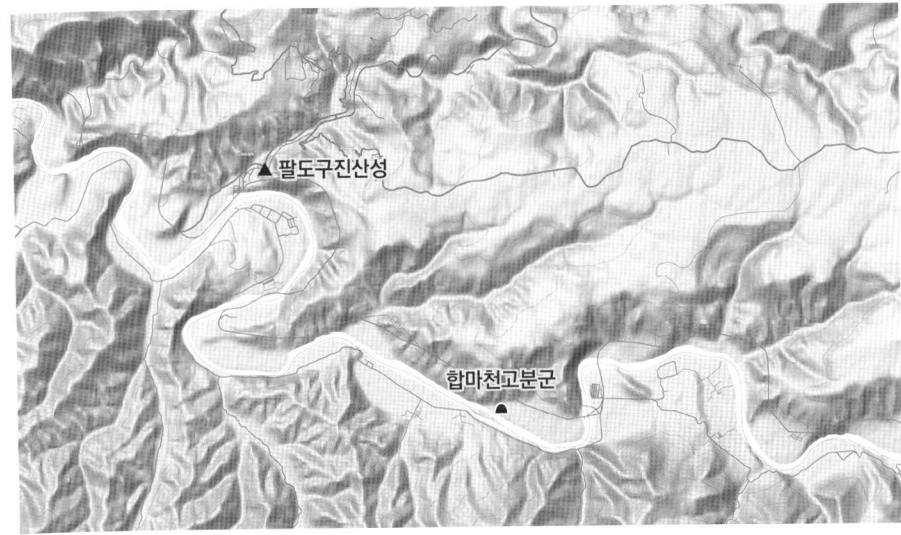

그림 1
합마천고분군 위치도

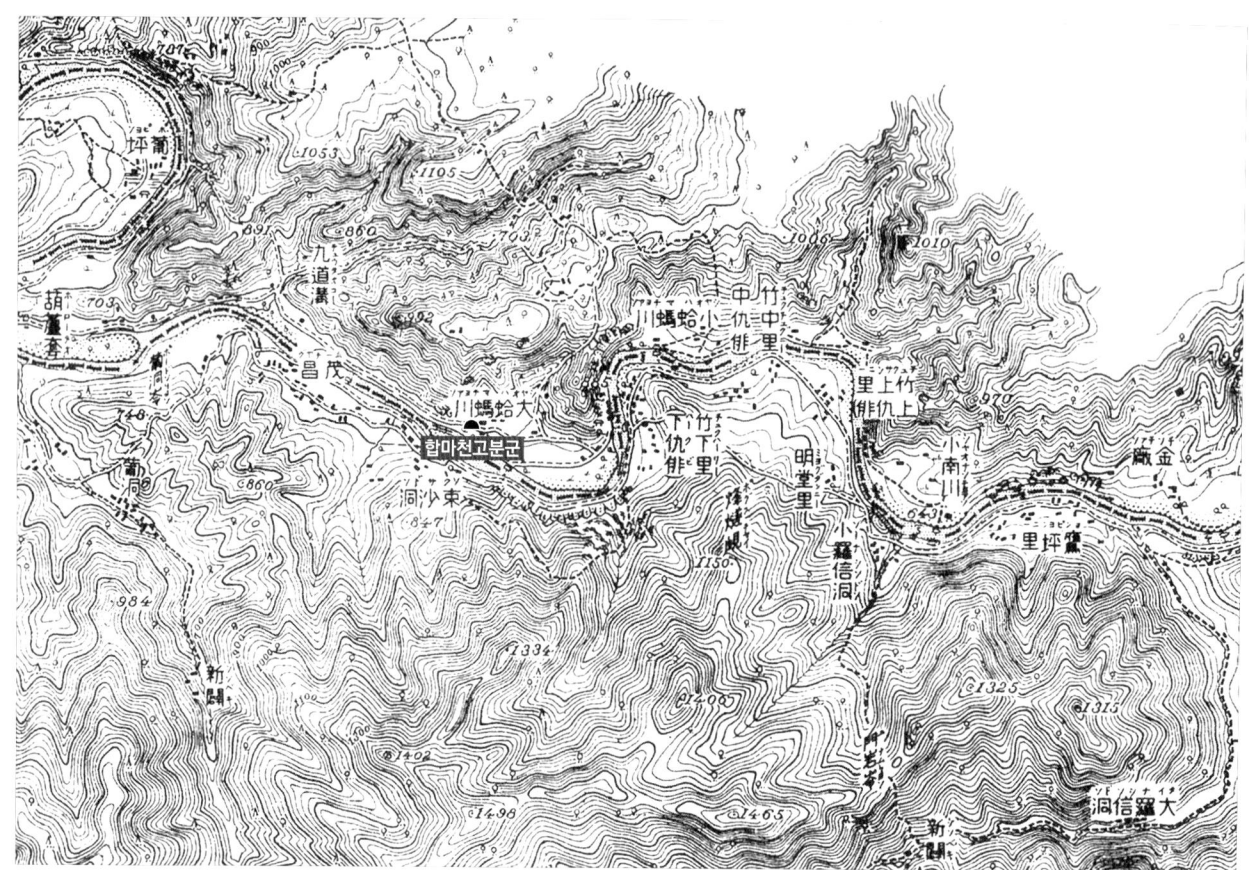

그림 2 합마천고분군 주변 지형도(滿洲國 10만분의 1 지형도)

○ 서쪽 흙무지는 정상부가 파괴되어 경작지로 바뀜. 평면은 삼각형에 가까우며 높이는 1m정도, 길이 20m임. 고분 정상에서 토기 구연부(卷沿凸弦文 陶器口沿) 1점과 석제칼(石刀) 1점을 수집함.

등의 출토유물상황으로 미루어 고분군의 상한 연대는 청동기시대 말 약 2500년 전이며, 하한 연대는 고구려 초기 약 1900년 전으로 비정됨.

4. 역사적 성격

과거 무덤에서 발견된 철제화살촉(鐵鏃)이 고구려 철촉과 유사하여 고구려 고분으로 비정됨. 다만, 석제칼

참고문헌

· 吉林省文物志編纂委會, 1986, 『長白朝鮮族自治縣文物志』.
· 國家文物局 主編, 1993, 『中國文物地圖集』 吉林分冊.

02 장백 간구자고분군
長白 干溝子古墳群

1. 조사현황

1) 1985년 4월 조사
○ 조사기관 : 長白 朝鮮族自治縣文化管理所.
○ 조사내용 : 파괴된 墓壙에서 토기(陶罐, 陶盅) 2점, 멧돼지이빨장식(野猪牙飾) 2점, 녹송석 대롱장식(綠松石管飾) 1점 등을 채집함. 현지 주민이 보유한 석제도끼(石斧) 2점을 회수함.[1]

2) 1986년 6월 조사
○ 조사기관 : 長白朝鮮族自治縣文物調査隊.
○ 조사 참여자 : 嚴長錄, 馬成吉, 賀克武, 朴潤武.
○ 조사내용 : 고분군 범위(墓區)는 동서 길이 약 1.0km, 너비 약 350km로 고분 19기를 확인 후 편호함.

3) 2001년 5~7월 조사
○ 조사기관 : 吉林省文物考古研究所, 長白縣文物保護管理所, 集安市博物館.
○ 조사 참여자 : 聶勇(길림성문물고고연구소), 孫仁杰·遲勇(집안시박물관), 谷芃(백산시문물관리위원회판공실), 丁貴民·李志全(장백현문물보호관리소).

○ 조사내용 : 1986년 편호된 고분가운데 M15~M19의 5기 가운데 1기만 남아 있고, 1986년도에 편호되지 않은 고분 중 고분 형식을 판별할 수 있는 고분을 고려하여 새롭게 편호함. 서간구하 북안의 A구 4기와 그 남안의 B구 3기를 발굴조사함.

4) 2004년 7월 11일 조사
○ 조사기관 : 吉林省長白山文化研究會, 白山市文管辦, 集安市博物館.
○ 조사 참여자 : 張福有, 孫仁杰, 遲勇, 張殿甲, 谷芃.
○ 조사내용 : 압록강 상류 지역 역사문화 면모를 파악하기 위한 20여 곳 조사에 포함(河南屯유적지, 樺皮甸子고성지, 東甸子고분군, 干溝子고분군, 二十一道溝유적 및 일부 주거지 등).

2. 위치와 자연환경(그림 1~그림 4)

1) 위치
○ 간구자촌은 吉林省 長白縣 十四道溝鎭 서쪽 0.5km 지점에 위치하는데 고분은 干溝子村의 東·西干溝河 양안의 하곡 충적대지상에 분포함.

---

[1] 『長白朝鮮族自治縣文物志』 참조. 『博物館研究』 1990-3에는 1986년 조사에서 소개된 모든 유물이 M1의 圓形石框積石墓 안에서 출토된 것으로 기록.

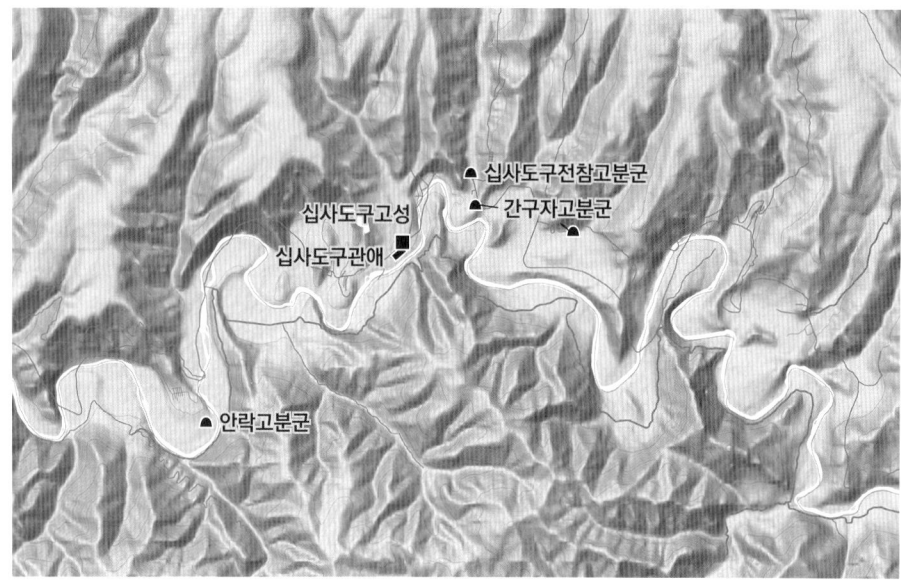

그림 1
간구자고분군 위치도 1

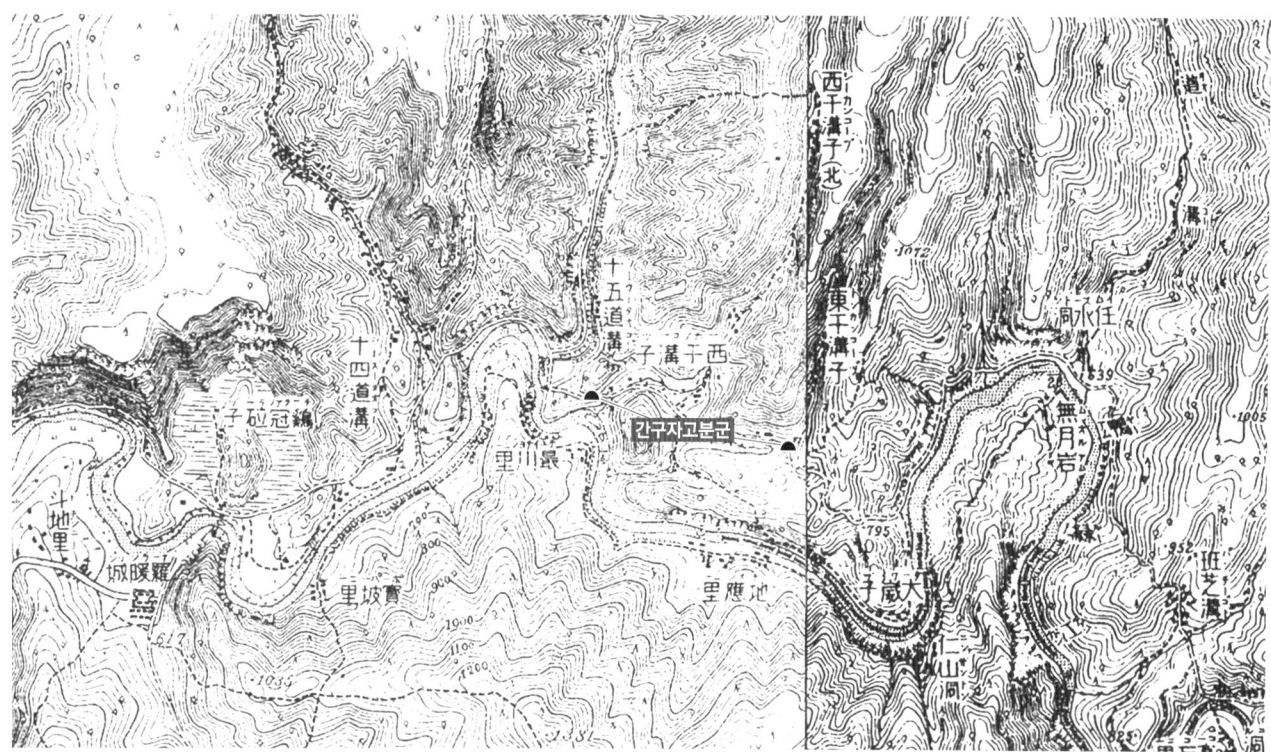

그림 2 간구자고분군 주변 지형도(滿洲國 10만분의 1 지형도)

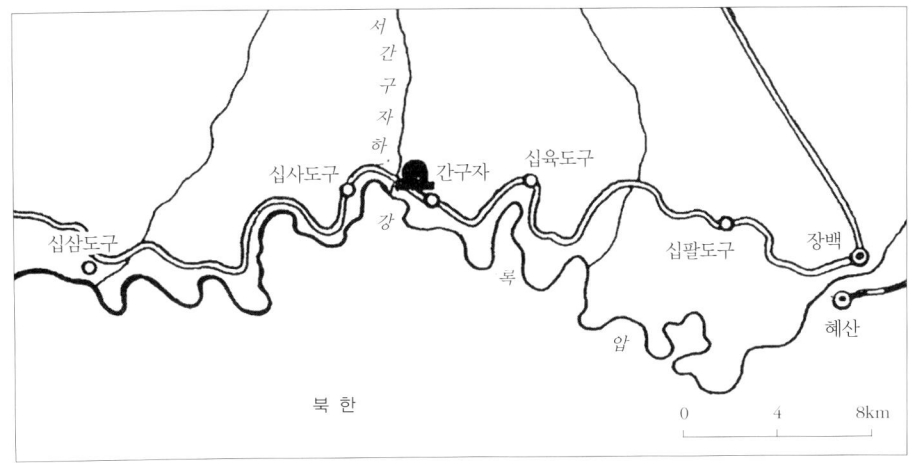

그림 3
간구자고분군 위치도 2
(『中國境內 高句麗遺蹟硏究』, 1995)

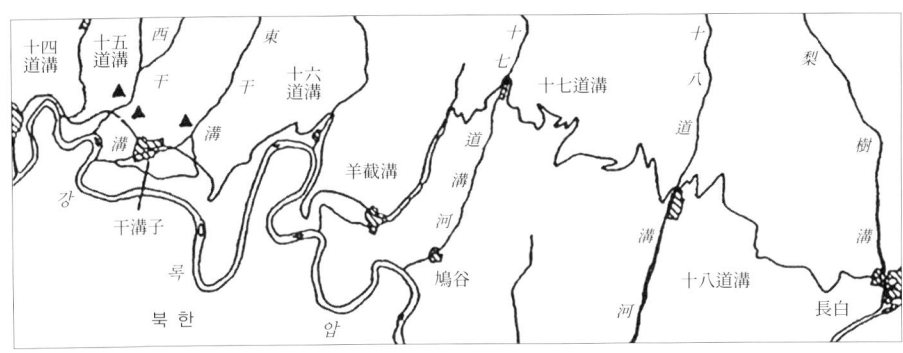

그림 4
간구자고분군 위치도 3
(『考古』 2003-8)

○ 동쪽으로 長白縣城과 45km 떨어져 있고, 동·서·북 3면이 高山으로 둘러싸여 있고,[2] 남쪽으로는 압록강이 흐름.

2) 고분군 주변환경

○ 압록강과 고분군 사이의 馬架子山을 기준으로 동쪽의 동간구하, 서쪽의 서간구하가 흐르며, 서간구하는 동북에서 서남으로 흘러 고분군을 거쳐 압록강으로 흘러 감.

○ 장백과 임강을 잇는 長臨도로가 동남에서 서북으로 뻗어 고분군을 양분함.

○ 고분군 서·남 양쪽 산위에는 청동기시대 유적이 자리하고 있음.

3. 고분군의 분포상황

1) 1986년 분포상황(그림 5)

(1) 고분군 범위

길이 1,000m, 너비 350m로서 대략 8,000m²임.[3]

---

2 고분군의 위치와 자연환경은 『考古』 2003-8를 참조. 『博物館硏究』 1990-3에는 서간구자하를 끼고 넓게 트인 개활지를 '北大地'라 부르는데 이곳은 동, 서, 북 삼면이 산으로 둘러싸여 있으며, 고분은 이곳에 산재되어 있다고 소개.

3 『博物館硏究』 1990-3 참조. 『長白朝鮮族自治縣文物志』, 1986에는 길이 1.2km, 너비 약 0.4km로 소개.

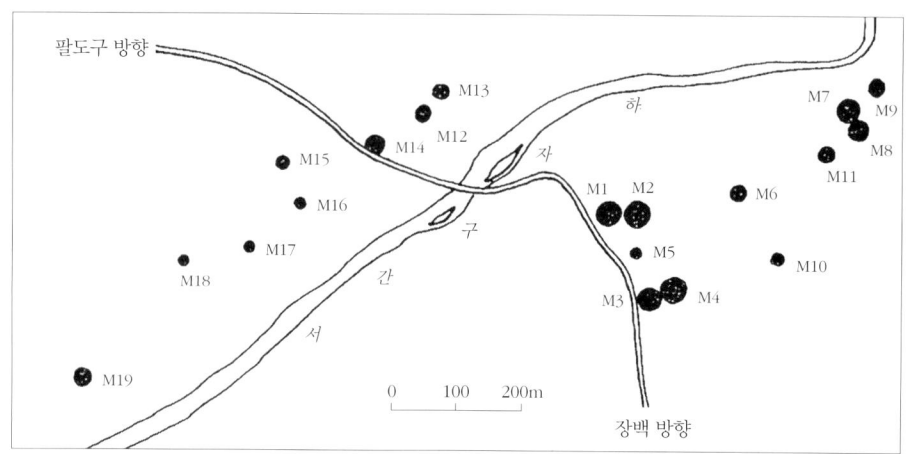

그림 5
간구자고분군의 분포도 1
(『中國境內 高句麗遺蹟研究』, 1995)

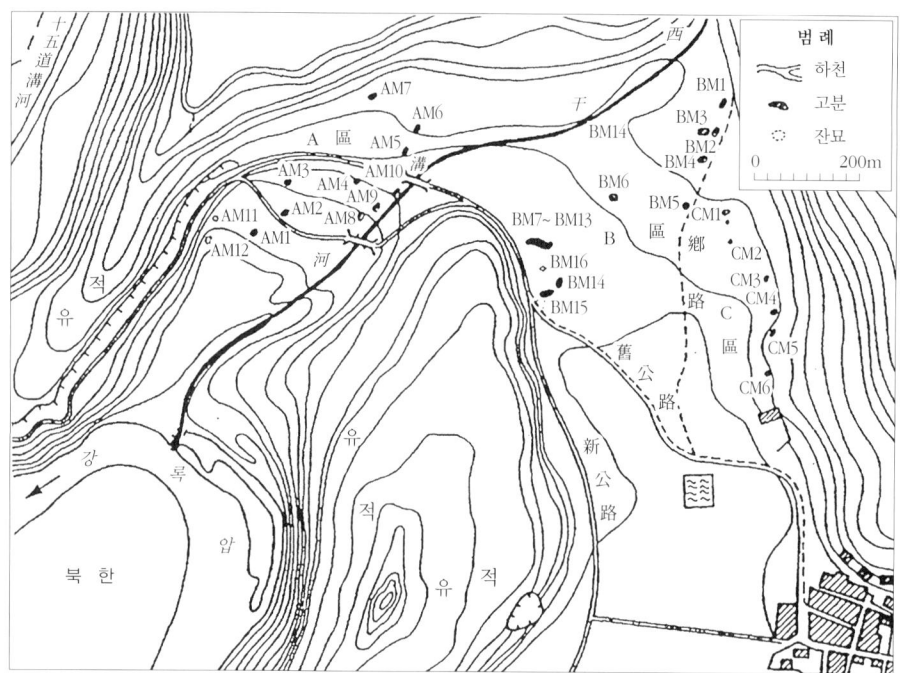

그림 6
간구자고분군의 분포도 2
(『考古』 2003-8)

(2) 고분군 구획

○ 서간구자하와 長臨도로를 기준으로 나뉨.

○ M1~M11 : 서간구하 南岸, 長臨도로의 북쪽에 위치하는데 부채형으로 분포함.

○ M12~19 : 서간구하 北岸, 長臨도로의 양쪽 가에 위치하는데 대체로 남북 방향으로 배열함. M18과 M19는 경작지로 변하면서 심하게 훼손됨.

(3) 고분 구분

○ 墓域 규모에 따라 대·중·소형으로 나뉨.

○ 대형고분 : M2가 대표적인데 평면은 장방형으로 길이 50m, 너비 25m임.

○ 중형고분 : 무덤 평면은 타원형 또는 방형에 가까운 형태인데 타원형은 원래 방형이었으나 원상태를 상실한 형태로 길이 20~30m 정도임. M1, M3, M7, M8, M4, M17 등 다수 확인됨.

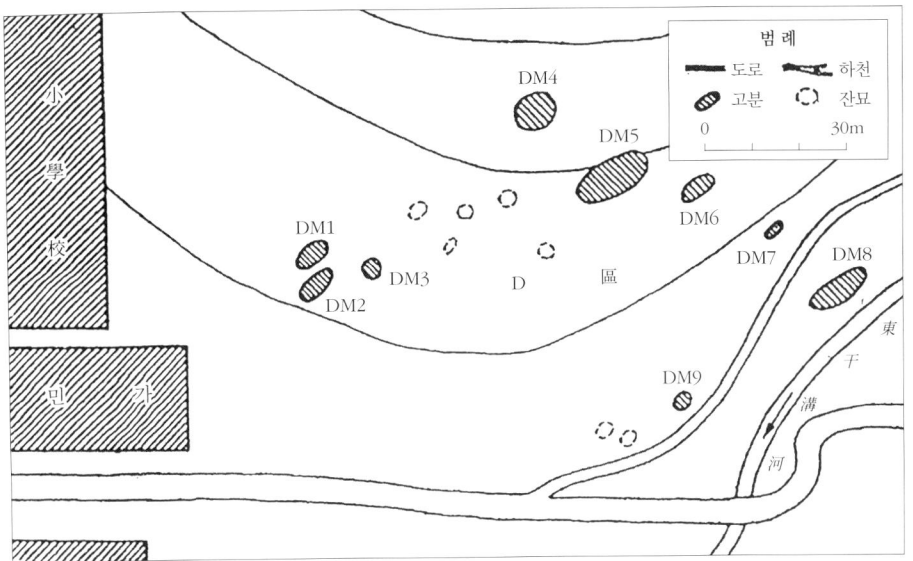

그림 7
간구자고분군의 분포도 3
(『考古』2003-8)

○ 소형고분 : 대부분 원형으로 본래 墓域시설이 없고 거의 대부분 심하게 파괴된 상태이며, 무덤 기저부 직경은 일반적으로 10m정도임.

2) 2001년 분포상황(그림 6, 그림 7)
서쪽에서 동쪽으로 A, B, C, D의 4개 墓區로 구획됨.

(1) A구역
○ 서간구하 北岸고분군의 가장 서쪽에 위치.
○ 고분 총 12기로 편호는 AM1~AM12임.
○ 동·서 2열로 열상 분포하는데 동쪽 열은 3기가 강가에 위치하나 이미 훼손되었고, 서쪽 열은 長白-臨江 간의 도로 양쪽에 분포하나 일부는 훼손됨.

(2) B구역
○ 서간구하 東南岸에 위치.
○ 동쪽 : 산으로 향한 鄕路 주변에 분포하는데 고분은 총 17기로 BM1~BM17로 편호됨. 대다수 비교적 잘 보존된 상태이며, 고분은 동북에서 서남으로 배열되어 있으며, BM6 이하로부터 두 갈래로 나뉨.
○ 서쪽 : 고분 7기(BM7~BM13)가 아주 가깝게 서로 인접해 있어 발굴을 보류함.

(3) C구역
○ 墓地 중부에 위치.
○ B구역과는 鄕路를 사이에 두고 서로 마주보고 있음.
○ 파괴된 고분이 비교적 많고, 그 가운데 돌무지 규모가 비교적 작은 고분들이 있음.
○ 비교적 온전한 6기가 동쪽 산기슭 아래에 남북 방향으로 배열되었는데 CM1~CM6로 편호함.

(4) D구역
○ 간구자촌 동쪽에 위치.
○ 동쪽으로 동간구하, 서쪽으로는 소학교가 인접해 있고, 북으로는 언덕에 기대어 있음.
○ 고분 17기 잔존하는데 DM1~DM9의 9기가 비교적 온전하며, 서북에서 동남 방향으로 2열 배치되어 있음. 그 밖의 8기는 심하게 훼손되었는데 대다수는 잔존 직경이 6m를 넘지 않는 돌무지 흔적으로 되어 있음.

(5) 고분 형식

○ 수 기 또는 십 몇 기의 墓壇이 중첩으로 연접되어 있는 적석묘임.
○ 묘단 평면은 원형, 반원형, 부채꼴(扇形)로 나뉨.
- 원형묘단(主墓壇) : 일반적으로 고분 중간에 위치하는데 다수 고분이 圓壇은 1기이며, 높이는 다른 묘단 보다 높음. 일명 '主墓壇'이라 칭함. 직경은 대다수 6~8m이며, 최대는 12m에 달함. 주묘단 위의 묘광은 일반적으로 2~3개, 최다 5개이며 평행 또는 대칭으로 분포함.
- 반원형묘단(續墓壇) : 대다수 주묘단의 중심축선상에 조영되었으며, 주묘단 밖에 일정 방향으로 반원형 형태로 연접함. 일명 '續墓壇'이라 칭함. 속묘단의 직경은 약 주묘단의 2/3이며 높이는 주묘단보다 낮으며, 그 수량은 각 묘가 고르지 않은데 어떤 경우는 5기가 넘음.
- 선형묘단(附墓壇) : 주묘단 주위와 속묘단 양쪽에 부채꼴 형태로 형성되었는데 일명 '附墓壇'이라 칭함. 높이는 주묘단 및 속묘단 보다 낮음.
○ 묘단 축조과정
- 속·부묘단 위에는 일반적으로 오직 1기의 묘광이 있고 대다수 묘단의 중앙에 조성하였으나 어떤 경우는 앞서 조영된 묘단의 바깥 울타리돌에 기대어 있음. 속묘단 묘광의 방향은 대다수 주묘단 묘광과 동일하며 부묘단은 일정하지 않음.
- 주묘단, 속묘단, 부묘단은 모두 정연한 弧形의 바깥 울타리돌이 설치된 것이 특징임. 묘단의 울타리(墻) 밖에 모두 장대석(石條) 또는 큰 돌이 세워져 있는데 버팀돌(倚護石)이며, 버팀돌 하부에는 더욱 큰 돌이 쌓여 있어 묘단을 더욱 견고히 함. 버팀돌은 높이와 크기가 고르지 않고 간격 역시 다르며, 석재는 15도구에서 채집된 유문암이 다수이고 소수는 길쭉한 강돌(卵石) 또는 현무암 파편임. 버팀돌 바닥부의 큰 돌은 어떤 경우 비교적 널리 펼쳐져 있는데 아마도 단순히 세워 놓은 장대석(의호석)을 누르는 역할만 하는 것이 아니라 밖으로 외접하는데 편리하게 하기 위한 것으로 추정됨. 아울러 무덤 형태가 시종 원형 또는 타원형의 평면을 유지하고 묘단이 중앙에서 가장자리로 갈수록 높이가 점차 낮아지는 축조방식 역시 무덤 위에 봉석한 후에 그 원구상의 외관을 유지하기 위해서라고 추정됨.

4. 고분별 현황

1) 1986년 조사 고분

(1) 간구자1호묘(M1)

① 위치
서간구자하 동쪽 구역 서남단 및 長臨 도로가에 위치.

② 구조(그림 8)

㉠ 중형묘

㉡ 묘역의 석축 기단
○ 장방형[4] 으로 남북 길이 25m, 너비 20m, 높이 1m, 면적 500m²임.
○ 기단은 큰 돌(大塊石)로 쌓았는데 현재 두꺼운 부식토 표층에 눌려 있음. 기단 네 모서리의 돌이 떨어져 나가 타원형으로 변형된 상태임.

---

[4] 『長白朝鮮族自治縣文物志』 및 『中國境內 高句麗遺蹟硏究』, 1995 참조. 『博物館硏究』 1990-3에는 '타원형 기단'으로 설명. 다만 박윤무의 동일 글을 재수록한 『中國境內 高句麗遺蹟硏究』에서 '타원형의 기단은 원래 방형이었으나 변형된 것으로 파악.

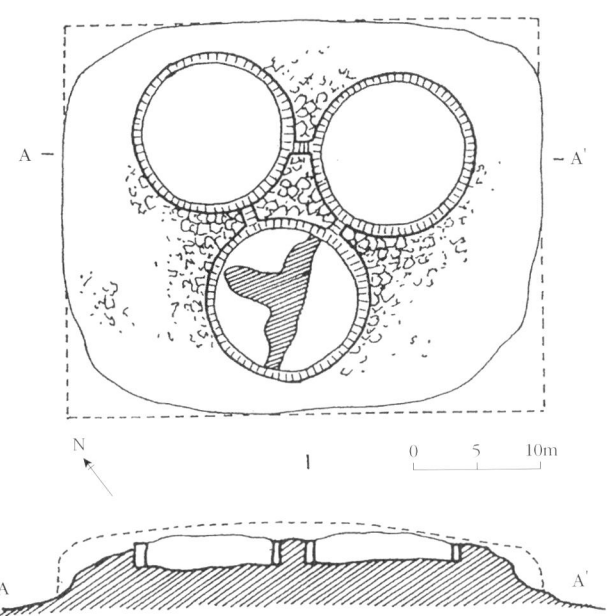

그림 8 간구자1호묘의 묘실 배치도
(『中國境內 高句麗遺蹟硏究』, 1995)

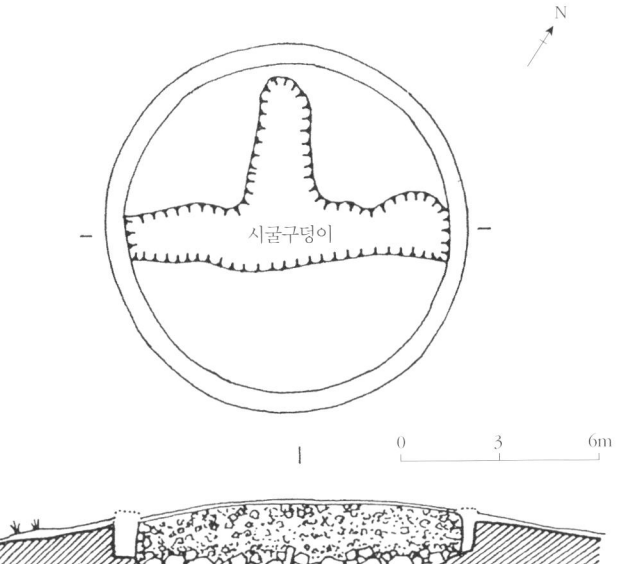

그림 9 간구자1호묘의 1호묘광 평·단면도
(『中國境內 高句麗遺蹟硏究』, 1995)

ⓒ 原形石框積石串墓(연접묘) 구축

○ 석축 기단 위에 3개의 원형석광적석연접묘를 조성함. 석광(石框)[5] 축조 과정을 보면 첫째, 무덤 외벽은 길이 0.8~1m, 너비 0.5m, 두께 0.6m의 다듬은 장대석을 촘촘히 둘러 세워 원형으로 쌓음. 둘째, 묘광 내부를 크기가 다른 막돌(石塊)과 강돌(礫石)로 채움. 셋째, 주먹크기의 돌을 여러 벌 덮어 정상부를 덮었는데 둥근 언덕 모양을 하고 있음.

○ 3개 석광적석묘는 동일함. 모두 원형으로 직경 11m이며 삼각형 모양으로 배열되어 있음. 각 무덤의 간격은 0.5m이며, 무덤 간에는 장방체의 긴 돌을 일렬로 서로 연결시켜 일정 형식의 유기적 통일체를 형성함. 묘광 바깥에는 묘광 높이와 같게 큰 돌을 채워 안팎의 평형을 유지하였는데 대부분의 묘광 외벽은 소실되어 너비 0.5m, 깊이 0.6m의 구덩이(凹槽) 흔적이 남아 있고, 묘광 안을 채운 돌들이 밖에 노출된 상태임.

ⓔ 1호 묘광 시굴(그림 9)

○ 1호 묘광은 서남쪽에 위치.

○ 1985년 장백조선족자치현 문화국에서 조사했는데 동서 길이 9m의 묘광을 관통하는 'T'자형 구덩이를 파내고 묘광 중앙에서 다시 북으로 4m를 확장시켜 파냄.

○ 묘광의 4개 단면층을 확인함.[6]

- 제1층 : 길이가 보통 0.5~0.8m 정도의 돌을 포개어 조성했는데 두께는 1.0m[7] 정도로 묘광을 마련하기 위한 기단층임.

- 제2층 : 기단층 위에 주먹만 한 작은 막돌(碎石), 모래와 자갈(沙石) 등을 쌓았는데 두께는 10cm 정도로 반듯한 평면을 이루며, 묘광 외벽은 바로 이 평면

---

5 『博物館硏究』 1990-3에서는 '石框', 『長白朝鮮族自治縣文物志』에서는 '石壙'으로 표현.

6 『中國境內 高句麗遺蹟硏究』, 1990 참조. 『長白朝鮮族自治縣文物志』에는 제1층의 퇴적층(두께 0.2m), 제2층의 河光石層(두께 0.4m), 제3층의 小河卵石層(두께 0.8m, 불탄 인골조각편과 토기, 野猪牙飾, 綠松石管, 석기 등 발견), 제4층의 大石塊層(두께 0.4~0.5m), 제5층의 생토층 등으로 구분. 『中國境內 高句麗遺蹟硏究』, 1990에서는 생토층 위에서부터 층위를 설정한 반면에 『長白朝鮮族自治縣文物志』에서는 생토층을 향해 내려가면서 층위를 설정.

7 『博物館硏究』 1990-3에는 두께 1.4m로 소개.

층 위로부터 쌓기 시작함.
- 제3층 : 묘광 외벽의 높이와 거의 같게 0.4~0.6m 두께의 큰 돌층이 형성되어 있음.
- 제4층 : 맨 위층으로 자갈과 강돌로 쌓았는데 두께는 0.2~0.3m임.
○ 묘광 상황 : 주검 칸과 葬具가 없음. 인골과 토기 장식품 등의 부장품은 돌 틈 사이에서 발견되는데 대부분 자갈층(제2층) 수평면에서 나오고, 器物 등이 놓인 모습에 일정한 규칙성이 없고, 인골은 모두 불에 타서 검은 색 혹은 회백색을 띠는 잔편으로 개체의 숫자나 연령 및 성별 판단이 어려움. 인골 주위에서 대량 목탄이 발견이 되어 주검을 묻은 후 화장했던 사실이 확인됨.

(2) 간구자2호묘(M2)

① 위치
제1호묘 무덤구역과 북쪽으로 2m정도 떨어져 위치.

② 구조
○ 고분 구조형식과 축조법는 1호묘와 대략 동일하나, 고분의 크기와 석광 배열 상태는 1호묘와 다름.
○ 墓域은 장방형으로 석축했는데 규모는 동서 길이 50m, 남북 너비25m임.
○ 묘역 동부에서 원형석광적석묘 4기를 확인했는데 묘광 직경은 약 12~14m 정도이고 묘광 4기는 동서 두 줄로 엇갈려 배치되어 있음. 묘광 사이의 간격은 1m정도이고 줄 간격은 2~3m정도로 묘광은 서로 연접해 있음.
○ 묘역 서단부분에 큰면적의 공간지대가 있는데, 동부 묘역에 4기의 원형석광적석묘와 크기와 간격이 유사함. 앞서 묘역의 동부와 서부의 상황을 볼 때, 2호묘는 적어도 6개 이상의[8] 묘광을 가진 대형 적석연집묘로 추정됨.

---

[8] 『博物館硏究』 1990-3 참조. 『長白朝鮮族自治縣文物志』에는 묘광 수량을 8개 이상으로 추정.

(3) 간구자3호묘(M3)

① 위치
○ 장백과 임강을 잇는 長臨 도로가에 위치.
○ 1호묘 동남쪽 100m 지점에 위치.
○ 4호묘 서쪽에 바로 연접하여 위치.

② 구조
○ 1호묘와 무덤의 형태나 크기 및 축조방법 등이 거의 유사함.
○ 墓域은 장방형으로 길이 30m, 너비 18m, 높이 1.5m이며, 돌로 축조함. 그 위에 원형묘광을 조성하였는데 과거 1기만 확인되었으나 해당 고분의 동북부에 2기가 들어설 공간이 있다는 점에서 3기의 원형묘광이 연접한 적석묘로 추정됨.

(4) 간구자4호묘(M4)

① 위치
○ 1호묘 동남쪽 100m되는 지점에 위치.
○ 3호묘와 나란히 잇닿아 있음.

② 구조
○ 1호묘와 무덤의 형태나 크기 및 축조방법 등이 거의 유사함.
○ 墓域은 타원형으로 남북길이 25m, 너비 20m, 높이 1.3m이며 돌로 축조함.
○ 묘역 안에 원형묘광 3기가 연접해 있는 적석묘임. 묘광 3기는 삼각형태로 조성되었으나 무덤사이에 모난 긴 돌을 세워 서로 연결시키지 않은 것이 1호묘와 다름. 북쪽 2기가 보존상태가 양호하고, 길가에 있는 1기는 훼손이 심해 내부구조가 드러남.

(5) 간구자7호묘(M7)

① 위치
○ 간구자고분군 북단에서 위치.
○ 왼쪽으로 서간구자하, 오른쪽으로 8호묘와 인접해 있음.

② 구조
○ 묘역은 장방형으로, 동서 길이 25m, 남북 너비 20m, 높이 1~1.2m이며 돌로 地面에 쌓음.
○ 묘역에서 묘광 7기를 확인했는데 圓形石框積石墓 1기와 수혈식 장방형돌무덤 6기로 구성됨. 묘역 가운데 원형석광적석묘 1기를 쌓고 그 주위에 장방형돌무덤 6기를 방사선모양으로 배치한 것임.
○ 원형석광적석묘의 구조는 직경 대략 5~6m이며, 묘광은 장방체의 돌(方柱狀石條)을 원형으로 축조함. 석광 내부는 돌(石塊)로 메움. 구조는 M1과 유사함.
○ 수혈식 장방형돌무덤의 구조는 규모가 원형적석묘에 비해 작으며, 묘광은 대체로 막돌(石塊)로 들쑥날쑥 축조했고, 묘광 위에는 주먹돌을 덮은 간단한 형태임. 묘광은 길이 약 2m, 너비 1m 정도임. 어떤 무덤은 적석이 내려 앉아 함몰갱이 하나 확인되는데 이는 목관 같은 葬具가 썩어 내려 앉아 나타난 것으로 추정됨.
○ 대부분 무덤은 화장을 한 것으로 추정되는데 함몰갱과 그 주변에 적지 않은 목탄이 확인됨.

(6) 기단이 없는 적석묘
○ 평면은 대개 원형, 타원형, 근방형 등임.
- 원형 및 타원형의 무덤은 외형 파괴가 심해 낮은 돌무지로 흔적만 남기고 있음(예, M12, M15, M19).
- 방형[9] 무덤 M14는 비교적 보존상태가 양호한데 적석이 흘러내려 외형이 변형된 상태임. 네 면은 모두 다듬은 돌을 가지고 정교하게 치석한 정형을 보여주는데 규모는 한 변 길이 6~7m, 잔존높이 1m임.
○ 규모가 작고 기단이 없으며 시설이 간단한 특징을 보임.

2) 2001년 조사 고분

(1) AM1호묘

① 현상
○ A구 남부에 위치하며 전체 형태는 橢圓丘狀임.
○ 묘역 규모는 길이 15m, 너비 11.5m, 정상부 최고 높이 1.5m임.
○ 주묘단 1기, 속묘단 3기, 부묘단 6기로 구성되었는데 고분 남면과 서쪽의 바깥쪽 부묘단은 이미 남아 있지 않고, 지상에는 내부 부묘단과 연결된 벽이 노출된 상태임.

② 고분 구조(그림 10)

㉠ 주묘단(ZT)
○ 원형으로 직경 5~5.2m, 높이 1.25m임.
○ 판석으로 사방을 둘러 기단 담장을 조성했는데 높이가 0.8~0.9m이며, 지탱석이 남아 있는 상태임.
○ 중심묘광(ZK1) : 방향은 75도이고 평면은 타원형으로 둘레는 냇돌(河滑卵石)이 두 바퀴 돌아가는데 길이 1m, 너비 0.65m, 묘광 깊이(壙深) 0.15m임. 묘광 바닥은 잔 냇돌(河卵石)을 0.2m 두께로 깔았으며, 묘광 안에는 불탄 인골조각이 있음.
○ 2개의 작은 타원형 돌무지가 있는데 주묘단의 서쪽 묘단 가장자리 부근에 남북으로 배열됨. 그 바깥 둘레에 돌을 놓아 대체로 원을 이룸. 북쪽 돌무지 규모는 길이 0.8m, 너비 0.65m, 두께 0.1m이고 토기(陶罐) 잔

---

[9] 『中國境內 高句麗遺蹟研究』, 1990 참조. 『博物館研究』 1990-3에는 圓角方形으로 소개.

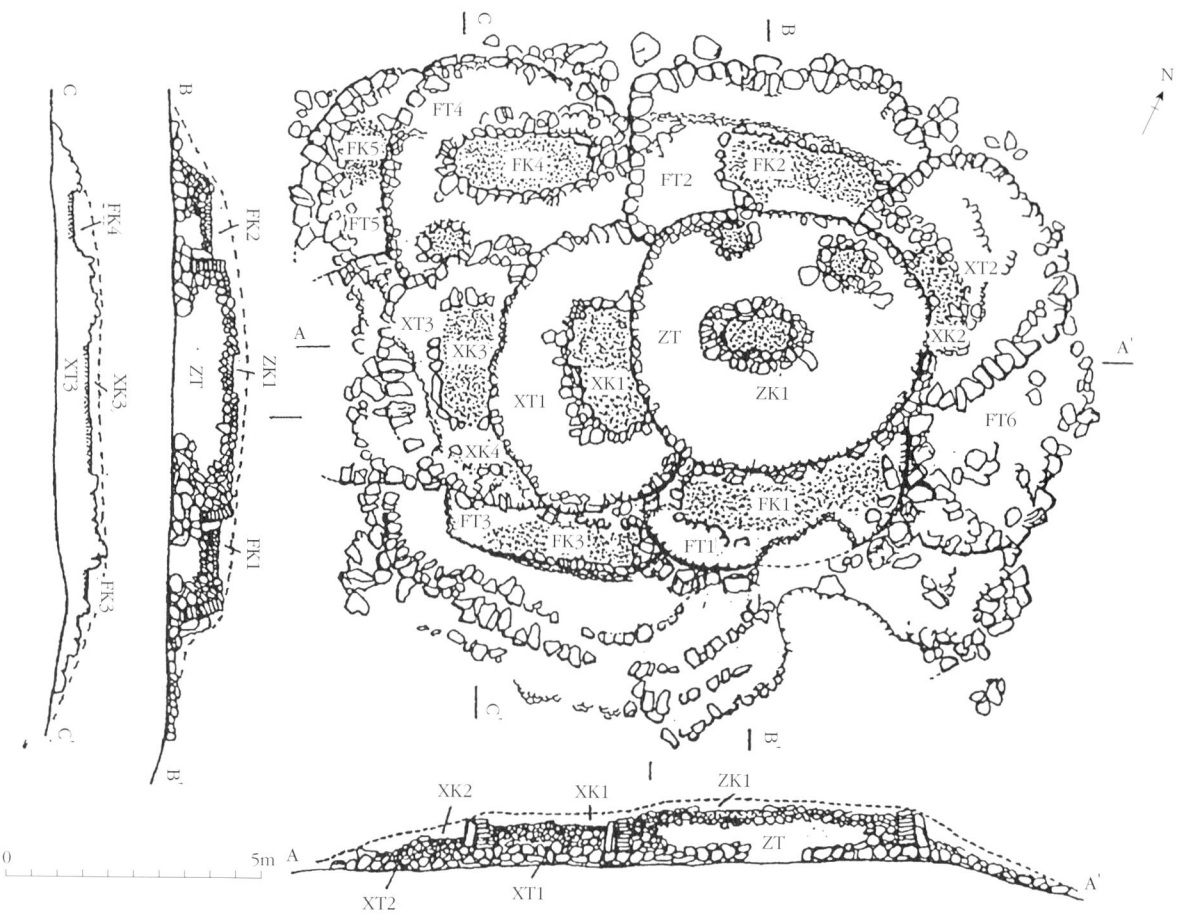

그림 10 간구자AM1호묘 평·단면도(『考古』2003-8)

편이 1점이 보이나 인골은 없음. 남쪽 돌무지 규모는 길이 0.7m, 너비 0.5m, 두께 0.14m이고 인골이나 유물이 보이지 않음.

ⓒ 속묘단(XT1~XT3)

주묘단 남·북 양쪽에 속묘단이 연접해 있는데 XT1과 XT3은 서남방향으로 연접하고 XT2는 동북방향으로 연접함.

◎ XT1

○ 타원형으로 직경 5.2m이며, 돌 울타리(石墻)의 보존상태는 양호하여 잔존높이 0.6m임. 상부는 7·8층의 판석으로 층층이 쌓았고, 밖에는 장대석과 큰 돌을 기대어 놓음.

○ 묘광(XK1) : 주묘단 둘레돌(邊墻)에 기대어 있는데 타원형으로, 길이 2.2m, 너비 0.7m, 깊이 0.05m임. 묘광 바닥의 냇돌은 두께는 0.12m인데 燒骨, 철제괭이(鐵钁) 1점, 석제괭이(石鋤) 2점 등이 출토됨.

◎ XT2

○ 반원형으로 직경 약 4m이며, 묘단 둘레(壇墻)가 남아 있지 않고 바닥만 남아 있음.

○ 묘광(XK2) : 圓角長方形으로 길이 1.6m, 너비 0.65m, 깊이 0.08m이며 방향은 묘광(XK1)과 기본적으로 동일함. 주묘단 ZK1의 방향과 수직으로 위치함. 묘광 내 작은 강돌층(卵石層)의 두께는 0.05m이며, 사질토기(夾砂褐陶) 잔편이 출토되었고 인골은 보이지 않음.

◎ XT3
○ 타원형으로 직경 4.6m이며, 둘레 돌(邊墻)이 무너져 잔존높이는 0.4~0.6m임.
○ 묘광(XK3) : 圓角長方形으로 길이 1.8m, 너비 0.87. 깊이 0.1m임. 묘광 내 강돌층 두께는 0.12m이며, 묘광 가운데에 燒骨이 있고 동남부에서 심발형토기(深腹罐)와 骨器 각 1점, 남색·백색 대롱 13점 등이 출토됨.
○ 묘광(XK4) : 부정형으로 한 변 길이 1.2m, 너비 0.8m, 두께 0.1m이고 작은 냇돌로 조성함. 토기 조각·석제방추차(石紡輪) 각 1점, 흰색 대롱(白管) 4점이 출토됨.
○ XT3 서쪽에 속묘단 1기가 있었을 가능성이 있음.
○ XT3 남쪽에는 돌덩어리가 비교적 많이 산재해 있음. 동서 방향으로 대략 3.8m가 떨어져 보이는 돌담(石墻) 기초 2줄이 확인되나 심하게 파괴됨.

ⓒ 부묘단(FT1~FT6)
○ 주·속묘단 중심축의 양쪽에 마주하여 위치.
○ 묘광 방향은 주묘단 묘광의 장축과 대부분 일치.

◎ FT1
○ 타원형으로 길이 4.7m, 너비 1.7m임.
○ 묘광(FK1) : 장방형으로 길이 약 4m, 너비 1m이고 묘광 바닥에 0.14m 두께로 냇돌을 깔음. 두 덩어리의 불탄 뼈조각과 심발형토기(深腹罐) 1점이 출토됨.

◎ FT2
○ 반원형으로 직경 약 5m이고, 바깥 가장자리 둘레돌(壇墻)은 남아 있지 않음.
○ 묘광(FK2) : 타원형으로 길이 3m, 너비 1.3m, 깊이 0.5m임. 바닥의 냇돌 두께는 0.16m이고 묘광 내 남·북 2곳에서 燒骨 각 1 무더기, 토기편 각 1점이 출토됨.

◎ FT3
○ 타원형에 가까운 형태로 길이 4.2m, 너비 1m임. 둘레돌(石墻)은 높이 0.85m로 보존상태가 양호하며, 둘레돌 밖에 지탱석인 倚石 3개가 남아 있음.
○ 묘광(FK3) : 墓壙壁이 보이지 않음. 바닥의 냇돌 범위는 길이 3.5m, 너비 0.8m, 두께 0.14m이며 燒骨, 백색 대롱(白管) 10점, 토기편 약간이 출토됨.

◎ FT4
○ 반원형에 가까운 형태로 직경 약 4.5m이며 둘레돌(邊墻)은 대부분 훼손됨.
○ 묘광(FK4) : 타원형으로 길이 2.6m, 너비 1m, 깊이 0.18m임. 묘광 바닥의 냇돌은 두께 0.08m인데 燒骨·심발형토기(深腹罐) 잔편 2점·백색 대롱 3점이 출토됨. FK4 남쪽 속묘단 XT3의 담장(墻) 아래 인접한 곳에 작은 돌무지가 보이는데 평면은 원형으로 둘레에는 냇돌을 돌려 壙壁을 축조했으며, 규모는 직경 약 0.5m, 두께 0.08m임. 돌무지 안에는 碎骨이 있음.

◎ FT5
○ 파괴가 심해 둘레돌(邊墻) 흔적만 남음.
○ 묘광(FK5) : 타원형으로 냇돌층(河卵石層)만 잔존하는데 길이는 0.5m, 너비 0.4m, 두께 0.06m. 석제방추차 1점과 토기 잔편 1점이 출토되었고 인골은 보이지 않음.

◎ FT6
부묘단 FT1과 속묘단 XT2 사이의 공간에 많은 큰 돌이 산재하고 바깥둘레가 가지런하여 부묘단 FT6로 추정됨.

◎ 기타 부묘단 추정 유적
부묘단 FT1과 FT3 동쪽으로 배열을 이루는 많은 커다란 냇돌이 있어 부묘단 잔흔일 가능성이 있음.

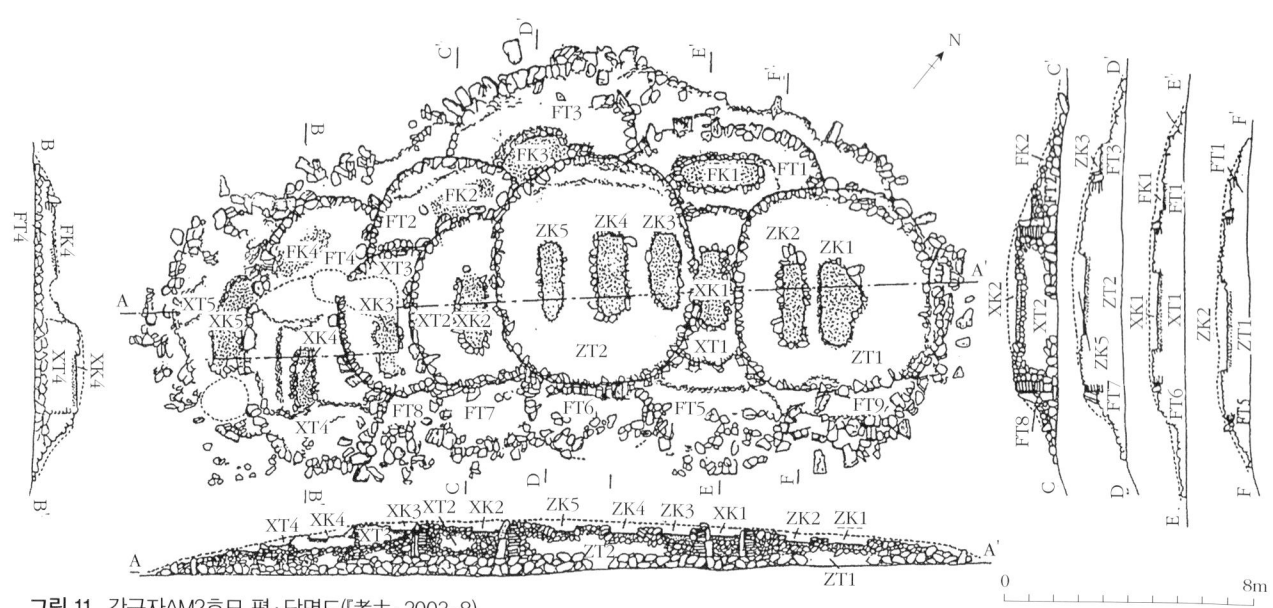

그림 11 간구자AM2호묘 평·단면도(『考古』2003-8)

(2) AM2호묘

① 위치와 현황

○ AM1과 AM3의 사이에 위치.

○ 주묘단 2기, 속묘단 5기, 부묘단 9기로 구성.

○ 묘역 규모는 길이 25.5m, 너비 12.5m, 중심부분 높이 2.1m임.

○ 전체형태는 橢圓丘狀이며, 중심축 방향은 55°임.

○ 고분은 일찍 파괴되어 동쪽 주묘단 둘레돌(邊墻)은 1/3이 파괴되었고 남면 부묘단 5기(FT5~FT9)도 기초부만 남아 있음.

② 구조(그림 11)

㉠ 주묘단(ZT1, ZT2)

○ 쌍주묘단 : 구조는 다른 고분과 기본적으로 동일하나 다만 묘광 아래 묘실이 없고, 묘단 아래에는 腰坑이 없음. 층위상 2호 주묘단(ZT2)이 먼저 만들어진 것으로 보임. 주묘단은 동·서로 배열되었는데 서로 1.2m 떨어져 있고 중간에 속묘단 XT1이 연접되어 있음.

◎ ZT1

○ 원형으로 직경 6m, 높이 1.6m임.

○ 묘광은 2개인데 ZK1과 ZK2가 서로 평행하며, 방향은 모두 140°임.

- 묘광(ZK1) : 타원형으로 길이 2.5m, 너비 0.85~1.2m, 깊이 0.2m임. 묘광 둘레(壙邊)를 쌓은 돌은 비교적 적고, 밑바닥 강돌층은 두께 0.08m인데 燒骨과 토기편 1점이 출토됨.

- 묘광(ZK2) : 말각장방형으로 길이 2.5m, 너비 0.6m, 깊이 0.15m임. ZK1과 0.5m 떨어져 있으며, 밑바닥 작은 강돌층은 두께가 0.06m인데 燒骨이 양쪽으로 나뉘어져 있고 토기 1점, 남색 대롱(藍管) 2점이 출토됨.

◎ ZT2

○ 타원형으로 길이 7m, 너비 6m임.

○ 둘레돌(石墻)은 보존상태가 양호한데 높이 1.5~1.9m임. 얇은 판석과 편평한 냇돌(河卵石)로 틈새를 메움. 서쪽에서 가장 높은 곳은 14층을 쌓아 올렸으며, 가장자리는 弧線으로 정리함.

○ 주묘단 주위에는 지탱석 52개가 세워져 있는데 지탱석간의 거리는 0.3~0.5m이며, 지탱석(倚石)은 장방형돌(條狀)이 다수이고 커다란 자갈(卵石)도 있음
○ 묘광은 3개이며 방향은 138°임. 묘광(ZK4)은 圓角長方形으로 길이 2.5, 너비 0.9m, 깊이 0.22m임. 둘레는 비교적 큰 돌로 쌓았으며, 밑바닥은 두께 0.08m로 냇돌을 깔았는데 燒骨과 심발형토기 3점(深腹罐, 淺腹罐)이 출토됨.
- 묘광(ZK3)은 동쪽에 위치하는데 타원형으로 길이 2.3m 너비 0.85m, 깊이 0.2m임. 묘광벽은 작은 판석으로 쌓았고, 바닥은 0.1m 두께로 냇돌을 깜. 많은 불탄 뼈조각들과 발형토기(淺腹罐) 1점이 출토됨.
- 묘광(ZK5)은 서쪽 위치하는데 타원형으로 길이 2.4m, 너비 0.8m, 깊이 0.15m임. 묘광벽은 판석으로 쌓았고, 묘광 바닥은 두께 0.06m로 냇돌을 깜. 소량의 燒骨과 백색 대롱(白管) 24점 및 소량의 발형토기(淺腹罐) 잔편이 출토됨.

ⓒ 속묘단(XT1~XT5)
○ 속묘단은 모두 5기로 안쪽 3기(XT1~XT3)는 모두 중심축선상에 조성했고, 바깥쪽 2기(XT4~XT5)는 중심축에서 조금 벗어나 쌓았음.
○ 속묘단 묘광방향과 주묘단 묘광은 기본적으로 동일함.

◎ XT1
○ 동·서 주묘단의 사이에 위치.
○ 묘광(XK1) : 타원형으로 길이 2.5m, 너비 0.9m, 깊이 0.12m이며, 바닥의 강돌층 두께는 0.07m인데 불탄 인골 조각·대롱(陶管), 발(淺腹罐 Bc식 : 그림 16-9)과 방추차(紡輪) 각 1점·소량의 토기편 등이 출토됨.

◎ XT2
○ 반원형, 직경 5.3m, 높이 1.6m.
○ 둘레돌(邊墻) 보존상태는 양호한데 버팀돌(倚石) 간의 간격은 약 0.5m임.
○ 묘광(XK2) : 약간 ZT2에 치우쳐 있는데 할석(石塊)으로 2층을 조성함. 타원형으로 길이 2.2m, 너비 0.7m, 깊이 0.1m이며 밑바닥 강돌층 두께는 0.04m임. 묘광에서 燒骨이 산재해 있고, 발형토기(淺腹罐) 2점이 출토됨.

◎ XT3
○ 반원형으로 직경 4.5m, 둘레돌(邊墻) 높이 1.45m임.
○ 버팀돌(倚石) 8개가 세워져 있음
○ 묘광(XK3) : 타원형으로 길이 1.5m, 너비 0.7m이고 밑바닥 강돌층 두께는 0.06m임. 주변 둘레에는 1층의 塊石을 두었고 燒骨을 비롯해 흰색 대롱 4점과 토기편 1점이 출토됨.

◎ XT4
○ 타원형에 가까운 형태로 길이 6m, 너비 약 4m임.
○ 북쪽 둘레돌(邊墻)은 이미 파괴되고 남쪽 둘레돌도 기울어져 무너짐.
○ XT4 중간부의 묘광 바닥 냇돌 아래에서 꺾여 돌아가는 높이 약 0.5m 정도의 벽석(墻體)을 발견함. 벽석은 비교적 커다란 할석으로 축조했는데 XT4 기초 위에 쌓아 기초부를 견고하게 함.
○ 묘광(XK4) : 불규칙한 할석(石塊)으로 축조되었고 타원형으로 길이 1.8m, 너비 0.5m, 깊이 0.08m임. 밑바닥에는 작은 돌을 0.05m 두께로 깜. 묘광에서 흰색 대롱 5점, 토기편 1점, 燒骨 등을 출토함.

◎ XT5
○ 반원형으로 직경 7.3m임.
○ 둘레돌(邊墻)은 남아 있지 않으며 기초만 판별 가

능함.
○ 묘광(XK5) : 묘광벽이 남단만이 잔존하며, 묘광 바닥에 깔은 작은 강돌은 타원형에 가까운 형태로 길이 2.5m, 너비 1m, 두께 0.06m임. 燒骨과 소량의 토기편이 산재하고 있음.

ⓒ 부묘단(FT1~FT9)
중심축선 양쪽으로 나누어 조성했는데 대칭은 아님. 중심축선 북쪽에 부묘단 4기(FT1~FT4)를, 중심축선 남쪽에 부묘단 약 4기(FT5~FT8)를 조성했는데 주묘단에서 XT4 방향으로 차례대로 축조함.

◎ FT1
○ 타원형으로 길이 2.4m, 너비 0.8m, 깊이 0.12m임.
○ 묘광 주변은 크기가 다른 塊石으로 축조했으며, 바닥의 작은 냇돌층 두께는 0.05m임. 대량의 燒骨, 청동고리(銅環) 및 발(淺腹罐) 각 1점, 토기편 1점 등이 출토됨.

◎ FT2
○ 타원형으로 길이 2.2m, 너비 0.6m, 두께 0.04m임.
○ 보존상태가 양호함.
○ 묘광 바닥에 냇돌 깔았으며, 묘광에서 소량의 燒骨과 토기편 1점을 출토함.

◎ FT3
○ 扇形으로 半徑 2.9m임.
○ 둘레돌(邊墻)은 이미 붕괴됨.
○ 묘광(FK3) : 扇形으로 반경 약 1.2m이고, 바닥의 작은 냇돌층 두께는 0.05m임. 묘광 안에 燒骨은 많지 않고 토기편 1점, '半兩'과 '一化' 圓錢 등 화폐 총 30매를 출토함.

◎ FT4
○ 扇形으로 半徑 약 2.5m임.
○ 둘레돌(邊墻)은 원래부터 없었으며, XT4와 만나는 부분도 이미 파괴됨.
○ 묘광(FK4) : 가장자리(邊緣) 훼손이 심함. 바닥의 냇돌층만 남아 있는데 타원형으로 길이 2.1m, 너비 0.9m임. 묘광 안에서 소량의 燒骨과 토기편을 출토함.

◎ FT5
반원형으로 직경 4.5m임.

◎ FT6 및 FT7
둘은 크기 차이가 별로 없고 半徑 약 2m의 扇形임.

◎ FT8
면적이 매우 작음.

◎ FT9
扇形으로 반경은 약 2m이며, 앞서의 부묘단과는 반대 방향으로 주묘단 ZT1을 둘러싸고 조성함.

(3) AM3호묘

① 위치와 현황
○ AM2의 서북에 위치.
○ 묘역 규모는 직경 13.5m, 높이 1.4m이며 묘역 평면은 圓丘狀임.
○ 주묘단 1기, 부묘단 3기로 조성함.

② 구조(그림 12)

ⓐ 주묘단(ZT)
○ 주묘단은 타원형으로 길이 11m, 너비 9.5m, 높이 1.3m임.

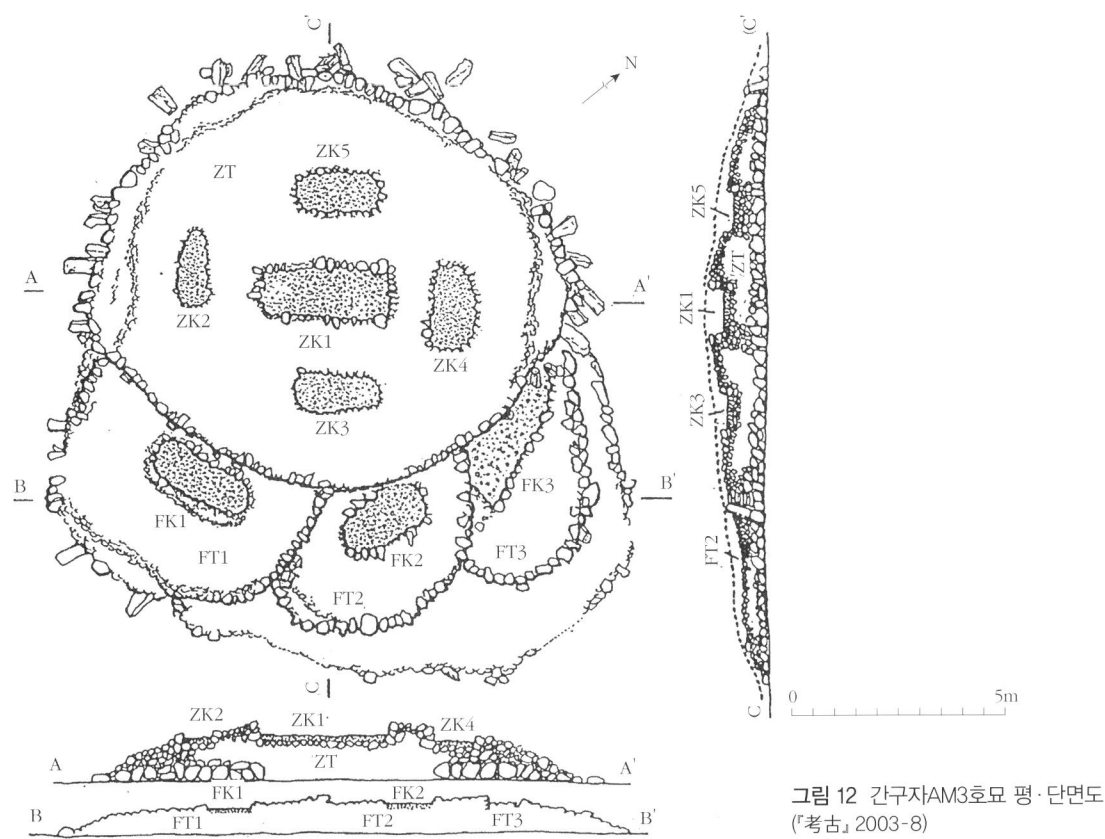

그림 12 간구자AM3호묘 평·단면도
(『考古』2003-8)

○ 남반부 둘레돌(邊墻)은 보존상태가 비교적 양호한데 높이 0.8m임.

○ 북반부는 훼손되었는데 버팀돌(倚石) 대부분은 기울어져 무너지고 있고 기초부만 남아 있음.

○ 주묘단 돌 무지 위에서 토기(陶罐), 철제칼(鐵刀), 어망추(網墜) 등의 기물을 출토함.

○ 묘광은 5기로 묘광(ZK2~ZK5)는 ZK1의 사방에 대칭으로 분포함.

- 묘광(ZK1) : 묘단의 중심에 위치하는데 근장방형으로 길이 2.7m, 너비 1m, 깊이 0.45m이며 방향은 40°임. 묘광의 네 벽은 납작한 냇돌로 축조 후 깨진 돌로 0.1m 두께로 봉함. 바닥의 작은 냇돌층은 두께가 0.06~0.1m인데 두 덩어리의 불에 탄 인골 조각들, 토기(陶罐) 1점을 출토함.

- 묘광(ZK2) : 불규칙 타원형으로 길이 1.7m, 너비 0.3~0.6m, 깊이 0.06m임. 바닥에 깔린 작은 냇돌층의 두께는 0.03~0.06m이며 燒骨 조각, 심발형 토기(深腹罐) 1점 등이 출토됨.

- 묘광(ZK3) : 타원형으로 길이 1.9m, 너비 0.45~0.8m, 깊이 0.2m임. 바닥의 작은 냇돌층 두께는 0.05m이며 燒骨 덩이, 한 쌍의 옥장식(玉飾), 발형 토기(淺腹罐) 2점이 출토됨.

- 묘광(ZK4) : 타원형으로 길이 0.9m, 너비 0.55m, 깊이 0.3m임. 바닥에 깔린 작은 냇돌층의 두께는 0.05m임. 묘광에서 뼈조각, 청동고리(銅環) 1점, 철제칼(鐵刀) 잔편 1점을 출토함.

- 묘광(ZK5) : 타원형으로 길이 1.8m, 너비 0.6m, 깊이 0.25m임. 바닥에 깔린 작은 냇돌층의 두께는 0.05m이며 묘광에는 碎骨이 있었으나 부장품은 보이지 않음.

ⓒ 부묘단(FT1~FT3)
○ 부묘단은 총 3기.
○ 모두 주묘단을 둘러싸고 시계 반대방향으로 축조됨.

◎ FT1
○ 주묘단의 남쪽에 위치.
○ 타원형으로 직경 6m인데 묘단은 대부분 이미 파괴됨.
○ 주묘단 부근에 높이 0.3m의 둘레돌(邊墻)과 일부 버팀돌(倚石)이 남아 있는 상태임.
○ 묘광(FK1) : 타원형으로 길이 2.3m, 너비 0.8m, 깊이 0.2m이며 바닥에 깔린 작은 냇돌층 두께는 0.4m임. 燒骨, 발형토기(淺腹罐) 1점을 출토함.

◎ FT2
○ 扇形으로 반경 약 4m임.
○ 가장자리는 비교적 정리되어 있음.
○ 주묘단에서 가까운 곳에 타원형 묘광(FK2)이 있는데 길이 2m, 너비 1m, 깊이 0.15m임. 바닥에는 두께 0.05m의 작은 강돌이 깔려 있음. 腿骨·頭骨·牙齒 등을 포함한 燒骨, 청동귀고리(銅耳飾)와 구슬장식(玉珠) 각 1쌍을 출토함.

◎ FT3
○ 파괴가 비교적 심해 외관은 이미 훼손되었으며, 기초만 남아 있는데 기초부의 직경은 약 6m임.
○ 묘광(FK3) : 부정형으로 한 면만을 쌓아 올려 묘광벽을 축조했는데 길이 2.7m, 너비 0.6~0.9m, 깊이 0.1m임. 바닥에는 작은 강돌을 깔음. 인골과 부장품이 없음.

(4) AM4호묘

① 위치와 현황
○ AM3으로부터 동쪽 120m 지점에 위치.
○ 북으로는 미발굴된 AM5가 있음.
○ 외형은 圓丘狀으로 주묘단 1기, 부묘단 4기가 조성됨.
○ 부묘단은 접속 순서가 AM3과 동일.

② 구조(그림 13)

ⓐ 주묘단(ZT)
○ 타원형으로 남북 길이 8m, 동서 너비 7.5m임.
○ 북쪽 둘레돌(北墻)이 기울어지고 버팀돌(倚石)이 쓰러져 있을 뿐, 그 외는 보존상태가 양호함.
○ 서북에 가까운 가장자리의 봉석 위에서 철제칼(鐵刀) 1점을 채집함.
○ 묘단은 기초부 위로 11~13층을 쌓았는데 높이가 1.25m이며 정상부는 비교적 가지런함. 주변에는 크기와 서로 간이 거리가 다른 장대석(石條)을 한 줄 세워둠.
○ 묘광 3개(ZK1~ZK3)가 북쪽에서 남쪽으로 평행하게 배열되어 조성되었는데 서로간 거리는 1.2m임.
 - 묘광(ZK1) : 근장방형으로 장축 동서방향인데 길이 3.5m, 너비 1.1m, 깊이 0.15m임. 묘광벽은 돌로 2~4층을 축조했으며, 바닥에 깔은 작은 냇돌의 두께는 0.08m임. 인골잔편, 대롱(料管) 10점, 토기편 1점이 출토됨.
 - 묘광(ZK2) : 불규칙 타원형으로 길이 2.6m, 너비 0.6m, 깊이 0.12m임. 바닥에 깔은 작은 강돌의 두께가 0.05m이며 燒骨, 토기편 1점이 출토됨.
 - 묘광(ZK3) : 남쪽에 위치하는데 말각장방형으로 길이 2.2m, 너비 0.5m, 깊이 0.1m임. 바닥에 깔은 작은 강돌의 두께가 0.07m임. 燒骨, 백색 대롱(白管) 10점, 토기 1점이 출토됨.

ⓒ 부묘단(FT1~FT4)
○ 부묘단 4기.

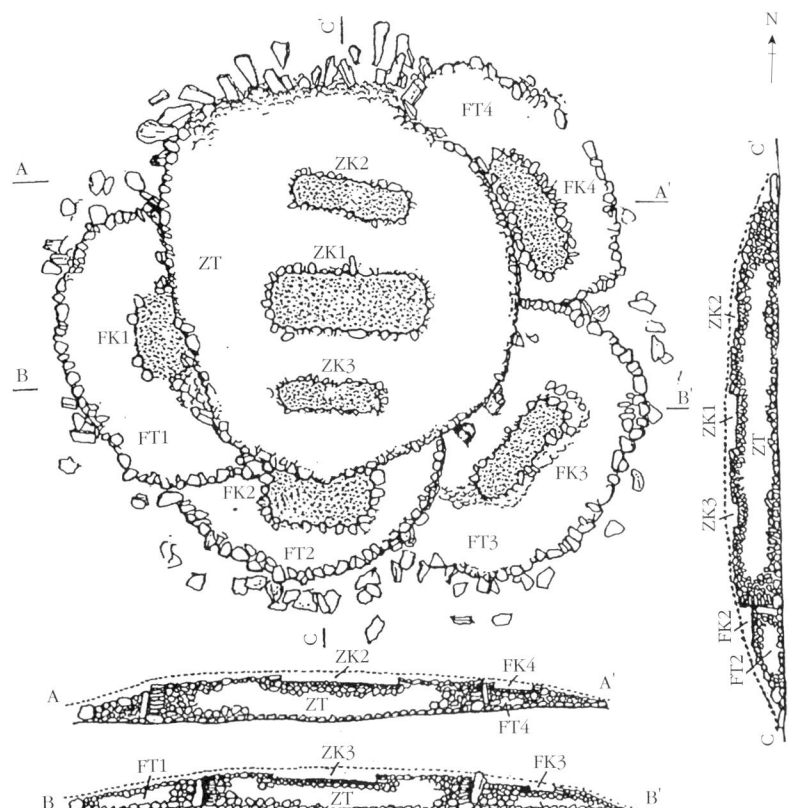

그림 13 간구자AM4호묘 평·단면도
(『考古』 2003-8)

◎ FT1
- 서쪽에 위치.
- 반원형으로 직경 6.2m, 높이 0.6m임.
- 묘광(FK1) : 반원형으로 길이 1.7m, 너비 1m, 깊이 0.08m이며 바닥에 깔린 강돌 두께는 0.03m임. 소량의 燒骨과 사질갈색토기(夾砂褐陶器) 1점이 출토됨.

◎ FT2
- 반원형으로 직경 6m, 높이 0.7m임.
- 東半部 둘레돌(墻體)은 비교적 양호함.
- 묘광(FK2) : 말각장방형으로 길이 2.3m, 너비 1m이며, 바닥에 깔린 자갈층 두께는 0.06m임. 묘광 벽은 塊石 한 매만 남아 있음. 묘광 내에서 燒骨 및 흰색 대롱 6점이 출토됨.

◎ FT3
- 반원형에 가까운 형태로 직경 6.7m임.
- 둘레 돌(邊墻)의 붕괴가 심함.
- 묘광(FK3) : 타원형으로 길이 2.5m, 너비 0.6m, 깊이 0.15m이며 바닥에 깔은 강돌 두께는 0.08m임. 묘광 벽은 판상석으로 3층을 쌓음. 燒骨덩이가 0.5m 간격으로 남아 있으며, 남쪽에 치우친 燒骨 더미 부근에서 남색 대롱(藍管) 2점을 출토함.

◎ FT4
- 타원형에 가까운 형태로 길이 6m, 너비 2.5m, 높이 0.6m임.
- 묘광(FK4) : 타원형으로 길이 2.7m, 너비 0.8m, 깊이 0.1m이며, 바닥 강돌층의 두께가 0.1m임. 묘광 벽은 판상석으로 3층을 쌓음. 비교적 많은 燒骨, 흰색 대롱 7점, 토기편 3점이 출토됨.

(5) BM2호묘

① 위치와 현황

○ B구역은 북부 산 근처에 위치.

○ 서쪽으로 BM3가 인접하여 있음.

○ BM2는 동북에서 서남 방향.

○ 전체 형태는 타원형으로 주묘단 1기, 속묘단 5기, 부묘단 11기로 구성.

○ 대부분 묘단과 묘광은 상태가 양호함.

② 구조(그림 14)

㉠ 주묘단(ZT)

○ 타원형으로 길이 7m, 너비 6.4m, 적석의 높이 1.6m임.

○ 기저부 둘레돌(石墻)의 축조상태가 비교적 양호함.

○ 북반부에 14개의 버팀돌(倚石)이 있는데 버팀돌 간의 간격은 0.6~1m이며, 버팀돌의 다수는 多稜의 장대석(條石)임.

○ 묘광 3개(ZK1~ZK3)

- 말각장방형으로 장축 방향은 135°임.
- 묘광(ZK1) : 길이 2.5m, 너비 0.75m, 깊이 0.2m이며, 바닥에는 작은 강돌이 깔려 있음. 비교적 커다란 강돌(卵石)로 묘광 벽을 쌓음. 비교적 많은 燒骨, 심발형토기(淺腹罐) 1점, 대롱장식(管飾) 34점, 목탄 몇 덩어리가 출토됨.
- 묘광(ZK2) : 길이 2.3m, 너비 0.85m, 깊이 0.15m이며 바닥에는 강돌이 깔려 있음. 묘광 벽은 비교적 작은 돌로 조성했음. 燒骨 두 무더기, 발(淺腹罐) 2점, 흰색 대롱(白管) 6점을 출토함.
- 묘광(ZK3) : 길이 2.4m, 너비 0.7m, 깊이 0.25m이며, 바닥에 강돌을 깔음. 작은 냇돌로 묘광 벽을 축조함. 벽의 상부 돌은 비교적 크며 燒骨, 토기와 옥구슬(玉珠) 각 1점이 출토됨.

㉡ 속묘단(XT1~XT5)

○ 속묘단은 모두 5기인데 XT1과 XT2는 주묘단의 양쪽에 접해있고 XT3~XT5는 기타 부묘단에서 바깥으로 펼쳐져 있음.

◎ XT1

○ 타원형으로 직경 4.2m, 높이 0.9m이며 가장자리는 가지런함.

○ 묘광(XK1) : 말각장방형으로 길이 2.2m, 너비 0.6m, 깊이 0.15m임. 강돌을 깔은 바닥에는 燒骨이 양끝에 산재하고 여기에서 각각 심발형토기(深腹罐) 1점씩을 출토함.

◎ XT2

○ 반원형으로 직경 5.2m, 높이 1.2m임.

○ 기단 둘레돌(壇墻)은 가지런함.

○ 묘광(XK2) : 타원형에 가까운 형태로 길이 2.5m, 너비 0.8m, 깊이 0.1m임. 묘광 내 양끝에는 燒骨부스러기가 있고 여기에서 토기 각 1점씩이 출토됨.

◎ XT3

○ 반원형으로 직경 4m임.

○ 묘광(XK3) : 방향은 주묘단 각 묘광과 동일함. 말각장방형으로 길이 1.8m, 너비 0.6m, 깊이 0.12m임. 대량의 燒骨이 있으나 부장품은 발견되지 않음.

◎ XT4

○ 반원형으로 직경 5.2m, 높이 1.2m임.

○ 바깥쪽 둘레돌(外墻)은 비교적 가지런함.

○ 묘광(XK4) : 장방형으로 길이 2.6m, 너비 0.8m, 깊이 0.2m임. 바닥에 강돌을 깔음. 대량의 燒骨이 있으나 부장품은 없음.

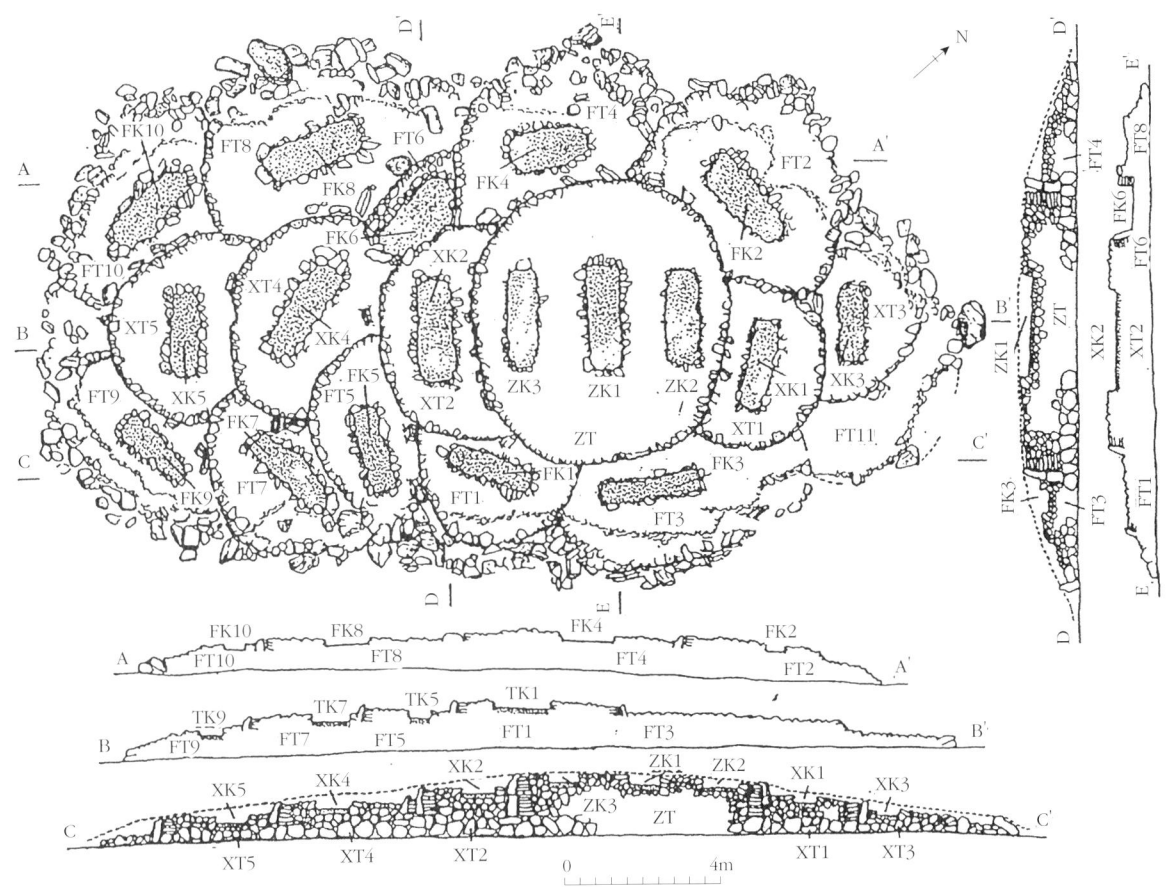

그림 14 간구자BM2호묘 평·단면도(『考古』 2003-8)

◎ XT5
○ 반원형으로 직경 5.2m, 높이 1.2m임.
○ 무덤 기저부 둘레돌은 가지런하며, 동쪽 버팀돌(倚石)은 비교적 밀집해 있음.
○ 묘광(XK5) : 말각장방형으로 길이 2m, 너비 0.7m, 깊이 0.2m임. 바닥에는 강돌이 깔려 있음. 묘광에는 燒骨이 부장되었으나 부장품은 없음.

ⓒ 부묘단(FT1~FT11)

◎ FT1
○ 반원형으로 직경 4m, 높이 1.2m임.
○ 묘광(FK1) : 말각장방형으로 길이 2.05m, 너비 0.6m, 깊이 0.15m임. 비교적 큰 강돌로 2층을 쌓았고 바닥에는 작은 자갈을 깔음. 燒骨, 심발형토기(深腹罐) 1점이 출토됨.

◎ FT2
○ 직경 5.5m, 높이 1m이며 서쪽 부분은 대부분 기울어져 붕괴됨.
○ 묘광(FK2) : 길이 2.3m, 너비 0.7~0.9m, 깊이 0.12m이며 바닥에는 작은 강돌을 깔음. 인골 두 무더기가 있고 발(淺腹罐) 각기 1점씩이 출토됨.

◎ FT3
○ FT1과 XT1의 사이에 접해 있음.
○ 타원형으로 길이 약 6.5m, 너비 약 3m임.
○ 무덤 기저부(墓壇) 둘레돌(墻)의 훼손이 진행되고

있음.
○ 묘광(FK3) : 묘단의 중앙에 위치하는데 장방형으로 길이 2.5m, 너비 0.5m, 깊이 0.1m임. 바닥에는 작은 강돌이 깔려 있음. 대량의 燒骨이 있으나 부장품은 아직 발견되지 않음.

◎ FT4
○ 반원형에 가까운 형태.
○ 무덤 기저(墓壇) 둘레돌(墻)이 많이 기울어져 있음.
○ 묘광(FK4) : 중앙부에 위치하는데 타원형으로 길이 1.7m, 너비 1m, 깊이 0.1m임. 인골, 심발형토기(深腹罐) 1점이 출토됨.

◎ FT5
○ 반원형에 가까운 형태로 직경 5.5m, 높이 1.2m임.
○ 무덤 기저(墓壇) 둘레돌(墻)의 동단을 제외하면 대부분 보존상태가 비교적 양호함.
○ 묘광(FK5) : 장방형으로 길이 2.2m, 너비 0.6m, 깊이 0.14m임. 네 벽은 커다란 돌로 축조했고 바닥에는 냇돌을 깔음. 대량의 燒骨, 심발형토기(深腹罐) 1점이 출토됨.

◎ FT6
○ 사다리형(梯形)으로 무덤 둘레 길이 3m, 둘레돌 높이는 0.75m임.
○ 묘광(FK6) : 타원형으로 길이 2.3m, 너비 1m, 깊이 0.45m이며 바닥에는 작은 강돌을 쌓음. 燒骨, 청동고리(銅環) 1점, 발(淺腹罐) 1점이 출토됨.

◎ FT7
○ 扇形으로 반지름 약 2.3m임.
○ 무덤 기저(墓壇) 둘레돌(墻) 일부 붕괴. 잔존높이 약 1m
○ 묘광(FK7) : 부정형으로 길이 2.5m, 너비 0.6m임.

인골, 흰색 대롱(白管) 1점, 심발형토기(深腹罐) 1점이 출토됨.

◎ FT8
○ 반원형으로 직경 6.5m임.
○ 무덤 기저(墓壇) 둘레돌(墻)이 대부분 붕괴됨.
○ 묘광(FK8) : 말각장방형으로 길이 2.4m, 너비 0.7m, 깊이 0.12m임. 바닥에는 작은 강돌이 깔려 있음. 燒骨, 심발형토기(深腹罐) 1점, 옥드리개(玉墜) 1쌍이 출토됨.

◎ FT9와 FT10
○ 고분 중심축선상에 있는 XT5를 기준으로 대칭함.
○ 두 묘단은 扇形으로 반지름 약 2.5m이며, 무덤 기저부(墓壇) 둘레돌(墻)이 붕괴됨.
○ 묘광은 모두 말각장방형으로 묘단중앙부에 위치하는데 묘광(FK9)는 길이 2m, 너비 0.65m이며 묘광(FK10)은 길이 2.3m, 너비 0.75m임.
○ 燒骨은 모두 묘광 중앙부에 있고, 부장품은 발견되지 않음.

◎ FT11
○ 파괴가 심해 묘광은 이미 없어짐.
○ 반경 약 2.8m의 扇形으로 묘단의 기초부만 남아 있음.
○ BM2 동쪽과 남쪽 양단에서 고분 충적토를 발굴조사 하던 중에 사질토기(夾砂陶器) 잔편을 발견함.

(6) BM4호묘

① 위치와 현황
○ BM2 이남에 위치.
○ 주묘단 1기, 속묘단 2기, 부묘단 6기로 조성.
○ 전체형태는 橢圓丘狀으로 길이 16.5m, 너비 12.5m, 정상부 최고 높이는 1.5m임.

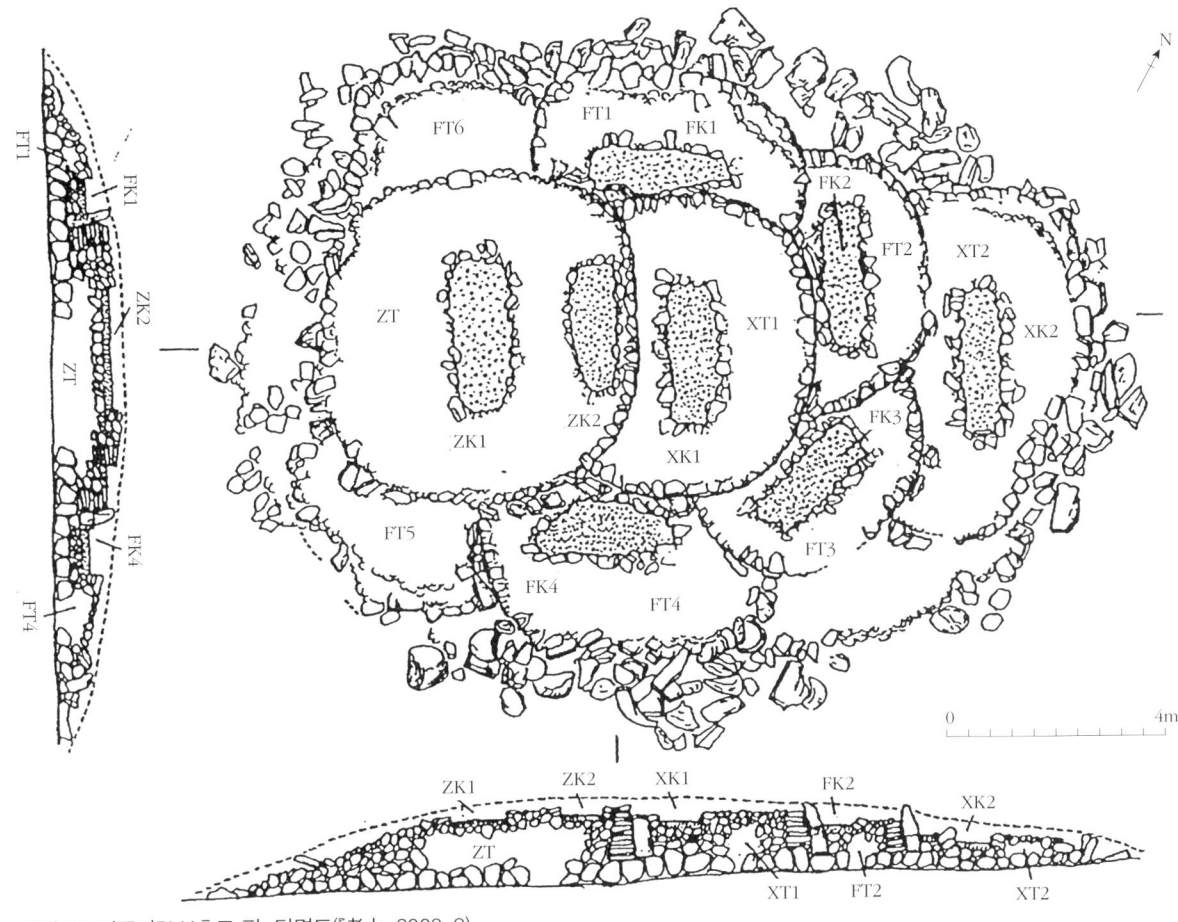

그림 15 간구자BM4호묘 평·단면도(『考古』 2003-8)

○ 西·南 양쪽은 일찍 파괴됨.

② **구조**(그림 15)

㉠ 주묘단(ZT)

○ 고분 서남쪽에 위치.
○ 원형으로 직경 6m임.
○ 서남면은 이미 붕괴되고, 나머지 둘레돌(石墻)의 잔존높이는 0.5m임.
○ 묘광 2기는 장축 방향은 모두 150°임.
- 묘광(ZK1) : 타원형으로 길이 2.9m, 너비 1.05m, 깊이 0.15m이며 바닥에는 작은 강돌이 깔려 있음. 燒骨, 발형토기(淺腹罐) 1점, 어망추(網墜) 1점이 출토됨.
- 묘광(ZK2) : 타원형으로 길이 2.2m, 너비 0.7m, 깊이 0.1m. 바닥에 깔린 강돌층 두께는 0.05~0.08m임. 燒骨과 심발형토기(深腹罐) 1점이 출토됨.

㉡ 속묘단(XT1, XT2)

◎ XT1
○ 半圓形으로 직경 약 5.5m, 높이 1.2m.
○ 둘레돌(邊墻)의 보존상태는 양호함.
○ 묘광(XK1) : 말각장방형으로 길이 2.5m, 너비 0.8m, 깊이 0.12m. 묘광 바닥에는 작은 강돌이 깔려 있음. 燒骨, 멧돼지이빨장식 1점이 출토됨.

◎ XT2
○ 반원형으로 직경 약 6.5m임.
○ 둘레돌(邊墻)은 둥근 호선을 그리며 북쪽 잔존높이는 0.7m임.
○ 묘광(XK2) : 타원형으로 길이 2.5m, 너비 0.7m, 깊이 0.15m이며 바닥에 0.06m 두께로 작은 냇돌을 깔음. 燒骨, 이빨장식(牙飾) 1점이 출토됨.

ⓒ 부묘단(FT1~FT6)

◎ FT1
○ 반원형으로 직경 약 4.8m임.
○ 둘레석(倚石)은 기울어졌으나, 가장자리(邊緣)는 아직 가지런함
○ 묘광(FK1) : 불규칙한 타원형으로 길이 2.1m, 너비 0.4~0.7m, 깊이 0.08m이며 묘광 바닥에는 작은 강돌을 깔음. 燒骨, 토기 1점이 출토됨.

◎ FT2
○ 반원형으로 직경 약 4.5m, 적석 높이 1m임.
○ 둘레돌(邊墻)은 가지런히 쌓아 올림.
○ 둘레돌 밖에는 버팀돌(倚石)이 있음.
○ 묘광(FK2) : 말각장방형으로 길이 2.5m, 너비 0.65m, 깊이 0.15m이며 바닥에는 작은 강돌을 깔음. 燒骨, 심발형토기(深腹罐) 1점이 출토됨.

◎ FT3
○ 扇形으로 반지름 약 2m이며 가장자리(邊緣)는 이미 붕괴됨.
○ 묘광(FK3) : 장방형으로 가장자리가 비교적 가지런함. 길이 2.2m 너비 0.8m, 깊이 0.12m임. 바닥에는 강돌이 깔려 있음. 燒骨, 구멍 뚫린 숫돌(礪石) 1점이 출토됨.

◎ FT4
○ 가장자리(邊緣)는 이미 심하게 기울어졌으며 안쪽 묘광 벽은 이미 훼손됨.
○ 바닥에 깔은 강돌은 대체로 타원형임.
○ 인골, 토제방추차(陶紡輪) 1점, 소량의 토기편이 출토됨.

◎ FT5와 FT6
기초만이 남아 있으며, 扇形으로 반경이 약 2m임.

(7) BM5호묘

① 위치와 현황
○ 구조는 간단하여 주묘단 1기, 부묘단 2기로 구성.
○ 전체 형태는 圓丘狀으로 직경 11m임.
○ 가장자리(邊緣)는 이미 훼손되었으며, 중심부 적석 높이는 1.5m임.

② 구조(그림 16)

㉠ 주묘단(ZK1)
○ 동쪽에 위치하는데 원형으로 직경 5.5m임.
○ 기초부와 둘레돌(邊墻) 하단은 모두 백색 流紋巖으로 축조였는데 東半部는 이미 기울어지고 서쪽 부분은 잔존 상태가 양호하여 둘레돌(石墻)의 잔존높이는 0.3m임.
○ 둘레돌 밖의 버팀돌(倚石)은 양호함.
○ 묘광 : 2개. 타원형.
- 묘광(ZK1) : 길이 2.6m, 너비 0.9m, 깊이 0.25m이고 장축 방향 30°임. 묘광바닥에 깔은 돌의 두께는 0.13m이며 화장한 인골편들이 있으나 부장품은 없음.
- 묘광(ZK2) : 길이 1.5m, 너비 0.7m, 깊이 0.1m이며 장축 방향은 ZK1과 대략 동일함. 바닥에 깔은 작

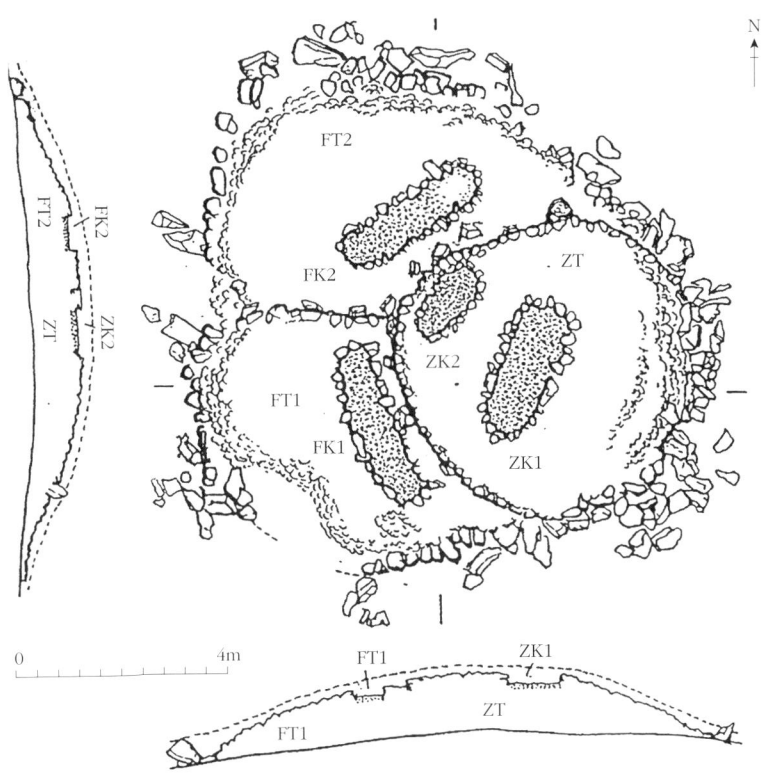

그림 16 간구자BM5호묘 평·단면도
(『考古』 2003-8)

은 강돌층 두께는 0.05m이며 燒骨만 출토되고 부장품은 없음.

ⓒ 부묘단(FT1~FT2)

◎ FT1
ㅇ 반원형으로 정상부 높이는 1.1m임.
ㅇ 남부는 비교적 심하게 파손되었고 北半部 둘레돌(石墻)과 버팀돌(倚石)은 비교적 양호함.
ㅇ 묘광(FK1) : 말각장방형으로 길이 3m, 너비 0.7m, 깊이 0.1m이며 바닥 강돌층 두께는 0.08m임. 燒骨은 있으나 부장품은 없음.

◎ FT2
ㅇ 扇形으로 반지름 약 4m임.
ㅇ 가장자리(邊緣)는 이미 붕괴됨.
ㅇ 묘광(FK2) : 불규칙한 타원형으로 길이 2.8m, 너비 0.7m, 깊이 0.1~0.2m이며 바닥에 깔은 작은 강돌의 두께는 0.08m임. 대량의 燒骨, '一化'小圓錢 5매, 심발형토기(淺腹罐) 1점이 출토됨.

5. 출토유물

1) 1986년 조사

(1) 토기류
ㅇ 모두 사질 갈색토기로 무문이고, 기형은 규칙적이지 못함.
ㅇ 복원 가능한 토기 2점, 완(陶碗) 1점, 잔(陶杯) 1점 등임.

① 완(陶碗, 그림 17-7)
ㅇ 출토지 : M1.

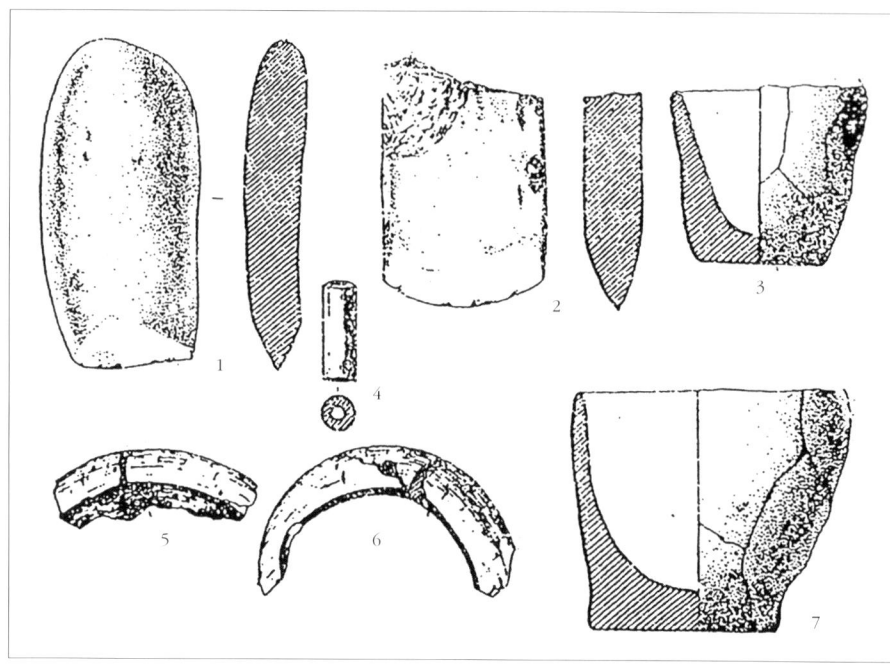

그림 17
간구자1호묘의 출토유물
(『中國境內 高句麗遺蹟硏究』, 1995)
1·2. 석제도끼
3. 잔
4. 녹송석 대롱
5·6. 이빨장식
7. 완

○ 크기 : 입 직경 9.5cm, 바닥 직경 6.3cm, 높이 7.8cm.
○ 태토 및 색깔 : 홍갈색.
○ 형태 : 완형. 구연은 곧고 입술은 둥긂. 동체는 아래로 내려오면서 줄어들고 바닥은 들린 굽과 유사한 형태(假圈足)이나 평평함(平底).

② 잔(陶杯, 그림 17-3)
○ 출토지 : M1.
○ 크기 : 입 직경 6.5cm, 바닥 직경 4.2cm, 높이 5.7cm.
○ 태토 및 색깔 : 모래 섞인 흑회색 토기.
○ 형태 : 입이 벌어지고, 입술은 둥글며, 바닥은 납작하고, 器壁 한쪽은 약간 수직이며, 다른 한쪽은 비스듬한 직선임.

(2) 석기

① 석제도끼(石斧, 그림 17-1)
○ 출토지 : M1.
○ 크기 : 길이 13cm, 너비 5.6cm, 두께 1cm.

○ 형태 : 완형. 숫돌로 전체적으로 둥글게 제작함. 길고 납작한 형태로 머리 부분은 둥글고 칼날은 양면을 갈아서 평평하게 만듦(平刃).

② 석제도끼(石斧, 그림 17-2)
○ 출토지 : M1.
○ 크기 : 잔존길이 9cm, 날 너비 6cm, 두께 1cm.
○ 형태 : 파손품. 전체적으로 거칠게 갈아서 만든 납작한 모양(板狀)이며 횡단면은 마름모꼴이며, 頂部는 결실됨.

(3) 기타

① 멧돼지이빨장식(野猪牙飾, 그림 17-5, 그림 17-6)
○ 출토지 : M1.
○ 크기 : 전체 길이 15cm, 가운데부분 너비 1.5cm.
○ 형태 : 총 2점으로 평면은 '弓'형이고 유백색을 띰. 한 점의 한쪽 끝은 납작하고 넓고, 다른 한쪽 끝은 뾰족함. 끝부분에 예리한 도구로 깎은 흔적이 남음.

② **대롱장식**(綠松石管飾, 그림 17-4)
ㅇ 출토지 : M1.
ㅇ 크기 : 길이 2.2cm, 직경 0.8cm, 구멍 지름 0.36cm.
ㅇ 형태 : 어두운 녹색으로 원통형 관임. 녹송석으로 표면은 잘 다듬어져 매끈하고 정교함.

2) 2001년 조사
토기류, 옥제품(옥구슬, 옥드리개), 석제품(호미, 숫돌, 방추차, 녹송석드리개), 동제품(고리, 대롱, 동전), 철기(칼, 괭이), 기타(料石) 등을 출토함.

(1) 토기
ㅇ 토기는 대부분 明器로 무덤 안에서 출토됨.
ㅇ 대부분 갈색이며 태토에는 굵은 모래가 혼입됨. 기벽 두께는 균일하지 않으며, 소성도는 높지 않으며, 표면색은 균일하지 않고, 물레를 사용하지 않음. 표면은 무늬가 없고 문질러서 광택을 냄.
ㅇ 토기는 그릇의 깊이를 기준으로 심발형토기(深腹罐)와 발형토기(淺腹罐)로 구분됨. 총 39점 중 심발형토기는 17점, 발형토기는 22점으로, 두 토기는 각기 A~C형으로 구분되며 다시 각형은 2~4개로 세분됨.

① **심발형토기**(深腹罐)
ㅇ 토기 높이가 구경에 비해 큰 편이며, 형식은 세 가지로 나뉨.
- A형 : 총 6점으로 입술은 둥글게 처리했고 구연은 넓고 동체는 아래로 경사져 내려감. 동체 형태로 3식으로 구분됨.
- B형 : 9점으로 구연은 곧고 동체는 둥그스름함. 동체와 굽을 근거로 4식으로 구분했는데 BII식은 입술은 둥글게 처리하고, 동체 아랫부분은 좁아지고, 굽은 작고 편평함. BIII식은 입술은 뾰족하고 둥글게 처리했으며 굽은 편평함.
- C형 : 2점으로 입술은 둥글게 처리하고 구연은 밖으로 벌어지며, 동체는 둥그스름하고 굽은 편평함. 구연과 동체의 형태에 의해 2식으로 구분됨.

◎ **심발형토기 1**(그림 18-3)
ㅇ 출토지 : BM2XK1:1.
ㅇ 크기 : 구연 직경 6.8cm, 굽 직경 5cm, 높이 7.2cm.
ㅇ 태토 및 색깔 : 황갈색.
ㅇ 형태 : AI식. 동체는 약간 부르고, 편평 바닥임.

◎ **심발형토기 2**(그림 18-4)
ㅇ 출토지 : BM2FK7:1.
ㅇ 크기 : 구연 직경 6.9cm, 굽 직경 4.2cm, 높이 7.6cm.
ㅇ 태토 및 색깔 : 홍갈색.
ㅇ 형태 : AII식. 동체는 아래로 비스듬하고 굽은 편평함.

◎ **심발형토기 3**(그림 18-13)
ㅇ 출토지 : AM1FK4:2.
ㅇ 크기 : 굽 직경 4.8cm, 잔존높이 7.6cm.
ㅇ 태토 및 색깔 : 홍갈색.
ㅇ 형태 : AII식. 일부 파손되었는데 동체는 경사져 있고, 굽은 편평함.

◎ **심발형토기 4**(그림 18-7)
ㅇ 출토지 : BM4FK2:1.
ㅇ 크기 : 구연 직경 7.6cm, 굽 직경 5.2cm, 높이 7.3cm.
ㅇ 태토 및 색깔 : 흑갈색.
ㅇ 형태 : AIII식. 동체는 안으로 굽어 있고, 편평한 바닥이며, 구연부에는 작은 橫耳가 부착되어 있음.

◎ **심발형토기 5**(그림 19-3)
ㅇ 출토지 : BM2FK8:1.
ㅇ 크기 : 구연 직경 8.9cm, 굽 직경 4.8cm, 높이 9.2cm.
ㅇ 태토 및 색깔 : 황갈색.

○ 형태 : AIII식. 동체는 안으로 굽어 있고, 편평한 바닥임.

◎ 심발형토기 6(그림 19-4)
○ 출토지 : BM2XK1:2.
○ 크기 : 구연 직경 8cm, 굽 직경 5cm, 높이 9.6cm.
○ 태토 및 색깔 : 홍갈색.
○ 형태 : BI식. 입술은 둥글게 처리했고, 동체 아래부분은 약간 안으로 휘었고, 굽은 편평함.

◎ 심발형토기 7(그림 19-7)
○ 출토지 : BM2FK1:1.
○ 크기 : 구연 직경 11cm, 굽 직경 6.6cm, 높이 11.4cm.
○ 태토 및 색깔 : 황갈색.
○ 형태 : BI식. 입술은 둥글고, 하복부는 약간 안으로 휘었고, 굽은 편평함(平底).

◎ 심발형토기 8(그림 18-10)
○ 출토지 : AM1FK1:1.
○ 크기 : 구연 직경 4.7cm, 굽 직경 2.8cm, 높이 5cm.
○ 태토 및 색깔 : 홍갈색.
○ 형태 : BII식. 입술은 둥글고 하복부는 안으로 좁아지고, 작은 납작바닥임(小平底).

◎ 심발형토기 9(그림 18-16)
○ 출토지 : AM3ZK2:1.
○ 크기 : 구연 직경 7.8cm, 굽 직경 4cm, 잔존높이 8.5cm.
○ 태토 및 색깔 : 황갈색.
○ 형태 : BII식. 일부 파손품. 입술은 둥글고 하복부는 안으로 좁아지고, 작은 납작바닥임(小平底).

◎ 심발형토기 10(그림 19-9)
○ 출토지 : BM2FK4:1.

○ 크기 : 구연 직경 7.6cm, 굽 직경 5.4cm, 높이 10cm.
○ 태토 및 색깔 : 회갈색.
○ 형태 : BIII식. 일부 파손품으로 입술은 뾰족하고 둥글며, 바닥이 납작함(平底).

◎ 심발형토기 11(深腹罐, 그림 18-8)
○ 출토지 : BM4ZK2:1.
○ 크기 : 구연 직경 4.4cm, 굽 직경 3.8cm, 높이 7cm.
○ 태토 및 색깔 : 홍갈색.
○ 형태 : BIII식. 입술은 뾰족하고 둥글며, 바닥이 납작함(平底). 구연은 약간 안으로 오므라들고, 동체는 둥글게 볼록함.

◎ 심발형토기 12(그림 19-1)
○ 출토지 : BM2FK5:1.
○ 크기 : 구연 직경 9.6cm, 굽 직경 6.4cm, 높이 10cm.
○ 태토 및 색깔 : 홍갈색.
○ 형태 : BIV식. 입술은 둥글고, 동체는 둥그스름하고, 굽은 편평함. 동체 윗부분에 乳釘耳가 양쪽에 대칭하고 있음.

◎ 심발형토기 13(그림 19-5)
○ 출토지 : AM2ZK4:1.
○ 크기 : 구연 직경 9cm, 굽 직경 4.5cm, 높이 11cm.
○ 태토 및 색깔 : 홍갈색.
○ 형태 : CI식. 내벽은 검은색, 동체는 깊고 둥근 형태이며 구연은 약간 밖으로 벌어짐.

◎ 심발형토기 14(그림 19-2)
○ 출토지 : AM1XK3:1.
○ 크기 : 구연 직경 9.7cm, 굽 직경 6.5cm, 높이 11.8cm.
○ 태토 및 색깔 : 홍갈색.
○ 형태 : CII식. 정밀 제작되었고 구연은 외반하고, 동

체는 약간 배가 부름.

② **발형토기**(淺腹罐)
- ○ 총 22점으로 그중 16점은 복원했는데 토기의 높이와 동체의 직경이 비슷함. 3가지 유형으로 구분함.
- – A형은 4점으로 둥근 입술이고, 동체는 비스듬하고, 굽은 편평함. 다시 2식으로 구분됨.
- – B형은 14점으로 입술은 뾰족하거나 둥근 형태이며, 구연은 곧음. 3가지 유형(Ba, Bb, Bc)으로 세분됨. Ba형은 9점으로 동체는 둥그스름하며, 다시 3식으로 분류함. BaⅠ식은 2점으로 입술이 뾰족하고, 동체가 둥글게 휘는게 명확함. BaⅡ식은 3점으로 입술이 뾰족하거나 둥근 형태이고, 동체는 약간 둥글고, 굽은 편평함. BaⅢ식은 4점으로 입술은 둥근 형태이고, 동체는 약간 부르며, 굽은 편평함. Bb형은 4점으로 입술이 둥글고 동체는 배가 불러있는데 다시 2식으로 구분함. BbⅠ식은 2점으로 동체가 둥글게 불러있으며, 바닥이 들린 굽과 유사한 형태임(假圈足). BbⅡ식은 2점으로 동체가 불러있고, 바닥이 들린 굽임(圈足). Bc형은 1점으로 기형이 盌에 유사한데 입술이 뾰족하고, 동체가 곧고, 바닥이 평평함(平底).
- – C형은 4점으로 입술이 둥글고 구연은 외반하였는데 2가지 유형으로 나뉨. Ca형은 2점으로 동체가 불러있고, 바닥은 들린 굽임(圈足). Cb형은 2점으로 동체가 둥그스름하고 굽은 편평함(平底).

◎ 발형토기 1(그림 18-14)
- ○ 출토지 : BM2ZK1:1.
- ○ 크기 : 구연 직경 8.5cm, 굽 직경 4.9cm, 높이 6.4cm.
- ○ 태토 및 색깔 : 홍갈색.
- ○ 형태 : AⅠ식. 저부에서 직선적으로 벌어져 구연이 최대경이 됨.

◎ 발형토기 2(그림 18-2)
- ○ 출토지 : BM2FK2:2.
- ○ 크기 : 구연 직경 7.2cm, 굽 직경 4.8cm, 높이 7.7cm.
- ○ 태토 및 색깔 : 홍갈색.
- ○ 형태 : AⅡ식. 구연이 약간 오그라듦. 바닥 가까이에 허리가 들어가는 부분이 비교적 크고, 바닥이 두꺼움.

◎ 발형토기 3(그림 18-12)
- ○ 출토지 : AM2FK1:1.
- ○ 크기 : 구연 직경 5.6cm, 굽 직경 3.6cm, 높이 5.3cm.
- ○ 태토 및 색깔 : 홍갈색.
- ○ 형태 : AⅡ식. 구연이 약간 오그라들음.

◎ 발형토기 4(그림 18-11)
- ○ 출토지 : BM2ZK2:1.
- ○ 크기 : 굽 직경 3.4cm, 높이 3.2cm.
- ○ 태토 및 색깔 : 황갈색.
- ○ 형태 : BaⅠ식으로 입술이 뾰족하고, 동체가 둥글게 휘는게 명확하며, 들린 굽과 유사한 형태임(假圈足). 크기가 약간 작고, 구연이 약간 손상됨.

◎ 발형토기 5(그림 18-1)
- ○ 출토지 : BM4ZK1:1.
- ○ 크기 : 구연 직경 7cm, 굽 직경 4.6cm, 높이 5.8cm.
- ○ 태토 및 색깔 : 홍갈색.
- ○ 형태 : BaⅡ식으로 입술은 뾰족하고 구연은 곧고, 동체는 둥글게 휘었는데 조금 작고, 바닥은 평평함(平底).

◎ 발형토기 6(그림 18-17)
- ○ 출토지 : AM2ZK4:2.
- ○ 크기 : 구연 직경 7.6cm, 굽 직경 4.8cm, 높이 6.5cm.
- ○ 태토 및 색깔 : 홍갈색.
- ○ 형태 : BaⅡ식으로 입술은 둥글고 구연은 곧고, 기

벽 두께가 불규칙함.

◎ 발형토기 7
○ 출토지 : AM3ZK3:2.
○ 크기 : 구연 직경 6.3cm, 굽 직경 4.9cm, 높이 5.7cm.
○ 태토 및 색깔 : 황갈색.
○ 형태 : BaII식으로 입술은 둥글고 구연은 곧고, 굽은 약간 안으로 오므라짐.

◎ 발형토기 8(그림 18-6)
○ 출토지 : AM2XK2:2.
○ 크기 : 구연 직경 6.6cm, 굽 직경 4.4cm, 높이 6.6cm.
○ 태토 및 색깔 : 홍갈색.
○ 형태 : BaIII식으로 입술이 둥글고 구연이 곧고, 동체는 약간 둥글게 볼록하며, 바닥이 평평함(平底).

◎ 발형토기 9
○ 출토지 : AM2ZK5:2.
○ 크기 : 구연 직경 6.4cm, 굽 직경 4.3cm, 높이 6cm.
○ 태토 및 색깔 : 홍갈색.
○ 형태 : BaIII식으로 입술이 둥글고 구연이 곧고, 동체가 약간 둥글게 볼록하고 바닥은 평평함. 구연과 동체의 표면이 균일하지 않음.

◎ 발형토기 10
○ 출토지 : AM3FK1:1.
○ 크기 : 구연 직경 6.6cm, 굽 직경 4.2cm, 높이 6.4cm.
○ 태토 및 색깔 : 홍갈색.
○ 형태 : BaIII식으로 입술이 둥글고 구연이 곧고, 동체가 약간 둥글게 볼록하고 바닥은 평평함.

◎ 발형토기 11(그림 18-15)
○ 출토지 : BM2FK2:1.
○ 크기 : 구연 직경 7.3cm, 굽 직경 4.4cm, 높이 6.8cm.
○ 태토 및 색깔 : 홍갈색.
○ 형태 : BbI식으로 입술이 둥글고 입이 곧고, 동체가 둥글고 볼록하며, 들린 굽과 유사한 형태임(假圈足).

◎ 발형토기 12(그림 19-6)
○ 출토지 : BM5FK2:2.
○ 크기 : 구연 직경 6.5cm, 굽 직경 5.6cm, 높이 9.5cm.
○ 태토 및 색깔 : 회갈색.
○ 형태 : BbII식으로 입술이 둥글고 입이 곧고, 동체가 볼록하며 바닥은 들린 굽임(圈足).

◎ 발형토기 13(그림 18-9)
○ 출토지 : AM2XK1:1.
○ 크기 : 구연 직경 4.7cm, 굽 직경 4.7cm, 높이는 4cm.
○ 태토 및 색깔 : 홍갈색.
○ 형태 : Bc형으로 기형이 盞에 유사한데 입술이 뾰족하고, 동체가 곧고, 바닥이 평평함(平底).

◎ 발형토기 14(그림 18-5)
○ 출토지 : AM3ZK3:1.
○ 크기 : 구연 직경 6.4cm, 굽 직경 5.2cm, 높이 6cm.
○ 태토 및 색깔 : 황갈색.
○ 형태 : Ca형으로 입술이 둥글고 구연이 벌어지고, 동체가 약간 볼록하며 바닥은 낮은 들린 굽임(圈足).

◎ 발형토기 15
○ 출토지 : BM2ZK2:2.
○ 크기 : 구연 직경 5.8cm, 잔존높이 4.7cm.
○ 태토 및 색깔 : 홍갈색.
○ 형태 : Ca형으로 입술이 둥글고 구연이 벌어지고, 동체가 둥글고 볼록하며 바닥은 들린 굽임(圈足). 태토 벽심은 회색, 바닥은 손상됨.

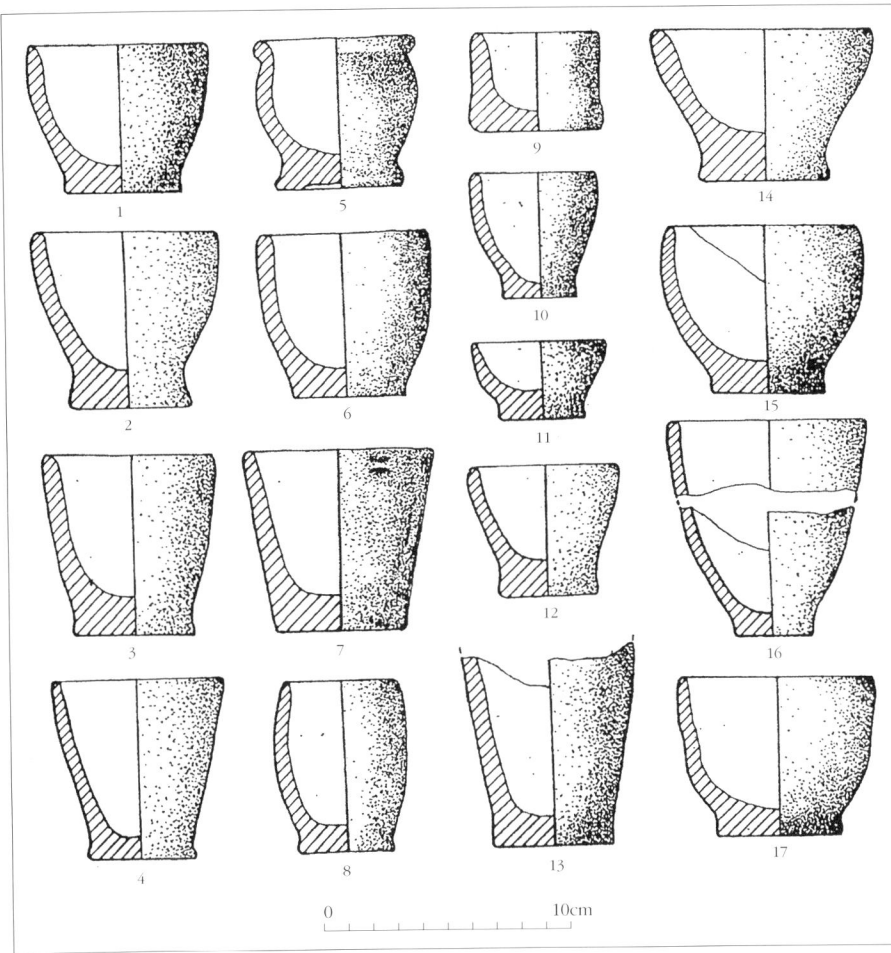

그림 18
간구자고분군의 토기 1
(『考古』 2003-8)
1·17. BaⅡ식 발형토기
(BM4ZK1:1, AM2ZK4:2)
2·12. AⅡ식 발형토기
(BM2FK2:2, AM2FK1:1)
3. AI식 발형토기(BM2XK1:1)
4·13. Ⅱ식 심발형토기
(BM2FAK7:1, AM1FK4:2)
5. Ca형 발형토기(AM3ZK3:1)
6. BaⅢ식 발형토기(AM2XK2:2)
7. AⅢ식 심발형토기(BM4FK1:1)
8. BⅢ식 심발형토기(BM4ZK2:1)
9. Bc형 발형토기(AM2XK1:1)
10·16. BⅡ식 심발형토기
(AM1FK1:1, AM3ZK2:1)
11. BaI식 발형토기(BM2ZK2:1)
14. AI식 발형토기(BM2ZK1:1)
15. BbI식 발형토기(BM2FK2:1)

◎ 발형토기 16(그림 19-8)
○ 출토지 : BM2FK6:1.
○ 크기 : 구연 직경 9.9cm, 굽 직경 6cm, 높이 10cm.
○ 태토 및 색깔 : 전체적으로 홍갈색이나 내벽은 검은색.
○ 형태 : Cb형으로 입술이 둥글고 구연이 외반하고 동체가 둥글고 바닥은 평평함(平底). 동체의 윗부분에는 橫橋狀 니질의 盲耳가 남아 있음.

◎ 발형토기 17
○ 출토지 : AM2ZK3:1.
○ 크기 : 구연 직경 5.4cm, 굽 직경 3.2cm, 높이 4.5cm.
○ 태토 및 색깔 : 홍갈색.

○ 형태 : Cb형으로 입술이 둥글고 구연이 외반하고 동체가 둥글고 바닥은 평평함(平底).

③ 토제대롱(管)
3점으로 연한 황색 또는 황갈색이며, 管壁은 비교적 두꺼움.

◎ 대롱 1(그림 21-16)
○ 출토지 : AM1FK3:1-10.
○ 크기 : 직경 0.6cm, 구멍 직경 0.15cm, 길이 1cm.
○ 태토 및 색깔 : 황토색.
○ 형태 : 소성도가 비교적 높고, 표면은 거칠음.

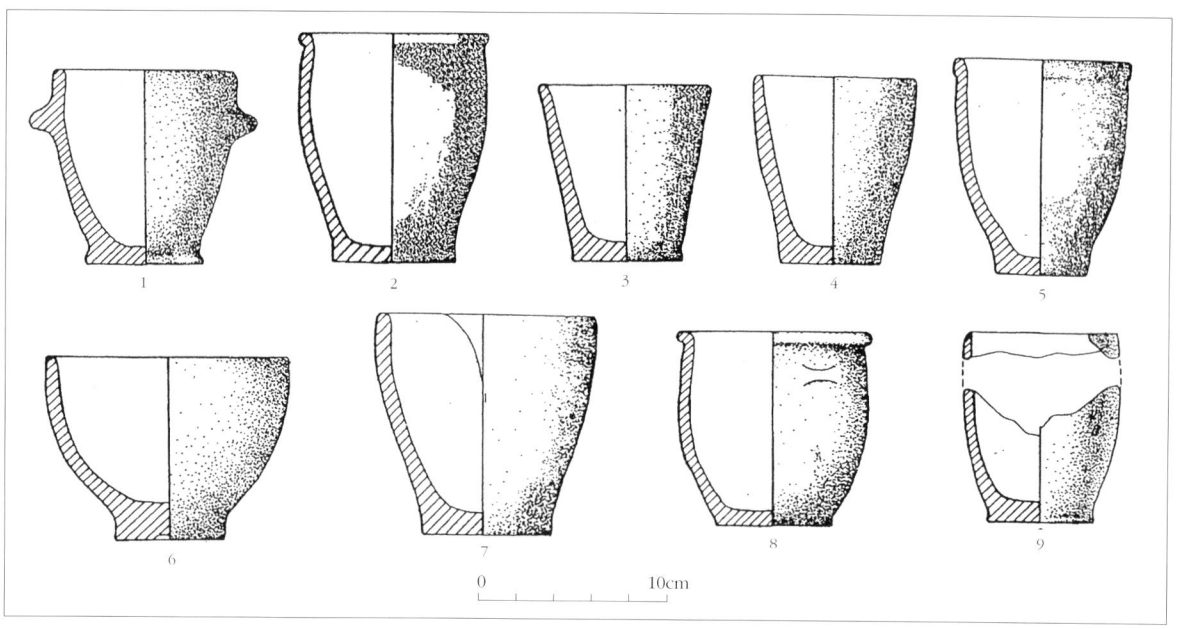

그림 19 간구자고분군의 토기 2(『考古』 2003-8)
1. BIV식 심발형토기(BM2FK5:1) 2. CII식 심발형토기(AM1XK3:1) 3. AIII식 심발형토기(BM2FK8:1) 4·7. BI식 심발형토기(BM2XK1:2, BM2FK1:1) 5. CI식 심발형토기(AM2ZK4:1) 6. BbII식 발형토기(BM5FK2:2) 8. Cb형 발형토기(BM2FK6:1) 9. BIII식 심발형토기(BM2FK4:1)

◎ 대롱 2(그림 21-2)
○ 출토지 : BM2ZK3:1.
○ 크기 : 직경 0.8cm, 구멍 직경 0.2cm, 길이 2.1cm.
○ 형태 : 표면에 벌집모양 가는 구멍이 있음.

④ 기타

◎ 토제가락바퀴(紡輪, 그림 20-14)
○ 출토지 : AM1FK5:1.
○ 크기 : 직경 5.6cm, 구멍 직경 1cm, 두께 1.4cm.
○ 태토 및 색깔 : 모래 섞인 갈색 토기.
○ 형태 : 바닥면은 약간 오목하고, 윗면(頂面)은 약간 볼록함(弧鼓).

◎ 토제어망추(網墜, 그림 20-4)
○ 출토지 : AM3ZT采:3.
○ 크기 : 바닥면 직경 3.2cm, 높이 4.2cm.

○ 태토 및 색깔 : 거친 모래 섞인 갈색 토기.
○ 형태 : 잘록한 허리의 橢圓柱狀으로 수직방향으로 구멍 하나가 뚫려 있음.

◎ 토제어망추(網墜)
○ 출토지 : BM4ZK1:2.
○ 크기 : 직경 1.8cm, 길이 4cm.
○ 태토 및 색깔 : 가는 모래가 섞인 황갈색 토기.
○ 형태 : 속이 찬 圓柱狀으로 양 끝에 각기 한 줄의 홈(凹槽)이 있고, 측면은 亞자형임.

(2) 청동기
총 6점. 고리(環) 5점, 대롱(管) 1점.

① 고리(環)
총 5점으로 동편을 휘어 제작했는데 3가지 유형으로 구분됨.

◎ 고리 1(그림 20-12)
○ 출토지 : AM3FK2:1.
○ 크기 : 직경 2.2cm, 폭 0.4~0.5cm.
○ 형태 : A형으로 양끝은 갈아서 원형으로 만들었는데 서로 맞물리지 않음.

◎ 고리 2(그림 20-11)
○ 출토지 : AM3ZK4:1.
○ 크기 : 직경 2.2cm, 너비 0.9cm.
○ 형태 : B형으로 양끝은 둥글고 무딘 형태로 서로 맞물리지 않음.

◎ 고리 3
○ 출토지 : AM2FK1:2.
○ 크기 : 직경 2cm, 폭 0.8cm.
○ 형태 : B형으로 양끝은 둥글고 무딘 형태로 서로 맞물리지 않음.

◎ 고리 4(그림 20-9)
○ 출토지 : BM2FK6:2.
○ 크기 : 직경 2.7cm, 폭은 0.8cm.
○ 형태 : C형으로 양끝이 약간 파손되었고 한쪽 끝에는 둥근 구멍 반이 남아 있음.

② 대롱(管, 그림 21-1)
○ 출토지 : AM1XK3:4.
○ 크기 : 직경 0.8cm, 구멍 직경 0.4cm, 높이 1.1cm.
○ 형태 : 검은 녹색으로 동체에 2줄의 오목한 능(稜)이 있어 측면은 連珠狀으로 보임.

(3) 철기
총 4점으로 칼(刀)과 괭이(钁)로 구성.

① 칼(刀)
총 3점 중 2점은 무덤에서 채집되었고, 2식으로 구분됨.

◎ 칼 1(그림 20-7)
○ 출토지 : AM3ZK4:2.
○ 크기 : 잔존 길이 11.2cm, 너비 1.5~2.4cm, 두께 0.2cm.
○ 형태 : I식으로 등은 둥그스름하고 날은 편평하며, 끝은 살짝 치켜 올라가며, 한쪽 등날에는 한 갈래의 끊어진 棱脊이 있음. 자루는 파손됨.

◎ 칼 2(그림 20-5)
○ 출토지 : AM4ZT采:1.
○ 크기 : 길이 16cm, 너비 1.4~3cm.
○ 형태 : II식으로 등은 곧고 날은 편평하며, 자루는 납작하고 편평함. 앞 끝은 뾰족한 편이고 뒷부분은 비스듬히 좁아짐. 날은 사용에 의해 안으로 움푹 패임.

◎ 칼 3(그림 20-6)
○ 출토지 : AM3ZT采:2.
○ 크기 : 길이 22.6cm, 너비 1.4cm. 자루 길이 2.3cm, 고리폭 1.6cm.
○ 형태 : II식으로 등은 곧고 날은 편평하며, 자루는 납작하고 편평함. 길쭉한 모양으로 앞부분이 예리하고, 직선적임. 출토 때 자루위에 철로 만들어진 네모난 고리 하나가 씌워져 있었는데 자루를 끼워 넣는데 사용되었을 가능성이 있음.

② 괭이(钁, 그림 20-1)
○ 출토지 : AM1XK1:1.
○ 크기 : 날 너비 5.6cm, 잔존길이 7.6cm.
○ 형태 : 윗부분은 파손되었고, 평면은 장방형이고 측면은 쐐기모양임. 날은 호형이고 무딘 편임.

(4) 동전(銅錢)

○ 총 35점. '半兩', '一化' 2종.
○ 모두 원형 동전 안에 네모난 구멍이 있는 형태임.

① 반량전(半兩錢)

8점을 발견했는데 동일한 무덤에서 출토되었는데 銅의 질이 낮고 동전이 얇고 녹이 많음. 12점은 양호한데 직경·무게와 새겨진 문자를 근거로 5가지 유형으로 구분됨. 모두 등이 편평하고 가장자리(郭)가 없음.

◎ 반량전 1(그림 22-7)
○ 출토지 : AM2FK3:2-1.
○ 크기 : 직경 3~3.2cm, 무게 5.9~6.2g.
○ 형태 : A형. 동전에 새겨진 문자는 글자체가 비교적 큰 편임. 필획은 네모나고 꺾어졌음. '兩'자의 '一'획이 비교적 긴 모양임.

◎ 반량전 2(그림 22-6)
○ 출토지 : AM2FK3:2-6.
○ 크기 : 직경 3~3.2cm, 무게 5.2~5.3g.
○ 형태 : B형. '半'자의 아래 '一'획, '兩'자의 '一'획 모두 짧음.

◎ 반량전 3(그림 22-5)
○ 출토지 : AM2FK3:2-14.
○ 크기 : 직경 2.9~3cm, 무게 4.3~4.5cm.
○ 형태 : C형. 새겨진 문자는 글자체가 약간 작고 네모나게 꺾임. '半'자는 가늘고 긴 형태이며, '兩'자의 '一'획은 아주 짧으며 한쪽에 치우침.

◎ 반량전 4(그림 22-4)
○ 출토지 : AM2FK3:2-9.
○ 크기 : 직경 2.9~3cm, 무게 2.9~3.2g.
○ 형태 : D형. 동전에 새겨진 문자는 글자체가 작고 꺾어짐. 비교적 둥근 편임. '半'자의 아래 '一'획은 짧고 '兩'자 '一'획은 빠짐.

◎ 반량전 5(그림 22-1)
○ 출토지 : AM2FK3:2-17.
○ 크기 : 직경 2.6~2.7cm, 무게 3.2~3.9cm.
○ 형태 : E형. 글자체가 넓은 편이며 필획은 역시 네모나고 꺾어짐. '半'자의 아래 '一'획은 折과 거의 같음. '兩'자의 '一'획은 긴 편임.

② 일화전(一化錢)

17점을 발견했는데 2기의 무덤구덩이에서 출토됨. 동전은 얇고도 가벼우며, 등이 편평하고 가장자리(郭)가 있음. 직경은 대부분이 1.6cm, 무게는 0.7~1.3g임.

◎ 일화전 1(一化錢, 그림 22-2)
○ 출토지 : AM2FK3:3-1.
○ 크기 : 직경 1.7cm, 구멍 너비 0.7cm, 무게 1~1.3g.
○ 형태 : 동전에 새겨진 문자는 선명함.

◎ 일화전 2(一化錢, 그림 22-3)
○ 출토지 : BM5FK2:1-4.
○ 크기 : 직경 1.9cm, 구멍 너비 0.7cm, 무게 0.9g.
○ 형태 : 네모난 구멍 위에 서로 대칭되는 2개의 둥근 구멍이 있음.

(5) 옥제품(玉器)

7점으로 구슬 4점·드리개(玉墜) 3점을 확인함.

① 구슬 1(玉珠, 그림 21-17)
○ 출토지 : AM3FK2:3-1.
○ 크기 : 직경 1.3cm, 구멍 직경 0.4cm, 높이 0.7cm.
○ 형태 : 유백색의 燧石, 정연한 형태임.

② 구슬 2(玉珠, 그림 21-5)
ㅇ 출토지 : AM3FK2:3-2.
ㅇ 형태 : 가운데 구멍이 크고, 전체 측면은 사다리꼴에 가까움.

③ 구슬 3(玉珠)
ㅇ 출토지 : BM2ZK3:2.
ㅇ 크기 : 직경 0.8cm, 구멍 직경 0.15cm, 높이 0.5cm.
ㅇ 형태 : 전체 측면 생김새는 불규칙함.

④ 구슬 4(玉珠)
ㅇ 출토지 : AM2FK1:3.
ㅇ 크기 : 직경 0.7cm, 구멍 직경 0.2cm, 높이 0.2~0.5cm.
ㅇ 형태 : 石料가 불규칙적이고, 전체 측면은 사다리꼴임.

⑤ 드리개 1(玉墜, 그림 21-3)
ㅇ 출토지 : AM3ZK3:3-1.
ㅇ 크기 : 길이 1.5cm, 폭 0.65cm, 높이 3cm.
ㅇ 형태 : 옅은 녹색이고, 평면은 마름모꼴임.

⑥ 드리개 2(玉墜, 그림 21-14)
ㅇ 출토지 : AM3ZK3:3-2.
ㅇ 크기 : 길이 1.7cm, 폭 0.5cm, 두께 0.3cm.
ㅇ 형태 : 표면은 옅은 녹색으로 평면은 반월형임.

⑦ 드리개 3(玉墜, 그림 21-20)
ㅇ 출토지 : AM1XK3:2-1.[10]
ㅇ 크기 : 길이 2.6cm, 폭 1.1cm, 두께 0.4~0.6cm.

ㅇ 형태 : 초록색으로 평면은 초생달 모양이며, 단면은 삼각형임. 한쪽 끝에는 하나의 구멍이 뚫려 있음.

(6) 석기(石器)
ㅇ 총 13점로 괭이(石鋤)·숫돌(礪石)·가락바퀴로 구성됨.
ㅇ 괭이(石鋤)는 2점으로 모두 뗀석기이며, 2식으로 구분됨.

① 괭이 1(石鋤, 그림 20-8)
ㅇ 출토지 : AM1XK1:2.
ㅇ 크기 : 길이 8.4cm, 폭 3.4~6cm, 두께 1.4cm.
ㅇ 형태 : I식의 뗀석기로 허리가 잘록한 사다리꼴임. 한쪽은 평평하고 날은 호형인데 일부 파손됨.

② 괭이 2(石鋤, 그림 20-2)
ㅇ 출토지 : AM1XK1:3.
ㅇ 크기 : 길이 9cm, 폭 7.2cm, 두께 1.6cm.
ㅇ 형태 : II식의 뗀석기. 凸자형으로 꼭대기는 둥글고 허리는 선명하게 잘록함. 날은 직선이며 일부 파손됨.

③ 숫돌(礪石, 그림 20-3)
ㅇ 출토지 : BM4FK3:1.
ㅇ 크기 : 길이 9cm, 폭 2cm, 두께 0.7cm.
ㅇ 형태 : 회흑색으로 재질은 細砂巖임. 전체 형태는 길쭉하고 윗쪽은 편평함. 위 끝에는 구멍이 하나 뚫려 있고, 한쪽 납작한 면에는 간 흔적이 잔존함.

④ 가락바퀴(石紡輪, 그림 20-10)
ㅇ 출토지 : AM1XK4:1.
ㅇ 크기 : 직경 2.4cm, 두께 0.8cm, 구멍 직경 0.3cm.
ㅇ 형태 : 떡 모양으로 짙은 회색이며, 泥質 頁巖임.

---

[10] 고분을 설명하는 내용에서는 해당고분의 묘광에서 玉墜 출토는 소개되지 않음.

⑤ 녹송석 드리개 1(綠松石墜, 그림 20-7)
- 출토지 : BM2FK8:2-1.
- 크기 : 길이 2.2cm, 폭 0.5~1.5cm, 두께 0.4cm.
- 형태 : 녹송석으로 초록색이며, 평면은 모서리가 둥근 삼각형이며, 한쪽 끝에 구멍이 뚫렸음.

⑥ 녹송석 드리개 2(綠松石墜, 그림 21-10)
- 출토지 : BM2FK8:2-2.
- 크기 : 길이 2cm, 폭 1.1cm, 두께 0.4~0.5cm.
- 형태 : 평면 반월형이고 단면은 사다리꼴임. 두개 구멍을 뚫었는데 구멍 하나는 파손됨.

(7) 유리제품(料器)
- 총 131점을 발견했는데 모두 대롱 모양의 장식품(石管)임.
- 형태가 가늘고 크기가 작은 흰색 대롱장식의 양이 가장 많음.
- 크기는 직경이 보통 0.5cm 안팎이며 구멍 직경은 0.2~0.3cm임.
- 재질은 칼로 깎아낼 수 있는 것으로 추정되며, 색깔에 따라 구분 가능함.

① 흰색 대롱(白管)
105점을 발견했는데 길이와 굵기는 각기 다르고, 회백·유백·牙白 등으로 구분 가능함.

◎ 흰색 대롱 1(그림 21-12)
- 출토지 : AM2XK3:2-1.
- 크기 : 직경 0.5cm, 높이 0.8cm.
- 형태 : 유백색이고 단면은 반듯한 편임.

◎ 흰색 대롱 2
- 출토지 : AM2XK3:2-3.
- 크기 : 직경 0.4cm, 높이 0.45cm.
- 형태 : 흰색이고 한 쪽에 잘라낸 흔적이 잔존함.

◎ 흰색 대롱 3(그림 21-11)
- 출토지 : AM4FK4:1-1.
- 크기 : 직경 0.5cm, 구멍 직경 0.3cm, 높이 1cm.
- 형태 : 회백색으로 표면에는 여러 갈래의 가느다란 수평 균열흔이 보임.

◎ 흰색 대롱 4(그림 21-8)
- 출토지 : AM1FK3:1-5.
- 크기 : 직경 0.4cm, 높이 1cm.
- 형태 : 牙白色으로 표면에는 파열문(開片裂紋)이 있음.

◎ 흰색 대롱 5(그림 21-13)
- 출토지 : AM3ZK3:4-1.[11]
- 크기 : 직경 0.55cm, 높이 0.7cm.
- 형태 : 구멍은 비스듬하게 뚫려 있는데 한끝은 가운데에 있고, 다른 한끝은 치우쳐 있음.

◎ 흰색 대롱 6(白管, 그림 21-9)
- 출토지 : AM1FK4:1-2.
- 크기 : 직경 0.35cm, 높이 1.1cm.
- 형태 : 투명하고 매끄러우며, 단단하게 구워져 돌과 비슷함.

② 남색 대롱(藍管)
- 26점을 발견했는데 6기 무덤구덩이에서 출토함.
- 흰색 대롱에 비해 크며, 비교적 단단한 편임.
- 남색 중에서도 호수빛 혹은 灰藍色이 많은 편이며, 푸른빛 중에 초록빛을 띠거나 회녹색을 띠기도 함. 푸

---

[11] 해당 고분의 묘광의 설명 부분에는 출토 사실이 소개 안됨.

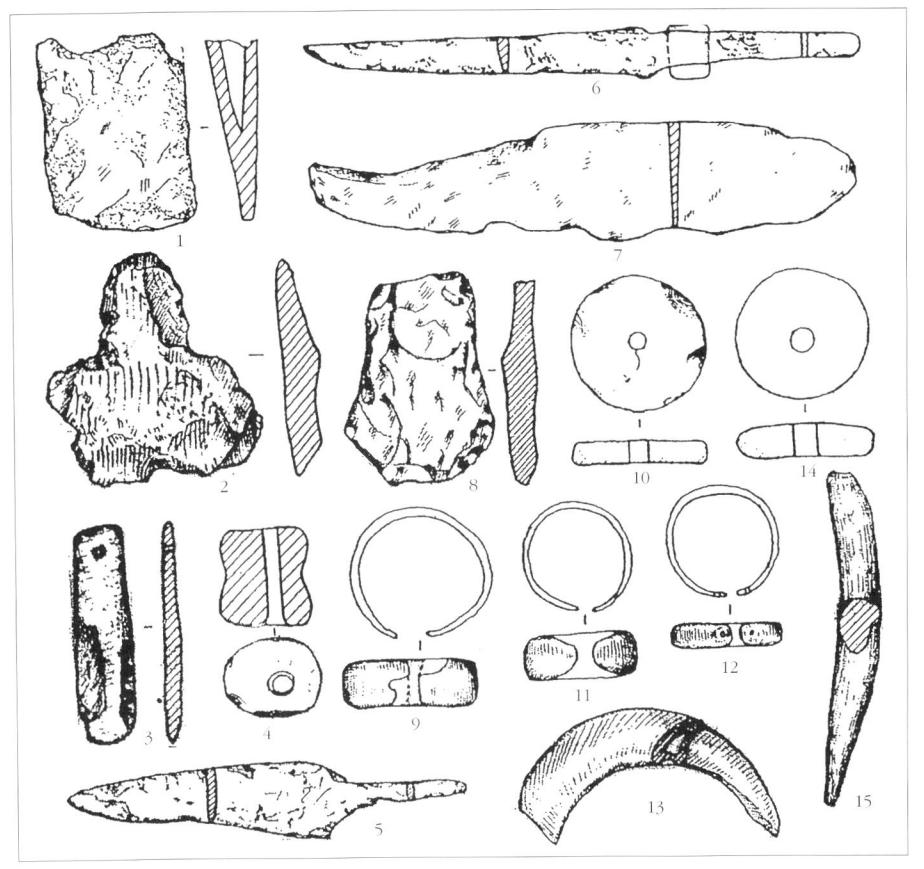

그림 20
간구자고분군의 출토유물 1
(『考古』2003-8)
1. 철제괭이(AM1XK1:1)
2. Ⅱ식 석제괭이(AM1XK1:3)
3. 숫돌(BM4FK3:1)
4. 토제어망추
5·6. Ⅱ식 철제칼(AM4Z5采:1, AM3ZT采:2)
7. Ⅰ식 철제칼(AM3ZK4:2)
8. Ⅰ식 숫돌(AM1XK:2)
9. C형 청동고리(BM2FK7:2)
10. 석제가락바퀴(AM1XK4:1)
11. B형 청동고리(AM3ZK4:1)
12. A형 청동고리(AM3FK2:1)
13·15. 이빨장식(BM4XK2:1, BM4XK1:1)
14. 토제가락바퀴(AM1FK5:1)

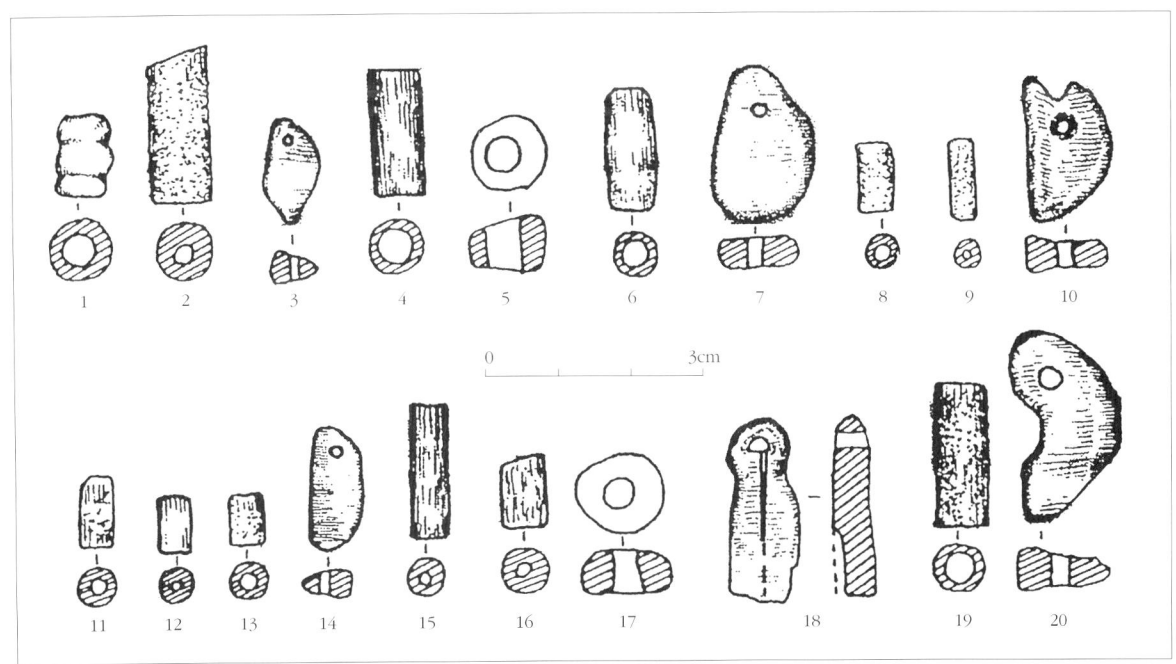

그림 21 간구자고분군의 출토유물 2(『考古』2003-8)
1. 청동대롱(AM1XK3:4) 2·16. 토제대롱(BM2ZK3:1, AM1FK3:1-10) 3·14·20. 옥드리개(AM3ZK3:3-1, AM3ZK3:3-2, AM1XK3:2-1) 4·6·15·19. 남색 대롱(AM4FK3:2-1, AM2ZK2:2-1, BM2FK1:3, AM4FK3:2-2) 5·17. 옥구슬(AM3FK2:3-2, AM3FK2:3-1) 7·10. 녹송석 드리개 (BM2FK3:2-1·2) 8·9·11~13. 흰색 대롱(AM1FK3:1-5, AM1FK4:1-2, AM4FK4:1-1, AM2XK3:2-1, AM3ZK3:4-1) 18. 뼈드리개(AM1XK3:2-2)

제7부 장백현(長白縣) 지역의 유적과 유물 363

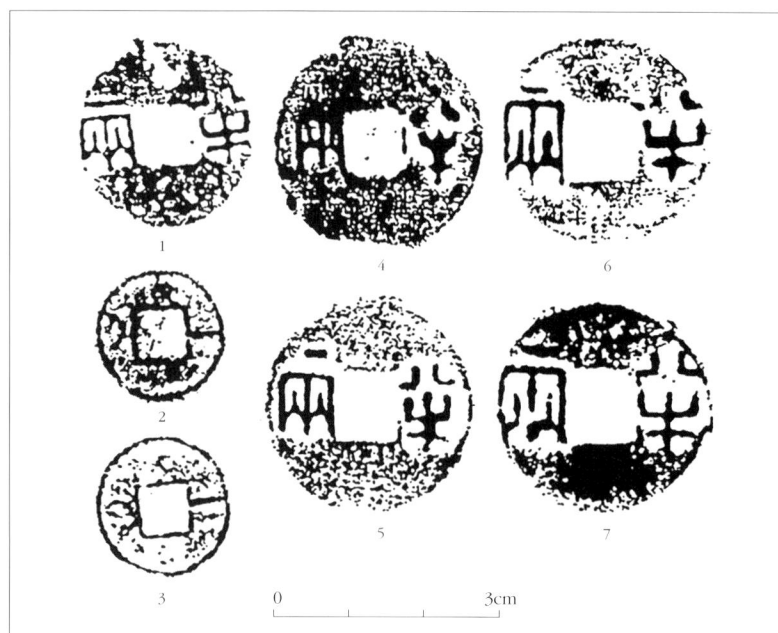

그림 22
간구자고분군의 동전(『考古』2003-8)
1. E형 반량전(AM2FK3:2-17)
2·3. 일화전(AM2FK3:3-1, BM5FK2:1-4)
4. D형 반량전(AM2FK3:2-9)
5. C형 반량전(AM2FK3:2-14)
6. B형 반량전(AM2FK3:2-6)
7. A형 반량전(AM2FK3:2-1)

른빛을 많이 띤 것은 벽이 곧고 끝부분이 반듯하며 투명도가 양호한 편임. 초록빛을 띠는 것은 모두 불투명하여 돌과 같아 보이고 표면은 매끄러움.

◎ 남색 대롱 1(그림 21-4)
○ 출토지 : AM4FK3:2-1.
○ 크기 : 직경 0.7cm, 구멍 직경 0.5cm, 높이 1.8cm.
○ 형태 : 짙은 남색이며, 재질은 세밀하고 벽은 얇고 균일함.

◎ 남색 대롱 2(그림 21-15)
○ 출토지 : BM2FK1:3.[12]
○ 크기 : 직경 0.5cm, 구멍 직경 0.1cm, 높이 1.85cm.
○ 형태 : 灰藍色이고 반투명함.

◎ 남색 대롱 3(그림 21-6)
○ 출토지 : AM2ZK2:2-1.[13]
○ 크기 : 직경 0.6cm, 구멍 직경 0.3cm, 높이 1.7cm.
○ 형태 : 灰藍色이고, 단단하며 매끄러움. 측면은 올리브 모양에 가까움.

◎ 남색 대롱 4(그림 21-19)
○ 출토지 : AM4FK3:2-2.
○ 크기 : 직경 0.65cm, 구멍 직경 0.45cm, 높이 2cm.
○ 형태 : 푸른빛이며 벽은 얇고도 균일함. 표면에는 오목하게 패인 자국이 조밀하게 남.

12　해당 고분의 묘광의 설명 부분에는 출토 사실이 소개 안됨.

13　해당 고분의 묘광의 설명 부분에는 출토 사실이 소개 안됨.

(8) 기타

① 이빨장식(牙飾)

2점. 모두 구멍이 뚫려 있지 않은 것으로 보아 묶어서 달거나 지녔을 가능성이 있음.

◎ 이빨장식 1 (그림 20-15)
- 출토지 : BM4XK1:1.
- 크기 : 길이 6.5cm.
- 형태 : 돼지의 앞니이고 표면은 갈아서 빛을 냄.

◎ 이빨장식 2 (그림 20-13)
- 출토지 : BM4XK2:1.
- 크기 : 길이 10cm.
- 형태 : 멧돼지의 송곳니(犬齒)이고 표면은 갈지 않음. 휜 모양이고 가운데가 비어 있음.

② 골기

◎ 뼈드리개(骨墜, 그림 21-18)
- 출토지 : AM1XK3:2-2.
- 크기 : 길이 2.5cm, 폭 0.9cm, 두께 0.5cm.
- 형태 : 파손품으로 짙은 갈색이며, 마연 처리하여 표면이 매끄러움. 머리는 둥글고, 머리 아래에 한 줄의 홈이 있고 그 위로 반원형 구멍이 뚫려 있음.

6. 역사적 성격

1) 축조방식

(1) 1986년 조사

M1의 축조방식을 보면 먼저 지면에 커다란 돌로 일정 규모의 묘역을 조성하고, 자갈(礫石)과 모래(沙石)를 깔아 비교적 가지런한 臺面을 만들고 그 대면 위에 3기 또는 그 이상의 원형묘광을 구축해 연접묘를 이룸. 묘광 안에는 일반적으로 정연한 주검 칸(屍室) 또는 葬具를 조성하지 않았는데 바닥부(底部)에서 인골과 함께 불에 탄 대량의 목탄이 출현하는 정황을 보면 죽은 자를 묘광 안에 놓고 화장을 하였으며 그 뒤에 돌로 메워 정상부를 봉함. 묘광 안 적석의 외장력과 외형의 이동을 억제하기 위해 묘광 밖의 둘레에는 대량의 돌로 메웠고 3기의 묘광은 전부 봉하였음.

(2) 2001년 조사

지면에 커다란 돌을 사용하여 일정 범위의 묘역을 조성한 후 냇돌과 할석을 깔아 평평하게 지면을 골라서 무덤의 기저부를 조성한 후, 그 위에 묘단을 쌓아 몇 기의 무덤이 연접되도록 함. 묘단은 큰 강돌(河卵石)로 층층이 쌓았는데 형태는 원형, 반원형, 선형 등 3종류임. 판석으로 층층이 쌓은 바깥 울타리돌의 弧線이 정연하며, 頂部에는 묘광을 조성하였음. 묘역은 지세에 따라 큰 산돌이나 강돌(河卵石)을 1~2겹 놓고 황토로 메워 가지런히 한 후에 약간 작은 강돌(河卵石)로 묘단과 묘광을 조성함. 묘단은 높이 0.5~1.2로 고르지 않는데 어떤 것들은 2m에 달하며, 弧形 묘단 울타리 돌(壇墻) 밖에는 간격이 불규칙하게 버팀돌이 세워져 있음. 묘광 평면은 장방형 또는 타원형이며 주위는 돌로 1~2겹을 쌓았으며, 기저부(底部)에는 보통 1겹의 아주 작은 강돌을 깔아 정연하게 하고 불에 탄 인골은 직접 묘광 안에 두고 장례 후에 쇄석으로 봉함. 목질장구는 사용하지 않음.

2) 매장습속

(1) 1986년 조사 : 화장습속

1호 묘광 안에는 일반적으로 정연한 주검 칸(屍室) 또는 葬具를 조성하지 않고 바닥부(底部)에서 인골과 함께 불에 탄 대량의 목탄이 출현하는 정황을 보면 죽은 자를 묘광 안에 놓고 화장을 하였음.

(2) 2001년 조사
○ 화장습속 : 무덤 밖에서 화장한 후 燒骨을 매장한 2차장으로 대다수 묘광 내부에 불에 타거나 그을린 흔적이 없음. 불에 탄 인골편은 작은 조각으로 가장 큰 것이 길이 5cm가 안되며, 대략 소골의 1/3은 회백색이며 나머지는 赭色과 흑색임. 다만 BM2ZK1에서 목탄편이 출토되었고, 1986년 조사된 간구자1호묘(M1)의 석광 안에는 주검칸이나 葬具를 따로 마련하지 않았고 불에 태워진 인골과 대량의 목탄이 발견된 점으로 보아 시신을 묘광 안에 놓고 화장했던 것으로 추정됨.
○ 훼기습속 : 부장품은 2001년 발굴한 7기 고분에서 총 283점이 출토되어 작은 장식품을 제외하면 평균 각 묘광에서 3점이 부장되었음. 따라서 厚葬은 아님. 전체 부장품 중 토기가 총 73점으로 가장 많은 비중을 차지하나 완형보다는 다수가 파편으로 출토되어 토기의 毁器習俗이 확인됨.

3) 집단묘의 성격

(1) 1986년 조사 : 주종관계 반영 또는 가족 합장묘
간구자고분군의 무덤들은 하나의 묘역(기단) 위에 여러 기의 고분이 배열됨. 특히 7호묘는 1기의 원형석광적석묘를 중심으로 그 주위에 장방형의 작은 돌무덤이 방사상으로 배치되어 무덤 사이의 주종관계를 시사함. 즉 중심무덤의 피장자는 주위의 무덤에 비해 사회적 지위가 높은 편이나 반대의 무덤은 중심무덤에 예속된 상태로 추정됨. 반면에 1호묘와 4호묘와 같은 단일한 원형석광무덤의 무덤배열 상태에서는 주종관계가 전혀 보이지 않음. 한 墓區내 여러 개 무덤은 그 크기와 모양이 같으며 또한 무덤 사이마다 돌로 서로 연결되어 한 무덤구역내의 피장자들 관계가 평등하였다는 것을 시사하며, 이는 혈연관계를 이루고 있는 가족 성원의 무덤에서만 찾아볼 수 있는 것임. 한편 M7는 대형의 원형석광적석무덤을 중심으로 그 주위를 장방형의 소형적석묘가 방사선 모양으로 배치되었다는 점에서 주종관계가 선명하게 반영된 것임.

(2) 2001년 조사 : 가족 합장묘
燒骨은 묘광 내 두 세 곳에 무더기로 안치되었고, 토기는 묘광 양끝에 나누어 부장한 점으로 미루어 一代 혹은 한 가정의 습葬 즉 동일가족 數代의 합장묘 유적으로 보임. 따라서 신분 혹은 항렬이 비교적 높은 사람이 주묘단의 중심에 매장되고, 다수 속·부묘단은 항렬의 대소 또는 昭穆제도에 따라 附葬되었을 것으로 추정됨.

4) 고분의 연대

(1) 1986년 조사
M1는 고구려시기 방단적석묘와 다르고 요동지구 청동시대 무기단적석묘 형식과 구별되지만 양자의 특성을 갖고 있다는 점에서 과도기 유형으로 볼 수 있으며 시간상으론 청동기시대에 가까움. M1은 대련 우가촌 타두적석묘와 비교적 유사한데 묘역시설뿐만 아니라 매장풍속 등이 각자의 특색이 있으나 자갈로 원형 또는 타원형의 묘실을 조성하고 무덤과 무덤 사이가 상호 연결되는 등 큰 차이가 없음. 이 무덤에서 출토된 완(陶罐)과 잔(陶杯) 역시 우가촌묘지의 동류 기물과 유사한 점이 있음.

간구자묘지 부근의 조사때 해당 고분의 동쪽 약 1.5km 지점에서 청동단검 1점을 발견하였는데 劍首가 觸角式이며, 劍身 중앙부에는 脊이 있으며, 육각형을 띠고 있음. 이는 樺甸縣 橫道河子 및 永吉 汪屯墓 출토의 촉각식 청동단검과 완전히 동일하며, 청동단검의 발견지점 부근에는 간구자고분군을 제외하고 어떤 유적도 없다는 점에서 양자 간의 관계가 긴밀할 가능성이 있음. 학계는 이런 청동단검이 전국시기 유물이라고 판단함.

M7은 중앙의 圓形石框墓를 중심으로 큰 묘역 안에 방사선 형태로 많은 장방형 묘갱이 배치되어 있는데 이런 분포는 대체로 여순 강상적석묘와 유사함. 기타 무기단 丘狀 적석묘는 외형상 환인지구 고구려 초기의 원구상 적석묘와 유사점이 있음. 그런데 우가촌 타두 적석묘의 연대는 3230±90년 B.P.이고, 강상·루상묘는 기원전 1세기 전반기에 해당된 고조선시기임. 반면 환인 지역 적석묘는 고려묘자15호묘에서 고리자루칼(環首鐵刀)이 나온 것으로 미루어 후한시대로, 늦어도 漢·魏를 넘지 않을 것이라고 보고 있음. 그런데 간구자1호묘에서 출토된 토기가 모두 민무늬 모래가 섞인 점토의 토기(夾沙褐陶)로 모양이 간단하고 종류가 단조롭고 제작 기술이 거칠어 원시성을 반영하고 있음. 그 외 멧돼지이빨장식(野猪牙飾), 녹송석 대롱(綠松石管) 등의 장식품은 모두 압록강 유역과 두만강 유역의 원시문화에서 일찍이 보여주는 전형적 기물임. 즉 간구자고분군은 출토유물의 원시성과 원형 적석묘(圓形石框積石墓)라는 구조적 특징을 고려한다면, 환인 위주의 고구려 초기 적석묘보다 선행한 무덤형식으로 추정됨.

따라서 간구자고분군의 상대적 축조연대는 간구자고분군 인근에서 출토된 청동단검과 환인 적석묘의 연대에 미루어 대체로 전국시기로부터 전한 말기에 해당됨.

(2) 2001년 조사

부장품은 장식품이 많고 생산 공구 및 기타 그릇 종류가 비교적 적음. 이는 길림성 중부지구의 九台關馬山, 公主嶺猴石, 樺甸橫道河子 및 東豊, 遼源 일대 많은 大蓋石墓의 부장 특징과 서로 일치하며, 동북지구 남부에서는 戰國晩期~漢代 보편적으로 유행함.

상한연대는 2기 고분에서 方孔圓錢인 半兩錢과 一化로 추정할 수 있음. 半兩錢은 秦末半兩 혹은 漢初의 八銖半兩이며, 一化는 '一刀'로 해석되어 周秦 또는 秦初시기의 화폐로 파악했으나(『古泉匯』, 『觀古閣續泉說』) 赤峰 新窩堡와 鐵嶺 邱家台지역의 퇴장유적에서 이 화폐가 燕·趙의 刀幣 및 반량전과 같이 출토되어 燕國晩期의 화폐로 확정되었음. 따라서 묘지연대의 상한은 戰國末期, 비교적 이른 것은 戰國 中期에 해당됨.

하한연대는 AM1에서 출토된 철제괭이(鐵钁)와 AM3·AM4 주묘단에서 채집된 철제칼(鐵刀)로 추정할 수 있음. 괭이는 漢代 유행하는 것과 형태가 유사하고 철제칼은 直柄無環首로 일찍이 集安의 板岔嶺에서 동형이 발굴된 바 있는데 고구려 적석묘에서 대량 보이는 고리자루칼(環首刀)보다 조금 이름. 집안 판차령에서 '一化'圓錢이 '半兩', '五銖', '大泉五十' 등의 한대 화폐와 함께 출토되었고, 그 유통 시간은 전국말기~후한임. 그러나 간구자묘지에서는 '오수' 및 후한 화폐가 발견되지 않았으므로 고분의 하한은 대체로 후한 이전의 전한시기로 비정됨.

5) 고분 형식의 과도기적 성격[14]

(1) 고구려 적석묘와의 관계

간구자묘지의 연대가 집안 및 환인 일대의 고구려 적석묘보다 앞서므로, 고구려 적석묘의 가장 이른 형식인 無階段 圓丘狀積石墓(환인 원구식적석묘, 집안 하활룡고분군8호묘)와 관련이 있을 것임. 간구자의 원형석광적석묘는 고구려 초기 적석묘와 유사함.

첫째, 주검칸이 따로 없이 무덤의 기단 윗면에 자갈과 모래로 수평하게 마련하고 그 위에 주검과 부장품

---

[14] 『博物館研究』 1990-3와 『中國境內 高句麗遺蹟研究』, 1995 참조.

표1 간구자고분군의 주요 속성표(『考古』 2003-8) (길이 단위 : m)

편호	위치	간격	형태	방향(°)	크기	현상
AM1	도로 남쪽, A구 남단		타원형	75	15×11.5	전면 해부
AM2	AM1동북 15°	70	타원형	55	22.5×12.5	전면 해부
AM3	AM2 북쪽	50	원형		13.5	국부 해부
AM4	AM3 동쪽	120	원형		13.5	발굴 해부
AM5	AM4 동북 27°	120	타원형	50	15×10	식생 양호
AM6	AM5 북쪽	30	타원형	30	15×10.5	남부에 石痕있음
AM7	AM6 서북	100	타원형	40	15×9	양호
AM8	AM4 남쪽, 서간구하변	55	타원형	55	殘長 10	서쪽 절반 남음
AM9	AM8동북 30°	30	타원형	70	殘長 8	위와 같음
AM10	AM9동북 35°	50	타원형	55	殘長12	위와 같음
AM11	AM1 서북 10°	70	타원형		16×10	墓基만 남음
AM12	AM1 서남 5°	80	타원형		20×11	위와 같음
BM1	B구 북단, 鄕路옆		타원형	25	16×10	봉석 노출
BM2	BM1 남서 10°	50	타원형	45	24×14.5	발굴 封護
BM3	BM2 서쪽	8	타원형	75	28×16	파괴심각(取石)
BM4	BM2 남서 20°	60	타원형	60	17×12.5	발굴후 封護
BM5	BM4 남서 18°	80	원형		11.5	발굴후 封護
BM6	BM5 서북 5°	120	원형		14	식생 양호
BM7	BM6 서남	130	원형		12	약간 남음
BM8	BM7 서남	2	타원형	50	13×15	양호
BM9	BM8 동쪽, BM7 서쪽	4	원형		12	식생 무성
BM10	BM9 남쪽, BM8 인접		타원형	35	23×9	둘레 약간 남음
BM11	BM10 서북	6	원형		12.5	큰 훼손은 없음
BM12	동쪽으로 BM10과 인접		타원형	60	10×8	아주 양호
BM13	連墓최서북, BM12서북	3	타원형	70	28×11	중부에 구덩이
BM14	BM8 남동 20°	60	타원형	15	14×9	보존 양호
BM15	BM14 서남 30°	10	타원형	65	30×14	동쪽 약간 훼손
BM16	BM8 남쪽, BM15 북쪽	각 40	원형		7	파괴 심각
CM1	CRN 북단, BM5 동남	65	타원형	75	12×7	이미 파괴(取石)
CM2	CM1 남동 15°	55	타원형	25	8×6	파괴 심각
CM3	CM2 동남	92	타원형	30	11×5	파괴 심각
CM4	CM3 남동 10°	60	타원형	50	13×11	보존 양호
CM5	CM4 남쪽	28	타원형	30	12×8	식생 조금
CM6	CM5 남서	68	타원형	40	10×8	비교적 조금
DM1	학교동쪽 80m, 도로북쪽		타원형	45	15×8	보존 양호
DM2	DM1 남쪽	4	타원형	45	16×7	둘레 석단 노출
DM3	DM2 동북	16	원형		8	무식생
DM4	DM3 동북	76	타원형	45	16×10	양호
DM5	DM3 동북 20°	85	타원형	63	28×10	보존 양호
DM6	DM5 동쪽	20	타원형	60	14×8	이미 파괴
DM7	DM6 남동 30°	30	타원형	50	8×4	파괴 심각
DM8	DM7 동남, 동간구하변	30	타원형	55	24×8	둘레 미완비
DM9	DM8 서남, DM6 남쪽	60	타원형	50	8×7	이미 파괴

을 놓고 막돌로 덮어 정상부를 마무리 한 것은 환인 고려묘자 201호묘 및 19호묘와 매우 흡사함. 둘째, 기단의 단수와 묘광 형태에서 차이가 있으나 한 무덤구역에 여러 기의 무덤이 연접되어 있는 환인 고려묘자 23~33호묘와 일치함. 셋째, 밖에서 화장하여 매장하는(2차장) 방식이 환인 고려묘자 23호묘 및 20호묘나 15호묘에서 확인되며, 집안 일대의 일부 적석묘에서도 묘벽이 불에 녹아 응결된 흔적이 보여 화장하였을 것으로 짐작됨. 결국, 간구자 무덤은 시기적으로 대표적인 고구려 초기 적석묘인 환인 적석묘보다 선행한 고구려 초기의 무덤형식으로 파악됨.

(2) 청동기시대 적석묘와의 관계

간구자고분군은 여대지구 청동기시대 무덤 및 청동단검고분의 특징을 내포하고 있음. 우가촌 타두 적석묘와 노철산 고분은 모두 여러 기의 무덤을 서로 가까이하여 '벌집형(蜂巢狀)'이며, 우가촌 타두 적석묘의 평면 형태는 원형으로 된 것도 있음. 이것은 1986년 조사된 간구자 1호묘(M1)·2호묘(M2)의 특징과 유사함. 강상묘는 하나의 무덤구역에 1기의 중심무덤을 마련하고 그 둘레를 돌면서 여러 기의 무덤을 방사선 형태로 마련하였는데, 이것은 간구자7호묘(M7)과 매우 유사함. 그리고 강상·루상묘 등 적지 않은 청동단검묘는 모두 화장한 무덤이라는 사실에서도 간구자고분과 일치함. 또한 여대지구 강상과 루상, 우가촌 타두 적석묘 등과 같은 집단묘로서, 家族合葬墓라는 공통점이 있음. 반면 강상·루상 적석묘는 평지에 축조되었으며, 묘단은 없고, 묘광이 장방 혹은 방사상으로 분포하며, 중심 묘광의 네 벽은 판석을 세워 만들었음. 우가촌 타두 적석묘 역시 묘광이 타원형 또는 부정형이나 보통 평행을 이루는 가로배열로 분포하며 묘단을 만들지 않았음. 따라서 강상·루상과 우가촌 타두는 간구자 적석묘와는 축조 방법에서 차이가 있음. 요컨대 간구자고분군은 강상·루상묘에서 환인 적석묘로 발전해 나아가는 과정의 과도기 단계로서 고구려 선인들의 토착문화로 추정됨.

6) 고분의 연접방식과 고분군 배열순서[15]

(1) 연접 방식

○ 제1형식 : 부묘단이 주묘단을 둘러싸고, 다시 밖으로 접속하지 않음(AM3, AM4, BM5).
○ 제2형식 : 속·부묘단의 밖에 다시 제2속묘단이 외접함. 제1형식이 주묘단만을 둘러싸지만, 제2형식은 연이어 속묘단이 함께 둘러싸고 하나의 부묘단이 기점이 되어 2개의 방향으로 나누어 펼쳐짐(BM2, BM4).
○ 제3형식 : 먼저 주묘단을 두르고 밖으로 다시 속묘단을 쌓고, 빈 곳에 1, 2개의 부묘단을 세운 후 연속으로 서남 방향에 속묘단을 설치하고, 이후 양쪽에 연속하여 부묘단을 대칭으로 축조함(AM1, AM2).

(2) 고분군의 배열순서

제1형식이 제2형식의 미완성 형식이라면 비교적 이른 고분은 모두 먼저 주묘단을 쌓고 다시 밖으로 접속하였는데, 부·속묘단이 연접하는 방향은 서남쪽으로 접속하지만, 일정하지 않다가 비교적 늦은 고분에서 서남쪽으로 확장 방향이 정형성을 띰. 속묘단은 중심선에 의해 대다수 서남 방향으로 연접하며 부묘단은 양쪽으로 분열하는데, 대다수는 비교적 대칭적임. 고분의 연접 방식에 따른 변천순서는 제1형식→제2형식→제3형식 순으로 변화함.

연접방식에 따른 고분의 변천순서는 고분군 배열순서와 부합함. A와 B구역을 보면, 산에 가까운 곳에 위치한 무덤이 이른데 비해, 강에 가까운 곳에 위치한 무덤은 비교적 늦음. 上→下의 배열과 발전과정은 환인과 집안 일대의 고구려 적석묘의 배열과 일치함.

---

[15] 『考古』 2003-8 참조.

참고문헌

- 吉林省文物志編委會, 1986, 『長白朝鮮族自治縣文物志』.
- 朴潤武, 1990, 「長白縣干溝子墓地調査」, 『博物館研究』 1990-3.
- 吉林省地方志編纂委員會, 1991, 『吉林省志』 45.
- 國家文物局 主編, 1993, 『中國文物地圖集』 吉林分冊.
- 朴潤武, 1995, 「압록강 유역 干溝子 적석무덤에 대한 조사연구」, 『中國境內 高句麗遺蹟研究』.
- 吉林省文物考古研究所, 2003, 「吉林長白縣干溝子墓地發掘簡報」, 『考古』 2003-8.
- 孫仁杰·遲勇·張殿甲, 2004, 「鴨綠江上游右岸考古調査」, 『東北史地』 2004-5.

03 장백 십사도구전참고분군[1]
長白 十四道溝電站古墳群 | 十五道溝河北古墳群

1. 조사현황

1) 1986년 6월 조사
○ 조사기관 : 長白縣文物普查隊.
○ 조사내용 : 대지 중북부에서 4개 원형 돌무지 발견.

2) 2004년 7월 11일 조사
○ 조사기관 : 吉林省長白山文化研究會, 白山市文管辦, 集安市博物館.
○ 조사 참여자 : 張福有, 孫仁杰, 遲勇, 張殿甲, 谷芃.
○ 조사내용 : 압록강 상류지역 유적조사과정에서 해당 고분군에서 원형 적석묘 4기 확인.

2. 위치와 자연환경(그림 1 ~ 그림 2)

○ 장백현 十四道溝鎭 十五道溝村에 위치하는데 十四道溝鎭 電站(발전소) 동쪽 100m임.
○ 十五道溝河 북안의 동서로 긴 평탄한 대지에 자리하고 있음.
○ 고분군 서쪽 十四道溝鎭 발전소의 서쪽으로 압록강이 흐름.

○ 고분군 동쪽 약 500m에는 文坎子 원시유적이 자리하고 있음.

3. 고분군의 분포상황

○ 고분 총 4기의 평면은 모두 원형.
○ 보존상태가 양호한 고분은 2기(M1, M2)인데 12m 간격으로 동서 배열하며 동쪽은 M1이고 서쪽은 M2로 편호함. M1과 M2는 직경 약 15m, 높이 약 1.5m로 크기가 비슷함.
○ 파괴된 고분은 2기(M3, M4)로 모두 M2의 서남 54m 되는 곳에 위치하며, 36m 간격을 두고 동서로 배열하는데 동쪽은 M3이고 서쪽은 M4로 편호함. 고분 정상부는 이미 파괴되어 경작지로 바뀌었는데 현재 높이는 약 0.5m이며, 상면부에 냇돌(河光石塊)이 널려 있고 적지 않은 모래 섞인 토기편(夾砂陶片)이 보임. 구연부 2점과 기저부 1점을 출토함.

4. 출토유물

1) 토기 구연부(陶器口沿)
○ 크기 : 구연 아래 구멍 직경 0.4cm.
○ 태토 및 색깔 : 모래 섞인 홍갈색 토기.
○ 형태 : 둥근 입술에 입이 곧고, 구연 아래 구멍이 하

---
[1] 『長白朝鮮族自治縣文物志』 참조. 『中國文物地圖集』 吉林分冊에서는 十五道溝河 북안에 자리하고 있다는 점에서 '十五道溝河北古墳群'으로 명명.

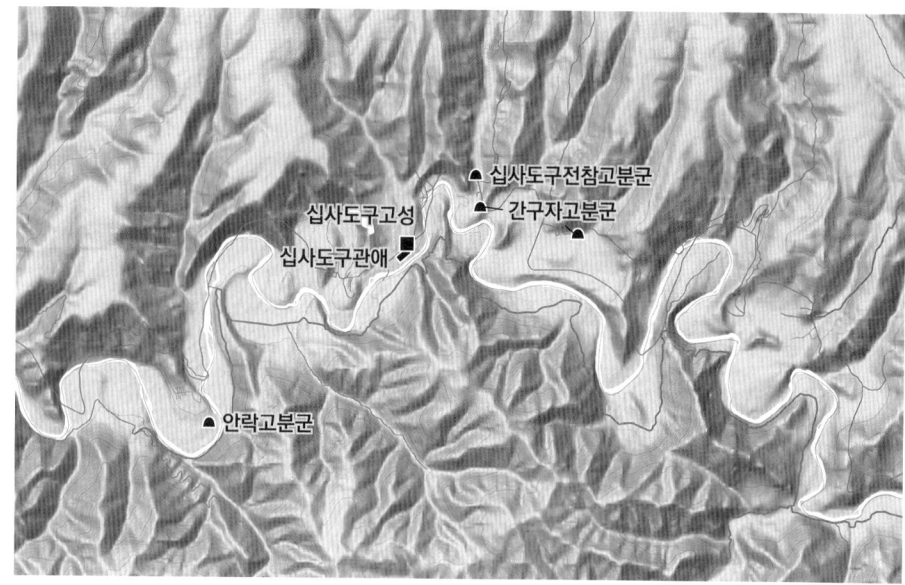

그림 1
십사도구전참고분군 위치도

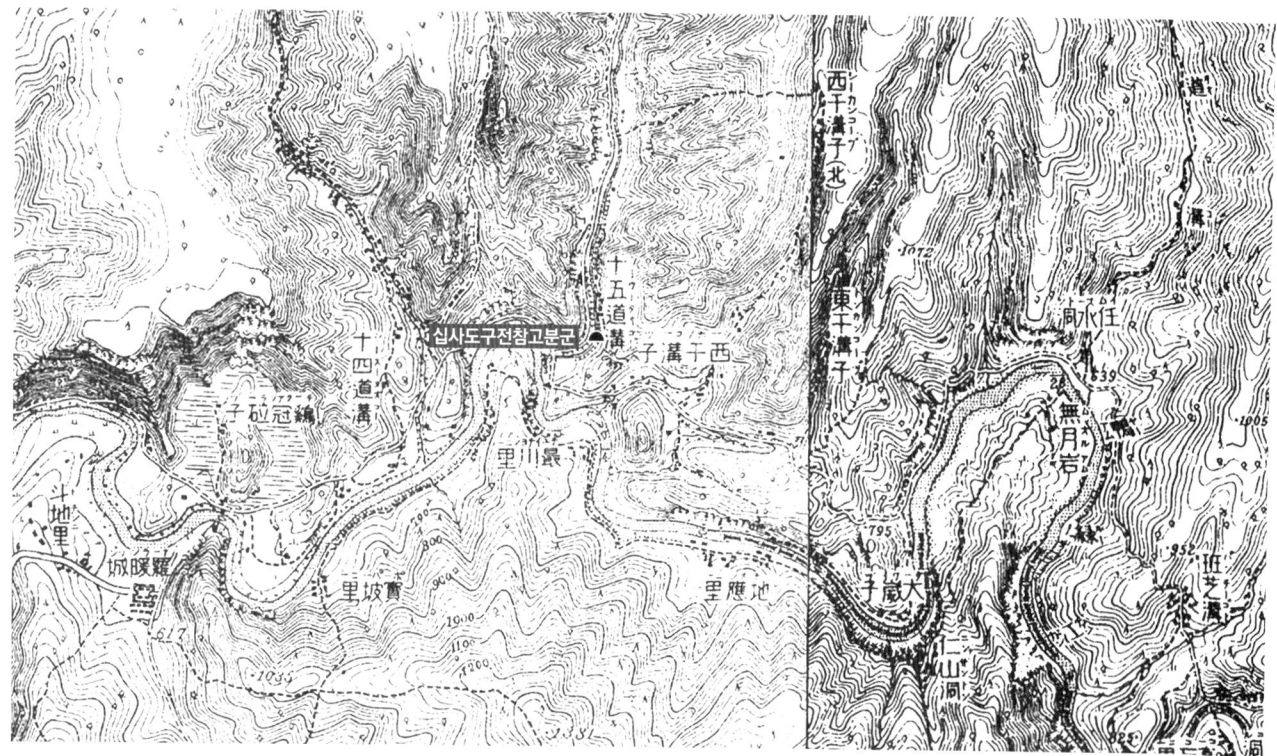

그림 2 십사도구전참고분군 주변 지형도(滿洲國 10만분의 1 지형도)

나 있음.

2) 토기 기저부(陶器器底)
○ 크기 : 바닥 두께 1.2cm, 器壁 두께 1.0cm.
○ 태토 및 색깔 : 모래 섞인 토기.
○ 형태 : 바닥은 평평하고 기벽은 경사짐.

3) 흑요석 잔편
○ 수집품.
○ 타제. 날이 날카로우나 2차 가공 흔적은 없음.

5. 역사적 성격

고분 형식은 모두 원형적석묘이고 출토된 토기편은 文坎子유적지 토기류와 유사함. M3와 M4에서 적지 않은 인골을 출토했다고 하므로 유적의 성격은 고분으로 추정됨.

고분 조성연대는 청동기시대, 지금으로부터 약 2500년 전후(『長白朝鮮族自治縣文物志』) 또는 戰國시대에서 漢代에 이르는 시기(『東北史地』 2004-5)로 추정됨. 해당 고분군과 인접한 간구자고분군의 고분 형식 역시 원형적석묘로 고분 조성연대가 유사함.

참고문헌

- 吉林省文物志編纂委會, 1986, 『長白朝鮮族自治縣文物志』.
- 國家文物局 主編, 1993, 『中國文物地圖集』 吉林分冊.
- 孫仁杰·遲勇·張殿甲, 2004, 「鴨綠江上游右岸考古調查」, 『東北史地』 2004-5.

04 장백 동강고분군
長白 東江古墳群

1. 조사현황

1) 1986년 5월 조사
○ 조사기관 : 長白縣文物普查隊.
○ 조사내용 : 4기 원형 적석묘 확인.

2) 2004년 7월 11일 조사
○ 조사기관 : 吉林省長白山文化硏究會, 白山市文管辦, 集安市博物館.
○ 조사 참여자 : 張福有, 孫仁杰, 遲勇, 張殿甲, 谷芃.
○ 조사내용 : 4기 원형 적석묘 확인.

2. 위치와 자연환경(그림 1)

○ 장백현 金華鄕 梨田村 동남 약 1.5km의 東江 대지 북부에 위치.
○ 고분군 북쪽에는 산들이 계속 이어지고 있음.
○ 고분군 남쪽 80m에는 압록강이 동쪽에서 서쪽으로 흐르고 있음.
○ 고분군 동쪽으로는 큰 도로가 있음.

3. 고분군의 분포상황

○ 고분군 분포는 일정한 규칙성이 없음.

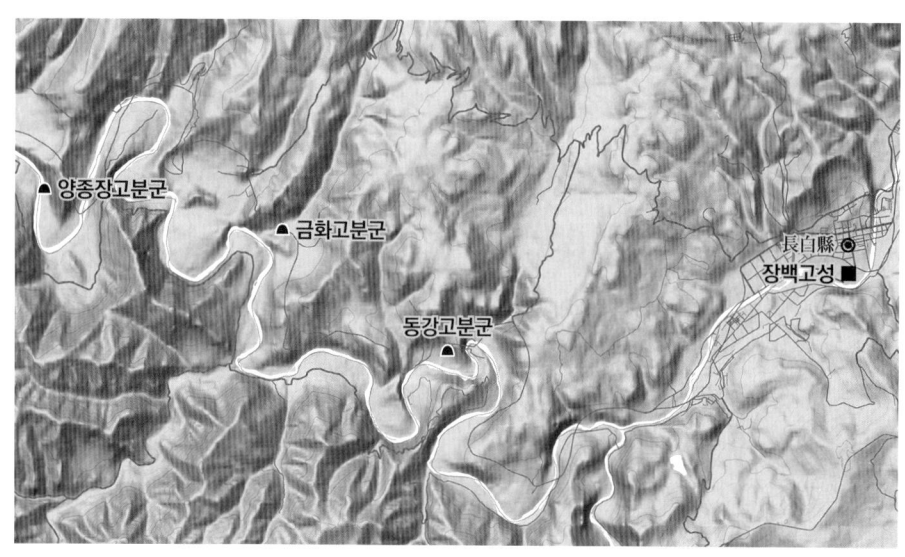

그림 1
동강고분군 위치도

○ 대략 판별 가능한 고분은 총 4기임.
○ 고분들은 정상부가 일찍이 파괴되어 경작지로 바뀜. 현재 고분 정상부에는 대량의 石塊와 碎骨등이 있음. 고분은 정상부 높이가 지표에서 0.5m이고, 직경 5~6m임.
○ 고분군 유물상황 : 1986년 조사 때 현지인들에 의하면 과거 평지에서 적지 않은 석제화살촉(石鏃), 토기 구연부(夾砂褐陶口沿片), 대량의 인골 등을 발견하였다고 함. 한편 이때 토기편(陶片) 1점을 수습함.

4. 출토유물

1) 토기 구연부
○ 채집품.
○ 둥근 입술에 구연은 약간 오므라드는 형태.

○ 구연 아래에 1.6cm 간격의 둥근 구멍 2개가 있고, 구멍 직경은 0.5cm임.

5. 역사적 성격

고분 형식과 수집된 토기 구연편이 十四道溝電站고분군과 동일하므로 해당 고분군 조성연대 역시 십사도구전참고분군과 비슷한 시기로 추정.

참고문헌
- 吉林省文物志編纂委會, 1986, 『長白朝鮮族自治縣文物志』.
- 國家文物局 主編, 1993, 『中國文物地圖集』 吉林分冊.
- 孫仁杰·遲勇·張殿甲, 2004, 「鴨綠江上游右岸考古調査」, 『東北史地』 2004-5.

05 장백 십이도구고분군
長白 十二道溝古墳群

1. 조사현황

1) 1986년 6월 조사
○ 조사기관 : 長白縣文物普查隊.
○ 조사내용 : 2기 원형적석묘 확인.

2) 2004년 7월 11일 조사
○ 조사기관 : 吉林省長白山文化研究會, 白山市文管辦, 集安市博物館.
○ 조사 참여자 : 張福有, 孫仁杰, 遲勇, 張殿甲, 谷芃.
○ 조사내용 : 방단적석묘 2기 확인.

2. 위치와 자연환경(그림 1 ~ 그림 2)

○ 장백현 十二道溝鎭 十二道溝村 북쪽 언덕의 남사면에 위치.
○ 북쪽으로는 험준한 산들이 동서로 펼쳐져 있음.
○ 남쪽에는 踝子(溝)河가 있고, 창자(구)하 남쪽에는 십이도구촌과 압록강변 대지가 자리하고 있음.
○ 서쪽으로 약 300m에는 寶泉山 발전소가 있음.

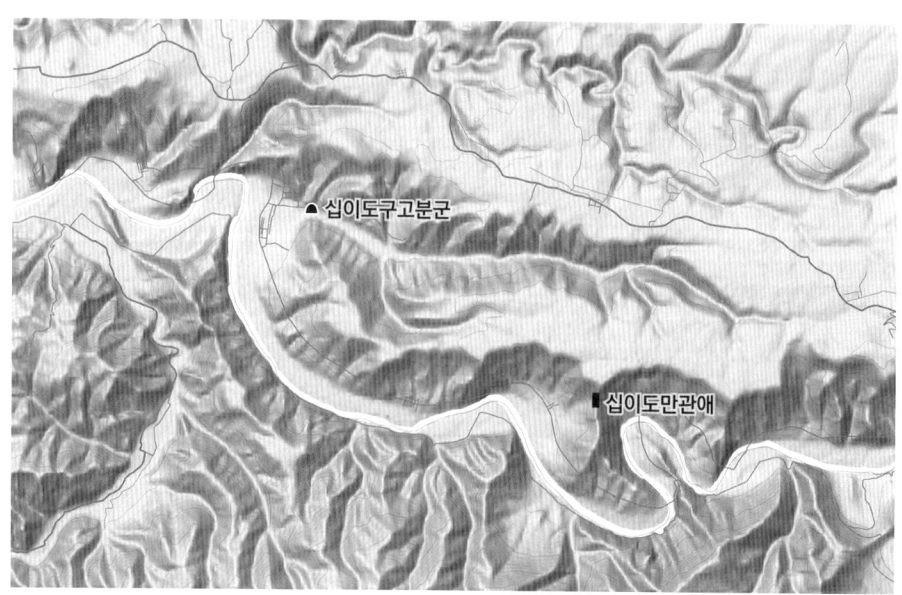

그림 1
십이도구고분군 위치도

그림 2 십이도구고분군 주변 지형도(滿洲國 10만분의 1 지형도)

3. 고분군의 분포상황

1) 고분군의 상황
○ 고분군 범위는 매우 넓은 편으로 원래 고분이 30여 기였으나[1] 계단식 밭으로 개간되면서 고분이 심하게 훼손됨.
○ 현재 140m 거리를 두고 2기만 남아 있음.

2) 고분의 현황
○ 고분 형식 및 크기 : 원형적석묘, 적석부 직경 약 8m.
○ 현지주민들에 의하면 적석은 3개층으로 구분되었다고 함.
  - 제1층은 큰 돌(大塊石), 제2층은 냇돌(河光石), 제3층은 작은 자갈돌(河卵石)임.
  - 제1층에서 철제자귀(鐵錛) 1점, 청동팔찌(銅鐲) 1점, 인골 1구 등 출토.
○ 1986년 조사 때 고리자루칼(環首鐵削刀) 1점 출토.

---

1 『中國文物地圖集』 吉林分冊, 1992 참조.

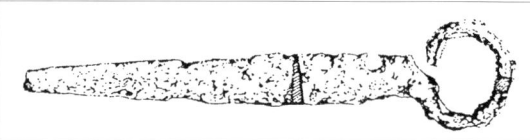

그림 3 고리자루칼(『長白朝鮮族自治縣文物志』)

4. 출토유물

1) 고리자루칼(環首鐵削刀)[2]

○ 소장처 : 長白縣文化館.
○ 크기 : 길이 12cm, 너비 1.2cm, 등 두께 0.3cm, 손잡이 직경 2.5~3.2cm.
○ 형태 : 단조품으로 검신은 사다리꼴이며, 등은 휘었고 날은 곧음. 손잡이 부분은 타원형임.

5. 역사적 성격

십이도구고분군의 형식은 대체로 고구려 초기 적석묘와 유사하며, 고리자루칼(環首鐵削刀), 철제자귀(鐵鏟), 청동팔찌(銅鐲) 등 고구려 유물이 출토되어 고구려 고분으로 인정됨.

참고문헌

· 吉林省文物志編纂委會, 1986, 『長白朝鮮族自治縣文物志』.
· 國家文物局 主編, 1993, 『中國文物地圖集』 吉林分冊.
· 孫仁杰·遲勇·張殿甲, 2004, 「鴨綠江上游右岸考古調査」, 『東北史地』 2004-5.

---

2   『長白朝鮮族自治縣文物志』, 1986, 125~126쪽 참조.

06 장백 호로투고분군
長白 葫蘆套古墳群

1. 조사현황 : 2004년 7월 11일 조사

○ 조사기관 : 吉林省長白山文化硏究會, 白山市文管辦, 集安市博物館.
○ 조사 참여자 : 張福有, 孫仁杰, 遲勇, 張殿甲, 谷芃.
○ 조사내용 : 적석묘 발견.

2. 위치와 자연환경

長白縣 八道溝鎭 葫蘆套村에 위치.

3. 고분군의 분포상황

적석묘를 확인했는데 고분 개체수는 알 수 없음.

4. 역사적 성격

해당 고분군은 적석묘라는 고분 형식만 소개되고 개체수나 조성연대에 대해서는 언급되지 않음.

참고문헌

• 孫仁杰·遲勇·張殿甲, 2004, 「鴨綠江上游右岸考古調査」, 『東北史地』 2004-5.

07 장백 안락고분군
長白 安樂古墳群

1. 조사현황

1) 1986년 6월 조사
- 조사기관 : 長白縣文物普查隊.
- 조사내용 : 총 10기[1] 고분 발견.

2) 2004년 7월 11일 조사
- 조사기관 : 吉林省長白山文化研究會, 白山市文管辦, 集安市博物館.
- 조사 참여자 : 張福有, 孫仁杰, 遲勇, 張殿甲, 谷芃.
- 조사내용 : 방단적석묘 20기 확인.

2. 위치와 자연환경(그림 1~그림 2)

○ 十四道溝鎭 安樂村 동남 약 1km의 압록강 북안 대지 위에 위치.

○ 고분군 북쪽은 구릉 내리막이고, 동·남 양쪽은 높이 5m 정도의 흙 둔덕이 있고, 서쪽은 평탄한 대지가 펼쳐져 있음.

○ 고분군 서남 약 300m에는 安樂 원시유적지가 있음.

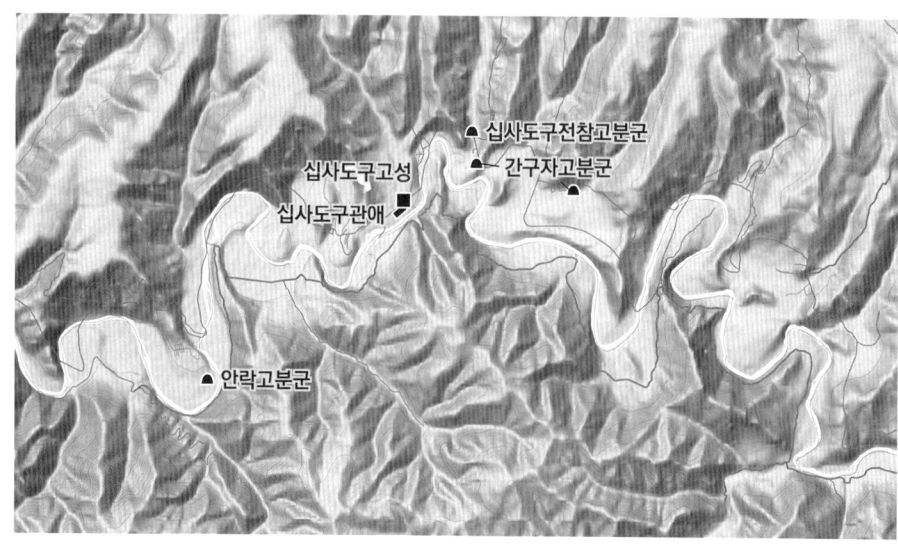

그림 1
안락고분군 위치도

---

1 『中國文物地圖集』 吉林分冊 참조.

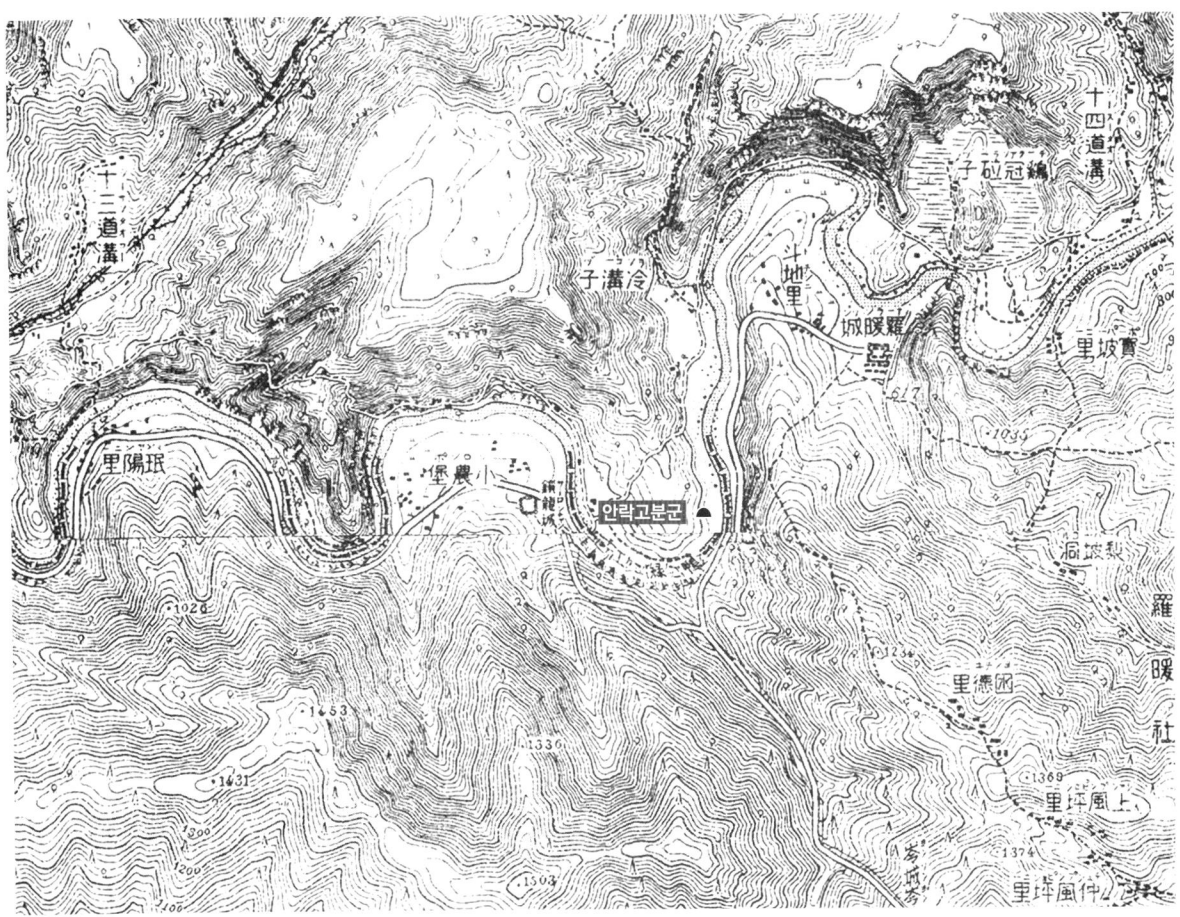

그림 2 안락고분군 주변 지형도(滿洲國 10만분의 1 지형도)

3. 고분군의 분포상황

○ 고분군 면적은 남북 길이 70m, 동서 너비 약 50m.
○ 고분 내부에 초목이 무성하며, 곳곳에 무질서하게 돌들이 놓여 있고 고분의 경계가 명확치 않음.
○ 1960·70년대에 현지인들이 이곳에서 採石을 하면서 토기(陶罐), 인골 등을 발견했다고 하므로, 고분군으로 추정됨. 당시 수습된 토기는 이미 없어졌음.

4. 역사적 성격

일부 돌무지는 큰 돌로 윤곽이 돌아가고 그 안에 크기가 고르지 않은 냇돌(河光石塊)이 채워져 있어 고구려의 방단적석묘와 유사한 형태이므로, 고구려 고분군으로 비정됨.

참고문헌

· 吉林省文物志編纂委會, 1986, 『長白朝鮮族自治縣文物志』.
· 國家文物局 主編, 1993, 『中國文物地圖集』 吉林分冊.
· 孫仁杰·遲勇·張殿甲, 2004, 「鴨綠江上游右岸考古調查」, 『東北史地』 2004-5.

08 장백 양종장고분군
長白 良種場古墳群

1. 조사현황

1) 1960년 조사
○ 조사기관 : 長白縣文物普査隊.
○ 조사내용 : 적석묘 발견.

2) 1986년 6월 조사
○ 조사기관 : 長白縣文物普査隊.
○ 조사내용 : 총 8기 고분 발굴조사.

3) 2004년 7월 11일 조사
○ 조사기관 : 吉林省長白山文化硏究會, 白山市文管辦, 集安市博物館.

○ 조사 참여자 : 張福有, 孫仁杰, 遲勇, 張殿甲, 谷芃.
○ 조사내용 : 방단적석묘 6기 확인.

2. 위치와 자연환경 (그림 1~그림 2)

○ 長白縣 十四道溝鎭 干溝子村 동남쪽 약 3.5km의 압록강 북안 대지에 위치.
○ 고분군 북쪽으로 산들이 있고, 서쪽 약 40m에는 압록강이 흐름.
○ 고분군 동남 약 0.5km에는 장백 양종장이 있고, 약 50m에는 장백 양종장 원시유적지가 있음.
○ 고분군 동북에는 十四道溝村邑 유적지가 위치.

그림 1
양종장고분군 위치도

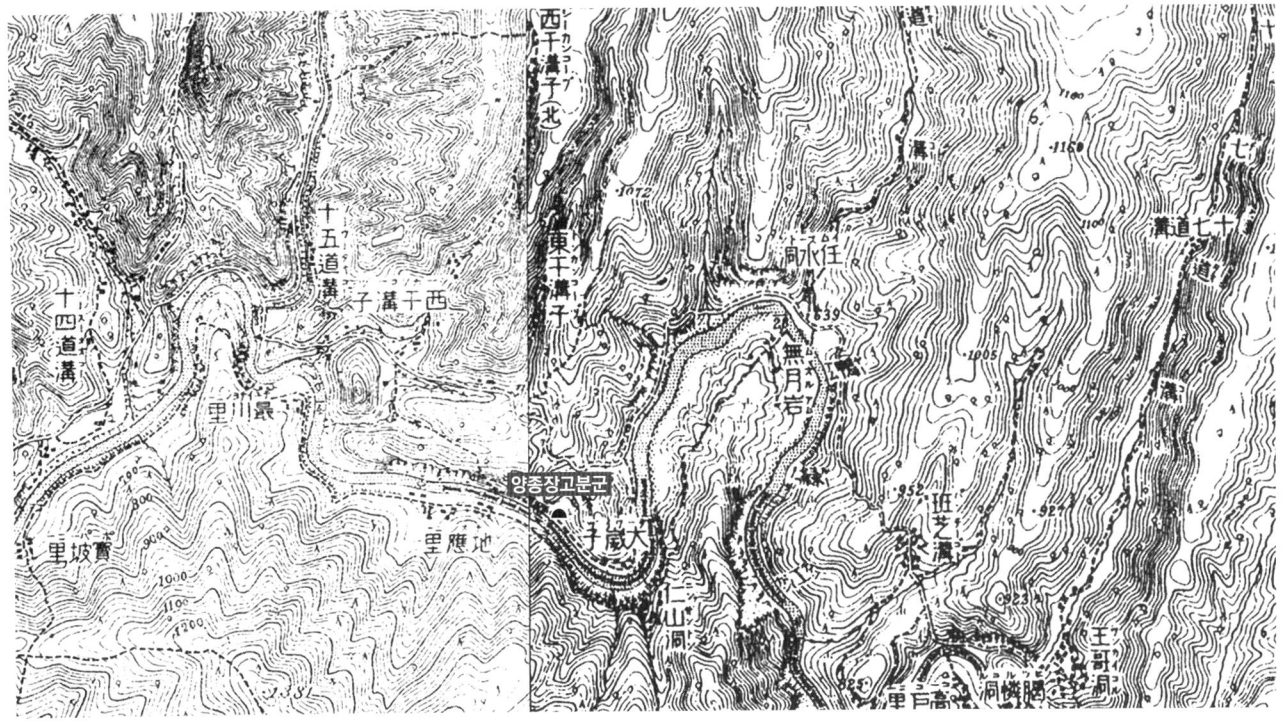

그림 2 양종장고분군 주변 지형도(滿洲國 10만분의 1 지형도)

3. 고분군의 분포상황

1) 고분군 범위와 배열(그림 2)
- 고분군 면적은 남북 길이 150m, 동서 너비 약 100m.
- 고분들은 대체로 남북 배열.

2) 고분군의 평면 형태별 분류
- 방형 또는 장방형 : M1, M3, M4, M5, M6, M7.
- 원형 : M2, M8.

3) 고분의 유형별 분류
- 계단적석묘 : M3, M4.
- 방단적석묘 : M1, M2, M5, M6, M7, M8.

4) 고분의 규모
- 크기가 고르지 않고 높이는 보통 0.5~1.5m 정도.
- M1 : 길이 7m, 너비 7m.
- M2 : 직경 9m.
- M3 : 동서 길이 12m, 남북 너비 8m.
- M4 : 남북 길이 20m, 동서 너비 9m.
- M5 : 길이 및 너비 각기 4m.
- M6 : 동서 길이 16m, 남북 너비 8~10m.
- M7 : 길이 및 너비 각기 9m.
- M8 : 직경 7m.

4. 역사적 성격

고분 형식은 장백 금화고분군과 유사하며, 부근에 자리한 촌락유적과 양종장고분군은 고구려에 해당됨.

참고문헌

· 吉林省文物志編纂委會, 1986, 『長白朝鮮族自治縣文物志』.
· 國家文物局 主編, 1993, 『中國文物地圖集』 吉林分冊.
· 孫仁杰·遲勇·張殿甲, 2004, 「鴨綠江上游右岸考古調査」, 『東北史地』 2004-5.

09 장백 금화고분군
長白 金華古墳群

1. 조사현황

1) 1960년 조사
○ 조사기관 : 長白縣文物普查隊.
○ 조사내용 : 적석묘 발견.

2) 1986년[1] 5월 조사
○ 조사기관 : 長白縣文物普查隊.
○ 조사내용 : 총 6기 적석묘 발굴조사.

3) 2004년 7월 11일 조사
○ 조사기관 : 吉林省長白山文化硏究會, 白山市文管辦, 集安市博物館.
○ 조사 참여자 : 張福有, 孫仁杰, 遲勇, 張殿甲, 谷芃.
○ 조사내용 : 방단적석묘 6기 확인.

2. 위치와 자연환경(그림 1 ~ 그림 2)

1) 고분군 위치
○ 長白縣 金華鄕 金華村 남쪽 약 300m의 압록강 북안 대지 위에 위치.
○ 鄕路가 고분군의 중앙부를 남북으로 통과하고 있음.

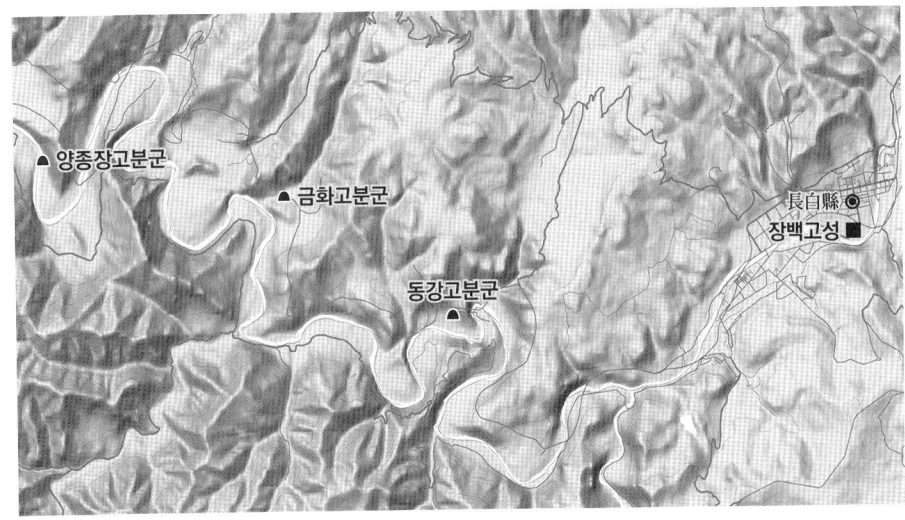

그림 1
금화고분군 위치도

---

1 『長白朝鮮族自治縣文物志』, 1986에 '1968년'으로 소개되었으나 '1986년'의 오류로 보임.

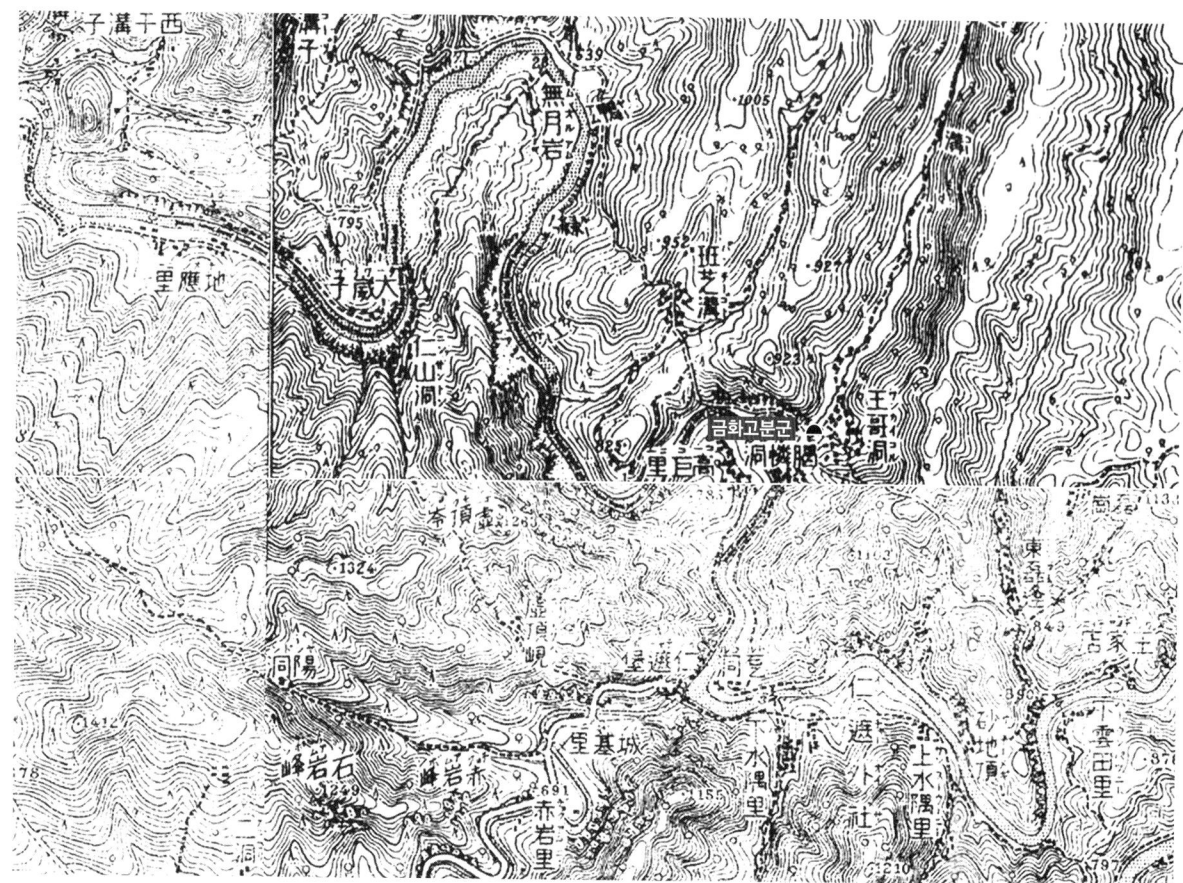

그림 2 금화고분군 주변 지형도(滿洲國 10만분의 1 지형도)

○ 墓地는 지세가 평탄.
○ 고분군 면적은 동서 길이 약 500m, 남북 너비 약 300m.

2) 고분 주변환경

○ 고분군 남쪽 약 200m에는 압록강이 동쪽에서 서쪽으로 흐름.
○ 고분군 서남쪽은 높은 산이 자리하고 있음.
○ 고분군 북쪽에는 金華河가 동쪽에서 서쪽을 지나 압록강으로 흘러 들어감.

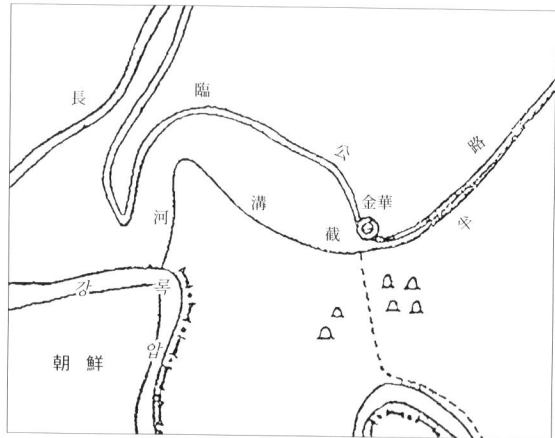

그림 3 금화고분군의 분포도(『長白朝鮮族自治縣文物志』)

3. 고분군의 분포상황

1) 1960년 고분군 상황
적석묘 안에서 철제화살촉 출토.

2) 1986년 고분군 상황(그림 3)
○ 총 6기 고분 발견 후에 M1 - M6로 편호.
- 규모는 서로 다름.
- 평면은 타원형.[2]
○ 고분의 규모
- M1 : 동서 길이 22m, 남북 너비 18m, 높이 12m.
- M2 : 동서 길이 19m, 남북 너비 13m, 높이 1m.
- M3 : 남북 길이 13m, 동서 너비 11.5m, 높이 1m.
- M4 : 남북 길이 12m, 동서 너비 11.5m, 높이 1m.
- M5 : 동서 길이 19m, 남북 너비 16m, 높이 1.3m.
- M6 : 동서 길이 15m, 남북 너비 13m, 높이 1m.

4. 역사적 성격

금화고분군은 고구려 초기에 유행하였던 적석묘로, 고분 안에서 대량의 고구려 철제화살촉(鐵鏃)이 출토된 바 있음.

참고문헌
- 吉林省文物志編纂委會, 1986, 『長白朝鮮族自治縣文物志』.
- 國家文物局 主編, 1993, 『中國文物地圖集』 吉林分冊.
- 孫仁杰·遲勇·張殿甲, 2004, 「鴨綠江上游右岸考古調査」, 『東北史地』 2004-5.

---

[2] 『長白朝鮮族自治縣文物志』 참조. 『中國文物地圖集』 吉林分冊에는 대다수 평면 형태가 '장방형'이라고 기록.

2

성곽

01 장백 팔도구진산성
長白 八道溝鎭山城

1. 위치와 자연환경 (그림 1 ~ 그림 2)

1) 지리위치
○ 長白縣 八道溝鎭 압록강 右岸의 산 위에 위치.
○ 八道溝鎭 소재지인 八道溝村에 인접해 있음.
○ 八道溝는 長白縣의 가장 서쪽 지역으로 臨江市와 경계지역임.
○ 臨江 – 長白 도로가 산성 남쪽을 지나가고 있음.

2) 자연환경
○ 이 지역은 압록강 상류의 산간지대인데, 산성은 동쪽 산줄기에서 서쪽으로 기다랗게 뻗은 산등성이의 끝단에 위치함.
○ 산성의 남쪽에는 압록강이 'S'자 곡선을 그리며 유유히 曲流하고 있는데, 동남쪽에서는 서북향으로 흐르다가 산성 바로 앞에서 다시 완만하게 곡선을 그리며 流向을 서남향으로 바꾸며 曲流하고 있음.
○ 압록강이 곡류하면서 그 안쪽에 비교적 넓은 충적대지를 형성하고 있는데, 산성 동남쪽과 서남쪽의 압록강 左岸에 충적대지가 발달되어 있음.
○ 산성의 서북쪽에는 압록강의 지류인 八道溝河가 서남쪽으로 흘러 압록강에 유입하고 있으며, 팔도구하 하구 양안을 따라 팔도구진의 소재지인 팔도구촌이 기다랗게 자리잡고 있음.

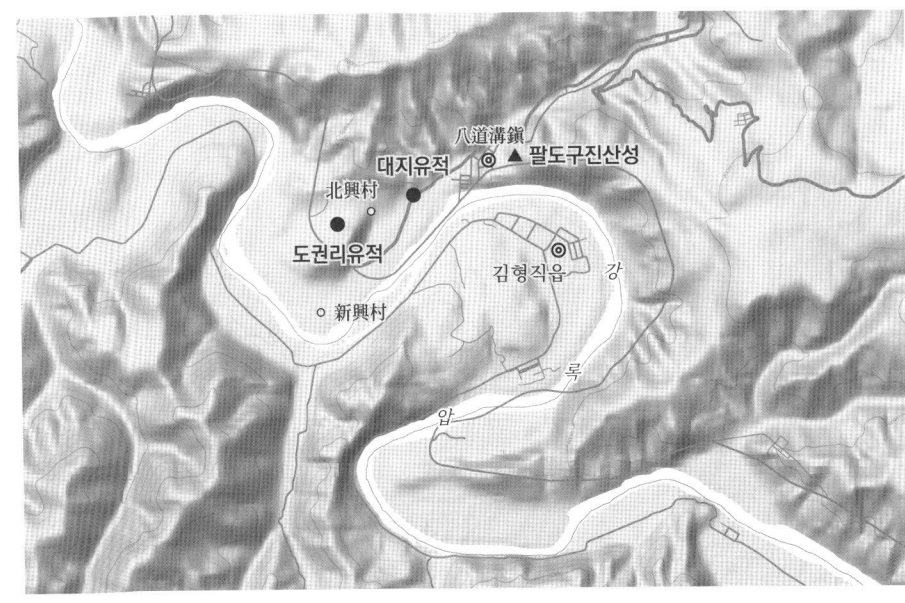

그림 1
팔도구진산성 위치도

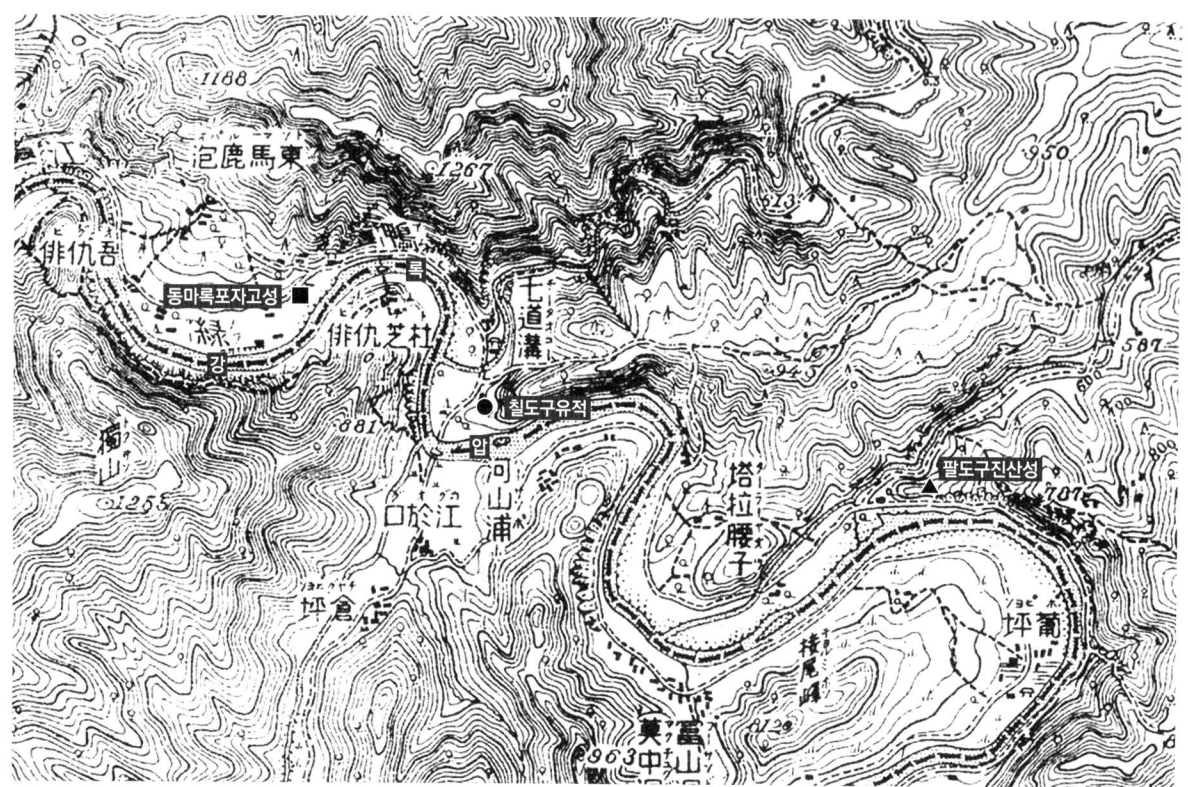

그림 2 팔도구진산성 주변 지형도(滿洲國 10만분의 1 지형도)

2. 성곽의 전체현황

○ 규모 : 둘레 길이 500m인 성벽을 축조.
○ 축성방식 : 보고자는 丹東 虎山山城과 유사한 것으로 판단함.
○ 구체적인 조사가 이루어지지 않아 상세한 현황은 알 수 없음.

3. 역사적 성격

鴨綠江 상류에는 본류 연안을 따라 고구려시기의 고분과 더불어 산성, 평지성, 관애 등이 많이 분포하고 있음. 八道溝鎭山城에서 압록강 하류를 따라 10여 km 정도 내려가면 臨江 東馬鹿泡子古城이 나오며, 여기에서 다시 20여 km 내려가면 夾皮溝古城, 10여 km를 더 내려가면 樺皮甸子古城이 나옴. 또한 압록강 상류로 40여 km를 거슬러 올라가면 長白 十二道溝灣關隘, 여기에서 다시 40여 km를 더 올라가면 十四道溝古城과 關隘가 나옴.

압록강 상류의 성곽 가운데 강변 평지성인 東馬鹿泡子古城, 夾皮溝古城, 樺皮甸子古城, 十四道溝古城 – 關隘 등은 압록강 수로와 연관된 역참의 성격이 강한 것으로 판단됨(여호규, 2008, 132~147쪽). 다만 八道溝鎭山城은 산상에 위치했다는 점에서 十二道溝灣關隘처럼 군사방어적 성격이 강한 것으로 추정됨. 또한 성벽을 한 줄로 500m 정도 축조했다는 점에서 關隘일 가능성도 높지만, 현지 여건상 직접 확인을 하지 못했기 때문에 일단 보고자의 견해를 따라 山城으로 분류함.

참고문헌

- 王禹浪·王宏北, 1994, 「中國吉林省長白縣八道溝鎭高句麗山城址」, 『高句麗·渤海古城址硏究匯編』(上), 哈爾濱出版社.

- 余昊奎, 1998, 「長白 八道溝鎭山城」, 『高句麗 城』 I(鴨綠江 中上流篇), 國防軍史硏究所.
- 여호규, 2008, 「鴨綠江 중상류 연안의 高句麗 성곽과 東海路」, 『역사문화연구』 29.

02 장백 십이도만관애
長白 十二道灣關隘

1. 조사현황

1) 1986년 5~6월
- 시행기관 : 長白縣 文物普査隊.
- 조사내용 : 실측과 기록.
- 발표 :『長白縣文物志』중의 '十二道灣關隘'

2) 2004년 7월 11일
- 시행기관 : 吉林省長白山文化硏究會, 白山市文管辦, 集安市博物館.
- 참가자 : 張福有, 張殿甲, 遲龍, 孫仁杰 등.

- 조사내용 : 개괄적인 현황 파악.
- 발표 :『東北史地』2004-5.

2. 위치와 자연환경(그림 1~그림 3)

1) 지리위치
- 長白縣 十二道溝鄕 十二道灣村 동쪽 약 1.5km의 東山 산등성이의 북단.
- 長白縣 소재지에서 압록강을 따라 하류 방면으로 약 80여 km 내려온 지점임.

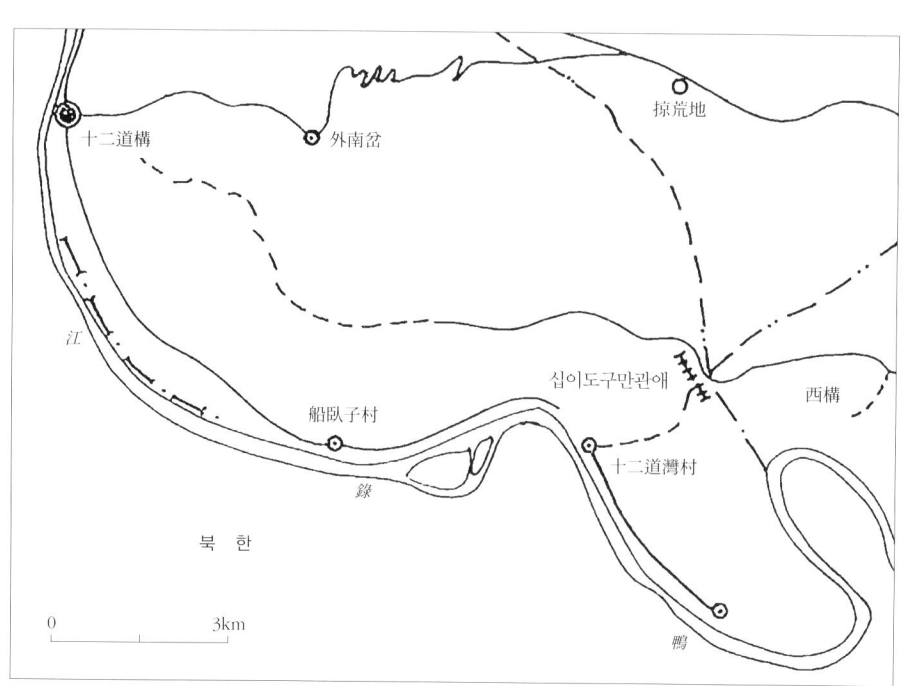

그림 1 십이도만관애 위치도 1
(『長白縣文物志』, 56쪽)

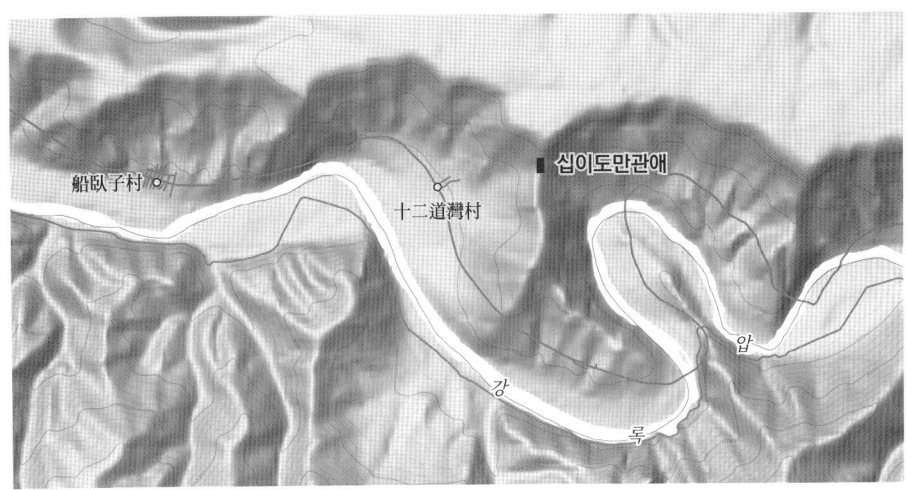

그림 2
십이도만관애 위치도 2

그림 3 십이도만관애 주변 지형도(滿洲國 10만분의 1 지형도)

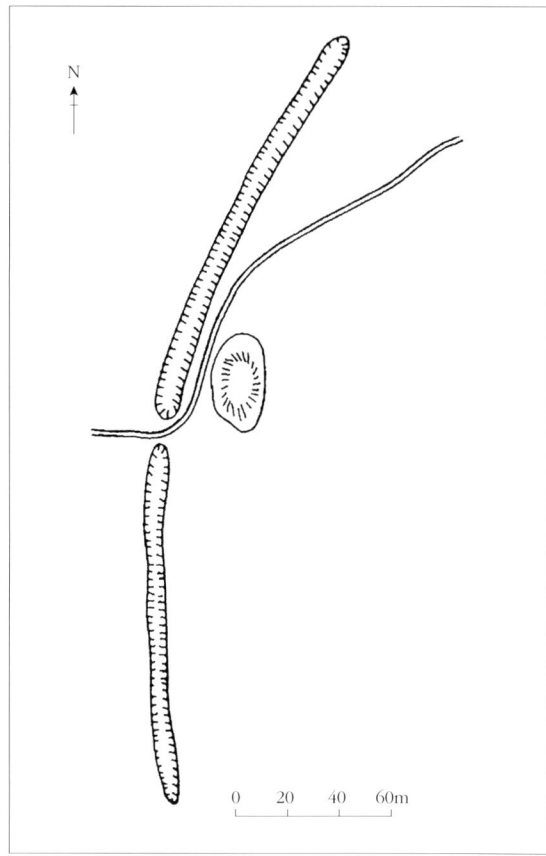

그림 4 십이도만관애 평면도(『長白縣文物志』, 57쪽)

○ 2007년 당시 東山 산기슭 아래에 압록강 강변을 따라 臨江 – 長白 도로가 개설되어 있었음.

2) 자연환경

○ 관애가 위치한 산등성이는 남북 방향으로 길게 뻗어 있으며, 남단은 압록강에 잇닿아 있음. 다만 산등성이의 남단은 수직절벽이고 동쪽과 서쪽 산비탈도 경사가 매우 가팔라 과거에는 압록강의 강변을 따라 통행하지 못하고 경사가 비교적 완만한 곳을 통해 산등성이를 넘어 통행했다고 함.

○ 산등성이는 전체적으로 말안장 모양으로 정상 북단과 중앙에 절벽이 하나씩 높이 솟아 있고, 그 사이는 움푹 들어가 '凹'자형을 이룸. '凹'자형 부분으로 十二道灣와 西岡(西溝) 사이의 人道가 지나가며, 이 人道를 따라가면 압록강 북쪽 고원지대를 통과하던 임강 – 장백 舊道路에 이를 수 있음(2007년 직전에 압록강의 강변을 따라 임강 – 장백 도로가 새롭게 개설됨).

3. 유적의 전체현황(그림 4)

○ 위치 : 東山 산마루 북단과 중앙 절벽 사이의 움푹 들어간 지점.
○ 구성 : 성벽(墻), 참호(壕), 흙언덕(土丘) 등으로 이루어져 있음.
○ 규모 : 관애의 전체 길이는 약 30m.

4. 성벽과 성곽시설

1) 성벽

○ 축조방식 : 흙과 돌을 섞어서 쌓았음.[1]
○ 규모 : 길이 30m, 밑 너비 8.7m, 윗 너비 5m, 높이 1~1.7m.

2) 성곽시설

(1) 참호(壕)

○ 위치 : 성벽 아래쪽에 위치.
○ 크기 : 밑 너비 3m, 윗 너비 4.5m, 깊이 0.4m.

(2) 흙언덕

○ 위치 : 성벽 동쪽 20m에 위치.
○ 평면 : 타원형.
○ 규모 : 남북 길이 18m, 동서 너비 11m, 높이 2.4m.

---

1 吉林省文物志編委會 編, 1986, 56쪽. 다만 孫仁杰·遲勇·張殿甲, 2004, 23쪽에는 石築 성벽이라고 나옴.

(3) 관문
o 위치 : 관애 중앙의 조금 남쪽에 트인 곳이 있음.
o 규모 : 폭은 6m로 關門으로 추정됨.

5. 역사적 성격

十二道灣關隘가 위치한 압록강 상류 유역에는 성곽과 관애가 본류 右岸을 따라 많이 분포되어 있음. 가령 十二道灣關隘에서 압록강을 따라 40여 km 내려가면 長白 八道溝山城, 다시 10여 km 내려가면 臨江 東馬鹿泡子古城, 20여 km를 더 내려가면 夾皮溝古城, 10여 km를 더 내려가면 樺皮甸子古城이 각각 나옴. 또한 압록강 상류로 40여 km를 거슬러 올라가면 十四道溝古城과 關隘가 나옴. 이 가운데 강변 평지성인 東馬鹿泡子古城, 夾皮溝古城, 樺皮甸子古城 등은 압록강 수로를 운영하기 위한 수운 역참의 성격이 강한 반면, 산상에 위치한 八道溝山城은 군사방어적 성격이 강한 것으로 추정됨. 평지성과 관애를 동시에 축조한 十四道溝古城과 關隘는 역참과 군사적 요충지의 역할을 동시에 수행한 것으로 추정되며, 특히 關隘가 압록강 右岸을 따라 동서 방향으로 기다랗게 뻗어 있다는 점에서 주로 압록강 상류로를 차단하기 위해 축조한 것으로 추정됨(여호규, 2008, 132~147쪽).

十二道灣關隘는 集安 七個頂子關隘와 여러 면에서 유사하다는 점에서 고구려시기의 유적으로 추정되며, 산마루 정상의 통행로를 차단할 수 있는 전략적 요충지에 축조되었다는 점에서 군사방어시설로 파악됨(吉林省文物志編委會 編, 1986, 56~57쪽). 특히 관애의 동쪽 바깥에 인공적으로 축조한 흙언덕이 있고, 동쪽에서 산등성이 정상으로 올라오는 루트를 감싸 안은 형태로 성벽을 축조했다는 점에서 주로 압록강 상류 방면에서 고구려 중심부로 향하는 적군을 저지하기 위해 축조한 것으로 추정됨. 다만 현재까지 十二道灣關崖 주변에서는 강변의 평지성이 확인되지 않았고, 관애에서 압록강 상류나 하류 방면을 모두 잘 관찰할 수 있다는 점에서 압록강 수로를 통제하던 기능도 지녔을 가능성이 있다고 추정됨.

참고문헌

- 吉林省文物志編委會 編, 1986, 『長白朝鮮族自治縣文物志』.
- 國家文物局 主編, 1993, 「十二道溝灣關隘遺址」, 『中國文物地圖集』 吉林分冊, 中國地圖出版社.
- 長白縣志編纂委員會 編, 1993, 「文物·古迹」, 『長白朝鮮族自治縣縣志』, 中華書局.
- 王禹浪·王宏北, 1994, 「中國吉林省長白縣十二道溝鄉十二道溝灣高句麗關隘」, 『高句麗·渤海古城址研究匯編』(上), 哈爾濱出版社.
- 余昊奎, 1998, 「長白 十二道灣關崖」, 『高句麗 城』 I(鴨綠江 中上流篇), 國防軍史研究所.
- 孫仁杰·遲龍·張殿甲, 2004 「鴨綠江上流右岸考古調査」, 『東北史地』 2004-5.
- 여호규, 2008, 「鴨綠江 중상류 연안의 高句麗 성곽과 東海路」, 『역사문화연구』 29.

03 장백 십사도구고성과 관애
長白 十四道溝古城·關隘 | 村邑遺址

1. 조사현황

1) 1960년 5~6월
- 시행기관 : 通化地區 文物普査隊.
- 참가자 : 朱匯東 외 다수.
- 조사내용 : 유적 발견.

2) 1981년
현지 주민이 十四道溝河와 압록강의 합류처에서 철제 솥 발견.

3) 1986년 6월
- 시행기관 : 長白縣 文物普査隊.
- 조사내용 : 실측과 기록. 유물 채집.
- 발표 : 『長白縣文物志』 중의 '十四道口村邑과 關隘'.

4) 2004년 7월 11일
- 시행기관 : 吉林省長白山文化硏究會, 白山市文管辦, 集安市博物館.
- 참가자 : 張福有, 張殿甲, 遲龍, 孫仁杰 등.
- 조사내용 : 개괄적인 현황 파악.
- 발표 : 『東北史地』 2004-5.

2. 위치와 자연환경(그림 1~그림 3)

1) 지리위치
- 長白縣 소재지에서 서쪽으로 40여 km 떨어진 十四道溝鎭 소재지인 十四道溝村의 남쪽 약 1.5km에 위치.
- 臨江-長白 도로가 古城 북쪽의 대지를 가로 질러 동서 방향으로 달림.
- 古城은 十四道溝河가 압록강으로 유입되는 합류처 서북쪽에 위치해 있는데, 十四道溝河와의 거리는 20여 m, 압록강과의 거리도 100여 m에 불과함.

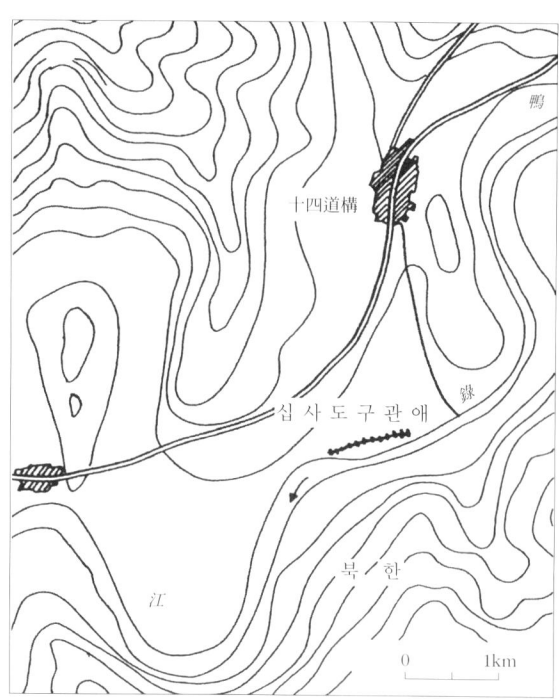

그림 1 십사도구관애 위치도(세부)(『長白縣文物志』, 50쪽)

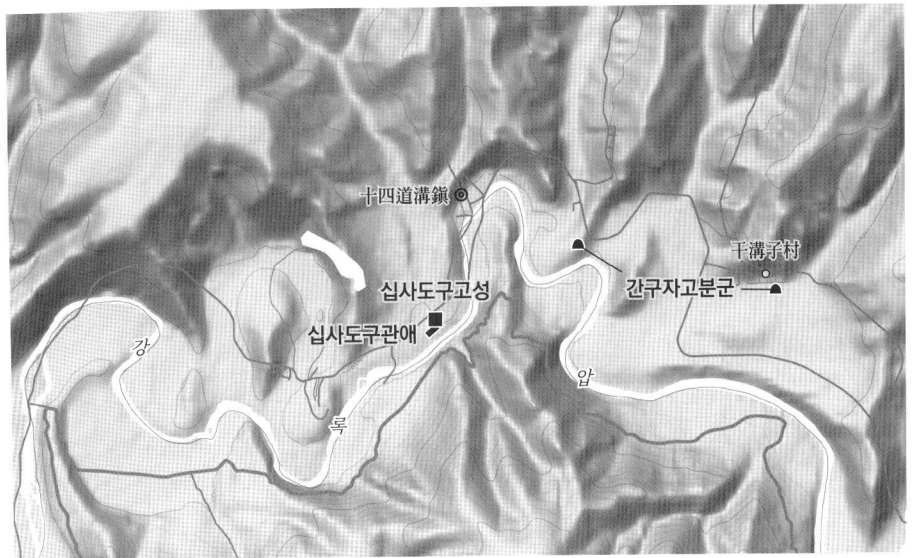

그림 2
십사도구관애 위치도

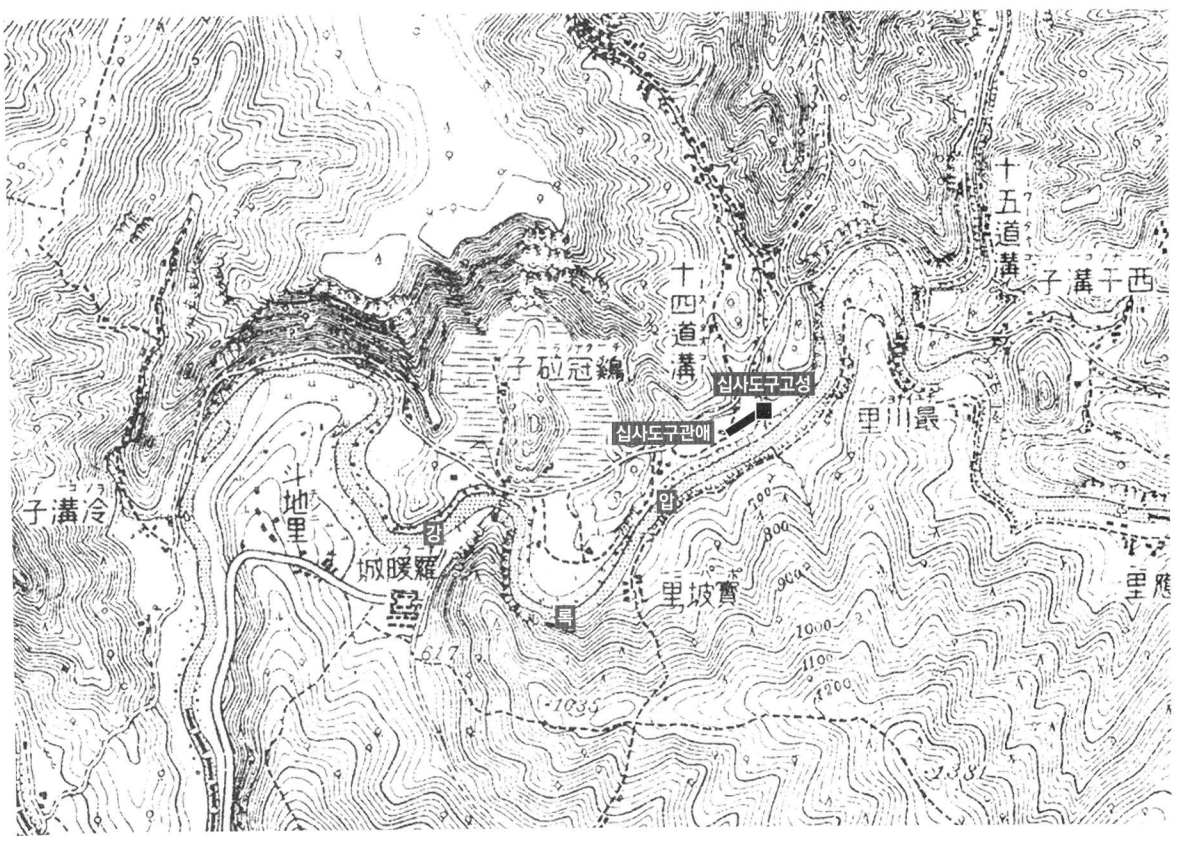

그림 3　십사도구관애 주변 지형도(滿洲國 10만분의 1 지형도)

○ 古城 서쪽 약 50m 거리에 十四道溝 풍력발전소가 있었는데, 2007년 당시 발전소는 가동되지 않는 상태였고 풍차를 달았던 지지대만 남아 있었음.

2) 자연환경
○ 古城과 關隘가 위치한 곳은 압록강 상류의 산간지대인데, 압록강 북안에 동서 길이 1km 전후, 남북 500m 정도의 충적대지가 펼쳐져 있고, 대지 북쪽으로도 경사가 비교적 완만한 산기슭이 이어지고 있음.
○ 충적대지 남쪽에는 압록강이 동북에서 서남쪽으로 유유히 흐르고 있으며, 압록강의 지류인 십사도구하가 충적대지 동편에서 南流하다가 古城의 동쪽을 지나 동남쪽에서 압록강과 합류함.
○ 古城과 關隘는 이 충적대지의 동남쪽에 자리잡고 있는데, 주변의 토질이 상당히 비옥하여 고성 서쪽 일대는 밭으로 경작되고 있으며, 북쪽 일대는 논으로 개간되어 경작되고 있음.

3. 유적의 전체현황(그림 4)

1) 古城
○ 위치 : 압록강과 十四道溝河 합류처의 서북쪽.
○ 형태와 규모 : 長方形. 동서 길이 40m, 남북 너비 20m.
○ 성벽 : 기단 너비 5m, 윗 너비 2m, 높이 2m 전후. 토석 혼축.

2) 關隘
○ 위치 : 古城의 서쪽. 양자 사이에는 남북 방향의 도랑이 있음.
○ 규모 : 고성의 남벽과 일직선으로 축조했는데 길이는 500여 m.

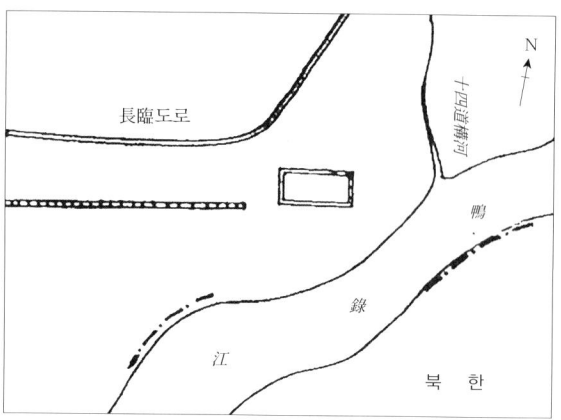

그림 4 십사도구관애 평면도(『長白縣文物志』, 51쪽)

○ 범위 : 압록강과 평행으로 달리며 대지 서쪽의 산 아래까지 이어짐.
○ 축조방식 : 본래 석축성벽이었다고 함.

3) 보존 현황
○ 고성과 관애 안팎이 모두 농지로 경작되고 있어 훼손이 심함.
○ 고성의 성벽은 동북 모서리 부분, 남벽 동단만 조금 남아 있음.
○ 古城 안팎의 토양과 색깔이 달라 전체 범위는 판별할 수 있음.
○ 관애도 거의 모두 사라졌음. 다만 2007년 당시 밭으로 경작되는 주변 지역과 달리 관애 터는 진흙과 갈대밭으로 남아 있어서 전체 범위를 쉽게 판별할 수 있었음.

4. 출토유물

1960년과 1986년 조사시에 석기류, 토기류, 철기류 등 출토.

1) 석기류

(1) 반달돌칼(石刀, 그림 5)

o 크기 : 길이 17cm, 너비 5.7cm, 등부분 0.6cm.
o 형태 : 頁巖質. 마제. 사다리꼴에 근사한 형태. 등과 날이 휘었고 가운데 구멍 하나가 뚫어져 있음.

(2) 석제도끼(3점, 그림 6~7)

① 석제도끼 1
o 크기 : 너비 3.9cm, 날 너비 5.4cm, 길이 10.8cm.
o 형태 : 화강암제, 사다리꼴, 잔편, 날과 몸체 모두 다듬음.

② 석제도끼 2(그림 6)
o 크기 : 길이 15cm, 너비 6cm, 두께 3.3cm
o 형태 : 화강암제, 완형. 장방형이며 날이 비스듬함. 사다리꼴.

③ 석제도끼 3(그림 7)
o 크기 : 잔장 10cm, 윗너비 4cm, 밑너비 5.7cm.
o 형태 : 화강암제, 날 부분 깨어짐. 사다리꼴에 가까움.

(3) 석제자귀(그림 8)

o 크기 : 길이 9.7cm, 윗너비 4cm, 날 너비 6cm, 두께 1.6cm.
o 형태 : 사다리꼴의 板狀 형태. 頁巖質. 마제.

2) 철기류

(1) 철제솥(1점, 그림 9)

o 출토지 : 십사도구하가 압록강으로 흘러들어가는 하구.

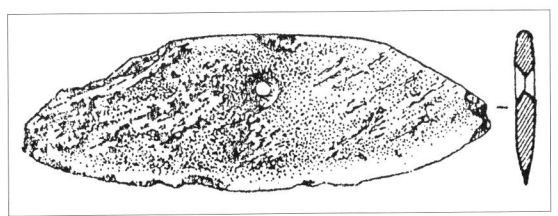

그림 5 반달돌칼(『長白縣文物志』, 52쪽)

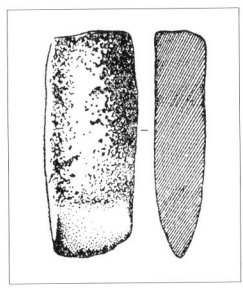

그림 6 석제도끼 (『長白縣文物志』, 52쪽)

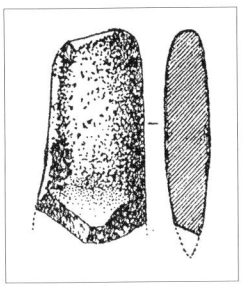

그림 7 석제도끼 (『長白縣文物志』, 52쪽)

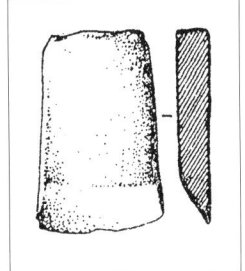

그림 8 석제자귀 (『長白縣文物志』, 52쪽)

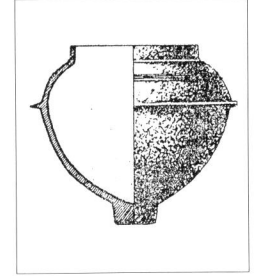

그림 9 철제솥 (『長白縣文物志』, 51쪽)

o 크기 : 높이 31.6cm, 구경 22.4cm.
o 형태
- 주조품.
- 구연은 곧고 동체는 볼록.
- 동체 중상부에 너비가 1.6cm, 두께가 0.8cm되는 전이 있음.
- 어깨 부분에는 두 갈래의 凸弦文이 있음.
- 밑굽의 가운데 부분에 돌출된 外鐵柱가 있음.
- 1958년 집안현 승리촌에서 발견된 철제솥과 비슷.
o 소장처 : 장백현 문화관.

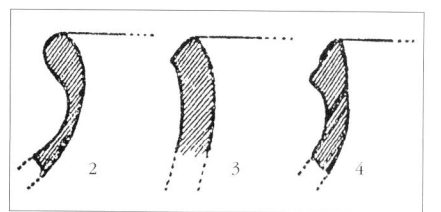

그림 10 토기 구연부(『長白縣文物志』, 51쪽)

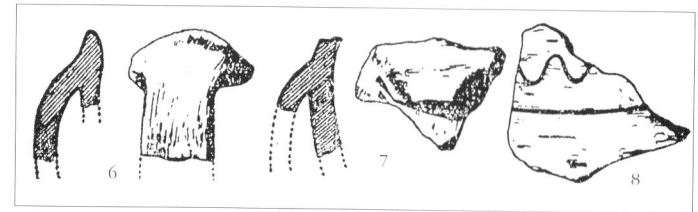

그림 11 토기 파수, 동체부(『長白縣文物志』, 51쪽)

3) 토기류(그림 10~11)

구연부, 동체부, 대상파수 등 채집.

4) 기와류

1960년에 평기와(灰色板瓦) 출토.

5. 역사적 성격

十四道溝古城은 형태상 集安 長川古城과 유사하며, 關隘는 集安 老邊墻關隘와 비슷하다고 추정됨. 출토된 철제솥은 집안(舊 집안현 郊區鄕) 勝利7隊 출토품과 유사하며, 토기 파수는 東臺子유적 출토품과 비슷하다고 함. 이에 보고자는 十四道溝古城과 關隘를 고구려시기의 유적으로 추정함. 다만 이곳에서 출토된 사질토기를 비롯하여 석제도끼나 반달돌칼 등은 원시사회 말기의 유물로 추정되는데, 이는 십사도구고성이 원시사회 유적 위에 축조되었을 가능성을 반영함(吉林省文物志編委會 編, 1986, 52~53쪽).

현재 압록강 상류 일대에는 성곽과 관애가 강 연안을 따라 많이 분포되어 있음. 가령 十四道溝古城에서 압록강을 따라 40여 km 내려가면 長白 十二道溝灣關隘, 여기에서 다시 40여 km를 내려가면 長白 八道溝山城, 다시 10여 km 내려가면 臨江 東馬鹿泡子古城, 20여 km를 더 내려가면 夾皮溝古城, 10여 km를 더 내려가면 樺皮甸子古城이 각각 나옴. 또한 압록강 상류로 40여 km를 거슬러 올라가면 발해시기의 성곽인 長白古城이 나옴. 이 가운데 강변 평지성인 東馬鹿泡子古城, 夾皮溝古城, 樺皮甸子古城 등은 압록강 수로와 연관된 역참의 성격이 강한 반면, 산상에 위치한 八道溝山城과 十二道溝灣關隘는 군사방어적 성격이 강한 것으로 추정됨(여호규, 2008, 132~147쪽).

그런데 十四道溝古城과 關隘는 소형 평지성과 관애가 동시에 축조되었다는 점에서 수운 역참과 군사적 요충지의 역할을 동시에 수행했을 것으로 추정됨. 특히 關隘가 압록강 右岸을 따라 동서 방향으로 기다랗게 축조되었다는 점에서 주로 압록강 상류로를 차단하기 위해 축조했을 것으로 추정됨.

참고문헌

- 吉林省文物志編委會 編, 1986, 『長白朝鮮族自治縣文物志』.
- 國家文物局 主編, 1993, 「十四道溝遺址」, 『中國文物地圖集』 吉林分冊, 中國地圖出版社.
- 長白縣志編纂委員會 編, 1993, 「文物·古迹」, 『長白朝鮮族自治縣縣志』, 中華書局.
- 王禹浪·王宏北, 1994, 「中國吉林省長白縣十四道溝鎭高句麗的村邑與關隘」, 『高句麗·渤海古城址研究匯編』(上), 哈爾濱出版社.
- 余昊奎, 1998, 「長白 十四道溝關隘」, 『高句麗 城』 I(鴨綠江 中上流篇), 國防軍史硏究所.
- 孫仁杰·遲龍·張殿甲, 2004, 「鴨綠江上流右岸考古調査」, 『東北史地』 2004-5.
- 여호규, 2008, 「鴨綠江 중상류 연안의 高句麗 성곽과 東海路」, 『역사문화연구』 29.

04 장백 장백고성
長白 長白古城

1. 조사현황

1) 1960년
○ 시행기관 : 長白縣 文物普查隊.
○ 조사내용 : 강돌로 축조한 성벽 발견, 현황 조사 및 유물 채집.

2) 1986년 6월
○ 시행기관 : 長白縣 文物普查隊.
○ 조사내용 : 1960년에 이은 2차 조사, 현황 조사 및 유물 채집.

○ 발표 : 『長白縣文物志』 중의 '長白古城'.

2. 위치와 자연환경(그림 1~그림 2)

1) 지리위치
○ 長白縣 소재지 동남쪽의 民主村 압록강 右岸의 2단 충적대지에 위치함.
○ 고성의 동북 모서리에 長白縣의 명승지인 仙人島가 있음.
○ 압록강 건너편은 북한의 혜산시임.

그림 1
장백고성 위치도

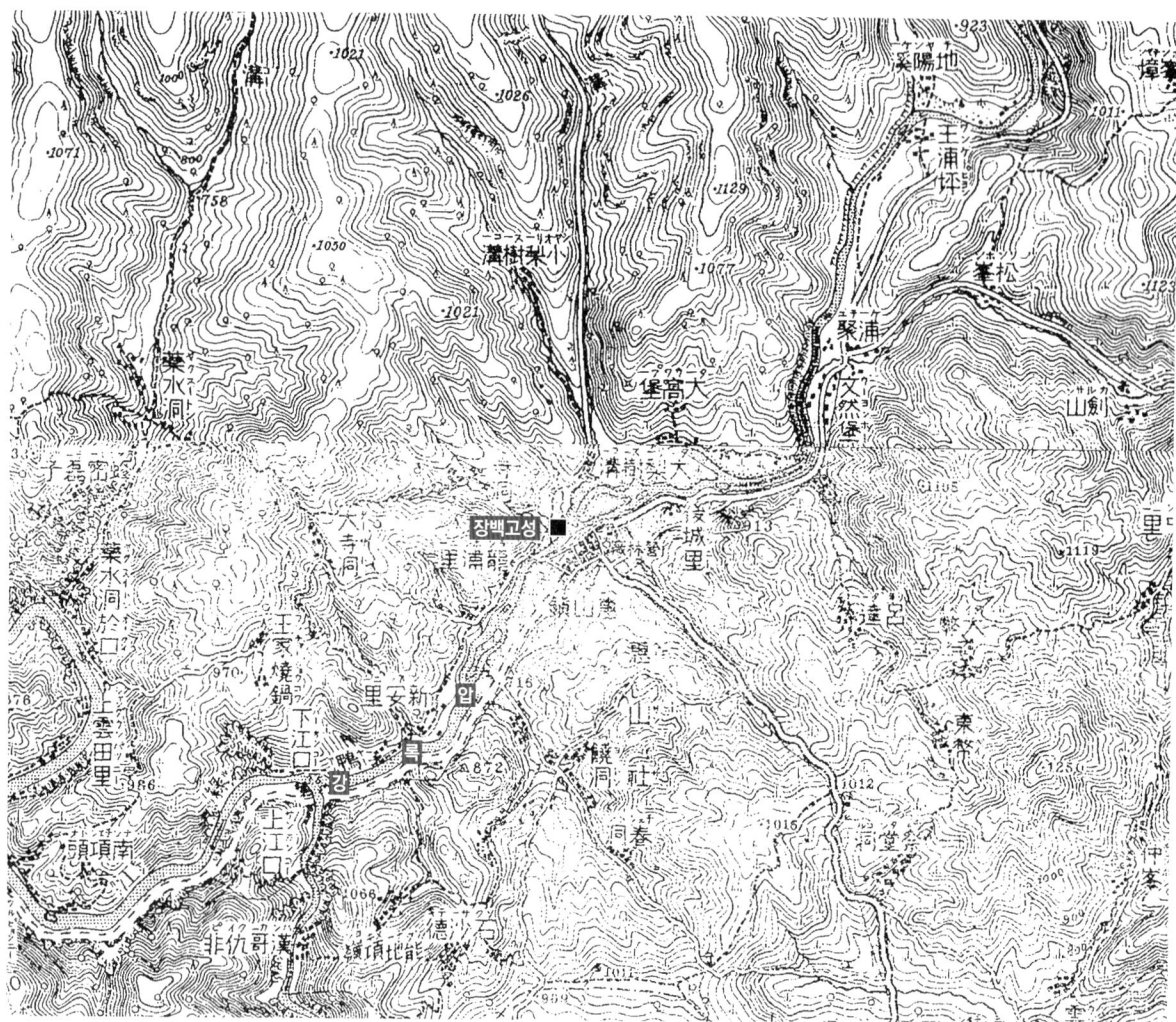

그림 2 장백고성 주변 지형도(滿洲國 10만분의 1 지형도)

2) 자연환경

○ 중국의 장백현 소재지와 북한의 혜산시는 압록강을 사이에 두고 서로 마주보며 압록강 최상류에서 상당히 넓은 분지를 형성하고 있음.

○ 압록강 북쪽에 위치한 장백현 소재지의 경우, 압록강 부근에는 상하 2단의 충적대지가 형성되어 있고, 그 위쪽으로 완만한 경사지가 전개됨.

○ 古城은 압록강 우안의 2단 충적대지 가장자리에 위치해 있는데, 고성 동쪽에는 압록강이 서남향으로 흐르다가 古城 동남쪽 부근에서 완만한 포물선을 그리며 流向을 서쪽으로 바꾸어 고성 남쪽을 지나가고 있음.

○ 고성의 동쪽과 남쪽 모두 압록강과의 거리는 100~200m 전후이며, 고성과 압록강 사이에는 좁고 기다란 1단 충적대지가 펼쳐져 있음.

○ 고성이 위치한 대지의 북쪽에는 높이 5m 정도의 큰 두둑이 있는데(북벽으로 추정), 그 북쪽으로 장백현 소재지의 주택지구가 펼쳐져 있음.

○ 1986년 당시 고성이 위치한 대지는 채소밭과 과수원으로 경작되고 있었음.

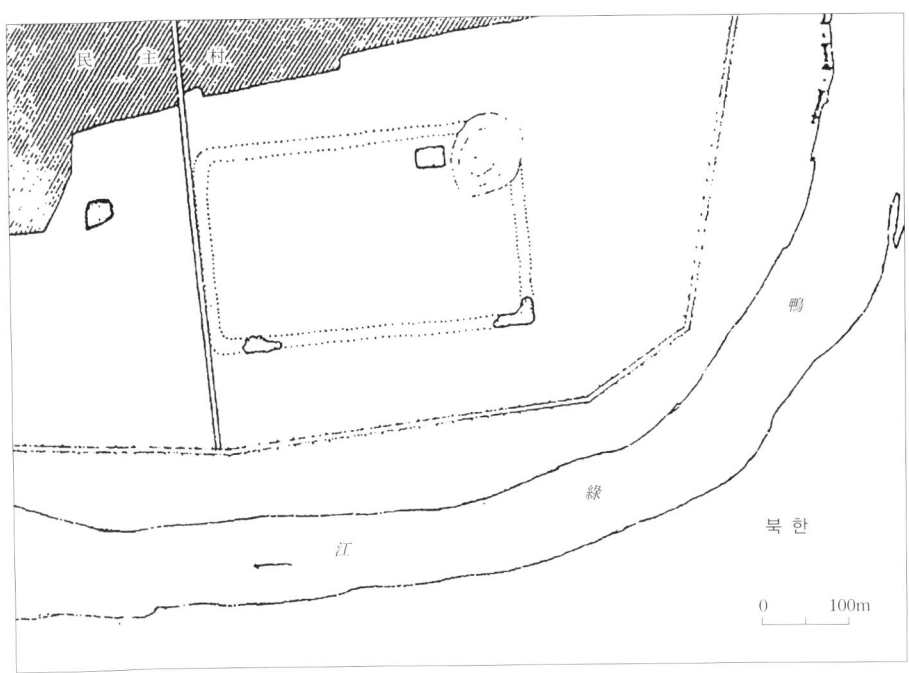

그림 3 장백고성 평면도
(『長白縣文物志』, 55쪽)

3. 유적의 전체현황(그림 3)

1) 전체평면

(1) 1960년 제1차 조사
○ 평면 : 강돌로 축조한 성벽 발견, 평면은 장방형.
○ 규모 : 남북 길이 26m, 동서 너비 20m.

(2) 1983년 제2차 조사
○ 규모 : 동서 길이 약 380m, 남북 너비 약 240m, 둘레 1,200m.
○ 방향 : 방향은 175°.

2) 보존상태(1983년 2차 조사시)

○ 1960년대에 조사했던 仙人島 西側 과수원 일대의 성벽은 1986년 조사시에 이미 파괴되어 평평해졌고, 주변에는 기와편 등만 흩어져 있었음.
○ 현지 주민에 따르면 성돌로 채소밭 온실 벽을 만들었다고 함.
○ 성벽 안팎이 채소밭과 과수원으로 경작되고 있어 훼손 상태가 심각함.

4. 성벽과 성곽시설

1) 1960년에 확인한 성곽 내부 건물

○ 위치 : 仙人島 서측 과수원 일대.
○ 축성법 : 광이 나는 강돌로 축조.
○ 범위 : 남북 길이 26m, 동서 너비 20m.
○ 규모 : 밑 너비 8.4m, 윗 너비 1.5m, 높이 0.5~1.5m.
○ 1986년 이 유적 외곽에서 동서 380m, 남북 240m 정도의 성곽을 확인한 만큼 이 유구는 성곽 내부의 건물로 추정됨.
○ 이 유구의 남벽에서 확인했다는 너비 3m 정도의 트인 부분도 성문이 아니라 건물지의 출입 시설로 추정됨.

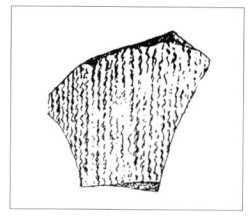
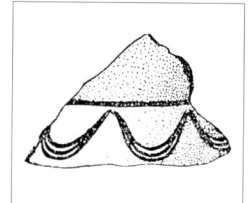

그림 4 평기와 　　　　그림 5 토기 동체부

2) 1986년에 확인한 성벽 범위
○ 남벽 : 남벽 동단과 서단부에 해당하는 성벽 기초부 발견. 두 기단부는 동서 약 350m 떨어져 있음. 현지 주민에 따르면 그 이전에는 성벽이 새로이 발견된 서쪽 기단에서 서쪽으로 약 30m 뻗어나간 후 북쪽으로 꺾여 계속 대지의 북쪽 큰 두둑 아래까지 뻗어나갔다고 함. 그러므로 남벽의 길이는 약 380m로 추정됨.
○ 서벽 : 남벽 서단과 대지 북쪽의 둔덕 사이로 길이는 약 240m.
○ 북벽 : 대지 북쪽에 위치한 높이 5m 전후의 둔덕이 북벽으로 추정됨.
○ 전체 규모 : 동서 380m, 남북 240m 전후.

5. 출토유물[1]

○ 1960년 : 仙人島 서측 과수원 일대에서 권점문 암키와(圈點文 板瓦), 승문 암키와(繩文 板瓦), 니질의 대상파수(泥質橋狀陶耳) 등 발견. 고구려와 발해시기의 유물로 추정함.
○ 1986년 : 仙人島 서측 과수원 일대에서 권점문, 승문 암키와편(圈點文과 繩文 板瓦片) 및 연화문와당(乳釘蓮花文瓦當) 1건 채집.

---
[1]　출토유물의 도면 출처는 『長白縣文物志』, 55쪽.

○ 상기 유물은 대체로 고구려와 발해시기의 유물로 추정되며, 특히 와당은 전형적인 발해 와당임.

6. 역사적 성격

長白古城은 압록강 최상류에서 비교적 넓은 분지를 이루고 있는 장백현 소재지에 위치하고 있음. 鴨綠江 상류 연안에는 臨江 樺皮甸子古城, 夾皮溝古城, 東馬鹿泡子古城, 長白 十四道溝古城 – 關隘 등 압록강 수로의 수운 역참 기능을 수행한 고구려시기 평지성이 다수 분포하고 있음. 특히 20세기 전반에는 100석의 대형 목선은 臨江市(中江鎭)까지만 운항했지만, 이보다 작은 선박이나 프로펠라선은 長白縣 13道溝河(新巴坡鎭, 김정숙시)까지 운항했고, 40석 정도의 소형 木船은 長白鎭(惠山)까지도 운항했음.

이로 보아 고구려시기에도 소형 선박은 13道溝河, 나아가 長白縣까지도 운항했을 것으로 추정되며, 장백현 소재지에도 고구려시기의 수운 역참과 관련한 시설이 존재했을 것으로 추정됨(여호규, 2008, 132~147쪽). 특히 이러한 평지성은 장백고성처럼 압록강 연안의 2단 충적대지의 가장자리에 위치함. 이에 長白古城을 고구려시기에 축조하여 발해시기까지 사용된 평지성으로 파악하기도 함(王禹浪·王宏北, 1994, 97쪽).

다만 현재까지 長白古城에서 출토된 권점문 암키와(圈點文板瓦), 승문 암키와(繩文板瓦), 연화문와당(乳釘蓮花文瓦當) 등은 대부분 발해시기의 유물(일부 고구려)로 추정되고 있음. 특히 연화문와당(乳釘蓮花文瓦當)은 전형적인 발해 와당임. 따라서 현재로서는 장백고성을 발해시기의 평지성으로 비정할 수밖에 없고(吉林省文物志編委會 編, 1986, 54쪽), 고구려시기에 축조한 것인지에 대해서는 향후 고고조사 성과를 기다릴 필요가 있음.

참고문헌

- 吉林省文物志編委會 編, 1986, 『長白朝鮮族自治縣文物志』.
- 國家文物局 主編, 1993, 「長白城址」, 『中國文物地圖集』 吉林分冊, 中國地圖出版社.
- 長白縣志編纂委員會 編, 1993, 「文物·古迹」, 『長白朝鮮族自治縣縣志』, 中華書局.
- 王禹浪·王宏北, 1994, 「中國吉林省長白縣長白鎭高句麗古城址的」, 『高句麗·渤海古城址研究匯編』(上), 哈爾濱出版社.
- 여호규, 2008, 「鴨綠江 중상류 연안의 高句麗 성곽과 東海路」, 『역사문화연구』 29.

05 장백 마록구고전호
長白 馬鹿溝古戰壕

1. 조사현황

1) 1986년 5~6월
- 시행기관 : 長白縣 文物普査隊.
- 조사내용 : 실측과 기록.
- 발표 : 『長白縣文物志』 중의 '馬鹿溝古戰壕'.

2. 위치와 자연환경

- 長白縣 馬鹿溝村 북쪽 2km 거리의 산등성이 北斜面의 斷崖 가장자리.
- 長白縣 소재지에서 압록강 상류를 따라 약 7~8km 올라간 지점.
- 古戰濠 북쪽 1.5km 거리에 長白縣 十九道溝村이 있음.

3. 유적의 전체현황(그림 1)

- 지형 : 참호는 동서 방향 산등성이의 북쪽 산비탈 낭떠러지 가장자리에 위치.
- 형태 : 참호는 모두 다섯 갈래이며, 각 참호는 대체로 평행하지만 인접하기도 함. 각 참호 사이의 간격은 3~5m.
- 축조방식 : 낭떠러지에 인접한 참호는 암반을 뚫어 만들었음.

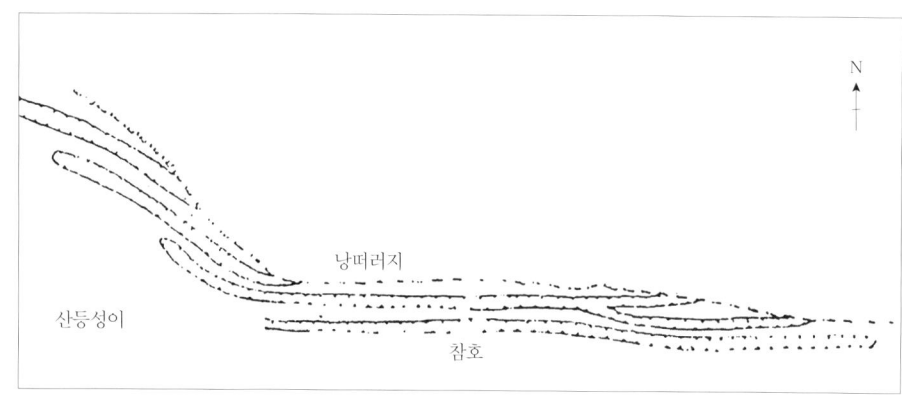

그림 1
마록구고전호 평면도
(『長白縣文物志』, 58쪽)

○ 규모
- 각 참호의 길이는 53~162m이며, 총길이는 약 215m.
- 낭떠러지 부근의 참호는 너비 6~8m, 깊이 4~5m.[1]
- 기타 참호는 깊이 약 1~4m, 윗너비 약 4~7m, 밑너비 약 1~2m.

4. 출토유물

현지 주민에 따르면 참호 안에서 소량의 동제화살촉(銅鏃)과 철제화살촉(鐵鏃)이 출토되었다고 하는데, 1986년 조사 당시에는 모두 산실되었음.

5. 역사적 성격

고구려시기의 유적으로 파악하기도 하지만(國家文物局 主編, 1993, 141쪽), 현전하는 출토유물이 없고, 유사한 사례도 없기 때문에 현재로서는 축조 시기나 그 성격을 명확히 파악하기 힘든 상태임.

참고문헌

- 吉林省文物志編委會 編, 1986, 『長白朝鮮族自治縣文物志』.
- 國家文物局 主編, 1993, 「馬鹿溝古戰壕」, 『中國文物地圖集』 吉林分冊, 中國地圖出版社.

---

[1] 吉林省文物志編委會 編, 1986, 57쪽에는 참호의 제원과 관련하여 '米'와 '長'이라는 글자가 혼용되고 있는데, '長'은 'm'를 뜻하는 '米'의 오기로 보임.

3
기타 유적

01 장백 하외자유적
長白 下崴子遺址

1. 조사현황

1) 1986년 5~6월
- 시행기관 : 長白縣 文物普查隊.
- 조사내용 : 실측과 기록.
- 발표 : 『長白縣文物志』 중의 '下崴子遺址'.

2. 위치와 자연환경(그림 1~그림 3)

1) 지리위치
- 長白縣 十三道溝鄕 소재지에서 서쪽 2.5km 거리의 압록강 北岸 대지.
- 북한의 長津江과 압록강 본류 합류지점의 바로 북쪽임.
- 臨江-長白 도로가 유적 북쪽의 산기슭 아래로 관통하고 있음.

2) 자연환경
- 북한의 長津江이 남쪽에서 북쪽으로 흘러 압록강 본류와 합류하는 지역으로 압록강 연안을 따라 길이 2.5km, 너비 0.5km 전후의 좁고 기다란 충적대지가 형성되어 있는데, 유적은 이 충적대지의 중앙에 자리잡고 있음.
- 충적대지 남쪽으로는 압록강이 완만한 포물선을 그리며 동쪽에서 서쪽으로 흐르고 있으며, 북한의 장진강도 이 일대에서 압록강으로 유입되고 있음. 유적과 압록강의 거리는 100여 m에 불과함.
- 충적대지 북쪽에는 동서 방향으로 산줄기들이 이어지고 있는데, 경사가 상당히 가파른 편임. 반면 압록강

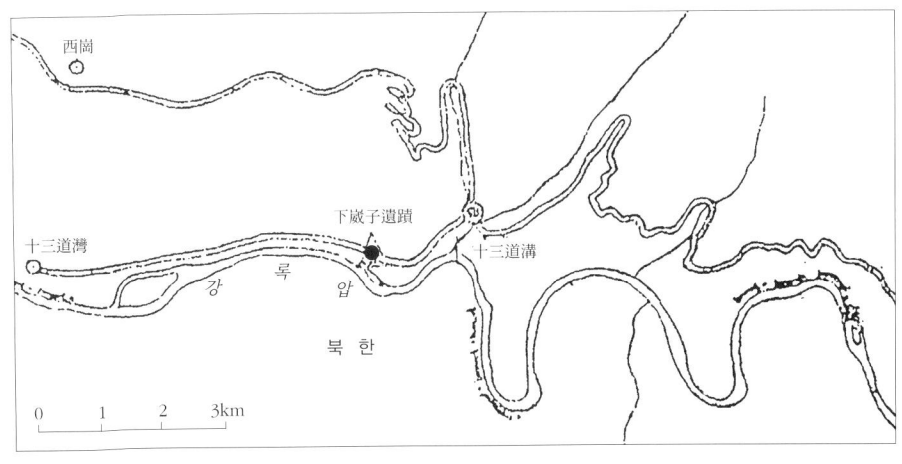

그림 1
하외자유적 위치도
(『長白縣文物志』, 44쪽)

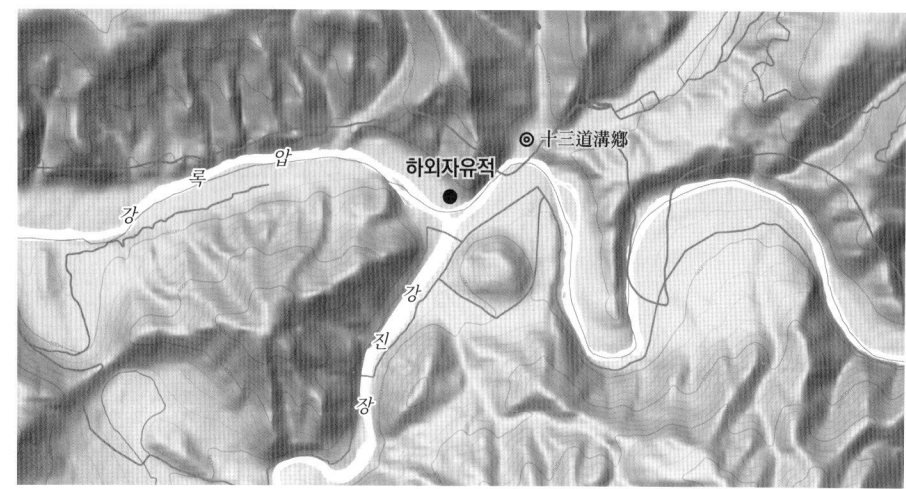

그림 2
하외자유적 위치도

그림 3 하외자유적 주변 지형도(滿洲國 10만분의 1 지형도)

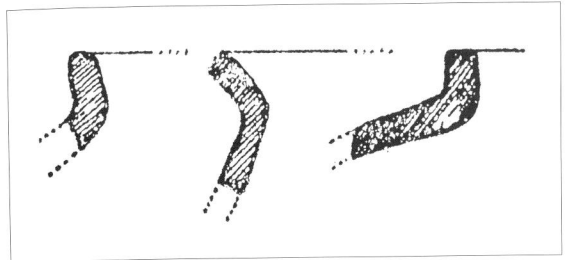

그림 4 토기 구연부

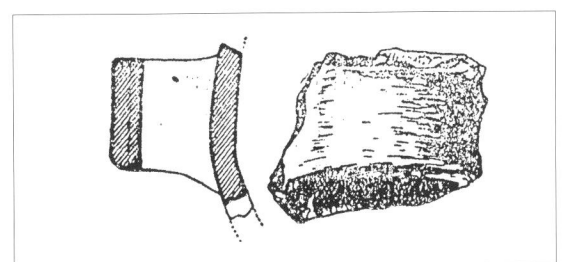

그림 5 토기 파수

맞은편의 산줄기들은 경사가 비교적 완만한 편이며 산기슭 아래로 비교적 넓은 대지가 펼쳐져 있음.

3. 유적의 전체현황

○ 동서 길이 약 2.5km, 남북 너비 0.5km인 충적대지의 중앙에 위치.
○ 동서 500여 m, 남북 100여 m 범위 내에 토기편과 석기편이 산재함.
○ 유적 중앙에 흙무지 2기와 석축방단 1기가 있음.

4. 흙무지와 석축방단

1) 흙무지(土包)
○ 위치와 개수 : 유적 중앙의 동서에 2개 있음. 거리는 50m.
○ 형태와 높이 : 만두 모양으로 지표보다 0.5m 정도 높음.
○ 축조방식 : 흙무지 윗면은 광이 나는 강돌로 덮음.
○ 크기
- 동쪽 흙무지는 동서 길이 20m, 남북 너비 10m.
- 서쪽 흙무지는 동서 길이 10m, 남북 너비 5m.
○ 강돌로 덮인 흙무지 윗면에서 토기편과 석기편 다량 출토.

2) 석축 방단
○ 위치 : 흙무지 서쪽 100m 지점.
○ 규모 : 방형으로 한 변의 길이 11.5m, 높이 2.05m.
○ 단면 : 위에서 아래로 제3층은 강돌층, 3층 아래의 제4층은 生土層.
○ 성격 : 건축물의 기단부로 추정됨.[1]

5. 출토유물[2]

1) 흙무지 출토유물

(1) 토기 구연부(그림 4)
○ 두께와 태토 : 두께 0.8cm 전후, 가는 모래 혼입.
○ 형태 : 세 점이 출토되었는데 그림 순서대로 형태는 다음과 같음.
- 첫 번째 : 둥근 입술에 구연이 외반했으며 어깨가 있음.
- 두 번째 : 편평한 입술에 구연이 외반했으며 어깨는 없음.
- 세 번째 : 입술이 편평하고 구연이 외반했으며 어깨가 있음.

---

1 吉林省文物志編委會 編, 1986, 46쪽. 한편『中國文物地圖集』吉林分冊, 140쪽에는 土石混築方臺 1기와 石築方臺 1기가 있다고 기술되어 있음.

2 출토유물의 도면 출처는『長白縣文物志』, 44쪽.

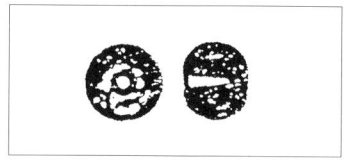
그림 6 석제구슬

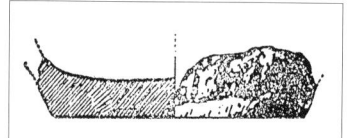
그림 7 토기 저부

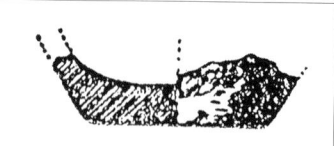
그림 8 토기 저부

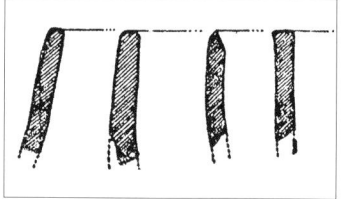
그림 9 토기 구연부

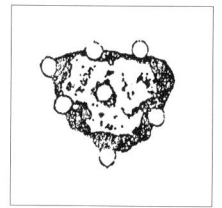
그림 10 시루 저부

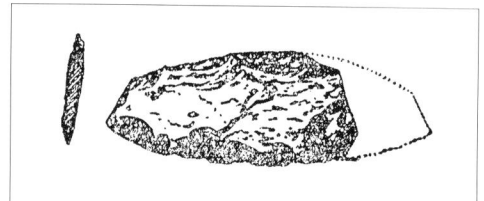
그림 11 반달돌칼

(2) 토기 파수(그림 5)

○ 크기 : 길이 6.3~7.5cm, 너비 4.1~4.8cm, 두께 0.8~2.1cm.

○ 형태 : 가로 방향의 대상파수(橋狀橫耳).

○ 태토와 색깔 : 가는 모래 혼입. 황갈색.

(3) 석제구슬(石球, 그림 6)

○ 크기 : 지름 1.2cm, 구멍 지름 0.1~0.3cm.

○ 형태 : 구형. 구멍이 뚫어져 있음.

○ 색깔과 문양 : 흰색. 표면에 곧지 못한 線文.

2) 1986년 채집유물

(1) 토기 저부(그림 7, 그림 8)

○ 형태 : 총 2점. 모래혼입. 평저.

○ 색깔과 문양 : 외면 흑색, 내면 적색. 무문.

○ 크기

- 밑지름 12, 두께 1.6cm.

- 밑지름 10.2, 바닥두께 1.2, 기벽 두께 0.6cm.

(2) 토기 구연부(그림 9)

○ 크기 : 기벽 두께 0.9~1.0cm.

○ 형태 : 총 4점. 모래혼입. 구연형태는 입술이 둥글며 내만한 형태, 입술이 둥글며 곧은 형태, 입술이 뾰족하며 외반한 형태, 입술이 편평하며 곧은 형태로 구분.

○ 색깔과 문양 : 홍갈색 또는 흑갈색.

(3) 시루(그림 10)

○ 크기 : 구멍 지름 0.7cm.

○ 형태 : 모래혼입. 수제. 투공흔은 총 7개. 이중 1개만 완전.

○ 색깔과 문양 : 홍갈색.

(4) 반달돌칼(그림 11)

○ 크기 : 길이 14cm, 너비 6.2cm, 등의 두께 1.0cm.

○ 형태 : 사다리꼴에 가까운 형태. 타제. 미완성품.

○ 색깔과 석질 : 회색 판암질.

6. 역사적 성격

下崴子유적에서는 원시사회 말기로 추정되는 사질의 토기편과 석기편이 출토되었고, 고구려시기의 유적으로 추정되는 흙무지(土包)와 석축방단 등도 발견됨. 이에 보고자는 下崴子유적의 조성 시기를 원시사회 말기(기원전 4~3세기)에서 고구려시기에 걸쳐져 있을 것으로 파악함(吉林省文物志編委會 編, 1986, 46~47쪽).

한편 下崴子유적은 북한의 장진강과 압록강 본류가 합류하는 지점의 북쪽 충적대지에 위치함. 20세기 전반에는 100석의 대형 목선은 臨江市(中江鎭)까지만 운항했지만, 이보다 작은 선박이나 프로펠라선은 長白縣 13道溝河(新岾坡鎭, 김정숙시)까지 운항했고, 40석 정도의 소형 木船은 長白鎭(惠山)까지도 운항했음. 고구려시기에도 소형 선박은 13道溝河, 나아가 長白縣까지도 운항했을 것으로 추정됨. 그러므로 下崴子유적은 장진강과 압록강 본류의 합류처로서 압록강 수로상 중요한 요충지이고, 13道溝河 직전에 위치했다는 점에서 수운 역참과 관련된 시설일 가능성이 높지만, 명확한 논거가 확보되지 않은 상태이므로 추후 고고조사 성과를 기다릴 필요가 있음(여호규, 2008, 141~142쪽).

참고문헌

- 吉林省文物志編委會 編, 1986, 『長白朝鮮族自治縣文物志』.
- 國家文物局 主編, 1993, 「下崴子遺址」, 『中國文物地圖集』 吉林分冊, 中國地圖出版社.
- 長白縣志編纂委員會 編, 1993, 「文物·古迹」, 『長白朝鮮族自治縣縣志』, 中華書局.
- 여호규, 2008, 「鴨綠江 중상류 연안의 高句麗 성곽과 東海路」, 『역사문화연구』 29.

02 장백 도권리유적
長白 桃圈里遺址

1. 조사현황

1) 1995년 5월
- 시행기관 : 白山市 文物普査隊.
- 참가자 : 張殿甲 외.
- 조사내용 : 유적의 전체현황 조사 및 유물 채집.
- 발표 : 『北方文物』 2000-2.

2. 위치와 자연환경(그림 1)

1) 지리위치
- 長白縣 八道溝鎭 新興村 桃圈里에 위치.
- 동남 6km에 八道溝鎭, 동북 1km에 北興村, 남쪽 5km에 新興村 위치.
- 유적지 동쪽으로는 小東山과 가깝고, 서쪽으로는 空砬子에 임해 있으며, 남쪽으로 富家卧子山을 마주하며, 북쪽은 鴿子洞임.

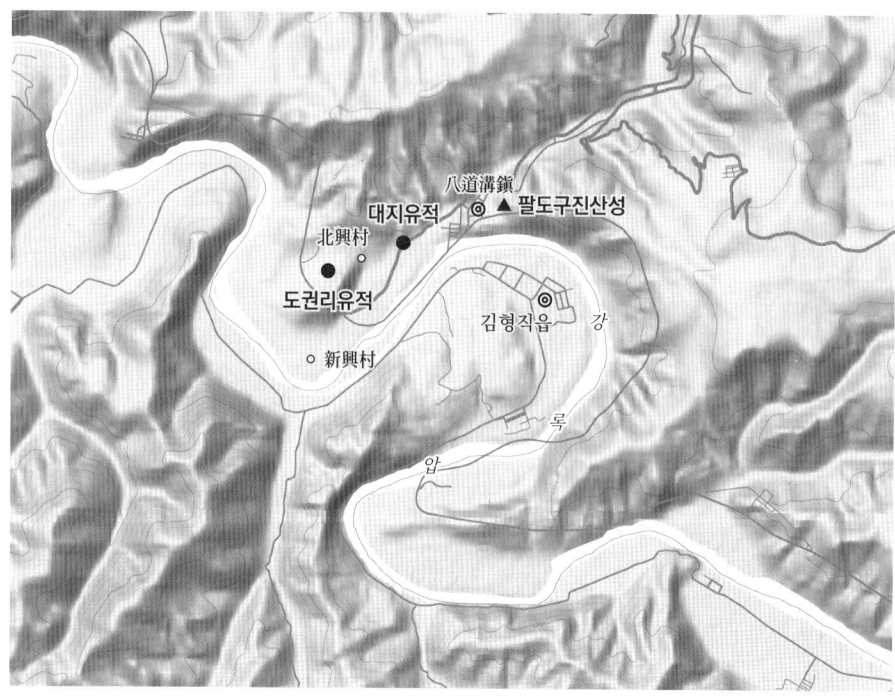

그림 1
도권리유적 위치도

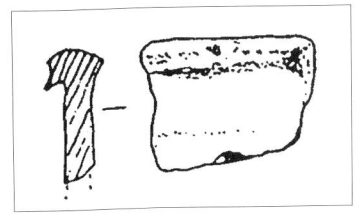
그림 2 토기 구연부

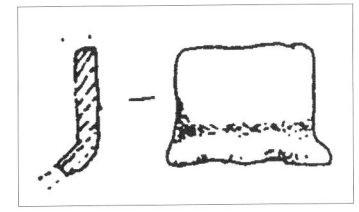
그림 3 토기 구연부

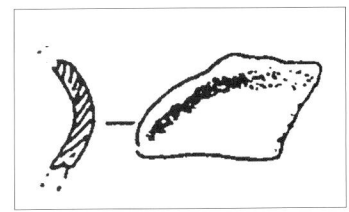
그림 4 토기 구연부

2) 자연환경
○ 유적지는 압록강 지류인 八道溝河 유역에 위치했음.
○ 유적지는 산 끝자락의 완만한 기슭 대지에 자리하고 있음.
○ 산 정상부는 평탄한 지세로 탁 트였는데 대부분 경작지로 개간.

3. 유적의 전체현황
○ 유적지는 동서 길이 약 100m, 남북 너비 약 50m임.
○ 표면에 비교적 많은 토기편과 黑曜石이 흩어져 있음.

4. 출토유물

1) 토기류

(1) 분류
○ 泥質土器와 沙質土器 등 두 종류로 나뉨.
○ 색깔과 문양 : 회색토기 위주. 대부분 무문.
○ 器種 : 단지, 완, 옹 등. 토기 구연은 4식으로 나뉨.

---

1 출토유물의 도면 출처는 『北方文物』 2000-2, 41쪽.

(2) 토기 구연부(그림 2)
○ 니질 회색토기, 물레로 제작, 소성도 중간 정도.
○ 윗부분 구연 부근에 壓印 弦文을 한바퀴 시문함.
○ 구연 내측에는 도드라진 부가 퇴문을 한바퀴 시문.
○ 외측 가장자리에는 눌러 만든 오목한 홈이 있음.
○ I식. 구연은 밖으로 접었고 둥근 입술임.

(3) 토기 구연부(그림 3)
○ 옅은 회색의 사질토기.
○ 소성도는 높지 않음.
○ 토기질은 부드럽고 색상이 고르지 않음.
○ 표면에는 귤황색과 귤홍색이 섞여 있음.
○ 내벽은 색상의 짙고 옅음이 고르지 않은 회색.
○ II식. 곧은 구연에 네모난 입술.

(4) 토기 구연부(그림 4)
○ 사질 회색토기.
○ 문양이 없음. 색상은 비교적 고름.
○ 소성도가 비교적 낮음.
○ 비교적 부드럽고 태토 중 소량의 운모가 혼입.
○ 구연은 밖으로 벌어졌고 뾰족한 입술.
○ III식. 심발형토기편으로 추정.

(5) 토기 구연부(그림 5)
○ 검은색 사질토기.
○ 물레로 제작, 무문, 소성도는 보통.
○ 태질은 비교적 부드럽고 태토 중 운모가 섞임.

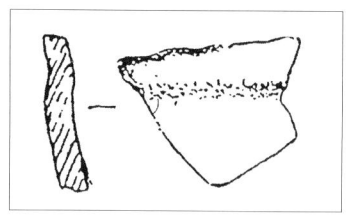
그림 5 토기 구연부

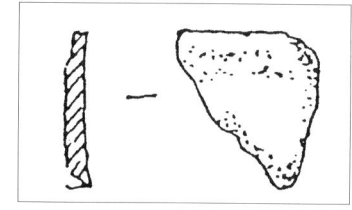
그림 6 자기편

○ 입술 부분은 이미 파손.
○ Ⅳ식. 단지의 구연부 파편으로 추정.

(6) 토기 파수
○ 종류 : 대상(橋狀) 손잡이.
○ 소성도는 보통, 회색의 사질토기.
○ 태토에는 운모가 섞였고 양끝은 파손.

2) 석기류
○ 흑요석기 수십점 채집.
○ 수량이 비교적 많으며 사용 흔적이 선명함.
○ 다수 흑요석기의 가장자리는 톱니모양임.

3) 자기류(磁器類)
○ 綠釉 1건 : 자기 내벽의 유약은 이미 박락됨(그림 6).
○ 靑釉 1건.

5. 역사적 성격

桃圈里 유적은 압록강 상류의 지류인 八道溝河 연안의 완만한 산기슭 대지에 위치함. 유적에서 약 2km 떨어진 거리에 北興村 大地유적이 위치하는데, 두 유적은 같은 산에 자리잡고 있음. 보고자는 두 유적의 유물 구성이 거의 동일하다며, 양자 모두 고구려시기에서 발해 시기에 걸친 생활유적이라고 파악했음(張殿甲, 2000, 39~40쪽).

참고문헌

• 張殿甲, 2000, 「鴨綠江中上游高句麗·渤海遺址調査綜述」, 『北方文物』 2000-2.

03 장백 대지유적
長白 大地遺址

1. 조사현황

1) 1995년 5월
○ 시행기관 : 白山市 文物普査隊.
○ 참가자 : 張殿甲 외.
○ 조사내용 : 유적을 발견해 전체현황 조사 및 유물 채집.
○ 발표 : 『北方文物』 2000-2.

2. 위치와 자연환경(그림 1)

1) 지리위치
○ 長白縣 八道溝鎭 北興村 大地의 계단식 경작지에 위치함.
○ 서쪽 약 1km에 北興村, 동쪽 300여 m에 八道溝 벽돌공장이 있음.
○ 벽돌공장과 유적지 사이를 臨江 - 長白 구도로가 통과하고 있으며, 'U'자형을 띠며 유적지 가운데를 둘러싸며 돌아서 나감.

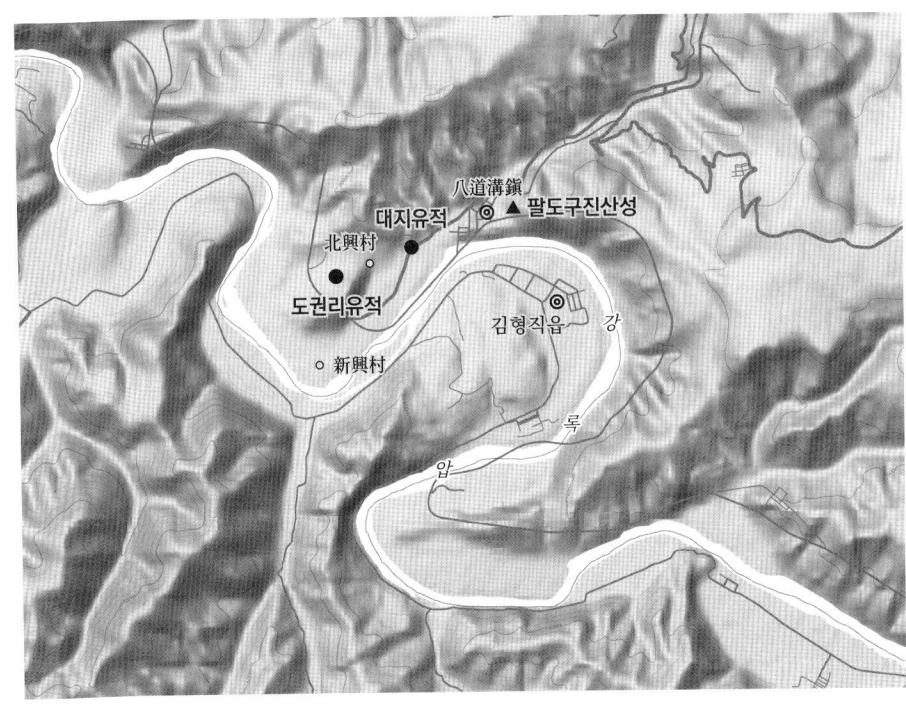

그림 1
대지유적 위치도

2) 자연환경

○ 유적지는 압록강 지류인 八道溝河 유역에 위치.
○ 유적지는 산 정상부에 위치했는데, 지세가 평탄한 고원지대로 대부분 개간되어 경작지로 이용되고 있음.

3. 유적의 전체현황

○ 규모 : 동서 약 100m, 남북 약 50m.
○ 토기편 다량 채집.
○ 주변 일대가 계단식 밭으로 개간되어 문화층은 거의 모두 교란됨.

4. 출토유물

1) 토기 구연부
분류 : 4식으로 분류.

(1) I식 토기 구연부
○ 귤황색의 사질토기.
○ 무문이고 소성도는 보통.
○ 색상은 비교적 고르고 태질은 비교적 부드러움.
○ 아가리가 넓고 밖으로 바라짐.
○ 입술 부분 파손.

(2) II식 토기 구연부
○ 회색 사질토기. 무문.
○ 둥근 입술에 가장자리가 말려 있음.
○ 구연은 접은 흔적이 선명함.

(3) III식 토기 구연부
○ 회색 사질토기.
○ 무문, 소성도는 보통.
○ 색상은 고르고 곧은 구연에 평평한 입술.
○ 입술 내외 양측 가장자리는 모두 도드라져 기벽보다 두터움.
○ 直腹으로 추정.

(4) IV식 토기 구연부
○ 회색 니질토기.
○ 무문, 소성도는 높은 편이고 색상은 고름.
○ 구연부 파손.
○ 구연에 가까운 부위에 凹弦文 한 줄 시문.
○ 광구호(敞口器) 편으로 추정.

2) 토기 저부
분류 : 2식으로 분류.

(1) I식 토기 저부
○ 회색 사질토기.
○ 무문, 소성도는 높고 색상은 고름.
○ 평저. 사선 기벽.
○ 저부에는 불완전하게 뚫린 구멍흔이 2개 남아 있음.
○ 구멍간 거리 약 1cm.

(2) II식 토기 저부
○ 사질토기.
○ 무문, 소성도 보통.
○ 색상은 고르며, 器壁은 비교적 두터움.
○ 평저이고, 기벽은 사선.

3) 그밖에 토기 동체부 등 출토

5. 역사적 성격

北興村 大地유적은 압록강 상류의 지류인 八道溝河 연안의 완만한 산기슭 대지에 위치함. 유적에서 약 2km 떨어진 거리에 桃圈里유적이 위치하는데, 두 유적은 같은 산에 자리잡고 있음. 보고자는 두 유적의 유물 구성이 거의 동일하다며, 양자 모두 고구려시기에서 발해시기에 걸친 생활유적이라고 파악했음(張殿甲, 2000, 39~40쪽).

참고문헌

- 張殿甲, 2000, 「鴨綠江中上游高句麗,渤海遺址調査綜述」, 『北方文物』 2000-2.

중국 소재 고구려 유적과 유물 III

압록강 중상류 3   통화-백산·임강-장백

초판 1쇄 인쇄   2022년 12월 5일
초판 1쇄 발행   2022년 12월 20일

기   획   동북아역사재단 한국고중세사연구소
엮 은 이   여호규, 강현숙, 백종오, 김종은, 이경미, 정동민
펴 낸 이   이영호
펴 낸 곳   동북아역사재단

등   록   제312-2004-050호(2004년 10월 18일)
주   소   03739 서울시 서대문구 통일로 81(미근동267) NH농협생명빌딩
전   화   02-2012-6065
팩   스   02-2012-6186
홈페이지   www.nahf.or.kr
제작·인쇄   역사공간

ISBN   978-89-6187-543-1 94910(세트)
       978-89-6187-746-6 94910

• 이 책은 저작권법으로 보호를 받는 저작물이므로 어떤 형태나
  어떤 방법으로도 무단전재와 무단복제를 금합니다.
• 책값은 뒤표지에 있습니다. 잘못된 책은 바꾸어 드립니다.